Contabilidade de CUSTOS

Grupo Editorial Nacional

O GEN | Grupo Editorial Nacional - maior plataforma editorial brasileira no segmento científico, técnico e profissional - publica conteúdos nas áreas de ciências sociais aplicadas, exatas, humanas, jurídicas e da saúde, além de prover serviços direcionados à educação continuada e à preparação para concursos.

As editoras que integram o GEN, das mais respeitadas no mercado editorial, construíram catálogos inigualáveis, com obras decisivas para a formação acadêmica e o aperfeiçoamento de várias gerações de profissionais e estudantes, tendo se tornado sinônimo de qualidade e seriedade.

A missão do GEN e dos núcleos de conteúdo que o compõem é prover a melhor informação científica e distribuí-la de maneira flexível e conveniente, a preços justos, gerando benefícios e servindo a autores, docentes, livreiros, funcionários, colaboradores e acionistas.

Nosso comportamento ético incondicional e nossa responsabilidade social e ambiental são reforçados pela natureza educacional de nossa atividade e dão sustentabilidade ao crescimento contínuo e à rentabilidade do grupo.

ELISEU **MARTINS**

12ª EDIÇÃO

Contabilidade de CUSTOS

EXERCÍCIOS INCLUÍDOS

gen | atlas

- O autor deste livro e a editora empenharam seus melhores esforços para assegurar que as informações e os procedimentos apresentados no texto estejam em acordo com os padrões aceitos à época da publicação, *e todos os dados foram atualizados pelo autor até a data de fechamento do livro*. Entretanto, tendo em conta a evolução das ciências, as atualizações legislativas, as mudanças regulamentares governamentais e o constante fluxo de novas informações sobre os temas que constam do livro, recomendamos enfaticamente que os leitores consultem sempre outras fontes fidedignas, de modo a se certificarem de que as informações contidas no texto estão corretas e de que não houve alterações nas recomendações ou na legislação regulamentadora.

- Data do fechamento do livro: 26/11/2024

- O autor e a editora se empenharam para citar adequadamente e dar o devido crédito a todos os detentores de direitos autorais de qualquer material utilizado neste livro, dispondo-se a possíveis acertos posteriores caso, inadvertida e involuntariamente, a identificação de algum deles tenha sido omitida.

- **Atendimento ao cliente: (11) 5080-0751 | faleconosco@grupogen.com.br**

- Designer de Capa: Manu | OFÁ Design

- Imagem de capa: ©iStockphoto | Gonin

- Editoração eletrônica: LBA Design

- Ficha catalográfica

CIP-BRASIL. CATALOGAÇÃO NA PUBLICAÇÃO
SINDICATO NACIONAL DOS EDITORES DE LIVROS, RJ

M342c
12. ed.

Martins, Eliseu, 1945-
Contabilidade de custos / Eliseu Martins. – 12. ed. – Barueri [SP] : Atlas, 2025.

Inclui bibliografia e índice
"Resolução de exercícios"
ISBN 978-65-5977-654-2

1. Contabilidade de custos. I. Título.

24-94542 CDD: 657.42
CDU: 657.4

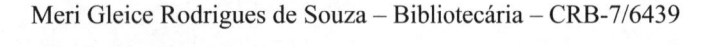

Meri Gleice Rodrigues de Souza – Bibliotecária – CRB-7/6439

PREFÁCIO À DÉCIMA SEGUNDA EDIÇÃO

As principais alterações introduzidas nesta décima segunda edição referem-se à inserção de aspectos relacionados a algumas disposições mais recentes dos Pronunciamentos Técnicos CPC, a melhorias de redação e a modernização de alguns conceitos. Também adaptações em função das altíssimas modificações no mundo da Tecnologia.

Quanto ao primeiro ponto, menções principalmente ao CPC 00 – Estrutura Conceitual para Relatório Financeiro, ao CPC 06 (R2) – Arrendamentos e ao CPC 47 – Receita de Contrato com Cliente.

Quanto ao segundo, menção mais forte ao problema da robotização que vai eliminando a mão de obra direta, instigação ao leitor para pensar na Indústria 4.0, na Inteligência Artificial e em pontos outros assemelhados.

Passamos, a partir desta edição, a incluir exercícios propostos que antes constavam do volume específico para esse fim.

E queremos aqui deixar o tão especial agradecimento ao **Prof. Welington Rocha**, companheiro de outras obras, pela sempre dedicada e detalhada revisão deste livro, há algumas edições. Sua militância acadêmica e experiência prática são inestimáveis à continuidade da utilidade que, achamos, este texto continua tendo.

O Autor

SUGESTÕES PARA UTILIZAÇÃO DO LIVRO

Apresentamos a seguir uma série de sugestões para que os profissionais e docentes da área de Custos, os estudantes, os autodidatas etc. possam maximizar a utilidade dos livros de texto e de exercícios, dadas as condições em que se encontram.

A divisão do livro em 30 capítulos curtos e internamente subdivididos teve por objetivo simplificar a tarefa de consulta, principalmente para profissionais. Por outro lado, essa mesma divisão também objetivou simplificar a tarefa de delimitação do assunto por parte dos professores.

Para o caso de um curso de dois semestres, para alunos de Ciências Contábeis, sugere-se, obviamente, o estudo de todo o livro, em sua sequência normal, bem como a resolução de todos os exercícios. Isso implica, em média, a leitura de um capítulo e a elaboração de quatro exercícios por semana. Para efeito de motivação, pode-se, logo após o Capítulo 4, tratar diretamente do Capítulo 22 (Ponto de Equilíbrio).

Este último assunto costuma entusiasmar o estudante e, apesar de a sua maior utilidade ser realmente evidenciada mais no fim do curso, não há qualquer prejuízo em que seja discutido inicialmente. Se se tratar de curso noturno, ou de outro em que é reduzido o tempo disponível para exercícios e estudos, pode-se diminuir a carga para dois ou três exercícios por capítulo, dando-se menor ênfase aos Capítulos 20 e 21.

Para o caso de cursos em um semestre, para alunos de Ciências Contábeis, há que se reduzir o número de capítulos estudados, o que normalmente poderá acarretar uma quebra na qualidade do curso. Em tal situação, poderiam ser eliminados (ou vistos muito rapidamente) os seguintes capítulos: 20 e 21, da Parte III (Custos para Decisão), e 25, da Parte IV (Custos para Planejamento e Controle). Na impossibilidade de tratar-se de custo-padrão, deve-se pelo menos exigir a leitura do Capítulo 26, que é uma espécie de resumo desse assunto, em nível teórico. Nesta última hipótese, seria esse então o único capítulo da Parte IV a ser ministrado.

Para o curso de **Administração de Empresas**, se ministrado em dois semestres, o ideal também será o livro todo. Entretanto, deverá ser dada maior ênfase aos Capítulos 15 a 24, 26 e 27, comparativamente aos capítulos da Parte II (Princípios para Avaliação de Estoques). Também o número de exercícios a serem resolvidos deve acompanhar essa orientação básica: todos os relativos aos capítulos anteriores; no máximo dois dos demais capítulos.

Tratando-se de um curso de **Administração de Empresas**, em que a disciplina de Custos é ministrada em apenas um semestre, deve-se dar prioridade aos Capítulos 2, 4 (na parte de classificação de custos em fixos e variáveis), 5, 6, 7, 8 e, principalmente, aos Capítulos 15 a 24. Se houver possibilidade, deverão ser vistos também os Capítulos 26, 27, 28 e 30. Os exercícios de maior destaque também devem ser os dos Capítulos 15 a 24.

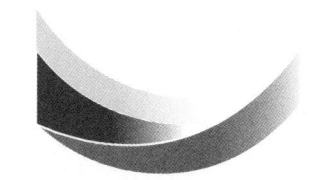

PÁGINA INFORMATIVA SOBRE OS EXERCÍCIOS - 12ª EDIÇÃO

A partir da 12ª edição, decidimos realizar algumas mudanças significativas em nosso renomado *Livro de Exercícios*, que era uma presença constante até a 11ª edição. Removemos o livro tradicional de exercícios, assim como o acesso aos materiais suplementares no *site* do GEN.

Nesta nova edição, o autor cuidadosamente selecionou alguns exercícios que agora integram cada capítulo, proporcionando uma abordagem mais integrada e eficaz ao aprendizado. As respostas e resoluções correspondentes podem ser encontradas no final do livro, facilitando a revisão e compreensão dos exercícios.

Seja você um estudante ávido por conhecimento ou um dedicado professor, temos a convicção de que você desfrutará com êxito desta edição atualizada. Os exercícios aqui apresentados são concebidos como ferramentas essenciais para a consolidação dos conteúdos abordados, oferecendo uma experiência de aprendizado mais completa e enriquecedora.

Desejamos a todos ótimos estudos e uma jornada educacional bem-sucedida com esta nova edição.

SUMÁRIO

CAPÍTULO 9

APLICAÇÃO DE CUSTOS INDIRETOS DE PRODUÇÃO, 113

CAPÍTULO 10

MATERIAIS DIRETOS, 125

CAPÍTULO 11

MÃO DE OBRA DIRETA, 147

CAPÍTULO 12

PROBLEMAS ESPECIAIS DA PRODUÇÃO POR ORDEM: CUSTEIO DE ORDENS E DE ENCOMENDAS, 159

CAPÍTULO 13

PROBLEMAS ESPECIAIS DA PRODUÇÃO CONTÍNUA: CUSTEIO POR PROCESSO, 171

CAPÍTULO 20

CUSTOS IMPUTADOS E CUSTOS PERDIDOS, 265

CAPÍTULO 21

ALGUNS PROBLEMAS ESPECIAIS: CUSTOS DE REPOSIÇÃO E MÃO DE OBRA DIRETA COMO CUSTO VARIÁVEL, 277

CAPÍTULO 22

RELAÇÃO CUSTO/VOLUME/LUCRO – CONSIDERAÇÕES INICIAIS, 289

PARTE I

INTRODUÇÃO À CONTABILIDADE DE CUSTOS

1

A CONTABILIDADE DE CUSTOS, A CONTABILIDADE FINANCEIRA E A CONTABILIDADE GERENCIAL

1.1 OBJETIVOS DE APRENDIZAGEM

Ao final deste capítulo, o leitor deverá ser capaz de:

- Descrever, em poucas palavras, a origem da Contabilidade de Custos.
- Compreender a relevância da Contabilidade de Custos no auxílio ao planejamento, controle e tomada de decisões.
- Compreender a importância do conhecimento dos custos dentro de uma empresa, bem como em organizações públicas e do terceiro setor.
- Entender os objetivos da Contabilidade de Custos tanto para usuários externos como para usuários internos das informações contábeis.

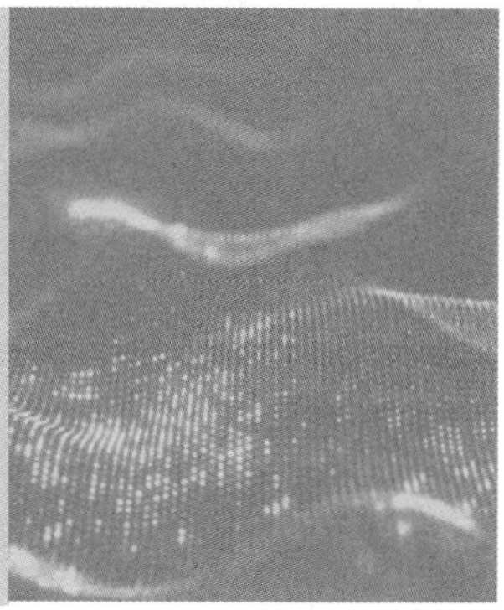

1.2 INTRODUÇÃO

Sentimo-nos muitas vezes confundidos com as expressões *Contabilidade Financeira*, *Contabilidade de Custos* e *Contabilidade Gerencial*. São sinônimas? Representam disciplinas distintas? São apenas enfoques diferentes dados à Contabilidade?

Essas e outras dúvidas são comumente dirimidas por meio de uma ligeira análise histórica; esta, ao explicar cronologicamente o aparecimento de cada expressão e a razão de seu uso, acaba por dar-nos uma visão mais ampla dos conceitos em questão. Por isso, e para podermos também saber o porquê de muitos dos princípios utilizados na Contabilidade de Custos, faremos um breve retrospecto histórico.

1.3 RETROSPECTIVA HISTÓRICA

1.3.1 Da Contabilidade Financeira à de Custos

Até a Revolução Industrial (século XVIII), quase só existia a Contabilidade Financeira (ou Geral), que, desenvolvida na Era Mercantilista, estava razoavelmente bem estruturada para servir as empresas comerciais.

Para a apuração do resultado de cada período, bem como para o levantamento do balanço em seu final, bastava o levantamento dos estoques em termos físicos, já que sua medida em valores monetários era extremamente simples: o Contador verificava o montante pago por item estocado, e dessa maneira valorava as mercadorias. Fazendo o cálculo basicamente por diferença, computando o quanto possuía de estoques iniciais, adicionando as compras do período e comparando com o que ainda restava, apurava o valor de aquisição das mercadorias vendidas, na clássica disposição:

Estoques Iniciais
(+) Compras
(–) Estoques Finais
(=) Custo das Mercadorias Vendidas

Confrontando esse montante com a receita líquida obtida na venda desses bens, chegava-se ao lucro bruto, do qual bastava deduzir as despesas necessárias à manutenção da entidade durante o período, à venda dos bens e ao financiamento de suas atividades. Daí o aparecimento da também clássica Demonstração de Resultados da empresa comercial:

Vendas Líquidas		XXXXXX
(–) Custo das Mercadorias Vendidas		
Estoques Iniciais	XXXXXX	
(+) Compras	XXXXXX	
(–) Estoques Finais	(XXXXXX)	(XXXXXX)
(=) Lucro Bruto		XXXXXX
(–) Despesas		
Comerciais (Vendas)	XXXXXX	
Administrativas	XXXXXX	
Financeiras	XXXXXX	(XXXXXX)
(=) Resultado Antes do Imposto de Renda		XXXXXX

VOCÊ SABIA?

Naquela época, os bens eram quase todos produzidos por pessoas ou grupos de pessoas que poucas vezes constituíam entidades jurídicas. As empresas propriamente ditas viviam basicamente do comércio, e não da fabricação (fora, é lógico, as financeiras). Dessa forma, eram bastante fáceis o conhecimento e a verificação do valor de compra dos bens existentes, bastando a simples consulta aos documentos de sua aquisição.

Com o advento das indústrias de manufatura, tornou-se mais complexa a função do Contador que, para levantamento do balanço e apuração do resultado, não dispunha agora tão facilmente dos dados para poder atribuir valor aos estoques; seu valor de "Compras" na empresa comercial estava agora substituído por uma série de valores pagos pelos fatores de produção utilizados, tais como matéria-prima, mão de obra, máquinas, energia etc.

Nada mais razoável, para solução desse problema, do que vermos o Contador tentando adaptar à empresa industrial os mesmos critérios utilizados na comercial. Nesta, no balanço final, permaneciam como estoques no Ativo apenas os valores sacrificados pela compra dos bens. Nenhum outro valor relativo a juros e outros encargos financeiros, a honorários dos proprietários e administradores, a salários e comissões de vendedores etc. era ativado. Todos estes gastos eram automaticamente apropriados como despesas do período, independentemente da venda ou não de mercadorias.

Começou-se então a adaptação, dentro do mesmo raciocínio, com a formação dos critérios de avaliação de estoques no caso industrial.

1.3.2 Princípios básicos da Contabilidade de Custos industrial

O valor do Estoque dos produtos existentes na empresa, fabricados por ela, deveria então corresponder ao montante que seria o equivalente ao valor de "Compras" na empresa comercial. Portanto, passaram a compor o custo do produto os valores de custo dos fatores de produção utilizados para sua obtenção (matéria-prima, mão de obra, energia etc.), deixando-se de atribuir aqueles outros que na empresa comercial já eram considerados como despesas no período de sua incorrência: despesas administrativas, de vendas e financeiras.

Esta forma de avaliação tem sido seguida ao longo dos anos em quase todos os países, continuando em vigor com a mesma estrutura principalmente por duas razões:

Primeira: Com o desenvolvimento do Mercado de Capitais nos EUA e em alguns países europeus, fazendo com que milhares de pessoas se tornassem acionistas de grandes empresas, interessadas agora na análise de seus balanços e resultados, e também com o aumento da complexidade do sistema bancário e distanciamento do banqueiro com relação à pessoa do proprietário ou administrador da companhia necessitada do crédito, surgiu a figura da Auditoria Independente. E esta, no desempenho de seu papel, acabou por firmar e às vezes criar princípios básicos de Contabilidade de tal modo que pudesse ter critérios relativamente homogêneos para comparar as demonstrações contábeis de empresas diferentes (além de comparar os da mesma empresa, feitos em datas diferentes). Ao deparar a Auditoria Independente (ou Externa) com essa forma de avaliação de estoques, em que o valor de compra é substituído pelo valor dos custos de fabricação, acabou por consagrá-la, já que atendia a diversos outros princípios mais genéricos, tais como: Custo como Base de Valor, Prudência, Competência etc. (estes aspectos estão mais detalhadamente tratados no Capítulo 3).

Essa consagração por parte dos Auditores Externos foi a responsável, então, pela manutenção dos princípios básicos da Contabilidade de Custos até hoje, no que diz respeito a sua finalidade de avaliação de estoques.

Segunda: Com o advento do Imposto de Renda, provavelmente em função da influência dos próprios princípios de Contabilidade já então disseminados, houve a adoção do mesmo critério fundamental para a medida do lucro tributável; no cálculo do resultado de cada período, os estoques industrializados deviam ser avaliados sob aquelas regras. Apesar de algumas pequenas alterações e opções, na grande maioria dos países o Fisco tem adotado essa tradicional forma de mensuração (havia exceções, como a Holanda, por exemplo).

1.3.3 Da Contabilidade de Custos à Contabilidade Gerencial

A preocupação primeira dos Contadores, Auditores e Fiscais foi a de fazer da Contabilidade de Custos uma forma de resolver seus problemas de mensuração monetária dos estoques e do resultado, não necessariamente a de fazer dela um instrumento de administração. Por essa não-utilização de todo o seu potencial no campo gerencial, deixou a Contabilidade de Custos de ter uma evolução mais acentuada por um longo tempo.

Devido ao crescimento das empresas, com o consequente aumento da distância entre administrador e ativos e pessoas administradas, passou a Contabilidade de Custos a ser encarada como uma eficiente forma de auxílio no desempenho dessa nova missão, a gerencial.

É importante lembrar que essa nova visão por parte dos usuários das informações de Custos ainda há muito a ser desenvolvida. É também importante ser constatado que as regras e os princípios geralmente aceitos na Contabilidade de Custos foram criados e mantidos com a finalidade básica de avaliação de estoques, principalmente para usuários externos, e não para fornecimento de dados à administração. Por essa razão, são necessárias certas adaptações quando se deseja desenvolver bem esse seu outro potencial; potencial esse que, na grande maioria das empresas, é mais importante do que aquele motivo que fez aparecer a própria Contabilidade de Custos.

PARA REFLETIR

O estágio atual da Tecnologia de Informação possibilita soluções bastante satisfatórias, processando simultaneamente as três contabilidades e conciliando as diferenças. E você, concorda? A utilização da Tecnologia da Informação na contabilidade torna o trabalho do contador mais completo, dinâmico e confiável? O custo de TI é compensado pelo benefício?

Nesse seu novo campo, a Contabilidade de Custos tem quatro funções relevantes: o auxílio ao planejamento, ao controle, à avaliação de desempenho e a ajuda às tomadas de decisões. No que diz respeito ao planejamento, controle e avaliação de desempenho, sua mais importante missão é fornecer dados para o estabelecimento de padrões, orçamentos e outras formas de previsão e, num estágio imediatamente seguinte, acompanhar o efetivamente acontecido para comparação com os valores anteriormente definidos.

No que tange à Decisão, seu papel reveste-se de suma importância, pois consiste na alimentação de informações sobre valores relevantes que dizem respeito às consequências de curto e longo prazo sobre medidas de introdução, manutenção ou corte de produtos, administração de preços de venda, opção de compra ou produção, terceirização, definição de *mix* (composto) de produção, comprar ou alugar/arrendar bens etc.

Resumindo, a Contabilidade de Custos acabou por passar, nessas últimas décadas, de mera auxiliar na avaliação de estoques e lucros globais para importante arma de planejamento, controle e decisão gerenciais. (Estes aspectos serão tratados individualmente nas seções próximas deste livro.)

Com o significativo aumento de competição que vem ocorrendo na maioria dos mercados, sejam industriais, comerciais ou prestação de serviços, os custos tornam-se altamente relevantes quando da tomada de decisões em uma empresa. Isto ocorre pois, devido à alta competição existente, as empresas já não podem mais definir seus preços apenas de acordo com os custos incorridos, e sim, também, com base nos preços praticados no mercado em que atuam (ver Capítulo 19).

O conhecimento dos custos é vital para saber se, dado o preço, o produto é rentável; ou, se não rentável, se é possível reduzi-los (os custos).

Assim, a Contabilidade mais moderna vem criando sistemas de informações que permitam melhor gerenciamento de Custos, com base nesse enfoque. Vão ser tratados neste livro conceitos e metodologias relativamente recentes, tais como o *Activity Based Costing* (doravante tratado como ABC) e o Custeio-Alvo, que procuram atingir tal objetivo.

Obviamente, estas suas novas missões não compreendem o todo da Contabilidade Gerencial; esta é mais ampla, porém suas bases são esse aspecto comentado da Contabilidade de Custos.

A ilustração a seguir dá uma ideia de como se situam e se integram a Contabilidade Financeira, a de Custos e a Gerencial – além do sistema de orçamento – no contexto de um Sistema de Informação:

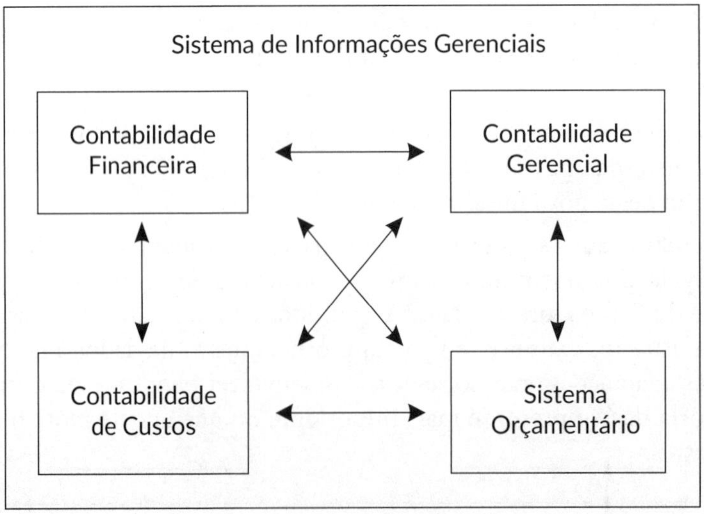

1.3.4 A moderna Contabilidade de Custos em empresas não industriais

Com o advento da nova forma de se usar Contabilidade de Custos, ocorreu seu maior aproveitamento em outros campos que não o industrial. No caso de entidades não tipicamente daquela natureza, tais como instituições financeiras, empresas comerciais, firmas de prestação de serviços etc., onde seu uso para efeito de Balanço era quase irrelevante (pela ausência de estoques de produtos acabados), passou-se a explorar seu potencial para o planejamento, o controle e a avaliação de desempenho até para as tomadas de decisões.

Em sua essência, os conceitos adotados pela Contabilidade de Custos aplicada a entidades prestadoras de serviços são exatamente os mesmos das empresas de manufatura. Ocorre que apenas nestas últimas há transformação de matéria-prima em Produtos em Andamento, evento que geralmente não acontece naquelas, apesar de as de serviços também poderem conter custos de materiais sendo aplicados, como no caso da tinta em uma empresa que executa o serviço de pintura.

Assim, mesmo nas empresas prestadoras de serviços, podem existir "Estoques de Serviços em Andamento", ou seja, para a avaliação dos custos incorridos em projetos ainda não acabados; com isso, o campo da Contabilidade de Custos alargou-se de maneira formidável.

É hoje relativamente comum encontrarmos Bancos, Financeiras, Lojas Comerciais, Escritórios de Planejamento, de Auditoria, de Consultoria, hospitais, instituições de ensino, desenvolvimento de *softwares* etc. utilizando-se de Contabilidade de Custos.

O fato de nós, neste livro, nos utilizarmos de seus princípios básicos para uso predominantemente industrial (manufatura) não significa que olhemos Custos exclusivamente como válido para essa tarefa. Aliás, em inúmeros pontos faremos referências a situações não industriais para tentarmos ilustrar melhor o verdadeiro campo dessa disciplina.

O uso de certas metodologias, como o ABC, vem ajudando a propagar o uso de Custos nessas empresas não industriais.

RESUMO

A seguir, estão contemplados os principais assuntos discorridos no capítulo:

- A Contabilidade de Custos nasceu da Contabilidade Financeira, quando da necessidade de avaliar estoques na indústria de manufatura, tarefa essa que era fácil na empresa típica da era do mercantilismo.
- Seus princípios derivam dessa finalidade primeira e, por isso, nem sempre conseguem atender completamente a suas outras duas mais recentes e provavelmente mais importantes tarefas: planejamento, controle e tomada de decisão.
- Esses novos campos deram nova vida a essa área que, por sua vez, apesar de já ter criado técnicas e métodos específicos para tal missão, não conseguiu ainda explorar todo o seu potencial;
- A Contabilidade de Custos passou, nessas últimas décadas, de mera auxiliar na avaliação de estoques e lucros globais para importante arma de planejamento, controle e decisão gerenciais;
- O conhecimento dos custos é vital para saber se, dado o preço, o produto é rentável; ou, se não rentável, se é possível reduzi-los (os custos);
- Além do setor industrial de manufatura, a Contabilidade de Custos aplica-se, também, ao setor de prestação de serviços: instituições financeiras, hospitais, instituições de ensino, consultorias, auditorias etc.

EXERCÍCIO 1.1

Assinalar Falso (F) ou Verdadeiro (V):

( ) A Contabilidade de Custos é mais ampla do que a Contabilidade Gerencial.

( ) O conhecimento do custo é vital para se saber, dado o preço, se um produto é lucrativo ou não, e quanto.

( ) A Controladoria e a Tecnologia de Informação vêm criando sistemas de informação que permitem um melhor e mais ágil gerenciamento de custos.

( ) O papel da Contabilidade de Custos, no que tange a decisões, é fazer a alimentação do sistema sobre valores relevantes apenas no curto prazo.

( ) O papel da Contabilidade de Custos, no que tange a planejamento, controle e tomada de decisões, é fazer a alimentação do sistema sobre valores relevantes e os impactos no curto e no longo prazo.

EXERCÍCIO 1.2

Assinalar Falso (F) ou Verdadeiro (V):

( ) Em empresas prestadoras de serviços, a Contabilidade de Custos pode ser utilizada para dar suporte ao processo de gestão: planejamento, execução e controle das atividades.

( ) A Contabilidade de Custos tem um escopo mais amplo que a Contabilidade Gerencial.

( ) A utilização de informações de custos passou, ao longo do tempo, do setor de serviços para o de manufatura.

( ) Sistemas de Custos são subsistemas do Sistema de Informação Gerencial (SIG).

( ) O Sistema de Custos em empresas prestadoras de serviços não tem contas de estoques, e os elementos de custos são os mesmos do sistema de custos de empresas industriais de manufatura.

EXERCÍCIO 1.3

Assinalar a alternativa correta:

1. *Não* é objetivo normal de um sistema de custos fornecer informação para subsidiar o processo de:

   a) Controle.
   b) Planejamento.
   c) Tomada de decisão.
   d) Avaliação de desempenhos.
   e) Distribuição de dividendos.

2. Uma entidade objeto de custeio é:

   a) Uma pessoa física ou jurídica organizacional.
   b) O montante de custos de um produto ou serviço.
   c) Uma variável aleatória importante para os gestores.
   d) Qualquer coisa cujo custo seja importante conhecer.
   e) O custo e o benefício de determinada decisão tomada.

3. *Não* é entidade objeto de custeio:

   a) Decisão.
   b) Produto.
   c) Atividade.
   d) Processo.
   e) Departamento.

4. São exemplos de decisões normalmente tomadas com base em informações de custos:

   a) Concessão de descontos sobre preços.
   b) Estabilidade e declínio do produto no mercado.
   c) Crescimento e maturidade do produto no mercado.
   d) Elaboração de Balanço e Demonstração de Resultados.
   e) Retaliação de novos concorrentes entrantes no mercado.

5. Informações de custos tendem a ser mais úteis em situações de:

   a) Cartel.
   b) Oligopólio.
   c) Monopólio.
   d) Capitalismo.
   e) Concorrência.

ATIVIDADES COMPLEMENTARES SUGERIDAS

1. Discuta as funções gerenciais mais relevantes da Contabilidade de Custos.

2. Compare a Contabilidade Financeira, de Custos e Gerencial e debata a importância de um Sistema de Informações Gerenciais.

3. Relacione três situações de tomada de decisão em que a informação de custo pode ajudar.

4. As informações de custos podem ajudar a avaliar o desempenho das pessoas e das áreas de uma empresa? Como?

2

TERMINOLOGIA CONTÁBIL BÁSICA

2.1 OBJETIVOS DE APRENDIZAGEM

Ao final deste capítulo, o leitor deverá ser capaz de:

- Compreender que a utilização de uma terminologia homogênea simplifica o entendimento e a comunicação.
- Conceituar gasto, desembolso, investimento, custo, despesa e perda.
- Entender por que a distinção entre esses conceitos é importante para a Contabilidade de Custos.

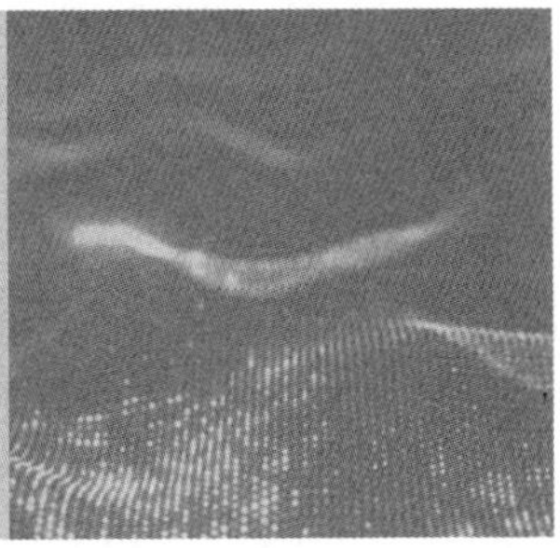

2.2 INTRODUÇÃO

Desde que duas pessoas resolvam comunicar-se, é absolutamente necessário que passem a dar aos objetos, conceitos e ideias o mesmo nome, sob pena de, no mínimo, reduzir-se o nível de entendimento. O que comumente se denomina de "mero problema de terminologia" talvez fosse mais bem tratado como "magno problema de terminologia".

Infelizmente, encontramos em todas as áreas, principalmente nas sociais (e econômicas, em particular), uma profusão de nomes para um único conceito e também conceitos diferentes para uma única palavra.

Sem que tenhamos nenhuma pretensão de resolver o impasse ou de conseguir generalizar a terminologia de Custos, adotaremos a nomenclatura e a conceituação a seguir explanadas, principalmente por sua maior correção do ponto de vista técnico (mesmo que às vezes não sejam as mais usuais nas circunstâncias).

2.3. CONCEITOS

2.3.1 Terminologia em custos industriais

"Despesas com Matéria-prima" ou "Custos de Matéria-prima"?

"Gastos" ou "Despesas de Fabricação"?

"Gastos" ou "Custos de Materiais Diretos"?

"Despesas" ou "Gastos com Imobilização"?

"Custos" ou "Despesas de Depreciação"?

Gastos, *Custos* e *Despesas* são três palavras sinônimas ou dizem respeito a conceitos diferentes? Confundem-se com *Desembolso*? E *Investimento* tem alguma similaridade com elas? Perda se confunde com algum desses grupos?

No meio desse emaranhado todo de nomes e ideias, normalmente o principiante se vê perdido, e às vezes o experiente, embaraçado; por isso, passamos a utilizar a seguinte nomenclatura:

a) **Gasto** – Compra de um bem ou serviço qualquer, que gera sacrifício financeiro para a entidade (desembolso), sacrifício esse representado por entrega ou promessa de entrega de ativos (normalmente dinheiro).

Conceito extremamente amplo e que se aplica a todos os bens e serviços adquiridos a título oneroso; assim, temos Gastos com a compra de matérias-primas, Gastos com mão de obra, tanto na produção como na distribuição, Gastos com honorários da diretoria, Gastos na compra de um imobilizado etc. Só existe gasto no ato da passagem para a propriedade da empresa do bem ou serviço, ou seja, no momento em que existe o reconhecimento contábil da dívida assumida ou da redução do ativo dado em pagamento.

Não estão aqui incluídos todos os sacrifícios com que a entidade acaba por arcar, já que não são incluídos o *custo de oportunidade* ou os juros sobre o capital próprio, uma vez que estes não implicam a entrega de ativos.

Note que o gasto implica desembolso, mas são conceitos distintos.

!? VOCÊ SABIA?

O Custo de Oportunidade, assunto que será tratado no Capítulo 20, representa o quanto a empresa sacrificou em termos de remuneração por ter aplicado seus recursos numa alternativa ao invés de em outra. Se usou seus recursos para a compra de equipamentos para a produção de sorvetes, por exemplo, o custo de oportunidade desse investimento é o quanto a empresa deixou de ganhar por não ter aplicado aquele valor em outra forma de investimento que estava ao seu alcance.

b) **Desembolso** – Pagamento resultante da compra do bem ou serviço.

Pode ocorrer antes, durante ou após a entrada da utilidade comprada, portanto defasada ou não do momento do gasto.

c) **Investimento** – Gasto ativado em função da vida útil do item adquirido ou de benefícios atribuíveis a futuro(s) período(s).

Todos os sacrifícios havidos pela aquisição de bens ou serviços (gastos) que são "estocados" nos Ativos da empresa para baixa ou amortização quando de sua venda, de seu consumo, de seu desaparecimento ou de sua desvalorização são especificamente chamados de investimentos.

Podem ser de diversas naturezas e de períodos de ativação variados: a compra de matéria-prima é um gasto contabilizado temporariamente como investimento circulante; a máquina é um gasto que se transforma num investimento não circulante; as ações adquiridas de outras empresas são gastos classificados como investimentos circulantes ou não circulantes, dependendo da intenção que levou a sociedade à aquisição.

d) **Custo** – Gasto relativo a bem ou serviço utilizado na produção de outros bens ou serviços.

O Custo é também um gasto, só que reconhecido como tal, isto é, como custo, no momento da utilização dos fatores de produção (bens e serviços), para a fabricação de um produto ou execução de um serviço. Exemplos: a matéria-prima foi um gasto em sua aquisição que imediatamente se tornou investimento, e assim ficou durante o tempo de sua Estocagem; no momento de sua utilização na fabricação de um bem, surge o Custo da matéria-prima como parte integrante do bem elaborado. Este, por sua vez, é de novo um investimento, já que fica ativado até sua venda.

A energia elétrica é um gasto, no ato da aquisição, que passa imediatamente para custo (por sua utilização) e passa a fazer parte do valor do custo do produto com ela elaborado. A máquina provocou um gasto em sua entrada, tornado investimento (ativo) e parceladamente transformado em custo, via Depreciação, à medida que é utilizada no processo de produção de utilidades.

e) **Despesa** – Bem ou serviço consumido direta ou indiretamente para a obtenção de receitas.

A comissão do vendedor, por exemplo, é um gasto que se torna imediatamente uma despesa.

O equipamento usado na produção, que fora gasto transformado em investimento e posteriormente considerado parcialmente como custo, torna-se, na venda do produto feito, uma despesa. O microcomputador da secretária do diretor financeiro, que fora transformado em investimento, tem uma parcela reconhecida como despesa (depreciação), sem transitar por custo.

As despesas são itens não atribuíveis aos estoques que reduzem o Patrimônio Líquido e que têm essa característica de representar sacrifícios no processo de obtenção de receitas. Não têm potencial de geração de benefícios futuros.

Todo produto vendido e todo serviço ou utilidade transferidos provocam despesa. Costumamos chamá-lo **Custo do Produto Vendido** e assim fazemo-lo aparecer na Demonstração de Resultados; o significado mais correto seria: *Despesa que é o somatório dos itens que compuseram o custo de fabricação do produto ora vendido*. Cada componente que fora custo no processo de produção agora, na baixa, torna-se despesa. (No Resultado existem Receitas e Despesas – às vezes Ganhos e Perdas – mas não Custos.) A mercadoria adquirida pela loja comercial provoca um gasto (genericamente), um investimento (especificamente), que se transforma numa despesa no momento do reconhecimento da receita trazida pela venda, sem passar pela fase de custo. Logo, o nome **Custo das Mercadorias Vendidas** não é, em termos técnicos, rigorosamente correto.

Assim, todas as despesas são ou foram gastos. Porém, alguns gastos muitas vezes não se transformam em despesas (por exemplo, terrenos, que não são depreciados) ou só se transformam quando de sua venda.

Todos os custos que são ou foram gastos se transformam em despesas quando da entrega dos bens ou serviços a que se referem. Muitos gastos são automaticamente transformados em despesas, outros passam primeiro pela fase de custos e outros ainda fazem a via-sacra completa, passando por investimento, custo e despesa.

É bom lembrar que as despesas reduzem o patrimônio líquido, mas há reduções de patrimônio líquido que não são despesas, como distribuição de lucros, compra de ações de emissão da própria empresa etc. Do mesmo modo, certos aumentos de patrimônio líquido não são receitas, como capital novo recebido dos sócios. As alterações do patrimônio líquido originadas de transações com os sócios da empresa, na sua condição de sócios, não são despesas ou receitas.

f) **Perda** – Bem ou serviço consumido de forma anormal, involuntária, aleatória e imprevisível.

Não se confunde com a despesa (muito menos com o custo), exatamente por sua característica de anormalidade e involuntariedade; não é um sacrifício feito com intenção de obtenção de receita. Exemplos comuns: perdas com incêndios, obsoletismo de estoques etc.

São itens que vão diretamente à conta de Resultado, assim como as despesas, mas não representam sacrifícios normais ou derivados de forma voluntária das atividades destinadas à obtenção da receita. É muito comum o uso da expressão *Perdas de material* na produção de inúmeros bens e serviços; entretanto, a quase totalidade dessas "perdas" é, na realidade, um custo, já que são valores sacrificados de maneira normal no processo de produção, fazendo parte de um sacrifício já conhecido até por antecipação para a obtenção do produto ou serviço e da receita almejada. São inerentes ao sistema produtivo.

O gasto com mão de obra durante um longo período de greve, por exemplo, é uma perda, não um custo de produção. O material deteriorado por um defeito anormal e raro de um equipamento provoca uma perda, e não um custo; aliás, não haveria mesmo lógica em apropriar-se como custo essas anormalidades e, portanto, acabar por ativar um valor dessa natureza.

Cabe aqui ressaltar que inúmeras perdas de pequeníssimo valor são, na prática, comumente consideradas dentro dos custos ou das despesas, sem sua separação; e isso é permitido devido à irrelevância do valor envolvido. No caso de montantes apreciáveis, esse tratamento não é correto.

2.3.2 A terminologia em entidades não industriais

Pela própria definição de custo, podemos entender, ainda mais sabendo da origem histórica, por que se generalizou a ideia de que a Contabilidade de Custos se volta predominantemente para a indústria de manufatura. É aí que existe a produção de bens e onde a necessidade de seu custeamento se torna presença obrigatória.

Em inúmeras empresas de prestação de serviços, todavia, passou-se a utilizar seus princípios e suas técnicas de maneira apropriada em função da absoluta similaridade de situação, principalmente nas entidades em que se trabalha por projeto (empresas de engenharia, escritórios de auditoria, de planejamento etc.).

Já em muitas outras empresas, tais como as entidades comerciais e financeiras, utiliza-se a mesma expressão *Contabilidade de Custos*, quando, à primeira vista, só existem despesas. Mas é fácil entender que a generalização dessa terminologia se deve não só ao uso das técnicas daquela disciplina, como talvez principalmente à ideia de que tais entidades são produtoras de utilidades, e assim possuem custos. São custos que imediatamente se transformam em despesas, sem que haja a fase de Estocagem, como no caso da indústria de bens, mas de qualquer forma não deixa de ser apropriada a terminologia.

Portanto, é perfeitamente idêntica a terminologia nessas empresas. Por exemplo, o serviço de câmbio de um Banco faz aparecer gastos que se transformam em custo de um serviço que se torna imediatamente uma despesa.

Assim, há nessas situações certa sofisticação e refinamento na separação das diversas fases.

A palavra *custo* também significa o preço original de aquisição de qualquer bem ou serviço, inclusive leigamente; daí se falar em "custo de uma obra", "custo de um automóvel adquirido", "custo de uma consulta" etc.

Contudo, quando se fala em "Contabilidade de Custos", estamos nos referindo apenas aos bens ou serviços utilizados na produção de outros bens e serviços.

2.3.3 A terminologia neste livro

Faremos uso aqui dos conceitos e definições vistos anteriormente no item 2.3.1; só usaremos a palavra *Custo* para o gasto relativo a consumo de recursos na produção de bens e serviços. Gastos que se destinam às fases de administração, esforço de vendas e financiamento serão chamados de Despesas.

Como já foi dito, faremos menção a exemplos de empresas não industriais, ou a situações em que a atenção recaia sobre valores que não custos; e isso é devido ao fato de termos em mente a necessidade de mostrar a ampla possibilidade de uso das técnicas desenvolvidas pela Contabilidade de Custos. Mas utilizaremos separadamente as palavras *Custo* e *Despesa* com seus significados próprios já descritos.

Em alguns momentos, como exigência do tema a ser abordado, poderão ser usadas terminologias diferentes das apontadas anteriormente. Entretanto, quando da ocorrência de tal fato, o leitor será devidamente alertado para tais mudanças.

PARA REFLETIR

Uma organização pode incorrer em custos sem ter tido gastos? Se sim, em quais circunstâncias?

RESUMO

A seguir, estão contemplados os principais assuntos discorridos no capítulo:

- A utilização de uma terminologia homogênea simplifica o entendimento e a comunicação;
- Custo e Despesa não são sinônimos; têm sentido próprio, assim como Investimento, Gasto e Perda;
- Gasto é a compra de um produto ou serviço qualquer, que gera sacrifício financeiro para a entidade (desembolso);
- Desembolso é o pagamento em dinheiro resultante da aquisição do bem ou serviço;
- Investimento é o gasto ativado em função de sua vida útil ou de benefícios atribuíveis a futuro(s) período(s);
- Custo é o gasto relativo a bem ou serviço utilizado na produção de outros bens ou serviços;
- Despesa é o bem ou serviço consumido direta ou indiretamente para a obtenção de receitas;
- Perda é o bem ou serviço consumidos de forma anormal e involuntária.

EXERCÍCIO 2.1

Classifique os eventos descritos a seguir em Investimento (I), Custo (C), Despesa (D) ou Perda (P):

a) ( ) Compra de matéria-prima
b) ( ) Consumo de energia elétrica
c) ( ) Utilização de mão de obra
d) ( ) Consumo de combustível
e) ( ) Gastos com pessoal do faturamento (salário)
f) ( ) Aquisição de máquinas
g) ( ) Depreciação das máquinas
h) ( ) Remuneração do pessoal da contabilidade geral (salário)
i) ( ) Pagamento de honorários da alta administração
j) ( ) Depreciação do prédio da empresa
k) ( ) Utilização de matéria-prima (transformação)
l) ( ) Aquisição de embalagens
m) ( ) Deterioração do estoque de matéria-prima por enchente
n) ( ) Remuneração do tempo do pessoal em greve
o) ( ) Geração de sucata no processo produtivo
p) ( ) Estrago acidental e imprevisível de lote de material
q) ( ) Gastos com desenvolvimento de novos produtos e processos
r) ( ) Imposto de circulação de mercadorias e serviços (ICMS)
s) ( ) Comissões proporcionais às vendas
t) ( ) Reconhecimento de duplicata como não mais recebível

EXERCÍCIO 2.2

Dados os seguintes eventos ocorridos em determinada empresa no mês de abril:

1. Compra de material no valor de $10.000, a pagar no mês seguinte.
2. Pagamento, em cheque, dos salários relativos ao mês de março: $5.000.
3. Utilização de mão de obra, a pagar em maio, sendo: pessoal da produção $8.000, e da administração, $3.000.
4. Contabilização da depreciação do mês, sendo: dos equipamentos de produção $7.500; dos veículos de uso da diretoria, $2.500.
5. Consumo de parte do material adquirido no item 1, sendo: na produção, $3.800 e na administração, $1.000.
6. Perda normal de material na produção: $200.
7. Energia elétrica adquirida e consumida no mês, a pagar no mês seguinte, $8.000. Uma quarta parte desse total cabe às áreas administrativa e comercial da empresa e o restante à de produção.
8. Compra de uma máquina para a área de produção, por $50.000, a pagar em duas parcelas iguais, sem juros, tendo sido a primeira paga no ato da compra. Entrará em operação no mês seguinte.
9. Uma enchente inesperada destruiu parte do estoque de materiais: $2.000.
10. Baixa pela venda de produtos cujo custo é composto pelos recursos consumidos, utilizados ou transformados, em abril, no processo produtivo.

Utilizando a terminologia normalmente empregada no meio contábil, *pede-se*:

a) classificar os eventos do mês de abril; e
b) calcular o valor total dos gastos, desembolsos, investimentos, custos, despesas e perdas ocorridos em abril.

ATIVIDADES COMPLEMENTARES SUGERIDAS

1. Discuta que tipo de Custo, Despesa, Desembolso, Investimento e Perda teria uma simples fábrica de roupa.
2. Discuta quais desses termos você seria capaz de adotar para o seu cotidiano pessoal e familiar.

PARA REFLETIR

Suponha que, numa indústria de manufatura, um custo seja erroneamente contabilizado como despesa. Quais seriam as consequências disso no valor do estoque e no resultado daquele período?

PARTE II

PRINCÍPIOS PARA AVALIAÇÃO DE ESTOQUES

3

PRINCÍPIOS CONTÁBEIS APLICADOS A CUSTOS

3.1 OBJETIVOS DE APRENDIZAGEM

Ao final deste capítulo, o leitor deverá ser capaz de:

- Entender os princípios contábeis aplicados à Contabilidade de Custos.
- Compreender o que é e como funciona o método de Custeio por Absorção.
- Compreender os critérios para separação de Custos e Despesas.

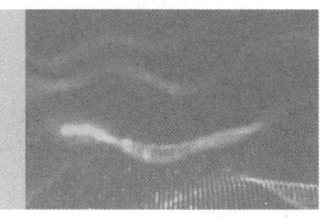

3.2 INTRODUÇÃO

Já foi vista no início do Capítulo 1 a origem histórica da Contabilidade de Custos e também sua aderência aos princípios de contabilidade geralmente aceitos em razão de sua vinculação com a Contabilidade Financeira. Verificaremos aqui com um pouco mais de detalhes como alguns dos princípios contábeis são aplicados à Contabilidade de Custos.

Princípios Contábeis Geralmente Aceitos é uma expressão mais antiga que abarca hoje o conjunto de normas contábeis vigentes e as políticas e práticas de contabilidade reconhecidas. Nas normas de hoje, esses princípios encontram-se distribuídos em várias delas. Por exemplo, competência, relevância, prudência e outros estão no CPC 00 – Estrutura Conceitual para Relatório Financeiro e chamadas de características qualitativas da informação contábil; a apropriação da receita está no CPC 47, já mencionado, e que não tem denominação especial. Preferimos manter "Princípios Contábeis Geralmente Aceitos" para abranger todos esses conceitos básicos juntos.

3.3 CONCEITOS

3.3.1 Alguns princípios contábeis aplicados à Contabilidade de Custos

3.3.1.1 Princípio da realização da receita

Determina este princípio o reconhecimento contábil do resultado (lucro ou prejuízo) apenas quando da realização da receita. E ocorre a realização da receita, em regra, quando da transferência do bem ou da prestação do serviço para terceiros.

Portanto, normalmente as indústrias de manufatura só reconhecem o resultado obtido em sua atividade quando da realização da receita, ou seja, no momento em que há a transferência do bem elaborado para o adquirente. Com isso, a Contabilidade de Custos, quando aplicada no contexto da Contabilidade Financeira, também não pode apurar resultado antes desse instante e, no máximo, pode servir como ferramenta para previsão de crédito. Do ponto de vista econômico, o lucro já surge durante a elaboração do produto, pois há agregação de valor nessa fase, inclusive do próprio resultado, mesmo que ainda numa forma potencial, sem se concretizar em dinheiro, direitos a recebimento futuro ou outros ativos.

Este princípio é o responsável por uma das grandes diferenças entre os conceitos de lucro na Economia e na Contabilidade.

Contabilmente, já que a receita só será reconhecida futuramente, os valores agregados de gastos, relativos a fatores utilizados no processo de produção (matéria-prima, mão de obra, energia etc.), vão sendo acumulados na forma de estoques. Só serão considerados como despesas também futuramente, por ocasião do reconhecimento da receita respectiva.

Apesar da existência de várias exceções, apenas uma delas será vista mais adiante com relação a esse princípio. Trata-se do caso de construção, produção de bens e serviços, projetos realizados sob encomenda etc. que demandam longo prazo para sua execução e que, excepcionalmente, têm sua receita reconhecida antes da entrega para terceiros; consequentemente, também seus custos serão transformados em despesas antes desse momento.

No caso de serviços, existem dois tipos básicos de transferências: numa só vez, ao final de sua execução, ou paulatinamente. Como exemplo do primeiro caso, temos a execução de plantas de residências, e como exemplo do segundo temos a assessoria contínua. Quando do caso de serviço executado e entregue numa única vez, os princípios são exatamente os mesmos que para o caso de bens: os custos relativos ao trabalho são estocados para reconhecimento como despesas tão somente por ocasião do reconhecimento das respectivas receitas. E na hipótese de transferência contínua de serviços praticamente não há estocagem dos custos, já que estes passam imediatamente à condição de despesas, assim como o reconhecimento da receita.

Esse é o caso, por exemplo, de serviços prestados por instituições financeiras, empresas de telecomunicações, de auditoria, assessoria, consultoria etc.

(Diversos estudos importantes dos princípios não serão abordados neste livro, já que só nos interessam os aspectos de maior relevância com relação a Custos, e não à Teoria da Contabilidade em geral.)

3.3.1.2 Princípio da competência ou da confrontação entre despesas e receitas

Esse aspecto da Teoria Contábil é de extrema importância para Custos e diz respeito basicamente ao momento do reconhecimento das despesas.

Pela realização, fica definido o momento do reconhecimento da receita. Após isso, pela competência ou confrontação, temos o reconhecimento das despesas. A regra é teoricamente simples: após o reconhecimento da receita, confrontam-se com ela todos os valores representativos dos esforços para sua consecução (despesas). Como esses esforços podem ser subdivididos em dois grupos, também existem praticamente dois grandes grupos de despesas:

a) despesas especificamente incorridas para a consecução daquela receita que está sendo reconhecida, diretamente identificadas com ela; e

b) despesas incorridas para obtenção de receitas genéricas, e não necessariamente daquela que agora está sendo contabilizada.

Um exemplo das despesas do primeiro grupo é a própria despesa relativa a quanto foi o custo de produção do bem ora vendido, ou então a despesa de comissão relativa à sua venda etc. E como exemplo das do segundo grupo encontramos as despesas de administração, as de propaganda etc., que representam gastos com finalidade de obtenção de receitas, mas não só ou especificamente das apropriadas ao período. São estas despesas relativas muito mais a gastos para a manutenção da capacidade de obtenção de receitas do que para a venda deste ou daquele produto. Ou então, referem-se a gastos realizados para promover a venda de determinados itens e que, despendidos em determinado período, podem trazer efeitos benéficos para vários outros, porém cuja distribuição por diversos períodos seria realizada de forma relativamente arbitrária.

Com isso, temos a seguinte sequência: primeiro, apropriamos as receitas em função da realização; depois, confrontamos com essas receitas todos os gastos relativos diretamente ao processo de obtenção dessas mesmas receitas; e, finalmente, deduzimos aquelas despesas que foram incorridas no período e dizem respeito a esforços de geração de receitas, mas cuja vinculação com elas é extremamente difícil ou então impossível de se verificar.

No que diz respeito à relação entre esse princípio e a Contabilidade de Custos, talvez encontremos muitas vezes mais razões históricas do que lógicas.

VOCÊ SABIA?

As regras básicas da Contabilidade de Custos nasceram da necessidade daquele contador que, nos primórdios da era industrial, acabou aplicando os critérios da contabilidade comercial para a avaliação do lucro e, consequentemente, para a apuração do valor de custo dos estoques. Ao substituir o item "Compras de Mercadorias" da empresa comercial pelo equivalente na industrial, passou a admitir como parte do valor de produção apenas os custos relativos aos fatores utilizados na produção; ficaram de fora todos os relacionados à administração, às vendas e ao financiamento.

Com isso, acabamos por ter algumas situações não muito lógicas. Por exemplo, por que os gastos com o salário do gestor de produção são apropriados a um produto estocado e só se tornam despesas por ocasião da venda, enquanto os salários do gestor comercial viram, de imediato, despesas, independentemente da existência ou realização das receitas? Às vezes, seria talvez mais fácil relacionar o esforço do chefe de vendas com o faturamento de determinado item, mesmo que vendido num período posterior àquele em que o esforço foi realizado, do que relacionar o trabalho do chefe da fábrica com este ou aquele produto. A atribuição aqui pode ser muito mais arbitrária do que na outra situação. Mas, dentro dos princípios hoje aceitos, um é atribuído ao produto, estocado e descarregado no período da venda; o outro é imediatamente atribuído ao resultado do período em que foi incorrido.

O RKW, que é uma espécie de custeio pleno (ver Capítulo 19), atribui todos os gastos fixos – inclusive despesas financeiras – aos produtos; porém fere os Princípios Contábeis, só podendo ser utilizado no campo gerencial.

Contudo, é interessante notar uma mudança recente nas normas contábeis internacionais e brasileiras (CPC 47 – Receita de Contrato com Cliente, itens 95/98). Se a empresa incorrer em gastos com execução de contrato de venda de bens ou serviços, devidamente identificáveis e recuperáveis, ativa esses gastos para baixa posterior. Se relativos a fatores de produção, esses ativos são incluídos no custo dos produtos quando da elaboração desses produtos, como preparação especial de máquinas para atender a uma certa encomenda. Esse procedimento já existia. A novidade é que agora podem ser gastos, por exemplo, com comissões com vendas, viagens para concretização de contratos etc.; neste caso a novidade é que esses gastos agora são ativados, e depois reconhecidos como despesas com vendas quando do reconhecimento da receita pelos bens ou serviços vendidos. Não são contabilizados como custo dos bens ou serviços vendidos, e sim como despesas de vendas (pelo exemplo dado), mas sofrem procedimento semelhante aos custos de produção: ativação para depois virar despesa.

3.3.1.3 Princípio do custo histórico como base de valor

Desse princípio decorrem consequências várias. Como regra geral, os ativos são registrados contabilmente por seu valor original de entrada, ou seja, histórico. E, em alguns países, admite-se a atualização de alguns deles em função de um índice geral de preços. Raríssimas vezes (como foi na Holanda e na Argentina no passado) é admitido trabalhar-se com valores que não os históricos.

Quando há problemas de inflação, o uso de valores históricos deixa muito a desejar. Ao somarmos todos os custos de produção de determinado item, estocá-lo e levá-lo a balanço pelo valor original, acabamos por ter um ativo que diz quanto custou produzi-lo na época em que foi elaborado; pode nada ter a ver com o valor atual de reposição do estoque, nem com o valor histórico inflacionado (deflacionado) e muito menos ainda com seu valor de venda.

Se o custo histórico de fabricação do produto A é $5.000,00 e ele fica estocado durante certo tempo para só então ser vendido, por $6.500,00, teremos a seguinte demonstração, supondo que a inflação nesse período seja de 10%:

Venda	$6.500,00
(–) Custo Histórico do Produto Vendido	$5.000,00
Lucro Bruto	***$1.500,00***

na hipótese de valor puramente histórico; e

Venda	$6.500,00
(–) Custo Histórico Corrigido do Produto Vendido	
= $5.000,00 × 1,1	$5.500,00
Lucro Bruto	***$1.000,00***

na hipótese de se tirar do lucro o efeito da inflação.

O resultado de $1.500,00 é ilusório, já que está havendo confrontação de uma receita de agora com um valor de produção de tantos meses atrás e nesse período houve uma inflação considerável.

Poderíamos ir além, se quiséssemos levar em consideração o valor que representasse o quanto custaria fazer o produto na data da venda. Digamos que esse valor de reposição fosse $5.800,00. (A inflação geral é de 10%, mas a variação específica desse produto é de 16% – afinal, índices médios valem para a média e, consequentemente, podem não valer para nenhum dos itens individualmente.)

Com esse valor corrente de reposição, o lucro ficou ainda menor, ou melhor, o lucro distribuível ficou menor: do total anterior de $1.500,00, $500,00 são totalmente ilusórios, devido à inflação e, portanto, devem ser puramente desconsiderados; dos restantes $1.000,00, $300,00 simplesmente são indisponíveis, já que são necessários à reposição do estoque.

Venda	$6.500,00
(–) Custo de reposição do Produto Vendido	$5.800,00
Lucro Bruto	***$700,00***

na hipótese de se adotar o valor de reposição.

Nesta última hipótese, há também um lucro final de $300,00, pelo fato de a empresa ter estocado um item cujo valor de reposição cresceu 16%, quando na média os preços subiram 10%. Mas trata-se de um resultado totalmente indisponível se a entidade pretende continuar na atividade, já que esse ganho de estocagem de $300,00 é necessário à reposição do item vendido. Assim, poderíamos ter:

Venda	$6.500,00	
(–) Custo de Reposição do Produto Vendido	$5.800,00	
Lucro Bruto Operacional	*$700,00*	(distribuível ou reaplicável)
Ganho de Estocagem ($5.800,00 - $5.500,00)	$300,00	(indisponível)
Lucro Bruto Total	***$1.000,00***	

Esse lucro bruto total realmente seria disponível para a empresa se ela descontinuasse o produto ou se a própria entidade cessasse sua existência. Mas, para manter no estoque o mesmo item que havia antes da venda, o resultado com que pode contar é mesmo $700,00. Logo, esse é seu verdadeiro resultado operacional.

Todavia, a Contabilidade admitirá como lucro, pelo menos dentro do estágio atual, o total de $1.500,00. Mesmo com a Lei das Sociedades por Ações que estava em vigência (Lei nº 6.404/1976), não havia a correção devida sobre o estoque. (Havia certa correção indireta parcial, mas que não será abordada aqui.)

Os estoques são avaliados em função do custo histórico de sua obtenção, sem correção por inflação ou por valores de reposição.

VOCÊ SABIA?

A partir de 1987, foi introduzida no Brasil, para as companhias abertas, a *Correção Integral*. Esta se aplica a demonstrações complementares às exigidas pela legislação societária e fiscal, ou seja, por enquanto são "demonstrações à parte". Trata essa correção de, simplificadamente, uma contabilidade não em reais (ou qualquer moeda nacional sujeita a inflação), mas em moeda constante. É como se fosse uma contabilidade em UFIR, ou em dólar, ou em IPC etc. Nesse caso, é mantido o custo histórico como base de valor, mas em moeda forte, ou em valor em moeda fraca, mas com correção monetária. A partir de 1996, com a entrada em vigor da Lei nº 9.249/1995, a Comissão de Valores Mobiliários criou a UMC (Unidade Monetária Contábil) exatamente para esse fim. Esse procedimento hoje é utilizado pelas normas internacionais de contabilidade apenas para o caso de países em hiperinflação (algo como 100% de inflação acumulada em três anos consecutivos, como é o caso hoje (2024) da Argentina, Venezuela, Turquia...). No entanto, para efeitos gerenciais, é válida mesmo para taxas baixas de inflação.

Quando se acumulam custos de dois, três ou mais meses para se produzir um bem ou serviço, tem-se no puro custo histórico um instrumento paupérrimo de informações. O correto, tecnicamente, seria transformar esses diversos custos originados em momentos diferentes em quantidades de moeda constante, o que é a mesma coisa que se efetuar a correção desses valores.

Infelizmente, nossas legislações societária e fiscal ainda não evoluíram a esse ponto. Consequentemente, as boas empresas são obrigadas a trabalhar com sistemas paralelos à contabilidade oficial para manter suas informações de custos (e outras) em valores efetivamente utilizáveis para fins gerenciais.

Corrigir-se o custo histórico pelo índice de inflação não é abandonar-se o custo histórico como base de valor. É manter-se o custo histórico, mas abandonar-se uma moeda altamente inflacionada que não tem valor para comparações no tempo. O custo original continua a base de valor, mas transformado em moeda mais constante em termos de seu real poder genérico de compra. (Isso é exatamente o que procura a correção integral.)

Nesta obra, trabalharemos quase sempre como se a moeda fosse relativamente estável para não complicar o aprendizado do leitor. Mas estaremos, de vez em quando, alertando-o dos problemas das altas taxas de inflação.

Uma das exceções ao Princípio do Custo como Base de Valor é o caso de determinadas indústrias de manufatura, como, por exemplo, as de produção de papel, cuja matéria-prima (celulose) deve ser valorada com base no valor justo. No item 3.10, adiante, tratamos da valoração de produtos gerados por ativos biológicos, tais como a celulose e outros.

Outra exceção refere-se ao conceito de recuperabilidade do valor dos ativos. Denominado Teste de Impairment, trata-se de verificar se o valor recuperável dos ativos não estaria abaixo do seu valor contábil. Se estiver, é necessário ajustar o valor contábil, reduzindo-o ao recuperável.

No Capítulo 10, o item 10.3.10 trata desse tema – *impairment* – aplicado a estoques.

Outro aspecto do custo histórico como base de valor bastante importante é o fato de a Contabilidade Financeira só admitir para registro os fatos relativos a recursos efetivamente utilizados pela entidade. O sacrifício econômico representado pelo que a empresa deixou de ganhar por ter aplicado seus recursos na fabricação do bem, ao invés de os aplicar em outra atividade, ou simplesmente o juro calculado sobre o capital próprio, por não obrigar à entrega de ativos, deixa de ser contabilizado e também de ser englobado no custo de produção. Os estoques não podem ser avaliados com a inclusão desses itens na Contabilidade Financeira.

O já mencionado RKW (ver Capítulo 19, Item 19.3.1.2) atribui aos produtos juros sobre capital próprio.

(Existem raras exceções em que há a contabilização do custo de oportunidade, como é o caso de algumas empresas concessionárias de serviço público – companhias de eletricidade, telefonia etc. Mas estas têm uma legislação especial. Há também a hipótese de juros sobre Capital Social pagos ou creditados durante a fase de implantação da empresa, mas aqui há efetivamente um gasto em face do desembolso ou promessa de pagamento. Finalmente, existe hoje, no Brasil, a figura fiscal dos "Juros sobre o Capital Próprio", valor esse que tem como objetivo tratar certos dividendos ou lucros distribuídos como se fossem juros calculados sobre o patrimônio líquido. Tendo em vista o caráter optativo e as limitações de ordem legal, acaba transformando-se, na prática, num arremedo de custo de oportunidade, e não um valor de significado econômico compatível com seu próprio nome.)

3.3.1.4 Consistência ou uniformidade

Quando existem diversas alternativas para o registro contábil de um mesmo evento ou transação, todas válidas dentro dos princípios contábeis geralmente aceitos, deve a empresa adotar uma delas de forma consistente. Isto significa que a alternativa adotada deve ser utilizada sempre, não podendo a entidade mudar o critério em cada período. Quando houver interesse ou necessidade dessa mudança de procedimento, deve a empresa reportar o fato e o valor da diferença no ativo ou no passivo e no lucro com relação ao que seria obtido se não houvesse a quebra de consistência.

Assim, para a apropriação de inúmeros custos de industrialização, há a necessidade de adoção de critérios escolhidos entre várias alternativas diferentes. Por exemplo, a empresa pode distribuir aos produtos os custos de manutenção em função de horas-máquina, da quantidade e intensidade das manutenções, valor do equipamento, média passada etc. Todos são critérios em princípio válidos, a depender da análise do processo, mas não podem ser utilizados indiscriminadamente em cada período. Após a adoção de um deles, deve haver consistência em seu uso, já que a mudança pode provocar alterações nos valores dos estoques e, consequentemente, nos resultados.

Esse é um dos aspectos que a Auditoria Independente mais procura verificar, já que tem interferência direta e às vezes relevante nas peças de sua maior preocupação: Balanço Patrimonial e Demonstração do Resultado.

3.3.1.5 Prudência

Quase que uma regra comportamental, a norma da Prudência prega a adoção de um espírito de precaução por parte do Contador. Quando ele tiver dúvida fundamentada sobre tratar determinado gasto como Ativo ou Redução de Patrimônio Líquido (básica e normalmente despesa), deve optar pela forma de maior precaução, ou seja, pela segunda. Por exemplo, sendo duvidoso o recebimento de um direito ativado, este deve ser baixado para o resultado (diretamente ou por meio da constituição de uma provisão). Ou, então, se um estoque, avaliado pelo custo de aquisição (mercadoria) ou de fabricação (produto), estiver ativado por um valor que exceda seu valor de venda, deve ser reduzido ao montante deste último (Custo ou Mercado – dos dois o menor).

Complementarmente, se existirem dúvidas sobre contabilizar um item como parte do Patrimônio Líquido ou das dívidas, deve também ser adotada a alternativa mais prudente, isto é, a que avaliar pela forma mais precavida o Patrimônio Líquido.

É necessário, todavia, lembrar que não se pode adotar esse espírito de forma indiscriminada, pois então passaria a haver uma subavaliação desmesurada e intencional da riqueza própria da empresa. Acima de tudo, deve imperar o bom-senso, de forma a serem observadas as aplicações dessa norma apenas nos casos em que dúvidas reais existirem.

Como consequências principais dessa regra contábil vamos ter a avaliação final dos estoques e o tratamento de certos custos de produção. Para a avaliação dos inventários, haverá a fuga ao Princípio do Custo Histórico como Base de Valor no momento em que os produtos elaborados tiverem um valor líquido de venda inferior ao de produção, entendendo-se como valor líquido de venda o preço de venda menos todas as despesas necessárias à venda, tais como comissões, transporte para entrega, impostos etc. (Apesar de muitas vezes ser incluída nas reduções uma parcela razoável de lucro, achamos isso já um extremo aplicável apenas em alguns casos.)

No que diz respeito à relação entre certos custos de produção e a Prudência, os contadores devem ficar atentos a alguns tipos de gastos que podem provocar dúvidas quanto a sua verdadeira classificação entre custo ou despesa; nessas situações, deve prevalecer a hipótese mais pessimista, aquela que não vai provocar o estoque desse valor, e sim sua transformação imediata em despesa.

3.3.1.6 Materialidade ou relevância

Essa outra regra contábil é de extrema importância para Custos. Ela desobriga de um tratamento mais rigoroso aqueles itens cujo valor monetário é pequeno dentro dos gastos totais.

Alguns pequenos materiais de consumo industrial, por exemplo, precisariam ir sendo tratados como custo na proporção de sua efetiva utilização; mas, por consistirem em valores irrisórios, costumeiramente são englobados e totalmente considerados como custo no período de sua aquisição, simplificando o procedimento por se evitar seu controle e baixa por diversos períodos.

É necessário lembrar, entretanto, que a soma de diversos itens irrelevantes pode ser material, e, nesse caso, um tratamento mais rigoroso precisa ser utilizado.

3.4 CUSTEIO POR ABSORÇÃO

Custeio por Absorção é o método derivado da aplicação dos Princípios de Contabilidade Geralmente Aceitos, nascido da situação histórica mencionada. Consiste na atribuição de todos os custos de produção aos bens elaborados, e só os de produção; todos os gastos relativos ao esforço de produção são distribuídos para todos os produtos ou serviços feitos. No Brasil, o Custeio por Absorção está contemplado no Pronunciamento Técnico CPC 16, do Comitê de Pronunciamentos Contábeis (CPC), que trata da valoração de estoques, nos itens 12 a 14.

No âmbito da contabilidade para usuários internos (Contabilidade Gerencial), dois métodos de custeio serão tratados na Parte III deste livro (Custos para Decisão): Custeio Variável (Capítulo 17) e RKW, que é uma espécie de Custeio por Absorção Integral, ou Custeio Pleno (Capítulo 19).

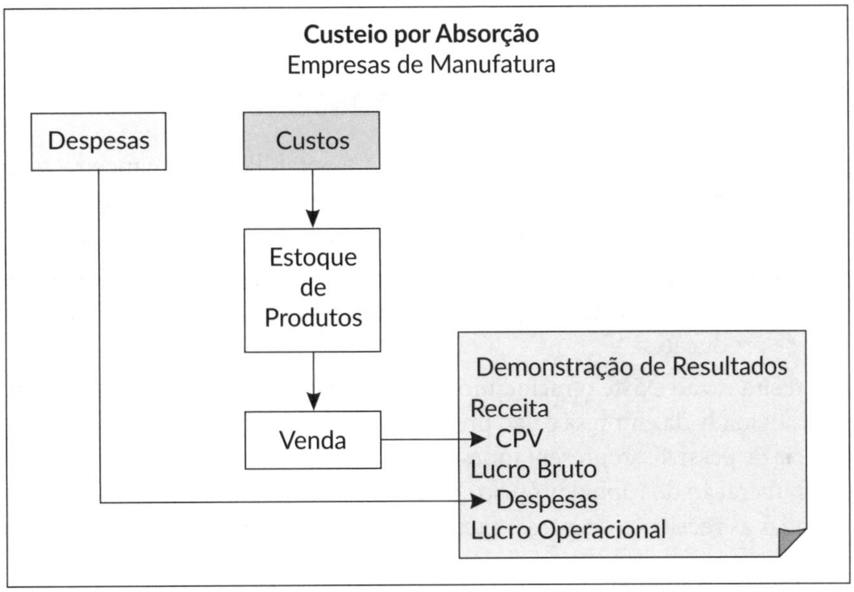

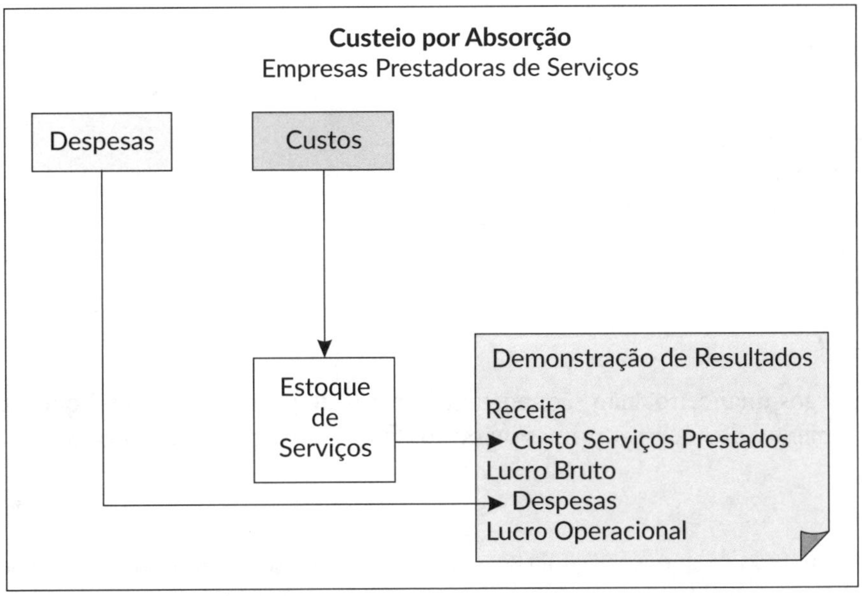

Não é um princípio contábil propriamente dito, mas uma metodologia decorrente deles, nascida com a própria Contabilidade de Custos. Outros métodos diferentes têm surgido através do tempo, mas este é ainda o adotado pela Contabilidade Financeira; portanto, válido tanto para fins de Balanço Patrimonial e Demonstração de Resultados como também, na maioria dos países, para Balanço e Lucro Fiscais.

A Auditoria Externa tem-no como básico. Apesar de não ser totalmente lógico quando realiza rateios arbitrários e de muitas vezes falhar como instrumento gerencial, é obrigatório para fins de avaliação de estoques (para apuração do resultado e para o próprio balanço).

Também o Imposto de Renda costumeiramente o usa: no Brasil é utilizado obrigatoriamente, com pequenas exceções. Houve e ainda há em nossa legislação fiscal algumas pequenas variações optativas, como, por exemplo, na depreciação. No Custeio por Absorção, a depreciação dos equipamentos e outros imobilizados amortizáveis utilizados na produção deve ser distribuída aos produtos elaborados; portanto, vai para o ativo na forma de produtos, e só vira despesa quando da venda dos bens. (Nossa legislação de Imposto de Renda vinha admitindo que ela fosse separada dos custos de produção e tratada diretamente como despesa, podendo ser descarregada para o resultado integralmente no período, mesmo que parte dos produtos feitos estivesse estocada ainda no final. Hoje essa opção não mais persiste.)

Além do Custeio por Absorção, outros métodos de apropriação de custos serão tratados na Parte III deste livro: Custos para Decisão.

O livro *Métodos de custeio comparados* (MARTINS e ROCHA, Editora Atlas) traz um estudo abrangente dos vários métodos de custeio existentes.

3.5 O PROBLEMA ESPECÍFICO DOS ENCARGOS FINANCEIROS

O registro dos encargos financeiros é tratado na Contabilidade Financeira como despesa, e não como custo.[1] Se os juros, correções e outros encargos decorrentes de empréstimos e financiamentos fossem adicionados ao custo do produto, também deveriam sê-lo os relativos ao capital próprio.

Não só por isso, mas também por ter a Contabilidade Comercial sempre tratado esses itens como despesa e não como parte dos estoques, sem ativação, tem a Contabilidade de Custos similarmente deixado de incluí-los entre os fatores de produção.

E como terceira razão existe o raciocínio de que encargos financeiros não são itens operacionais, já que não derivam da atividade da empresa e não provêm dos ativos trabalhados e utilizados em suas operações; são, antes, decorrência de passivos, representando muito mais a remuneração de capital de terceiros (como o lucro representa a remuneração do capital próprio) do que custo. Pode-se até fazer uma demonstração de resultado que contenha todas as receitas e despesas, exceto as financeiras, e demonstrar o seguinte:

Demonstração do Resultado		
Receitas		$100.000
(–) Despesas		($70.000)
Resultado		***$30.000***
Demonstração da Distribuição do Resultado		
Remuneração de Capital de Terceiros (Juros e Encargos)		$18.000
Remuneração do Capital Próprio (Lucro):		
Em Dividendos	$5.000	
Retido em Reservas	$7.000	$12.000
Total		***$30.000***

Os encargos financeiros não são, portanto, custos de produção, mesmo que facilmente identificados com financiamentos de matérias-primas ou outros fatores de produção. São gastos de falta de capital próprio

1 A partir da Lei nº 9.249/1995 as empresas podem, no Brasil, contabilizar "juros sobre capital próprio", mas como despesas.

e não gastos de produção (custos). São tratados diretamente como despesas. (Convém lembrarmos aqui mais uma vez que nesta Parte estamos tratando de Custos para avaliação de estoques no âmbito da Contabilidade Financeira; quando se usa Custos para finalidades gerenciais de decisão e controle, os tratamentos podem ser totalmente diferenciados.)

VOCÊ SABIA?

Em situações de altas taxas de inflação, o tecnicamente correto é separar nas compras a prazo o que é o valor efetivo de compra do que é o encargo financeiro embutido pelo prazo negociado. Legalmente, ainda não podemos fazer isso no Brasil, mas para fins gerenciais isso é importante.

O Brasil, como hoje quase a totalidade dos países, exige a inclusão dos juros no custo dos produtos apenas quando o ciclo de produção é muito grande (um ano ou mais, por exemplo) e quando poucos bens ou serviços são produzidos de uma vez. Para isso foi emitido o Pronunciamento Técnico CPC 20 – Custos de Empréstimos, que especifica quando aplicar, como calcular os encargos financeiros a serem ativados e quando cessar essa ativação. O caso mais comum dessa contabilização não é de fabricação recorrente de produtos, mas sim quando da construção de imóveis ou de plantas fabris para uso próprio.

3.6 A DIFÍCIL SEPARAÇÃO, NA PRÁTICA, DE CUSTOS E DESPESAS

Teoricamente, a separação é fácil: os gastos relativos ao processo de produção são custos, e os relativos à administração, às vendas e aos financiamentos são despesas.

Na prática, entretanto, uma série de problemas aparece pelo fato de não ser possível a separação de forma clara e objetiva. Por exemplo, é comum encontrarmos uma única administração, sem a separação da que realmente pertence à produção; surge daí a prática de se ratear o gasto geral da administração, parte para despesa e parte para custo, rateio esse muitas vezes arbitrário, pela dificuldade prática de uma divisão científica. Normalmente, a divisão é feita em função da proporcionalidade entre número de pessoas na produção e fora dela, ou com base nos demais gastos, ou simplesmente em porcentagens fixadas pela Diretoria.

Outros exemplos mais específicos: gasto com o Departamento de Recursos Humanos ou Pessoal; por haver comumente um único departamento que cuida tanto do pessoal da produção como do pessoal da administração, faz-se a divisão de seu gasto total em custo e despesa. A proporção das atividades de administração dos recursos humanos dedicados à produção é custo; a dos dedicados à administração, corporativos, é despesa. Ou também o Departamento de Contabilidade, que engloba a Contabilidade Financeira e a de Custos, e por essa razão tem, às vezes, seu gasto total de funcionamento dividido parte para despesa (Contabilidade Financeira) e parte para custo (Contabilidade de Custos).

Os mesmos problemas existem para outros setores, tais como Departamento de Compras, que efetua aquisições tanto para a área de produção quanto para a administração, vendas etc.; ou Almoxarifado, que presta serviços à produção e também ao resto da empresa; Manutenção, idem etc. A proporção das atividades de compra de insumos para a produção é custo; para a administração geral da empresa, é despesa.

Como tentativa de solução ou pelo menos de simplificação, algumas regras básicas podem ser seguidas:

a) Valores irrelevantes dentro dos gastos totais da empresa não devem ser rateados.

Se, exemplificativamente, o gasto com o Departamento de Pessoal for de 0,3% dos gastos totais, dever-se-á tratá-lo como despesa integralmente, sem rateio para a produção (Prudência e Materialidade).

b) Valores relevantes, porém repetitivos a cada período, que numa eventual divisão teriam sua parte maior considerada como despesa, não devem também ser rateados, tornando-se despesa por seu montante integral (Prudência também).

Por exemplo, a administração é centralizada, incluindo a da produção e que representa 67% dos gastos totais da empresa; numa eventual distribuição, 2/3 destes gastos ficariam como despesas. Logo, o melhor critério é tratá-los totalmente como despesa.

c) Valores cujo rateio é extremamente arbitrário devem ser evitados para apropriação aos custos (idem).

Por exemplo, a apropriação dos honorários da diretoria só seria relativamente adequada se houvesse um apontamento do tempo e esforço que cada diretor devotasse ao processo de administração e vendas e ao de produção. Como isso é praticamente impossível e já que é extremamente arbitrário qualquer critério de rateio (porcentagem prefixada, proporcionalidade com a folha de pagamento etc.), o mais indicado é seu tratamento como despesa no período em que foram incorridos.

Em suma, só devem ser rateados e ter uma parte atribuída aos custos de produção e outra às despesas do período os valores relevantes que visivelmente contêm ambos os elementos e podem, por critérios razoavelmente lógicos, ser divididos nos dois grupos.

O Custeio Baseado em Atividades (ABC) pode contribuir muito para que os gastos sejam direcionados parte à produção, parte à administração, de forma menos arbitrária e mais racional. Ver Capítulos 8 e 24.

3.7 ONDE TERMINAM OS CUSTOS DE PRODUÇÃO

É bastante fácil a visualização de onde começam os custos de produção, mas nem sempre é da mesma maneira simples a verificação de onde eles terminam.

É relativamente comum a existência de problemas de separação entre alguns custos de produção e despesas (de venda e administração).

A regra é simples, bastando definir-se o momento em que o produto está pronto para a venda. Até aí, todos os gastos são custos. A partir desse momento, despesas.

Por exemplo, os gastos com embalagens podem tanto estar numa categoria como noutra, dependendo de sua aplicação; quando um produto é colocado para venda tanto a granel quanto em pequenas quantidades, seu custo terminou quando do término de sua produção. Como a embalagem só é aplicada após as vendas, deve ser tratada como despesa. Isso implica a contabilização do estoque de produtos acabados sem a embalagem, e esta é ativada num estoque à parte.

Se, por outro lado, os produtos já são colocados à venda embalados de forma diferente, então seu custo total inclui o de seu acondicionamento, ficando ativados por esse montante.

3.8 OS GASTOS DE PESQUISA E DESENVOLVIMENTO DE PRODUTOS NOVOS

Dois tratamentos vinham sendo utilizados para os gastos com pesquisa de produtos novos: despesas do período ou custo de um ativo a ser amortizado posteriormente. Agora, por força do Pronunciamento Técnico CPC 04 – Ativo Intangível, é vedada, completamente, a ativação dos gastos com pesquisa; todos têm que ser considerados, contabilmente, como despesa do período.

No caso dos gastos com desenvolvimento de um produto, fase posterior à da pesquisa, segundo esse Pronunciamento só podem ser ativados os gastos a partir de quando a empresa tiver certeza da exequibilidade técnica do produto, ou seja, quando não houver mais dúvida de que ele é tecnicamente viável; além disso, é necessário que esteja já provado também que ele é financeira e economicamente viável, por meio de projeto elaborado com rigor; e, finalmente, que a empresa disponha de meios, próprios ou negociados junto a terceiros, de levar o projeto até sua fase final de implantação, inclusive os meios financeiros.

Assim, na maioria das vezes os gastos de desenvolvimento acabam, pelo rigor dessa norma, a também ser considerados como despesas do período. Quando ativados, figuram no grupo do Ativo Intangível. Para maiores detalhes consultar o citado Pronunciamento Técnico.

No caso específico de pequenas e médias empresas, os gastos com desenvolvimento de novos produtos são contabilizados diretamente como despesas, desde que adote o Pronunciamento Técnico de Contabilidade para Pequenas e Médias Empresas.

Para fins gerenciais, todavia, é fundamental que a empresa mantenha controle sobre os gastos com pesquisa e desenvolvimento de tal forma acumulados ao longo do tempo para cada projeto que possa sempre analisá-los, avaliá-los e sobre eles decidir com maior discernimento.

3.9 GASTOS DENTRO DA PRODUÇÃO QUE NÃO SÃO CUSTOS DOS PRODUTOS

Inúmeras vezes ocorre o uso de materiais, instalações, equipamentos e mão de obra da produção para elaboração de bens ou execução de serviços não destinados à venda. São exemplos disso os serviços de manutenção do prédio, reforma e pintura de equipamentos não fabris etc., com uso do pessoal da manutenção da fábrica. Também a produção de máquinas ou dispositivos e moldes para a produção de outros bens ou uso próprio da empresa encontram-se nesse problema.

Se a empresa faz uso de seu Departamento de Manutenção para também fazer reparos em máquinas do Departamento de Contabilidade, por exemplo, ou se usa pessoal ocioso da produção para ampliar as instalações de seu Departamento de Vendas, não pode incluir esses gastos nos custos dos produtos desse período. Deve ser feito um apontamento da mão de obra e dos materiais utilizados, e esse montante será tratado como despesa ou imobilização, dependendo do que tiver sido realizado. Além disso, também uma parte dos custos indiretos deverá ser adicionada ao serviço realizado, dentro dos mesmos critérios em que se basearia a empresa caso um produto tivesse sido fabricado.

Dentro desse mesmo esquema estariam as fabricações de máquinas para uso próprio ou então elaboração de dispositivos, ferramentas e outros itens de uso fabril, mas não de consumo imediato.

Necessário se torna ter sempre em mente que existe a Materialidade, e, por isso, não estarão dentro desse tratamento específico pequenos consertos ou serviços que demandem recursos da produção em proporção ínfima.

3.10 VALORAÇÃO DE ESTOQUES GERADOS POR ATIVOS BIOLÓGICOS E DOS ATIVOS QUE OS PRODUZEM

Neste capítulo, ao falar sobre o Princípio do Custo como Base de Valor, dissemos que a valoração de produtos biológicos – bens gerados a partir de ativos biológicos – se constitui numa das exceções ao uso do valor de custo de aquisição como critério de mensuração dos ativos.

Isso precisa ser feito porque os estoques de produtos biológicos – quer sejam destinados a venda, quer a uso como insumo para produção de outros bens – devem, segundo as normas atuais brasileiras e internacionais, ser registrados pelo valor que se poderia obter com sua venda, ou seja, precisam estar contabilizados pelo valor de saída. Essa forma de avaliação tornou-se obrigatória no Brasil a partir de 2010 com a adoção dessas normas internacionais.

A razão disso é a seguinte: segundo o Princípio da Realização da Receita (Item 3.3.1.1), a receita precisa ser registrada, como regra, quando se transfere o bem ou o serviço ao cliente. E isso porque nos produtos industrializados, por exemplo, o processo de venda e o cumprimento da obrigação costumam ser a parte essencial e a mais difícil no processo de obtenção de lucro. Assim, reconhece-se a receita quando se cumpre o processo que exige nessas fases de venda e entrega o ponto culminante para se assegurar do desempenho da empresa. E, é lógico, registram-se contra a receita os custos e as despesas envolvidos na sua obtenção para o adequado cumprimento do Princípio da Competência (Item 3.3.1.2).

No caso, todavia, dos produtos biológicos, o mais comum é que o processo de produção seja a parte mais complexa, e que a venda e a entrega não representem o ponto culminante do processo de ganhar dinheiro. A venda costuma ser simples, muitas vezes uma simples ordem ao corretor, por exemplo. Assim, reconhecer a receita só na hora da venda, na maioria dos casos, não representa um bom momento para medição de desempenho. Com isso nasceu a prática, e agora a norma, de reconhecimento da receita (e do lucro, é claro), no momento da colheita, quando termina a fase crítica que é da maturação dos produtos biológicos. Daí reconhecê-los ao valor justo contra o resultado, numa receita de produção quando da colheita, e não de venda, apurando-se o lucro dessa maneira.

Por curiosidade, essa prática nasceu, na verdade, não com produto biológico, mas com a indústria mineradora do ouro há séculos atrás. Ficou muito claro que o processo complicado e que exige esforço não é o de venda desse metal, mas sim o de sua produção. E daí nasceu a prática de reconhecimento da receita do processo no momento em que o ouro é obtido, purificado e lingotado, e não quando de sua venda. Com isso, o desempenho da mineradora passou a ser medido em função da produção, e não da venda. E o processo se deu, e obviamente até hoje se dá, mediante reconhecimento do estoque de ouro produzido pelo seu valor de mercado, contra receita, no momento final da produção, e com todos os custos de sua obtenção considerados como despesa nesse momento.

Como foi dito acima, os produtos biológicos são gerados por ativos biológicos; estes últimos são constituídos de plantas e animais mantidos por entidades físicas ou jurídicas com o propósito de exploração no âmbito de agronegócios.

Assim, existem ativos biológicos vegetais (pés de café, de milho, de soja, de algodão, de trigo, de eucalipto, árvores frutíferas etc.) e ativos biológicos animais (gado bovino, equino, suíno, aves, abelhas etc.)

Neste tópico, nosso objetivo é estudar a mensuração do valor dos estoques formados com produtos derivados dos ativos biológicos; são os produtos biológicos.

Quando se trata de plantas, os produtos biológicos são os produtos colhidos: frutas, madeira, grãos etc. Em se tratando de animais, tem-se os resultados físicos no seu abate: cortes, carcaças etc.; ou então com produtos que eles produzem: ovos, lã etc.

A partir do momento em que são colhidos ou obtidos por outra forma, os produtos biológicos passam a integrar o grupo dos estoques, no ativo circulante. Esses estoques podem ser vendidos no estado em que se encontram, aplicados como insumos no processo de manufatura para serem transformados em outros bens, ou utilizados na prestação de serviços aos clientes.

O valor dos estoques de produtos biológicos deve ser reconhecido e registrado na contabilidade por ocasião da colheita (produtos biológicos vegetais), do abate (produtos biológicos animais) ou obtidos de outra forma. Independentemente de sua destinação (venda, aplicação como insumo de processo produtivo, ou uso na prestação de serviços), os estoques de produtos biológicos todos devem, segundo as regras vigentes, ser mensurados com base no valor justo, conforme é explicado a seguir.

3.10.1 Mensuração ao valor justo

Valor justo é o preço corrente de venda dos produtos observado no mercado em que a empresa atua normalmente. O valor da cotação dos bens no mercado é um bom parâmetro para se mensurar o valor justo; portanto, a cotação do preço em bolsas de mercadorias (preço de bois por arroba, preço de sacas de café etc.) é a base primária para atribuição do valor justo aos produtos agrícolas.

A valoração se faz tomando-se o valor justo e deduzindo-se dele os tributos incidentes sobre a receita (ICMS por exemplo) a ser obtida e os gastos incrementais necessários à realização da venda (comissão de venda, por exemplo), ambos estimados no momento do reconhecimento (colheita, abate ou outra forma).

O registro do valor desses estoques, no ativo circulante, por ocasião de seu reconhecimento, tem como contrapartida, a crédito, uma conta do resultado do período. Dessa forma, o lucro é reconhecido por ocasião da obtenção do estoque, não da venda; essa é uma característica fundamental da atividade do agronegócio.

A mensuração ao valor justo aplica-se ao reconhecimento inicial do surgimento do estoque; tal valor passa a ser considerado como se fosse o "custo" do estoque dos produtos biológicos. A partir daí, sejam esses produtos mantidos na entidade para venda tal como se encontram, sejam introduzidos como insumos do processo de transformação em outros bens industrializados, passam a ser valorados segundo as normas aplicáveis aos estoques em geral; ou seja, seu valor justo líquido de despesa passa a funcionar como se fosse o custo daí por diante.

No caso de servirem como insumos para processamento na sequência da cadeia produtiva, todos os recursos a partir dali empregados – materiais, mão de obra, energia etc. – serão acrescentados a esse valor de custo. Somente em casos incomuns alguns estoques, se destinados à venda, e por serem *commodities*, continuam pelo seu valor justo líquido de despesas, que vai sendo atualizado continuamente, com as oscilações sendo reconhecidas como receitas ou despesas no resultado.

Embora valorados com base no valor justo para fins de registro na contabilidade societária, para fins de divulgação ao mercado, o fisco pode adotar outros critérios de mensuração de produtos biológicos para fins tributários. Portanto, deve-se atentar para a necessidade de se observar a legislação tributária. E esta exige que a empresa, se quiser tributar a receita e o lucro somente na venda, contabilize em subcontas os valores que seriam obtidos caso esses estoques fossem sempre mantidos ao custo. O que exige duplo controle por parte da empresa: lucro com estoques medidos a valor justo para a contabilidade societária e lucro com estoques medidos ao custo para a contabilidade fiscal.

3.10.2 Exemplo simples - ativo biológico que produz (e praticamente se transforma em) produto biológico a curto prazo

Suponhamos uma empresa do setor de agronegócios que se dedica à exploração de determinada cultura agrícola anual, como a de arroz, por exemplo. Por ocasião de uma colheita, tem-se os seguintes dados:

- Preço de venda dos grãos no mercado, na data da colheita, conforme cotação na bolsa de mercadorias: $6.200,00.
- O governo concede isenção tributária na venda daquele produto agrícola.
- A empresa habitualmente paga comissão de dez por cento sobre a venda.
- Para produzir os grãos, a empresa incorreu em custos desembolsados de $3.100,00 com materiais e mão de obra, e mais $100,00 de depreciação de máquinas e equipamentos.
- Para a colheita, a empresa incorreu em custos de mão de obra no valor de $800,00.
- Para transformar os grãos em farinha, a empresa incorreu em custos de moagem (mão de obra, depreciação, energia etc.) no valor de $1.800,00.

Com base nesses dados, chega-se ao valor justo de $5.580,00 para o estoque desse produto agrícola colhido: $6.200,00 de venda deduzidos de $620,00 de gastos necessários à sua venda, relativos aos 10% de comissão. Os $4.000,00 de custos para produzir e colher já estão contemplados no valor justo e os $1.800,00 só serão acrescentados na sequência, pois se referem a custos de transformação em novo produto.

A contabilização é a seguinte:

a) Pelo reconhecimento da Receita de Produção:

   Débito: Estoque de Produtos Agrícolas (grãos) $5.580,00

   Débito: Comissão de Vendas Estimada a Apropriar $620,00 (despesa de venda no resultado)

   Crédito: Receita Bruta de Produção de Estoque a Valor Justo $6.200,00 (conta de resultado)

b) Pelo reconhecimento dos custos de produção:

   Débito: Custos do Estoque Produzido $4.000,00 (conta de resultado)

   Crédito: Caixa $3.900,00 (supondo pagamento à vista dos custos desembolsáveis de produção e de colheita)

   Crédito: Depreciação Acumulada de Máquinas e Equipamentos $100,00

Com esse registro, o lucro ($1.580,00) é reconhecido por ocasião da colheita, não da venda.

A seguir, os $1.800,00 de custos de industrialização serão adicionados a esse estoque de $5.580,00 e o novo custo total baixado quando da venda do produto industrializado. Note-se que, nesse caso, o resultado vai ser desmembrado em duas partes: a primeira, quando da produção do arroz; e a segunda quando da venda do produto industrializado.

Aqui adotamos uma simplificação neste exemplo: é como se o ativo biológico se transformasse no produto biológico. Na verdade, nesse caso de arroz, se quisermos ser rigorosos, há o ativo biológico (pé de arroz) e há o produto biológico (o arroz propriamente dito). Mas, como o prazo entre a preparação da terra, o plantio, a produção e a colheita é curto (poucos meses), e principalmente considerando-se uma contabilidade simples anual, funciona como se o ativo biológico se transformasse no produto biológico e tudo pode ser contabilizado como mostrado.

3.10.3 Ativo biológico que produz produto biológico a médio e longo prazos, ou ativos biológicos mensurados ao valor de custo

Há culturas que são mantidas por muitos anos (culturas permanentes, denominadas plantas portadoras), mas cuja produção é colhida periodicamente, a cada safra; é o caso, por exemplo, do café. Esses ativos (pés de café) são mensurados ao valor de custo, registrados no ativo imobilizado e depreciados normalmente pela sua vida útil. Nesta situação, apenas os produtos biológicos gerados – grãos de café – é que são mensurados ao valor justo, por ocasião de cada colheita.

Esse mesmo tratamento deve ser aplicado a animais mantidos para reprodução: mensuração a valor de custo, registrados no ativo imobilizado e depreciados ao longo da vida.

Mas também isso ocorre quando o período contábil utilizado é pequeno, como o mensal, por exemplo, e o prazo de maturação do ativo biológico agrícola é superior a isso. Por exemplo, a empresa apura resultados trimestrais, mas o produto com que trabalha tem um ciclo, por exemplo, de nove meses.

3.10.4 Ativos biológicos que se transformam em produtos biológicos a longo prazo

Nos tópicos anteriores tratamos do problema da valoração de estoques de produtos biológicos **colhidos dos ativos biológicos que lhes dão origem**. Porém **existem ativos biológicos que se transformam, eles mesmos, em produtos biológicos**; o eucalipto e a cana de açúcar são exemplos disso. Nesses casos, é preciso observar o seguinte:

a) A mensuração a valor justo (e não ao custo) deve ser realizada ao longo da vida dos respectivos ativos biológicos que irão se transformar em produtos;

b) Embora registrado fora do ativo circulante quando de ciclo longo, o valor justo dos ativos biológicos que irão se transformar em produtos biológicos corresponde a um estoque; e

c) Quando se trata de ativo biológico que se transforma em produto biológico mais de uma vez (cana que é cortada todo ano por cinco anos consecutivos, por exemplo), sempre que a soma do valor justo do produto biológico colhido mais o valor justo da parte ainda não colhida for superior ao valor justo que a planta tinha antes da colheita, deve-se reconhecer esse lucro final por ocasião da colheita.

Assim, o lucro total será reconhecido desde o início do crescimento do ativo até a colheita última.

Para ilustrar com números a situação descrita na alínea *c*, considere-se o seguinte:

- Preço de venda dos produtos no mercado, na data da colheita, conforme cotação na bolsa de mercadorias em que a entidade opera: $8.000,00.
- A legislação prevê isenção tributária na venda daquele produto agrícola.
- A empresa habitualmente paga comissão de dez por cento sobre a venda.
- Para colher o produto, a empresa incorreu em custos de mão de obra no valor de $300,00.
- O valor justo dos produtos ainda não colhidos é de $1.800,00.
- O valor justo da planta antes da colheita é de $8.600,00.

Nessa situação, o valor justo da totalidade dos produtos é $9.000,00 ($7.200,00 do que está sendo colhido agora mais $1.800,00 do que ainda será colhido). Acontece que a soma do valor da planta antes da colheita ($8.600,00) mais o custo da colheita ($300,00) totaliza $8.900,00. Portanto, deve-se reconhecer um lucro de $100,00 por ocasião da colheita. Mas no passado devem também ter sido registrados resultados por conta das diferenças entre incremento no valor líquido de realização do ativo biológico e os custos incorridos nesses períodos.

Esse mesmo tratamento deve ser aplicado a animais mantidos para abate e venda das partes: mensuração a valor justo ao longo da vida e reconhecimento de lucro por ocasião do crescimento e do abate.

Ou seja, os ativos biológicos que vão, eles mesmos, transformando-se em produtos biológicos, vão produzindo resultados durante seu processo de maturação, com o último deles sendo na colheita ou abate últimos.

Há situações em que é difícil ou até mesmo impossível averiguar-se o valor justo desses ativos com base em cotações de mercado. Nesses casos, avalia-se o valor justo (líquido das despesas de venda, é claro) com base no valor presente dos fluxos de caixa estimados para o futuro. Claramente a segurança com relação à mensuração do ativo e do resultado fica diminuída, mas considera-se ainda melhor, para fins de mensuração do desempenho, do que deixar para reconhecer o resultado apenas quando da venda dos produtos.

3.10.5 Como seria a contabilização se esses produtos agrícolas fossem registrados ao custo? E a tributação?

Se esses ativos e estoques biológicos fossem reconhecidos sempre ao custo, o que teríamos seria, desde o início, uma contabilização como se a formação desses ativos e estoques fosse a de uma máquina e depois de produto em elaboração. Assim, os custos de formação do pé de café, por exemplo, ou de uma ave para produzir ovos, seriam adicionados ao custo do pé de café ou da ave, como se fossem máquina sendo construída para gerar produtos.

A partir do momento em que passassem efetivamente a produzir, os custos passariam a ser considerados como estoque em produção. Assim, seriam tratados como estoque em formação os fertilizantes e fungicidas para o pé de café a partir de quando estão prontos para a primeira produção, a alimentação para a ave depois de pronta para pôr ovos, mão de obra etc. para ambos, depreciação de equipamentos e outros ativos sendo utilizados, e mais a depreciação do custo do pé de café considerando sua vida útil estimada, ou do custo da ave se destinada à produção de ovos. Na hora da colheita do café ou dos ovos, esses custos todos, mais os da colheita, comporiam o custo do produto colhido (produto acabado), a ser baixado para o resultado só na hora do reconhecimento da receita de venda.

Só para finalizar, olhando agora o lado dos tributos: como já dito, para fins fiscais, os tributos federais sobre a receita e sobre o lucro podem ser reconhecidos como incidentes apenas quando da venda final. Dessa forma, a entidade deve se utilizar de subcontas nos estoques de tal forma que fique sempre registrado o valor do ativo e o do estoque ao valor justo como a soma de duas subcontas: uma, representando o custo efetivo incorrido até aquele momento, e outra, de ajuste a valor justo. Dessa forma, as receitas e os lucros apurados durante a produção não são efetivamente geradores de tributos, só o sendo ao final, quando da efetiva venda. É claro que, por obrigação de atendimento ao regime de competência, os tributos sobre as receitas e sobre os lucros, mesmo não sendo pagos, devem ir sendo registrados ao longo do tempo, e não apenas quando efetivamente incidentes na venda final.

Por isso, o que se vê, na prática, é a empresa fazendo, primeiramente, a contabilização como se os produtos biológicos e os ativos biológicos fossem sempre reconhecidos ao custo, para apuração do resultado somente na venda final desses produtos.

Mas vai a empresa, concomitantemente, ajustando esses estoques de produtos agrícolas a seus valores justos líquidos de despesa, por meio de subcontas específicas, para atender a essas exigências da lei fiscal porque, caso contrário, essa legislação não permite que aquela tributação se dê apenas na venda final.

RESUMO

A seguir, estão contemplados os principais assuntos discorridos no capítulo:

- Os princípios contábeis geralmente aceitos são observados para a elaboração de Balanços e Demonstrações de Resultados, e têm aplicação também na Contabilidade de Custos.
- O princípio da realização da receita determina o reconhecimento contábil do resultado apenas quando da realização da receita, que ocorre quando da transferência do bem ou prestação de serviço para terceiros.
- No caso de produtos biológicos, a receita é reconhecida por ocasião da sua produção.

- O princípio da competência diz respeito basicamente ao momento do reconhecimento das despesas, onde, após o reconhecimento da receita, confrontam-se com ela todas as despesas.
- O princípio do custo histórico como base de valor determina que os ativos são registrados contabilmente por seu valor original de entrada, ou seja, seu valor histórico.
- O princípio da consistência determina que quando há diversas alternativas para o registro contábil, deve-se adotar uma de forma consistente, não podendo mudar de critério a cada período.
- O princípio da Prudência obriga a adoção de um espírito de precaução por parte do contador, imperando o bom-senso.
- O princípio da materialidade desobriga de um tratamento mais rigoroso itens cujo valor monetário é pequeno dentro dos gastos totais.
- O método de custeio por absorção consiste na apropriação de todos os custos de produção aos bens elaborados, e só os de produção.
- São custos de produção os gastos incorridos no processo de obtenção de bens e serviços destinados à venda, e somente eles.
- O custo histórico deveria ser corrigido por índices que reflitam a desvalorização da capacidade aquisitiva da moeda.

EXERCÍCIO 3.1

Assinalar Falso (F) ou Verdadeiro (V), à luz dos Princípios Fundamentais de Contabilidade:

( ) Normalmente, as indústrias de manufatura só reconhecem o resultado obtido na venda no momento em que há transferência do bem ou serviço ao adquirente.

( ) O Princípio da Realização da Receita aproxima os conceitos de lucro em Economia e em Contabilidade.

( ) Após o reconhecimento da receita, confrontam-se com ela todos os custos representativos dos esforços realizados para sua consecução.

( ) Os ativos, contabilmente, devem ser registrados sempre por seu valor corrente de mercado.

( ) O uso de custos históricos, quando a taxa de inflação é alta, deixa muito a desejar, em termos de acurácia das informações contábeis.

( ) O Princípio do Custo Histórico como Base de Valor deve ser aplicado a todos os tipos de estoque de bens destinados a venda.

EXERCÍCIO 3.2

Assinalar a alternativa correta:

1. Os recursos relativos ao processo produtivo são denominados, na terminologia contábil, de:

   a) Despesas.
   b) Perdas.
   c) Investimentos.
   d) Custos.
   e) Desembolsos.

2. Os recursos relativos à administração geral, às vendas e aos financiamentos são denominados, na terminologia contábil:

    a) Custos.
    b) Despesas.
    c) Desembolsos.
    d) Investimentos.
    e) Perdas.

3. A Auditoria Externa deve verificar a correta utilização do Custeio:

    a) Direto.
    b) Variável.
    c) Absorção.
    d) ABC.
    e) Pleno.

4. O tratamento, do ponto de vista contábil, mais indicado para gastos com pesquisa e desenvolvimento é:

    a) Despesas.
    b) Perdas.
    c) Investimentos.
    d) Custos.
    e) Desembolsos.

5. Observar as sentenças a seguir:

    I – Juros, variações cambiais e correções monetárias decorrentes do financiamento da compra de matéria-prima devem ser considerados como parte do custo do produto elaborado com ela.
    II – Ao fazer uso de seus equipamentos fabris para a construção de um cofre para uso próprio, uma empresa deve tratá-lo como despesa.
    III – Quando se acumulam custos de vários períodos contábeis, o correto é transformar esses diversos custos, incorridos em períodos diferentes, em quantidade de moeda de capacidade aquisitiva constante.
    IV – Valores irrelevantes dentro dos gastos totais da empresa não precisam necessariamente ser segregados em custo e despesa.

    As sentenças corretas são:

    a) I e IV.
    b) I, II e IV.
    c) I, III e IV.
    d) I, II e III.
    e) III e IV.

EXERCÍCIO 3.3

Uma empresa do ramo de comunicações edita, imprime e distribui duas revistas, sendo uma mensal e uma semanal, utilizando exclusivamente papel de imprensa importado da Noruega. Os dados relativos à necessidade de sua principal matéria-prima (papel) e aos gastos da área de compras são demonstrados nas Tabelas 1, 2 e 3.

Tabela 1 Tiragem normal, em número de exemplares

Revista	Tiragem	Periodicidade	Número de páginas
Moderna	10.000	Mensal	80
Weekly	15.000	Semanal	60

Tabela 2 Quantidade de papel por exemplar

Materiais	Moderna	Weekly
Papel couchê (para as páginas)	160 g	120 g
Papel supercalandrado (para capas)	30 g	30 g

Tabela 3 Gastos do Departamento de Compras em março (em $)

Salários, encargos sociais e benefícios	8.045
Aluguel e IPTU	950
Água, luz e telefone	255
Depreciação	620
Outros	780

Por meio de análise do processo de suprimento, verificou-se que 60% do tempo das pessoas e dos demais recursos são dedicados à produção, pois referem-se às atividades de planejar, comprar e fazer *follow-up* de papel. A área administrativa absorve 30% e a de vendas, 10% das atividades.

Durante o mês de março, foi adquirida e recebida uma partida de papel, na quantidade necessária para a produção de um mês, aos seguintes preços:

Papel	Custo CIF/ton
Couchê	800€
Supercalandrado	780€

Para poder liquidar a operação de câmbio, a empresa recorreu a um empréstimo bancário, arcando com juros de 3% ao mês, durante 15 dias (o câmbio foi fechado na data do desembaraço aduaneiro à taxa de $2,50 por euro).

Outros dados:

- no final do mês, o custo CIF do papel, considerando-se os preços no mercado internacional, era de 820€/ton. para o couchê e de 800€/ton. para o supercalandrado;
- a taxa de câmbio no último dia do mês era de $2,60 por euro; e
- toda a matéria-prima adquirida no mês encontrava-se no estoque no dia 31.

Pede-se calcular:

a) o valor de custo (total e unitário) da matéria-prima existente no estoque final de março, de acordo com os Princípios Contábeis, com a inclusão de gastos da área de compras; e

b) o valor do impacto e o efeito no resultado de março, caso os gastos com a área de compras não fossem incluídos no estoque.

ATIVIDADES COMPLEMENTARES SUGERIDAS

1. Por que é tão importante que haja princípios norteadores na Contabilidade de Custos? Discuta.

2. Qual é o princípio mais importante na sua opinião? A adoção dos princípios na elaboração dos relatórios contábeis, auxilia o gestor na tomada de decisão? Por quê? Discuta.

4

ALGUMAS CLASSIFICAÇÕES E NOMENCLATURAS DE CUSTOS

4.1 OBJETIVOS DE APRENDIZAGEM

Ao final deste capítulo, o leitor deverá ser capaz de:

- Analisar a composição de uma demonstração de resultados típica de indústrias de manufatura.
- Identificar, na demonstração de resultados, o Custo de Produção do Período, Custo de Produção Acabada e Custos dos Produtos Vendidos.
- Analisar o comportamento dos custos em relação à variação do volume de produção.
- Classificar os custos em diretos ou indiretos e em fixos ou variáveis.

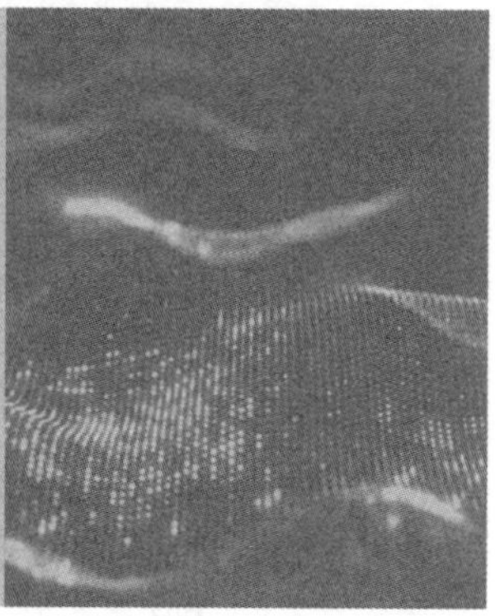

4.2 INTRODUÇÃO

Após uma breve introdução conceitual, histórica e terminológica, nos capítulos anteriores, vamos exemplificar e demonstrar alguns modelos de demonstrações de resultados, sua composição e principais classificações e termos a serem trabalhados dentro da Contabilidade de Custos que servirão de base para maior compreensão nos próximos capítulos.

4.3 CONCEITOS

4.3.1 Demonstração de resultados da indústria

Suponhamos um caso extremamente simples de uma indústria de manufatura que produza um único produto, de forma continuada, e que tenha os seguintes movimentos em diversos meses seguidos:

(Suponhamos ainda que, neste exemplo, o custo unitário de produção seja o mesmo nos diversos períodos.)

a) **Primeiro mês**

- Custos incorridos:

Matéria-prima	$9.000
Mão de obra	$4.500
Energia elétrica	$1.500
	$15.000

• Unidades produzidas no mês:		15
• Unidades vendidas no mês:		12
• Estoque final de unidades prontas para venda (não havia estoques iniciais):		3
• Custo unitário de produção:	$15.000 ÷ 15 un. =	$1.000
• Preço unitário de venda (igual para todos os meses):		$1.200
• Custo das unidades vendidas:	12× $1.000 =	$12.000
• Estoque final de produtos acabados:	3 × $1.000 =	$3.000

Poderíamos fazer a demonstração de resultado desse primeiro mês da seguinte forma:

Vendas	$14.400
(–) Custo dos Produtos Vendidos	($12.000)
Lucro Bruto	***$2.400***
:	
:	
etc.	

Esse é o formato-padrão oficial, para publicação, em que o Custo dos Produtos Vendidos aparece pelo valor total. Mas poderíamos também querer fazer menção detalhada dos custos incorridos no mês numa demonstração de uso gerencial, interno à empresa, e então teríamos:

Vendas	$14.400	
(–) Custo dos Produtos Vendidos		
Matéria-prima	$9.000	
Mão de obra	$4.500	
Energia Elétrica	$1.500	
Custo de Produção do Período	$15.000	
(–) Estoque final de Produtos Acabados	($3.000)	($12.000)
Lucro Bruto		***$2.400***
:		
:		
etc.		

b) **Segundo mês**

- Custos incorridos (*Custo de Produção do Período*):

Matéria-prima	$10.950
Mão de obra	$5.475
Energia Elétrica	$1.825
	$18.250

• Unidades trabalhadas no mês (a última – 19ª – está ainda em processamento, tendo sido feita apenas sua quarta parte):		18 ¼
• Unidades acabadas no mês:		18
• Unidades vendidas:		17
• Estoques finais:		
Unidades acabadas:		4
Unidades em elaboração:		1/4
• Valor das vendas	17 × $1.200 =	$20.400

Dos *Custos de Produção do Período* de $18.250, $250 referem-se à unidade parcialmente elaborada. Logo, $18.000 são o *Custo das Unidades Acabadas.*

No estoque de produtos acabados, temos:

Unidades no início do 2º mês:	3	($3.000)
Recebidas da fábrica no mês:	18	($18.000)
Disponíveis para venda no mês:	21	($21.000)
Vendidas durante o mês:	17	($17.000)
Em estoque no final:	4	($4.000)

A demonstração completa desse segundo mês poderia então ser assim elaborada:

Vendas		$20.400
(–) *Custo dos Produtos Vendidos*		
Custo de Produção no Período	$18.250	
(–) Estoque Final de Produtos em Elaboração	($250)	
(=) Custo das Unidades Acabadas	$18.000	
(+) Estoque Inicial de Produtos Acabados	$3.000	
(=) Custo dos Produtos Disponíveis	$21.000	
(–) Estoque Final de Produtos Acabados	(4.000)	$17.000
Lucro Bruto		***$3.400***

:

etc.

É lógico que esta forma está, do ponto de vista formal, desnecessariamente complexa para uma situação hipotética como esta, mas a razão é a de firmarmos alguns conceitos básicos: *Custo de Produção do Período, Custo da Produção Acabada no Período, Custo dos Produtos Vendidos* etc. Cada um tem seu sentido próprio, mas não raramente eles nos trazem confusões. Por isso, vamos procurar elucidá-los de vez.

c) **Terceiro mês**

- Custos incorridos:

Matéria-prima	$10.350
Mão de obra	$5.175
Energia Elétrica	$1.725
	$17.250

• Unidades do período anterior terminadas neste mês:	¾ = 0,75
• Unidades iniciadas e acabadas no mês:	16
• Unidades iniciadas e não acabadas no mês (uma unidade feita até sua metade):	½ = 0,50
	Soma = 17,25

• Unidades vendidas:	18	
• Distribuição do *Custo de Produção do Período*		
Custo de acabar a unidade iniciada no 2º mês:	$750	
Custo de iniciar e acabar 16 unidades:	$16.000	
Custo de fazer a metade da 17ª unidade iniciada:	$500	
	$17.250	
• *Custo das unidades acabadas no período*		
Custo da 1ª unidade acabada no mês:		
recebido no mês anterior	$250	
recebido neste para terminar	$750	$1.000
Custo das 16 iniciadas e completadas		$16.000
Custo da produção acabada no período:		***$17.000***
• Estoque Final Acabado = 4 + 17 – 18 = 3		

Demonstração completa do resultado no 3º mês:

Vendas	$21.600	
(–) Custo dos Produtos Vendidos		
Custo de Produção no Período	$17.250	
(+) Estoque Inicial de Produtos em Elaboração	$250	
Soma	$17.500	
(–) Estoque Final de Produtos em Elaboração	($500)	
(=) Custo da Produção Acabada no Período	$17.000	
(+) Estoque Inicial de Produtos Acabados	$4.000	
(=) Custo dos Produtos Disponíveis	$21.000	
(–) Estoque Final de Produtos Acabados	($3.000)	$18.000
Lucro Bruto		***$3.600***

:

:

etc.

Custo de Produção do Período é a soma dos custos incorridos no período dentro da fábrica.

Custo da Produção Acabada é a soma dos custos contidos na produção acabada no período. Pode conter Custos de Produção também de períodos anteriores existentes em unidades que só foram completas no presente período.

Custo dos Produtos Vendidos é a soma dos custos incorridos na produção dos bens e serviços que só agora estão sendo vendidos. Pode conter custos de produção de diversos períodos, caso os itens vendidos tenham sido produzidos em diversas épocas diferentes.

Os três conceitos são bastante distintos e não há nenhuma relação obrigatória entre seus valores no que respeita a sua grandeza. Cada um pode ser maior ou menor que o outro em cada período, dependendo das circunstâncias.

O esquema abaixo ajuda a entender os conceitos:

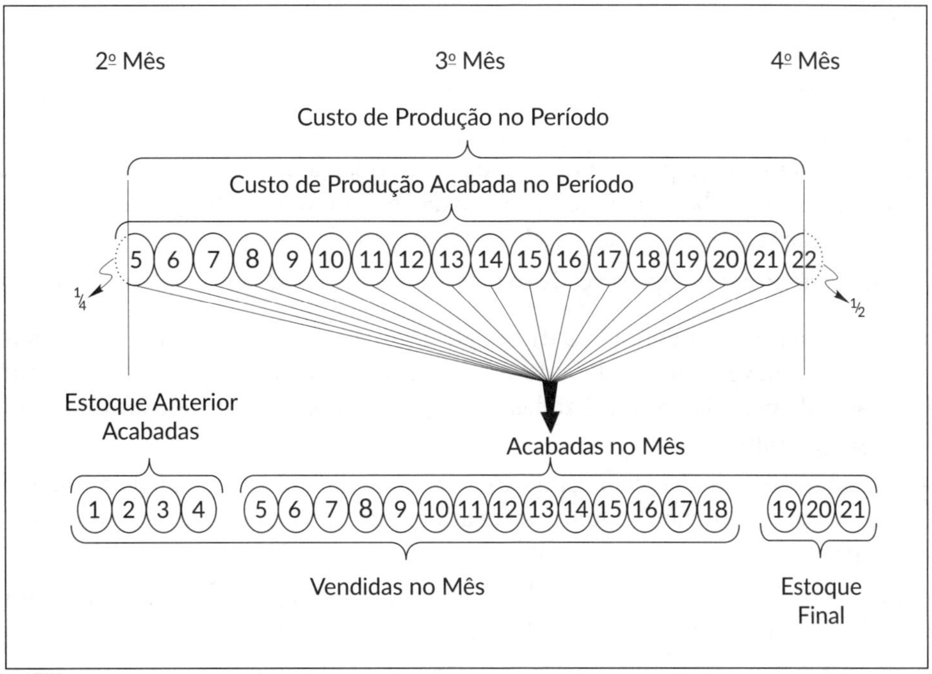

4.3.2 Classificação dos custos em diretos e indiretos

Suponhamos que os seguintes Custos de Produção de determinado Período precisem ser alocados aos quatro diferentes produtos elaborados pela empresa:

Matéria-prima	\$2.500.000
Embalagens	\$600.000
Material de Consumo	\$100.000
Mão de obra	\$1.000.000
Salários da Supervisão	\$400.000
Depreciação das Máquinas	\$300.000
Energia Elétrica	\$500.000
Aluguel do Prédio	\$200.000
Total	***\$5.600.000***

O responsável por Custos faz os levantamentos e as análises necessárias e verifica o seguinte:

- ***Matéria-prima e Embalagens:*** podem ser apropriadas perfeita e diretamente aos quatro produtos, já que foi possível identificar quanto cada um consumiu.
- ***Material de Consumo:*** alguns são lubrificantes de máquinas, e não há como associá-los a cada produto diretamente, e outros são de tão pequeno valor que ninguém se preocupou em associá-los a cada produto.
- ***Mão de Obra:*** é possível associar parte dela diretamente com cada produto, pois o processo não é muito automatizado e houve uma medição de quanto cada operário trabalhou em cada um e quanto custa cada operário para a empresa. Mas parte dela refere-se aos chefes de equipes de produção, e não há possibilidade de se verificar quanto atribuir diretamente aos produtos (\$200.000 dos \$1.000.000).
- ***Salários da Supervisão:*** muito mais difícil ainda de se apropriar aos produtos individuais por meio de uma verificação direta e objetiva do que a mão de obra dos chefes de equipes de produção, já que essa

supervisão é a geral da produção. Representa esse custo o gasto da supervisão dos chefes de equipes e, por isso mesmo, muito mais difícil é a alocação aos produtos individuais.

- ***Depreciação das Máquinas:*** a empresa deprecia linearmente em valores iguais por período, e não por produto. Haveria possibilidade de apropriar diretamente a cada produto se a depreciação fosse contabilizada de outra maneira ou se algumas máquinas fossem dedicadas a produtos específicos.
- ***Energia Elétrica:*** parte dela é possível apropriar a três dos quatro produtos, já que a máquina que mais consome força possui um medidor próprio, e a empresa faz verificações de quanto consome para cada item elaborado. Porém, o resto da energia só é medido globalmente, e não há forma direta de alocação ($350.000 são alocáveis e $150.000 não).
- ***Aluguel do Prédio:*** impossível de se medir diretamente quanto pertence a cada produto.

Após essas análises, podemos verificar que alguns custos podem ser diretamente apropriados aos produtos, bastando haver uma medida de consumo (quilogramas de materiais consumidos, embalagens utilizadas, horas de mão de obra utilizadas e até quantidade de força consumida). São os ***Custos Diretos*** com relação aos produtos.

Outros realmente não oferecem condição de uma medida objetiva e qualquer tentativa de alocação tem de ser feita de maneira estimada e muitas vezes arbitrária (como o aluguel, a supervisão, as chefias etc.). São os ***Custos Indiretos*** com relação aos produtos.

Portanto, a classificação de Direto e Indireto que estamos fazendo é com relação ao produto feito ou serviço prestado, e não à produção no sentido geral ou aos departamentos dentro da empresa.

Alguns custos têm características especiais. Por exemplo, vimos que parte dos Materiais de Consumo poderia ser apropriada diretamente, mas, dada sua irrelevância, verificou-se não valer a pena esse trabalho; muitas vezes a relação custo-benefício é desfavorável para itens de pequena importância.

Outros, como a Depreciação, poderiam também ser apropriados de maneira mais direta; porém, pela própria natureza do custo, não é, na maior parte das vezes, considerado útil tal procedimento. O próprio valor da depreciação como um todo às vezes pode ser tão estimado e arbitrariamente fixado que chega a ser pouco útil a alocação direta.

Finalmente, certos custos, como a Energia Elétrica, podem ser relevantes, mas não tratados como diretos, já que para tanto seria necessária a existência de um sistema de mensuração do quanto é aplicado a cada produto. Por ser caro esse sistema ou de difícil aplicação, ou ainda por não ser muito diferente o valor assim obtido daquele que se calcularia com base na potência de cada máquina e no volume de sua utilização, prefere-se fazer alocação de forma indireta.

!? VOCÊ SABIA?

Cada vez que é necessário utilizar qualquer critério ou fator de rateio para a alocação aos produtos ou cada vez que há o uso de estimativas e não de medição direta, fica o custo incluído como indireto.

Logo, o rol dos Custos Indiretos inclui Custos Indiretos propriamente ditos e Custos Diretos (por natureza), mas que são tratados como Indiretos em função de sua irrelevância ou da dificuldade de sua medição, ou até do interesse da empresa em ser mais ou menos rigorosa em suas informações.

Pode-se inclusive dizer também que, entre os Indiretos, existem os menos Indiretos (quase Diretos), como Material de Consumo, e os mais Indiretos, como Supervisão de fábrica, Imposto Predial ou Corpo de Segurança.

Com respeito especificamente à mão de obra, entendemos então o que seja Direta e Indireta; aquela diz respeito ao gasto com pessoal que trabalha e atua diretamente sobre o produto que está sendo elaborado; a outra, a Indireta, é a relativa ao pessoal de chefia, supervisão ou ainda atividades que, apesar de vinculadas à produção, nada têm de aplicação direta sobre o produto: manutenção, prevenção de acidentes, Contabilidade de Custos, programação e controle da produção etc.

VOCÊ SABIA?

Para ser classificado como custo direto, um elemento de custo não precisa, necessariamente, estar incorporado fisicamente ao produto; basta que haja uma medição objetiva do seu consumo ou utilização. A mão de obra direta é um exemplo claro disso; assim como a energia.

4.3.3 Outra classificação dos custos: fixos e variáveis

Além de seu agrupamento em Diretos e Indiretos, os custos podem ser classificados de outras formas diferentes.

Outra classificação usual (e mais importante que todas as demais, principalmente para fins gerenciais) é a que leva em consideração a relação entre o valor total de um custo e o volume de atividade (volume de produção) numa unidade de tempo. Divide basicamente os Custos em Fixos e Variáveis.

Por exemplo, o valor global de consumo dos materiais diretos por mês depende diretamente do volume de produção. Quanto maior a quantidade produzida, maior seu consumo. Dentro, portanto, de uma unidade de tempo (mês, nesse exemplo), o valor total do custo com tais materiais varia de acordo com o volume de produção; logo, materiais diretos são ***Custos Variáveis***. Esse é o caso, por exemplo, de microprocessadores, *chips* de memória, placas de vídeo etc. numa fábrica de computadores.

Por outro lado, o valor do aluguel do imóvel em que ocorre a produção geralmente é contratado por mês, independentemente de aumentos ou diminuições naquele mês do volume elaborado de produtos. Por isso o aluguel, geralmente, é um ***Custo Fixo***. A mesma classificação aplica-se ao custo de depreciação do imóvel, quando de propriedade da empresa.

É de grande importância notar que a classificação em Fixos e Variáveis leva em consideração a unidade de tempo, o valor total de custos com um item nessa unidade de tempo e o volume de atividade. Não se trata, como no caso da classificação de Diretos e Indiretos, de um relacionamento com a unidade produzida. Por exemplo, a matéria-prima é um Custo Variável, já que, por mês, seu valor total consumido depende da quantidade de bens fabricados. Entretanto, por unidade elaborada a quantidade de matéria-prima é provavelmente a mesma; mas isso não lhe tira a característica de Variável; pelo contrário, reforça-a.

A divisão em Fixos e Variáveis também tem outra característica importante: considerando a relação entre período e volume de atividade, não se está comparando um período com outro. Esse fato é de extrema importância na prática para não se confundir Custo Fixo com custo recorrente (repetitivo). Por exemplo, se a empresa adota um sistema de depreciação com base em quotas decrescentes e com isso atribui para cada período um valor diferente desse custo, continua tendo na depreciação um Custo Fixo, mesmo que a cada período ele seja de montante diferente. Também, se o aluguel é reajustado mensalmente em função de qualquer índice e nunca é igual em dois períodos subsequentes, não deixa de ser um Custo Fixo, já que em cada período seu valor é definido e independe do volume produzido.

Outros exemplos dessa natureza: mão de obra indireta – normalmente, é um gasto que, apesar de poder variar de período para período, é um Custo Fixo, pois, por mês, tem seu montante definido não em função do volume de produção; Conta dos Telefones da fábrica – pode ter seu valor diferente em cada mês, mas não é um Custo Variável, pois seu montante não necessariamente está variando em função do volume de produtos feitos.

Podem-se subclassificar os Custos Fixos em Repetitivos e Não repetitivos em valor, isto é, custos que se repetem em vários períodos seguintes na mesma importância (caso comum do pessoal da chefia da fábrica, das depreciações etc.) e custos que são diferentes em cada período (manutenção, energia etc.).

Outro aspecto dos Custos Fixos é que eles não são, mesmo os repetitivos, eternamente do mesmo valor. Sempre há pelo menos duas causas para sua modificação: mudança em função de variação de preços, de expansão da empresa ou de mudança de tecnologia. Por exemplo, o valor da Mão de Obra Indireta pode subir em determinado mês em função de um dissídio ou Convenção Coletiva de Trabalho; o aluguel pode crescer em virtude da adição de mais um imóvel; e o custo de depreciação também pode se alterar pela substituição de uma máquina velha por outra moderna de valor diferente, ou até mesmo por uma nova estimativa da vida útil econômica de um equipamento já existente. Todos esses itens geralmente são Custos Fixos, apesar de seus valores se modificarem, já que seu montante em cada período é independente do volume de produção.

Alguns tipos de custos têm componentes das duas naturezas. A Energia Elétrica é um exemplo, já que possui uma parcela que é fixa e outra variável; aquela independe de volume de produção, e é definida em função do potencial de consumo instalado, e esta depende diretamente do consumo efetivo. Custos dessa natureza são chamados, às vezes, semivariáveis ou semifixos (outras acepções existem para essas expressões), mas preferiremos, neste livro, dizer sempre que são Custos com parte Fixa e parte Variável.

!?

VOCÊ SABIA?

Para ser classificado como custo variável, um elemento de custo não precisa, necessariamente, variar de forma absolutamente proporcional ao volume de produção; basta que haja uma forte correlação entre ambos (o volume de produção e o recurso utilizado).

Necessário se torna aqui mencionar que a classificação em Fixos e Variáveis tem outra distinção com relação à classificação em Diretos e Indiretos. Esta última só se aplica a Custos propriamente ditos. Mas aquela também se aplica às Despesas. Assim, podemos ter Despesas de Vendas Fixas (propaganda, salários da administração das vendas, parte fixa da remuneração dos vendedores etc.) e Variáveis (comissão de vendedores, despesas de entrega etc.). Aliás, a propaganda é um bom exemplo de Despesa Fixa não necessariamente repetitiva, já que a empresa pode arcar com um gasto dessa natureza num mês e não em outro; apesar dessa sua oscilação, é um valor fixo por período, isto é, definido não em função do volume de atividade (o volume de atividade, para essa despesa, são as vendas e não a produção).

Existem Despesas Financeiras Fixas (juros e encargos de empréstimos) e também podem existir as Variáveis (descontos de duplicatas, se a empresa tem por norma a utilização dessa forma de financiamento). As Despesas de Administração são quase todas fixas, com raríssimas exceções.

Todos os custos podem ser classificados em Fixos ou Variáveis e em Diretos ou Indiretos ao mesmo tempo. Assim, a matéria-prima é um custo Variável e Direto; o seguro é Fixo e Indireto e assim por diante. Os custos variáveis são sempre diretos por natureza, embora possam, às vezes, ser tratados como indiretos por razões de economia, como visto no item 4.3.2. Existem certos custos variáveis e diretos que por terem, muitas vezes, um valor relativamente baixo, são tratados, contabilmente, como se fossem indiretos; isso pode ocorrer com a energia, grampos, cola etiquetas, aviamento etc.

Um custo que precisa de bastante atenção nessa classificação é a mão de obra Direta. Mas esse aspecto e outros também importantes serão tratados em capítulos posteriores.

!?

VOCÊ SABIA?

O advento do Custeio por Atividades (ABC, Capítulo 8) ampliou a visão de variabilidade de custos para além do volume de produção. Por exemplo, parte do custo da atividade de preparar máquinas pode variar em função da quantidade de preparações; parte do custo da atividade de comprar materiais pode variar em função da quantidade de pedidos de compra etc.

Alguns custos e despesas podem apresentar um comportamento denominado *variação assimétrica*. Isso significa que, quando o volume de produção cai, aqueles custos e despesas diminuem numa velocidade menor do que seu aumento quando a produção sobe. Pode acontecer, por exemplo, com a mão de obra direta.

4.3.4 Outras nomenclaturas de custos

Outras expressões e terminologias são costumeiramente utilizadas em Custos. Vamos aqui apenas relacionar duas, sem a intenção de esgotar o assunto.

Custos Primários: soma de matéria-prima com mão de obra direta. Não são a mesma coisa que Custos Diretos, já que nos Primários só estão incluídos aqueles dois itens. Assim, a embalagem é um Custo Direto, mas não Primário. No item 6.3.4 do Capítulo 6, ao estudar custos por departamento e por centro de custos, veremos outra abordagem para custos primários e secundários.

Custos de Transformação: soma de todos os Custos de Produção, exceto os relativos a matérias-primas e outros eventuais itens adquiridos e empregados sem nenhuma modificação pela empresa (componentes adquiridos prontos, embalagens compradas etc.). Representam esses Custos de Transformação o valor do esforço da própria empresa no processo de elaboração de um determinado item (mão de obra direta e indireta, energia, materiais de consumo industrial etc.).

RESUMO

A seguir, estão contemplados os principais assuntos discorridos no capítulo:

- Custo de Produção do Período é a soma dos custos incorridos no período dentro da fábrica: material direto, mão de obra direta, outros custos diretos e todos os custos indiretos.
- Custo da Produção Acabada é a soma dos custos contidos na produção acabada no período.
- Custo da Produção Vendida é a soma dos custos incorridos na produção dos bens e serviços que só agora estão sendo vendidos.
- Custos Diretos são custos diretamente apropriados aos produtos, bastando haver uma medida de consumo.
- Custos Indiretos não oferecem condição de uma medida objetiva e qualquer tentativa de alocação tem de ser feita de maneira estimada.
- Custos Fixos consideram o valor total de um custo. Independem de volume produzido.
- Custos Variáveis dependem do volume de atividade numa unidade de tempo.
- Fixos e Variáveis são uma classificação aplicável também às Despesas, enquanto Diretos e Indiretos são uma classificação aplicável só a Custos.

EXERCÍCIO 4.1

A empresa Máxima atua no mercado de produção de móveis na região de Itatiba. Em determinado mês, incorreu nos seguintes gastos:

- Compra de Matéria-prima $500.000
- Devolução de 20% (vinte por cento) das compras acima
- Mão de obra Direta $600.000
- Custos Indiretos de Produção $400.000

Outros dados:

- Estoque Inicial de Matéria-prima $120.000
- Estoque Inicial de Produtos em Elaboração $180.000
- Estoque Final de Produtos Acabados $200.000
- Não havia outros estoques

Pede-se calcular:

a) o Custo de Produção do mês (CPP);

b) o Custo da Produção Acabada no mês (CPA); e

c) o Custo da Produção Vendida no mês (CPV).

EXERCÍCIO 4.2

A empresa Mood's Hair produz um único produto (xampu de camomila), que é vendido, em média, por $9,50 cada unidade (preço líquido de tributos).

Em determinado período, em que não houve estoques iniciais, produziu integralmente 14.000 unidades, e incorreu nos seguintes custos e despesas (em $):

Supervisão geral da fábrica	17.000	
Depreciação dos equipamentos de fábrica	10.000	
Aluguel do galpão industrial	2.400	
Administração geral da empresa	8.000	
Material direto	2,00	por unidade
Mão de obra direta	1,50	por unidade
Energia elétrica consumida na produção	0,40	por unidade
Comissão sobre vendas	0,75	por unidade
Frete para entregar produtos vendidos	0,15	por unidade

Considerando-se que no final do período havia 1.000 unidades do produto acabado em estoque, e que não houve perdas, pede-se calcular:

a) O Estoque Final dos produtos acabados.

b) O Lucro (ou prejuízo) do período.

EXERCÍCIO 4.3

A empresa Camanducaia foi constituída em 2-1-X1 com capital inicial de $100.000 totalmente subscrito e integralizado em moeda corrente nacional. O objetivo da empresa é produzir artigos para festas em geral.

O preço médio de venda do produto acabado é estimado pelo pessoal da área de marketing em $9,50 por unidade. Impostos e comissões sobre receita bruta totalizam 20% do preço.

Durante o mês de janeiro, ocorreram os seguintes custos e despesas, todos pagos dentro do próprio mês (em $):

Aluguel da fábrica	3.000
Supervisão da fábrica	9.000
Matéria-prima ($3,00/u)	36.000
Mão de obra direta	24.000
Despesas administrativas	8.000

No final do mês, 12.000 pacotes de confete haviam sido integralmente produzidos e estavam armazenados para serem vendidos no mês seguinte (não houve vendas em janeiro).

Pede-se elaborar:

a) A Demonstração de Resultados relativa ao mês de janeiro.
b) O Balanço Patrimonial do dia 31 de janeiro.

EXERCÍCIO 4.4

Assinalar a alternativa correta:

1. Custos diretos em relação aos produtos são aqueles que podem ser:
   a) Rateados em bases não arbitrárias.
   b) Vistos fisicamente incorporados aos produtos.
   c) Rastreados e alocados com base em critérios lógicos.
   d) Mensurados e apropriados aos produtos com precisão.
   e) Mensurados e apropriados aos processos com precisão.
2. Classificam-se como fixos os elementos de custos cujo valor total, dentro de determinado intervalo de tempo, em relação às oscilações no volume de produção:
   a) Acompanhe o volume.
   b) Permaneça constante.
   c) Diminua com o aumento de volume.
   d) Aumente com a diminuição de volume.
   e) Tenha correlação com o volume de produção.
3. Custos alocados aos produtos por meio de estimativas e aproximações são denominados custos:
   a) Diretos.
   b) Orçados.
   c) Indiretos.
   d) Estimados.
   e) Aproximados.
4. Para classificar os custos como fixos ou variáveis, é importante conhecer:
   a) O volume de produção.
   b) O valor monetário dos custos.
   c) O horizonte temporal da análise.
   d) O intervalo relevante de nível de produção.
   e) Todas as alternativas anteriores estão corretas.
5. Suponha que uma empresa remunere seus vendedores exclusivamente por meio de um percentual incidente sobre o valor das vendas realizadas. Nesse caso, a remuneração dos vendedores, para a empresa, é:
   a) Custo Fixo.
   b) Despesa Fixa.
   c) Despesa Mista.
   d) Custo Variável.
   e) Despesa Variável.

6. Normalmente, são custos indiretos em relação aos produtos:

   a) Aluguel e supervisão.
   b) Aluguel e embalagens.
   c) Promoção e propaganda.
   d) Matéria-prima e supervisão.
   e) Matéria-prima e embalagens.

7. Normalmente, são custos diretos em relação aos produtos:

   a) Aluguel e supervisão.
   b) Aluguel e embalagens.
   c) Promoção e propaganda.
   d) Matéria-prima e supervisão.
   e) Matéria-prima e embalagens.

8. Uma máquina tem seu valor econômico definido em função da obsolescência e esta é estimada em cinco anos. A máquina é utilizada para fabricar três produtos alternadamente: o produto P1 utiliza 0,6 hm por unidade, o P2, 1,5 hm por unidade e o P3 utiliza 3,75 hm por unidade (hm = hora-máquina). Nessa situação, a depreciação dessa máquina, em relação aos produtos, deve ser classificada como custo:

   a) Primário.
   b) Direto e fixo.
   c) Direto e variável.
   d) Indireto e fixo.
   e) Indireto e variável.

9. Em uma indústria metalúrgica que fabrica vários produtos, verifica-se a ocorrência dos seguintes eventos em determinado período:

Eventos	$
Consumo de energia diretamente proporcional ao volume	400
Matéria-prima transformada em produtos acabados	500
Gastos com o pessoal do faturamento (salários e encargos sociais)	300
Depreciação de máquinas de produção comum (linha reta)	200
Honorários da administração da produção	600
Depreciação do equipamento de processamento de dados da Contabilidade Geral	100

   Pede-se calcular o valor dos custos diretos (CD), indiretos (CI), fixos (CF) e variáveis (CV) no período.

10. Em uma indústria de óleo vegetal, verificou-se a ocorrência das seguintes transações, em determinado mês:

    a) Moagem de cinquenta (50) toneladas de soja ao custo de $500/t.
    b) Depreciação do equipamento de moagem: $3.000.
    c) Utilização de recipientes para embalagem do óleo: $2.500 ($0,25/un.).
    d) Utilização de mão de obra de quatro operários cujo custo é de $1.000 (um mil) por mês, cada um (salário e encargos sociais).
    e) Utilização de rótulos de papel para colocar nas garrafas de óleo: $800 ($0,08/un.).
    f) Totalização da conta de energia elétrica, no valor de $4.000, sendo: $3.000 correspondentes à demanda mínima previamente contratada com a concessionária e $1.000 proporcionais ao consumo excedente.

    Pede-se calcular o valor dos custos fixos e dos variáveis naquele mês.

ATIVIDADES COMPLEMENTARES SUGERIDAS

1. Identifique na sua Instituição de Ensino ou na sua empresa os custos Diretos, Indiretos, Fixos ou Variáveis. Discuta os Custos identificados.
2. Dentre os custos identificados, na sua opinião, qual o maior deles? Você seria capaz de identificar uma solução para que esse custo fosse menor? De que forma? Discuta.
3. A forma de contratação da compra de energia elétrica junto à concessionária (demanda estimada, consumo efetivo etc.) pode influenciar sua classificação como custo fixo ou variável? Por quê?
4. Como você classifica o comportamento do custo de aluguel de espaços *coworking* em uma empresa de prestação de serviços de consultoria?
5. Em uma empresa de desenvolvimento de *software*, o que deve preponderar na estrutura de custos: os fixos ou os variáveis? Por quê?

5

ESQUEMA BÁSICO DA CONTABILIDADE DE CUSTOS (I)

5.1 OBJETIVOS DE APRENDIZAGEM

Ao final deste capítulo, o leitor deverá ser capaz de:

- Compreender a importância do esquema básico da Contabilidade de Custos para sua posterior contabilização, de acordo com o fluxo de produção.
- Descrever as etapas do esquema básico da Contabilidade de Custos em duas diferentes situações.
- Distinguir os critérios simples e complexos de contabilização de custos.

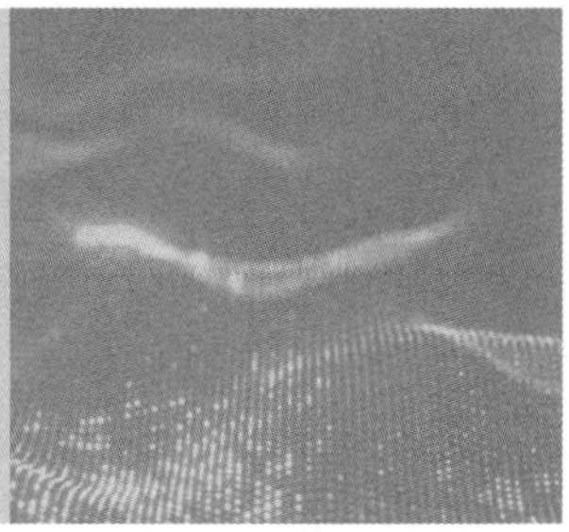

5.2 INTRODUÇÃO

Vamos exemplificar o esquema básico da Contabilidade de Custos, lembrando ser esta Parte (os primeiros 14 capítulos) relativa à utilização de Custos para Avaliação de Estoques para fins legais (fiscais e societários); por essa razão estamos trabalhando com o Custeio por Absorção.

5.3 PROCESSO DE CUSTEAMENTO

5.3.1 1º passo: a separação entre custos e despesas

Suponhamos que estes sejam os gastos de determinado período da Empresa X:

Comissões de Vendedores	$80.000
Salários da Fábrica	$120.000
Matéria-prima Consumida	$350.000
Salários da Administração	$90.000
Depreciação na Fábrica	$60.000
Seguros da Fábrica	$10.000
Despesas Financeiras	$50.000
Honorários da Diretoria	$40.000

Materiais Diversos – Fábrica	$15.000
Energia Elétrica – Fábrica	$85.000
Manutenção – Fábrica	$70.000
Despesas de Entrega	$45.000
Correios e Telefone	$5.000
Material de Consumo – Escritório	$5.000
Total gastos/abril	***$1.025.000***

A primeira tarefa é a separação dos Custos de Produção. Teremos então a seguinte distribuição dos gastos:

Custos de Produção	
Salários da Fábrica (Mão de Obra)	$120.000
Matéria-prima Consumida	$350.000
Depreciação na Fábrica	$60.000
Seguros da Fábrica	$10.000
Materiais Diversos – Fábrica	$15.000
Energia Elétrica – Fábrica	$85.000
Manutenção – Fábrica	$70.000
Total	***$710.000***
(Estes integrarão o Custo dos Produtos)	
Despesas Administrativas	
Salários da Administração	$90.000
Honorários da Diretoria	$40.000
Correios e Telefone	$5.000
Material de Consumo – Escritório	$5.000
Total	***$140.000***
Despesas de Venda	
Comissões de Vendedores	$80.000
Despesas de Entrega	$45.000
Total	***$125.000***
Despesas Financeiras	***$50.000***

(As despesas, que não entraram no custo de produção, as quais totalizam $315.000, vão ser descarregadas diretamente no Resultado do período, sem serem atribuídas aos produtos; essa é a lógica do Custeio por Absorção.)

5.3.2 2º passo: a apropriação dos custos diretos aos produtos

Digamos que essa empresa elabore três produtos diferentes, chamados A, B e C. O passo seguinte é o de se distribuírem os custos diretos de produção aos três itens. Suponhamos ainda que nessa empresa, além da Matéria-prima, sejam também custos diretos parte da Mão de Obra e parte da Energia Elétrica.

O problema agora é saber quanto da Matéria-prima, quanto de Mão de Obra Direta e quanto da Energia Elétrica direta foi aplicado em A, em B e em C.

Para o consumo de Matéria-prima, a empresa mantém um sistema de requisições manual ou informatizado de tal forma a saber sempre para qual produto foi utilizado o material retirado do Almoxarifado. E, a partir desse dado, conhece-se a seguinte distribuição:

Matéria-prima:	
Produto A	$75.000
Produto B	$135.000
Produto C	$140.000
Total	***$350.000***

Para a Mão de Obra, a situação é um pouco mais complexa, já que é necessário verificar do total de $120.000 quanto diz respeito à Mão de Obra Direta e quanto é a parte pertencente à Mão de Obra Indireta. A empresa, para poder conhecer bem esse detalhe, mantém um apontamento (verificação manual ou informatizada) de quais foram os operários que trabalharam em cada produto no mês e por quanto tempo. Conhecidos tais detalhes e calculados os valores, conclui:

Mão de Obra:		
Indireta		$30.000
Direta		
Produto A	$22.000	
Produto B	$47.000	
Produto C	$21.000	
		$90.000
Total		***$120.000***

Logo, os $90.000 serão atribuídos diretamente aos produtos, enquanto os $30.000 serão adicionados ao rol dos custos indiretos.

A verificação da Energia Elétrica evidencia que, após anotado o consumo na fabricação dos produtos durante o mês, $45.000 são diretamente atribuíveis e $40.000 só alocáveis por critérios de rateio, já que existem medidores apenas em algumas máquinas.

Energia Elétrica:		
Indireta		$40.000
Direta		
Produto A	$18.000	
Produto B	$20.000	
Produto C	$7.000	
		$45.000
Total		***$85.000***

Temos, então, resumidamente:

Quadro 5.1

	Diretos			Indiretos	Total
	Produto A	Produto B	Produto C		
Matéria-prima	$75.000	$135.000	$140.000	–	$350.000
Mão de Obra	$22.000	$47.000	$21.000	$30.000	$120.000
Energia Elétrica	$18.000	$20.000	$7.000	$40.000	$85.000
Depreciação	–	–	–	$60.000	$60.000
Seguros	–	–	–	$10.000	$10.000
Materiais Diversos	–	–	–	$15.000	$15.000
Manutenção	–	–	–	$70.000	$70.000
Total	***$115.000***	***$202.000***	***$168.000***	***$225.000***	***$710.000***

Do total de Custos de Produção, $485.000 são diretos e já estão apropriados e $225.000 precisam ainda ser alocados.

5.3.3 3º passo: alocação dos custos indiretos aos produtos

Vamos agora analisar a forma ou as formas de alocar os custos indiretos que totalizam, neste exemplo, $225.000. Uma alternativa simplista seria a alocação aos produtos A, B e C proporcionalmente ao que cada um já recebeu de custos diretos. Esse critério é relativamente usado quando os custos diretos são a grande porção dos custos totais, e não há outra maneira mais objetiva de visualização de quanto dos indiretos poderia, de forma menos arbitrária, ser alocado a A, B e C.

Teríamos então:

Quadro 5.2

	Custos Diretos		Custos Indiretos		Total
	$	%	$	%	
Produto A	$115.000	23,71%	$53.351	23,71%	$168.351
Produto B	$202.000	41,65%	$93.711	41,65%	$295.711
Produto C	$168.000	34,64%	$77.938	34,64%	$245.938
Total	***$485.000***	***100,00%***	***$225.000***	***100,00%***	***$710.000***

A última coluna do Quadro 5.2 nos fornece então o custo total de cada produto, e a penúltima a parte que lhes foi alocada dos custos indiretos.

Suponhamos, entretanto, que a empresa resolva fazer outro tipo de alocação. Conhecendo o tempo de produção de cada um, pretende fazer a distribuição dos custos indiretos proporcionalmente a ele, e faz uso dos próprios valores em reais da Mão de Obra Direta, por ter sido esta calculada com base nesse mesmo tempo. Teríamos, dessa maneira:

Quadro 5.3

	Mão de Obra Direta		Custos Indiretos	
	$	%	$	%
Produto A	$22.000	24,44%	$55.000	24,44%
Produto B	$47.000	52,22%	$117.500	52,22%
Produto C	$21.000	23,33%	$52.500	23,33%
Total	***$90.000***	***99,99%***	***$225.000***	***99,9%***

O custo total de cada produto seria:

Quadro 5.4

	Custo Direto	Custo Indireto	Total
Produto A	$115.000	$55.000	$170.000
Produto B	$202.000	$117.500	$319.500
Produto C	$168.000	$52.500	$220.500
Total	***$485.000***	***$225.000***	***$710.000***

Esses valores de custos indiretos diferentes e consequentes custos totais também diferentes para cada produto podem não só provocar análises distorcidas, como também diminuir o grau de credibilidade com relação às informações de Custos. Não há, entretanto, forma perfeita de se fazer essa distribuição; podemos, no máximo, procurar entre as diferentes alternativas a que traz consigo menor grau de arbitrariedade.

Os Capítulos 6, 7 e 8 tratam de alternativas de atribuição de custos indiretos aos produtos de forma menos simplista e menos arbitrária.

5.3.4 Ilustração do esquema básico

Por enquanto, o esquema básico é:

a) separação entre Custos e Despesas;

b) apropriação dos Custos Diretos aos produtos ou serviços;

c) alocação (rateio) dos Custos Indiretos dos produtos e serviços.

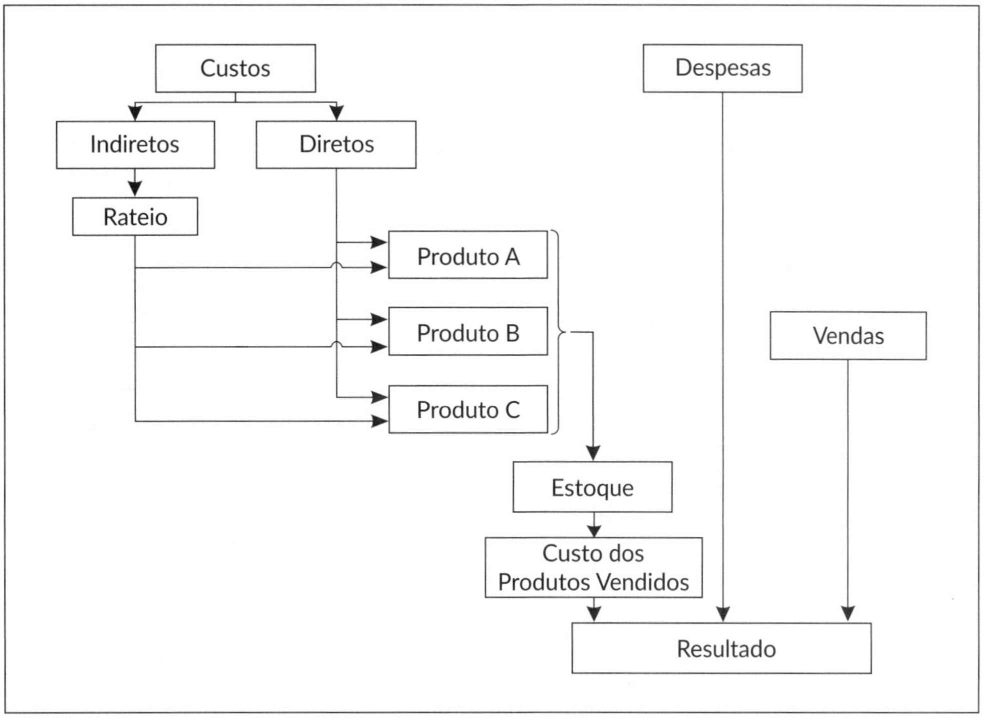

VOCÊ SABIA?

Os custos incorridos num período só irão integralmente para o Resultado desse mesmo período caso toda a produção elaborada seja vendida, não havendo, portanto, estoques finais. Já as despesas – de Administração, de Vendas, Financeiras etc. – sempre são debitadas ao Resultado do período em que são incorridas: assim é que funciona o Custeio por Absorção.

5.3.5 Contabilização dos custos

A forma de contabilização desse procedimento pode ser variada. Existem desde os critérios mais simples até os mais complexos. Em nosso exemplo visto até agora não há realmente muita complexidade, mas em outros à frente a situação pode tornar-se bem diferente. Admitindo que a empresa tenha resolvido, continuando o exemplo desenvolvido, contabilizar, com base no segundo critério de rateio de CIP (Custos Indiretos de Produção), à base do valor da Mão de Obra Direta, poderíamos ter:

Critério Simples: Contabilização dos Custos pela Contabilidade Financeira em contas apropriadas e transferência direta para os estoques à medida que os produtos são acabados ou então só no fim do período, sem registro das fases de rateio:

Matéria-prima Consumida	
350.000	

Mão de Obra (Sal. Fábrica)	
120.000	

Depreciação Fábrica	
60.000	

Seguros Fábrica	
10.000	

Materiais Diversos Fábrica	
15.000	

Energia Elétrica Fábrica	
85.000	

Manutenção Fábrica	
70.000	

As Contas de Despesas, por não nos interessarem nesse contexto, ficam de fora. Os Custos apurados serão distribuídos diretamente às contas de estoques com base no Quadro 5.4 (2º critério):

Débito:	**Estoques:**	
	Produto A	$170.000
	Produto B	$319.500
	Produto C	$220.500
		$710.000
Crédito:	**Custos:**	
	Matéria-prima Consumida	$350.000
	Mão de Obra (Salário Fábrica)	$120.000
	Depreciação Fábrica	$60.000
	Seguros Fábrica	$10.000
	Materiais Diversos Fábrica	$15.000
	Energia Elétrica Fábrica	$85.000
	Manutenção Fábrica	$70.000
		$710.000

(Conforme mapa de apuração de custos – Quadro 5.4.)

Ficam as contas assim:

Matéria-prima Consumida	
350.000	350.000 (a)

Mão de Obra (Sal. Fábrica)	
120.000	120.000 (a)

Depreciação Fábrica	
60.000	60.000 (a)

Seguros Fábrica	
10.000	10.000 (a)

Materiais Diversos Fábrica	
15.000	15.000 (a)

Energia Elétrica Fábrica	
85.000	85.000 (a)

Manutenção Fábrica			
	70.000	70.000	(a)

Estoque Produto A		
(a)	170.000	

Estoque Produto B		
(a)	319.500	

Estoque Produto C		
(a)	220.500	

Talvez se pudesse argumentar que lançamentos tão simplificados não fornecem uma boa visão de como foi feita a distribuição dos custos. Entretanto, havendo um bom sistema de banco de dados, as melhores fontes dessas informações sobre distribuição serão sempre os próprios registros, e não o Diário e o Razão da Contabilidade.

Critério Complexo: Uma maneira mais complexa para contabilização dos Custos seria representada pelo registro contábil no mesmo grau do detalhamento dos mapas e arquivos de custos. Poderíamos, para o mesmo exemplo, fazendo uso dos Quadros 5.1 e 5.4, contabilizar:

a)	*Débito:*	Mão de Obra Direta	$90.000	
		Mão de Obra Indireta	$30.000	
			$120.000	
	Crédito:	Mão de Obra (Salário Fábrica)		***$120.000***
		(Separação da Mão de Obra)		
b)	*Débito:*	Energia Elétrica Direta	$45.000	
		Energia Elétrica Indireta	$40.000	
			$85.000	
	Crédito:	Energia Elétrica (Fábrica)		***$85.000***
		(Separação da Energia Elétrica)		
c)	*Débito:*	**Estoques:**		
		Produto A	$75.000	
		Produto B	$135.000	
		Produto C	$140.000	
			$350.000	
	Crédito:	Matéria-prima Consumida		***$350.000***
		(Apropriação da Matéria-prima aos produtos)		
d)	*Débito:*	**Estoques:**		
		Produto A	$22.000	
		Produto B	$47.000	
		Produto C	$21.000	
			$90.000	
	Crédito:	Mão de Obra Direta		***$90.000***
		(Apropriação da Mão de Obra Direta aos produtos)		
e)	*Débito:*	**Estoques:**		
		Produto A	$18.000	
		Produto B	$20.000	
		Produto C	$7.000	
			$45.000	
	Crédito:	Energia Elétrica Direta		***$45.000***
		(Alocação da Energia Elétrica Direta aos produtos)		

f) *Débito:*

	Estoques:	
Produto A	$55.000	
Produto B	$117.500	
Produto C	$52.500	
	$225.000	
Crédito: Mão de Obra Indireta		$30.000
Energia Elétrica Indireta		$40.000
Depreciação da Fábrica		$60.000
Seguros Fábrica		$10.000
Materiais Diversos Fábrica		$15.000
Manutenção Fábrica		$70.000
		$225.000

(Alocação dos Custos Indiretos aos produtos)

As contas ficariam:

Matéria-prima Consumida	
350.000	
	350.000 (c)

Mão de Obra (Sal. Fábrica)	
120.000	
	120.000 (a)

Depreciação Fábrica	
60.000	
	60.000 (f)

Seguros Fábrica	
10.000	
	10.000 (f)

Materiais Diversos Fábrica	
15.000	
	15.000 (f)

Manutenção Fábrica	
70.000	
	70.000 (f)

Energia Elétrica Direta	
(b) 45.000	
	45.000 (e)

Energia Elétrica Indireta	
(b) 40.000	
	40.000 (f)

Estoque Produto B	
85.000	
	85.000 (b)

Mão de Obra Direta	
(a) 90.000	
	90.000 (d)

Mão de Obra Indireta	
(a) 30.000	
	30.000 (f)

Estoque Produto A	
(c) 75.000	
(d) 22.000	
(e) 18.000	
(f) 55.000	
170.000	

Estoque Produto B	
(c) 135.000	
(d) 47.000	
(e) 20.000	
(f) 117.500	
319.500	

Estoque Produto C	
(c) 140.000	
(d) 21.000	
(e) 7.000	
(f) 52.500	
220.500	

Esta forma de contabilização segue de perto cada passo do próprio sistema de apuração e distribuição dos Custos e na prática deve ser aconselhada apenas quando da necessidade desses registros contábeis analíticos. Havendo possibilidade da manutenção de arquivos, essa maneira mais complexa de contabilização deve ser evitada, pois, além de normalmente emperrar a Contabilidade Financeira devido ao número extremamente grande de lançamentos requeridos, é de pouca utilidade prática, devido à dificuldade do manuseio de informações registradas dessa forma. Os mapas extraídos dos arquivos são mais fáceis de ser entendidos, e não há, inclusive, nem dupla forma de controle, pois a Contabilidade vai apenas "copiar" os próprios mapas.

Inúmeros outros critérios de contabilização existem, entremeando esses dois extremos vistos.

VOCÊ SABIA?

Em ambientes conhecidos como *just-in-time* o fornecedor entrega o material diretamente na linha de produção, sem passar pelo estoque de matéria-prima e o produto gerado é despachado diretamente para o cliente, sem passar pelo estoque de produtos acabados.

Nessa situação, é possível utilizar apenas duas contas para contabilizar os custos de produção do período: uma para materiais, outra para Custos de Conversão – mão de obra e custos indiretos.

Além disso, muitas vezes o valor total dos custos de produção se transforma integralmente em Custo da Produção Acabada e em Custo dos Produtos Vendidos – tudo dentro do mesmo período contábil.

Isso é possível porque, nesse ambiente de alta tecnologia, todo o ciclo de produção se completa em apenas algumas horas.

Assim, em vez de seguir o fluxo de produção, toda a contabilização se faz apenas ao final dele; isso é chamado de *custeio retrocedido*.

RESUMO

A seguir, estão contemplados os principais assuntos discorridos no capítulo:

- O esquema básico da Contabilidade de Custos consiste, dentro do visto até o momento, em:
  a) separação de Custos e Despesas;
  b) apropriação dos Custos Diretos aos produtos; e
  c) alocação mediante rateio dos Custos Indiretos aos produtos.
- A contabilização dos Custos pode ir de um extremo de simplificação, com a Contabilidade Financeira separando Custos de Despesas e registrando diretamente a passagem dos Custos aos Produtos.
- Na prática, quanto mais simples for o sistema de contabilização melhor, desde que a empresa mantenha um adequado sistema de arquivamento dos mapas, eletrônicos (digitais) ou não.

EXERCÍCIO 5.1

A indústria Aniel produz sabão em pó e sabão líquido, ambos específicos para lavagem de roupa à margem dos rios do nordeste brasileiro.

Em determinado período, produziu 20.000 caixas do sabão em pó e 16.000 frascos do líquido, incorrendo nos seguintes custos:

		Pó	Líquido
Matéria-prima	$2/kg	12.000 kg	8.000 kg
Mão de obra Direta	$5/hora	6.000 h	3.000 h

Custos Indiretos de Produção (CIP) (em $):

Supervisão da produção	3.600
Depreciação de equipamentos de produção	12.000
Aluguel do galpão industrial	4.500
Seguro dos equipamentos da produção	1.500
Energia elétrica consumida na produção	2.400

Os custos de matéria-prima, Mão de Obra Direta e os Custos Indiretos de Produção são comuns aos dois produtos.

A Aniel possui contrato de demanda da energia elétrica com a concessionária, pelo qual paga apenas uma quantia fixa por mês, e não mede o consumo por tipo de produto.

Os CIP são alocados aos produtos de acordo com o tempo de MOD empregado na produção de um e outro, sabendo-se que são necessários 18 minutos para produzir uma caixa de sabão em pó e 11,25 minutos para produzir um frasco de sabão líquido.

A indústria utiliza em sua produção uma máquina que, devido à corrosão, tem sua vida útil física e econômica limitada pela quantidade de matéria-prima processada (a vida útil é estimada pelo fabricante do equipamento em 400.000 kg de processamento de matéria-prima). Foi adquirida por $320.000 e seu custo ainda não está incluído na relação acima.

Pede-se:

a) elaborar um quadro de apropriação de custos aos produtos; e
b) calcular o custo unitário de cada produto.

EXERCÍCIO 5.2

A Cia. Porto Eucaliptos iniciou suas atividades em 2-1-X1; em 31-12-X1, seu primeiro balancete de verificação era constituído pelas seguintes contas (em $ mil):

1	Caixa	460
2	Bancos	1.000
3	Clientes	6.060
4	Estoque de matéria-prima	5.000
5	Equipamentos de produção	2.000
6	Depreciação acumulada de equipamentos de produção	300
7	Veículos	1.000
8	Depreciação acumulada de veículos	100
9	Empréstimos de curto prazo obtidos com encargos prefixados	3.520
10	Capital social	15.000
11	Consumo de matéria-prima	7.000
12	Mão de obra direta (inclui encargos sociais) no período	6.000
13	Energia elétrica consumida na produção	790
14	Supervisão geral da produção	2.880
15	Aluguel da fábrica	600
16	Consumo de lubrificantes nos equipamentos de produção	350
17	Manutenção preventiva de máquinas comuns de produção	500
18	Supervisão do almoxarifado de matéria-prima	1.440

19	Depreciação de equipamento de produção	300
20	Seguro dos equipamentos de fábrica	340
21	Despesas comerciais e administrativas da empresa no período	8.100
22	Despesas financeiras no período	200
23	Vendas de produtos acabados (PAC)	25.100

Outros dados relativos ao ano de X1:

1. Produção e vendas no período:

Produtos	Preço médio de venda/un.	Volume de produção (em unidades)	Volume de vendas (em unidades)
X	$270	50.000	40.000
Y	$350	30.000	18.000
Z	$500	20.000	16.000

2. O tempo de produção requerido por unidade de produto é o seguinte:

Produtos	Tempo de MOD	Tempo de máquina
X	1,0 hh	0,60 hm
Y	2,0 hh	1,50 hm
Z	2,5 hh	3,75 hm

3. Com relação aos custos diretos, sabe-se que:
   - A matéria-prima é a mesma para todos os produtos, e o consumo faz-se na mesma proporção: 1 kg de MP para cada unidade de produto acabado.
   - As habilidades e os salários dos operários são aproximadamente iguais para todos os produtos.
   - O consumo de energia elétrica é o mesmo em termos de kwh, por isso seu custo é diretamente proporcional ao tempo de utilização das máquinas.
4. Os custos de Supervisão da Produção e Aluguel devem ser rateados com base na MOD; e Supervisão do almoxarifado, com matéria-prima.
5. Os demais custos indiretos são correlacionados ao tempo de uso de máquinas.
6. O Imposto de Renda (IR) é de 30% sobre o lucro.

Pede-se:

I. Calcular:
   a) O custo unitário de cada produto.
   b) O custo total de cada produto.
   c) O Custo dos Produtos Vendidos no período.
   d) O valor do Estoque Final de Produtos Acabados.

II. Elaborar:
   a) Um quadro demonstrando o custo direto total por produto.
   b) Um Mapa de Rateio dos Custos Indiretos de Produção (CIP) dos elementos de custos aos produtos.
   c) A Demonstração de Resultados do período, considerando 30% de Imposto de Renda sobre o lucro.
   d) O Balanço Patrimonial de 31-12-X1.

EXERCÍCIO 5.3

A empresa Rubi produz dois produtos, A e B, cujo volume de produção e de vendas é de cerca de 12.000 unidades do Produto A e 4.000 unidades do B, por período, e os Custos Indiretos de Produção (CIP) totalizam $500.000.

Em determinado período, foram registrados os seguintes custos diretos por unidade (em $):

	A	B
Material direto	20	25
Mão de obra direta	10	6

Pede-se calcular o valor dos Custos Indiretos de Produção (CIP) de cada produto, utilizando o custo de mão de obra direta como base de rateio.

EXERCÍCIO 5.4

Uma indústria de confecções produz e vende dois tipos de roupas femininas: saias e vestidos. Ela não possui sistema de Contabilidade de Custos por departamento, e as principais informações são dadas a seguir:

Tabela 1 Preços e volumes normais de produção e vendas

Produtos	Preço de venda bruto (por un.)	Volume (em unidades)	Volume de vendas (em unidades)
Saias	$60	35.000	30.000
Vestidos	$80	29.000	25.000

Tabela 2 Dados físicos de produção

	Saias	Vestidos
Quantidade de matéria-prima (m/un.)	3	5
Tempo de MOD (hh/un.)	2,4	4,0
Área ocupada (m^2)	600	400
Consumo de energia (kwh)	12.000	13.000
Tempo de máquina (hm)	44.880	57.120

Tabela 3 Estrutura básica de custos e despesas

Matéria-prima	$7 por metro de tecido
Mão de obra direta (MOD): salário dos operários	$6 por hora
Tributos sobre a receita bruta	15%
Comissões sobre a receita líquida	8%
Aluguel do galpão industrial	$60.000 por período
Supervisão geral da produção	$40.000 por período
Energia elétrica na produção (demanda)	$30.000 por período
Depreciação das máquinas de produção	$15.000 por período
Despesas com publicidade e propaganda	$120.000 por período
Despesas administrativas gerais da empresa	$150.000 por período

Sabendo-se que não havia estoques iniciais, pede-se calcular, utilizando o Custeio por Absorção:

a) o custo total de cada produto;
b) o custo unitário de cada produto;
c) o lucro bruto de cada produto vendido e o total da empresa;
d) o lucro operacional da empresa; e
e) o valor do estoque final de produtos acabados.

Obs.: Ratear o custo de supervisão com base na mão de obra direta (MOD).

ATIVIDADES COMPLEMENTARES SUGERIDAS

Prepare uma lista de custos diretos e outra de indiretos que devem ter sido incorridos para a produção deste livro.

6

ESQUEMA BÁSICO DA CONTABILIDADE DE CUSTOS (II) – DEPARTAMENTALIZAÇÃO

6.1 OBJETIVOS DE APRENDIZAGEM

Ao final deste capítulo, o leitor deverá ser capaz de:

- Descrever as etapas da contabilização de custos por meio da departamentalização.
- Compreender a relevância da Departamentalização para a Contabilidade de Custos.
- Compreender o que é e para que serve um centro de custos.
- Distinguir centros de custos de departamentos.

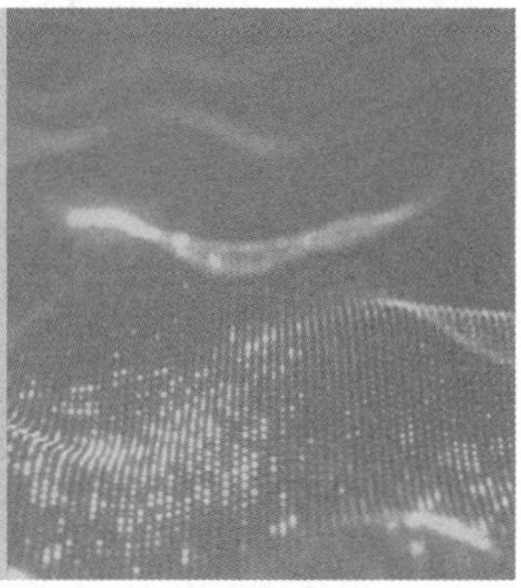

6.2 INTRODUÇÃO

Vamos aprofundar-nos um pouco mais no problema relativo à alocação dos Custos Indiretos, verificando o que é e por que se faz a Departamentalização.

6.3 CONCEITOS

6.3.1 Por que departamentalizar

Suponhamos que uma empresa, produzindo três produtos, D, E e F, tenha já apropriado a eles os seguintes Custos Diretos:

Produto D	$50.000
Produto E	$30.000
Produto F	$45.000
Total	***$125.000***

Estão agora para ser alocados os Custos Indiretos seguintes:

Depreciação de Equipamentos	$20.000
Manutenção de Equipamentos	$35.000
Energia Elétrica	$30.000
Supervisão de Produção	$10.000
Outros Custos Indiretos	$20.000
Total	***$115.000***

Devido à grande preponderância de Custos Indiretos ligados a equipamentos (depreciação, manutenção, energia), decide-se então fazer a distribuição aos diversos produtos com base no tempo de horas-máquina que cada um leva para ser feito.

Produto D	400 horas-máquina – 40%
Produto E	200 horas máquina – 20%
Produto F	400 horas-máquina – 40%
Total	***1.000 horas-máquina – 100%***

Portanto, a alocação dos Custos Indiretos e o cálculo do Custo Total ficariam:

(Custo Indireto médio por hora-máquina = $115.000 ÷ 1.000 hm = $115/hm.)

Quadro 6.1

	Custos Indiretos		Custos Diretos	Total
	$	%		
Produto D	$46.000	40%	$50.000	$96.000
Produto E	$23.000	20%	$30.000	$53.000
Produto F	$46.000	40%	$45.000	$91.000
Total	***$115.000***	***100%***	***$125.000***	***$240.000***

Estariam por esses valores acima os Custos Totais de Produção dos três produtos.

Suponhamos, entretanto, que, ao se analisar mais detidamente o processo de produção, se verifica que, apesar de os totais de horas-máquina consumidos serem aqueles mesmos, existe uma grande disparidade entre os produtos pelo seguinte: o produto D gasta um total de 400 hm, distribuídas nos setores de Corte, Montagem e Acabamento, enquanto o Produto E só passa pelo Corte, não necessitando nem de Montagem nem de Acabamento, e o Produto F só passa exatamente por esses dois últimos setores, não precisando passar pelo Corte. A distribuição total é assim levantada:

Quadro 6.2

	Corte	Montagem	Acabamento	Total
	hm	*hm*	*hm*	*hm*
Produto D	100	50	250	400
Produto E	200	–	–	200
Produto F	–	250	150	400
Total	***300***	***300***	***400***	***1.000***

Completando essa investigação adicional, verifica-se, também, que o gasto com os Custos Indiretos de Produção não é uniforme entre os setores, distribuindo-se:

Quadro 6.3

	Corte	Montagem	Acabamento	Total
Depreciação	$10.000	$3.000	$7.000	$20.000
Manutenção	$20.000	$3.000	$12.000	$35.000
Energia	$6.000	$4.000	$20.000	$30.000
Supervisão	$5.000	$2.000	$3.000	$10.000
Outros C.I.	$4.000	$3.000	$13.000	$20.000
Total	***$45.000***	***$15.000***	***$55.000***	***$115.000***
Custo Médio por hora-máquina	$45.000 × 300hm = $150/hm	$15.000 × 300hm = $50/hm	$55.000 × 400hm = $137,50/hm	$115.000 × 1.000hm = $115/hm

Podemos agora efetuar uma alocação dos Custos Indiretos de forma mais adequada, com mais acurácia, levando em conta o tempo de máquina aplicado a cada produto em cada Departamento (Quadro 6.2) e o Custo por hora-máquina de cada Departamento (Quadro 6.3).

Quadro 6.4

	Corte	Montagem	Acabamento	Total
Produto D	100hm × $150/hm = $15.000	50hm × $50/hm = $2.500	250hm × $137,50/hm = $34.375	$51.875
Produto E	200hm × $150/hm = $30.000	–	–	$30.000
Produto F	–	250hm × $50/hm = $12.500	150hm × $137,50/hm = $20.625	$33.125
Total	**$45.000**	**$15.000**	**$55.000**	**$115.000**

Podemos fazer uma comparação entre os valores dos Custos Indiretos alocados a cada produto sem a Departamentalização (uso de uma única taxa horária para todos) e com a Departamentalização (uma taxa para cada departamento), usando os Quadros 6.1 e 6.4:

Quadro 6.5

	Custos Indiretos		Diferença	
	Sem Departamentalização (Quadro 6.1)	*Com Departamentalização (Quadro 6.4)*	*Em $*	*Em $*
Produto D	$46.000	$51.875	$5.875	12,8%
Produto E	$23.000	$30.000	$7.000	30,4%
Produto F	$46.000	$33.125	($12.875)	(28,0%)
Total	***$115.000***	***$115.000***	–	–

Atentando para a coluna "Diferença", verificamos o grau de distorção existente entre as duas formas, e, apesar de quaisquer possíveis arbitrariedades ocorridas na forma de rateio por hora-máquina, é claro que na alocação com base na Departamentalização estarão sendo cometidas menos injustiças e diminuídas as chances de erros maiores.

Se a empresa analisasse a lucratividade de seus produtos ou tentasse administrar seus preços de venda com base em seus custos de produção, verificaria então que, com base na Departamentalização, precisaria aumentar os dos Produtos D e E, diminuindo o de F. Sérios problemas poderiam ocorrer em processos de concorrência ou na competição no mercado com outras empresas pelo inadequado processo de custeamento.

O Capítulo 19 coloca em discussão a validade do uso de informações de custos para fins de fixação de preços, principalmente em mercados muito competitivos.

6.3.2 Que é departamento e como se classifica

Departamento é uma unidade administrativa para a Contabilidade de Custos, representada por pessoas e máquinas (na maioria dos casos), em que se desenvolvem atividades homogêneas. Diz-se unidade administrativa porque sempre há um responsável para cada Departamento ou, pelo menos, deveria haver. Esse conceito que liga a atribuição de cada Departamento à responsabilidade de uma pessoa dará apoio a um dos propósitos de uso da Contabilidade de Custos como forma de planejamento, controle e avaliação de desempenho; esse aspecto será desenvolvido na Parte IV – Custos para Controle, sob o nome Custos por Responsabilidade.

Como em cada Departamento são realizadas atividades homogêneas, é possível aplicar o Custeio por Atividades (ABC, Capítulo 8) no âmbito de cada um.

Para o campo de Custos para Avaliação de Estoques que estamos vendo, interessa-nos mais visualizar o Departamento como um conjunto que, apesar de na maioria das vezes ser constituído por pessoas e máquinas, pode também ocorrer sob a forma de pessoas apenas e, pelo menos teoricamente, também só máquinas, que realizam atividades homogêneas. Por exemplo: Forjaria, Cromeação, Montagem, Pintura, Almoxarifado, Manutenção, Refinaria, Administração Geral da Produção etc.

Verificando esses exemplos, notamos que podem ser divididos em dois grandes grupos: os que promovem qualquer tipo de modificação sobre o produto diretamente e os que nem recebem o produto; aqueles são os que atuam sobre o produto e são conhecidos por ***Departamentos de Produção***, enquanto os segundos, que vivem basicamente para execução de serviços auxiliares, provendo apoio e não para atuação direta sobre os produtos, são conhecidos por ***Departamentos de Serviços***.

Os *Departamentos de Serviços* (impropriamente chamados às vezes de Não produtivos e também conhecidos por Auxiliares) geralmente não têm seus custos alocados diretamente aos produtos, pois estes não passam por eles. Por viverem esses Departamentos para a prestação de serviços a outros Departamentos, têm seus custos transferidos para os que deles se beneficiam. Esse processo de transferência será estudado com mais profundidade no Capítulo 7.

Os *Departamentos de Produção* (também conhecidos por Produtivos) têm seus custos claramente relacionados aos produtos, já que estes passam inclusive fisicamente por eles.

6.3.3 Departamento e centro de custos

Na maioria das vezes um Departamento é considerado um Centro de Custos, ou seja, nele são acumulados os Custos Indiretos para posterior alocação aos produtos (Departamentos de Produção) ou a outros Departamentos (Departamentos de Serviços).

Em outras situações podem existir diversos Centros de Custos dentro de um mesmo Departamento. Suponhamos, por exemplo, que em um Departamento de Perfuração sejam executados diversos serviços dessa natureza com o uso de três máquinas; poderiam ocorrer pelo menos três hipóteses:

Primeira hipótese: Cada uma das três máquinas executa todos os tipos de serviços (furos de diversos diâmetros e profundidades em qualquer material utilizado pela empresa). Existem três máquinas devido ao volume de serviço, e não há nenhuma que exija habilidades profissionais especiais ou também qualquer instalação específica.

Nesse caso, mesmo que os três operadores eventualmente ganhem salários diferentes, haverá a conceituação de um único Departamento de Perfuração, e ele constituirá um único Centro de Custos. Haverá a apuração dos Custos desse Centro, e serão eles distribuídos aos produtos em função do número de perfurações ou do volume perfurado, ou outro critério, com base no custo médio do conjunto de máquinas, já que são iguais, executam qualquer serviço e são manipuláveis por qualquer empregado desse departamento. Nem haveria cabimento em se atribuir a um produto um custo maior por haver sido processado na máquina 2, e esta ter um custo horário mais caro, por exemplo devido a uma manutenção especial feita no mês; se a máquina 1 tivesse sido usada, o custo do produto nesse departamento teria sido menor! Normalmente, não se faz a apuração dos custos num departamento como esse, máquina por máquina, e sim tomando o todo como um único Centro de Custos.

Segunda hipótese: Numa outra empresa, o Departamento de Perfuração possui também três máquinas, mas cada uma com uma capacidade de perfuração diferente e operada por trabalhadores especializados. Cada produto pode passar só por uma delas, por requerer aquele tipo especial de processamento, ou passar por todas, se necessitar de todos os tipos de furos. Nesse caso, se o departamento tem altos custos de funcionamento, é importante criar três Centros de Custos para se apurar o custo de cada máquina separadamente. A partir daí, os valores atribuídos a cada produto dependerão de qual máquina foi utilizada.

Entretanto, mesmo nessa hipótese poderá ainda haver um único Centro de Custos se o total do departamento representar, em reais, parcela muito pequena dentro do total, e não for conveniente economicamente um detalhamento dessa ordem. Nesse caso, devido à Materialidade (Relevância), adotar-se-ia um critério menos rigoroso, porém mais prático e exequível.

Terceira hipótese: As três máquinas são diferentes, operadas por diferentes trabalhadores com salários desiguais, mas cada produto obrigatoriamente passa pelas três, sempre na mesma sequência e com o mesmo grau de utilização de cada uma. Nessa hipótese, teríamos praticamente o mesmo resultado caso atribuíssemos custos por máquina ou numa média geral por departamento.

Em qualquer hipótese, é necessário revisar periodicamente a forma de tratamento dos custos e também sempre que houver modificação nos produtos ou no processo de produção.

Centro de Custos, portanto, é a unidade mínima de acumulação de Custos Indiretos. Mas não é necessariamente uma unidade administrativa, só ocorrendo quando coincide com o próprio departamento. Vamos, daqui para a frente, sempre falar em departamentos, partindo da hipótese simplificadora de que a cada departamento corresponde um único Centro de Custos. Lembremo-nos, porém, de que essa simplificação pode não ocorrer na prática em todas as empresas.

Por essa simplificação, surgem às vezes algumas situações na prática que parecem um pouco sem nexo. Por exemplo, é comum encontrarmos empresas com um "Departamento de Custos Comuns" onde estão incluídos Custos Indiretos, tais como Aluguel da Fábrica, Seguros, Energia (quando há um só medidor para toda a planta) etc. Na realidade, não existe esse Departamento propriamente dito; antes é um Centro de Custos não existente fisicamente que está sob o controle global do "Departamento da Administração Geral da Fábrica". Mas, ao invés de assim denominar e classificar, costuma a Contabilidade de Custos proceder à agregação desses Custos de Produção Indiretos e chamar de "Departamento" seu conjunto.

Para que possa ser caracterizado como tal, um centro de custos deveria:

a) ter uma estrutura de custos homogênea;
b) estar concentrado num único local; e
c) oferecer condições de coleta de dados de custos.

Em geral, quanto mais centros de custos houver, maior será o nível de precisão na alocação de custos. Há empresas que possuem centenas e até milhares de centros de custos.

6.3.4 Custos dos departamentos de serviços

Suponhamos que os seguintes Custos Indiretos tenham sido incorridos por uma empresa em determinado período:

Aluguel da área de produção	\$150.000
Energia Elétrica	\$90.000
Materiais Indiretos	\$60.000
Mão de Obra Indireta	\$350.000
Depreciação das Máquinas	\$70.000
Total	***\$720.000***

Antes da alocação aos produtos, é necessário que sejam distribuídos pelos diversos departamentos para que uma melhor alocação seja realizada. Faz-se então uma investigação sobre a ligação entre cada custo e departamento onde foi incorrido e verifica-se:

a) ***Aluguel*** – É um custo comum à produção toda, e há necessidade da adoção de algum critério para sua distribuição aos diversos Departamentos. Trata-se de um "Custo Comum" que englobaremos no título "Departamento – Administração Geral".

b) ***Energia Elétrica*** – A empresa mantém medidores para consumo de força em alguns Departamentos e um outro para o resto da empresa. Com isso, verifica-se:

Consumida na Usinagem	$30.000
Consumida na Cromeação	$10.000
Consumida na Montagem	$10.000
A ratear	$40.000
Total	***$90.000***

Mas há que se atentar para o seguinte: manter muitos centros de custo implica custos de controle mais altos. Assim, há que se analisar sempre a relação custo/benefício desse incremento de centros de custos.

c) ***Materiais Indiretos*** – Por meio das requisições, são localizados:

Consumidos na Administração	
Geral da Produção	$18.000
Idem no Almoxarifado	$10.000
Ibidem na Usinagem	$6.000
Ibidem na Cromeação	$4.000
Ibidem na Montagem	$8.000
Ibidem no Controle de Qualidade	$5.000
Ibidem na Manutenção	$9.000
Total	***$60.000***

d) ***Mão de Obra Indireta*** – O apontamento demonstra:

Salários e Encargos da Administração	
Geral da Produção	$80.000
Idem do Pessoal do Almoxarifado	$60.000
Ibidem Supervisão de Usinagem	$40.000
Ibidem Supervisão de Cromeação	$30.000
Ibidem Supervisão de Montagem	$50.000
Ibidem Pessoal do Controle de Qualidade	$30.000
Ibidem Pessoal de Manutenção	$60.000
Total	***$350.000***

e) ***Depreciação das Máquinas*** – Os controles do imobilizado apontam:

Depreciação de Computadores e Móveis	$8.000
Depreciação de Máquinas de Usinagem	$21.000
Idem Cromeação	$13.000
Ibidem Montagem	$2.000
Ibidem Controle de Qualidade	$10.000
Ibidem Manutenção	$16.000
Total	***$70.000***

f) **Resumo:**

Quadro 6.6

Custos Indiretos	Adm. Geral	Almoxarifado	Usinagem	Cromeação	Montagem	Cont. Qualid.	Manutenção	Total
Aluguel	$150.000	–	–	–	–	–	–	$150.000
Energia	$40.000	–	$30.000	$10.000	$10.000	–	–	$90.000
Mat. Indiretos	$18.000	$10.000	$6.000	$4.000	$8.000	$5.000	$9.000	$60.000
M.O. Indireta	$80.000	$60.000	$40.000	$30.000	$50.000	$30.000	$60.000	$350.000
Depreciação	$8.000	–	$21.000	$13.000	$2.000	$10.000	$16.000	$70.000
Total	***$296.000***	***$70.000***	***$97.000***	***$57.000***	***$70.000***	***$45.000***	***$85.000***	***$720.000***

Observação: Os Custos Diretos (Mão de Obra Direta, Matéria-prima e outros) estão fora de nosso exemplo, por estarmos aqui só tratando da alocação dos Indiretos.

Temos que alocar esses Custos Indiretos aos produtos, mas há um problema, pelo fato de alguns departamentos não receberem fisicamente os produtos; sua função é a de prestar serviços aos outros departamentos, quer de Produção, quer de Serviços.

Nesse exemplo temos Administração Geral, Almoxarifado, Controle de Qualidade e Manutenção. Fazendo uma análise das características desses Departamentos de Serviços, poderemos verificar de que maneira prestam serviços aos outros Departamentos, e, depois de escolher um critério apropriado, faremos a distribuição de seus custos aos departamentos beneficiados. Distribuindo dessa forma seus custos, alguns Departamentos de Serviços poderão, logo na primeira distribuição, ficar sem custos por serem alocados. Outros, entretanto, talvez venham a ter uma carga maior do que antes, já que, além dos que já são seus, talvez recebam um volume daquele Departamento de Serviços que primeiro fizer a distribuição. Por exemplo, distribuindo-se os Custos da Manutenção, provavelmente uma parte será jogada sobre o Almoxarifado se este se beneficia daquele. Terá o Almoxarifado, além dos $70.000 que já lhe foram alocados, mais uma parte dos $85.000 da Manutenção.

Os custos originados no próprio departamento são os custos primários dele; e os recebidos por rateio de outros departamentos são chamados secundários.

Poderá ocorrer nesse sistema de rateio um processo de alocação reflexiva (um departamento que distribui custos para vários outros e também para si mesmo) ou, o que é mais comum, haver um retorno de custos a um Departamento de Serviços que já tenha distribuído seus CIP. Nesta última alternativa, há um verdadeiro pingue-pongue, só possível de se levar a bom termo normalmente com recursos eletrônicos de processamento de dados devido ao grande volume de cálculos a efetuar. Por exemplo, poderíamos ter nesse caso que estamos verificando uma situação em que a Administração Geral deve ter parte de seus CIP rateada à Manutenção, mas depois esta fará a alocação de seus próprios custos e uma parte será de novo jogada sobre a Administração Geral, já que esta também se utiliza dos trabalhos daquela. Teríamos novamente que ratear a Administração Geral e mais uma vez haveria uma parte recaindo sobre a Manutenção etc. O processo só terminaria quando o custo a ser rateado assumisse um valor pequeno e a empresa resolvesse então parar o sistema e alocar esta última importância a qualquer outro Departamento que não aqueles dos quais a receberia de volta.

VOCÊ SABIA?

Algumas empresas possuem sistemas de apuração de custos com centenas e até milhares de centros de custos. Todavia, nem sempre é bom aumentar o número de centros de custos, porque uma grande quantidade deles não necessariamente proporciona benefícios mais significativos.

Existem *softwares* que realizam esse processamento (alocação recíproca) de forma bastante satisfatória.

O critério mais utilizado na prática é o de se hierarquizar os Departamentos de Serviços de forma que aquele que tiver seus custos distribuídos não receba rateio de nenhum outro.

6.3.5 Esquema completo da Contabilidade de Custos

Suponhamos que nossa empresa objeto do exemplo faça uma análise de seus Departamentos de Serviços e verifique:

a) Que a Administração Geral da Produção é a primeira que deve ter seus Custos distribuídos, pois muito mais presta do que recebe serviços. Além disso, é a de maior valor em custos por apropriar.

b) Que a Manutenção será o segundo Departamento de Serviços a ser alocado, porque ele também mais presta serviços ao Almoxarifado e ao Controle de Qualidade do que deles recebe. Apesar de efetuar trabalhos à Administração Geral, fá-los em valor não muito relevante e, além disso, ela não mais receberá custo de ninguém, pois já estará com saldo zero. Da mesma forma que a própria Administração Geral, seus custos serão distribuídos também aos Departamentos de Produção que dela se beneficiaram.

c) Que o Almoxarifado terá seus custos rateados aos Departamentos que fizeram uso de seus préstimos, exceto aos que já foram alvo de distribuição.

d) Que o Controle de Qualidade, apesar de prestar às vezes serviços à Manutenção, terá seus custos alocados somente aos Departamentos de Produção que dela fizeram uso, já que os demais Departamentos de Serviços foram distribuídos. Ficou em último lugar, pois mais recebe benefícios da Manutenção do que presta a ela.

Escalonada a sequência da distribuição, precisamos analisar os diversos critérios de rateio para que se possam dividir os custos da maneira mais racional possível. Concluindo a análise, suponhamos que os seguintes fatores tenham sido levantados e utilizados:

a) *Rateio dos Custos da Administração Geral da Fábrica:* conclui-se que não deve ser feito uso de um único critério de rateio, já que é possível fazer uma análise mais detalhada dos diversos custos que totalizam o montante de $296.000 a serem repartidos. O estudo mais acurado então indica:

a1) *Aluguel* – deverá ser rateado em função da área ocupada pelos Departamentos, e o levantamento indica (poderia ter sido rateada parte também para a própria Administração Geral. Evitou-se aqui a distribuição reflexiva):

Para o Almoxarifado	$20.000
Para a Usinagem	$30.000
Para a Cromeação	$20.000
Para a Montagem	$40.000
Para o Controle de Qualidade	$15.000
Para a Manutenção	$25.000
Total	***$150.000***

a2) *Energia* – a parte não alocada ainda de $40.000 é devida basicamente à iluminação, ao ar-condicionado e também às máquinas de baixíssimo consumo. A distribuição com base em pontos de luz e força indica: há distribuição de novo à Usinagem, à Cromeação e à Montagem, por ser esta energia relativa à iluminação e ao ar-condicionado; a apropriação já existente no Quadro 6.6 era só de força.

Para o Almoxarifado	$6.000
Para a Usinagem	$4.000
Para a Cromeação	$2.000
Para a Montagem	$7.000
Para o Controle de Qualidade	$8.000
Para a Manutenção	$13.000
Total	***$40.000***

a3) *Mão de Obra Indireta, Materiais Indiretos e Depreciação* – na ausência de um critério específico adequado, resolveu a empresa juntar os três ($80.000 + $18.000 + $8.000 = $106.000) e distribuí-los proporcionalmente ao número de pessoas envolvidas na supervisão de cada um dos departamentos, ficando:

Para o Almoxarifado	$9.000
Para a Usinagem	$19.000
Para a Cromeação	$16.000
Para a Montagem	$21.000
Para o Controle de Qualidade	$19.000
Para a Manutenção	$22.000
Total	***$106.000***

b) *Rateio dos Custos da Manutenção:* a Manutenção está com $145.000 de Custos para serem rateados ($85.000, do Quadro 6.6 + $25.000 de Aluguel + $13.000 de Energia + $22.000 de Mão de Obra Indireta, Materiais Indiretos e Depreciação recebidos em rateio da Administração Geral). O rateio da Manutenção com base no número de horas trabalhadas para cada departamento, fica:

Para o Almoxarifado	$15.000
Para a Usinagem	$50.000
Para a Cromeação	$40.000
Para o Controle de Qualidade	$40.000
Total	***$145.000***

c) *Rateio dos Custos do Almoxarifado:* este departamento está agora com $120.000 ($70.000 do Quadro 6.6 + $20.000 de Aluguel + $6.000 de Energia + $9.000 de Mão de Obra Indireta, Materiais Indiretos e Depreciação recebidos da Administração Geral + $15.000 recebidos da Manutenção). A empresa resolve distribuir esses Custos igualmente à Usinagem, à Cromeação e à Montagem, por serem esses os Departamentos que realmente obrigam à existência do Almoxarifado; apesar de o Controle de Qualidade fazer uso dele, não recebe rateio de seus custos, pois tal uso é praticamente desprezível.

Para a Usinagem	$40.000
Para a Cromeação	$40.000
Para a Montagem	$40.000
Total	***$120.000***

d) *Rateio dos Custos do Controle de Qualidade:* este Departamento faz testes por amostragem da qualidade dos trabalhos processados nos três Departamentos de Produção. A distribuição de seus custos é feita com base no número de testes feitos para cada um, e nesse período verifica-se:

Testes para Usinagem	136	53,6 %
Idem para a Cromeação	88	34,6%
Ibidem para a Montagem	30	11,8%
Total	***254***	***100,0%***

Os $127.000 de custos ora existentes no Controle de Qualidade são então distribuídos:

Para a Usinagem	$68.000
Para a Cromeação	$44.000
Para a Montagem	$15.000
Total	***$127.000***

Após esses rateios, temos todos os Custos Indiretos de Produção carregados somente sobre os três Departamentos de Produção:

Usinagem	$308.000
Cromeação	$219.000
Montagem	$193.000
Total	***$720.000***

Precisamos agora transferir os custos deles para os produtos. Digamos que a empresa resolva fazer essa atribuição com base no número de horas-máquina que cada um ocupou, e que o levantamento demonstre:

Quadro 6.7

	Usinagem	Cromeação	Montagem	Total
	hm	*hm*	*hm*	*hm*
Produto G	150	120	80	350
Produto H	120	120	70	310
Produto I	80	60	43	183
Total	***350***	***300***	***193***	***843***

A apropriação, finalmente, dos Custos Indiretos aos produtos será feita:

Quadro 6.8

	Usinagem	Cromeação	Montagem	Total
Custo Industrial/hm	$308.000 ÷ 350hm = $880/hm	$218.000 ÷ 300hm = $730/hm	$193.000 ÷ 193hm = $1.000/hm	
Produto G	150hm × $880/hm = $132.000	120hm × $730/hm = $87.600	80hm × $1.000/hm = $80.000	$299.600
Produto H	120hm × $880/hm = $105.600	120hm × $730/hm = $87.600	70hm × $1.000/hm = $70.000	$263.200
Produto I	80hm × $880/hm = $70.400	60hm × $730/hm = $43.800	43hm × $1.000/hm = $43.000	$157.200
Total	***$308.000***	***$219.000***	***$193.000***	***$720.000***

Com a total distribuição dos Custos Indiretos, poderíamos elaborar um Mapa Completo de Rateio dos Custos Indiretos de Produção como o do Quadro 6.9. (Notar que a ordem da colocação dos departamentos é mudada para facilitar a visualização das transferências dos Custos. Ver Quadro 6.6.)

Bastaria agora adicionar esses Custos Indiretos aos Custos Diretos dos Produtos D, E e F para obtermos seus Custos Totais de Produção.

A base de alocação dos custos indiretos acumulados nos Departamentos de Produção para os produtos precisa ser estabelecida com critério. Nesse caso, utilizou-se o número de horas-máquina, mas outros poderiam ser adotados – tempo de mão de obra, complexidade dos produtos etc.

Quadro 6.9

Mapa de Rateio dos CIF

Custos Indiretos	Usinagem	Cromeação	Montagem	Controle Qualidade	Almoxarifado	Manutenção	Administr. Geral	Total
Aluguel	–	–	–	–	–	–	$150.000	$150.000
Energia	$30.000	$10.000	$10.000	–	–	–	$40.000	$90.000
Mat. Indiretos	$6.000	$4.000	$8.000	$5.000	$10.000	$9.000	$18.000	$60.000
M.O. Indireta	$40.000	$30.000	$50.000	$30.000	$60.000	$60.000	$80.000	$350.000
Depreciação	$21.000	$13.000	$2.000	$10.000	–	$16.000	$8.000	$70.000
Soma	**$97.000**	**$57.000**	**$70.000**	**$45.000**	**$70.000**	**$85.000**	**$296.000**	**$720.000**
Rateio da Adm.	$30.000	$20.000	$40.000	$15.000	$20.000	$25.000	($150.000)	
Geral	$4.000	$2.000	$7.000	$8.000	$6.000	$13.000	($40.000)	
	$19.000	$16.000	$21.000	$19.000	$9.000	$22.000	($106.000)	
Soma	**$150.000**	**$95.000**	**$138.000**	**$87.000**	**$105.000**	**$145.000**	–	**$720.000**
Rateios	$50.000	$40.000	–	$40.000	$15.000	($145.000)	–	
Complementares	$40.000	$40.000	$40.000	–	($120.000)	–	–	
	$68.000	$44.000	$15.000	($127.000)	–	–	–	
CIF	**$308.000**	**$219.000**	**$193.000**	–	–	–	–	**$720.000**
Produto G	$132.000	$87.600	$80.000					$299.600
Produto H	$105.600	$87.600	$70.000					$263.200
Produto I	$70.400	$43.800	$43.000					$157.200
Total	***$308.000***	***$219.000***	***$193.000***					***$720.000***

6.3.6 Síntese do esquema básico completo

Completando agora o Esquema visualizado no Capítulo 5 (veja item 5.3.4), temos o seguinte Esquema da Contabilidade de Custos:

1º Passo: Separação entre Custos e Despesas.

2º Passo: Apropriação dos Custos Diretos diretamente aos produtos.

3º Passo: Alocação dos Custos Indiretos que pertencem, visivelmente, aos Departamentos, agrupando, à parte, os comuns.

4º Passo: Rateio dos Custos Indiretos comuns aos diversos Departamentos, quer de Produção, quer de Serviços.

5º Passo: Escolha da sequência de rateio dos Custos acumulados nos Departamentos de Serviços e sua distribuição aos demais Departamentos.

6º Passo: Atribuição dos Custos Indiretos que agora só estão nos Departamentos de Produção aos produtos, segundo critérios fixados.

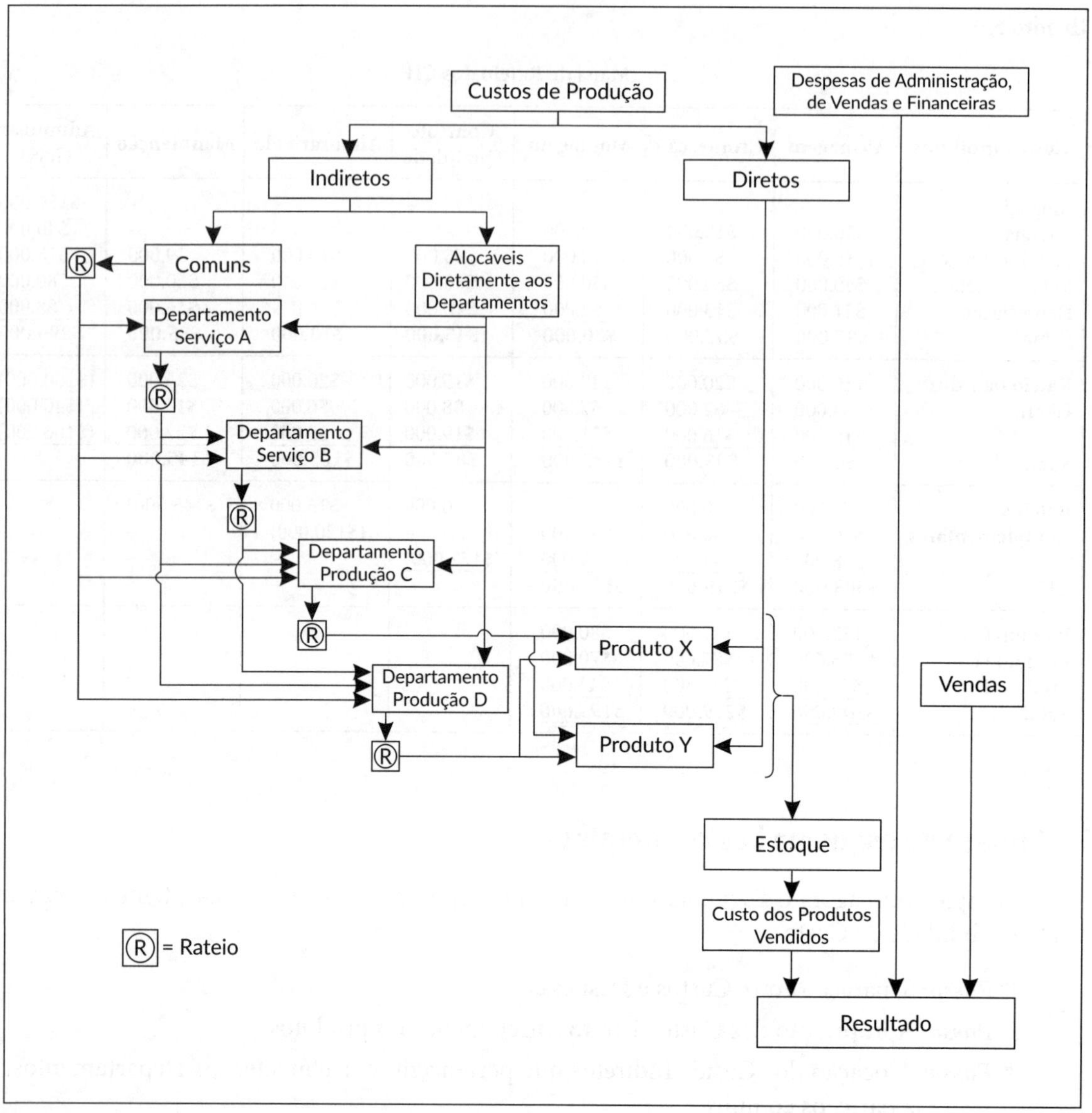

6.3.7 Contabilização dos custos indiretos de produção

Já comentamos no Capítulo 5 (item 5.3.5) que existem dois critérios extremos para a Contabilização dos Custos: o *Simples* e o *Complexo*, além das inúmeras alternativas intermediárias. Aplicando novamente esses critérios ao exemplo visto e resumido no Quadro 6.9, poderíamos contabilizar:

a) Pelo ***Critério Simples***: juntando todos os Custos Indiretos numa única conta ("Custos Indiretos de Fabricação"), fazendo, se necessário, uma distribuição dos diversos itens em subcontas; pelo Mapa de Rateio (Quadro 6.9), faríamos diretamente a atribuição aos diversos produtos.

Custos Indiretos de Fabricação

Aluguel	150.000	720.000	(a)
Energia	90.000		
Materiais Indiretos	60.000		
Mão de Obra Indireta	350.000		
Depreciação	70.000		
	720.000	720.000	

Estoque Produto G

	Débito	Crédito
(a)	299.600	

Estoque Produto H

	Débito	Crédito
(a)	263.200	

Estoque Produto I

	Débito	Crédito
(a)	157.200	

b) Pelo ***Critério Complexo***: repetindo todos os passos seguidos no próprio mapa e cálculos básicos. Deixando as Partidas de Diário de lado, representando apenas os registros no Razão, teríamos:

CIF – Aluguel

	Débito	Crédito	
	150.000	150.000	(a)

CIF – Energia Elétrica

	Débito	Crédito	
	90.000	90.000	(b)

CIF – Materiais Indiretos

	Débito	Crédito	
	60.000	60.000	(c)

CIF – Mão de Obra Indireta

	Débito	Crédito	
	350.000	350.000	(d)

CIF – Depreciação

	Débito	Crédito	
	70.000	70.000	(e)

D.S. – Depto. Administração Geral

	Débito	Crédito	
(a)	150.000		
(b)	40.000		
(c)	18.000		
(d)	80.000		
(e)	8.000	150.000	(f)
		40.000	(g)
		106.000	(h)

D.S. – Depto. Manutenção

	Débito	Crédito	
(c)	9.000		
(d)	60.000		
(e)	16.000		
(f)	25.000		
(g)	13.000		
(h)	22.000		
		145.000	(i)

D.S. – Depto. Almoxarifado

	Débito	Crédito	
(c)	10.000		
(d)	60.000		
(e)	–		
(f)	20.000		
(g)	6.000		
(h)	9.000		
(i)	15.000		
		120.000	(j)

D.S. – Depto. Contr. de Qualidade

	Débito	Crédito	
(c)	5.000		
(d)	30.000		
(e)	10.000		
(f)	15.000		
(g)	8.000		
(h)	19.000		
(i)	40.000		
(j)	–		
		127.000	(l)

D.P. – Depto. Montagem

	Débito	Crédito	
(b)	10.000		
(c)	8.000		
(d)	50.000		
(e)	2.000		
(f)	40.000		
(g)	7.000		
(h)	21.000		
(i)	–		
(j)	40.000		
(l)	15.000		
		193.000	(m)

D.P. – Depto. Cromeação

	Débito	Crédito	
(b)	10.000		
(c)	4.000		
(d)	30.000		
(e)	13.000		
(f)	20.000		
(g)	2.000		
(h)	16.000		
(i)	40.000		
(j)	40.000		
(l)	44.000		
		219.000	(n)

D.P. – Depto. Usinagem

	Débito	Crédito	
(b)	30.000		
(c)	6.000		
(d)	40.000		
(e)	21.000		
(f)	30.000		
(g)	4.000		
(h)	19.000		
(i)	50.000		
(j)	40.000		
(l)	68.000		
		308.000	(o)

Estoque Produto G

	Débito	Crédito
(m)	80.000	
(n)	87.600	
(o)	132.000	
	299.600	

Estoque Produto H

	Débito	Crédito
(m)	70.000	
(n)	87.600	
(o)	105.600	
	263.200	

Estoque Produto I

	Débito	Crédito
(m)	43.000	
(n)	43.800	
(o)	70.400	
	157.200	

Poderia ter sido utilizada uma conta de "Produtos em Elaboração" antes das contas de produtos acabados, e a transferência para estas poderia ser feita só após o término dos produtos.

RESUMO

A seguir, estão contemplados os principais assuntos discorridos no capítulo:

- A Departamentalização é importante em custos para uma racional distribuição dos Custos Indiretos.
- Cada departamento pode ser dividido em mais de um Centro de Custos.
- Dividem-se os Departamentos em Produção e Serviços.
- Para a alocação dos Custos Indiretos aos produtos, é necessário que todos estes custos estejam, na penúltima fase, nos Departamentos de Produção.
- Na última etapa, a alocação aos produtos precisa ser feita com base em critérios muito bem definidos.

EXERCÍCIO 6.1

A Metalúrgica Dobra e Fecha produz dobradiças e fechaduras. O ambiente de produção é formado por seis departamentos: Estamparia, Furação, Montagem, almoxarifado, Manutenção e Administração Geral da Produção.

A produção de dobradiças é totalmente realizada apenas nos departamentos de Estamparia e de Furação; as fechaduras passam pelos três departamentos de produção.

Em determinado período, foram produzidas 12.000 dobradiças e 4.000 fechaduras, e os custos diretos foram os seguintes (em $):

Custos diretos	Dobradiças	Fechaduras	Total
Material	8.352	5.568	13.920
Mão de Obra	6.048	4.032	10.080
Total	***14.400***	***9.600***	***24.000***

Os Custos Indiretos de Produção (CIP) do período estão apresentados no quadro que se encontra ao final (Mapa de Apropriação de Custos).

As bases de rateio são as seguintes:

- O custo de Aluguel é atribuído inicialmente apenas à Administração Geral da Produção.
- Os custos da Administração Geral da Produção são distribuídos aos demais departamentos à base do *número de funcionários*:

Departamentos	Nº de funcionários
Estamparia	35
Montagem	15
Furação	30
Almoxarifado	10
Manutenção	10
Total	***100***

- A Manutenção presta serviços somente aos departamentos de produção, e o rateio é feito à base do *tempo de uso de máquinas*:

Departamentos de produção	Quantidades de horas-máquina
Estamparia	4.800
Montagem	3.000
Furação	4.200
Total	***12.000***

- O Almoxarifado distribui seus custos à base do *número de requisições*:

Departamentos de produção	Número de requisições
Estamparia	600
Montagem	300
Furação	300
Total	***1.200***

- A distribuição dos custos dos departamentos de produção aos produtos é feita na mesma proporção que o custo do material direto.
- Os volumes de produção, em unidades, foram:

  Dobradiças 12.000

  Fechaduras 4.000

Pede-se para completar o mapa de apropriação de custos e:

1. Calcular:
   a) o custo total de cada departamento de produção;
   b) o custo total de cada produto; e
   c) o custo unitário de cada produto.
2. Contabilizar os razonetes:
   a) a apropriação dos custos utilizando o critério simples; e
   b) idem, pelo complexo.

Mapa de Apropriação de Custos

Custos Indiretos	Estamparia	Furação	Montagem	Almoxarifado	Manutenção	Adm. Geral da Produção	Total
Mat. Indireto	159	57	46	90	112	336	800
Energia Elétrica	2.400	432	1.340	240	240	148	4.800
Mão de Obra Indireta	532	672	390	140	170	896	2.800
Aluguel	–	–	–	–	–	3.200	3.200
Total	***3.091***	***1.161***	***1.776***	***470***	***522***	***4.580***	***11.600***
Rateio da Adm. Geral							–
Soma						–	
Rateio da Manutenção				–		–	
Soma					–	–	
Rateio do Almoxarifado					–	–	–
Soma				–	–	–	
Fechaduras				–	–	–	
Dobradiças				–	–	–	
Total				–	–	–	

EXERCÍCIO 6.2

A Cia. Pasteurizadora Genoveva produz leite tipos C e B, conhecidos no mercado pelas marcas Genoveva e Genoveva Super, respectivamente. O ambiente de produção é composto por quatro departamentos: Pasteurização, Embalagem, Manutenção e Administração da Produção.

O volume de leite processado em determinado período foi o seguinte, em litros:

Tipo C: 489.786 e Tipo B: 163.262

Sua estrutura de custos, no mesmo período, foi a seguinte (em $):

Custos Diretos referentes aos produtos:

Genoveva	87.800
Genoveva Super	50.400

Custos Indiretos:

Aluguel	8.500
Material	5.200
Depreciação	4.720
Energia elétrica	7.300
Outros	6.600

Outros dados coletados no período:

	Pasteurização	Embalagem	Manutenção	Administração da produção
Área (m^2)	1.100	955	170	275
Consumo energia (kWh)	17.000	14.280	1.700	1.020
Horas de MO	24.000	12.000	2.000	2.000

As bases de rateio são as seguintes:

- O Aluguel é distribuído aos departamentos de acordo com suas respectivas áreas.
- O número de horas de mão de obra utilizada em cada departamento é usado como base de rateio para: material, depreciação e outros custos indiretos.
- Os custos da Administração da Produção são distribuídos aos demais departamentos com base no *número de funcionários*:

Departamentos	Número de funcionários
Pasteurização	12
Embalagem	12
Manutenção	6

- Conforme observado em períodos anteriores – e espera-se que se mantenha nos próximos –, cabe ao departamento de Embalagem 1/5 do total dos custos de Manutenção.
- A distribuição dos custos dos departamentos de produção aos produtos é feita em função do volume de leite processado.

Considerando que as quantidades obtidas (em litros) de produtos acabados foram: Genoveva 448.160, Genoveva Super 146.935,80, pede-se:

1. Calcular:
   a) O custo total de cada produto;
   b) O custo unitário de cada produto.
   c) O custo que seria apropriado a cada produto se o rateio fosse feito à base dos respectivos custos diretos.
2. Contabilizar:
   a) A apropriação dos custos (apurados em 1.a), utilizando o critério simples.
   b) Idem, pelo complexo.

Mapa de Apropriação de Custos

Custos indiretos	**Pasteurização**	**Embalagem**	**Manutenção**	**Administração da produção**	**Total**
Aluguel					
Material					
Energia elétrica					
Depreciação					
Outros					
Total					
Rateio da administração					–
Soma				–	
Rateio da manutenção				–	–
Total			–	–	
Genoveva			–	–	
Genoveva Super			–	–	
TOTAL			–	–	

EXERCÍCIO 6.3

A empresa Nandaca produz dois produtos, A e B, cuja produção no último período contábil foi de 4.000 e 1.000 unidades, respectivamente. Seus custos departamentais e o número de empregados foram os seguintes:

Departamentos
Custos
Nº de empregados

Gerência Geral da Produção	$1.050	2
Manutenção	$1.110	4
Montagem	$9.300	8
Acabamento	$7.140	8

Pede-se calcular o valor do custo de cada produto considerando que:

a) Os custos da Gerência Geral da Produção devem ser os primeiros a serem distribuídos aos demais, e a base é o número de empregados.

b) Em seguida, devem ser rateados os custos do Departamento de Manutenção: 75 para a Montagem.

c) Finalmente, distribuir os custos da Montagem e do Acabamento para os produtos, proporcionalmente às quantidades produzidas.

Mapa de Apropriação de Custos

Custos indiretos	Gerência geral da produção	Manutenção	Montagem	Acabamento	Total
Rateio da administração					
Soma					
Rateio da manutenção					
Total					
Produto A					
Produto B					
Total					

ATIVIDADES COMPLEMENTARES SUGERIDAS

1. Discuta se o tamanho (porte) da empresa ou mesmo a atividade fim, interfere na adoção da departamentalização.

2. Discuta de que forma a Departamentalização pode contribuir para lucratividade de uma empresa.

7

CRITÉRIO DE RATEIO DOS CUSTOS INDIRETOS

7.1 OBJETIVOS DE APRENDIZAGEM

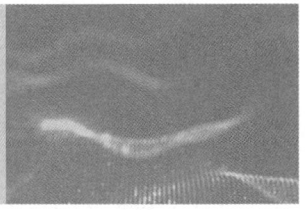

Ao final deste capítulo, o leitor deverá ser capaz de:

- Definir critérios de alocação de custos dos departamentos de apoio aos de produção.
- Compreender a importância da consistência na adoção do critério de Rateio ao longo do tempo.

7.2 INTRODUÇÃO

Mais do que fazer uma enumeração de quais são os critérios para rateio dos Custos Indiretos de Produção, vamos, neste capítulo, discutir como devem ser analisados os diversos fatores a se considerar na escolha dessas bases de alocação.

7.3 CONCEITOS

7.3.1 Análise dos critérios de rateio – custos comuns

Todos os Custos Indiretos só podem ser alocados, por sua própria definição, de forma indireta aos produtos, isto é, mediante estimativas, critérios de rateio, previsão de comportamento de custos etc. Todas essas formas de distribuição contêm, em menor ou maior grau, certo subjetivismo; portanto, a arbitrariedade sempre vai existir nessas alocações, sendo que às vezes ela existirá em nível bastante aceitável, e em outras oportunidades só a aceitamos por não haver alternativas melhores. (Há recursos matemáticos e estatísticos que podem ajudar a resolver esses problemas, mas nem sempre é possível sua utilização.)

Verificamos nos capítulos anteriores que a primeira medida a ser tomada é a separação entre Custos e Despesas, e já aqui começam a surgir esses aspectos subjetivos inerentes a todo processo de rateio. Suponhamos que a empresa tenha seus prédios e instalações todos alugados sob um único contrato e que se veja ela agora obrigada a separar a parte que cabe à produção (custo) e aos setores administrativos e de vendas (despesa). O critério de rateio que vai ser primeiramente lembrado será o de área ocupada por cada um. Entretanto, um problema poderá ocorrer caso haja, por exemplo, um silo vertical na produção; será necessário trabalhar com outro critério se esse silo for de grande volume e funcionar como fator importante no próprio preço do aluguel.

Talvez haja necessidade de fazer a distribuição com base então em volume (m^3), e não em área (m^2), para se obter um número considerado mais justo para cada parte.

Ainda com relação ao aluguel, outro problema pode ser levantado: suponhamos que o imóvel todo compreenda um quarteirão e que a frente da empresa dê para uma via de grande importância e alto valor comercial locativo e os fundos para uma via secundária de mínimo valor comercial. Na frente, com certeza, estarão colocadas a exposição de vendas, a diretoria etc., e nos fundos talvez estejam as instalações fabris. Em função dessas vias, o valor locativo da frente pode ser várias vezes o valor locativo da outra via; se dividirmos o aluguel inteiro com base em área ocupada, estaremos atribuindo o mesmo montante por metro quadrado à fábrica e à exposição de vendas. Talvez houvesse necessidade então de se fazer uma ponderação baseada num valor estimado de locação de cada setor para se proceder a uma distribuição "menos injusta".

7.3.2 Rateio dos custos dos departamentos

Já vimos também que os Custos Comuns a vários departamentos são rateados em função de sua natureza (pelo menos os mais importantes), como o próprio aluguel, a depreciação dos edifícios, a energia consumida, o seguro apropriado etc. Mas, depois que os Custos Indiretos já estiverem totalmente atribuídos aos Departamentos e precisarmos então passar a ratear os existentes nos de Serviços, já não poderemos normalmente atribuir custo por custo. Não seria muito praticável pegarmos os vários itens que compõem o Custo Indireto total do Almoxarifado e começarmos a ratear um por um: supervisão, materiais indiretos, depreciações, seguros etc. Quando atribuímos Custos de um Departamento para outros, baseamo-nos em algum critério e fazemos a alocação a partir do bolo todo. (Veja o que foi feito no item 6.3.5 do Capítulo 6.)

Para esse rateio, é necessário verificar então quais são as bases mais adequadas. O mesmo vai acontecer quando da alocação dos Custos dos Departamentos de Produção para os produtos. Vejamos um exemplo:

O Departamento X de Produção possui um Custo Indireto total de $5.400.000 e precisa distribuí-lo a dois produtos, M e N. As seguintes informações são disponíveis:

Quadro 7.1

	M	N	Total
Matéria-prima Aplicada em cada Produto	$5.000.000	$7.000.000	$12.000.000
Mão de Obra Direta Aplicada	$1.000.000	$1.000.000	$2.000.000
Custos Diretos Totais	$6.000.000	$8.000.000	$14.000.000
Custos Indiretos a Ratear	?	?	$5.400.000
Total	**?**	**?**	***$19.400.000***
Horas-máquina utilizadas	1.400 hm	1.000 hm	2.400 hm

a) Rateio com base em horas-máquina: uma primeira alternativa seria a apropriação com base nesse critério, que nos levaria então a apropriar os $5.400.000 da seguinte forma:

$5.400.000 ÷ 2.400 hm = $2.250/hm

M→ 1.400 hm × $2.250/hm =	$3.150.000
N→ 1.000 hm × $2.250/hm =	$2.250.000
Total = CIP =	***$5.400.000***
Custo Total de M = $6.000.000 + 3.150.000 =	$9.150.000
Custo Total de N = $8.000.000 + 2.250.000 =	$10.250.000
Total =	***19.400.000***

b) Rateio com base na Mão de Obra Direta: na ausência da informação de número de horas de Mão de Obra Direta, temos de usar o valor em reais (a diferença existiria caso o custo médio por hora fosse diferente quanto ao pessoal usado para fazer um produto e outro). Portanto, teríamos:

M→ $5.400.000 ÷ 2 =	$2.700.000
N→ $5.400.000 ÷ 2 =	$2.700.000
Total CIP =	***$5.400.000***

Custo Total de M = $6.000.000 + 2.700.000 =	$8.700.000
Custo Total de N = $8.000.000 + 2.700.000 =	$10.700.000
Total =	***$19.400.000***

c) Rateio com base na Matéria-prima Aplicada: também na ausência de quantidade física de matéria-prima usada (poderiam ser materiais diferentes de diferentes preços), faremos uso dos valores em reais.

$$M - \frac{5}{12} \times \$5.400.000 = \$2.250.000$$

$$N - \frac{7}{12} \times \$5.400.000 = \$3.150.000$$

Custo Total de M = $6.000.000 + 2.250.000 =	$8.250.000
Custo Total de N = $8.000.000 + 3.150.000 =	$11.150.000
Total =	***$19.400.000***

d) Rateio com base no Custo Direto Total (Custo Primário, no caso):

$$M - \frac{6}{14} \times \$5.400.000 = \$2.314.286$$

$$N - \frac{8}{14} \times \$5.400.000 = \$3.085.714$$

Custo Total de M = $6.000.000 + 2.314.286 =	$8.314.286
Custo Total de N = $8.000.000 + 3.085.714 =	$11.085.714
Total =	***$19.400.000***

O produto M poderia ir de um Custo Total de $8.250.000 até $9.150.000, e o N de $10.250.000 até $11.150.000. Obviamente, quando carregamos mais custos em um produto por um critério, apropriamos menos nos demais produtos, já que o total é o mesmo.

Para a solução ou pelo menos minimização de erros num exemplo como esse, seria necessário analisarmos os itens que compõem o total dos CIP de $5.400.000. Suponhamos, para exemplificação, várias hipóteses:

a) Os maiores itens dos $5.400.000 são Depreciação de máquinas, energia elétrica, manutenção e lubrificantes, que respondem por 80% daquele total; o restante é Mão de Obra Indireta e outros custos recebidos de outros departamentos. Portanto, já que o fator mais relevante dos Custos Indiretos de Produção é a existência e utilização de máquinas, não haveria muita dúvida em se eleger o rateio com base no número de horas-máquina como o mais adequado.

b) Se fosse verificado, por outro lado, que o mais importante item é Mão de Obra Indireta e seus encargos sociais pelo fato de haver uma supervisão cara, e esta supervisão se deve basicamente ao controle do pessoal direto de produção, não haveria também nessa hipótese relutância em se fazer a distribuição com base na Mão de Obra Direta.

c) Suponhamos, entretanto, num caso bastante especial, que o peso maior dos CIP fosse devido à existência de um congelador destinado à manutenção da matéria-prima em determinada temperatura até o momento de sua utilização; os CIP seriam então basicamente depreciação desse congelador, energia e manutenção, e mesmo a mão de obra indireta poderia estar quase totalmente vinculada a ele. Assim, a apropriação com base no volume de matéria-prima seria uma prática aceitável.

d) O CIP poderia ter mais de um grande fator de influência, e por isso poderiam ser aceitos critérios com base também em mais de uma referência (Matéria-prima mais Mão de Obra Direta, por exemplo).

Assim, vemos que para a alocação dos Custos Indiretos de Produção é necessário proceder a uma análise de seus componentes e verificação de quais critérios melhor relacionam esses Custos com os produtos.

Vemos como é necessário também que o profissional que decide normalmente sobre a forma de apropriação de Custos (Contador de Custos, *Controller*, Diretor Financeiro etc.) conheça detalhadamente o sistema de produção. O desconhecimento da tecnologia de produção pode provocar aparecimento de impropriedades de vulto na apuração dos Custos. Por essa razão recomenda-se que profissionais da área de produção, como engenheiros, participem ativamente do processo de identificação das bases de rateio.

7.3.3 Influência dos custos fixos e dos custos variáveis

Suponhamos que no rateio de custos de um departamento de serviços exista uma situação como esta: o Ambulatório Médico precisa ter seus custos rateados para outros departamentos, quer de Serviços, quer de Produção. E o critério adotado pela empresa é o de número de pessoas atendidas de cada departamento. Poderão ocorrer situações um tanto quanto ilógicas se, em determinado mês, somente um departamento fizer uso do Ambulatório, e receber, por isso, todos os Custos Indiretos dele.

Acontece que o Ambulatório possui quase exclusivamente Custos Fixos, e se for feito um rateio com base num critério como esse, de base variável (número de atendimento), o valor em reais a ser alocado passará a depender não só dos atendimentos a cada departamento, mas também do número total de consultas. Além disso, o Ambulatório existe também como potencial de serviços, e é mantido muito mais em função de probabilidade de uso do que de uso efetivo. A utilização média dos últimos três anos, por exemplo, é de maior significado do que o número de consultas do último mês. O rateio com base no número de funcionários é também critério mais apropriado.

A Casa de Força, noutro exemplo, também tem um custo de funcionamento muito mais em função do potencial de utilização do que do efetivo consumo de energia em cada período. A alocação com base no consumo de cada mês pode ficar desconcertante se seus custos são predominantemente fixos.

VOCÊ SABIA?

Uma regra simples deve ser utilizada: departamentos cujos custos sejam predominantemente fixos devem ser rateados à base de potencial de uso, e departamentos cujos custos sejam predominantemente variáveis devem ser rateados à base do serviço realmente prestado. Se não houver predominância de um ou outro e se o valor em reais do Custo total for grande, pode haver um rateio misto.

Por exemplo: o Departamento de Manutenção de uma empresa representa parcela importante dos Custos Indiretos totais e possui as seguintes características:

- Custo Fixo, por mês, representado por Mão de Obra Indireta, Depreciação, Seguros, parte do Aluguel etc.: $800.000.
- Custo Variável representado por consumo de energia, materiais, ferramentas etc.: $500/hm.

Para uma verificação do potencial que cada departamento representa como beneficiário dos serviços da Manutenção, a empresa elaborou uma média dos últimos cinco anos e concluiu:

- o Departamento de Furação tem sido responsável por 25% dos trabalhos da Manutenção;
- o Departamento de Fresagem por 40%;
- a Pintura por 15%;
- e o Laboratório por 20%.

No presente mês, houve um trabalho total de 1.800 horas (530 para Furação, 880 para Fresagem e 390 para Laboratório, nada para a Pintura), e o Custo total da Manutenção foi:

Custo Fixo	$800.000
Custo Variável	$900.000
Total	***$1.700.000***

O rateio da Manutenção seria então feito:

Quadro 7.2

	Furação	Fresagem	Pintura	Laboratório	Total
Parte Fixa com base no potencial (média últimos anos)	25% $200.000	40% $320.000	15% $120.000	20% $160.000	100% $800.000
Parte Variável com base no número de horas utilizadas	530 h × $500/h = $265.000	880 h × $500/h = $440.000	–	390 h × $500/h = $195.000	$900.000
Total	***$465.000***	***$760.000***	***$120.000***	***$355.000***	***$1.700.000***

Entre outras verificações que poderiam ser feitas, bastaria lembrar que, se a distribuição fosse com base somente no potencial, a Pintura receberia $255.000 (15% de $1.700.000), recebendo parte do Custo Variável pelo qual ela não foi absolutamente responsável. E, caso houvesse a alocação somente por horas de trabalho, a Pintura não receberia nada, apesar de a Manutenção ter parte de seus Custos Fixos também devido à necessidade de ter condições de prestar serviços à Pintura.

(Quando se usa Contabilidade de Custos para "cobrança" de responsabilidades, os problemas relativos aos critérios de rateio ficam ainda mais graves, já que deles dependerá o que será atribuído como parcela de cada Chefe de Departamento. Este assunto será mais bem discutido na Parte de Custos para Controle.)

7.3.4 Importância da consistência nos critérios

Basta olharmos para os exemplos vistos, especialmente os dos itens 7.3.2 e 7.3.3, para se ter uma ideia da influência que existe no valor do custo final de cada produto quando da adoção deste ou daquele critério de rateio. E é bastante fácil também de se perceber que a alteração de um critério poderá provocar mudanças no valor apontado como custo de um produto, sem que de fato nenhuma outra modificação tenha ocorrido no processo de produção.

Se todos os produtos feitos fossem vendidos no mesmo período, o efeito dessas alterações não seria sensível na avaliação do resultado global da empresa. Mas se parte da produção ficar estocada, na forma de produtos acabados ou ainda em elaboração, poderão existir alterações artificiais no resultado. Caso os produtos estocados no fim do período tenham sido "beneficiados" pela modificação do critério de rateio e tenham por isso recebido menos Custo Indireto do que recebiam antes, o resultado do período aparecerá também por um montante menor do que aquele que seria apresentado caso não tivesse havido a alteração. Isso porque os Custos Indiretos não jogados sobre os itens estocados teriam sido apropriados aos outros que foram vendidos, e, assim, estariam jogados como Despesas (Custo dos Produtos Vendidos) no Resultado.

Em virtude desse problema e também do já comentado grau de subjetivismo e arbitrariedade muitas vezes subjacente nos critérios de rateio, é comum encontrarmos os Auditores Independentes muito mais preocupados com a Consistência na aplicação dos critérios de alocação de Custos Indiretos do que com os fatores levados em conta para sua escolha. Sua preocupação é total com respeito ao Balanço e à Demonstração de Resultados e eles podem sofrer modificações fictícias e deliberadas em função de mudanças nos procedimentos utilizados pela Contabilidade de Custos.

7.3.5 Conciliação entre custos e contabilidade financeira

Quaisquer que sejam os critérios de alocação dos custos, é fundamental lembrar sempre que a Contabilidade Financeira "entrega" à de Custos certo montante de Custos de Produção do Período, e a Contabilidade de Custos "devolve" à Financeira Produtos Acabados. Na hipótese simplista de inexistência de produtos em elaboração no fim de cada período, é obrigatório então que o total levado para Custos seja o mesmo devolvido na forma de produtos acabados.

Essa conciliação entre Custos e Contabilidade Financeira é de fundamental importância para se evitarem distorções nas avaliações dos resultados de cada período e nas medidas dos estoques. Já está mais do que evidenciado até aqui que, para efeito de contabilização, Custos funciona como o setor de distribuição de uma série de gastos fabris para os produtos feitos. Não pode haver apropriação aos produtos de um valor maior ou menor do que o total dos Custos incorridos pela produção no período! Esta integração é também essencial para a aceitação dos valores atribuídos aos estoques para fins fiscais.

Vejamos num exemplo simples uma consequência de um eventual desentrosamento entre ambas as especializações contábeis (Financeira e Custos): a Empresa X é formada numa data com um Capital de $1.000.000 em dinheiro, imediatamente aplicados na produção de diversos bens. A Contabilidade Financeira fará a apropriação desse valor à conta da Produção:

Débito: Custos de Produção
Crédito: Caixa
Valor: $1.000.000
(Omitidos acima os detalhes de tais custos)

Uma parte da produção é vendida durante o ano por $1.100.000 à vista, e no fim do período há uma avaliação dos estoques finais para o Balanço e a apuração do Resultado. Suponhamos que Custos informe à Financeira que os estoques não vendidos tiveram um custo de fabricação total de $300.000. Nada existe em elaboração, e assim serão registrados.

Débito:	Caixa	$1.100.000	
Crédito:	Vendas		$1.100.000
Débito:	Produtos em Estoques	$300.000	
Débito:	Custo dos Produtos Vendidos	$700.000	
Crédito:	Custos de Produção		$1.000.000

O lucro será de:

Vendas		$1.100.000
(–) Custo dos Produtos Vendidos:		
Custos de Produção	$1.000.000	
(–) Estoque Final Produtos Acabados	($300.000)	(700.000)
Lucro Bruto		***$400.000***

Digamos, todavia, que na apuração desse valor do estoque final não tenha havido entrosamento entre as Contabilidades e a de Custos tenha, por exemplo, avaliado Matéria-prima não por quanto a Financeira registrou como aquisição, mas pelo valor de reposição na data do Balanço; Energia Elétrica tenha sido avaliada por Custos em função de cálculos diversos e não pela fatura contabilizada; Mão de Obra tenha sido avaliada em Custos com base numa taxa que inclui todos os encargos, inclusive férias e 13º salário, mas a Financeira só tenha lançado os valores desembolsados e ninguém tenha ainda recebido o 13º nem saído em férias etc. Se o montante correto dos Custos da Produção no período fosse então de $1.050.000 ($1.000.000 contabilizados + $50.000 que deveriam ter sido provisionados de encargos com empregados), mas em compensação o valor de custo dos produtos acabados finais fosse de $250.000 com a avaliação correta da energia e da matéria-prima, os relatórios demonstrativos certos então seriam:

RESULTADO

Vendas		$1.100.000
(–) Custo dos Produtos Vendidos:		
Custos de Produção	$1.050.000	
(–) Estoque Final Produtos Acabados	($250.000)	($800.000)
Lucro Bruto		***$300.000***

O Balanço, após a contabilização dos $50.000 (débito de Custos de Produção e crédito de Provisão para Encargos Sociais), e o acerto do valor dos estoques finais ficaria então (desprezando-se a ocorrência de despesas):

Ativo		**Passivo**		
Caixa	$1.100.000	Provisão Encargos Sociais		$50.000
Produtos Acabados	$250.000			
		Patrimônio Líquido		
		Capital	$1.000.000	
		Lucro	$300.000	$1.300.000
	$1.350.000			***$1.350.000***

A falta de conciliação entre Contabilidade de Custos e Contabilidade Geral na empresa só redunda em distorções que nem sempre são percebidas, e, consequentemente, podem ser bastante danosas. O Imposto de Renda no Brasil está começando a tornar-se severo na fiscalização dessa conciliação. Veja-se o Capítulo 14 para maiores detalhes.

Com o nítido aumento da informatização nas empresas e a consequente utilização de sistemas informatizados integrados, a Contabilidade Financeira e a de Custos têm acesso ao mesmo banco de dados.

Assim, os lançamentos efetuados na Contabilidade de Custos são automaticamente lançados na Financeira pelo próprio sistema. Esta automatização diminui o problema de divergências entre as duas áreas, mas ainda não elimina a necessidade de conciliação entre elas, uma vez que tanto o sistema pode ter falhado quanto o *input* no mesmo pode ter sido feito de forma incorreta.

RESUMO

A seguir, estão contemplados os principais assuntos discorridos no capítulo:

- Os Custos Indiretos devem ser rateados segundo critérios julgados mais adequados para relacioná-los aos produtos em função dos fatores mais relevantes que se conseguir.
- Critérios bons numa empresa podem não sê-los em outra, em virtude das características especiais do próprio processo de produção.
- É absolutamente necessário que as pessoas responsáveis pela escolha dos critérios conheçam bem o processo produtivo.
- A consistência na aplicação desses critérios é de extrema importância para avaliação homogênea dos estoques em períodos subsequentes, de forma a não se artificializar resultados.
- A relação entre Custos e Contabilidade Financeira é de fundamental importância para se evitarem distorções nas avaliações dos resultados de cada período e nas medidas dos estoques.

EXERCÍCIO 7.1

O Departamento de Caldeiraria da Empresa Caldecida produz e transfere vapor para os Departamentos de Forjaria, Tratamento Térmico e Zincagem, com a seguinte alocação de cavalos-vapor:

Cavalos-vapor	**Departamentos**		
	Forjaria	**Tratamento Térmico**	**Zincagem**
Necessários à plena capacidade	60.000	30.000	10.000
Consumidos em determinado mês	55.000	25.000	-0-

Sua estrutura de custos naquele mês foi a seguinte (em $):

- Fixos 15.000
- Variáveis 45.000

Considerando que os custos variáveis oscilam de maneira diretamente proporcional aos cavalos-vapor consumidos, pede-se que seja calculado o custo da caldeiraria a ser rateado para cada um dos três departamentos, preenchendo o quadro a seguir:

Custos	**Departamentos**			**Total**
	Forjaria	**Térmico**	**Zincagem**	
Fixos (em $)				
Variáveis (em $)				
Total				

EXERCÍCIO 7.2

O Departamento de Informática do Banco Santamar presta serviços aos de Recursos Humanos, Contabilidade e Marketing, com a seguinte alocação de tempo:

Horas de serviço	**Departamentos**		
	Recursos humanos	**Contabilidade**	**Marketing**
Potencial de utilização por mês	165	200	135
Utilizadas em determinado mês	144	126	90

A estrutura de custos foi a seguinte naquele mês (em $):

- Salários e encargos sociais (CF) 20.000
- *Pen drives* (CV) 2.500
- Papel para impressão de relatórios (CV) 4.000
- Tinta para impressão (CV) 2.000
- Depreciação do equipamento de PD (CF) 10.000

Considerando-se que os Custos Variáveis (CV) oscilam de maneira diretamente proporcional ao tempo de utilização, pede-se para calcular os custos da informática que serão rateados para cada um dos três departamentos, preenchendo o quadro a seguir:

Custos	Departamentos			Total
	RH	Contabilidade	MKT	
Fixos Salários e encargos sociais Depreciação do equipamento				
Variáveis *Pen drives* Papel para impressão Tinta para impressão				
Total				

EXERCÍCIO 7.3

Uma indústria possui três departamentos de apoio: compras, administração de recursos humanos e tecnologia de informação.

Departamento de Compras: cuida do planejamento das necessidades de materiais, negocia com fornecedores e faz *follow-up*. O fator que mais influencia seus custos é a quantidade de requisições de compra processadas.

Administração de Recursos Humanos: dedica-se aos processos de admissão e demissão de empregados, prepara a Folha de Pagamento etc. A variável que melhor explica seus custos é a quantidade de funcionários.

Tecnologia de Informação: administra o sistema integrado, provê *Help Desk*, gerencia o acesso à Internet e realiza manutenção. O fator que mais influencia os custos é a quantidade de computadores.

Os principais dados relativos a certo período são os seguintes:

Tabela 1 Custos dos departamentos de serviços (em $)

	Compras	Adm. RH	Tec. inf.
Salários, encargos sociais e benefícios	10.822	5.678	8.045
Aluguel, IPTU e condomínio	1.050	8.184	950
Água, luz e telefone	255	1.455	155
Serviços de terceiros	173	24.515	1.350
Depreciação	18.620	32	18.720
Diversas	7.080	136	780

Tabela 2 Dados para distribuição dos custos

	Compras	Adm. RH	Tecn. inform.	Prod.	Controladoria	Vendas
Nº de requisições	2.500	6.500	7.500	30.000	1.500	2.000
Nº de funcionários	25	60	20	350	15	30

Considerando que existe um microcomputador (PC) para cada colaborador, pede-se calcular o valor do custo de cada departamento de serviços a ser repassado a cada um dos demais.

ATIVIDADES COMPLEMENTARES SUGERIDAS

1. Reflita sobre que tipo de medidas uma empresa pode tomar para que não haja divergência nas informações trocadas entre os departamentos e assim possa elaborar relatórios mais precisos.
2. Reflita sobre e como uma escolha de critério equivocada pode distorcer o custo de uma área ou afetar os resultados de uma empresa. De que forma?
3. Reflita sobre que critérios seriam adequados para alocar custos de tecnologia de informação às áreas que dela se utilizam.

8

CUSTEIO BASEADO EM ATIVIDADES (ABC) – ABORDAGEM INICIAL

8.1 OBJETIVOS DE APRENDIZAGEM

Ao final deste capítulo, o leitor deverá ser capaz de:

- Reconhecer as características do Custeio baseado em atividades (ABC).
- Compreender a forma como é utilizado o Custeio baseado em atividades (ABC).
- Entender o mecanismo de alocação de custos indiretos por meio de direcionadores de custos.
- Mitigar o grau de arbitrariedade na alocação de custos indiretos.

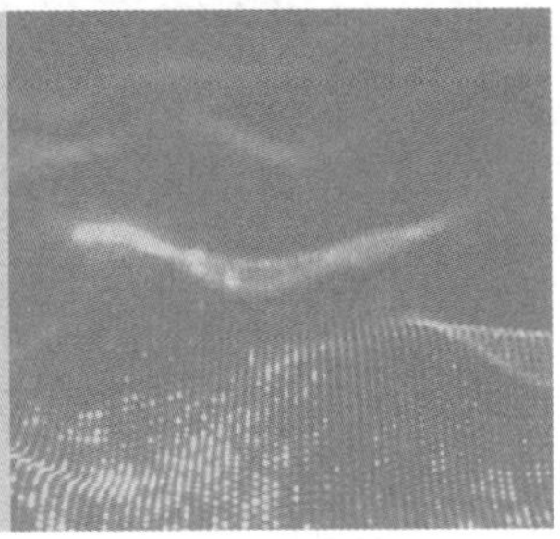

8.2 INTRODUÇÃO

Com o avanço tecnológico e a crescente complexidade dos sistemas de produção, em muitas indústrias os custos indiretos vêm aumentando continuamente, tanto em valores absolutos quanto em termos relativos, comparativamente aos custos diretos (destes, o item Mão de Obra Direta é o que mais vem decrescendo).

O Custeio Baseado em Atividades, conhecido como ABC (*Activity-Based Costing*), procura reduzir sensivelmente as distorções provocadas pelo rateio arbitrário dos custos indiretos, discutidas nos três últimos capítulos.

Além de diminuir o grau de arbitrariedade na alocação de custos, o ABC é também um instrumento de *gestão* de custos. Essa segunda utilidade é contemplada no Capítulo 24.

8.3 CONCEITOS

8.3.1 Importância do custeio baseado em atividades

O ABC pode ser aplicado, também, aos custos diretos, principalmente à mão de obra direta, e é recomendável que o seja; mas não haverá, neste caso, diferenças significativas em relação aos chamados "sistemas tradicionais". A diferença fundamental está no tratamento dado aos custos indiretos.

Outro fenômeno importante a exigir melhor alocação dos custos indiretos é a grande diversidade de produtos e modelos fabricados na mesma planta que vem ocorrendo nos últimos tempos, principalmente em alguns setores industriais.

Daí a importância de um tratamento adequado na alocação dos CIP aos produtos e serviços, pois os mesmos graus de arbitrariedade e de subjetividade eventualmente tolerados no passado podem provocar hoje enormes distorções. Estas dependerão dos dois fatores citados: proporção de custos indiretos no total e diversificação das linhas de produto.

Uma observação muito importante: o Custeio Baseado em Atividades, tal como estudado neste capítulo, restringe-se a uma limitação do conceito de atividade no contexto de cada departamento. É uma visão exclusivamente funcional e de custeio de produtos conhecida como "primeira geração do ABC".

A utilização do ABC como comentado nesta Parte II do livro (Princípios para Avaliação de Estoques) pode também oferecer subsídios para que se atenda às exigências legais com o mínimo de arbitrariedade no tratamento dos custos indiretos.

Nesse contexto – visão departamental e objetivo de atendimento à legislação e às Normas Contábeis –, o ABC é um instrumento muito útil da Contabilidade de Custos no sentido de que o Custeio por Absorção apresente custos por produtos que tenham sentido mais lógico e não sejam distorcidos por rateios tantas vezes muito arbitrários.

Contudo, a utilidade do Custeio Baseado em Atividades (ABC) não se limita ao custeio de produtos. Ele é, acima de tudo, uma poderosa ferramenta a ser utilizada na gestão de custos. Uma visão mais ampla e o uso do ABC para fins mais gerenciais e estratégicos serão estudados no Capítulo 24.

Nos próximos itens, vamos analisar um problema para cuja solução empregaremos inicialmente as metodologias estudadas nos capítulos anteriores, culminando com o Custeio Baseado em Atividades e uma comparação dos resultados.

8.3.2 Caracterização do problema

O exemplo consiste em uma empresa de confecções que produz três tipos de produtos: camisetas, vestidos e calças. Abaixo, encontram-se as informações acerca desses itens:

Quadro 8.1

Produtos	Volume de Produção Mensal
Camisetas	18.000 un.
Vestidos	4.200 un.
Calças	13.000 un.
	Preço de Venda Unitário
Camiseta	$10,00
Vestido	$22,00
Calça	$16,00

A empresa possui somente dois departamentos de produção: "Corte e Costura" e "Acabamento"; o tempo utilizado por produto nestes departamentos, bem como os custos diretos por unidade, se encontram a seguir. O tempo total consiste no tempo gasto por unidade vezes a quantidade produzida apresentada no quadro anterior:

Quadro 8.2

	Tempo Despendido na Produção			
	Corte e Costura		Acabamento	
	Unitário	*Total*	*Unitário*	*Total*
Camisetas	0,30 h	5.400 h	0,15 h	2.700 h
Vestidos	0,70 h	2.940 h	0,60 h	2.520 h
Calças	0,80 h	10.400 h	0,30 h	3.900 h
Total		***18.740 h***		***9.120 h***

Quadro 8.3

	Custos Diretos por Unidade		
	Camisetas	*Vestidos*	*Calças*
Tecido	$3,00	$4,00	$3,00
Aviamentos	$0,25	$0,75	$0,50
Mão de Obra Direta	$0,50	$1,00	$0,75
Total	***$3,75***	***$5,75***	***$4,25***

Os Custos Indiretos e as despesas são os seguintes, por mês:

Quadro 8.4

Custos Indiretos	
Aluguel	$24.000
Energia Elétrica	$42.000
Salários Pessoal Supervisão	$25.000
Mão de Obra Indireta	$35.000
Depreciação	$32.000
Material de Consumo	$12.000
Seguros	$20.000
Total	***$190.000***
Despesas	
Administrativas	$50.000
Com Vendas	$43.000
Comissões (5% das Vendas)	$24.020 (*)
Total	***$117.020***

(*) Estamos supondo que toda a quantidade produzida foi vendida.

Com estas informações, podemos apurar o custo de cada produto, inicialmente, de acordo com a técnica apresentada no Capítulo 5, ou seja, sem Departamentalização.

8.3.3 Atribuição dos CIP diretamente aos produtos - sem departamentalização

Para atribuir os Custos Indiretos de Produção aos produtos, utilizaremos como base de rateio a mão de obra direta total utilizada por produto, chegando aos seguintes resultados:

Quadro 8.5

	Custo de Mão de Obra Direta	
	Unitário	*Total*
Camisetas	$0,50	$9.000
Vestidos	$1,00	$4.200
Calças	$0,75	$9.750
Total		***$22.950***

Quadro 8.6

Taxa de Aplicação dos CIP	
Custos Indiretos	$190.000
Mão de Obra Total	$22.950
Taxa Aplic. CIP	***$8,2789*/$mod**

Quadro 8.7

Aplicação dos CIP		
	Unitário	*Total*
Camisetas	$4,14	$74.510
Vestidos	$8,28	$34.771
Calças	$6,21	$80.719
Total		***$190.000***

Podemos agora elaborar o seguinte quadro-resumo:

Quadro 8.8

Quadro-resumo – Sem Departamentalização

	Camisetas	*Vestidos*	*Calças*
Custos Diretos	$3,75	$5,75	$4,25
Custos Indiretos	$4,14	$8,28	$6,21
Custo Total	**$7,89**	**$14,03**	**$10,46**
Preço de Venda	$10,00	$22,00	$16,00
Lucro Bruto Unitário	**$2,11**	**$7,97**	**$5,54**
Margem %	21,1%	36,2%	34,6%
Ordem de Lucratividade	3º	1º	2º

Conforme pode-se observar, o produto com maior margem bruta unitária é o vestido tanto em valor absoluto ($7,97) quanto em termos relativos (36,2%). As calças possuem o segundo maior lucro bruto tanto em valores absolutos, quanto em termos percentuais. Veja que neste caso as camisetas figuram em último lugar, tanto no valor do lucro bruto quanto na margem.

Por fim, iremos elaborar a seguinte Demonstração de Resultados, levando-se em consideração que toda a produção do mês tenha sido vendida:

Quadro 8.9

Demonstração de Resultados

	Camisetas	*Vestidos*	*Calças*	*Total*
Vendas	**$180.000**	**$92.400**	**$208.000**	**$480.400**
Custos dos Produtos Vendidos	**$142.010**	**$58.921**	**$135.969**	**$336.900**
Tecido	$54.000	$16.800	$39.000	$109.800
Aviamentos	$4.500	$3.150	$6.500	$14.150
Mão de Obra Direta	$9.000	$4.200	$9.750	$22.950
Subtotal C. Diretos	*$67.500*	*$24.150*	*$55.250*	*$146.900*
Custos Indiretos	$74.510	$34.771	$80.719	$190.000
Lucro Bruto	**$37.990**	**$33.479**	**$72.031**	**$143.500**
Despesas Administrativas	–	–	–	$50.000
Despesas com Vendas	–	–	–	$67.020
Lucro Antes do IR	–	–	–	***$26.480***

8.3.4 Solução com departamentalização

No item anterior, custeamos os produtos utilizando o Método de Custeio por Absorção, porém sem a utilização da Departamentalização, baseando-nos somente no custo da Mão de Obra Direta para efeito de rateio. Agora, iremos custear aqueles mesmos produtos utilizando a Departamentalização.

Para tanto, apresentamos abaixo a relação dos departamentos da área de produção da empresa:

Departamentos Envolvidos

De Produção:	*De Apoio:*
Corte e Costura	Compras
Acabamento	Almoxarifado
	Adm. Produção

Ressaltamos que, para fins unicamente didáticos, a estrutura utilizada neste modelo foi "enxugada", não apresentando departamentos, tais como Manutenção, Criação e Modelagem etc., para simplificar o entendimento dos novos conceitos a serem introduzidos nos itens posteriores.

Quadro 8.10

Mapa de Rateio dos CIP aos Departamentos de Produção

	Apoio			De Produção		Totais
	Compras	*Almoxarifado*	*Adm. Produção*	*Corte e Costura*	*Acabamento*	
Aluguel	$4.200	$4.600	$4.200	$6.000	$5.000	**$24.000**
Energia Elétrica	$6.500	$5.500	$5.000	$14.000	$11.000	**$42.000**
Salários Pess. Supervisão	$3.900	$3.350	$5.250	$7.000	$5.500	**$25.000**
Mão de Obra Indireta	$5.000	$3.400	$6.700	$12.000	$7.900	**$35.000**
Depreciação	$4.000	$4.500	$4.900	$9.500	$9.100	**$32.000**
Material de Consumo	$2.000	$1.000	$1.800	$4.200	$3.000	**$12.000**
Seguros	$2.400	$6.000	$2.000	$4.900	$4.700	**$20.000**
Subtotal 1	*$28.000*	*$28.350*	*$29.850*	*$57.600*	*$46.200*	***$190.000***
Rateio Compras	(28.000)	$6.000	$5.000	$9.500	$7.500	**0**
Subtotal 2	*0*	*$34.350*	*$34.850*	*$67.100*	*$53.700*	***$190.000***
Rateio Almoxarifado	0	($34.350)	$8.000	$11.950	$14.400	**0**
Subtotal 3	*0*	*0*	*$42.850*	*$79.050*	*$68.100*	***$190.000***
Total Deptos. Prod.	***0***	***0***	***0***	***$103.000***	***$87.000***	***$190.000***
Nº de Horas Produtivas				18.740 h	9.120 h	
Custo por Hora				***5,4963 $/h***	***9,5395 $/h***	

Conforme a técnica mostrada no Capítulo 6, apresentamos um possível mapa de rateio dos Custos Indiretos aos departamentos da fábrica, com o consequente rateio dos custos dos departamentos de apoio aos de produção. Lembramos que outros resultados poderiam ser obtidos caso os critérios de rateio utilizados fossem diferentes, conforme já discutido nos Capítulos 6 e 7.

Com o custo por hora de cada departamento de produção, podemos apurar o CIP a ser aplicado em cada unidade de produto com base nas informações de tempo de produção do Quadro 8.2, conforme segue:

Quadro 8.11

Custos Indiretos Unitários

	Corte e Costura	*Acabamento*	*Total*
Camisetas	**1,65**	**1,43**	**3,08**
Vestidos	**3,85**	**5,72**	**9,57**
Calças	**4,40**	**2,86**	**7,26**

Podemos agora elaborar o seguinte quadro-resumo dos produtos, segundo o método apresentado anteriormente:

Quadro 8.12

Quadro-resumo – Com Departamentalização

	Camisetas	*Vestidos*	*Calças*
Custos Diretos	$3,75	$5,75	$4,25
Custos Indiretos	$3,08	$9,57	$7,26
Custo Total	**$6,83**	**$15,32**	**$11,51**
Preço de Venda	$10,00	$22,00	$16,00
Lucro Bruto Unitário	**$3,17**	**$6,68**	**$4,49**
Margem %	31,7%	30,4%	28,1%
Ordem de Lucratividade	1º	2º	3º

Os vestidos ainda continuam com o maior lucro bruto por unidade, porém sua margem bruta, em termos percentuais, não é a mais alta, passando agora para o segundo lugar.

Vejamos a Demonstração de Resultados.

Quadro 8.13

Demonstração de Resultados

	Camisetas	*Vestidos*	*Calças*	*Total*
Vendas	**$180.000**	**$92.400**	**$208.000**	**$480.400**
Custos dos Produtos Vendidos	**$122.937**	**$64.348**	**$149.615**	**$336.900**
Tecido	$54.000	$16.800	$39.000	$109.800
Aviamentos	$4.500	$3.150	$6.500	$14.150
Mão de Obra Direta	$9.000	$4.200	$9.750	$22.950
Subtotal Diretos	*$67.500*	*$24.150*	*$55.250*	*$146.900*
Corte e Costura	$29.680	$16.159	$57.161	$103.000
Acabamento	$25.757	$24.039	$37.204	$87.000
Subtotal CIP	*$55.437*	*$40.198*	*$94.365*	*$190.000*
Lucro Bruto	**$57.063**	**$28.052**	**$58.385**	**$143.500**
Despesas Administrativas	–	–	–	$50.000
Despesas com Vendas	–	–	–	$67.020
Lucro Antes do IR	–	–	–	***$26.480***

Lembramos que os cálculos foram efetuados com todas as casas decimais, podendo haver diferenças caso os mesmos sejam efetuados com casas arredondadas.

8.3.5 Aplicação do ABC à solução do problema

Neste item, iremos apresentar o custeio daqueles produtos com enfoque nas atividades relevantes exercidas no processo de produção da empresa.

8.3.5.1 Identificação das atividades relevantes

Uma atividade é uma ação que utiliza recursos humanos, materiais, tecnológicos e financeiros para se produzirem bens ou serviços. É composta por um conjunto de tarefas necessárias ao seu desempenho. As atividades são necessárias para a concretização de um processo, que é uma cadeia de atividades correlatas, inter-relacionadas.

Como foi visto no Capítulo 6 (item 6.3.2), num departamento são executadas atividades homogêneas. Assim, o primeiro passo, para o custeio ABC, é identificar as atividades relevantes dentro de cada departamento. Neste ponto, pode ocorrer de a empresa já possuir uma estrutura contábil que faça a apropriação de custos por Centro de Custos, por Centros de Trabalho, por Centros de Atividades etc., o que irá possibilitar adaptações importantes.

Pode acontecer inclusive de cada centro de custos desenvolver uma atividade e, assim, o trabalho já fica bastante facilitado; porém, normalmente, isso costuma acontecer mais nos centros de custos de produção. Como o foco principal do ABC são os custos indiretos, e estes estão mais concentrados nos centros de custos de apoio (de serviços), não é muito comum encontrar-se, nos sistemas de custos, esse nível de detalhamento.

No caso de nosso exemplo, vamos admitir que foram identificadas as seguintes atividades relevantes:

Quadro 8.14

Levantamento das atividades relevantes dos departamentos	
Departamentos	*Atividades*
Compras	Comprar Materiais Desenvolver fornecedores
Almoxarifado	Receber Materiais Movimentar Materiais
Adm. Produção	Programar Produção Controlar Produção
Corte e Costura	Cortar Costurar
Acabamento	Acabar Despachar Produtos

É importante observar que para cada atividade deveremos atribuir o respectivo custo e identificar o direcionador (itens 8.3.5.2 e 8.3.5.3). Assim, nesta primeira fase, ao selecionar as atividades relevantes, há que se levar em conta também as duas etapas seguintes.

8.3.5.2 Atribuição de custos às atividades

O custo de uma atividade compreende todos os sacrifícios de recursos necessários para desempenhá-la. Deve incluir salários com os respectivos encargos sociais, materiais, depreciação, energia, uso de instalações etc.

Muitas vezes, é possível agrupar vários itens de custos em um só para refletir a natureza do gasto pelo seu total, como por exemplo:

- salários + encargos + benefícios = custo de remuneração
- aluguel + imposto predial + água + luz = custo de uso das instalações (custos condominiais)
- telefone + *internet* + correio = custo de comunicações
- passagens + locomoção + hotel + refeições = custo de viagens

Outras vezes, pode ser recomendável desmembrar uma conta em várias subcontas para melhor evidenciar os recursos utilizados por diversas atividades. A conta de Mão de Obra Indireta, por exemplo, pode ter que ser aberta para separar as quantias gastas nas diferentes finalidades.

A primeira fonte de dados para custear as atividades é o razão geral da empresa. Geralmente, é necessário, também, solicitar estudos da área de engenharia e realizar entrevistas com os responsáveis pelos departamentos ou processos e até com quem executa a atividade.

Dependendo do grau de precisão que se deseje, ou para fins de aperfeiçoamento de processos, as atividades podem ser divididas em tarefas e estas em operações. Já um conjunto de atividades homogêneas desempenhadas com a finalidade de atingir um fim específico constitui uma função, a qual, normalmente, é desempenhada por um departamento, tal como conceituado no Capítulo 6.

A atribuição de custos às atividades deve ser feita da forma mais criteriosa possível, de acordo com a seguinte ordem de prioridade:

1. alocação direta;
2. rastreamento; e
3. rateio.

A alocação direta se faz quando existe uma identificação clara, direta e objetiva de certos itens de custos com certas atividades. Pode ocorrer com salários, depreciação, viagens, material de consumo etc.

O rastreamento é uma alocação com base na identificação da relação de causa e efeito entre a ocorrência da atividade e a geração dos custos. Essa relação é expressa através de direcionadores de custos de primeiro estágio, também conhecidos como direcionadores de custos de recursos (isto é: de recursos para as atividades). Alguns exemplos desses direcionadores são:

- nº de empregados;
- área ocupada;
- tempo de mão de obra (hora-homem);
- tempo de máquina (hora-máquina);
- quantidade de kwh;
- estimativa do responsável pela área etc.

VOCÊ SABIA?

O rateio é realizado apenas quando não há a possibilidade de utilizar nem a apropriação direta nem o rastreamento; porém deve-se ter em mente que, pelo menos para fins gerenciais, rateios arbitrários não devem ser feitos.

VOCÊ SABIA?

Quando o tempo é o direcionador de custos preponderante, o ABC pode ser denominado TDABC (Time-Driven ABC).

Pelo que vimos até agora, no que se refere ao processo de atribuição de custos às atividades, podemos deduzir que a simples divisão de departamentos em centros de custos já facilita este processo. Isto significa que, mesmo nos chamados "sistemas tradicionais de custos", a abertura dos departamentos em centros de custos já é uma evolução para se obter maior grau de precisão, na medida em que identifica bases mais apropriadas de alocação, principalmente se os centros de custos refletirem as atividades.

Porém nem sempre num centro de custos se desenvolve uma atividade, isto é, os conceitos não são necessariamente coincidentes. Podem ocorrer três situações:

1. um centro de custos executa uma atividade;
2. um centro de custos executa parte de uma atividade (tarefa); e
3. um centro de custos executa mais de uma atividade (pode ser uma função).

Portanto, devemos analisar a conveniência, ou não, de agregar dois ou mais centros de custos ou de subdividir algum. Tudo vai depender do grau de precisão desejado, do escopo do projeto ABC, da relação custo-benefício etc.

Para aplicar os conceitos do ABC em sua plenitude, seria necessário, no segundo caso, reunir alguns centros de custos para termos uma atividade, e no terceiro, desmembrar um centro de custos em suas várias atividades.

Então o ideal é reorganizar a Contabilidade de Custos, orientando os custos para as atividades. O ABC trabalha com o conceito de centro de atividades.

Entretanto, quando o objetivo do ABC é apenas custear produtos ("primeira geração do ABC", como dito no item 8.3.1), é possível "aproximar" os conceitos de centro de custos e atividades, numa adaptação da teoria à prática. (Para outros custeamentos, como será visto no Capítulo 24, a observância do conceito de atividade deve ser mais rigorosa.)

Ainda assim, é necessário fazer algumas adaptações. Os departamentos ou centros de custos auxiliares, isto é, os de suporte à produção, cujos custos possam ser diretamente alocados a produtos, linhas ou famílias de produtos, podem não transitar pelos departamentos ou centros de produção, indo diretamente para os produtos, linhas ou famílias. Também vale aqui a observação: o objetivo é custear produtos e não outros objetos, como os processos, assunto do Capítulo 24. Com relação às atividades de suporte cujos custos devam ser atribuídos a outras atividades (por não poderem ser alocados diretamente aos produtos), a ordem de prioridade é a mesma: alocação direta (às atividades), rastreamento e, em último caso, o rateio.

Portanto, quando o objetivo principal do ABC é custear produtos, um bom sistema "tradicional" de custos, ou seja, bem departamentalizado e com boa separação dos centros de custos, já pode atender, adequadamente, a estas duas primeiras etapas: identificação e atribuição de custos às atividades relevantes. É possível, até, não haver diferenças significativas entre o ABC e o sistema tradicional até este ponto.

Entretanto, a grande diferença, o que fará distinguir o Custeio Baseado em Atividades do tradicional, são as etapas finais, como se verá nas seções 8.3.5.3 e 8.3.5.5.

8.3.5.3 Identificação e seleção dos direcionadores de custos

Como dissemos no item anterior, a grande diferença, o que distingue o ABC do sistema tradicional, é a maneira como ele atribui os custos aos produtos. Portanto, o grande desafio, a espinha dorsal, a verdadeira "arte" do ABC está na correta identificação dos direcionadores de custos.

Que é um Direcionador de Custos?

Direcionador de custos é o fator que determina o nível de custo de uma atividade. Como as atividades exigem recursos para serem realizadas, deduz-se que o direcionador é a verdadeira causa da variação dos seus custos.

Para efeito de custeio de produtos, o direcionador deve ser o fator que determina ou influencia a maneira como os produtos "consomem" (utilizam) as atividades. Assim, o direcionador de custos será a base utilizada para atribuir os custos das atividades aos produtos.

Algumas observações importantes

A rigor, há que se distinguir dois tipos de direcionador: os de primeiro estágio, também chamados de direcionadores de custos de recursos, e os de segundo estágio, chamados direcionadores de custos de atividades.

O primeiro identifica a maneira (a intensidade) com que as atividades consomem recursos e serve para custear as atividades, ou seja, demonstra a relação entre os recursos gastos e as atividades desenvolvidas.

As atividades, ao serem executadas, consomem recursos que devem ser atribuídos a estas, seguindo a ordem apresentada no subitem anterior. Os direcionadores de recursos responderão às seguintes perguntas: "o que é que determina ou influencia o uso deste recurso pelas atividades?" ou "como é que as atividades se utilizam deste recurso?"

Por exemplo: "Como a atividade *Comprar Materiais* consome *materiais de escritório*?" A maneira como esta atividade se utiliza deste recurso pode ser mensurada pelas requisições feitas ao almoxarifado; assim, as requisições de material identificam as quantidades utilizadas deste recurso (material de escritório) para realizar aquela atividade (Comprar Materiais).

O segundo identifica a maneira como os produtos "consomem" atividades e serve para custear produtos (ou outros custeamentos), ou seja, indica a relação entre as atividades e os produtos. Por exemplo, o número de inspeções feitas nas diferentes linhas de produto define a proporção em que a atividade Inspecionar Produção foi consumida pelos produtos.

Por exemplo: "Como os produtos consomem a atividade *Comprar Materiais*?" O número de pedidos e cotações emitidos com o propósito de comprar materiais para um produto em relação ao número total de cotações e pedidos indica a relação da atividade com aquele produto. Assim, o direcionador de custos desta atividade (Comprar Materiais) para os produtos pode ser o número de pedidos e cotações emitidos.

A quantidade de direcionadores de custos com que se vai trabalhar depende do grau de precisão desejado e da relação custo-benefício.

Os direcionadores variam de empresa para empresa, dependendo de como e por que as atividades são executadas, da tecnologia de produção etc.

8.3.5.4 Atribuindo custos dos recursos às atividades no modelo apresentado

No subitem 8.3.5.1, definimos quais atividades são executadas pelos departamentos. Assim, para custear tais atividades, devemos alocar a elas parte de cada custo indireto dos departamentos, utilizando-nos dos "direcionadores de custos de recursos".

No item 8.3.5.2, comentamos que os custos de algumas atividades de suporte necessitam, às vezes, ser atribuídos a outras atividades, desde que mantida a ordem de prioridade nas bases de atribuição dos custos de uma para a outra. Todavia, no exemplo que está sendo apresentado, assumimos que este problema não ocorre.

Ressaltamos, entretanto, que, quando da necessidade de atribuição de custos de uma atividade para outra, é necessária extrema cautela. Este procedimento só deve ser utilizado em caso de não haver, em hipótese alguma, forma de se relacionar tal atividade com os produtos. A utilização irrestrita deste tipo de alocação de custos pode vir a causar grandes distorções, como as ocorridas nos rateios da departamentalização, onde os custos dos departamentos de apoio são totalmente rateados para os de produção.

No Quadro 8.10, temos a composição dos custos de cada departamento. Por exemplo, o aluguel de $4.200 alocado ao departamento de compras deverá ser atribuído às duas atividades executadas por esse departamento, assim como os demais recursos. Esta atribuição se dará via direcionador de custos de recursos.

Os direcionadores de recursos por nós escolhidos, a título de exemplos, foram:

Aluguel – Área utilizada pelo pessoal e equipamentos necessários para executar as tarefas que compõem a atividade. Trata-se de rastreamento, uma vez que a alocação direta geralmente não é possível.

Energia Elétrica – Supondo que cada departamento possui um medidor de energia elétrica, o valor alocado a eles é do consumo efetivo. Os departamentos de "Corte e Costura" e "Acabamento" permitem um rastreamento com base nas horas-máquina utilizadas por produto, por meio da segregação do tempo de corte e do tempo de costura (o tempo apresentado no Quadro 8.2 refere-se à soma destas duas atividades).

Salários do Pessoal da Supervisão e Mão de Obra Indireta – Estes CIP permitem a alocação direta às atividades através da folha de pagamento, ou rastreamento por meio de registro de tempo ou processo de entrevistas.

Depreciação – Também pode permitir a alocação direta através da análise do imobilizado, nos departamentos produtivos. Nos de apoio, há dificuldade maior de se alocar tais custos diretamente às atividades devido ao maior número de bens do imobilizado sendo utilizados e, principalmente, pelo fato de tais bens serem compartilhados por várias atividades. Se não for possível tal identificação, faz-se necessária a utilização de rateio.

Material de Consumo – Permite a alocação direta às atividades através das requisições de material.

Seguros – É necessário o rastreamento do seguro dos bens de cada departamento para as atividades.

Diversas críticas são feitas ao ABC no sentido de que ele não elimina a figura do rateio dos custos. Há então que se fazer aqui distinção entre o "rateio" e o "rastreamento".

Entende-se por *rateio* aquela alocação dos custos feita de forma arbitrária e subjetiva, como, por exemplo, o "rateio" dos custos dos departamentos de produção para os produtos através de hora-máquina, inclusive os custos que não se relacionam diretamente com as máquinas, tal como o aluguel. Os *critérios de rateio* não necessariamente indicam a verdadeira relação dos custos com o produto ou atividade, o que pode gerar grandes distorções no método de Custeio por Absorção, com ou sem departamentalização.

Já o *rastreamento* procura analisar a verdadeira relação entre o custo incorrido e a atividade desenvolvida, por meio do direcionador de custo do recurso. Ou seja, procura identificar o que é que efetivamente gerou o custo de maneira racional e analítica de forma a dirimir as possíveis distorções.

Poder-se-ia dizer que há semelhança entre os *critérios de rateio* e os *direcionadores de recursos*, pois ambos indicam a relação do custo com o departamento ou atividade. A grande diferença entre eles é que o segundo indica uma relação mais verdadeira, obtida através de estudos e pesquisas, e não são resultados de mera arbitrariedade e subjetivismo.

Assim, com base nos direcionadores de recursos definidos, podemos atribuir os custos (recursos) alocados para cada departamento às suas respectivas atividades. Assim, o custo de cada atividade será composto pelos mesmos componentes do custo do departamento.

Omitimos os cálculos da alocação de custos às atividades por acharmos desnecessário neste ponto, uma vez que a forma de cálculo é semelhante à utilizada nos capítulos anteriores.

Os custos das atividades são:

Quadro 8.15

Levantamento dos Custos das Atividades

Departamentos	*Atividades*	*Custos*
Compras	Comprar Materiais	16.000
	Desenvolver Fornecedores	12.000
	Total	***28.000***
Almoxarifado	Receber Materiais	12.350
	Movimentar Materiais	16.000
	Total	***28.350***
Adm. Produção	Programar Produção	16.000
	Controlar Produção	13.850
	Total	***29.850***
Corte e Costura	Cortar	29.000
	Costurar	28.600
	Total	***57.600***
Acabamento	Acabar	14.000
	Despachar Produtos	32.200
	Total	***46.200***

8.3.5.5 Atribuição dos custos das atividades aos produtos

Uma vez identificadas as atividades relevantes, seus direcionadores de recursos e respectivos custos, a próxima etapa é custear os produtos.

Para tanto, faz-se necessário o levantamento da qualidade e quantidade de ocorrência dos *direcionadores de custos de atividades* por período e por produto.

Assim, conforme já comentado anteriormente, os direcionadores identificados para levar o custo das atividades para os produtos demonstram a "melhor" relação entre atividade e produto. Os direcionadores escolhidos foram:

Quadro 8.16

Direcionadores de Custo das Atividades

Departamentos	*Atividades*	*Direcionadores*
Compras	Comprar Materiais Desenvolver Fornecedores	nº de pedidos nº de fornecedores
Almoxarifado	Receber Materiais Movimentar Materiais	nº de recebimentos nº de requisições
Adm. Produção	Programar Produção Controlar Produção	nº de produtos nº de lotes
Corte e Costura	Cortar Costurar	tempo de corte tempo de costura
Acabamento	Acabar Despachar Produtos	tempo de acabamento tempo de despacho

Para a atividade *Comprar Materiais*, admitindo-se que os pedidos são homogêneos, o direcionador a ser utilizado é o número de pedidos de compra de material. Há casos em que os pedidos têm características muito diferentes uns dos outros, requerendo esforços diferentes para a realização da atividade de comprar. Nestes casos, haveria que se procurar outra medida de atividade, tal como o tempo médio gasto por pedido, já que o "número de pedidos" não representaria o esforço requerido.

Já para a atividade *Desenvolver Fornecedores*, o direcionador escolhido foi o número de fornecedores para cada item de material (que é facilmente identificável com o produto). Assim, se um produto possui mais fornecedores do que outro, este produto "recebe" mais custo desta atividade do que um produto que possua menos fornecedores.

Para a atividade *Receber Materiais*, o direcionador de custos é o número de recebimentos, também de material, facilmente identificável com os produtos (tecido e aviamentos).

Por sua vez a atividade *Movimentar Materiais* será direcionada aos produtos conforme o número de requisições dos departamentos produtivos ao Almoxarifado.

Programar a Produção será direcionada de acordo com o número de linhas de produtos. No caso, chegou-se à conclusão de que a melhor medida de saída desta atividade era o número de itens de produtos a programar. Como são três produtos, o custo da atividade será dividido em três partes iguais. Entendeu-se que o trabalho de programação era o mesmo para qualquer item a ser produzido e que não dependia da quantidade.

Já a atividade *Controlar a Produção* terá como direcionador o número de lotes produzidos. Admitiu-se que o esforço exigido desta atividade estava relacionado ao número de lotes produzidos, portanto, a serem controlados.

Para as atividades *Cortar*, *Costurar* e *Acabar*, os direcionadores são os tempos gastos em cada produto para que a atividade seja efetuada. No Quadro 8.2, o tempo apresentado como utilizado pelos produtos no departamento de Corte e Costura é o tempo total das atividades Cortar e Costurar. Após um levantamento, foi estabelecido o tempo gasto em cada atividade.

Para a atividade de *Despachar Produtos*, foi efetuado um levantamento do tempo gasto com os despachos através do preenchimento de um relatório do tempo gasto pelo funcionário.

Estando os direcionadores definidos, apresentamos no Quadro 8.17 a quantidade de direcionadores para cada produto:

Quadro 8.17

Levantamento dos Direcionadores de Custos das Atividades

	Camisetas	*Vestidos*	*Calças*	*Total*
nº de pedidos compra	150	400	200	**750**
nº de fornecedores	2	6	3	**11**
nº de recebimentos	150	400	200	**750**
nº de requisições	400	1.500	800	**2.700**
nº de produtos	1	1	1	**3**
nº de lotes	10	40	20	**70**
horas utilizadas para cortar	2.160 h	882 h	2.600 h	**5.642 h**
horas utilizadas para costurar	3.240 h	2.058 h	7.800 h	**13.098 h**
horas utilizadas para acabar	2.700 h	2.520 h	3.900 h	**9.120 h**
horas utilizadas para despachar	25 h	50 h	25 h	**100 h**

Agora só nos falta então calcular o custo do produto. A sequência de cálculos é:

- $\text{Custo Unitário do Direcionador} = \dfrac{\text{Custo da Atividade}}{\text{N}^{\text{o}}\ \text{total de direcionadores}}$
- Custo da atividade atribuído ao produto = custo unitário do direcionador × nº de direcionadores do produto
- $\text{Custo da atividade por unidade de produto} = \dfrac{\text{Custo da Atividade atribuído ao produto}}{\text{Quantidade produzida}}$

Por exemplo, a atividade *Comprar Materiais*, para as camisetas, ficaria:

- $\text{Custo unitário do direcionador} = \dfrac{\$16.000}{750} = 21{,}3333\ \$/\text{pedido}$
- Custo da atividade atribuído ao produto = 21,3333 $/pedido × 150 pedidos = $3.200
- $\text{Custo da atividade por unidade de produto} = \dfrac{\$3.200}{18.000\ \text{un.}} = 0{,}1778\ \$/\text{un.}$

Não demonstraremos aqui o cálculo efetuado para todas as atividades, mas apresentamos, abaixo, o quadro com os custos unitários:

Quadro 8.18

	Custos Unitários		
	Camisetas	*Vestidos*	*Calças*
Comprar Materiais	$0,1778	$2,0317	$0,3282
Desenvolver Fornecedores	$0,1212	$1,5584	$0,2517
Receber Materiais	$0,1372	$1,5683	$0,2533
Movimentar Materiais	$0,1317	$2,1164	$0,3647
Programar Produção	$0,2963	$1,2698	$0,4103
Controlar Produção	$0,1099	$1,8844	$0,3044
Cortar	$0,6168	$1,0794	$1,0280
Costurar	$0,3930	$1,0699	$1,3101
Acabar Despachar	$0,2303	$0,9211	$0,4605
Produtos	$0,4472	$3,8333	$0,6192
Total	***$2,6614***	***$17,3328***	***$5,3305***

O quadro-resumo fica:

Quadro 8.19

Quadro-resumo – Departamentalização com ABC			
	Camisetas	*Vestidos*	*Calças*
Custos Diretos	$3,75	$5,75	$4,25
Custos Indiretos	$2,66	$17,33	$5,33
Custo Total	**$6,41**	**$23,08**	**$9,58**
Preço de Venda	$10,00	$22,00	$16,00
Lucro Bruto Unitário	**$3,59**	**($1,08)**	**$6,42**
Margem %	35,9%	-4,9%	40,1%
Ordem de Lucratividade	2º	3º	1º

Os vestidos, que no rateio direto (sem departamentalização), item 8.3.3, apresentavam a maior margem bruta (36,2%), passaram, com a departamentalização (item 8.3.4), para o segundo lugar, com margem bruta de 30,4%. Agora, com o ABC passam a apresentar margem negativa de 4,9%!

Este fenômeno (produtos que se pensava serem lucrativos com o custeio tradicional revelarem-se deficitários com o uso do ABC) é comum sempre que ocorrerem os seguintes fatores:

a) alta proporção de custos indiretos nas atividades de apoio; e
b) diversidade de produtos, notadamente no que se refere à complexidade e a diferentes volumes de produção.

Nessas circunstâncias, os produtos mais complexos produzidos em baixos volumes revelar-se-ão, com o ABC, menos lucrativos do que se pensava que fossem. Inversamente, os produtos mais simples, fabricados em altos volumes, apresentarão margens maiores, refletindo a realidade de forma fidedigna.

Isso ocorre porque, nos chamados sistemas tradicionais de custeio, as bases de rateio (geralmente medidas de volume) não refletem o real consumo de recursos pelos produtos.

Não ocorrendo os fatores *a* e *b* citados, isto é, sendo os custos indiretos relativamente baixos e a produção padronizada, não haverá diferenças significativas entre os métodos. Entretanto, acreditamos que, mesmo assim, o ABC dá mais transparência à análise dos custos, além de outras vantagens que serão vistas no Capítulo 24.

Por fim só nos basta elaborar a Demonstração de Resultados:

Quadro 8.20

Demonstração de Resultados				
	Camisetas	*Vestidos*	*Calças*	*Total*
Vendas	**$180.000**	**$92.400**	**$208.000**	**$480.400**
Custos dos Produtos Vendidos	**$115.406**	**$96.948**	**$124.546**	**$336.900**
Tecido	$54.000	$16.800	$39.000	$109.800
Aviamentos	$4.500	$3.150	$6.500	$14.150
Mão de Obra Direta	$9.000	$4.200	$9.750	$22.950
Subtotal Diretos	*$67.500*	*$24.150*	*$55.250*	*$146.900*
Comprar Materiais	$3.200	$8.533	$4.267	$16.000
Desenvolver Fornecedores	$2.182	$6.545	$3.273	$12.000
Receber Materiais	$2.470	$6.587	$3.293	$12.350
Movimentar Materiais	$2.370	$8.889	$4.741	$16.000
Programar Produção	$5.333	$5.334	$5.333	$16.000
Controlar Produção	$1.979	$7.914	$3.957	$13.850
Cortar	$11.102	$4.534	$13.364	$29.000
Costurar	$7.075	$4.494	$17.031	$28.600
Acabar	$4.145	$3.868	$5.987	$14.000
Despachar Produtos	$8.050	$16.100	$8.050	$32.200
Subtotal Atividades (CIP)	*$47.906*	*$72.798*	*$69.296*	*$190.000*
Lucro Bruto	**$64.594**	**($4.548)**	**$83.454**	**$143.500**
Despesas Administrativas	–	–	–	$50.000
Despesas com Vendas	–	–	–	$67.020
Lucro Antes do IR	–	–	–	**$26.480**

8.3.5.6 Uma comparação dos resultados

Apresentamos a seguir dois gráficos comparando a margem bruta de cada produto de acordo com os três diferentes cálculos de custo apresentados, que resumem o apresentado neste capítulo.

O primeiro mostra a margem bruta dos custos dos produtos de acordo com os diferentes cálculos de custo:

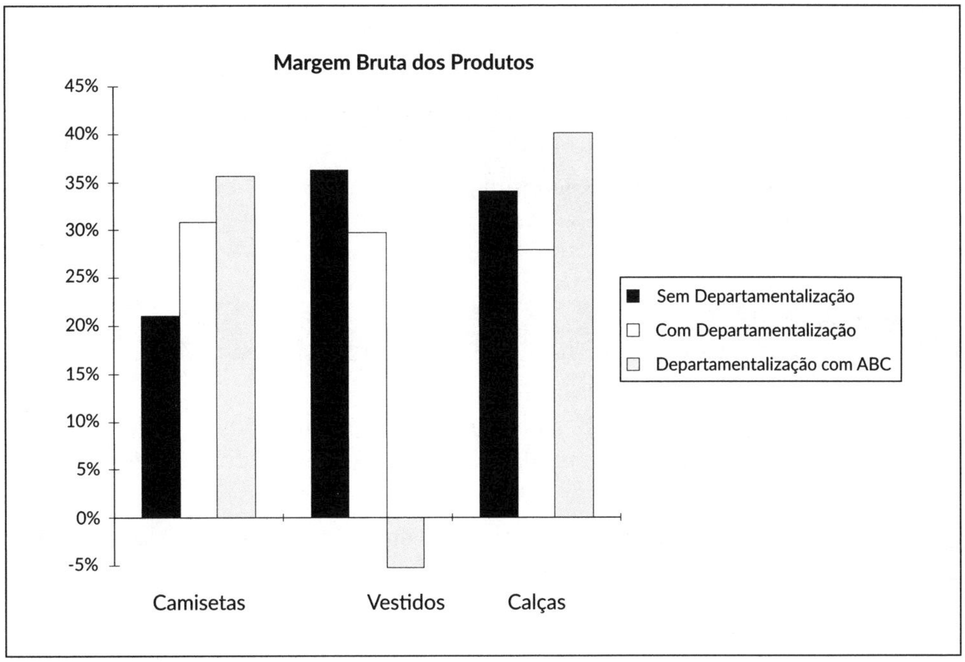

O segundo gráfico apresentado é o mesmo que o anterior, só que com outra disposição, de forma a indicar a variação na ordem de lucratividade dos mesmos:

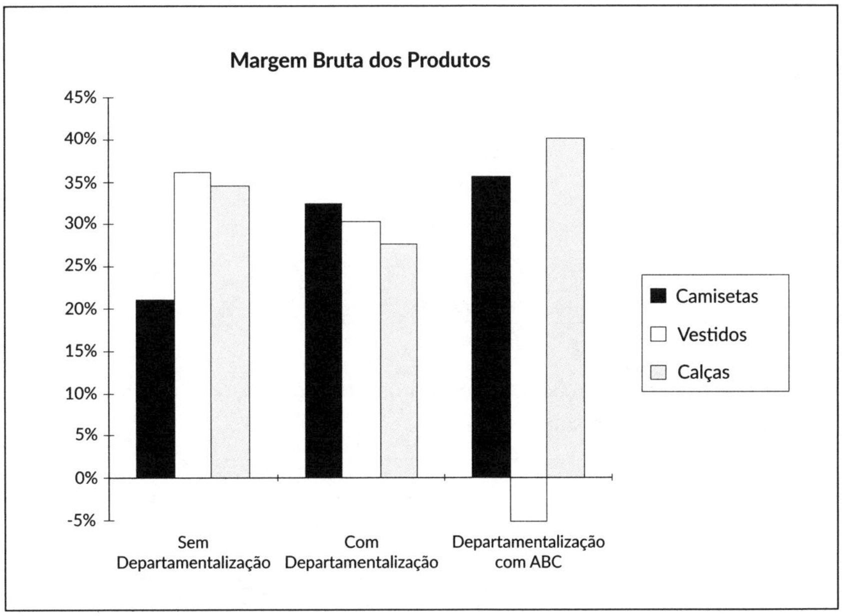

RESUMO

A seguir, estão contemplados os principais assuntos discorridos no capítulo:

- O ABC é uma ferramenta que permite melhor visualização dos custos através da análise das atividades executadas dentro da empresa e suas respectivas relações com os produtos.
- Para se utilizar o ABC, é necessária a definição das atividades relevantes dentro dos departamentos, bem como dos direcionadores de custos de recursos que irão alocar os diversos custos incorridos às atividades.
- Custeadas as atividades, a relação entre estas e os produtos são definidas pelos direcionadores de custos de atividades, que levam o custo de cada atividade aos produtos (unidade, linhas ou famílias).
- Direcionador de custos é o fator que determina o nível de custo de uma atividade.

EXERCÍCIO 8.1

A empresa Tiquita produz dois produtos, A e B, cujos preços de venda líquidos de tributos são, em média, $80 e $95, respectivamente, e o volume de produção e de vendas é de 12.000 unidades do Produto "A" e 4.490 unidades do "B", por período.

Em determinado período, foram registrados os seguintes custos diretos por unidade (em $):

	A	B
Material Direto	20	27,95
Mão de Obra Direta	10	5

Os Custos Indiretos de Produção (CIP) totalizaram $500.000 no referido período.

Por meio de entrevistas, análise de dados na contabilidade etc., verificou-se que esses custos indiretos se referem às seguintes atividades mais relevantes:

Atividade	$
Inspecionar material	60.000
Armazenar material	50.000
Controlar estoques	40.000
Processar produtos (máquinas)	150.000
Controlar processos (Engenharia)	200.000
Total	**500.000**

Uma análise de regressão e de correlação identificou os direcionadores de custos dessas e de outras atividades, e sua distribuição entre os produtos, a saber:

	A	B
Nº de lotes inspecionados e armazenados	3	7
Nº de horas-máquina de processamento de produtos	4.000	6.000
Dedicação do tempo dos engenheiros	25%	75%

Pede-se para calcular:

a) o valor dos Custos Indiretos de Produção (CIP) de cada produto, utilizando o custo de Mão de Obra Direta como base de rateio;

b) idem, rateando com base no custo de material direto;

c) idem, pelo Custeio Baseado em Atividades (ABC); e

d) o valor e o percentual de lucro bruto de cada produto, segundo cada uma das três abordagens.

EXERCÍCIO 8.2

O Departamento de Engenharia da Metalúrgica Guarulhense, em determinado período, incorreu nos seguintes custos (em $):

Salários e encargos sociais	204.000
Depreciação de equipamentos	34.000
Viagens e estadas	20.000
Aluguel	10.000
Outros	7.000

As atividades relevantes desempenhadas naquele departamento foram as seguintes:

- Projetar novos produtos.
- Elaborar fichas técnicas.
- Treinar funcionários.

O quadro de pessoal do departamento, respectivos salários (com encargos) e tempo disponível é o seguinte:

Cargo	Tempo disponível (em h)	Salário (em $)
1 Gerente	2.000	60.000
1 Secretária	2.000	12.000
3 Engenheiros	6.000	120.000
2 Estagiários	2.000	12.000

Por meio de entrevistas e análise de processos, verificou-se que o tempo era gasto, nas atividades mais relevantes, da seguinte maneira:

	Projetar novos produtos	Elaborar fichas técnicas	Treinar funcionários
Gerente	0,7	–	0,3
Secretária*	–	–	–
Engenheiros	0,5	0,2	0,3
Estagiários	–	1,0	–

* 75% do tempo da secretária eram utilizados para dar assistência ao gerente; o restante, aos três engenheiros.

Por meio de entrevistas, análise do razão e investigação dos registros disponíveis, conseguiu-se rastrear as seguintes proporções de consumo de recursos pelas atividades:

	Projetar novos produtos	Elaborar fichas técnicas	Treinar funcionários
Depreciação	0,3	0,2	0,5
Viagens	1,0	–	–
Aluguel	0,4	0,1	0,5

Não se conseguiu rastrear os demais custos às atividades.

Pede-se calcular o custo de cada atividade.

EXERCÍCIO 8.3

A empresa de telecomunicações Telefonic dedica-se à prestação de dois serviços principais:

- Chamadas locais (A): Receita líquida no período = $790.715
- Consertos em domicílio (B): Receita líquida no período = $994.620.

Em determinado período, foram constatados os seguintes custos diretos:

	A	B
Depreciação de veículos	-0-	80.000
Salários e encargos sociais do pessoal	200.000	120.000
Depreciação da planta básica	100.000	-0-
Material para reparos (fios de cobre, ferramentas etc.)	-0-	45.000
Energia elétrica	155.000	-0-

Os Custos Indiretos, comuns aos dois serviços, foram de $500.000 para o mesmo período.

Por meio de entrevistas, análise de dados na contabilidade etc., verificou-se que os custos indiretos se referiam às seguintes atividades:

Atividade	$
Realizar manutenção preventiva de equipamentos	150.000
Realizar manutenção corretiva de equipamentos	180.000
Supervisionar serviços	70.000
Controlar a qualidade dos serviços	100.000
Total	500.000

Lista de Direcionadores de Custos (selecionar apenas os mais adequados às atividades):

	A	B
Nº de horas de manutenção preventiva	1.000	5.000
Nº de pedidos de manutenção corretiva	5	20
Tempo dedicado pelos Supervisores	25%	75%
Nº de defeitos detectados e corrigidos	10	40
Nº de pontos de inspeção de controle de qualidade	20	80
Quantidade de consertos realizados em domicílio	-0-	300
Quantidade de minutos de uso	30.000	-0-

Pede-se calcular:

a) O valor dos custos indiretos, por tipo de Serviço, segundo o rateio com base no custo direto.

b) Idem, rateando com base no custo de mão de obra direta.

c) Idem, segundo o Custeio Baseado em Atividades (ABC).

d) A margem bruta de lucro, em porcentagem da receita, por tipo de Serviço, segundo cada uma das três abordagens.

EXERCÍCIO 8.4

Um laboratório farmacêutico produz dois medicamentos da linha de dermatologia: ONT1 e BUL2.

Tabela 1 Preços e volumes normais de produção e vendas

Produtos	Preço de venda bruto (por un.)	Vendas
ONT 1	$100	12.000
BUL 2	$75	9.000

Obs.: Sobre a receita bruta incidem 20% de tributos.

Tabela 2 Custos diretos de produto (por un.)

Produtos	Material	Mão de obra direta
ONT 1	$45	$20
BUL 2	$25	$14

Tabela 3 Custos indiretos de produção por departamentos (em $)

Custos	Almoxarifado	Controle qualidade	Manutenção	Adm. produção
Consumo de água	11.500	2.000	2.000	3.500
Manutenção	16.000	10.000	6.000	15.000
Salários e encargos sociais	40.000	6.500	6.000	20.000
Energia elétrica	15.000	4.000	3.000	8.000
Depreciação	30.000	22.500	5.000	50.000
Aluguel e condomínio	12.500	5.000	3.000	3.500

Por meio de entrevistas, foram identificadas as seguintes atividades e respectivos direcionadores de custos, a saber:

Tabela 4 Departamento de almoxarifado

Atividades	Custos (em $)	Direcionadores de custos	Quantidade
Receber materiais	35.000	Nº de recebimentos	3.000
Movimentar materiais	40.000	Nº de caixas	1.000
Expedir produtos	50.000	Nº de expedições	2.000

Produtos	Nº de recebimentos	Nº de caixas	Nº de expedições
ONT 1	1.800	700	1.100
BUL 2	1.200	300	900

Tabela 5 Departamento de controle de qualidade

Produtos	Nº ordens de produção	Qtd. de inspeções
ONT 1	2.400	1.800
BUL 2	1.600	3.200

Tabela 6 Departamento de manutenção

Produtos	Nº horas de manutenção preventiva	Nº de pedidos de manutenção corretiva
ONT 1	1.560	1.100
BUL 2	1.440	900

Tabela 7 Departamento de administração de produção

Atividades	Custos (em $)	Direcionadores de custos	Quantidade
Efetuar fechamento de ordens de produção	50.000	Nº de ordens de produção	4.000
Programar a produção	50.000	Tempo dedicado pelos engenheiros	5.000

Produtos	Nº de ordens de produção	Nº de horas dos engenheiros
ONT 1	2.400	2.000
BUL 2	1.600	3.000

Pede-se calcular:

a) o valor dos custos indiretos de cada produto;

b) o valor do lucro bruto de cada produto; e

c) o percentual de lucro bruto de cada produto (margem bruta percentual).

ATIVIDADES COMPLEMENTARES SUGERIDAS

1. Discuta as técnicas aprendidas até agora e se elas, de alguma forma, contribuem para a utilização do método de Custeio por Absorção.
2. Que atividades de apoio relevantes podem ser identificadas: (a) em hospitais; (b) em instituições de ensino?
3. Quais seriam os prováveis direcionadores de custos das atividades identificadas na atividade anterior?

9

APLICAÇÃO DE CUSTOS INDIRETOS DE PRODUÇÃO

9.1 OBJETIVOS DE APRENDIZAGEM

Ao final deste capítulo, o leitor deverá ser capaz de:

- Compreender a importância do uso de estimativas para previsão dos custos indiretos.
- Calcular taxas de aplicação de Custos Indiretos de Produção (CIP).
- Entender a finalidade e aplicação da Taxa de Aplicação de Custos Indiretos de Produção.

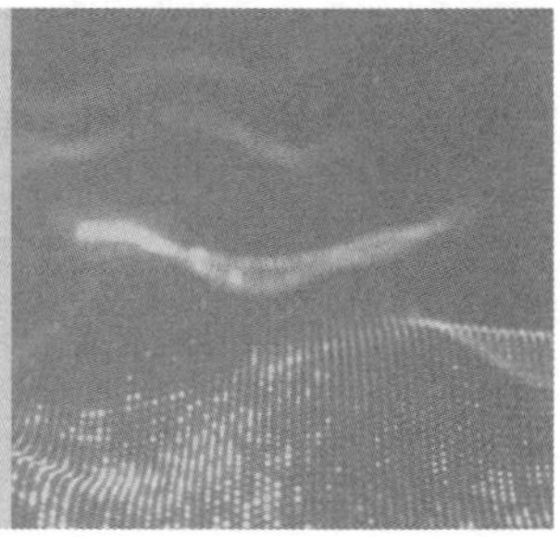

9.2 INTRODUÇÃO

Até agora foram discutidos diversos problemas relativos à alocação dos Custos Indiretos, mas sempre considerados conhecidos os custos e a produção realizada. Muitas vezes, isso é possível apenas quando encerrado cada período. Se quisermos fazer o acompanhamento do custo de cada produto durante o mês, ficaremos obrigados a esboçar algumas estimativas, já que poderemos ir acompanhando os Custos Diretos, medidos durante o próprio processo de produção, mas só poderemos efetuar a alocação completa dos Indiretos após conhecermos os valores totais do mês e também a quantidade de produtos elaborados.

Além disso, alguns Custos Indiretos não ocorrem homogeneamente durante o período. É comum encontrarmos empresas que têm a quase totalidade da manutenção preventiva realizada em certas épocas do ano. Ou então existem as férias coletivas, e nesses casos temos necessidade de distribuir esses custos à produção toda do ano, não podendo descarregar tais itens como despesas ou atribuí-los a um mínimo de bens produzidos.

Vamos aqui comentar os procedimentos para situações como essas.

9.3 CONCEITOS

9.3.1 Previsão da taxa de aplicação de CIP

Se a empresa pretende ir apurando e talvez até contabilizando o custo de cada produto à medida que vai sendo fabricado, só poderá fazê-lo se tiver bases adequadas para uma boa estimativa.

Terá ela que prever quais Custos Indiretos de Produção ocorrerão, como serão distribuídos pelos diversos departamentos e como serão alocados aos produtos. Precisa antecipar o que fará até o final do período para trabalhar durante ele com essa previsão. São necessárias, portanto:

a) estimativa do volume normal de produção;
b) estimativa do valor dos custos indiretos; e
c) fixação do critério de alocação dos custos indiretos aos departamentos e aos produtos.

Volume normal de produção é aquele que se espera atingir em condições normais da atividade da empresa. Para se estimar o volume normal, deve-se considerar as restrições do mercado e da produção da firma, como paradas para manutenção, férias dos funcionários etc. (CPC 16).

Com isso é possível agora a previsão da Taxa de Aplicação de Custos Indiretos de Produção. Exemplo:

Suponhamos que uma empresa industrial bem simples, que não precisa de Departamentalização, preveja o seguinte para o ano X1:

Horas-máquina de Trabalho:	10.000
Custos Indiretos de Produção:	$5.000.000

Todavia, para chegar à previsão dos $5.000.000 de Custos Indiretos, provavelmente terá ela se baseado no próprio volume de trabalho previsto, já que parte dos CIP é variável, e seu valor total para o ano depende exatamente do volume de produção. Suponhamos que nessa empresa a estrutura de Custos Indiretos seja:

Fixos = $3.000.000 por ano e

Variáveis = $200 por hora-máquina.

Logo, os CIP Totais foram:

$3.000.000 + $200/hm × 10.000 hm = $5.000.000.

Portanto, a Taxa Prevista de Custos Indiretos de Produção é de:

$$\frac{\$5.000.000}{10.000 \text{ hm}} = \$500/\text{hm}$$

E essa será a taxa que a empresa irá *aplicando* aos produtos elaborados durante o período. No final, um ajuste terá que ser feito, pois provavelmente os CIP realmente incorridos não serão exatamente os $5.000.000, e as horas trabalhadas também provavelmente serão diferentes das 10.000 estimadas inicialmente.

Este exemplo está bastante simplificado. No caso mais normal, onde as empresas estão departamentalizadas, é necessário fazer a previsão do volume de produção ou de atividade de cada departamento e estimar os CIP totais e seu rateio pelos diversos departamentos para se chegar à Taxa de Aplicação de cada um deles. Exemplo:

A empresa Y prevê o seguinte para cada um dos seus quatro Departamentos para o exercício X7.

a) Administração da Produção: $600.000 de CIP, todos fixos.
b) Almoxarifado: $100.000 de CIP Fixos + $10 por quilo de matéria-prima movimentada.
c) Mistura: $500.000 de CIP fixos + $50 por hora de Mão de Obra Direta (hmod).
d) Ensacamento: $200.000 de CIP fixos + $20 por quilo ensacado.

Observação: Estes são os Custos Indiretos de Produção. Os Custos Diretos (matéria-prima, mão de obra direta etc.) serão apropriados em função de seu real consumo aos produtos. Nosso problema é a alocação dos CIP.

VOCÊ SABIA?

Neste ponto, deve haver uma integração dessas previsões de custos e volume de produção com o planejamento e o orçamento global da empresa.

Essa empresa Y produz três itens: O, P e Q. Para não precisar esperar o fim do período para então fazer o rateio dos CIP aos produtos, já que quer conhecer o custo completo de cada produto quando de sua elaboração, precisa fazer, no início do exercício, uma previsão de quais serão os Custos Indiretos dos dois Departamentos de Produção (Mistura e Ensacamento). Para resolver esse problema, baseia-se numa distribuição com esses critérios:

a) *Administração da Produção:* rateada aos outros três Departamentos nessa proporção, com base no número de pessoas trabalhando em cada um:

   Almoxarifado: 15%

   Mistura: 60%

   Ensacamento: 25%

b) *Almoxarifado:* distribuído: Custos Fixos próprios e CIP recebidos, 80% à Mistura e 20% ao Ensacamento; e Custos Variáveis só à Mistura, já que o Pessoal do Almoxarifado é fixo e trabalha naquela proporção para os dois Departamentos de Produção, e o custo variável é energia consumida para tratamento da matéria-prima, a fim de não se deteriorar.

c) *Mistura:* apropriada a cada produto com base em horas de Mão de Obra Direta.

d) *Ensacamento:* apropriado seu CIP aos produtos com base nos quilos ensacados.

A produção prevista para o exercício X7 é a seguinte (com o número de horas de MOD exigido na Mistura).

Produto O: 7.000 kg – 2.000 hmod

Produto P: 5.000 kg – 1.000 hmod

Produto Q: 8.000 kg – 5.000 hmod

A partir desses dados, a empresa Y prevê os seguintes CIP e sua provável distribuição (Quadro 9.1).

Quadro 9.1

Custos Indiretos	Ensacamento $	Mistura $	Almoxarifado $	Administração $	Total $
Fixos	$200.000	$500.000	$100.000	$600.000	$1.400.000
Variáveis	$400.000	$400.000	$200.000	–	$1.000.000
Total	***$600.000***	***$900.000***	***$300.000***	***$600.000***	***$2.400.000***
	$150.000	$360.000	$90.000	($600.000)	
	$38.000	$152.000	($190.000)		
	–	$200.000	($200.000)		
Total	***$788.000***	***$1.612.000***	–	–	***$2.400.000***

Com base no Quadro 9.1, a empresa Y cria a seguinte Taxa Predeterminada de CIP (Taxa de Aplicação) para cada Departamento de Produção:

$$\text{Mistura} = \frac{\$1.612.000}{8.000 \text{ hmod}} = \$201{,}50/\text{hmod e}$$

$$\text{Ensacamento} = \frac{\$788.000}{20.000 \text{ kg}} = \$39{,}40/\text{kg}$$

À medida que a empresa vai produzindo O, P e Q, vai atribuindo para cada um deles seus custos diretos mais os indiretos, estes à base das horas de Mão de Obra Direta usadas na mistura vezes $201,50 mais $39,40 por quilo ensacado.

Vale a pena notar que para se calcular uma boa Taxa de Aplicação é necessário fazer a divisão em Custos Fixos e Variáveis, pois o total destes últimos dependerá do volume de produção; logo, a sequência para a elaboração da Taxa Predeterminada é:

a) Estimativa dos volumes de atividade em cada departamento.
b) Estimativa dos Custos Fixos de cada departamento.
c) Estimativa dos Custos Variáveis de cada departamento.
d) Definição da forma de distribuição e rateio dos CIP dos diferentes departamentos de serviços.
e) Definição do critério de apropriação dos CIP dos departamentos de produção aos Produtos.

9.3.2 Contabilização dos CIP aplicados

Verificamos de que maneira é predeterminada a Taxa de aplicação de Custos Indiretos. Vejamos como é contabilizada: normalmente, os Custos Indiretos são acumulados numa conta ou num grupo de contas, e daí transferidos aos produtos (com ou sem passagem por contas departamentais):

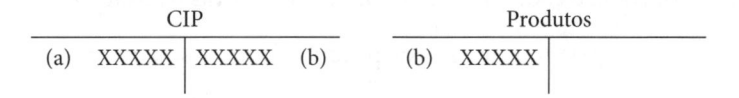

CIP (Débito)	CIP (Crédito)	Produtos (Débito)	Produtos (Crédito)
(a) XXXXX	XXXXX (b)	(b) XXXXX	

O débito à conta de CIP (lançamento *a*) é correspondido nas contas de Estoques de Materiais de Consumo Industrial, Salários e Encargos a Pagar, Contas a Pagar, Disponibilidades etc. e corresponde aos custos indiretos reais incorridos.

VOCÊ SABIA?

Quando se trabalha com Taxas Predeterminadas de Custos Indiretos, pode ocorrer de não ter ainda sido lançado nenhum CIP do mês, e já no primeiro dia ser elaborado um produto que precisa receber sua parcela. Para melhor controle, cria-se então a conta de "CIP Aplicados".

À medida que os produtos vão sendo elaborados, o lançamento é feito:

Débito: Produtos
Crédito: CIP Aplicados, pelos valores predeterminados de CIP.

Os CIP Reais do período vão sendo contabilizados em sua conta normal. No fim do período é então cotejado o saldo de CIP Aplicados com o de CIP Reais. Se a previsão for perfeita, ambos serão iguais, e bastará então a eliminação dos saldos com seu cancelamento mútuo. Entretanto, costumeiramente haverá uma discrepância, tanto por erro na previsão do volume de produção como na dos próprios Custos Indiretos em reais.

Voltemos ao primeiro exemplo visto no item anterior, onde eram previstos para o período 10.000 horas-máquina de trabalho com CIP de $5.000.000 no total, e estimada a Taxa de $500/hora-máquina.

À medida que cada produto for sendo fabricado (quer bens feitos em série, quer ordens de produção, encomendas etc.), seus custos diretos lhe serão apropriados e também lhe será contabilizada sua parcela estimada de CIP. Se um produto gastar $40.000 de matéria-prima e mão de obra direta e levar 10 horas-máquina para ser elaborado, receberá mais 10 hm × $500/hm = $5.000 de CIP, assim contabilizados:

	Produtos (Débito)	Produtos (Crédito)	CIP Aplicados (Débito)	CIP Aplicados (Crédito)
Custos Diretos	(a) 40.000			5.000 (b)
Custos Indiretos	(b) 5.000			

Os CIP Reais estarão sendo debitados em suas contas específicas. Os produtos vendidos irão sendo baixados para Despesa (Custo dos Produtos Vendidos) com base nesse custo total apurado, onde parte é estimada. Também por valor estimado estarão os produtos eventualmente em estoque no fim do exercício, quer acabados, quer ainda em elaboração.

Suponhamos que essa empresa tenha de fato trabalhado no período um total de 9.600 horas-máquina, e que tenha tido CIP Reais de $4.920.000. Supondo ainda que 80% dos produtos tenham sido vendidos e admitindo que seus custos diretos tenham sido de $10.000.000, teremos:

CIP Reais	
(a) 4.920.000	

Produtos	
(b) 10.000.000	
(c) 4.800.000	
	11.840.000 (d)
2.960.000	

CIP Aplicados	
	4.800.000 (c)

Custo dos Produtos Vendidos	
(d) 11.840.000	

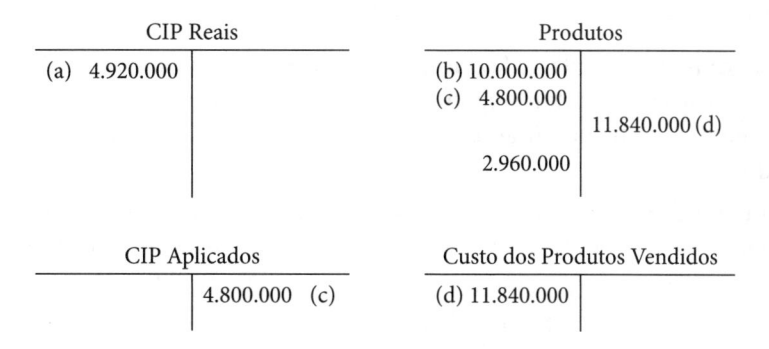

Os lançamentos *a* e *b* são relativos à apropriação dos custos indiretos e diretos reais, em contrapartida com contas diversas. O *c* é o referente à soma dos CIP aplicados: 9.600 hm × $500/hm = $4.800.000. O lançamento *d* é a apropriação dos produtos vendidos para despesa, com base na porcentagem dada (80% foram vendidos). O saldo de $2.960.000 em Produtos é o estoque final (20% da produção).

9.3.3 Variação entre CIP aplicados e reais

Há uma divergência de $120.000 entre as contas de CIP Reais e CIP Aplicados, fruto de erros da previsão. Do ponto de vista da Contabilidade Financeira, o problema é o que fazer com esse valor, e do ponto de vista da Contabilidade de Custos na sua perspectiva gerencial há ainda o aspecto da avaliação das razões dessa diferença.

Para a solução do primeiro problema, podemos transferir ambas as contas para uma de Variação de CIP:

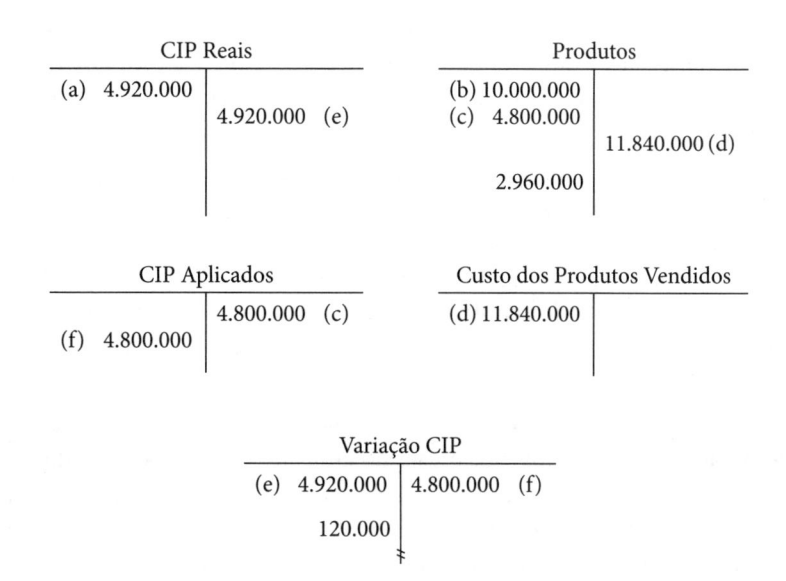

CIP Reais	
(a) 4.920.000	
	4.920.000 (e)

Produtos	
(b) 10.000.000	
(c) 4.800.000	
	11.840.000 (d)
2.960.000	

CIP Aplicados	
	4.800.000 (c)
(f) 4.800.000	

Custo dos Produtos Vendidos	
(d) 11.840.000	

Variação CIP	
(e) 4.920.000	4.800.000 (f)
120.000	

Este saldo na conta de Variação de CIP no fim do exercício precisa ser extinto. A mais correta forma de apropriação desse valor é sua distribuição: a parte relativa a produtos já vendidos, transferida para despesa (CPV), e a parte relativa aos produtos em estoque, acabados ou em processamento, transferida para o ativo. Em nosso exemplo, ficaria:

Débito: Produtos em Estoques	$24.000	
Débito: Custo dos Produtos Vendidos	$96.000	
Crédito: Variação CIP		$120.000

(na proporção de 20% e 80%, respectivamente)

Após esse lançamento, a conta de Variação estará encerrada, os estoques avaliados por seu custo real (direto mais indireto) e o custo dos produtos vendidos também mensurado por seu custo efetivo. A estimativa terá sido um instrumento de trabalho durante o período, mas estará eliminada no cálculo dos estoques e despesas finais do período.

Este tratamento da Variação entre Custos Indiretos Reais e Aplicados é o mais correto no âmbito da Contabilidade Financeira (CPC 16) e também o indicado para aspectos fiscais no Brasil.

Somente é aconselhável jogar o total da Variação para o Resultado do período, sem sua proporcional alocação aos estoques, se seu montante é irrisório e não afeta substancialmente nem o lucro nem o próprio valor dos estoques (materialidade), ou então se a razão dessa Variação é uma anormalidade muito grande ocorrida no exercício. Nesta última hipótese (quebra de equipamentos anormal, greve, ausência de encomendas etc.), se o fato é realmente considerado extraordinário, então não há motivos para se considerar essa ineficiência ou anormalidade como parte dos estoques nem do próprio custo dos produtos vendidos. Deve ser baixada diretamente para o Resultado na forma de Perda do período (veja Capítulo 3).

O mesmo tratamento deve ser dado também no caso de a Variação ter saldo credor, isto é, de o montante de Custos Reais ser inferior ao dos Aplicados. Nesse caso, na normalidade, deve o valor ser deduzido proporcionalmente do valor dos estoques e do custo dos produtos vendidos.

9.3.4 Uso dos CIP aplicados durante o exercício

Certos tipos de empresa possuem variações sazonais em sua produção (principalmente as que trabalham com produtos agrícolas); outras têm certos custos incorridos preponderantemente em um ou poucos meses do ano (manutenção, revisão etc.); outras dão férias coletivas etc. Nessa situação, não é adequada a alocação dos Custos Indiretos incorridos aos bens elaborados em pequena quantidade nessas épocas, ou seu despejo para a conta de resultado.

O melhor critério é distribuir tais CIP a todos os produtos do ano, desde que tais reduções ou paradas da produção sejam normais. Nasce daí a Taxa de Aplicação de CIP que tem por finalidade normalizar a distribuição de tais gastos sobre a produção do exercício. É muitas vezes chamada mesmo de Taxa de Normalização de Custos Indiretos.

Com o uso dessa alternativa, ocorre o aparecimento da conta de Variação de CIP praticamente em todos os meses. Seu saldo, porém, não será encerrado em cada um desses períodos, já que sua função é justamente a de normalização da apuração do custo. Nos meses em que o volume de produção for pequeno, provavelmente os CIP Aplicados serão menores que os Reais, e haverá uma variação com saldo devedor; naqueles em que existir um volume elevado, ocorrerá o contrário, advindo daí uma compensação ao longo do exercício. No fim do ano (ou do trimestre, se for o caso) é que o saldo eventualmente ainda remanescente deverá ser eliminado da forma já mencionada.

Alguns tipos de empresa possuem particular problema com manutenções e revisões que ocorrem em sua quase totalidade em apenas um ou dois dos meses do ano. Se existir possibilidade de se fazer uma boa previsão desses custos, o melhor procedimento é embuti-los na taxa de aplicação, principalmente para fins gerenciais. Por ocasião do balanço de encerramento do período é necessário que, havendo diferenças materiais entre os custos aplicados e os reais, ajustes sejam feitos para que os estoques fiquem valorados com base nos custos reais.

Pode ocorrer, entretanto, que a empresa só tenha conhecimento do montante dessas manutenções por ocasião da realização dos serviços, não tendo condições de prever com um nível razoável de segurança seu valor. Isso pode acontecer principalmente quando se trabalha com alguns produtos corrosivos cujo desgaste sobre os equipamentos é dependente de fatores variados, tais como grau de acidez, porcentagem de determinados elementos químicos no material trabalhado etc.; muitos produtos agrícolas têm uma grande variação desses componentes todo ano, dependendo do clima, volume de chuvas, temperatura média etc. durante seu crescimento ou colheita (caso comum da cana-de-açúcar, do tungue etc.).

Nessas situações de impossibilidade de previsão, é difícil de se notar alguma utilidade maior em Taxas de Aplicação que contenham alguma parte relativa a tais custos; por isso, é comum o procedimento de se encerrar o período contábil no momento imediatamente anterior àquele em que se fará a manutenção, de tal forma que esta vá onerar o período seguinte. Ou, então, tais custos são ativados para apropriação aos produtos a serem elaborados no período seguinte. Não se pode dizer que seja uma forma absolutamente correta, mas, na ausência de melhores alternativas, acaba por se tornar bastante utilizada. Estará então a manutenção incorrida no fim de uma safra incorporada na Taxa de Aplicação do período seguinte.

De maneira análoga, em indústrias de manufatura, os custos de manutenção incorridos são ativados e amortizados via depreciação, ao longo do período que vai até a próxima parada.

9.3.5 Análise das variações entre CIP aplicados e reais

Nesta seção do livro estamos tratando de Custos para Avaliação de Estoques, não cabendo maior atenção no estudo das razões que levaram uma empresa a prever certo montante de CIP e a incorrer num valor diferente. A análise dessa diferença não é tipicamente um problema de Custos para Balanço e Resultado, e sim para planejamento, controle e avaliação de desempenho; será pela procura do porquê das variações que se poderá tentar corrigir falhas e problemas na produção e ainda melhorar a qualidade da própria previsão para períodos futuros.

Este assunto será mais detalhado na seção de Custos para Controle. Vamos aqui apenas dar um exemplo de como se faz a análise.

Suponhamos que uma empresa preveja para determinado Departamento um volume de 400 horas de mão de obra direta por mês, com Custos Indiretos Fixos de \$1.000.000 e Variáveis de \$3.000/hora de mão de obra direta. Sua Taxa de Aplicação será:

$$\frac{\$1.000.000 + 400 \text{ hmod} \times \$3.000/\text{hmod}}{400 \text{ hmod}} = \$5.500/\text{hmod}$$

No final do mês, consegue trabalhar apenas 380 horas de mão de obra direta e incorre em CIP totais de \$2.100.000.

Seus CIP Aplicados totais serão: 380 hmod × \$5.500/hmod = \$2.090.000.

A Variação entre Custos Indiretos Reais e Aplicados será, portanto, de \$10.000 (\$2.100.000 – \$2.090.000), e poderemos qualificá-la de Desfavorável, já que os CIP Reais são maiores que os considerados para os produtos.

Parte dessa diferença, porém, se deve ao erro no volume de horas de mão de obra direta e parte aos próprios custos. Para a primeira, dá-se o nome de Variação de Volume, e para a segunda Variação de Comportamento de Custos, de Previsão de Custos ou simplesmente Variação de Custos.

Variação de Volume: A empresa usou uma Taxa de \$5.500/hmod, que só é válida para um volume de 400 horas de mão de obra direta, e a aplicou para um volume real de 380 horas. Houve, portanto, um erro na taxa em virtude do erro na previsão do volume. A taxa que deveria ter sido utilizada seria:

$$\frac{\$1.000.000 + 380 \text{ hmod} \times \$3.000/\text{hmod}}{380 \text{ hmod}} = \$5.631{,}58/\text{hmod, aproximadamente.}$$

Em cada uma das 380 horas aplicadas houve uma falta de \$131,58 na Taxa de Aplicação (\$5.631,58 – \$5.500). Logo, o erro total introduzido em função da falha na precisão do volume foi:

380 hmod × \$131,58/hmod = \$50.000

Ou então, calculando de outra forma: a empresa aplicou CIP de $2.090.000. Se tivesse previsto corretamente o volume de hmod, teria aplicado: 380 hmod × $5.631,58 ≅ $2.140.000. Aplicou $50.000 a menos, que representam então a Variação de Volume.

Variação de Custos: Os CIP previstos originalmente eram de $2.200.000; mas esse montante só é válido para 400 hmod. Para um total de 380 hmod, a previsão correta seria de $2.140.000 ($1.000.000 de CIP Fixos + 380 hmod × $3.000/hmod de CIP Variáveis). Logo, se os CIP Realmente Incorridos fossem de $2.140.000, não haveria nenhum erro em termos de previsão de custos, já que somente o volume teria sido responsável pela diferença total, e os custos se teriam comportado conforme o previsto.

No entanto, os CIP Reais não foram os $2.140.000, e sim $2.100.000, havendo assim uma Variação Favorável de $40.000 nos Custos.

Variação Total:

Variação de Volume =	$50.000	(desfavorável)
Variação de Custos =	$40.000	(favorável)
Variação Total =	***$10.000***	***(desfavorável)***

A análise de variações de CIP pode ficar enriquecida quando realizada por atividades, dentro do enfoque do ABC (Capítulo 8). Com o ABC podemos, inclusive, apurar e analisar também variações de eficiência no desempenho das atividades.

9.3.6 Considerações acerca da previsão do volume

Comentamos que o primeiro passo para se chegar à Taxa de Aplicação de CIP é a previsão do volume de atividade da produção. E dissemos que se deve trabalhar com o que realmente se espera para o período em questão. Todavia, muitas vezes encontramos a utilização, na prática, de um volume que não o esperado para o próximo exercício e sim um que represente a capacidade de produção da empresa, independentemente da realidade do mercado comprador etc.

Essa forma de se obter a Taxa tem o mérito, principalmente para planejamento, controle e decisão, quando se deseja saber, por exemplo, qual seria o custo de determinado produto se a empresa estivesse trabalhando no nível da capacidade. É muito discutível que devesse ser utilizada para fins de Balanço e apuração do Resultado.

Mas o Pronunciamento Técnico CPC 16 – Estoques, dispõe que a alocação de custos fixos indiretos às unidades produzidas deve ser baseada na capacidade normal de produção e esta é definida como a produção média que se espera atingir ao longo de vários períodos em circunstâncias normais.

9.3.7 Previsão das taxas de serviços

À medida que a empresa pode elaborar previsão de volumes de produção em valores de reais, projeta a forma de rateio dos custos indiretos e finalmente chega à Taxa esperada, acabando também por obter as próprias Taxas de rateio ou de prestação de serviços.

Assim, quando prevemos que a Manutenção terá Custos Indiretos de $400.000 e trabalhará 1.000 horas no próximo período, já acabamos por estabelecer uma Taxa Estimada de Prestação de Serviços desse departamento. Faremos a previsão do rateio com base nesses $400/hora para podermos em seguida chegar aos custos indiretos dos Departamentos de Produção e daí à Taxa de Aplicação aos produtos. Existindo já essa base de $400,00/hora, podemos também trabalhar com ela durante o período. Assim, se a Contabilidade de Custos desejar poderá ir, durante o ano ou outro período qualquer, trabalhando com essa estimativa.

Isso é realmente importante se a empresa tem aqueles problemas vistos de oscilação de custos indiretos ou de produção pelos diversos meses. Desejando contabilizar os custos por departamentos mensalmente, não pode trabalhar com os custos indiretos reais incorridos, pois chegará a taxas de rateio nos Departamentos de Serviços extremamente variáveis em cada um dos meses. Cria, assim, à semelhança dos CIP aplicados aos produtos, os CIP aplicados pelo Departamento de Manutenção, de Controle de

Qualidade, Ferramentaria etc. E os Custos Indiretos reais desses departamentos estarão sendo registrados também em contas à parte. O encerramento das diferenças será realizado no fim de cada exercício, como no exemplo visto.

9.3.8 Evolução tecnológica na Contabilidade e uso dos custos indiretos aplicados

As taxas de aplicação de Custos Indiretos são muito utilizadas quando se deseja conhecer o Custo já incorrido em certa produção até certo momento, antes do fechamento do exercício.

PARA REFLETIR

Com o desenvolvimento tecnológico acelerado que vem ocorrendo principalmente na área da informática, cada vez mais são desenvolvidos sistemas informatizados *on-line* que permitem saber qual o custo real incorrido até aquele momento da produção. Os dados são imputados já durante o andamento da produção e não somente no fechamento do período, de forma que os custos já são alocados aos produtos automaticamente. Na sua opinião, por conta desse desenvolvimento tecnológico, o Contador perderá seu espaço no mercado? Se não, qual será o papel do Contador dentro de uma empresa nesse novo ambiente de tecnologia avançada?

Desta forma, as empresas que possuem um sistema com aquelas características não necessitam do uso das taxas da aplicação de CIP, ou utilizam este procedimento somente para alguns custos que só serão conhecidos em sua totalidade após o encerramento do exercício (tal como a energia elétrica quando da não existência de medidores que permitem a mensuração da energia gasta até o momento), diminuindo assim consideravelmente as possíveis variações no final do período.

9.3.9 Presença de altas taxas de inflação

Quando a inflação é alta, é claro que pode não ser possível o uso de uma Taxa de Aplicação de Custos Indiretos para o ano todo. Assim, o normal é atualizar essa taxa praticamente em cada mês. Isso pode ser feito com a correção da taxa por um índice de inflação, como o IPC, de tal forma que a Variação de Custos indique a diferença entre os custos reais e os aplicados já com o expurgo dos efeitos da inflação geral, ficando, assim, as variações específicas e reais de custos. O assunto é tratado com mais detalhes no Capítulo 29.

9.3.10 Lembrete quanto a arrendamentos e aluguéis

Chamamos a atenção para uma novidade contábil introduzida pelo CPC 06 (R2) – Arrendamentos. E isso porque, na Contabilidade Financeira oficial para usuários externos, os arrendamentos, aluguéis e contratos assemelhados são agora contabilizados de forma diferente. Em vez, por exemplo, de os aluguéis irem sendo tratados como custo quando referentes aos imóveis ou máquinas utilizados na produção, ou como despesas quando relativos à administração geral, departamento de vendas, filiais etc., agora têm outro tratamento.

As novas normas contábeis agora exigem que, a não ser se valores irrelevantes ou contratos inferiores a um ano, há que se ativar o valor presente dos arrendamentos e aluguéis contratados, gerando um ativo denominado Direito de Uso. E, em contrapartida, reconhece-se o passivo de Arrendamentos e/ou Aluguéis a Pagar por esse valor presente (valores futuros descontados a uma taxa de desconto).

Com isso, o ativo Direito de Uso é depreciado ao longo do prazo do contrato e se transforma em custo de bem ou serviço ou em despesa, conforme a natureza do uso do ativo arrendado ou alugado. Já a atualização da conta de passivo é contabilizada como despesa financeira, que é despesa do exercício, a não ser quando da produção de bens ou serviços por prazo longo quando é acrescida ao custo do bem ou serviço.

Com isso, o total dos pagamentos de aluguel é dividido em duas partes ao longo do tempo: depreciação de Direito de Uso e despesa financeira. Assim, o custo dos bens produzidos ou dos serviços prestados acaba ficando um pouco menor, e as despesas financeiras ficam maiores. O total no formato contábil anterior e o do atual é exatamente o mesmo, é claro. Contudo, além das diferenças nas linhas do Resultado, há diferenças de valor em cada período contábil. Afinal, a depreciação do Direito de Uso é por valores fixos, mas os juros vão decrescendo conforme o passivo vai diminuindo. Assim, no modelo atual os encargos totais começam maiores do que seria o registro simplesmente como aluguel, e terminam menores, mas o total ao longo do tempo não muda.

Para efeitos gerenciais, consideramos que o melhor tratamento é o de considerar o aluguel como custo ou despesa conforme sua natureza. Entretanto, para fins de escrituração contábil, há que se atentar a essa diferença.

RESUMO

A seguir, estão contemplados os principais assuntos discorridos no capítulo:

- Em virtude de problemas de necessidade de se conhecer o custo de um produto sem o encerramento do período para o rateio, criou-se a técnica de Custos Indiretos Aplicados.
- Essa técnica é aplicada pela previsão do volume de produção, de custos indiretos a incorrer e da forma de sua distribuição, à Taxa de Aplicação.
- O uso dessa Taxa estimada produzirá consequências por causa dos erros de previsão de duas espécies: no volume de produção e no próprio valor monetário dos custos.
- A diferença eventualmente existente no fim de cada período deve ser eliminada na Contabilidade mediante distribuição aos produtos (aumentando ou reduzindo seu custo), vendidos ou ainda estocados, levando-os a seus valores reais.

EXERCÍCIO 9.1

A Usina de Açúcar Bellezza decidiu fazer uma estimativa de todos os seus Custos Indiretos de Produção e trabalhar com uma Taxa de Aplicação durante o período, ajustando-a à realidade quando terminar a produção.

Seu maior problema é o custo de manutenção, que pode variar muito e só será conhecido quando terminar a safra e proceder à limpeza e troca das peças desgastadas e corroídas do equipamento.

São os seguintes os dados referentes ao volume de produção e aos custos indiretos:

	Orçado	**Real**
Custos Indiretos de Produção (exceto manutenção) ($)	5.754.000	5.920.300
Manutenção ($)	2.466.000	2.507.470
Volume de produção (toneladas)	3.288.000	3.133.000

Pede-se para calcular:

a) a taxa predeterminada de Custos Indiretos de Produção (CIP), por tonelada produzida;

b) a taxa real de Custos Indiretos de Produção (CIP), por tonelada produzida;

c) a variação total de Custos Indiretos de Produção (CIP), em valor absoluto; e

d) a variação total de Custos Indiretos de Produção (CIP), em percentual.

EXERCÍCIO 9.2

A empresa Ki-delícia, produtora de sorvetes, enfrenta forte sazonalidade nas vendas e na produção. Em virtude do intenso verão registrado em determinado período, a empresa acabou trabalhando mais que o previsto.

A seguir, os dados referentes à produção no período:

	Orçado	Real
Custos fixos (em $)	3.900.000	3.900.000
Custos variáveis (em $)	5.500.000	7.900.000
Volume de trabalho (em horas)	16.000	19.000

Pede-se calcular:

a) A taxa de aplicação de Custos Indiretos de Produção (CIP) utilizada no período.
b) A taxa que seria prevista, se já se estimassem as 19.000 horas de trabalho.
c) O valor dos Custos Indiretos de Produção aplicados no período.
d) A variação de volume.
e) A variação de custo.
f) A variação total.

EXERCÍCIO 9.3

A empresa Tudo Copia produz cópias xerográficas coloridas em equipamento alugado. Todo mês, elabora o orçamento de seus custos para o mês seguinte.

As condições contratuais do aluguel são as seguintes: até 150.000 cópias por mês, $14.480 mensais; e para cada cópia excedente, um adicional de $0,75.

A empresa estima um volume mensal médio de 150.000 cópias, e a estrutura de custos para essa estimativa é a seguinte (em $) (além do aluguel do equipamento):

Custos	Fixos	Variáveis
Mão de obra	740	–
Prêmio de produção	–	0,10
Papel	–	0,40
Aluguel do imóvel	560	–
Outros	720	0,10
Total	$2.020/mês	$0,60/cópia

Em determinado mês, o número real de cópias foi 180.000 e os custos reais, em $, foram os seguintes (além do aluguel do equipamento):

Mão de obra	790
Prêmio de produção	17.100
Papel	74.700
Aluguel do imóvel	560
Outros	23.010
Total	$116.160

Pede-se calcular:

a) O custo médio estimado por cópia.
b) O custo por cópia que teria sido estimado para o volume de 180.000 cópias.
c) A variação de volume, indicando se foi favorável (F) ou desfavorável (D).
d) A variação devida ao comportamento dos custos, também indicando se foi favorável (F) ou desfavorável (D).
e) A variação total, favorável (F) ou desfavorável (D).

EXERCÍCIO 9.4

A Empresa de Auditoria Treidy foi contratada pela Manufatureira Dover para prestar serviços de revisão em suas demonstrações contábeis. Foram estimadas 8.000 horas de trabalho, ao custo total de $1.032.000.

Devido à não contabilização de determinado item de estoque no balanço da Dover, os auditores precisaram fazer inspeção e contagem física na empresa, demandando mais 2.000 horas de auditoria do que as previstas. Os custos também foram superiores, totalizando $1.150.000.

Pede-se calcular:

a) A taxa horária de custo utilizada pela Treidy.
b) O valor dos custos aplicados ao projeto.
c) A variação total de custo, em valor absoluto, indicando se foi favorável (F) ou desfavorável (D).

ATIVIDADES COMPLEMENTARES SUGERIDAS

1. Discuta e reflita sobre de que forma uma empresa pode aplicar uma previsão de volume de produção. Quais áreas deveriam participar dessa estimativa?
2. De que forma a empresa pode fazer com que o valor previsto se aproxime do valor real? Discuta.
3. Considere uma empresa que costuma custear sua produção corrente usando uma Taxa de Aplicação de Custos Indiretos que embute gastos de manutenção a serem realizados nos meses seguintes. Isso geraria algum conflito ou desacordo com normas tributárias referentes ao imposto de renda sobre o lucro?
4. Com o advento da Era da Indústria 4.0, Inteligência Artificial etc., você acha que o uso de Taxas de Aplicação de Custos Indiretos pode perder relevância? Por quê?

10

MATERIAIS DIRETOS

10.1 OBJETIVOS DE APRENDIZAGEM

Ao final deste capítulo, o leitor deverá ser capaz de:

- Entender quais gastos fazem e quais não fazem parte do valor de custo dos materiais.
- Realizar teste de recuperabilidade do valor dos estoques de materiais.
- Descrever, em poucas palavras, os critérios de avaliação dos materiais: Preço Médio, PEPS e UEPS.
- Compreender o tratamento contábil das perdas de materiais, dos subprodutos e das sucatas.
- Entender o tratamento contábil dado ao IPI, ao ICMS e a outros tributos análogos contidos no valor das compras.

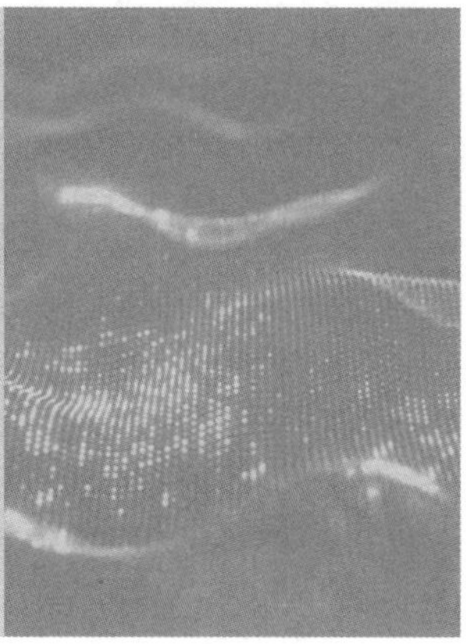

10.2 INTRODUÇÃO

Como regra geral, as matérias-primas, os componentes adquiridos prontos, as embalagens e os outros materiais diretos utilizados no processo de produção são apropriados aos produtos ou serviços por seu custo histórico de aquisição.

Obviamente, para que se saiba quanto de cada material foi aplicado em cada produto, alguma forma de controle deve ser exercida: menção na própria requisição ao almoxarifado, apontamento pelo chefe do departamento, apontamento por parte de alguém do próprio Sistema de Custos, captação por meio de código de barras, QR Code etc.

10.3 CONCEITOS

10.3.1 O que integra o valor de custo dos materiais

Podemos dividir todos os problemas existentes numa empresa com relação a materiais em três campos:

a) **avaliação** (qual o montante a atribuir quando vários lotes são comprados por preços diferentes, o que fazer com os custos do Departamento de Compras, como tratar o ICMS e outros tributos, como contabilizar as sucatas etc.);

b) **controle** (como distribuir as funções de compra, pedido, recepção e uso por pessoas diferentes, como desenhar as requisições e planejar seu fluxo, como fazer inspeção para verificar o efetivo consumo nas finalidades para as quais foram requisitados etc.); e

c) **programação** (quanto comprar, quando comprar, fixação de lotes econômicos de aquisição, definição de estoques mínimos de segurança etc.).

São todas elas funções importantes dentro de um sistema global da empresa. Mas, neste trabalho, tendo em vista nossa atenção especial dirigida para como avaliar o custo do produto elaborado, daremos ênfase completa à primeira delas (avaliação do material utilizado).

Uma regra fundamental da Contabilidade Financeira é a que estipula a forma de avaliação dos ativos. A regra geral do Custo Histórico diz respeito ao critério de avaliação e ditames mais específicos que explicitam quais itens compõem o ativo em questão; por exemplo, após a aquisição de determinada matéria-prima, a empresa incorre em gastos com transporte, segurança, armazenagem, impostos de importação, gastos com liberação alfandegária etc. Como tratar contabilmente esses encargos adicionais ao valor pago ao fornecedor?

A regra é teoricamente simples: *Todos os gastos incorridos para a colocação do ativo em condições de uso* (equipamentos, matérias-primas, ferramentas etc.) *ou em condições de venda* (mercadorias etc.) *incorporam o valor desse mesmo ativo.*

Se um material foi adquirido para revenda, integram seu valor no ativo todos os gastos suportados pela empresa para colocá-lo em condições de venda; se o adquiriu para consumo ou uso, fazem parte do montante capitalizado os gastos incorridos até seu consumo ou utilização.

Cabe aqui um comentário com relação a uma aparente diferença de tratamento entre os critérios da empresa comercial e os da industrial. Aquela, ao incorrer em gastos com armazenagem de mercadorias destinadas à venda, não os trata como ativos, e sim como despesas. E a indústria, ao estocar matéria-prima, não considera os gastos com estocagem como despesas, e sim como acréscimo ao valor de custo dos itens estocados. A diferença reside no fato de a empresa comercial precisar realmente armazenar sua mercadoria durante um certo tempo para depois vendê-la, mas, ao colocá-la em seus mostruários, instalações ou depósitos, já a tem em condições de negociação. Só não a vende imediatamente em virtude de sua normal rotação de estoques, nascida principalmente em função da demanda de seus clientes, enquanto na indústria a estocagem dos materiais (insumos) é uma fase do próprio processo completo da produção. E tudo o que diz respeito à produção é Custo.

Algumas modernas indústrias de manufatura utilizam o sistema conhecido como *Just-in-Time*, em que fornecedores entregam certas matérias-primas já diretamente na linha de produção, sem passar pelo estoque. Mas esses casos são, ainda, minoria, e não se aplicam a todo tipo de material.

É comum a indústria ratear esses gastos com estocagem de materiais diretamente aos produtos, ao invés de acrescê-los ao custo dos materiais. Se o fluxo de produção é relativamente normal e homogêneo, é irrelevante a eventual diferença entre um procedimento e outro, principalmente se o próprio custo da estocagem é também constante. Porém, havendo grandes oscilações nos volumes de produção ou nos custos com armazenagens, pode ocorrer o fato indesejado de se estar jogando custos de estocagem de material a ser usado no período seguinte como custo do produto elaborado no mês anterior.

O mesmo ocorre com todos os valores gastos com Seção de Compras, Recepção, Manuseio etc. São montantes que deveriam ser alocados ao próprio material mediante rateios ou taxas estimadas de aplicação, mas que, na hipótese de normalidade relativa de produção e custos, melhor ficam, do ponto de vista prático, se apropriados como parte dos Custos Indiretos e rateados à produção elaborada.

Às vezes é necessário o rateio dos próprios valores de frete, seguros e outros para se trazer o material à fábrica, quando um único montante representa o custo de transporte de diversos materiais.

VOCÊ SABIA?

Um item importante a considerar é o problema do prazo no pagamento dos materiais (isso vale também para compra de serviços, utilidades como energia, gás etc.). Normalmente, no caso de compra a prazo, o correto é trazer o valor a pagar a valor presente, ou seja, dividir o desembolso total pela compra do item em duas partes: (a) a parte que realmente é o custo de aquisição do bem ou do serviço se pago à vista; e (b) a parte que é despesa financeira por causa de pagamento a prazo.

Por exemplo, normalmente uma compra à vista de certo material é de R$ 1.010,00 por kg. Mas, para ser pago em 90 dias, irá custar R$ 1.050,00. Assim, como custo do material deve ser considerado apenas o valor à vista, R$ 1.010,00, e os R$ 40,00 devem ser considerados como despesa financeira a ser apropriada por juros compostos pelos três meses:

Débito: Materiais R$ 1.010,00

Débito: Despesa Financeira a Apropriar R$ 40,00

Crédito: Fornecedores R$ 1.050,00

Essa conta de despesa financeira a apropriar deve ficar como redutora de fornecedores e ir sendo transformada em despesa ao longo do tempo.

Quando não se conhece o valor corrente à vista, faz-se o desconto a valor presente considerando a taxa de juros que a empresa normalmente incorreria a fim de obter recursos para fazer o pagamento à vista.

Quando as taxas de juros são muito baixas e o prazo é curto, aceita-se esquecer esse refinamento e tratar a matéria-prima pelo custo total (R$ 1.050,00 no exemplo dado). Nesse caso, é importante a gestão da empresa ter noção clara desse fato, já que materiais e outros insumos podem ser adquiridos por prazos diferentes e a soma desses valores nominais pode produzir um custo de não muito boa qualidade (lembrar que mão de obra, aluguéis, energia e outros custos são em geral pagos muito rapidamente).

No caso de Descontos Comerciais e Abatimentos, não há dúvidas: devem ser considerados como redução do preço de aquisição. Os Descontos Comerciais são aqueles contratados já no ato da compra em função da quantidade adquirida, de uma liquidação etc. Os Abatimentos são as reduções negociadas posteriormente à compra em razão de problemas de avarias, especificações não cumpridas, atrasos etc.

Um fato precisa ser relembrado: Despesas Financeiras não integram o custo dos materiais; são debitadas diretamente ao Resultado.

10.3.2 Critérios de avaliação dos materiais: o preço médio

Se a matéria-prima foi adquirida especificamente para uso numa determinada ordem de produção ou encomenda, não haverá dúvidas no reconhecimento do quanto lhe atribuir: será o seu preço específico de aquisição. Entretanto, se diversos materiais iguais forem comprados por preços diferentes, principalmente por terem sido adquiridos em datas diversas, e forem intercambiáveis entre si, algumas alternativas surgem. Suponhamos o seguinte:

Quadro 10.1 – Ficha de estoque do material

	Compras			*Utilização*
	Quantidade	**Preço Unitário**	**Total**	**Quantidade**
Dia	*kg*	*$*	*$*	*Kg*
3	1.000	10,00	10.000	
15	2.000	11,65	23.300	
17				2.200
23	1.200	13,00	15.600	
29				1.000

O critério mais utilizado no Brasil é o do Preço Médio para a avaliação dos estoques (consequentemente para a do custo dos materiais utilizados). Podemos, no entanto, fixar pelo menos dois tipos diferentes de Preço Médio: Móvel e Fixo.

Preço Médio Ponderado Móvel: É assim chamado aquele mantido por empresa com controle constante de seus estoques e que por isso atualiza seu preço médio após cada aquisição. Nesse caso, a matéria-prima utilizada nos dias 17 e 29 seria avaliada:

- Dia 17: Preço Médio do Estoque = $\frac{\$33.300}{3.000\ kg}$ = $11,10/kg

  Quantidade Utilizada × Preço Médio = Custo Matéria-prima

  Usada = 2.200 kg × $11,10/kg = ***$24.420***

- Dia 29: Preço Médio do Estoque =

800 kg × $11,10 =	$8.880	(remanescentes dos 3.000 kg)
1.200 kg × $13,00 =	$15.600	
2.000 kg × ? =	$24.480	
$24.480 ÷ 2.000 kg =	**$12,24/kg**	
Matéria-prima Usada = 1.000 kg × $12,24/kg =	***$12.240***	

- Matéria-prima Total Aplicada no Mês: $24.420 + $12.240 =***$36.660***

Preço Médio Ponderado Fixo: Utilizado quando a empresa calcula o preço médio apenas após o encerramento do período ou quando decide apropriar a todos os produtos elaborados no exercício ou mês um único preço por unidade (kg, neste exemplo). Teríamos então que calcular primeiramente o preço médio global do período para daí apropriarmos o custo da matéria-prima consumida.

- Preço Médio Fixo do Mês = $\frac{\$48.900\ (\text{Compras Totais})}{4.200\ kg}$ = $11,643/kg

Dia 17: 2.200 kg × $11,643/kg =	***$25.614***
Dia 29: 1.000 kg × $11,643/kg =	***$11.643***
Matéria-prima Total do Mês =	***$37.257***

Notar que o primeiro lote teve, pelo segundo critério, custo maior, mas o segundo lote, custo menor:

	Preço Médio Móvel	**Preço Médio Fixo**
Dia 17	$24.420	$25.614
Dia 29	$12.240	$11.643
Soma	***$36.660***	***$37.257***

Mesmo com o uso do Preço Médio, os valores de custo de materiais podem, portanto, variar segundo a forma de sua utilização.

A legislação fiscal brasileira não está mais aceitando o preço médio ponderado fixo se for calculado com base nas compras de um período maior que o prazo de rotação do estoque. Realmente, não faz sentido avaliar pelo preço médio das compras do ano os estoques adquiridos nos últimos três meses, por exemplo.

10.3.3 Critérios de avaliação dos materiais: PEPS (FIFO)

Neste critério, o material utilizado é custeado pelos preços mais antigos, permanecendo os mais recentes em estoque. O primeiro a entrar é o primeiro a sair (*first-in, first-out*). Usando ainda os mesmos dados do Quadro 10.1, referente ao exemplo anterior, teríamos:

- Dia 17: Matéria-prima Utilizada =

1.000 kg × $10,00/kg =	$10.000
+ 1.200 kg × $11,65/kg =	$13.980
	$23.980

- Dia 29: Matéria-prima Utilizada =

800 kg × $11,65/kg =	$9.320
+ 200 kg × $13,00/kg =	$2.600
	$11.920

- ***Matéria-prima Total Utilizada =*** ***$35.900***

Com o uso do PEPS não há diferença alguma entre a empresa que avalia o custo do material aplicado durante o período ou somente em seu final.

Com o uso desse método, há uma tendência de o produto ficar avaliado por custo menor do que quando do custo médio, tendo-se em vista a situação normal de preços crescentes. Ao se utilizar o PEPS, acaba-se por apropriar ao produto, via de regra, o menor valor existente do material nos estoques. Essa subavaliação do custo do produto elaborado acaba por apropriar um resultado contábil maior para o exercício em que for vendido. É lógico que o material estocado, avaliado por preços maiores, será apropriado no futuro à produção, mas é provável que então o preço de venda também seja maior.

10.3.4 Critérios de avaliação do custo dos materiais: UEPS (LIFO)

O método de último a entrar primeiro a sair (*last-in, first-out*) provoca efeitos contrários ao PEPS. Vejamos, ainda com base no exemplo anterior e supondo que a empresa aproprie os custos durante o período, como ficaria:

- Dia 17: Matéria-prima Utilizada =

2.000 kg × $11,65 =	$23.300
200 kg × $10,00 =	$2.000
	$25.300

- Dia 29: Matéria-prima Utilizada =

1.000 kg × $13,00 =	***$13.000***

- Matéria-prima Total Consumida = ***$38.300***

O estoque final estará formado de 800 kg a $10,00 mais 200 kg a $13,00.

Se fosse utilizado o UEPS, mas apenas *após o término do período*, poderia ser calculado:

- Para o lote do Dia 29 =

1.000 kg × $13,00 =	***$13.000***

- Para a produção do Dia 17 =

200 kg × $13,00 =	$2.600
2.000 kg × $11,65 =	$23.300
	$25.900

- Matéria-prima Total Consumida = ***$38.900***

O estoque ficaria então avaliado a 1.000 kg × $10,00.

Então, o custo dos dois lotes, bem como seu total, ficariam diferenciados, caso houvesse apropriação durante ou após o período.

Com a adoção do UEPS, há tendência de se apropriar custos mais recentes aos produtos feitos, o que provoca normalmente redução do lucro contábil. Provavelmente por essa razão, esse critério não é aceito pelo Pronunciamento Técnico CPC 16 nem é admitido pela legislação brasileira do Imposto de Renda.

Existe um risco na adoção do UEPS; olhando o exemplo anterior, verificamos que o estoque de materiais está avaliado por preços antigos. No dia em que houver utilização desse estoque sem que tenha havido compras adicionais, será ele apropriado ao produto; este estará então subavaliado em comparação com preços recentes, e todo o resultado não apresentado anteriormente será contabilizado agora!

10.3.5 Critérios de avaliação dos materiais: combinações e sumário

Existe também a possibilidade de se adotarem critérios mistos para a avaliação do preço de materiais utilizados. Por exemplo, quando adotamos o PEPS, chegamos ao seguinte (*vide* item 10.3.1):

• Dia 17:	$23.980	(2.200 kg)
• Dia 29:	$11.920	(1.000 kg)
Total:	***$35.900***	***(3.200 kg)***

Poderíamos, caso quiséssemos atribuir tanto para o produto feito no dia 17 como para o do dia 29 preços iguais por kg, fazer o seguinte:

Pelo PEPS, Custo Total de Material dividido pelo número total de kg processados:

$$\frac{\$35.900}{3.200\ \text{kg}} = 11{,}219/\text{kg}.$$

Esse preço médio passa a ser utilizado para os dois dias:

- Dia 17: 2.200 kg × $11,219/kg = $24.681
- Dia 29: 1.000 kg × $11,219/kg = $11.219

Total = ***$35.900***

Outras diferentes combinações poderiam ser utilizadas. No uso do Preço Médio, por exemplo, podemos fazer um cálculo que inclua também o material existente no estoque no início do período ou só efetuar a avaliação com base nas aquisições do período.

O importante, do ponto de vista de Custos para Avaliação de Resultado, é que, adotado um critério, não seja ele modificado de exercício para exercício (Consistência), para não haver alterações forçadas na apuração do lucro. Se, por qualquer razão, existir interesse ou necessidade dessa mudança, deverá a empresa fazer menção em seu Balanço dessa modificação e do valor da diferença introduzido no Resultado.

Vejamos um resumo dos diversos critérios com relação ao exemplo visto:

Quadro 10.2

Produção do Dia	Preço Médio Ponderado		PEPS (FIFO)	UEPS (LIFO)	
	Móvel	*Fixo*	(*)	*Durante*	*Após*
17	$24.420	$25.614	$23.980	$25.300	$25.900
29	$12.240	$11.643	$11.920	$13.000	$13.000
Total	***$36.660***	***$37.257***	***$35.900***	***$38.300***	***$38.900***

(*) Pelo PEPS, os valores *Durante o Período* e *Após o Término são iguais.*

O PEPS apresenta os menores custos dos materiais utilizados, o UEPS, os maiores e o Preço Médio fica entre os extremos. É claro que essas situações diferenciadas são compensadas período após período. Quando todo o estoque de materiais tiver sido utilizado, a soma dos custos dos materiais aplicados pelos diversos exercícios será igual; quando aplicamos um valor maior, é porque o estoque remanescente ficou por importância menor, e quando este for utilizado provocará o aparecimento de um custo aplicado também menor. As diferenças existem enquanto existirem os estoques de materiais.

VOCÊ SABIA?

Para efeito de imposto de renda só são aceitos o PEPS e o custo médio ponderado móvel. O médio fixo só pode ser usado se considerar apenas as compras do prazo da última rotação do estoque.

10.3.6 Tratamento contábil das perdas de materiais

Inúmeras vezes ocorre o desperdício de materiais, principalmente de matérias-primas, durante o processo de produção. Entram 10.000 kg de determinado material, por exemplo, mas 700 kg são desperdiçados, não se incorporando ao produto elaborado.

Precisamos aqui primeiramente diferenciar Perdas Normais de Perdas Anormais. As Perdas Normais são inerentes ao próprio processo de produção; são previsíveis e já fazem parte da expectativa da empresa, constituindo-se num sacrifício que ela sabe que precisa suportar para obter o produto. As Perdas Anormais ocorrem de maneira aleatória e não representam sacrifício premeditado, como é o caso de danificações extraordinárias de materiais por obsoletismo, degeneração, incêndio, desabamento etc.

As Perdas Normais podem ocorrer por problemas de Corte, tratamento térmico, reações químicas, evaporação etc., e, por serem inerentes à tecnologia da produção, fazem parte do custo do produto elaborado. Se entramos com 10.000 kg de material, mas são aproveitados apenas 9.300 kg em condições normais, para os produtos será apropriado o valor do total dos 10.000 kg. O custo do material perdido fará parte do custo dos produtos fabricados ou dos serviços prestados.

Por sua vez, as Perdas Anormais não sofrem o mesmo tratamento; por serem aleatórias e involuntárias, deixam de fazer parte do Custo da Produção e são tratadas como Perdas do período, indo diretamente para Resultado, sem se incorporarem aos produtos; só deixam de ser assim tratadas se forem de um valor em reais muito pequeno, e, devido a essa sua irrelevância, em nada influírem na avaliação dos estoques ou do crédito do exercício. Caso aqueles 700 kg fossem perdidos por um problema anormal, um incêndio, por exemplo, não seriam incluídos no Custo da Produção, e os bens elaborados arcariam com o custo relativo aos 9.300 kg.

10.3.7 Tratamento contábil dos subprodutos e das sucatas

É comum os materiais não aproveitados trazerem algum tipo de recuperação à empresa, através de sua venda. Nascem aí os Subprodutos e as Sucatas.

Subprodutos são aqueles itens que, nascendo de forma normal durante o processo de produção, possuem mercado de venda relativamente estável, tanto no que diz respeito à existência de compradores como quanto ao preço. São itens que têm comercialização tão normal quanto os produtos da empresa, mas que representam porção ínfima do faturamento total.

Devido a essa característica de pequena participação nas receitas da empresa e também ao fato de se originarem de desperdícios, deixam de ser considerados produtos propriamente ditos. Se o fossem, precisariam receber uma parcela dos custos da produção. Mas isso pode provocar até situações ridículas, como a de custearmos aparas, limalhas, serragem etc.; torna-se então preferível a adoção do critério de nada lhes ser atribuído.

Surge daí o problema de como avaliarmos esses estoques de subprodutos e de como contabilizarmos suas vendas. O procedimento mais correto é o de considerarmos a receita originada de sua venda como redução do custo de produção da empresa. Como pode ocorrer de o subproduto surgido num período só ser vendido em um período seguinte, há a necessidade de se proceder a um acerto para que dos custos de um exercício não seja deduzida a venda de itens originados em exercício anterior. Deveria o subproduto surgido em cada período ser sempre considerado como redução do custo de produção desse mesmo período.

A técnica é, portanto, de se proceder a essa redução, considerando-se o valor de venda como a própria medida do montante do estoque do subproduto. Por exemplo, se os Custos de Produção de um período forem de $17.000.000 e surgirem nele 460 kg de subprodutos cujo valor de venda é de $46.000, faremos o seguinte lançamento:

Débito: Estoques de Subprodutos
Crédito: Custos de Produção $46.000

Custos de Produção

17.000.000	46.000 (a)
16.954.000	

Subprodutos

(a) 46.000	

Por conseguinte, quando o subproduto for vendido, haverá apenas a troca de um item estocado por um ativo monetário; só aparecerá resultado (lucro ou prejuízo) na venda se a negociação for por valor diferente dos $46.000, mas normalmente essa diferença é pequeníssima. Mesmo porque, se o valor começar a flutuar muito, o melhor é não mais tratar o item como subproduto, e sim como sucata.

Esse estoque fica avaliado, portanto, ao preço de venda, e não pelo custo; tal procedimento é aceito tendo-se em vista a irrelevância do próprio valor. E os Custos de Produção a serem apropriados aos produtos serão agora de $16.954.000. Cada material transformado em subproduto é considerado assim uma recuperação de parte dos custos de produção.

Se existirem despesas por ocasião da venda, é necessário que a empresa considere como redução dos custos e consequente valor dos estoques o valor líquido de realização desses subprodutos. O Valor Líquido de Realização corresponde ao montante bruto da venda menos as despesas necessárias à venda, tais como comissões, impostos, entrega etc. E, se ocorrer a obrigatoriedade de se efetuar algum processamento sobre o subproduto para colocá-lo em condições de venda, é preciso ainda deduzir também os custos desse tratamento para se chegar ao valor líquido realizável.

Por exemplo, se no caso anterior houver ainda o seguinte:

• custos necessários para preparar o subproduto para venda:		$5.000
• despesas para sua colocação: Impostos:	$5.200	
Comissões:	$2.300	$7.500
		$12.500

teremos:

Valor Bruto de Venda	$46.000	
(–) Custos e Despesas para realizar a venda		($12.500)
Valor Líquido Realizável	***$33.500***	

Ficará, então:

Custos de Produção	
17.000.000	33.500 (a)
16.966.500	

Subprodutos	
(a) 33.500	

Quando se proceder ao tratamento dos subprodutos, debitar-se-ão os custos desse processamento ao estoque, elevando-o de $33.500 para $38.500. Ao serem vendidos os subprodutos, teremos a Venda de $46.000 menos o estoque de $38.500 menos as despesas de $7.500.

VOCÊ SABIA?

Costumam alguns países, principalmente os EUA, considerar também como redução do Valor Líquido de Realização uma parcela razoável de lucro. Tal procedimento é justificado dentro do raciocínio seguinte: deduzindo do valor de venda a margem normal de lucro bruto da empresa, estamos praticamente chegando ao valor de custo.

É realmente discutível a validade técnica da assertiva, mas é aceitável o critério, já que simplifica bastante os procedimentos contábeis com relação a um grupo de itens de pouquíssima relevância econômica para a Contabilidade; a Materialidade acaba por justificar o abandono de critérios mais rigorosos. No Brasil, inclusive, a Lei das Sociedades por Ações consagra o critério, ao aplicar tal conceito não aos problemas de subprodutos, mas à avaliação de estoques destinados à venda, quando da aplicação da regra de "Custo ou Mercado dos dois o menor".

Se ocorrer de não existir a mencionada estabilidade quanto à comercialização desses itens ou por existência apenas eventual de compradores ou pela flutuação e até inexistência às vezes de preço de venda, abandona-se esse procedimento, e os materiais passam a ser tratados como sucatas.

Sucatas são aqueles itens cuja venda é esporádica e realizada por valor não previsível na data em que surgem na produção. Por isso, não só não recebem custos, como também não têm sua eventual receita considerada como diminuição dos custos de produção. Mesmo que existam em quantidades razoáveis na empresa, não aparecem como estoque na Contabilidade. Quando ocorrer sua venda, têm sua receita considerada como Outras Receitas Operacionais ou outra rubrica análoga.

10.3.8 Impostos na aquisição de materiais: o IPI

Diversas hipóteses existem quando da aquisição de materiais para produção. Primeiramente, se a empresa não tem nenhum tipo de isenção ou suspensão do IPI nas compras de matérias-primas, mas os tem na venda de produtos acabados, acaba por ter nesse imposto um acréscimo do próprio custo do material adquirido.

Esse caso é comum em algumas indústrias alimentícias, onde se paga IPI na aquisição das embalagens, por exemplo, mas, na venda, seus produtos estão isentos dele. Não podendo efetuar nenhum tipo de recuperação do imposto pago nas embalagens, acaba arcando com eles como sacrifício seu. Por isso, esse IPI deve ser simplesmente agregado ao custo das embalagens, como se fizesse parte integrante de seu valor, sem necessidade inclusive de sua identificação.

Em segundo lugar, na situação normal, a empresa paga IPI na compra de seus materiais e também tem seus produtos tributados na venda. Nesse caso, funciona ela como simples intermediária entre o pagador final do imposto e o Governo Federal. Não possui ela nenhuma receita quando cobra IPI de seu cliente, como também não tem nenhuma despesa ou custo quando paga o encargo a seu fornecedor. Ao saldar sua dívida para com este, paga-lhe, por exemplo, $1.000.000 pela matéria-prima adquirida mais $100.000 pelo IPI incidente nessa operação. Ao utilizar o material para produzir um bem qualquer e vendê-lo, digamos, por $1.800.000, acaba por cobrar de seu cliente $1.980.000 ($1.800.000 mais $180.000, supondo alíquota igual à da entrada). Por já haver pago $100.000 de imposto na compra, ou seja, haver feito um adiantamento por conta do que iria cobrar futuramente, ao receber os $180.000 de seu cliente considera $100.000 como devolução do adiantamento feito, e $80.000 como dívida à União; ao recolher este último montante, tem a simples liquidação de uma dívida como outra qualquer.

Nem os $180.000 fazem parte de sua receita nem os $80.000 e os $100.000 são despesa ou incorporam o custo do produto elaborado. A contabilização poderia ser:

a)	*Débito:*	Matéria-prima	$1.000.000	
	Débito:	IPI	$100.000	
	Crédito:	Fornecedores		$1.100.000
	(Pela Compra)			
b)	*Débito:*	Produtos Acabados	$1.000.000	
	Crédito:	Matéria-prima		$1.000.000
	(Pela utilização da matéria-prima para elaboração do produto; omitidos os lançamentos intermediários de produção em processamento e dos custos dos outros fatores de produção)			
c)	*Débito:*	Clientes	$1.980.000	
	Crédito:	Vendas		$1.800.000
	Crédito:	IPI		$180.000
	(Pela Venda dos Produtos)			

Matéria-prima

(a) 1.000.000	
	1.000.000 (b)

IPI

(a) 100.000	
	180.000 (c)
	80.000

Fornecedores

	1.100.000 (a)

Produtos Acabados

(b) 1.000.000	

Clientes

(c) 1.980.000	

Vendas

	1.800.000 (c)

A conta IPI, enquanto tinha saldo devedor, representava o direito pelo adiantamento feito pela empresa e era conta de Ativo; ao apresentar saldo credor, passa a representar a dívida à União e torna-se conta de Passivo. Ao ser feito o recolhimento dos $80.000, haverá um débito a essa conta, que terá então anulado o seu saldo.

Existe uma alternativa de lançamento que seria:

Débito:	Clientes	$1.980.000	
Crédito:	Vendas Brutas		$1.980.000

e

Débito:	IPI Faturado nas Vendas	$180.000	
Crédito:	IPI		$180.000

No final do período, a conta IPI Faturado nas Vendas será encerrada contra Vendas Brutas e se obterá o valor líquido de impostos das Vendas, que são sua verdadeira receita. Nada é de fato alterado com relação ao procedimento anterior. A outra forma, porém, é mais correta e a indicada no caso, inclusive pela legislação fiscal.

(Obs.: Não efetuamos os lançamentos dos demais custos de produção nem a baixa dos produtos vendidos, por estarmos com a atenção presa apenas ao problema do IPI.)

Poderia existir outra hipótese em que a indústria pagasse IPI nas compras de seus materiais, mas que, por força de uma disposição legal específica, tivesse o direito de ressarcimento desse encargo quando da venda do produto; é o caso de certas exportações, quando a empresa, além de não ter IPI incidindo sobre a venda, recebe às vezes um direito de recuperação do IPI pago sobre os insumos utilizados na produção dos bens exportados. Nesse caso, contabiliza como anteriormente visto. E a conta IPI, com saldo agora só devedor, representa um direito que poderá ser usado para pagamento de outros impostos federais ou mesmo de fornecedores, funcionando como se fosse um título qualquer.

No caso de exportação, pode ainda haver um outro incentivo: o Governo Federal pode pagar à empresa o IPI que seria pago pelo cliente no exterior e que disso foi isento. Torna-se nesse caso uma receita adicional à venda bruta direta da exportadora.

10.3.9 Impostos na aquisição de materiais: o ICMS

O ICMS tem, de fato, as mesmas características gerais que o IPI. Cada real pago desse tributo na compra de materiais representa um adiantamento feito pela empresa; ao efetuar suas vendas, recebe dos clientes uma parcela a título desse imposto, e, após se ressarcir do que havia adiantado, recolhe o excedente ao governo estadual. Não é, portanto, nem receita o que ela recebe dos clientes nem despesa ou custo o que ela paga aos fornecedores. Deve ser contabilizado igualmente ao IPI.

(Valem aqui também os mesmos comentários feitos com relação ao IPI, quando há o ICMS incidente nas compras, mas não incidente nas vendas, bem como no caso dos incentivos fiscais.)

Esse entendimento técnico é agora não só aceito, como também exigido por nossa legislação.

Suponhamos que uma empresa inicie suas atividades num exercício com:

- Compras de Materiais por $400.000, onde há um ICMS contido de 18%.
- Utilização de metade desses estoques para elaboração de seus produtos.
- Custos que não contenham itens com ICMS, como mão de obra etc. para elaboração de seus produtos num montante de $100.000.
- Venda de dois terços desses produtos por $300.000.

No segundo exercício ocorre:

- Utilização da outra metade dos materiais para produção integral de seus bens.
- Custos adicionais, como no anterior, de $100.000.
- Venda do estoque anterior de produtos acabados e um terço dos acabados neste exercício por $300.000.

No terceiro e último exercício:

- Venda dos estoques existentes por $300.000.

Tanto nos valores dados de compra como nos de venda, encontra-se "embutido" o ICMS na alíquota de 18%. (Esta diferença existe com relação ao IPI; neste, o percentual é adicionado ao valor da transação, e no ICMS o percentual é considerado como já contido dentro do valor da operação.)

Tecnicamente, o mais correto para a contabilização desses fatos é:

1º Exercício:

a)	*Débito:*	Matéria-prima	$328.000	
	Débito:	ICMS	$72.000	
	Crédito:	Fornecedores		$400.000
	(Pela Compra da Matéria-prima)			
b)	*Débito:*	Produtos em Elaboração	$164.000	
	Crédito:	Matéria-prima		$164.000
	(Apropriação de 50% da matéria-prima à fabricação)			
c)	*Débito:*	Produtos em Elaboração	$100.000	
	Crédito:	Caixa, Salários a Pagar etc.		$100.000
	(Apropriação dos demais custos de produção)			
d)	*Débito:*	Produtos Acabados	$264.000	
	Crédito:	Produtos em Elaboração		$264.000
	(Término dos produtos e transferência para estoque)			
e)	*Débito:*	Clientes	$300.000	
	Crédito:	Vendas Líquidas		$246.000
	Crédito:	ICMS		$54.000
	(Venda dos produtos – 2/3 dos estoques)			
f)	*Débito:*	Custo dos Produtos Vendidos	$176.000	
	Crédito:	Produtos Acabados		$176.000
	(Baixa dos produtos vendidos: 2/3 de $264.000)			

Matéria-prima

(a)	328.000		
		164.000	(b)
	164.000		

ICMS

(a)	72.000		
		54.000	(e)
	18.000		

Produtos em Elaboração

(b)	164.000		
(c)	100.000		
		264.000	(d)

Produtos Acabados

(d)	264.000		
		176.000	(f)
	88.000		

Vendas Líquidas

		246.000	(e)

CPV

(f)	176.000		

Outras Contas: Fornecedores, Caixa, Clientes etc.

(e)	300.000	400.000	(a)
		100.000	(c)

Os estoques existentes, tanto de matéria-prima como de produtos acabados, bem como os eventuais em elaboração, aparecem por seus valores reais de custo sem inclusão do ICMS. As Vendas Líquidas estão registradas por seu montante de receita para a empresa, também sem inclusão do imposto. A conta ICMS, com saldo devedor de $18.000, exprime um ativo representante do direito ainda de ressarcimento desse valor, já que mais pagou ICMS nas compras do período do que recebeu nas vendas.

Para a apuração do resultado do período, bastam as transferências de Vendas e Custo dos Produtos Vendidos (CPV) para o Resultado. Este apareceria, então:

Vendas Líquidas	$246.000
(–) CPV	($176.000)
Lucro Bruto	***$70.000***

2º Exercício:

g) *Débito:* Produtos em Elaboração $100.000
Crédito: Diversas Contas $100.000

h) *Débito:* Produtos em Elaboração $164.000
Crédito: Matéria-prima $164.000
(Apropriação da matéria-prima e outros custos à produção)

i) *Débito:* Produtos Acabados $264.000
Crédito: Produtos em Elaboração $264.000

j) *Débito:* Clientes $300.000
Crédito: Vendas Líquidas $246.000
Crédito: ICMS $54.000

l) *Débito:* CPV $176.000
Crédito: Produtos Acabados $176.000
(Término dos produtos acabados, venda e baixa dos vendidos; estes últimos iguais ao estoque anterior de $88.000 mais um terço dos elaborados no período, também de $88.000.)

Por existir agora um saldo credor na conta de ICMS, deverá ele ser recolhido ao governo estadual:

m) *Débito:* ICMS $36.000
Crédito: ICMS a Recolher, Caixa etc. $36.000

Matéria-prima

	Débito	Crédito	
	164.000		
		164.000	(h)

ICMS

	Débito	Crédito	
	18.000		
		54.000	(j)
(m)	36.000		

Produtos em Elaboração

	Débito	Crédito	
(g)	100.000		
(h)	164.000		
		264.000	(i)

Produtos Acabados

	Débito	Crédito	
	88.000		
(i)	264.000	176.000	(l)
	176.000		

Vendas Líquidas

	Débito	Crédito	
		246.000	(j)

CPV

	Débito	Crédito	
(l)	176.000		

Outras Contas: Fornecedores, Caixa, Clientes etc.

	Débito	Crédito	
(j)	300.000	100.000	(g)
		36.000	(m)

Novamente o resultado seria demonstrado:

Vendas Líquidas	$246.000
(–) CPV	($176.000)
Lucro Bruto	***$70.000***

3º Exercício:

			Débito	Crédito
n)	*Débito:*	Clientes	$300.000	
	Crédito:	Vendas Líquidas		$246.000
	Crédito:	ICMS		$54.000
o)	*Débito:*	CPV	$176.000	
	Crédito:	Produtos Acabados		$176.000
p)	*Débito:*	ICMS	$54.000	
	Crédito:	ICMS a Recolher, Caixa etc.		$54.000

ICMS

	Débito	Crédito	
		54.000	(n)
(p)	54.000		

Produtos Acabados

	Débito	Crédito	
	176.000		
		176.000	(o)

Vendas Líquidas

	Débito	Crédito	
		246.000	(n)

CPV

	Débito	Crédito	
(o)	176.000		

Diversas contas

	Débito	Crédito	
(n)	300.000	54.000	(p)

Resultado do 3º Exercício

Vendas Líquidas	$246.000
(–) CPV	($176.000)
Lucro Bruto	***$70.000***

Legalmente, todavia, a Lei das Sociedades por Ações, bem como a atual legislação fiscal, exige o registro das Vendas Brutas. O registro da receita bruta é também formalmente exigido pelo CPC 47 – Receita de Contrato com Cliente – item 112A; essa exigência deriva do fato de parte da tributação brasileira ser sobre esse valor (ICMS, IPI, ISS, CIDE etc.). Na hora da apresentação na demonstração contábil, todavia, começa a demonstração de resultados pela Receita Líquida, e a conciliação entre a conta de Receita Bruta e essa Receita Líquida precisa obrigatoriamente aparecer em nota explicativa. Então, os lançamentos das vendas ficam, nos três períodos:

Débito:	Clientes	$300.000	
Crédito:	Vendas Brutas		$300.000

e

Débito:	ICMS nas Vendas	$54.000	
Crédito:	ICMS		$54.000

Com isso, o crédito líquido feito nos exemplos anteriores a Vendas Líquidas de $246.000 é desmembrado em crédito em Vendas Brutas de $300.000 e débito em ICMS nas Vendas de $54.000. Como ambas essas contas são demonstradas uma subtrativamente à outra, nada se altera, e nos três exercícios obtém-se:

Vendas Brutas	$300.000
(–) ICMS nas Vendas	($54.000)
Vendas Líquidas	$246.000
(–) CPV	($176.000)
Lucro Bruto	***$70.000***

O resultado é o mesmo nos três períodos, já que as vendas líquidas, bem como os custos dos produtos vendidos, são iguais.

Apesar de não haver recolhimento do ICMS no primeiro período e o do segundo ser diferente do terceiro, em nada isso altera o resultado, já que, conforme foi visto, ICMS não é receita nem despesa; logo, com essa contabilização tem-se a efetiva representação de receitas, custos e despesas.

Na legislação fiscal vigente no Brasil até 1978 esse critério correto não era aceito, obrigando à incorporação do ICMS nos estoques.

Por essa razão, na primeira edição deste livro dizíamos que a legislação fiscal estava incorreta. E, após o final de 1978, essa forma, que já preconizávamos como a única totalmente correta, passou a ser também a única aceita fiscalmente.

Se houver necessidade, para efeito de comparação ou curiosidade, sobre as formas antigas, consulte-se a primeira edição deste livro.

Devido a essa divergência, os valores de Receita Líquida, CPV e Lucro Bruto, bem como Despesas com Vendas, não são comparáveis com os obtidos sob a legislação anterior.

Deve-se lembrar que hoje incide ICMS sobre outros insumos de produção que não materiais, como a energia elétrica, combustíveis etc. Assim, o consumo da energia elétrica, por exemplo, na área de produção também é registrado:

- parte do ICMS – na conta própria de ICMS, que é conta de ativo quando tem saldo devedor e de passivo quando credor;
- parte da energia propriamente dita – como custo de produção.

Já a parcela da energia e/ou do combustível consumida fora da área de produção é despesa do exercício e o imposto nela contido não é recuperável; com isso, essa parte do ICMS integra diretamente a conta de despesa.

Por exemplo: a empresa recebe uma conta de energia elétrica total de $1.000.000, com ICMS incluído à alíquota de 25%, e ela sabe tratar-se 90% dessa conta de consumo na fábrica e 10% na área não industrial (administração geral e vendas).

Terá que fazer:

Consumo Industrial (90%) = \$900.000 – 25% = \$225.000 de ICMS = \$675.000 = Custo

Consumo não Industrial (10%) = \$100.000, tudo em despesa, sem destaque do ICMS,

Débito:	Produtos em Elaboração	\$675.000	
Débito:	ICMS	\$225.000	
Débito:	Despesas Administrativas e de Vendas		\$100.000
Crédito:	Contas a Pagar		\$1.000.000

Esses aspectos analisados tanto neste item (ICMS) como no item 10.3.8 (IPI), aplicam-se, também, a outros tributos, tais como o PIS e a Cofins, que podem ou não ser recuperados, conforme a legislação aplicável a determinadas circunstâncias. No curso do processo de revisão para esta 12ª edição, encontrava-se em discussão no Congresso Nacional uma Proposta de Emenda à Constituição denominada Reforma Tributária. No que se refere aos tributos tratados neste capítulo, não era esperada alteração na essência do seu mecanismo. O que se propunha era mudança de nomes, unificação e simplificação do mecanismo de arrecadação de novos critérios de repartição entre os entes federativos.

10.3.10 *Impairment* de estoques

No Capítulo 3, ao falarmos sobre o Princípio do Custo como Base de Valor, dissemos que a aplicação do teste de recuperabilidade do valor dos ativos pode se constituir numa exceção ao uso do valor de custo de aquisição.

Se for previsível que os produtos acabados serão vendidos por preço (líquido das despesas de vender) inferior ao custo, então o valor contábil dos materiais deverá ser ajustado, para que seja reduzido ao valor realizável líquido dos estoques. Uma conta de ajuste, retificadora do estoque, precisa ser criada para ajustar o estoque a esse valor, a débito do resultado. Se, posteriormente, essa situação se reverter, essa conta de ajuste também será revertida, total ou parcialmente, contra o resultado. O valor realizável líquido corresponde ao valor de venda diminuído das despesas incrementais de vender, como tributos sobre a receita, comissão de vendas, frete de entrega e outras que só existem se a venda existir.

No caso de estoques de materiais – matérias-primas, material de embalagem, materiais intermediários de consumo, peças e componentes – e de produtos em elaboração, também deve-se aplicar o teste de *impairment*. Isso significa que é necessário verificar, periodicamente, se o valor contábil desses materiais mantidos em estoque é passível de recuperação – só que nesse caso o teste é feito da seguinte forma:

a) Primeiro, verifica-se se esses estoques têm preço de venda no mercado como estão; tendo, compara-se esse preço, líquido de despesas de venda, como seu valor contábil; no caso de passarem por esse teste, ou seja, quando o valor líquido de venda for superior ao valor contábil do estoque, nada se faz contabilmente.

b) Se o preço líquido de venda for inferior ao valor contábil desses estoques, ou se não existir esse preço no mercado no estado em que se encontram, passa-se ao segundo teste de *impairment*: verifica-se o preço líquido de venda do produto quando acabado e retira-se desse montante todos os custos estimados necessários ao término do produto; se esse saldo for superior ao valor contábil do estoque de material ou produto em elaboração, passou no teste e nada se faz. Caso contrário, toma-se esse valor como base e ajusta-se, em conta retificadora, o custo contábil do estoque, de forma a que fique, no máximo, por esse montante. Procede-se como falado para os produtos acabados.

Ou seja, todos os estoques precisam ter seus custos contábeis recuperáveis por meio da venda deles ou dos produtos gerados a partir deles, ou ainda pelo seu uso na prestação de serviços aos clientes.

No caso de prestação de serviços onde custos de serviços em andamento são passíveis de serem ativados, aplicam-se os mesmos critérios para o teste de recuperabilidade.

O *impairment* – defasagem entre o valor contábil e o valor recuperável dos estoques – pode ser provocado por vários fatores, como:

a) danificação ou obsolescência dos materiais;
b) redução do preço de venda do produto no mercado;
c) aumento de custos de transformação, como mão de obra;
d) aumento de gastos necessários para realizar a venda etc.

Repetindo: o teste de *impairment* requer que o valor contábil dos estoques seja comparado com seu valor recuperável e este é definido como sendo o maior entre:

a) valor de uso, por meio da sua transformação em produtos acabados, os quais deverão gerar fluxos de caixa futuros para venda; e
b) valor de realização líquido, por meio da sua venda a terceiros no estado em que se encontram.

No primeiro caso – uso do material para geração de produtos –, há que se considerar os custos de transformação, como mão de obra e custos indiretos, como definidos no Capítulo 4.

Vejamos um exemplo com números.

Suponhamos que uma empresa de manufatura tenha em estoque uma matéria-prima contabilizada ao custo histórico de $50. Ela estima que, para gerar uma unidade de seu produto acabado, além daquele material serão necessários custos de transformação no total de $48 ($33 de mão de obra e $15 de energia elétrica). Por simplificação, admita-se que não haja outros custos nem despesas.

Outros dados:

a) O preço de venda líquido do produto acabado é estimado em $90.
b) O Valor de Realização Líquido na venda da matéria-prima é estimado em $45.

Para realizar o teste de *impairment*, temos que comparar o valor contábil do estoque ($50) com o seu valor recuperável; como vimos, este será o maior entre:

a) Valor de uso, por meio da sua transformação em produto acabado. Deduzindo-se do preço de venda líquido estimado ($90) o custo de transformação ($48), chega-se ao valor de uso do material, que é $42.
b) Valor de Realização Líquido na venda da matéria-prima: $45.

O valor recuperável do estoque é o maior dos dois: $45.

Portanto, deve-se fazer o ajuste, reduzindo-se o valor contábil do estoque em $5 por meio do seguinte lançamento:

Débito: Perdas com Estoques (conta de resultado)

Crédito: Redução do Custo dos Estoques ao Valor Recuperável (conta do ativo)

Depois de realizado o ajuste, em sendo mantido aquele item no estoque, com o passar do tempo pode haver mudança no valor das variáveis e, em determinado período posterior, o valor recuperável do ativo superar o contábil. Nesse caso, deve-se fazer a reversão, mas sempre limitada ao valor da redução feita anteriormente.

Esse processo – teste de *impairment* – deve ser realizado por ocasião do encerramento de cada período contábil e os ajustes devem ser registrados no resultado do respectivo período.

10.3.11 Problema da alta taxa de inflação

Quando a inflação é alta, é importante considerar-se que nas compras de materiais a prazo normalmente o preço pode ser prefixado, mas há um sobrepreço adicionado pelo fornecedor. Assim, o valor constante dos documentos de compra não se refere ao preço à vista, mas ao montante a ser pago posteriormente, ou seja, no futuro, mesmo que não muito distante.

Tecnicamente é correto trazer, no momento da aquisição, esse montante futuro ao seu valor presente e a diferença ser tratada como "despesa financeira junto a fornecedores" ou semelhante. Para a conta de estoques deveria ir somente o valor presente do montante combinado a pagar.

Além disso, sob alta taxa de inflação dever-se-ia ainda transformar esse valor presente em moeda forte (euro, IPCA, dólar, IGP, iene, IPC etc.) e controlar-se o custo médio, o custo de produção e o próprio custo do produto acabado nessa moeda forte. Ou, então, dever-se-ia aplicar a correção monetária a partir daquele valor presente.

No caso de compras à vista também esse valor, já presente à moeda da data da compra, deveria ser a base para a transformação em moeda constante ou para uma correção monetária.

Infelizmente, nossas legislações societária e fiscal ainda não evoluíram o suficiente para determinar esse procedimento. Apenas a Correção Integral assim trabalha na elaboração das demonstrações contábeis complementares para fins externos ou para usos gerenciais, internos.

RESUMO

A seguir, estão contemplados os principais assuntos discorridos no capítulo:

- Integram o custo dos Materiais todos os sacrifícios incorridos até sua utilização: impostos de importação, fretes, seguros, armazenagem, recepção etc.
- Vários critérios existem para avaliar o custo dos materiais: Preço Médio (várias modalidades), PEPS, UEPS e suas combinações.
- Todos os critérios são tecnicamente corretos, mas o Preço Médio Ponderado Fixo (se calculado com base em um período superior ao giro normal do estoque) e o UEPS não são aceitos fiscalmente no Brasil e o UEPS não é aceito pelo Pronunciamento Técnico CPC 16.
- As Perdas normais integram o custo dos produtos, enquanto as anormais não são incluídas nos custos da produção, mas jogadas diretamente para o Resultado.
- Os subprodutos têm sua receita considerada como redução do custo dos produtos; as sucatas as têm consideradas como receitas. Ambos não recebem custos de produção.
- O IPI e o ICMS têm, de fato, funcionamento análogo e devem ser contabilizados também igualmente. Entretanto, por imposição legal e fiscal, precisam de tratamentos contábeis diferentes.
- O IPI não integra a Receita Bruta, mas o ICMS sim; neste caso, o valor adicional é deduzido imediatamente para se ter a Receita Líquida.
- Na inflação alta, o custo de aquisição dos materiais deveria ser o valor presente do pagamento futuro e a diferença deveria ser tratada fora do custo de produção, como parte de uma operação financeira.

EXERCÍCIO 10.1

A Metalúrgica Redonda produz arruelas de aço em dois tamanhos: grandes e pequenas, conforme ilustração da figura a seguir. O peso da pequena é metade do da grande; e com 300 gramas de matéria-prima se produz uma de cada.

O corte de ambas é realizado simultaneamente em uma prensa que custou $480.000 e que tem vida útil estimada de 10.000 horas de operação; essa máquina corta, em média, 600 arruelas de cada tamanho por hora. A sobra de material corresponde ao peso da arruela pequena, tem mercado firme e é vendida normalmente a $3/kg.

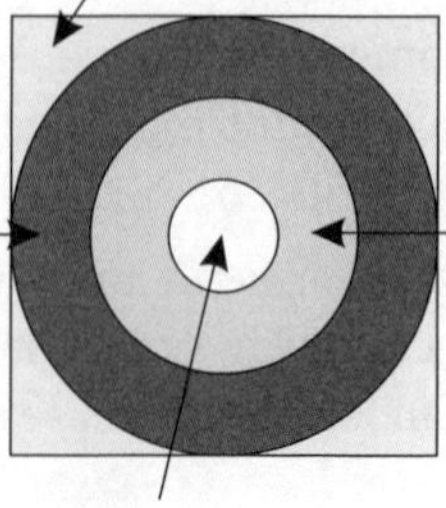

Após a fase de corte, as arruelas são enviadas para outra empresa, que as niquela e embala, devolvendo-as prontas para venda.

Em determinado período, foram produzidas 4.800 caixas de cada tamanho (com 50 unidades cada) incorrendo a empresa nos seguintes custos:

- Matéria-prima (MP): 72.000 kg de chapas de aço, adquiridas a $12 por kg (já deduzidos os impostos recuperáveis).
- Beneficiamento por terceiros (niquelagem): $10 por kg de MP.
- Material de embalagem (caixas de papelão reforçado para 50 unidades): $2,00 e $1,50 cada caixa, respectivamente para arruelas grandes e pequenas.
- Mão de Obra Direta (MOD): $360.000 (já incluídos os encargos).
- Depreciação da prensa: de acordo com a vida útil do equipamento.

Pede-se para calcular os seguintes custos por embalagem de cinquenta unidades de cada tamanho de arruela:

a) matéria-prima (chapa de aço);
b) beneficiamento (niquelagem);
c) mão de obra direta;
d) depreciação; e
e) total.

EXERCÍCIO 10.2

Assinalar a alternativa correta:

1. Na Contabilidade Financeira, como regra geral, o custo do material direto utilizado no processo de produção deve ser apropriado aos bens e serviços, tomando-se por base:

   a) Custo de mercado.
   b) Mercado corrigido.
   c) Custo histórico.
   d) Valor de mercado.
   e) Custo de reposição.

2. Com relação aos materiais, os maiores problemas encontrados nas empresas referem-se à (ao):
   a) Avaliação e programação.
   b) Avaliação e divulgação.
   c) Controle e competência.
   d) Avaliação e controle.
   e) Avaliação e rateio.
3. Para fins societários e tributários, os critérios de valoração do custo de materiais, no Brasil, são:
   a) Custo médio ponderado móvel e UEPS.
   b) Custo médio ponderado fixo e PEPS.
   c) PEPS e custo médio ponderado móvel.
   d) UEPS e custo médio ponderado fixo.
   e) Custo médio ponderado móvel e fixo.
4. Suponha um período de preços em ascensão. O que acontece ao substituir o critério de custo médio pelo PEPS?
   a) Lucro aumenta e estoque diminui.
   b) Lucro aumenta e estoque aumenta.
   c) Custo aumenta e lucro aumenta.
   d) Custo diminui e lucro diminui.
   e) Custo diminui e estoque diminui.
5. Suponha um período de preços em ascensão. O que acontece ao substituir o critério de custo médio pelo UEPS?
   a) Lucro aumenta e estoque diminui.
   b) Lucro aumenta e estoque aumenta.
   c) Custo aumenta e lucro diminui.
   d) Custo diminui e lucro aumenta.
   e) Custo diminui e estoque diminui.

EXERCÍCIO 10.3

A empresa Reggio produz metais sanitários em latão e seu processo de produção tem as seguintes características-padrão, no que se refere à matéria-prima:

- Na primeira fase do processo, que é a fundição, cerca de 5% do peso do material normalmente se evaporam; os 95% restantes seguem para a usinagem.
- Na fase de usinagem, sobram pontas e rebarbas de cerca de 5% do peso do material que veio da fundição. Essas sobras têm preço firme de mercado: \$2/kg, e são vendidas normalmente (sem incidência de tributos).

Em determinado período, a empresa adquiriu 16.000 kg de matéria-prima (latão) por \$ 80.000, incluídos 18% de ICMS, recuperáveis. Esse material foi totalmente introduzido na fundição.

Pede-se calcular o valor total do custo de matéria-prima a ser considerado nos produtos desse lote.

EXERCÍCIO 10.4

Uma empresa do ramo de comunicações edita e imprime duas revistas, sendo uma mensal e outra semanal.

As páginas são impressas em processo *off-set* (sistema de gravação em chapas, com alta definição) e as capas em rotogravura (sistema de gravação em cilindros); o acabamento da revista mensal é em lombada quadrada e o da semanal em lombada canoa.

Os principais dados relativos aos materiais são demonstrados nas tabelas a seguir, sendo que só o papel é importado:

Tabela 1 Tiragem normal, em número de exemplares

Revistas	Tiragem	Periodicidade	Nº de páginas
Moderna	10.000	Mensal	80
Weekly	15.000	Semanal	60

Tabela 2 Quantidade (líquida de perdas) de material, por exemplar

Materiais	Moderna	Weekly
Papel couchê (para páginas)	160 g	120 g
Papel supercalandrado (para capas)	30 g	30 g
Tinta para impressão	0,30 l	0,25 l
Grampos	–	2
Cola	10 g	–

Tabela 3 Preço FOB do papel, por tonelada

Papel	Preço bruto
Couchê	US$ 800/ton.
Supercalandrado	US$ 780/ton.

Tabela 4 Gastos relacionados à importação, por tonelada

Frete internacional	US$ 12/ton.
Seguro internacional	US$ 9/ton.
Taxa de anuência	$100
Honorários do despachante	$940
Taxa de emissão de Declaração de Importação (DI)	$40
Imposto de importação	2%

Tabela 5 Outros gastos relativos ao custo do papel

Frete e seguro locais	$7,30/ton.
Armazenagem	$4,70/ton.

Tabela 6 Dados relativos aos preços dos outros materiais

Material	Preço bruto
Tinta	$7,50/l
Grampos	$0,05/un.
Cola	$0,50/kg

Outros dados:

- do papel introduzido na máquina, 10% se perdem normalmente para ajuste da impressora; não há perda nos outros materiais;
- a matéria-prima principal (papel) é importada em partidas mensais, na quantidade necessária para um mês de consumo;
- a taxa de câmbio a ser utilizada é de $2,50 por dólar norte-americano;
- por ter similar nacional, a importação de papel é tributada; e o imposto de importação, não recuperável, incide sobre o preço FOB acrescido de todos os outros gastos relacionados à importação; e
- no preço do material nacional estão inclusos 20% de tributos recuperáveis.

Considerando quatro semanas por mês, pede-se calcular:

a) o custo de cada tipo de material; e

b) o custo do material contido em cada revista, por exemplar.

ATIVIDADES COMPLEMENTARES SUGERIDAS

1. Discuta o que você entendeu por sacrifícios incorridos, que integram o custo dos materiais.
2. Discuta o que você entende por inflação e de que forma ela deveria ser tratada, no que se refere ao valor de custo dos materiais no estoque.
3. Além do IPI e do ICMS, que outros tributos você entende que devem ter tratamento contábil análogo a eles?

11

MÃO DE OBRA DIRETA

11.1 OBJETIVOS DE APRENDIZAGEM

Ao final deste capítulo, o leitor deverá ser capaz de:

- Compreender o tratamento dado pela Contabilidade de Custos a Mão de Obra Direta.
- Descrever o que, normalmente, integra o Custo de Mão de Obra Direta.
- Entender a importância da correta definição de Mão de Obra Direta.
- Compreender a natureza do custo com encargos sociais e seu impacto no custo de mão de obra.

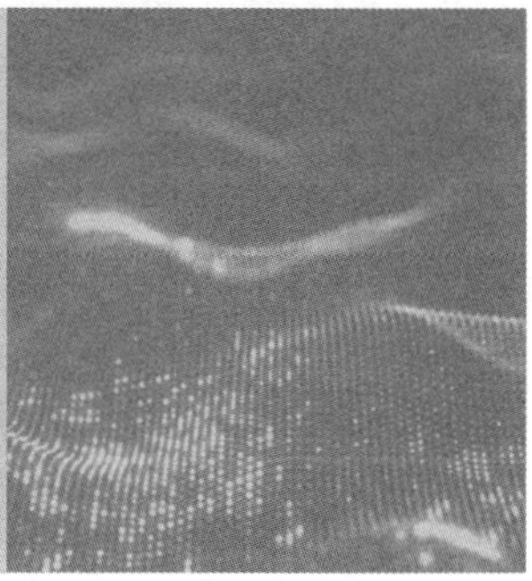

11.2 INTRODUÇÃO

Mão de Obra Direta é aquela relativa ao pessoal que trabalha diretamente sobre o produto em elaboração, desde que seja possível a mensuração do tempo despendido e a identificação de quem executou o trabalho, sem necessidade de qualquer alocação indireta ou rateio. Se houver qualquer tipo de alocação por meio de estimativas ou divisões proporcionais, desaparece a característica de "direta".

11.3 CONCEITOS

11.3.1 Exemplos de separação entre Mão de Obra Direta e Indireta

O operário que movimenta um torno ou uma prensa, por exemplo, trabalhando um só produto ou componente de cada vez, tem seu gasto classificado como Mão de Obra Direta. Porém, se outro operário trabalha supervisionando quatro máquinas, cada uma executando uma operação num produto diferente, inexistindo possibilidade de se verificar quanto cada um desses produtos consome do tempo total daquela pessoa, temos aí um tipo de Mão de Obra Indireta.

Se surgir a possibilidade de se conhecer o valor de mão de obra aplicada no produto de forma direta por medição, existe a Mão de Obra Direta; se se recorrer a qualquer critério de rateio ou estimativa, configura-se, para efeito contábil, em Indireta.

Encontra-se às vezes outro tipo de conceituação, tratando-se como direta toda e qualquer mão de obra utilizada na produção, mas isso traz algumas consequências indesejáveis, como se poderá ver durante este capítulo.

Ocorre muitas outras vezes haver a possibilidade de a empresa medir a mão de obra por produto, mas, por razões econômicas, não o fazer; ou então essa medição é difícil de ser realizada, e desiste-se dela. Temos aí a existência física da Mão de Obra Direta, mas a Contabilidade de Custos a tratará como Indireta devido à adoção de sua alocação por critérios estimativos (como ocorre com vários outros custos diretos, como materiais, tinta etc.). Essas razões de desistência de medição podem ser: pequeno valor da mão de obra, inexistindo interesse por uma medida mais apurada; custo elevado para se fazer a medição; dificuldade de se processar a mensuração (como no caso de um homem operando diversas máquinas) etc.

A Mão de Obra Indireta poderia ser sempre subclassificada como, por exemplo: a) aquela que pode, com menor grau de erro e arbitrariedade, ser alocada ao produto, como a de um operador de grupo de máquinas; b) aquela que só é apropriada por meio de fatores de rateio, de alto grau de arbitrariedade, como o das chefias de departamentos etc. (Quando falamos em operador ou supervisor de máquinas, só podemos tratar a mão de obra como indireta se estiverem sendo elaborados diversos produtos; se fosse produzido apenas um, logicamente seria Mão de Obra Direta dele.)

PARA REFLETIR

Devido à evolução das tecnologias de produção, há uma tendência cada vez mais forte à redução da proporção de Mão de Obra Direta no custo dos produtos. O advento da Era da Indústria 4.0, a mecanização e a robotização reduzem o número global de pessoas, especialmente daquelas que operam diretamente sobre os produtos. E para você, quais são as vantagens e desvantagens da evolução tecnológica no setor de produção? Identifica alguma relação disso com Inteligência Artificial?

Alguns exemplos mais comuns de Mão de Obra Direta no setor de manufatura tradicional são: torneiro, prensista, soldador, cortador, pintor etc. E de Mão de Obra Indireta: supervisor, encarregado de setor, carregador de materiais, pessoal da manutenção, ajudante etc. Mas, reprisamos, a tecnologia vem fazendo com que, em certos casos extremos, simplesmente não exista mais Mão de Obra Direta. Quando de robotização completa no processo produtivo, por exemplo, toda a Mão de Obra existente é indireta, de supervisão, acompanhamento, manutenção etc.

11.3.2 Mão de Obra Direta: custo fixo ou variável?

Mesmo que a remuneração do operário seja contratada por hora, o que ocorre com o seu pagamento no fim do mês? A legislação trabalhista brasileira, diferente de inúmeros outros países, garante-lhe um mínimo de 220 horas. Mesmo que só tenha trabalhado metade disso, mas se teve à disposição da empresa todo o tempo exigido contratual e legalmente, fará jus àquele mínimo. O contrato acabou por produzir um gasto fixo mensal com esse operário. Será por isso a Mão de Obra Direta um custo fixo também?

Convém aqui distinguirmos entre o que seja custo de Mão de Obra Direta e gastos com Folha de Pagamento. No caso do parágrafo anterior, a folha é um gasto fixo (pelo menos quando não excede às 220 horas), mas o custo de Mão de Obra Direta não. E isso devido ao fato de só poder ser considerada como Mão de Obra Direta a parte relativa ao tempo realmente utilizado no processo de produção, e de forma direta. Se alguém deixa, por qualquer razão, de trabalhar diretamente o produto, esse tempo ocioso ou usado em outras funções deixa de ser classificado como Mão de Obra Direta. Se, por exemplo, houver uma ociosidade por razões tais como falta de material, de energia, quebra de máquinas etc., dentro de limites normais, esse tempo não utilizado será transformado em custo indireto para rateio à produção. Se, por outro lado, tais fatos ocorrerem de forma anormal e o valor envolvido for muito grande, será esse tempo transferido diretamente para perda do período (como no caso de greve prolongada, grandes acidentes etc.).

Portanto, custo de Mão de Obra Direta não se confunde com valor total pago à produção, mesmo aos operários diretos. Só se caracteriza como tal a utilizada diretamente sobre o produto. Portanto, o custo de Mão de Obra Direta varia com a produção, enquanto a Folha relativa ao pessoal da própria produção é fixa. Essa distinção é de absoluta importância para inúmeras finalidades.

Uma exceção pode existir, entretanto, e podemos ter Mão de Obra Direta fixa. Tal fato ocorre quando existe um equipamento que tem seu volume de produção ditado por regulagem. Aumenta ou diminui o volume da produção, mas continua o mesmo número de profissionais diretos trabalhando, pelo menos dentro de certos limites. Neste caso, assume a Mão de Obra Direta o comportamento de custo fixo. O enfoque de MOD como custo fixo para fins de certas decisões será tratado no Capítulo 21.

11.3.3 O que integra o custo da Mão de Obra Direta

VOCÊ SABIA?

Em alguns países, como no caso dos EUA, atribui-se muitas vezes a custo de Mão de Obra Direta somente o valor contratual, sem inclusão dos encargos sociais; tal procedimento pode ser aceitável num local como esse, onde tais encargos normalmente não são grandes e, o que é importante, nem sempre dependem diretamente do valor da própria Mão de Obra. Mas no Brasil esse fato assume outra magnitude, sendo necessária a inclusão desses encargos no custo horário da Mão de Obra Direta.

Nesses países, os encargos sociais assumem um caráter mais de custo fixo do que de variável, por serem mais uma função do número de pessoas do que do valor pago. No Brasil, todavia, são totalmente dependentes do pagamento feito, tornando-se tais encargos um custo variável com relação à própria mão de obra e diretamente proporcionais a ela.

Na situação de nosso país, ao se optar então pela inclusão dos encargos sociais no próprio montante da Mão de Obra Direta, precisa-se calcular para cada empresa (ou para cada departamento, se houver variações significativas entre eles) qual o valor a ser atribuído por hora de trabalho. Sabemos que decorrem da legislação e do contrato de trabalho os repousos semanais remunerados, as férias, o 13º salário, a contribuição ao INSS, a remuneração dos feriados, as faltas abonadas por gala, nojo etc., além de vários outros direitos garantidos por acordos ou convenções coletivas de trabalho das diversas categorias profissionais. A quanto monta esse total?

A maneira mais fácil de calcular esse valor é verificar o gasto que cabe à empresa por ano e dividi-lo pelo número de horas em que o empregado efetivamente se encontra à sua disposição. Vejamos um exemplo:

Suponhamos que um operário seja contratado por $10,00 por hora. A jornada máxima de trabalho permitida pela Constituição brasileira é de 44 horas semanais (sem considerar horas extras). Supondo-se semana não inglesa, isto é, semana de seis dias sem compensação do sábado, a jornada máxima diária será de:

$$44 \div 6 = 7{,}3333 \text{ horas}$$

que equivalem a 7 horas e 20 minutos.

Assim, podemos estimar o número máximo de horas que um trabalhador pode oferecer à empresa:

Número total de dias por ano	365 dias
(–) Repousos Semanais Remunerados(*)	48 dias
(–) Férias	30 dias
(–) Feriados	12 dias
(=) *Número máximo de dias à disposição do empregador*	*275 dias*
× jornada máxima diária (em horas)	7,3333 horas
(=) ***Número máximo de horas à disposição, por ano:***	***2.016,7 horas***

(*) deduzidas quatro semanas já computadas nas férias.

A remuneração anual desse empregado será, então, em moeda constante:

(a) Salários: 2.016,7h × $10,00	$20.167,00
(b) Repousos Semanais: 48 × 7,3333 = 352 h × $10,00	$3.520,00
(c) Férias: 30 dias × 7,3333 = 220h × $10,00	$2.200,00
(d) 13º Salário: 220h × $10,00	$2.200,00
(e) Adicional Constitucional de Férias: (1/3 de "C")	$733,33
(f) Feriados: 12 × 7,3333h = 88h × $10,00	$880,00
Total	***$29.700,33***

Sobre esse total o empregado é obrigado a recolher as seguintes contribuições (em porcentagens):

Previdência Social	20,0%
Fundo de Garantia	8,0%
Seguro-acidentes do trabalho	3,0%
Salário-educação	2,5%
SESI ou SESC	1,5%
SENAI ou SENAC	1,0%
INCRA	0,2%
SEBRAE	0,6%
Total	***36,8 %***

O custo total anual para o empregador será, então:

$29.700,33 × 1,368 = $40.630,05

e o custo-hora será:

$40.630,05 ÷ 2.016,7h = $20,14

Os encargos sociais mínimos provocaram, então, um acréscimo de (20,14 ÷ 10,00) – 1 = 101,4% sobre o salário-hora contratado.

Verifique que é mesmo o mínimo, já que não estão sendo computados outros gastos como: tempo de dispensa durante o aviso-prévio, indenização compensatória ou 40% do FGTS na despedida, faltas abonadas etc., e também se computou a jornada máxima permitida de 44 horas semanais.

Neste exemplo, a empresa deverá atribuir a taxa de $20,14 por hora trabalhada e não os $10,00 contratuais.

Este é apenas um exemplo. Cada empresa deve elaborar seus próprios cálculos, já que há variações de caso a caso. Além disso, a incidência e as alíquotas das contribuições são apenas uma indicação do raciocínio. Não se deve admiti-las como únicas nem aceitá-las sem uma análise com o pessoal especializado da área.

Veja-se, por exemplo, que a legislação brasileira admite que o empregado goze apenas 20 dias de suas férias e receba os outros 10 dias em dinheiro. Isso altera um pouco a taxa horária e, consequentemente, o percentual dos encargos sociais. Vejamos.

Apuração do número máximo de horas de trabalho:

Número total de dias por ano	365 dias
(–) Repousos Semanais Remunerados	49 dias
(–) Férias	20 dias
(–) Feriados	12 dias
(=) *Número máximo de dias à disposição do empregador*	*284 dias*
× jornada máxima diária (em horas)	7,3333 horas
(=) ***Número máximo de horas à disposição, por ano:***	***2.082,7 horas***

E a remuneração anual (em moeda constante) será:

(a) Salários: 2.082,7h × $10,00	$20.827,00
(b) Repousos Semanais: 49 × 7,3333 = 359,3317 h × $10,00	$3.593,31
(c) Férias: 20 dias × 7,3333 × $10,00	$1.466,66
(d) 13º Salário: 220h × $10,00	$2.200,00
(e) Adicional Constitucional de Férias: (1/3 de "C")	$488,88
(f) Feriados: 88 horas × $10,00	$880,00
Subtotal 1	29.455,85
(g) Contribuições Sociais sobre a remuneração (36,8%)	$10.839,75
Subtotal 2	***40.295,60***
(h) Abono Pecuniário de férias: 10 dias × 7,3333h × $10,00	$733,33
(i) Adicional Constitucional (1/3 sobre "H")	$244,44
Total	***$41.273,37***

e o custo-hora será:

$41.273,37 ÷ 2.082,7h = $19,82

Os encargos sociais mínimos são, agora, de (19,82 ÷ 10,00) – 1 = 98,2% sobre o salário-hora contratual, com uma redução de 3,2 pontos percentuais.

11.3.4 Compatibilização com a Contabilidade Geral (ou Financeira): típico problema brasileiro

A falta de compatibilização entre os critérios da Contabilidade Financeira (ou Geral) e os da Contabilidade de Custos pode provocar distorções, principalmente nos relatórios mensais.

Se a área de Custos está trabalhando com uma taxa como a calculada anteriormente, está usando um valor que inclui parcela relativa a 13º salário, a férias, ao descanso remunerado, às contribuições ao INSS e FGTS etc. Mas se a Contabilidade Financeira não proceder ao provisionamento nessa base, estará configurado o desequilíbrio entre ambas. Vejamos um exemplo: suponhamos que o único custo numa empresa seja a mão de obra, e que a taxa calculada seja, já com os encargos, de $20,14.

a) **Primeiro mês:** 30 dias, quatro domingos, 26 dias úteis com trabalho aproveitado em todas as horas.
   Horas trabalhadas e apropriadas por Custos:
   26 dias × 7,3333 horas/dia × $20,14/hora = $3.840,01

Se dois terços do trabalho executado tiverem sido vendidos por $3.500,00, restando um terço, teremos um valor final de Serviços em Andamento calculado pela Contabilidade de Custos em um terço de $3.840,01 = $1.280,00.

Se a Contabilidade Geral (ou Financeira) tiver registrado como mão de obra apenas os valores efetivamente desembolsados no mês, poderemos ter:

Salários: 220 horas × $10,00/hora:	$2.200,00
Contribuições Sociais: 36,8% sobre salários	$809,60
Total desembolsado	***$3.009,60***

E esse seria o valor apropriado como Custos de Produção:

Débito: Produção (Serviços) em Andamento	$3.009,60	
Crédito: Caixa		$3.009,60

A apuração do Custo dos Produtos (Serviços) Vendidos ficaria:

Custo de Produção do Mês	$3.009,60	
Estoque Final em Andamento	$1.280,00	(obtido de Custos)
Custo dos Produtos Vendidos	***$1.729,60***	

O Resultado apurado seria:

Vendas	$3.500,00
(–) CPV	$1.729,60
Lucro Bruto	***$1.770,40***

O Balanço do fim do período (mês) apareceria (supondo Caixa inicial igual ao Capital de $5.000,00):

Caixa	$5.490,40	Capital	$5.000,00
Produção em Andamento	$1.280,00	Lucro 1º Mês	$1.770,40
Ativo	*$6.770,40*	*Passivo*	*$6.770,40*

O correto seria:

Custo dos Produtos Vendidos = 2/3 de $3.840,01 = $2.560,01

Vendas	$3.500,00
(–) CPV	$2.560,01
Lucro Bruto	***$939,99***

Para chegar a isso a Contabilidade Financeira precisaria considerar como Custos de Produção o total de $3.840,01 para o mês, em vez de $3.009,60. Essa diferença consiste nas Provisões para 13º Salário, Férias e também para os feriados e descansos remunerados. Bastaria a Contabilidade Financeira adicionar aos $3.009,60 já debitados à produção a importância de $830,41 ($3.840,01 – $3.009,60):

Débito:	Produção (Serviços) em Andamento	$830,41	
Crédito:	Passivo Circulante (Provisões)		$830,41

O resultado assim obtido seria, então:

Custo de Produção do Mês	$3.840,01
(–) Estoque Final em Andamento	$1.280,00
Custo dos Produtos Vendidos	$2.560,01
Com o lucro de $3.500,00 – $2.560,89 =	***$939,99***

Note que, mesmo que a Contabilidade Financeira considerasse como valor do estoque um terço do que registrara como Custos de Produção do mês, não chegaria ao resultado correto:

2/3 × 3.009,60 = $2.006,40 para Custo dos Produtos Vendidos (ao invés dos $2.560,01)

b) **Segundo mês:** 30 dias, cinco domingos e dois feriados; pagamento de metade do 13º Salário.
Horas trabalhadas e apropriadas por Custos:
23 dias × 7,3333 horas/dia × $20,14/hora = $3.396,93

A Contabilidade Financeira, em função dos desembolsos:

Salários	$2.200,00
13º Salário (50%)	$1.100,00
36,8% × $3.300,00	$1.214,40
Total	***$4.514,40***

À produção deverá ser debitado apenas o montante de $3.396,93; o excesso deverá ser debitado à provisão, mesmo que ela fique temporariamente com saldo devedor.

O que não é correto é a apropriação dos $4.514,40 à produção do mês, onerando indevidamente os produtos nele elaborados.

Quando do pagamento também das férias, deverá o débito ser feito à Provisão para encargos de Mão de Obra. Se a empresa encerrar seu balanço em 31 de dezembro, terá, ao terminar seu exercício, apropriado todos os custos da mão de obra, exceto os relativos às férias não gozadas. Nesse momento deverá ser feito todo e qualquer ajuste, já que pequenas diferenças sempre existirão por faltas, feriados a mais ou a menos, diferenças no 13º salário etc. No último mês, o saldo da Provisão deverá ser apenas o relativo às férias vencidas ou a vencer; para esse levantamento bastará o Departamento do Pessoal elaborar a listagem e calcular as férias proporcionais de todos para que se tenha o saldo a ficar na Provisão; as eventuais diferenças, que serão mínimas, deverão então ser ajustadas nesse último período.

Muitas empresas trabalham de forma mais simplificada, apropriando para Custos o valor apurado pela Contabilidade Financeira, mas esta aloca, além dos desembolsos obrigatórios do mês, as seguintes porcentagens:

Provisão para 13º Salário: 30/335 = 8,96%

Provisão para férias: (30/335) × 1,3333 = 11,94%,[1]

totalizando 20,9% sobre o valor da folha de pagamento de cada mês.

Esse procedimento não resolve o problema por completo, devido às oscilações dos domingos e feriados, mas é bastante recomendável para empresas que não tenham na mão de obra um valor muito relevante e que, por isso, não necessitam de normas tão rígidas; as distorções não serão grandes.

Para termos uma ideia, voltemos ao primeiro mês do exemplo.

Além dos $3.009,60 seriam apropriados mais 20,9% sobre os $2.200,00 ($459,80) para essas duas provisões, totalizando $3.469,40; a diferença para os $3.840,01 ainda permanece $370,61. Se forem também provisionadas as contribuições sociais sobre essas duas provisões, teremos mais 36,8% sobre $459,80 = $169,21 e a diferença reduzir-se-á a apenas $202,74. Façamos a conciliação dessa diferença:

a) Domingos – O custo-hora apurado pela Contabilidade de Custos foi onerado pelos domingos em:
[(48 dias × 7,3333h) ÷ 2.016,7h] × $10,00 = $1,74, tendo sido trabalhadas 190,6658h no mês;
a área de Custos registrou 190,6658h × $1,74 = $331,76
e a Contabilidade Financeira 4 × 7,333h × $10,00 = 293,33.

A diferença é =	$38,43

b) Feriados – O custo-hora apurado pela Contabilidade de Custos foi onerado pelos feriados em:
[(12 dias × 7,3333h) ÷ 2.016,7h] × $10,00 = 0,43. Tendo sido trabalhadas 190,6658h num mês em que não houve feriados, a Contabilidade Financeira deixou de registrar:

$190,665h × $0,43 =	$81,98
Subtotal a) + b)	*$120,41*

c) Provisões para férias e 13º salário sobre a) + b) = 20,9%

sobre $120,41 =	$25,16
Subtotal a) + b) + c)	*$145,57*

d)

Contribuições Sociais: 36,8% sobre $145,57	$53,56
Total	***$199,13***

Vemos, assim, que é possível explicar totalmente a diferença apurada. (Ignorar pequenas diferenças de arredondamento nos cálculos acima.)

---

1 Muitos provisionam 8,33%, ao dividirem um mês de férias pelos 12 meses do ano. O mais correto, porém, é distribuir os 30 dias de férias pelos outros 335 dias do ano, como estamos fazendo.

11.3.5 Problema da inflação alta e as provisões

Quando há altas taxas de inflação ou quando aumentos reais de salários ocorrem por percentuais muito significativos, um sério problema pode ocorrer nas provisões para férias, 13º salário e seus encargos e outras eventualmente incidentes sobre a folha. Nesses casos, um procedimento especial deveria ser usado.

Como não temos tido essa situação no Brasil ultimamente, preferimos não entrar em tais detalhes. Para os interessados numa análise meticulosa do assunto, recomendamos a leitura do item 11.3.5 da 8ª edição desta obra.

11.3.6 Tempo não produtivo da Mão de Obra Direta

Já comentamos no item 11.3.2 que normalmente deixa de ser considerado como Mão de Obra Direta o tempo ocioso em virtude de falta de produção, avarias etc.; é claro que, se ele estiver sendo utilizado numa outra função, como limpeza, manutenção etc., deverá então ser reclassificado para ela, saindo da Mão de Obra Direta.

Caso a ociosidade seja normal e o operário esteja sendo mantido parado, o mais comum é a acumulação desse tempo como Tempo Improdutivo dentro dos Custos Indiretos para rateio à produção geral. Quando houver paradas apenas em determinadas épocas do ano, deverá a empresa utilizar um sistema de provisionamento para rateio desses Custos Indiretos a todos os produtos feitos no ano, e não somente aos elaborados no mês ou nos poucos meses em que houve o tempo não utilizado da Mão de Obra Direta. ("Tempo Não Produtivo" ou "Improdutivo" não são boas expressões, pois não significam tempo necessariamente parado, podendo dizer respeito a tempo utilizado em outras funções que não a Mão de Obra Direta.)

Entretanto, outros procedimentos podem ser indicados em algumas situações específicas. Se a parada for obrigatória por causa do tipo de produto que vem a seguir, como é o caso do tempo de preparação de máquinas, poderá ser interessante que esse valor seja apropriado diretamente ao produto ou à ordem; isso se realmente o produto elaborado tiver como requisito constante tal parada para preparação, fazendo parte da própria programação de sua fabricação. Se, por outro lado, a preparação ou outro tempo parado se dever não ao produto que vai ser elaborado, e sim ao que acabou de ser produzido, deverá então ser atribuído a este.

Caso ocorra, todavia, uma situação em que ao passar do produto A para o B haja uma parada de duas horas, do B para o C de três, do C para o B de uma, do A para o C de duas etc., passará a não haver mais condição de se alocar quer ao produto que findou quer ao seguinte. Nessa situação, deverá voltar o critério de atribuição do tempo improdutivo aos Custos Indiretos para posterior rateio a toda a produção.

O fundamental é que seja cuidadosamente estudado cada caso para se verificar qual o procedimento que melhor se coaduna com cada situação. Não existem soluções apriorísticas universais.

Existem também as paradas normais para descanso, café etc.; estas também precisam de uma análise para a fixação do procedimento a lhes ser dado. Normalmente são consideradas como se fossem produtivas, quando ocorrem numa produção contínua ou em ordens de longa duração. Mas, se se tratar de ordens ou produtos de duas ou três horas de fabricação, haverá uma distorção, caso atribuamos a um ou outro os 15 minutos de parada; uma ordem sairia por um custo e outra por valor bastante diferente.

11.3.7 Adicional de horas extras e outros adicionais

Também o adicional de horas extras, os adicionais noturnos, as bonificações e outros itens provocam o dilema de se debitar diretamente ao produto ou se atribuir aos Custos Indiretos para rateio geral. Da mesma forma que antes, tudo irá depender da análise elaborada. Se, por exemplo, o pagamento da hora extra for anormal/esporádico e houver incorrido num determinado dia em função de uma encomenda especial, deverá ser-lhe totalmente atribuído como custo direto.

Noutro exemplo, se a empresa pagar duas horas diárias extraordinárias durante o ano todo e trabalhar em produção contínua, o correto será a sua diluição pela própria taxa horária; não deveria haver diferença entre o custo das primeiras e das últimas horas de trabalho do operário, bastando que, ao se elaborar a taxa, já se incluíssem no gasto total as horas extras e se dividisse o total pelas horas de trabalho (digamos dez, ao invés de oito por dia, por exemplo).

Ainda em outra hipótese, caso a empresa tivesse, às vezes, que pagar horas extras em determinadas épocas do ano ou do mês, poderia ocorrer de a atribuição direta não ser a mais justificada; talvez aí o correto fosse a inclusão do excedente trazido de gasto pela hora extra (o adicional, e não a parte relativa à normal) como parte dos Custos Indiretos para rateio a todos os produtos elaborados, sem se penalizar este ou aquele especificamente.

Também os abonos por produtividade podem ser em algumas situações mais bem tratados como parte dos Custos Diretos e em outras como Indiretos.

11.3.8 Outros gastos decorrentes da mão de obra

Inúmeros outros custos são arcados pela empresa como decorrência da mão de obra que utiliza: vestuário, alimentação (às vezes como subsídio ao custo do restaurante ou outras formas de concessão de cestas básicas ou vales-refeição), transporte, assistência médica espontânea e adicional aos custos legais ou compensados com os encargos sociais, educação etc.

Estes são normalmente muito mais de natureza fixa do que variável e geralmente não guardam estreita relação com os valores de salários pagos a cada empregado; por isso, tratá-los como parte do custo da Mão de Obra Direta não é o mais indicado. Devem ser debitados como parte integrante dos Custos Indiretos para rateio geral aos produtos. É claro que também deverão estar já incluídos na hipótese de predeterminação de Taxa de Aplicação de CIP.

11.3.9 Apontamento da Mão de Obra Direta

Da mesma forma como comentado no início do capítulo anterior (Materiais), não daremos ênfase aos aspectos burocráticos do apontamento da Mão de Obra Direta. Deverá a empresa munir-se, é óbvio, de sistemas de controle de ponto, registro automático de início e término de ordens etc., que lhe permitam saber quanto tempo cada empregado direto de produção trabalhou por dia e em quais produtos; conhecer os tempos que deverá remunerar, mas que não foram produtivos, pelo menos na forma de Mão de Obra Direta. Terá que existir um cotejo entre as horas apontadas como produtivas e não produtivas interinamente na fábrica com as indicadas pelo sistema que marque entrada e saída da empresa.

Muitos equipamentos computadorizados de produção possuem mecanismos de registro automático do tempo de execução das operações.

Esses itens são importantes, mas, por se referirem muito mais a aspectos burocráticos do que conceituais, deixarão de ser comentados neste livro. Apenas é necessário que se comente que todos os aspectos discutidos neste capítulo devem, ao serem colocados em prática num Sistema de Custos, levar em conta a relevância de cada gasto. Se a Mão de Obra Direta em uma empresa representar 40% dos custos totais, será necessário que seja tratada com relativo rigor. Se representar 60%, será preciso que todos os requintes de provisionamento sejam utilizados para que se evitem distorções; mas se representar apenas 5%, 10% ou 15% dos custos totais, poderá ser-lhe aplicado um procedimento simplificado, sendo dispensado até, talvez, o próprio apontamento, fazendo-se uso da apropriação por critérios estimativos.

RESUMO

A seguir, estão comtemplados os principais assuntos discorridos no capítulo:

- A Mão de Obra Direta é normalmente um custo variável, pois só se caracteriza como Direta a que foi efetivamente utilizada na produção.
- Os tempos não trabalhados deixam normalmente de fazer parte da Mão de Obra Direta, tornando-se Custos Indiretos para rateio aos produtos.
- Fazem parte da taxa de Mão de Obra Direta todos os encargos sociais, férias, 13º salário, descanso remunerado, feriados etc.

- Horas Extras, Adicionais e outros itens podem ou não ser incorporados como Mão de Obra Direta, dependendo de cada situação.
- Não se agregam os custos de transporte, alimentação etc., normalmente fixos e não proporcionais aos salários pagos.
- Em ambientes de alta tecnologia, de produção integrada por computador, com células de manufatura, robôs etc., a figura da Mão de Obra Direta perde relevância. Nesses casos, além de representar uma pequena porcentagem dos custos totais, a MOD muitas vezes ganha a característica de custo fixo.

EXERCÍCIO 11.1

O Departamento de Esfriamento da Cia. Metalúrgica Satellin possui um funcionário horista, com salário de $5,00/hora.

O regime de trabalho é de 44 horas por semana e entre faltas abonadas, feriados etc. ele deixa de trabalhar 15 dias por ano, em média.

As contribuições recolhidas sobre a folha de salários são:

20% para o INSS
8% para o FGTS
5,8% para entidades como SESI, SENAI etc.
3% de seguro contra acidentes do trabalho

Considerando o sistema de semana inglesa (cinco dias de trabalho) e que o funcionário não costuma requerer abono pecuniário de férias, pede-se para calcular:

a) o custo total do funcionário para a empresa, por ano;
b) o número médio de horas que o funcionário fica à disposição da empresa, por ano; e
c) o custo médio de cada hora que o funcionário fica à disposição da empresa.

EXERCÍCIO 11.2

A empresa prestadora de serviços Reggio tem um funcionário horista, que trabalha em regime de semana não inglesa (isto é, trabalhando seis dias por semana).

Considere os seguintes dados relativos a esse funcionário (que não optou pelo abono pecuniário de férias):

- Salário: $5 por hora
- Jornada semanal: 42 horas
- Média de três faltas justificadas por ano
- 12 feriados no ano (não coincidentes com férias nem com repousos semanais)

Suponha que sobre a remuneração total, a empresa contribui com:

20% para o INSS
28% para o FGTS
25% para entidades como SESI, SENAI etc.
23% de seguro contra acidentes do trabalho

Pede-se calcular:

a) O custo total do funcionário para a empresa, por ano.
b) O número médio de horas que o funcionário fica à disposição da empresa, por ano.
c) O custo médio de cada hora que o funcionário fica à disposição da empresa.

EXERCÍCIO 11.3

A empresa São Cristóvão possui dois funcionários mensalistas.

Considere os seguintes dados relativos a esses funcionários (que optaram pelo abono pecuniário de 1/3 de férias):

Salário:

- Maria: $1.500
- João: $2.000

Suponha que sobre a remuneração total, a empresa contribui com:

20% para o INSS
28% para o FGTS
22% para entidades como SESI, SENAI etc.
25% de seguro contra acidentes do trabalho

Pede-se calcular:

a) O custo total, por ano, da funcionária.
b) Idem, para o funcionário.
c) O percentual de custo dos encargos sociais, sob três perspectivas, considerando como base:
    c1) O salário.
    c2) O salário, as férias e o décimo terceiro salário.
    c3) O salário referente ao tempo à disposição do empregador.

EXERCÍCIO 11.4

Uma empresa prestadora de serviços costuma trabalhar com a elaboração de projetos. Considere os seguintes dados referentes ao custo médio de remuneração dos funcionários com determinadas habilidades e qualificações:

Tabela 1 Estrutura básica-padrão

Salário mensal	$1.200
Nº de dias de férias por ano	30
Nº de domingos no ano	48
Nº de sábados no ano	48
Jornada de trabalho semanal (horas)	40

Tabela 2 Contribuições sociais recolhidas pela empresa

Contribuições	**Alíquotas**
Previdência Social	20,0%
FGTS + Contribuição Social	8,5%
Seguro de Acidentes de Trabalho	2,0%
Terceiros	5,5%

Tabela 3 Benefícios oferecidos aos funcionários

Benefícios	**Valor**
Vale-transporte	$8/dia
Vale-refeição	$10/dia

Outros dados:

- ano não bissexto;
- regime de semana inglesa (cinco dias de trabalho);
- 14 dias de feriado no ano, dos quais três coincidentes com domingos, dois com sábados e nenhum com férias;
- ociosidade normal média, em função de paradas para café, descanso etc., de 10% do tempo à disposição;
- o valor do vale-transporte é descontado do beneficiário na parcela equivalente a 6% de seu salário base; o excedente é por conta da empresa;
- não há horas extras habituais; e
- nos casos, excepcionais, de trabalho além do horário normal, a remuneração adicional por horas extras é de 50%.

Em determinado mês, um funcionário trabalhou todas as suas 160 horas normais no Projeto A e, após o horário normal, durante 15 dias, por duas horas, dedicou-se exclusivamente ao Projeto B.

Pede-se calcular o custo de mão de obra daquele funcionário em cada projeto.

ATIVIDADES COMPLEMENTARES SUGERIDAS

1. Discuta o que você entendeu que faz parte da taxa de mão de obra direta e o que não faz. Defina cada um deles.
2. Discuta o que você entende por folha de salários. O que normalmente integra uma folha de salário?
3. Que tipos de encargos sociais e de benefícios a empregados são comuns nos dias atuais?

12

PROBLEMAS ESPECIAIS DA PRODUÇÃO POR ORDEM: CUSTEIO DE ORDENS E DE ENCOMENDAS

12.1 OBJETIVOS DE APRENDIZAGEM

Ao final deste capítulo, o leitor deverá ser capaz de:

- Compreender a distinção entre Produção por Ordem e Produção Contínua.
- Entender o tratamento contábil dado a Produção por Ordem.
- Conhecer os principais critérios de reconhecimento de custos e receitas em encomendas de longo prazo de execução.
- Conhecer o tratamento contábil de ordens de produção danificadas.

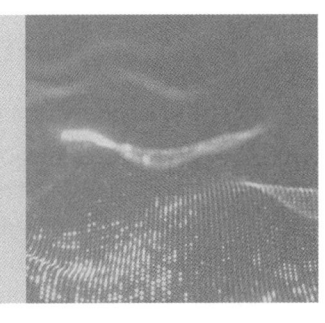

12.2 INTRODUÇÃO

Tanto se fala e se escreve sobre Custos para Produção por Ordem e para Produção Contínua que às vezes se acaba por acreditar que sejam duas formas de custear totalmente distintas. Na verdade, as diferenças entre uma forma e outra são pequenas. Vamos primeiramente discutir uma e outra, compará-las e depois então mostrar alguns procedimentos específicos da Produção por Ordem; no Capítulo 13 serão evidenciados os da Produção Contínua.

12.3 CONCEITOS

12.3.1 Distinção entre produção por ordem e produção contínua

Existem dois fatores que determinam o tipo de Custeio, se por Ordem (produção intermitente) ou por Processo (produção contínua): a forma de a empresa trabalhar e a conveniência contábil-administrativa. Quanto à forma, principal responsável pela distinção, basta lembrar que se a empresa trabalha produzindo produtos iguais de forma contínua (um ou vários), fundamentalmente para estoque, isto é, para posterior venda, terá já caracterizada sua natureza; a produção contínua pode ser pura ou discreta, esta última quando sujeita a modificações em termos de volume, tempo de processamento etc. Se produz atendendo a encomendas dos clientes ou, então, produz também para venda posterior, mas de acordo com determinações internas especiais, não de forma contínua, já se terá incluído entre as de Produção por Ordem. A produção intermitente (produção por ordem) pode ser repetitiva ou não repetitiva; neste último caso, quando as ordens são muito diferentes umas das outras, tais como encomendas e projetos específicos.

São exemplos comuns da Produção Contínua: indústrias de cimento, química e petroquímica, de petróleo, de álcool, de açúcar, automobilística (parte delas), de produtos alimentícios etc. Trabalham normalmente por Ordem as indústrias pesadas, fabricantes de equipamentos especiais, algumas indústrias de móveis, empresas de construção civil, confecção de moda por estação climática etc.

Também as indústrias de serviços são classificáveis num ou noutro grupo: pertencem à Produção Contínua: companhias de saneamento básico (água e esgoto), telefonia, energia elétrica etc.; à Produção por Ordem: escritórios de planejamento, de auditoria, de consultoria, de engenharia, desenvolvimento de *softwares* etc.

Muito comumente, encontramos empresas que trabalham parte de uma forma, parte de outra; uma indústria de fechaduras, por exemplo, fabrica pelo menos parte dos componentes em série, de forma contínua, mas o setor de montagens produz por ordem, produzindo ora um tipo ora outro de fechaduras. Ou uma indústria automobilística pode produzir o carro de forma contínua até certo ponto e, a partir daí, por ordem, segundo especificações de acabamento, cor, acessórios etc. Ainda, uma indústria de plásticos pode produzir as folhas desse material em série, mas, ao transformá-las em embalagens, fazê-las por ordem, fabricando cada modelo de uma vez.

Inúmeras vezes, por outro lado, procedem-se a algumas mudanças em função de conveniência. Por exemplo, uma empresa pode ter uma encomenda que leve cinco meses de trabalho; em vez de custear como se fosse uma ordem, faz um custeio como se fosse uma produção contínua durante esse tempo. Talvez muitas das produções em série não passem de ordens de longa duração, como produção de certos eletrodomésticos, de alguns modelos de automóveis etc. Pode também ocorrer de a empresa trabalhar em série durante certo tempo com determinado produto, mas desejar custeá-lo como se fosse uma grande ordem para avaliar seu resultado global. Isso ficará mais claro logo adiante.

12.3.2 Diferenças no tratamento contábil

Praticamente, a única diferença entre os tratamentos da Contabilidade de Custos reside no seguinte:

Na **Produção por Ordem**, os custos são acumulados numa conta específica para cada ordem ou encomenda. Essa conta só deixa de receber custos quando a ordem estiver encerrada. Se terminar um período contábil e o produto estiver ainda em processamento, não há encerramento, permanecendo os custos até então incorridos na forma de bens em elaboração, no ativo; quando a ordem for encerrada, será transferida para estoque de produtos acabados ou para Custo dos Produtos Vendidos, conforme a situação.

Na **Produção Contínua**, os custos são acumulados em contas representativas das diversas linhas de produção; são encerradas essas contas sempre no fim de cada período (mês, semana, trimestre ou ano, conforme o período mínimo contábil de custos da empresa). Não há encerramento das contas à medida que os produtos são elaborados e estocados, mas apenas quando do fim do período; na apuração por Processo não se avaliam custos unidade por unidade, uma a uma, mas à base do custo médio do período (com a divisão do custo total pela quantidade produzida).

Em ambas, os Custos Indiretos são acumulados nos diversos Departamentos para depois serem alocados aos produtos (ordens ou linhas de produção). E em ambas também são utilizáveis os procedimentos relativos às Taxas de Aplicação de CIP, estudadas no Capítulo 9.

12.3.3 Contabilização na produção por ordem – danificações

Todos os exemplos e assuntos vistos até aqui são totalmente aplicáveis à Produção por Ordem: primeiro apropriam-se os custos diretos (materiais, mão de obra direta e outros custos diretos, se existirem) diretamente à ordem, depois alocam-se os indiretos naquela sequência de rateios já comentada no Capítulo 6, via Departamentos, até que recaiam sobre as encomendas ou ordens de produção.

A Contabilização pode ser feita de forma analítica, acompanhando todos os passos, ou pode ser sintética, transferindo os custos de suas contas por natureza diretamente às ordens, sem passar pelos Departamentos; essa fase de transição ficaria apenas nos papéis de trabalho devidamente arquivados, ou em arquivos eletrônicos, conforme já comentado.

Como regra geral, nada mais há a comentar. Quanto aos problemas de danificações, podemos analisar:

Danificação de Materiais: Quando há danificações de matérias-primas ou outros materiais diretos ou também indiretos, quando da elaboração de determinadas ordens, dois procedimentos podem ser utilizados: apropriação à ordem que está sendo elaborada ou concentração dentro dos Custos Indiretos para rateio à produção toda do período. Claro está que essas formas de tratamento são adotáveis para perdas dentro de certa normalidade, pois, conforme já mencionado, se são perdas de grande valor e anormais, devem ser consideradas como de período.

VOCÊ SABIA?

A atribuição direta à ordem é uma forma bastante útil para se conhecer o efetivo resultado de cada uma delas, desde que seja viável a apropriação direta; isso ocorre provavelmente na maioria dos casos. Mas se as danificações nas matérias-primas ocorrem, por exemplo, dentro de seus próprios armazéns de estocagens ou almoxarifados, antes de sua utilização na produção desta ou daquela ordem, torna-se necessária a atribuição a todos os produtos do período.

Danificação de Ordens Inteiras: Às vezes, pode ocorrer a danificação de uma ordem inteira até mesmo em estado adiantado de produção. Do ponto de vista contábil, o procedimento mais correto é a baixa direta para perdas do período, sem acumulação aos novos custos de reelaboração da ordem, exceto se for imaterial o valor. A Prudência assim recomenda. Do ponto de vista administrativo, interessa, todavia, um relatório onde seja deduzido esse montante perdido do resultado obtido na encomenda (ou ordem). Nada impede que nos relatórios internos seja feito esse adendo aos relatórios emanados diretamente da Contabilidade.

12.3.4 Encomendas de longo prazo de execução

A regra geral é a de acumulação dos custos para sua transferência ao resultado apenas por ocasião da entrega, quando há o reconhecimento também da receita. E esse deve ser o procedimento, sempre que possível.

Se, entretanto, uma empresa trabalha pouquíssimas ordens ou encomendas por vez ou mesmo apenas uma, e elas são de longa duração (mais de um ano), pode ser necessária uma alteração. Por exemplo, se a empresa fabrica turbinas para geração de energia elétrica, que podem levar vários anos para sua produção, e executa pouquíssimas por vez, está sujeita a não ter, num determinado exercício, entrega de nenhuma de suas encomendas; seu resultado então seria por demais distorcido, apenas com as despesas de administração, com vendas e financeiras, sem receitas. Se constrói um edifício, talvez fique dois anos sem receitas, para acumulação do resultado todo num outro período em que talvez trabalhe apenas alguns dias para terminá-lo.

A Contabilidade tem que servir sempre para esclarecer uma situação, não para confundir ou produzir avaliações distorcidas do patrimônio e do resultado. E quando isso pode ocorrer, abre-se mão das regras normais.

Quando ocorrem esses contratos de longo prazo, deve-se fazer a apropriação do resultado de forma parcelada, durante a produção; reconhece-se uma parte da receita em cada período e apropriam-se os custos transformados em despesas. Um exemplo em que isso é feito de maneira muito simples é o das empreiteiras de obras públicas; além do contrato global, há normalmente especificações de quanto cabe de receita para cada parte do serviço executado (metro cúbico de terra retirada, quilos de cimento utilizados, volume de concreto de certa especificação etc.). No fim de cada período, a empresa procede à medição do que foi realizado, contabiliza a receita com base nos preços unitários firmados e descarrega todo o custo incorrido também como despesa. Não há "Obras em Andamento" em seus estoques, mesmo porque normalmente não é seu o ativo construído durante a fase de execução (estradas, prédios, barragens etc.). No Brasil, o Fisco admitia a apuração do resultado nessas hipóteses só no final. Atualmente, está obrigando o uso dessa forma, que é tecnicamente a única correta. A única exceção fiscal hoje no Brasil é com relação à atividade imobiliária, que será comentada adiante.

Difícil se torna a solução do problema quando a empresa que executa o contrato não tem fixados os preços por etapas, mas apenas o valor global do trabalho; às vezes, existem parcelas recebidas em diversas épocas, mas que não correspondem necessariamente ao valor do que tiver sido feito, e muitas vezes são estabelecidas em função de datas, e não de realizações. Quanto apropriar então de receita para cada período? Diversos critérios existem:

No caso específico da atividade imobiliária, há que de ter muito cuidado, já que as normas contábeis vigentes, principalmente o CPC 47, sobre Receitas, permitem que se reconheçam a receita, os custos e o resultado ao longo da construção somente quando determinadas condições estiverem presentes, principalmente quanto ao efetivo controle por parte do comprador (habilidade de poder vender o imóvel em construção, dar em garantia etc.) e quanto à capacidade de efetivo recebimento junto ao cliente por parte da construtora ou incorporadora. Com certa generalização dos distratos permitidos pela justiça brasileira recentemente, esse último fator vem impossibilitando a aplicação dessa forma de reconhecimento de resultado a um certo número significativo de contratos.

Critério da Proporcionalidade do Custo Total: A empresa verifica quanto foi incorrido de custo em cada período como parte do custo total previsto para o contrato, apropriando também a mesma porcentagem da receita total. Exemplo: a empresa tem uma estimativa de custo total de $10.000.000 para uma encomenda, e a contrata por $15.000.000; no primeiro ano, incorre num custo total de $4.000.000, o que a faz apropriar $6.000.000 de receita. Se tiver recebido mais do que os $6.000.000 de seu cliente, terá o excedente contabilizado como Passivo Circulante (Adiantamentos, Serviços a Executar ou outra conta); se tiver recebido menos, a diferença aparecerá no Ativo Circulante (na forma de Contas a Receber, Serviços Executados a Faturar etc.). No segundo período, procede da mesma forma, apropriando sempre 50% a mais de receita do que tiver sido o custo incorrido.

Logicamente, existirão divergências quanto ao custo real e ao previsto originariamente, e os ajustes terão de ser feitos paulatinamente, à medida que deles se tomar conhecimento. Suponhamos uma situação assim:

Custo Total Previsto Originariamente:	$10.000.000
Receita Total Contratada:	$15.000.000 (150% do custo)
Recebimentos Contratados:	Na assinatura, $4.000.000
	Em 30/6/ano seguinte, $5.000.000
	Na entrega, $6.000.000

No *primeiro período*, ocorre:

Custos reais incorridos: $4.000.000

Mudança na Previsão do Custo Total: nenhuma ainda

Apuração do Resultado:

Apropriação da receita de	$6.000.000	(150% do custo)
Apropriação da despesa de	$4.000.000	
Resultado de	***$2.000.000***	

No *segundo período*, ocorre:

Custos reais incorridos: $3.600.000

Novo Custo Total Previsto: $10.700.000

Receita sem alteração, igual agora a 140% do novo custo

Receita que deveria normalmente ser apropriada à base de 140% do custo:

$3.600.000 × 1,40 = $5.040.000.

Entretanto, há um ajuste a ser feito, pois, nessa base, no primeiro ano deveria ter sido de $5.600.000 o valor da receita. Logo, a do segundo ano será de:

	$5.040.000	
(–)	400.000	de ajuste do 1º ano
	$4.640.000	

O resultado então apurado será de:

Receitas	$4.640.000
Despesas	$3.600.000
Resultado	***$1.040.000***

No *terceiro período*, ocorre:

Custos reais: $3.400.000 (somados aos $4.000.000 do primeiro e $3.600.000 do segundo, perfazem o total real agora de $11.000.000).

A apropriação da receita pode agora ser feita por diferença: total contratado menos o já apropriado.

Receitas	***$4.360.000***	($15.000.000 – $6.000.000 – $4.640.000)
Despesas	$3.400.000	
Resultados	***$960.000***	

Resumo:

Quadro 12.1

	1º Ano	2º Ano	3º Ano	Total
Receitas	$6.000.000	$4.640.000	$4.360.000	$15.000.000
Despesas	$4.000.000	$3.600.000	$3.400.000	$11.000.000
Resultado	***$2.000.000***	***$1.040.000***	***$960.000***	***$4.000.000***

O correto teria sido uma apropriação do lucro de $4.000.000 proporcionalmente ao custo: $1.454.544, $1.309.090 e $1.236.366, já que no final os $4.000.000 correspondem a 36,3636% do custo. Mas essa porcentagem só foi de fato conhecida no último ano. O resultado não ficou perfeito, mas muito mais distorcido teria ficado, se nenhum resultado se apropriasse aos 1º e 2º anos.

Também é normal a alteração da própria receita global como decorrência de cláusulas contratuais; são correções à base de índices de preços, gerais ou específicos, ou outras formas. Suponhamos que no exemplo anterior tivesse sido contratada uma alteração na receita que seria igual à taxa de inflação, e que isto provocasse 5% de correção no segundo ano, e de 8% no terceiro; e mais, que essas porcentagens fossem aplicadas sobre as parcelas ainda não recebidas. Teríamos:

No *primeiro período*:

Recebimento dos próprios $4.000.000 contratados

Receita de	$6.000.000
Despesa	$4.000.000
Resultado	***$2.000.000***

No *segundo período*:

Nova Receita Total:

$15.000.000 originais mais 5% sobre $5.000.000 e $6.000.000 = $15.550.000.

Novo Custo Total Previsto: $10.700.000

Nova porcentagem de Receita sobre Custo = 145,3%

Receita do período, descontando-se o ajuste do primeiro ano, semelhantemente ao exemplo anterior:

145,3% × $3.600.000 =	$5.230.800
(–) (150 – 145,3)% × $4.000.000 =	$188.000
Receitas 2º ano	$5.042.800
Despesas	$3.600.000
Resultado	***$1.442.800***

No *terceiro período*:

Nova Receita Total:

$15.000.000 mais 5% de $11.000.000 mais 8% de $6.000.000 = $16.030.000.

Por ser o último período, pode-se fazer por diferença:

Receitas	$4.987.200	($16.030.000 menos aquelas já apropriadas)
Despesas	$3.400.000	
Resultado	***$1.587.200***	

Resumo:

Quadro 12.2

	1º Ano	2º Ano	3º Ano	Total
Receitas	$6.000.000	$5.042.000	$4.987.200	$16.030.000
Despesas	$4.000.000	$3.600.000	$3.400.000	$11.000.000
Resultado	***$2.000.000***	***$1.442.800***	***$1.587.200***	***$5.030.000***

Critério da Proporcionalidade do Custo de Conversão: Por estar no custo total incluída parcela relativa a itens que não representam esforço da própria empresa, e sim valores adquiridos prontos de terceiros, prefere-se, muitas vezes, excluir esse item do cálculo, não se apropriando lucro sobre eles. Por exemplo, a matéria-prima pode significar grande parte dos custos totais, mas não representa bem um esforço da empresa; este é mais bem medido pelos custos de conversão (mão de obra direta e custos indiretos de produção). Isso também acontece quando parte do custo do produto é constituída de peças, embalagens, motores e outros itens comprados de terceiros.

Por exemplo, suponhamos que uma empresa tenha uma previsão de custo total de $50.000.000 para uma encomenda com receita total de $60.000.000, mas que dentro dos $50.000.000 estejam $30.000.000 entre matérias-primas e componentes a serem adquiridos de terceiros. Ao invés de trabalhar na proporção de receita de cada período igual a 120% do custo, calculará:

Custo Total Previsto	$50.000.000
(–) Matéria-prima e Componentes	$30.000.000
Custo de Conversão	***$20.000.000***
Receita Total Prevista	$60.000.000
(–) Parcela para Pagamento de Matéria-prima e Componentes	$30.000.000
Remuneração do Custo de Conversão	***$30.000.000***

(Que representa 150% do próprio Custo de Conversão)

Assim, em cada período serão apropriados como receitas a parte relativa à cobertura dos itens adquiridos de terceiros mais 150% dos custos de conversão da empresa.

Poder-se-ia, como variação desse critério, atribuir aos itens adquiridos de terceiros uma margem de lucro comercial; por exemplo, se nesse caso a empresa julgasse que comercialmente deveria ser contabilizado um lucro de 10% sobre a matéria-prima e os componentes, teríamos:

Receita Total Prevista	$60.000.000
(–) Parcela para Matéria-prima e Componentes	$30.000.000
(–) 10% sobre $30.000.000	$3.000.000
Remuneração do custo de Conversão	***$27.000.000***
(Que representa 135% do próprio Custo de Conversão)	

Em cada período seria apropriada uma receita de 110% do custo de itens adquiridos de terceiros mais 135% sobre o custo de conversão.

Outros critérios podem ser estabelecidos: ponderação segundo o grau de dificuldade de cada parte do trabalho, porcentagens diferentes de resultado em cada fase etc. Estes últimos normalmente são critérios pouco usados, já que, pelo subjetivismo envolvido, requerem laudos de terceiros. O próprio fisco brasileiro os admite, mas desde que fundamentados nesse parecer técnico.

O importante é lembrar que esse critério de apropriação de resultados proporcionalmente à execução só pode ser utilizado em caso de obras ou encomendas contratadas, em que a receita global é objetivamente mensurável e está firmada com o cliente, não dependendo de avaliações subjetivas por parte da contratada. E também se a empresa possui condições de fazer boas previsões do custo total, caso resolva apropriar nessa base. A ausência de qualquer dessas duas condições impossibilita a adoção do critério, tendo então a empresa que esperar o término e a entrega final do bem elaborado para apuração do resultado. A segurança dentro de limites razoáveis é imprescindível para a adoção desse método.

Na legislação fiscal brasileira de hoje, os contratos de longo prazo precisam ser contabilizados conforme exposto. No caso de contratos com o Governo, ou entidades a ele pertencentes, existe a possibilidade de, exclusivamente para efeito de cálculo do imposto de renda, sem alteração da contabilidade, apurar-se o lucro tributável na proporção dos recebimentos, e não da execução. Mas esse é um ajuste à parte, no Livro de Apuração do Lucro Real, que não altera o lucro contábil. O próprio imposto eventualmente postergado por não recebimento de parte da receita prevista deve ser reconhecido na contabilidade por regime de competência, como se devido fosse, a crédito de uma provisão no Passivo não Circulante.

No caso de atividade imobiliária, o Fisco brasileiro admite que o pagamento do imposto de renda e da contribuição social seja feito com base na proporção dos recebimentos, quando de venda de imóveis a prazo. Esse critério não pode ser aceito contabilmente, porque fere o Regime de Competência. O Conselho Federal de Contabilidade e a CVM (Comissão de Valores Mobiliários) já vêm, há anos, determinando que essa atividade tenha a apuração do seu resultado proporcionalmente à execução da obra, e não aos recebimentos. Por isso, normalmente as construtoras e incorporadoras adotam uma Sociedade de Propósito Especial (SPE) para cada obra só para registrar com base nos critérios fiscais. E a controladora dessa SPE, quando a consolida, muda os critérios contábeis para tais procedimentos. Nos contratos em que a construção se caracteriza efetivamente como uma prestação de serviço por conta de uma ordem do cliente, deve o resultado ser reconhecido com base na execução do contrato; e no caso de o contrato se caracterizar mais como um produto da construtora negociado, mas sob seu risco e controle até a entrega futura, o lucro deve ser reconhecido apenas na entrega das chaves.

12.3.5 Alta inflação

Quando a inflação é alta, podemos ter dificuldades no custeio das ordens de produção. Nas encomendas de médio e longo prazos, os custos do primeiro mês, por exemplo, deveriam primeiramente ser corrigidos para depois serem somados com os do segundo; no terceiro mês, o custo acumulado até o segundo deveria também ser corrigido monetariamente para depois receber os custos desse terceiro mês, e assim por diante. Ou é o mesmo que trabalharmos com os custos transformados em moedas fortes (dólar ou IPCA, por exemplo).

Os adiantamentos recebidos de clientes também deveriam ser corrigidos para comparar com os custos atualizados monetariamente.

Na apropriação mês a mês ou ano a ano do resultado das encomendas de longo prazo, se não se faz a correção monetária dos custos incorridos e também a correção dos adiantamentos de clientes os resultados contábeis ficam distorcidos. Isso é o que ocorre hoje no Brasil.

Somente na Correção Integral se amaina bem esse problema. Mas como isso exigiria tempo e conhecimentos adicionais, apenas alertamos para o problema sem entrarmos em muitos detalhes adicionais.

Para comparação de valores de datas diferentes, quer custos ou despesas, quer receitas, só é útil a informação quando todos os valores estão a valor presente e na moeda de mesmo poder aquisitivo.

RESUMO

A seguir, estão contemplados os principais assuntos discorridos no capítulo:

- Produção Contínua ou por Processo reside na elaboração dos mesmos produtos ou na prestação do mesmo serviço de forma continuada por um longo período.
- Produção por Ordem ou Intermitente consiste na produção de um ou de vários produtos de forma não contínua.
- Em termos de Custos, a diferença reside em se apropriar para a primeira custos por tempo (mês, por exemplo), para divisão pelo número de unidades feitas, chegando-se assim ao custo médio de cada unidade produzida.
- Enquanto para a segunda (por Ordem) se alocam os custos até o término da respectiva ordem de produção do bem ou serviço, independentemente dos períodos de tempo transcorridos.
- As encomendas de longo prazo de duração podem ser tratadas diferentemente do que é normal na Contabilidade: podem ter seu resultado apropriado a cada período proporcionalmente à parte executada, sem necessidade de se esperar pelo término e entrega do bem ou serviço.
- Em alta inflação, é correto que todos os valores de custos ou receitas estejam a valor presente e corrigidos para a mesma moeda.

EXERCÍCIO 12.1

A Empresa ICMEP, produtora de bens de capital, aceitou uma encomenda de um cliente para produzir um equipamento, com as seguintes condições:

Preço total:	$540.000
Prazo de execução:	dois períodos
Pagamento	40% na assinatura do contrato, 30% um período após e o saldo na entrega do equipamento.

A ICMEP comprou todo o material necessário à construção do equipamento no início da execução da encomenda, pelo preço total de $120.000; desse material comprado utilizou 60% no primeiro período. Ela costuma acrescer 10% (dez por cento) sobre o preço de compra como margem de lucro na aplicação de material.

No primeiro período contábil, a ICMEP trabalhou 5.000 h do total previsto de 11.500 horas de Mão de Obra Direta para realizar a ordem toda. Essa mão de obra teve um custo de $10/hora (incluindo os encargos), e estima-se que haverá um reajuste de 12% (doze por cento) para o próximo período.

A taxa de apropriação de custos indiretos é de $20 por hora de MOD no primeiro período e $22,40 no segundo.

O critério utilizado pela empresa para reconhecimento da receita é o seguinte:

- uma parcela, proporcional ao material empregado, correspondente ao lucro de dez por cento sobre esse material; e
- o saldo da receita é reconhecido proporcionalmente ao custo de conversão.

Os custos incorridos são transferidos para o resultado ao final de cada período.

Pede-se para calcular os valores:

a) do custo de conversão, segregado por período;
b) da parcela da receita proporcional ao material empregado, também segregada por período;
c) do resultado global da encomenda;
d) do Lucro Bruto do primeiro período; e
e) do Lucro Bruto do segundo período.

EXERCÍCIO 12.2

A Empresa Asfáltica fechou com o Governo do Estado um contrato de pavimentação de uma rodovia, em 1-1-X0, nas seguintes condições:

Quilometragem a ser pavimentada:	2.000 km
Período previsto para execução da obra:	três anos
Custo estimado:	$10.000.000
Receita prevista:	$15.000.000
Condição de pagamento:	40% na assinatura do contrato, 20% após um ano, 20% após dois anos e 20% na conclusão do serviço.

Em 1-1-X1, de acordo com os apontamentos efetuados pelos engenheiros, constatou-se que tinham sido completados 500 km de pavimentação.

A partir do início do segundo ano, os custos aplicados na obra tiveram um aumento imprevisto de 10% em relação ao primeiro. O contrato não permite reajuste do preço.

Em 1-1-X2, aferições técnicas constataram que 70% da obra tinham sido executados.

Ao final do terceiro ano, a empresa concluiu seus trabalhos e o recebimento final foi realizado conforme descrito no contrato.

Considerando-se que a empresa reconhece a receita proporcionalmente à execução da obra e que os custos também são incorridos naquela proporção, pede-se calcular:

a) O custo da etapa completada do primeiro ano.
b) O valor do lucro bruto do primeiro ano.
c) O custo da etapa do serviço prestado no segundo ano.
d) O valor do lucro bruto do segundo ano.
e) O custo da etapa do serviço executada no terceiro ano.
f) O valor do resultado bruto da empreitada.

EXERCÍCIO 12.3

A Indústria de Móveis Pica-Pau produz móveis para escritório sob encomenda.

No início de determinado mês, recebeu, de clientes diferentes, três pedidos de orçamento para possíveis encomendas de mesas para computador: 160 grandes, 92 médias e 95 pequenas.

É normal haver perda de algumas unidades no processo de produção; por isso, a empresa pretende iniciar as ordens com as seguintes quantidades: 165, 95 e 98, respectivamente.

Sua estimativa de custos foi a seguinte, para estas quantidades:

I. Matéria-Prima:

Produtos	$
Grandes	4.950
Médias	2.375
Pequenas	1.764

II. Tempo de produção requerido por unidade de produto:

Produtos	Tempo de MOD	Tempo de máquina
Grandes	1,4 hmod	1,8 hm
Médias	1,0 hmod	1,4 hm
Pequenas	1,0 hmod	1,0 hm

III. Outros custos:

Custos	Fixo	Variável
Supervisão da produção	$2.250	
Depreciação dos equipamentos	$1.600	
Energia elétrica		$2/horas-máquina
Mão de obra direta		$10/ hora de MOD
Outros	$14.150	$8/horas-máquina

Pede-se calcular:

a) O custo da encomenda das mesas para computador grandes, rateando todos os custos indiretos à base de horas-máquina.
b) Idem para as médias.
c) Idem para as pequenas.
d) O custo da encomenda das mesas para computador grandes, rateando todos os custos indiretos à base de horas de mão de obra direta.
e) Idem para as médias.
f) Idem para as pequenas.

EXERCÍCIO 12.4

Uma empresa produz e vende ventiladores de vários modelos e tamanhos, cujos *designs* são atualizados de três em três meses. Em determinado mês, foi iniciada e concluída a Ordem de Produção nº 22, para um lote de 500 ventiladores do tipo "M", totalmente vendido, cuja estrutura normal de custos era a seguinte:

Quantidade de matéria-prima	3 kg por unidade
Preço da matéria-prima	$29 por kg
Tempo de mão de obra direta (MOD)	2,50h por unidade
Preço da embalagem	$5,60 por unidade
Salário dos operários	$6 por hora
Energia elétrica	$3 por unidade
Depreciação	$5.000

No mesmo mês, foi processada a Ordem de Produção nº 23, com um lote adicional de 60 unidades do mesmo produto, pois o pessoal da área de marketing verificou que a demanda seria superior às 500 inicialmente estimadas.

O tempo de mão de obra direta aplicado àquele novo lote foi superior ao normal em 10% e o respectivo custo teve um acréscimo de 50%, em função de horas extras.

No fim do processo de produção da OP nº 23, antes do embalamento, ocorreu um acidente que fez com que o produto ficasse parcialmente danificado; entendendo que não deveria colocar no mercado produtos com defeito, a empresa vendeu como sucata o lote defeituoso, pelo valor de $6.000.

Outros dados:

- sobre toda a receita bruta incidem 25% de tributos;
- no preço da matéria-prima e da embalagem estão inclusos 20% de tributos recuperáveis;
- o ônus de encargos sociais sobre a MOD é de 100%; e
- o custo de depreciação ($5.000) é fixo, por mês.

Sabendo que o preço normal de venda daquele modelo é de $250 por unidade, pede-se calcular o resultado bruto (lucro ou prejuízo) de cada OP e o total.

ATIVIDADES COMPLEMENTARES SUGERIDAS

1. Compare Produção Contínua e Produção por Ordem e destaque suas principais diferenças.
2. Discuta e dê exemplos de empresas que você seja capaz de identificar no seu cotidiano que Produzem Continuamente ou por Ordem.

13

PROBLEMAS ESPECIAIS DA PRODUÇÃO CONTÍNUA: CUSTEIO POR PROCESSO

13.1 OBJETIVOS DE APRENDIZAGEM

Ao final deste capítulo, o leitor deverá ser capaz de:

- Compreender a importância do conceito de Equivalência de Produção na Produção Contínua.
- Entender a utilização dos métodos PEPS e Custo Médio na Produção Contínua.

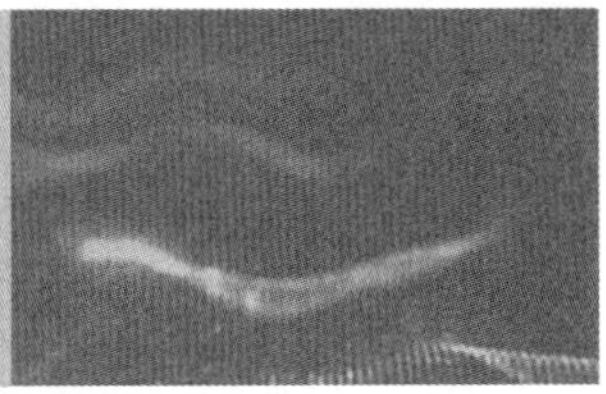

13.2 INTRODUÇÃO

Existem algumas características especiais na contabilização de custos na Produção Contínua vistas neste capítulo e outras que somente serão analisadas na Seção de Custos para Controle. Por exemplo, é comum nesta forma de produção debitarem-se os custos de materiais não aos produtos diretamente, e sim aos departamentos onde foram utilizados, para depois serem apropriados às linhas; isso se deve à necessidade, muitas vezes, de se saber os custos por Departamento para efeito de controle. Esses aspectos serão discutidos posteriormente. Neste capítulo vamo-nos preocupar mais com os problemas de atribuição de custos para efeito de avaliação contábil do produto elaborado.

13.3 CONCEITOS

13.3.1 Equivalente de produção

Na apuração de Custos por Processo, os gastos da produção são acumulados por período para apropriação às unidades feitas. Suponhamos, num primeiro caso extremamente simples, que um único produto seja elaborado, e que os seguintes dados estejam disponíveis:

- Custos de Produção do Período (Diretos e Indiretos): $5.000.000
- Unidades produzidas: 20.000 (iniciadas e acabadas no período)

O custo unitário será então a média: $\frac{\$5.000.000}{20.000 \text{ un.}} = \$250/\text{un.}$

Suponhamos que no período seguinte existam esses outros dados:

- Custos de Produção do Período: $5.544.000
- Unidades iniciadas no período: 23.000
- Acabadas: 21.000
- Em elaboração no fim do 2º período: 2.000

Essas 2.000 unidades em elaboração estão "meio acabadas", isto é, cada uma delas recebeu metade de todo o processamento necessário.

Para se calcular agora o custo médio por unidade, não podemos dividir os $5.544.000 nem por 21.000 nem por 23.000 unidades; é necessário o seguinte raciocínio:

21.000 acabadas vão entrar no cálculo pelo valor integral	21.000
2.000 semiacabadas receberam cada uma metade do processamento; isto significa que se todo o custo aplicado nessas 2.000 unidades fosse utilizado para início e término de outro lote, ter-se-ia conseguido iniciar e acabar 1.000 unidades; logo, o equivalente em acabadas de 2.000 unidades "meio acabadas" é	1.000
Equivalente Total de Produção	***22.000***

Custo médio de cada unidade totalmente acabada:

$$\frac{\$5.544.000}{22.000 \text{ un.}} = \$252/\text{un.}$$

Os $5.544.000 serão então distribuídos:

Produção Acabada: 21.000 un. × $252/un.	$5.292.000
Produção em Andamento: 2.000 un. × 1/2 × $252	$252.000
Total	***$5.544.000***

Suponhamos agora que no terceiro período ocorra:

- Custos de Produção no Período: $5.278.000
- Unidades novas iniciadas: 20.500
- Unidades em elaboração no fim do 3º período: 1.800, "1/3 acabadas"
- Unidades acabadas: 2.000 (iniciadas no 2º período) + 20.500 (iniciadas no 3º período) – 1.800 (não acabadas) = 20.700

O número total de unidades trabalhadas no 3º período será de 22.500 (término das 2.000 anteriores mais 20.500 novas iniciadas), mas o Equivalente de Produção terá que ser calculado:

Para término das 2.000 unidades iniciadas no 2º período, gastaram-se os primeiros reais do 3º; e esse gasto para fazer a segunda metade das 2.000 seria o necessário para iniciar e terminar outras 1.000; logo, 2.000 × 1/2	1.000 un.
Das 20.500 novas, 1.800 não foram acabadas; assim, foram iniciadas e terminadas no 3º período (20.500 – 1.800)	18.700 un.
O que se gastou para fazer 1/3 de 1.800 unidades equivaleria, em termos de iniciadas e totalmente acabadas, a 1/3 × 1.800 un.	600 un.
Equivalente Total de Produção	***20.300 un.***

Custo Unitário do 3º Período:

$$\frac{\$5.278.000}{20.300 \text{ un.}} = \$260/\text{un.}$$

Produção Acabada no 3º Período: 20.700 un., sendo:

2.000 un. anteriores, já tendo recebido no 2º período um total de	$252.000	
mais o necessário ao seu término no 3º de: 2.000 un. × 1/2 × $260/un.	$260.000	$512.000
18.700 novas: 18.700 un. × $260/un.		$4.862.000
Total Produção Acabada		***$5.374.000***

A contabilização nesse 3º período apareceria:

Produção em Andamento

Débito	Crédito	
252.000		Estoque inicial de produção em andamento (2.000 un.)
5.278.000		(Custos de Produção do 3º Período)
5.530.000		
	5.374.000	(Produção Acabada)
156.000		(Estoque final de produção em andamento – 1.800 un.)

Produção em Andamento no final:

1.800 un.* × *1/3* × *$260 ***$156.000***

13.3.2 PEPS (FIFO) e custo médio na produção contínua

Note-se que acabamos por adotar um critério à base do PEPS (FIFO) para a avaliação da produção acabada; primeiramente, valoramos as 2.000 unidades iniciadas num e terminadas noutro período, e depois valoramos as iniciadas e terminadas. Temos praticamente dois lotes, onde o primeiro é formado por unidades que receberam cargas de dois períodos, com custos médios unitários diferentes em cada um deles. Assim, esse lote está com um custo médio distinto, tanto dos $252 quanto dos $260 (2º e 3º períodos, respectivamente):

$$\frac{\$512.000}{2.000} = 256/\text{un.}$$

O segundo lote de 18.700 unidades está por $260/un. Esse é o melhor procedimento para esse tipo de situação, para se avaliar bem o custo do último período. Nada impede que, se interessar à empresa trabalhar com Custo Médio no estoque de produtos acabados, apure ela um custo médio global da produção acabada:

$$\frac{\$5.374.000}{20.700 \text{ un.}} = \$259{,}60 \text{ un.}$$

Contudo, o importante é saber que o último lote, iniciado e acabado no 3º período, custou $260/un.

Outra forma de procedimento para cálculo do custo de produção no terceiro período seria:

Produção Inicial em Andamento	$252.000
Custos de Produção do 3º Período	$5.278.000
Total	***$5.530.000***

Equivalente de Produção para o total de $5.530.000:

2.000 un. anteriores, agora equivalentes às próprias 2.000, já que está adicionado na soma de $5.530.000 o custo da primeira metade	2.000 un.
18.700 un. iniciadas e acabadas no 3º período	18.700 un.
1.800 un. 1/3 acabadas no 3º período	600 un.
Equivalente total	***21.300 un.***

Custo médio unitário no novo critério:

$$\frac{\$5.530.000}{21.300 \text{ un.}} = 259{,}62/\text{un.}$$

A divisão em produção acabada e em andamento agora seria:

Produção Acabada: 20.700 un. × $259,62/un.	$5.374.225
Produção em Processo: 1.800 un. × 1/3 × $259,62/un.	$155.775
Total	***$5.530.000***

Do ponto de vista de custo para avaliação de estoques, qualquer desses procedimentos é aceitável; para efeito interno à empresa, o melhor é aquele visto primeiro, que procura não misturar custo médio de um com outro período. Entretanto, por motivos de simplificação, usa-se bastante o segundo.

VOCÊ SABIA?

Equivalente de Produção é um artifício para se poder calcular o custo médio por unidade quando existem Produtos em Elaboração nos finais de cada período; significa o número de unidades que seriam totalmente iniciadas e acabadas se todo um certo custo fosse aplicado só a elas, ao invés de ter sido usado para começar e terminar umas e apenas elaborar parcialmente outras.

No setor de serviços também se pode aplicar o conceito de "equivalente de produção".

Em instituições de ensino, há a figura de "aluno equivalente", como denominador para calcular um custo que contemple alunos de graduação e de pós, por exemplo.

Em hospitais, pode haver a figura de "procedimento equivalente", como denominador para calcular um custo que contemple cirurgias de alta, média e baixa complexidade, por exemplo.

Nesses casos, está implícito o conceito de Unidade de Esforço de Produção (UEP).

13.3.3 Equivalente de produção: caso mais complexo

Suponhamos que uma determinada empresa inicie 100.000 unidades em seu primeiro mês de vida, das quais 15.000 não são acabadas. A matéria-prima é totalmente aplicada no início do processamento, enquanto a Mão de Obra Direta é utilizada uniformemente durante a produção e os Custos Indiretos são rateados à base de horas-máquina. Os dados para esse primeiro mês são:

Custos de Produção do Período	
Matéria-prima	$25.000.000
Mão de Obra Direta	$9.500.000
Custos Indiretos de Produção	$5.775.000
Total	***$40.275.000***

Cada uma das 15.000 unidades no final do período recebeu toda a matéria-prima, 2/3 da Mão de Obra Direta e 3/4 das horas-máquina que cada um requer.

Não há possibilidade, portanto, de se trabalhar com um único equivalente de produção para se calcular o custo médio unitário. É preciso que se use um equivalente de produção para cada tipo de custo:

Matéria-prima: O equivalente é o próprio total de ***100.000 un.***
já que cada unidade, acabada ou não, recebeu 100% desse material.

Mão de Obra Direta: As unidades acabadas são:	85.000 un.
e as 15.000 em elaboração equivalem, em termos de iniciadas e acabadas, a 15.000 un. × 2/3	10.000 un.
Total	***95.000 un.***

Custos Indiretos:	Unidades totalmente acabadas	85.000 un.
	Unidades em elaboração	11.250 un.
Total		***96.250 un.***

Cálculo do Custo Médio Unitário no 1º mês:

Matéria-prima: $\frac{\$25.000.000}{100.000 \text{ un.}} = \$250/\text{un.}$

Mão de Obra Direta: $\frac{\$9.500.000}{95.000 \text{ un.}} = \$100/\text{un.}$

Custos Indiretos: $\frac{\$5.775.000}{96.250 \text{ un.}} = \$60/\text{un.}$

Total ***$410/un.***

Produção Acabada no Período:

85.000 un. × $410/un. =		$34.850.000
Produção Final em Processo:		
Cada unidade terá recebido:		
De Matéria-prima, o total	$250,00	
De Mão de Obra, 2/3 × $100	$66,67	
De Custos Indiretos, 3/4 × $60	$45,00	
Total	***$361,67***	
Total da Produção em andamento no final do primeiro mês: 15.000 × $361,67/un.		$5.425.000
Total		***$40.275.000***

Em alguns casos extremos poderiam ser desmembrados equivalentes para partes dos Custos Indiretos: Energia, Mão de Obra Indireta etc., caso alguns deles, de valor relevante, não fossem distribuídos de forma uniforme ou semelhante aos demais.

13.3.4 Variações nas quantidades de produção

Suponhamos que uma empresa possua os seguintes Departamentos: Destilaria, Mistura e Refinaria. Na Destilaria, início do processamento, aproveita-se 80% do material entrado, perdendo-se o restante; na Mistura, adiciona-se, para cada litro recebido da Destilaria, 0,3 litro de outros produtos e, na Refinaria, há aproveitamento apenas da metade do produto processado.

Custos de Produção no período:

Destilaria:		
Matéria-prima (100.000 ℓ)	$4.000.000	
Mão de Obra e Custos Indiretos	$3.000.000	$7.000.000
Mistura:		
Materiais Adicionais (24.000 ℓ)	$1.000.000	
Mão de Obra e Custos Indiretos	$2.400.000	$3.400.000
Refinaria:		
Mão de Obra e Custos Indiretos		$5.200.000
Total		***$15.600.000***

Se todo o volume iniciado tivesse sido terminado, teríamos:

Quadro 13.1

	Destilaria ℓ	**Mistura** ℓ	**Refinaria** ℓ
Quantidade iniciada	100.000	–	–
(+) Recebimento Departamento Anterior	–	80.000	104.000
(+) Quantidade Adicionada	–	24.000	–
(–) Quantidade Perdida	(20.000)	–	(52.000)
Transferência para o próximo Departamento	***80.000***	***104.000***	***52.000***

Para a apuração do custo unitário do produto acabado, bastaria fazer-se:

$$\frac{\$15.600.000}{52.000\ \ell} = 300/\text{litro}$$

Se se quiser a distribuição do custo por parte do processo:

Destilaria:

$$\frac{\$7.000.000}{80.000\ \ell\ \text{produzidos}} \qquad \$87,50$$

Mistura:

Custo por litro recebido da Destilaria, diluído pelo acréscimo de volume:

$$\frac{\$87,50}{1,3\ \ell} \qquad \$67,3077$$

Custo dos materiais adicionados:

$$\frac{\$1.000.000}{104.000\ \ell} \qquad \$9,6154$$

Custo de Conversão no Departamento:

$$\frac{\$2.400.000}{104.000\ \ell} \qquad \underline{\$23,0769}$$

Total por litro ***$100,00***

Refinaria:

Custo por litro recebido da Mistura, acrescido pela perda de volume:

$$\frac{\$100,00}{0,50\ \ell} = \qquad \$200,00$$

Custo de Conversão no Departamento:

$$\frac{\$5.200.000}{52.000\ \ell} = \qquad \underline{\$100,00}$$

Total por litro ***$300,00***

Note-se que no custo por litro no final do processamento de cada departamento estão incluídos o custo nos departamentos anteriores mais o recebido no atual.

Na Mistura, para se corrigir o custo vindo da Destilaria, dividiu-se por 1,3 litro, já que, pela adição de novos materiais, produz-se 1,3 para cada 1,0 recebido. Na Refinaria, devido à perda, produz-se 0,5 para cada 1,0 recebido, tendo-se por isso dividido por 0,5. Apesar da existência de perdas na Destilaria, não se usou o mesmo procedimento, pois já se dividiu o custo total do departamento pela quantidade aproveitada.

Essa apuração de custo por volume saído de cada departamento tem utilidade quando são estocados produtos parcialmente elaborados, precisando-se aí saber por quanto ativá-los, afora as demais utilidades do ponto de vista de controle e de decisão.

Outra técnica que pode ser utilizada é a de se obter a separação do custo final pelos departamentos, mas já em base proporcional ao volume de produto elaborado ao fim do processo. No exemplo visto, há ajustes dos custos dos departamentos anteriores devidos a aumentos ou reduções do volume; poder-se-ia trabalhar de outra forma:

Destilaria:

Iniciados 100.000 litros, que, no final se reduzirão a 52.000

$\frac{\$7.000.000}{52.000\ \ell\ \text{produzidos}} =$ $134,6154

Mistura:

$\frac{\$3.400.000}{52.000\ \ell} =$ $65,3846

Refinaria:

$\frac{\$5.200.000}{52.000\ \ell} =$ $100,00

Total por litro ***$300,00***

Só que esses valores intermediários não podem ser usados para avaliações contábeis de produtos em processo, pois não se referem ao valor por litro existente, mas por litro equivalente ao que será produzido no final com o volume existente. Precisaria ser feita essa conversão também no volume para se poderem utilizar esses valores. Por exemplo, se no final de um determinado período existissem 16.000 litros em processamento na Destilaria, poder-se-ia fazer:

16.000 ℓ × $87,50 ℓ $1.400.000

ou

como são produzidos 52.000 ℓ a partir de 80.000 ℓ,
saídos da Destilaria, há um aproveitamento de 65%:

16.000 ℓ × 65% =10.400 ℓ

10.400 ℓ × 134,6154/ℓ $1.400.000

Caso existissem produtos em elaboração no final do processamento de cada departamento, aplicar-se-iam os conceitos vistos de Equivalentes de Produção para o cálculo do custo médio unitário.

13.3.5 Contabilização e problema das quantidades físicas

A contabilização pode ser feita por produto (linha de produção) ou, como já citado, por Departamento, para posterior transferência aos produtos. Usando o exemplo anterior, poderíamos fazer:

Produtos em Processo Destilaria

	4.000.000	(Matéria-prima)	
	3.000.000	(Mão de Obra e CIP)	
	7.000.000	7.000.000	(a)

Produtos em Processo Mistura

(a)	7.000.000		
	1.000.000	(Materiais)	
	2.400.000	(Mão de Obra e CIP)	
	10.400.000	10.400.000	(b)

Produtos em Processo Refinaria

(b)	10.400.000		
	5.200.000	(Mão de Obra e CIP)	
	15.600.000	15.600.000	(c)

Produtos Acabados

(c)	15.600.000	

Um problema que normalmente ocorre nas indústrias de Produção Contínua e que costuma dificultar e às vezes até impedir os cálculos unitários nas fases intermediárias é a não existência de condições para se conhecer os volumes físicos transferidos de um para outro departamento. Sem o conhecimento dessas quantidades não é possível trabalhar-se com custos unitários. Estes só podem então ser conhecidos com as medições (pesagens, cubicagens ou outros sistemas) no fim da linha de produção. É comum, por causa disso, trabalhar-se com valores estimados nas fases intermediárias.

Normalmente essas estimativas são feitas à base de médias de exercícios anteriores, de cálculos pela engenharia de produção ou então com fundamento nas análises de laboratório; estas últimas são bastante úteis quando se trabalha com produtos agrícolas, cujo rendimento depende de problemas de umidade, acidez, quantidades de determinadas proteínas ou outras substâncias, espessuras ou peso relativo da casca etc. Com base nessas análises, estima-se o quanto será obtido de produto em cada fase do processamento e em seu final. Não raro, entretanto, essas previsões dão distorções violentas, que chegam a invalidar o trabalho do setor de Custos por ter trabalhado com quantidades muito irreais. Chega às vezes a ser preferível não se fazer Custos do que tê-los de forma irregular; a crença em números não necessariamente verdadeiros é por demais perigosa.

Empresas de Produção Contínua dessa natureza devem munir-se de um bom sistema de pesagem ou outra medição nas fases principais da sua produção se desejarem ter um sistema de Custos adequado.

RESUMO

A seguir, estão contemplados os principais assuntos discorridos no capítulo:

- Na Produção Contínua, torna-se de grande importância o conceito de Equivalente de Produção. Significa este o número de unidades iniciadas e acabadas a que equivale, em custos, o quanto se gastou para chegar até certo ponto de outro número de unidades não acabadas.
- Os equivalentes de Produção podem ser necessários para cada elemento de custo (matéria-prima, mão de obra etc.).
- Para o cálculo do custo unitário, trabalha-se com base em custos mensais (ou de outro período) divididos pelo Equivalente de Produção do período, podendo-se fazer uso de custos médios ou do PEPS para avaliação dos estoques que passam de um período para outro.
- Um problema desse tipo de Produção é normalmente a dificuldade de medição das quantidades físicas elaboradas em cada Departamento e passadas ao seguinte.

EXERCÍCIO 13.1

A Empresa Pluft iniciou suas atividades no dia 02/01/X1. Ela produz embalagens para 100 g de talco infantil. Nos dois primeiros meses do ano, incorreu nos seguintes custos (em $):

	Janeiro	Fevereiro
Matéria-prima	750	1.368
Mão de Obra Direta	500	552
Custo Indireto de Produção	700	720

Os números relativos ao volume físico da produção foram (em unidades):

	Janeiro	Fevereiro
Iniciadas	800	900
Acabadas	760	860
Custo Indireto de Produção	40	80

Pede-se para calcular com base no PEPS (FIFO) e no Custo Médio:

a) o custo unitário do produto em cada mês;

b) o valor de custo da produção acabada em cada mês; e

c) o valor de custo do estoque de produtos em elaboração no fim de cada mês.

EXERCÍCIO 13.2

A indústria Carbexa, produtora de papel jornal, iniciou suas atividades de produção no dia 2 de abril, com um lote de 10.000 kg.

A mão de obra direta e os custos indiretos de produção incidem de maneira uniforme e concomitante ao longo do processo de produção, porém a matéria-prima é inserida na máquina de uma só vez, bem no início.

Sabe-se que nesse ramo, considerando-se o atual estágio tecnológico, é normal que se percam 5% das unidades iniciadas, e isso ocorre bem no começo do processo.

Sua estrutura de custos, no mês, foi a seguinte (em $):

Matéria-prima	9.500
Mão de obra direta	7.200
Custos indiretos de produção	4.500

No final do mês, havia 8.000 kg de produto acabado no armazém, 1.500 kg em processamento na fábrica, em um grau de, aproximadamente, 2/3 de acabamento, e 500 kg perdidos, dentro das condições normais de produção.

Pede-se calcular:

a) O custo unitário de produção do mês.

b) O valor de custo do estoque final de Produto Acabado.

c) O valor de custo das unidades em processamento no fim do mês.

EXERCÍCIO 13.3

A empresa Plasmatec produz embalagens plásticas de um único modelo, cor e tamanho. A seguir, estão relacionados os dados de custos relativos aos meses de novembro e dezembro de 20X0 (em $):

	Novembro	Dezembro
Material	924.000	979.000
Mão de obra	539.000	623.000
Custos indiretos	847.000	801.000

Sabendo-se que:

a) Não havia quaisquer estoques no início de novembro de 20X0.
b) Em novembro, foram totalmente acabadas 760.000 unidades e ainda ficaram 40.000 processadas até um quarto (25%).
c) Em dezembro, iniciou-se a produção de outras 900.000 unidades.
d) Em dezembro, conseguiu-se o término de 860.000 e ainda ficaram 80.000 processadas até a metade.
e) Todos os custos (MAT, MOD e CIP) são incorridos uniformemente, do início ao fim do processo.
f) A empresa utiliza o critério PEPS, para avaliar estoques.

Pede-se calcular:

a) O custo unitário de novembro.
b) O custo unitário de dezembro.
c) O Custo do Estoque Final de Produtos em Processo em 30/novembro.
d) O Custo do Estoque Final de Produtos em Processo em 31/dezembro.

EXERCÍCIO 13.4

Uma empresa produz cimento para a indústria de construção civil, num sistema de produção contínua composto por quatro fases: Britagem, Primeira Moagem, Aquecimento e Segunda Moagem. Sua capacidade prática de produção é de aproximadamente 800 toneladas por mês em todos os departamentos, e é este volume que vem sendo fabricado.

Tabela 1 Custo de matéria-prima por tonelada

Calcário	$70
Argila	$60
Gesso	$80
Frete na compra das matérias-primas	$7,50

Tabela 2 Custos de conversão mensais dos departamentos (em $)

	Britagem	**Primeira moagem**	**Aquecimento**	**Segunda moagem**
Aluguel do galpão industrial	1.200	1.100	850	600
Supervisão geral da produção	750	900	400	350
Energia elétrica na produção	540	500	450	100
Depreciação das máquinas	580	276	500	300
Mão de obra direta	650	800	550	400

O fluxo de material ao longo do processo, para produzir o cimento, apresenta as seguintes características:

- do material introduzido na britagem (calcário), 2% se perdem normalmente;
- na primeira moagem, introduzem-se, para cada tonelada de calcário recebida da britagem, 200 kg de argila;
- a perda habitual no forno é da ordem de 35%; e
- na segunda moagem, introduz-se gesso na proporção de 1/50 sobre o calcário iniciado na britagem, e nesta etapa há uma perda normal de 3% do material nela processado.

Pede-se calcular:

a) a quantidade de calcário que precisa ser introduzida no início do processo (britagem) para produzir, no final, uma tonelada de cimento;

b) o valor do custo acumulado por tonelada de cimento em cada fase do processo; e

c) o valor do custo final do cimento, por tonelada.

ATIVIDADES COMPLEMENTARES SUGERIDAS

1. Relacione Produção Contínua e o conceito de equivalente de produção. Quais são seus pontos principais? Eles se complementam? Discuta.
2. Como a utilização do conceito de equivalente de produção afeta os custos de uma empresa? Discuta.
3. Além de instituições de ensino e hospitais, em que outros serviços se pode utilizar o conceito de equivalente de produção?

14

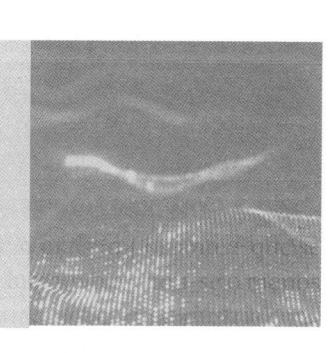

PRODUÇÃO CONJUNTA E PROBLEMAS FISCAIS NA AVALIAÇÃO DE ESTOQUES INDUSTRIAIS: CUSTOS CONJUNTOS

14.1 OBJETIVOS DE APRENDIZAGEM

Ao final deste capítulo, o leitor deverá ser capaz de:

- Reconhecer as diferenças entre Coprodutos, Subprodutos e Sucatas.
- Entender, de que forma ocorre a apropriação dos Custos aos Coprodutos.
- Compreender os principais critérios de apropriação dos Custos Conjuntos.
- Entender o que significa produção conjunta.
- Entender o que significa custos conjuntos.

14.2 INTRODUÇÃO

Em muitas empresas de Produção Contínua existe o fenômeno da Produção Conjunta, que é o aparecimento de diversos produtos a partir, normalmente, da mesma matéria-prima, como é o caso do tratamento industrial da quase totalidade dos produtos naturais na agroindústria: aparecimento de óleo, farelos etc. (a partir da soja); ossos, diferentes tipos de carnes etc. (a partir do boi); gasolina, querosene, emulsão asfáltica etc. (a partir do petróleo) etc. Decorrem de um mesmo material diversos produtos conjuntos normalmente classificados em coprodutos e subprodutos.

A Produção Conjunta não é uma característica própria somente da Produção Contínua; é apenas muito mais comum nesse tipo de empresa; pode também ocorrer na Produção por Ordem em alguns tipos de indústrias, como a de móveis de madeira por encomenda, onde, a partir de uma única tora, podem sair peças de diferentes qualidades, costaneiras etc., que são também coprodutos ou subprodutos.

Como leitura complementar sobre tomada de decisão em ambiente de produção conjunta, recomenda-se a dissertação de mestrado de Valmir Roque Sott intitulada: "Uma contribuição ao custeamento e tomada de decisão em ambiente de produção conjunta" (Faculdade de Economia, Administração e Contabilidade da Universidade de São Paulo, 2003).

14.3 CONCEITOS

14.3.1 Distinção entre coprodutos, subprodutos e sucatas

Já foi comentado no Capítulo 10, item 10.7, o que separa o Subproduto da Sucata; aquele tem como características básicas: valor de venda e condições de comercialização normais, relativamente tão assegurados quanto os produtos principais da empresa; surgem como decorrência normal do processo produtivo, só que possuem pouquíssima relevância dentro do faturamento global da firma.

As Sucatas, que podem ou não ser decorrência normal do processo de produção, não têm valor de venda ou condições de negociabilidade boas. Os Coprodutos são os próprios produtos principais, só que assim chamados porque nascidos de uma mesma matéria-prima. São os que substancialmente respondem pelo faturamento da empresa.

Para a Contabilidade, as Sucatas não recebem atribuição de nenhum custo, mesmo que elas sejam inerentes ao processo e surjam como itens normais em uma produção contínua, exatamente pelos problemas relativos à sua baixa potencialidade de obtenção de receita. Quando são vendidas, têm suas receitas registradas como Outras Receitas Operacionais ou outra rubrica análoga. Até que sejam negociadas, permanecem fora da Contabilidade.

Já os Subprodutos, devido ao grau de segurança existente no que diz respeito a sua venda, têm um tratamento diferente: à medida que são produzidos, têm seu Valor Líquido de Realização considerado como redução do custo de elaboração dos produtos principais, mediante débito aos estoques e crédito aos custos de produção. Considera-se como Valor Líquido de Realização o valor de venda menos as despesas de venda, os custos eventualmente necessários ao término e preparação para venda desses Subprodutos e ainda, eventualmente, uma margem normal de lucro bruto.

Com esse procedimento, estima-se de forma relativamente rápida um valor para os estoques de subprodutos, considerando-os como recuperação de parte do custo de produção daqueles itens para os quais a empresa realmente dirige sua maior atenção.

Existem também outros tratamentos dados aos Subprodutos, não tão corretos quanto o mencionado, que são os de só considerar a recuperação quando da efetiva venda, ou simplesmente tratá-los igualmente às Sucatas, não estocá-los contabilmente e registrar sua venda diretamente às Receitas normais ou Eventuais, ou ainda atribuir-lhes custos como se fossem produtos principais. Logicamente, essas regras implicam a não distinção do que seja um Subproduto ou a apropriação de sua recuperação em épocas fora de sua competência, devendo por isso serem abandonadas.

O que ocorre com frequência é a variabilidade de aplicação do conceito de relevância. O que uma indústria considera importante dentro do faturamento total, outra pode julgar irrelevante. Contudo esse problema é inevitável, pois não há possibilidade de se homogeneizar esse entendimento. Ocorre que os próprios conceitos de Co e Subprodutos nascem dessas posições relativamente subjetivas e devem segui-las em cada empresa.

Dentro dessa forma preconizada de se proceder, só são atribuídos custos aos Coprodutos, o que simplifica bastante os problemas da Contabilidade de Custos.

14.3.2 Apropriação dos custos conjuntos aos coprodutos

Comprado o boi por um preço, digamos de $146,00 por arroba (15 kg), quanto atribuir desse custo mais os decorrentes do abate e do corte a cada tipo de coproduto? Quanto é o custo por quilo do filé, de alcatra, das vísceras, dos pés etc.? Comprado o petróleo, quanto ratear de seu custo mais o do processamento para cada coproduto (gasolina, diesel etc.)?

Esse problema é mais difícil de ser resolvido que o da alocação dos Custos Indiretos aos diversos produtos elaborados. Para estes existem alguns critérios que, apesar de conterem certa arbitrariedade, implicam o uso de algum tipo de análise quanto ao relacionamento entre custos e produtos, como horas-máquina, valor da mão de obra direta, tempo total de execução etc. Se tivéssemos, por exemplo, milho, de que forma efetuar a divisão, se todos os coprodutos podem surgir em função da passagem da matéria-prima por um único setor da fábrica? Vamos efetuá-la por tempo? Ou pelo mesmo valor por quilo produzido? Basta lembrar que, se em vez de milho, tivéssemos boi, teríamos o mesmo custo por quilo para o filé e para as vísceras, podendo até ocorrer de o preço de venda ser inferior ao custo. Vamos então alocar por preço de venda? Esse critério (o mais utilizado, diga-se de passagem) seria justo se fosse verdadeira a ideia de que o item de mais alto valor é o que custa mais; mas isso não é verdade, já que preço tende a ser mais função de demanda e oferta que de custo de produção.

Enfim, quaisquer que sejam os critérios de alocação, pode-se sempre dizer que são muito mais arbitrários do que aqueles vistos até agora em termos de rateios de Custos Indiretos. E neste rateio dos Custos Conjuntos entram até custos variáveis (matéria-prima e mão de obra direta, principalmente). O importante é que a alocação de custos conjuntos seja realizada sempre com base em critérios racionais e de maneira consistente ao longo do tempo.

Do ponto de vista administrativo, quer gerencial ou de planejamento e controle, essas alocações são de todo irrelevantes, já que para decisões interessam apenas os valores de receita total dos coprodutos contra o custo total de obtê-los, pois não se consegue normalmente chegar a um coproduto sem obter o outro, e para controle são mais importantes os custos por operação, atividade, centro de custo etc., do que por produto. Contudo, como é necessário, do ponto de vista de Custos para Avaliação de Estoques, obter-se um critério para a apropriação a fim de que se possam valorar os ativos e apurar os resultados, façamos uma breve análise das principais fórmulas existentes. (Se uma empresa não tem estoques de seus Coprodutos, não precisa simplesmente fazer a atribuição, pois todos os custos irão para o Resultado.)

14.3.3 Principais critérios de apropriação dos custos conjuntos

MÉTODO DO VALOR DE MERCADO

Este método é o mais utilizado na prática, mais em função da inexistência de outros melhores do que de méritos próprios, já que a alegação de que produtos de maior valor são os que recebem ou têm condições de receber maior custo carece de maior racionalidade. Talvez seu grande mérito esteja no fato de distribuir o resultado de forma homogênea aos Coprodutos. Vejamos um exemplo:

Matéria-prima Processada	$30.000.000
Mão de Obra e Custos Industriais	$15.000.000
Custos Conjuntos Totais	***$45.000.000***

	Valor de Venda	Quantidade Produzida	Valor de Venda Total
Coproduto A	$400/kg	55.000 kg	$22.000.000
Coproduto B	$200/kg	100.000 kg	$20.000.000
Coproduto C	$300/kg	60.000 kg	$18.000.000
			$60.000.000

A distribuição dos $45.000.000 de Custo Conjunto feita proporcionalmente à participação do Coproduto na receita fica:

A $\frac{\$22.000.000}{\$60.000.000} \times \$45.000.000 =$ $16.500.000

B $\frac{\$20.000.000}{\$60.000.000} \times \$45.000.000 =$ $15.000.000

C $\frac{\$18.000.000}{\$60.000.000} \times \$45.000.000 =$ $13.500.000

$45.000.000

Esse resultado nos daria os seguintes custos por quilo:

A $\frac{\$16.500.000}{55.000\ kg} = \$300/kg$

B $\frac{\$15.000.000}{100.000\ kg} = \$150/kg$

C $\frac{\$13.500.000}{60.000\ kg} = \$225/kg$

Se quiséssemos efetuar os cálculos com base nas proporções dos preços por quilo em vez de com base nas participações na receita total, chegaríamos ao mesmo resultado; basta verificar que teríamos de obter o custo para B que fosse metade de A, e para C igual à média dos outros dois, e esses são exatamente os valores encontrados.

Pode ocorrer de serem necessários processamentos adicionais a um ou vários dos Coprodutos; esses custos, agora específicos e identificáveis a cada um deles, não são mais parte dos Custos Conjuntos, e por isso não entram mais no nosso tipo de problema, sendo debitados a cada Coproduto especificamente. Entretanto, eles têm um tipo de influência sobre os cálculos que estamos fazendo: o valor de mercado, existente para cada Coproduto, pode ser possível apenas para ele na forma de totalmente acabado ou pode ser encontrado para a fase de semiprocessamento em que se acha. Se existir preço de venda no mercado para a fase em que surgem os Coprodutos, basta fazer como já calculado para obter o custo de cada um; após isso, os custos adicionais lhes serão apropriados individual e especificamente. Se não existir preço de mercado na fase em que aparecem, precisamos de um valor suposto de mercado calculado como sendo o preço de venda menos os custos específicos de término de produção. Se, no exemplo anterior, os dados fossem:

	Valor de Venda	**Volume Produzido**	**Receita Total**	**Custos Adicionais**
Coproduto A	$400/kg	55.000 kg	$22.000.000	$4.000.000
Coproduto B	$200/kg	100.000 kg	$20.000.000	–
Coproduto C	$300/kg	60.000 kg	$18.000.000	$6.000.000

teríamos:

	Receita Total menos Custos Adicionais	**Proporção**	**Custo Conjunto Total Apropriado**	**Custo por Unidade**
Coproduto A	$18.000.000	36%	$16.200.000	$294,55/kg
Coproduto B	$20.000.000	40%	$18.000.000	$180,00/kg
Coproduto C	$12.000.000	24%	$10.800.000	$180,00/kg
	$50.000.000	***100%***	***$45.000.000***	

Por esses valores os Coprodutos seriam contabilizados, e no decorrer de seus processamentos, ser-lhes-iam ainda aplicados os custos adicionais, fazendo com que A chegasse a $20.200.000 de custo total ($16.200.000 + $4.000.000) e C a $16.800.000, permanecendo B com os $18.000.000. Os custos unitários, quando totalmente acabados, seriam: A, $367,27; B, $180,00; e C, $280,00.

MÉTODO DOS VOLUMES PRODUZIDOS

Esse critério acaba por apropriar custos iguais por unidade de produto elaborado; vejamos:

	Volume Produzido	**Proporção**	**Custo Conjunto Alocado**	**Custo por Unidade**
	Kg	%	$	*$/kg*
Coproduto A	55.000	25,58	11.511.628	209,30
Coproduto B	100.000	46,51	20.930.232	209,30
Coproduto C	60.000	27,91	12.558.140	209,30
	215.000	***100,00***	***$45.000.000***	

O produto B está, por esse critério, com custo maior que seu preço de venda de $200/kg. O valor de custo por unidade de cada Coproduto poderia simplesmente ser obtido pela divisão de $45.000.000 por 215.000 kg. Tal método poderia ser válido se os produtos tivessem características muito semelhantes entre si, inclusive não muita divergência em seus preços de mercado.

MÉTODO DA IGUALDADE DO LUCRO BRUTO

Já que qualquer critério é arbitrário, poder-se-ia distribuir o Custo Conjunto de tal forma que cada produto tivesse o mesmo lucro bruto por unidade. Ainda usando o mesmo exemplo:

a) Se não existissem os custos adicionais dos Coprodutos A e C:

Receita Total	$60.000.000
(–) Custo Total Conjunto	($45.000.000)
Lucro Bruto Total	***$15.000.000***

Lucro Bruto por kg: $\frac{\$15.000.000}{215.000 \text{ kg}} = \$69{,}77/\text{kg}$

Logo,

	Preço de Venda (A)	**Lucro Bruto (B)**	**Custo (A) – (B)**
Coproduto A	$400/kg	$69,77/kg	$330,23/kg
Coproduto B	$200/kg	$69,77/kg	$130,23/kg
Coproduto C	$300/kg	$69,77/kg	$230,23/kg

b) Se existissem os custos adicionais dos produtos A e C:

Receita Total	$60.000.000
(–) Custo Total Conjunto	($45.000.000)
(–) Custo Adicional	($10.000.000)
Lucro Bruto Total	***$5.000.000***

que dá $23,26/kg

	Preço de Venda $/kg	Lucro Bruto $	Preço menos Lucro Bruto $	(–) Custo Adicional $/kg	Custo Antes dos Custos Adicionais $
Coproduto A	400	23,26	376,74	72,73	304,01
Coproduto B	200	46,51	176,74	-	176,74
Coproduto C	300	27,91	276,74	100,00	176,74

Também seria possível fazer-se um cálculo em que o lucro bruto não fosse igual em reais por unidades de cada Coproduto, e sim igual percentualmente sobre o preço de venda de cada um; caso não existissem custos adicionais, os valores obtidos seriam iguais ao do primeiro método discutido (Valor de Mercado).

MÉTODO DAS PONDERAÇÕES

Uma maneira também subjetiva, mas às vezes de bons resultados, é a de se ponderar cada Coproduto em termos de grau de dificuldade, importância, facilidade de venda etc. de cada um. Poderíamos, por exemplo, chegar à conclusão de que, ainda no mesmo exemplo, deveríamos apropriar custos de tal forma que cada unidade de A equivalesse ao número-índice 100, cada unidade de B a 40 e cada uma de C a 65. Teríamos:

	Peso	Quantidade	Ponderação Total*	Participação	Custo Conjunto	
					Total	Por Unidade
A	100	55.000 kg	5.500.000	41,04%	$18.470.149	$335,82/kg
B	40	100.000 kg	4.000.000	29,85%	$13.432.836	$134,33/kg
C	65	60.000 kg	3.900.000	29,10%	$13.097.015	$218,28/kg
			13.400.000	***100,00%***	***$45.000.000***	

* Peso de cada uma vezes seu volume.

Inúmeros outros métodos poderiam ser usados; devido à arbitrariedade inerente a cada um deles, deixamos de discuti-los. Repetimos que o mais importante é que o rateio de custos conjuntos seja feito por meio de critérios racionais, os menos arbitrários possíveis e de forma consistente.

14.3.4 Problemas fiscais com relação à Contabilidade de Custos

Desde o Decreto-lei no 1.598/1977, o fisco determinou o uso de critérios rígidos para efeito da avaliação de estoques para finalidades de apuração do lucro tributável. Instruções e Pareceres Normativos posteriores, principalmente em 1979, detalharam ainda mais os procedimentos julgados necessários pela Secretaria da Receita Federal, nesse sentido.

Algumas dessas normas bem como outras fiscais relativas a provisões para férias e outros assuntos estão inseridas em seus respectivos lugares, nos demais capítulos. Entretanto, faz-se aqui um sumário das principais regras fiscais, para efeito de avaliação de estoques, no sentido de facilitar ao leitor. Na verdade, não estão todos os pontos devidamente elucidados por parte do Fisco, restando ainda algumas dúvidas de conceituação ou de interpretação. Por essa razão, deve o leitor estar atento para eventuais outras disposições que possam vir a ser emanadas após esta edição.

14.3.5 Conceito fiscal de custeio por absorção

Segundo o citado decreto-lei, deverão integrar o custo de produção dos bens ou serviços vendidos:

"a) o custo de aquisição de matérias-primas e quaisquer outros bens ou serviços aplicados ou consumidos na produção..."

Conforme determinam as normas e os princípios contábeis, bem como as práticas reconhecidas, também o fisco exige a integração dos gastos com transporte e seguro e os tributos devidos na aquisição ou importação, como imposto de importação etc. (estão fora o ICMS e o IPI, quando recuperáveis pela empresa, conforme já visto no Capítulo 10).

Poderá, para efeito fiscal, ser considerada diretamente como custo, sem passar pela fase de estocagem:

"a aquisição de bens de consumo eventual, cujo valor não exceda de 5% do custo total dos produtos vendidos no exercício anterior".

Isso significa que o total adquirido nessas condições pode ser computado como custo de produção, e não só a parcela consumida.

Só são entendidos como tais os bens cujo consumo seja efetivamente eventual, isto é, ocorra apenas esporádica e extraordinariamente, e que, por conseguinte, não façam parte normalmente do processo de produção. São os casos de itens relativos à necessidade de recuperação de produção anormalmente danificada, materiais de testes esporádicos, serviço especialíssimo de manutenção etc.

É de notar que devem ser seguidas todas as normas já comentadas sobre tratamento de materiais, já que o fisco as ratifica.

"b) o custo do pessoal aplicado na produção, inclusive de supervisão direta, manutenção e guarda das instalações de produção;

c) os custos de locação, manutenção e reparo e os encargos de depreciação dos bens aplicados na produção;

d) os encargos de amortização diretamente relacionados com a produção;

e) os encargos de exaustão dos recursos naturais utilizados na produção."

Vê-se que o fisco exige o uso do Custeio por Absorção, fazendo com que se incorporem ao produto todos os custos ligados à produção, quer os diretos quer os indiretos. Estes itens são os que a legislação determina sejam "obrigatoriamente" agregados, o que não significa uma listagem exaustiva e completa. Todavia, nota-se que o fisco está abrindo mão de certos gastos que, conforme já comentado, são de difícil apropriação, tais como os relativos à administração da produção geral, ao departamento de compras etc. Estes, pelos princípios e práticas contábeis que regem o Custeio por Absorção, deveriam estar incluídos como custos. Assim, com a sua não obrigatória inclusão para efeito fiscal, fica a empresa com mais flexibilidade para definição dos critérios a serem usados para a separação entre custos e despesas. Não deve ser entendido, por outro lado, que tais gastos não enumerados devam ser tratados como despesas de exercício, pois, acima dos critérios fiscais, devem estar sempre os princípios gerais de contabilidade, dos quais a própria auditoria independente deve ser fiel observadora.

14.3.6 Critérios de avaliação dos estoques

Vimos anteriormente a natureza dos itens que compõem o custo do produto. Quanto ao problema de escolha de critério de avaliação de bens e serviços produzidos por preços diferentes, de materiais e de matérias-primas adquiridos por preços também desiguais, já comentamos no Capítulo 10 as alternativas existentes.

É bom apenas lembrar que o fisco atualmente só aceita o uso do PEPS (FIFO) ou do Preço Médio Ponderado Móvel. Não aceita o UEPS (LIFO) e também não mais admite a utilização de uma média ponderada fixa, isto é, relativa às compras de um exercício inteiro, já que se pode estar atribuindo a um produto de alta rotação, e comprado por isso há pouco tempo, um preço que diz respeito a uma média válida como representativa dos preços de há seis meses. Só pode ser usado para efeito fiscal um Preço Médio Ponderado Fixo se for baseado em compras de um período que não exceda o próprio prazo de rotação do item que está sendo avaliado. O mais normal, todavia, é o uso do Preço Médio Ponderado Móvel.

14.3.7 Coordenação e integração entre as Contabilidades Geral e de Custos

A maior inovação fiscal, porém, foi a necessidade de, para poder avaliar os estoques de produtos acabados ou em processamento com base nos dados apurados pela Contabilidade de Custos, precisar estar o "sistema de contabilidade de custo integrado e coordenado com o restante da escrituração". Inovação não em termos de necessidade de interligação entre as duas Contabilidades, mas em termos de ter sido exigida formalmente pela primeira vez.

Nada mais lógico do que essa colocação fiscal, pois, conforme amplamente comentado nos primeiros capítulos deste livro, há uma necessidade dessa compatibilização e integração para que a Contabilidade Financeira possa fazer uso dos valores obtidos pela Contabilidade de Custos. A situação anterior, em que essa integração não era explicitamente exigida fiscalmente, é que estava incorreta, fazendo com que muitas vezes valores calculados à parte, sem a mínima consistência com os valores contábeis, fossem utilizados para avaliação de estoques finais nas demonstrações contábeis.

Todavia, o que significa "custo integrado e coordenado" com a Contabilidade? Significa que todos os cálculos e passos de Custos sejam contabilizados no Diário e no Razão da empresa? Não.

Existem a coordenação e a integração quando:

a) Os valores apropriados por Custos estão também inseridos na Contabilidade Geral.

Isto significa que não se aceitam materiais apropriados, a não ser pelos seus valores contábeis, dentro dos critérios de avaliação amplamente comentados. Não são aceitos valores de reposição atuais ou futuros, preços de mercado etc.

Não se admite também a introdução no custo contábil do produto de valores atribuídos, tais como juro sobre capital próprio, imputação de aluguel de imóvel de propriedade da empresa etc.

Se forem (como devem ser) alocados valores por regime de competência relativos a desembolsos futuros, devem esses itens também estar devidamente provisionados na Contabilidade Geral.

Em resumo, a Contabilidade de Custos apropria aos produtos valores registrados pela Contabilidade Financeira (ou Geral).

b) A apropriação é feita à base das práticas contábeis geralmente aceitas.

É obrigatório o uso do Custeio por Absorção, por mais inócuo que ele possa parecer sob o aspecto gerencial. Devem ser separadas as Despesas dos Custos, e somente estes devem ser apropriados aos produtos (ou também serviços, se for o caso).

Devem ser respeitados todos os demais princípios (veja-se o Capítulo 3).

c) Os valores de custo de cada produto estão apoiados em registros, cálculos, arquivos e mapas que evidenciam claramente a transposição de sua origem (Contabilidade Geral) a seu fim (produtos acabados ou em transformação).

Não há necessidade de se usar o esquema completo de contabilização de custos (Capítulos 5 e 6), podendo-se trabalhar com o simples, com lançamentos sintéticos mensais. Basta que sejam mantidos em boa guarda todos os documentos que consubstanciam as alocações, tais como os registros de apontamento de mão de obra direta, as requisições ao almoxarifado de materiais, os mapas de rateio dos custos indiretos etc. Desde que todos os documentos, mapas, critérios de rateio, cálculos etc. que a Contabilidade de Custos utilizou sejam elaborados em boa ordem, devidamente arquivados, para perfeito entendimento e, se necessário, para que possam sofrer uma auditoria, os custos alocados são então totalmente aceitos para avaliação dos estoques e do Custo dos Produtos Vendidos.

Os mapas de apropriação de custos, como visto no Capítulo 6, por exemplo, são, conjuntamente com os demais documentos que fornecerem os valores dos custos diretos, suficientes para que se possa dizer que a Contabilidade de Custos esteja coordenada e integrada com a Contabilidade Geral.

Vê-se assim que não há exigência alguma além do que deveria regularmente ser a característica de relacionamento entre ambas as Contabilidades.

O que existe de anormal é a penalidade para as empresas industriais que não tenham essa interligação, já que, nesse caso, define a legislação fiscal as fórmulas para cálculo dos valores de estoques finais de produtos acabados e em elaboração. Estes são definidos arbitrariamente em percentuais sobre o maior preço de venda alcançado pelo produto pronto no período (exercício social):

a) produtos acabados – 70% do maior preço de venda no período-base.
b) produtos em processamento – 56% do maior preço de venda no período-base, ou então uma vez e meia o maior custo das matérias-primas adquiridas no período-base.

Vê-se assim que, caso não seja constatada aquela coordenação e integração entre Custos e Contabilidade Geral, os estoques serão avaliados arbitrariamente pelo fisco conforme os percentuais dados. Entenda-se que, para produtos em elaboração, existem duas alternativas, uma delas sobre preço de venda e outra sobre o quanto de matéria-prima está incorporado ao produto. Não existe ainda norma fiscal sobre quem define essa opção ou sobre o que ocorre quando esses montantes resultarem em valores reconhecidamente abaixo do custo efetivo. Como regra, tenderão esses critérios a dar como valor de estoque final montantes acima do que seria obtido com a Contabilidade de Custos, resultando isso numa penalidade fiscal.

Para os aspectos fiscais relativos ao uso do Custo-padrão, veja-se o comentado no Capítulo 29.

14.3.8 Valor arbitrado e princípios contábeis

Esse valor arbitrado pelo fisco para estoques de produtos acabados e em processamento quando da inexistência de coordenação e integração com a contabilidade fere, obviamente, os princípios de contabilidade.

Assim, as demonstrações contábeis preparadas com base nos valores arbitrados por esse esquema fiscal têm validade apenas para efeito de imposto de renda, mas ferem a lei societária brasileira e os princípios fundamentais de contabilidade.

14.3.9 Um enorme problema: a inflação

Um dos maiores problemas fiscais tem sido a não consideração dos efeitos da inflação na contabilidade em geral e na de Custos em particular.

A Correção Integral, instituída pela Comissão de Valores Mobiliários a partir de sua Instrução CVM nº 64/1987 e alterações posteriores, tem produzido resultados muito mais válidos, mas ela se aplica a poucas empresas e não tem validade para a contabilidade oficial.

Na alta inflação, só uma contabilidade (inclusive de Custos) em moeda constante e a valor presente funciona tecnicamente bem.

Ainda estamos, infelizmente, sem um sistema aperfeiçoado como esse no Brasil.

A soma de valores comprados à vista com os adquiridos a prazo produz números impuros e errôneos. E a soma de custos incorridos em semanas e meses diferentes também só produz incorreções.

Primeiramente, todos os valores deveriam ser ajustados a valor presente (quando adquiridos a prazo) para depois serem transformados em moeda constante, ou então corrigidos monetariamente. Dados a valores históricos pouco significam para uso gerencial ou para os usuários externos. Acabam ficando com validade quase apenas fiscal, o que é uma terrível limitação às utilidades da Contabilidade.

RESUMO

A seguir, estão contemplados os principais assuntos discorridos no capítulo:

- Existe na produção contínua o Custo Conjunto, representado pela soma dos gastos de produção incorridos até o momento em que de uma matéria-prima surgem diversos produtos.
- Estes podem ser os Coprodutos principais que vão receber os custos de produção;
- Podem também ser os Subprodutos, de preço e negociabilidade firmes, tanto quanto aqueles, mas de valor irrisório na receita total, e que, por essa razão, deixam de receber custos, tendo sua receita considerada como redução do custo dos Coprodutos.
- Para a determinação de quanto alocar dos Custos Conjuntos a cada Coproduto, existem diversos critérios.
- Os valores apurados por Custos são aceitos pelo imposto de renda no Brasil para avaliação dos estoques finais se houver coordenação e integração entre as duas Contabilidades: a Geral e a de Custos.
- A inflação tem sido, no Brasil, a maior inimiga da Contabilidade de Custos e da Contabilidade em geral.

EXERCÍCIO 14.1

A Empresa Beneficiadora de Milho São Tomé processou, em determinado período, 50 toneladas de milho, que haviam sido compradas a $3/kg. Para esse mesmo trabalho utilizou mão de obra, ao custo conjunto de $25.000, e outros recursos comuns, ao custo de $12.500.

Desse processamento resultaram os seguintes coprodutos (em kg):

	Produção	Vendas	Preços
Quirera	30.000	30.000	$5,00
Fubá	15.000	15.000	$6,80
Germe	5.000	3.800	$9,60

Pede-se para calcular:

a) o valor de custo do estoque final de produtos acabados, apropriando os custos conjuntos pelo critério do preço de mercado;

b) o Custo dos Produtos Vendidos (CPV);

c) o Lucro Bruto (LB) de cada produto;

d) a margem bruta, em porcentagem (%), de cada produto; e

e) idem, porém agora pelo critério do volume.

EXERCÍCIO 14.2

A empresa Kappeto processou, em determinado período em que não havia estoques iniciais, 15 toneladas de matéria-prima, compradas a $5 por quilo.

Para esse mesmo processamento, a empresa utilizou mão de obra ao custo de $25.000 e incorreu em outros custos, também conjuntos, no valor de $50.000.

Desse trabalho resultaram os seguintes coprodutos, em unidades:

	Produção (un.)	Vendas (un.)	Preço de venda ($/un.)
A	12.000	10.000	10,00
B	6.000	5.000	12,50
C	2.000	1.500	27,50

Considerando-se que:

a) A empresa distribui os custos conjuntos aos produtos pelo critério dos volumes produzidos.

b) Todas as unidades vendidas foram faturadas e entregues aos clientes.

Pede-se calcular:

a) O valor do Custo dos Produtos Vendidos (CPV).

b) O Lucro Bruto de cada produto.

EXERCÍCIO 14.3

A Empresa Laticínios Alterosa processou, em determinado período, 10.000 litros de leite comprados dos produtores a $0,55 por litro. Para esse mesmo trabalho, incorreu também em outros custos conjuntos, no montante de $4.500.

Desse processamento, resultaram 3.750 kg de queijo e 5.000 kg de manteiga em estado bruto. Para serem concluídos, foram necessários recursos outros – mão de obra direta e material de embalagem – ao custo total de $3.000 e $2.000, respectivamente, para queijo e manteiga.

O preço médio de venda é de $5,00/kg de queijo e de $2,50/kg de manteiga, ambos 100% acabados; não há mercado para esses produtos semiacabados.

Pede-se calcular o valor do custo unitário de cada produto pelo critério do preço de mercado.

EXERCÍCIO 14.4

Um Frigorífico Avícola produz e vende quatro coprodutos: asa, peito, coxa e sobrecoxa. Em determinado período comprou um lote de 25.000 frangos de corte, vivos, pesando 64.000 kg, pelo preço de $1,50/kg.

Tabela 1 Preços médios de mercado, praticados pela empresa, e volumes normais de produção e vendas

Produtos	Preço de venda bruto (por kg)	Volume (em kg)
Asa	$3,00	10.000
Peito	$6,00	15.000
Coxa	$4,00	25.000
Sobrecoxa	$5,00	12.000

Tabela 2 Custos de transformação (abate, corte etc.) incorridos no período

Mão de obra	$10.000
Energia elétrica	$5.000
Depreciação dos equipamentos	$1.500

Outros dados:

- há diferimento de tributação na compra de frangos vivos; e
- sobre a receita bruta incidem 10% de tributos.

Pede-se calcular:

a) o valor do custo de cada produto, por kg, apropriando os custos conjuntos pelo critério dos volumes produzidos;
b) o valor do custo de cada produto, por kg, apropriando os custos conjuntos pelo critério do preço de mercado;
c) o valor do custo de cada produto, por kg, apropriando o custo da matéria-prima pelo volume e os custos de transformação pelo preço de mercado;
d) o valor do lucro bruto de cada produto, segundo o critério da alínea c; e
e) o valor do lucro bruto do conjunto, sem apropriação de custos aos produtos individuais.

ATIVIDADES COMPLEMENTARES SUGERIDAS

1. Discuta se a simples escolha do critério de alocação de custos conjuntos produz impacto financeiro na empresa.
2. Diferencie Coproduto de Subproduto e busque exemplos. Que tipo de coproduto você poderia imaginar nas grandes marcas?

PARTE III

CUSTOS PARA DECISÃO

15

CUSTO FIXO, LUCRO E MARGEM DE CONTRIBUIÇÃO

15.1 OBJETIVOS DE APRENDIZAGEM

Ao final deste capítulo, o leitor deverá ser capaz de:

- Compreender por que a alocação de custos indiretos fixos aos produtos pode prejudicar a tomada de decisão.
- Entender o conceito de Margem de Contribuição e sua aplicação para fins decisoriais.

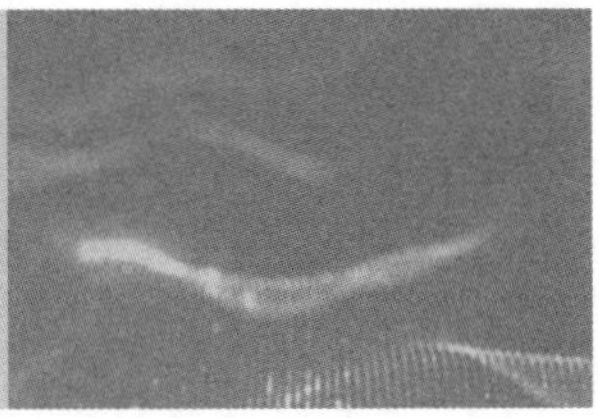

15.2 INTRODUÇÃO

Vimos até agora os procedimentos da Contabilidade de Custos para efeito de avaliação de estoques e de Resultado e analisamos as normas e os Princípios Contábeis Geralmente Aceitos e sua relação com a Contabilidade de Custos, verificando como podem ser tratados os custos de produção para sua incorporação aos bens fabricados (também serviços, às vezes).

Entretanto, como já foi possível perceber, nem sempre esses critérios são os desejáveis e necessários para outras finalidades; vamos agora analisá-los, criticá-los e estudar as necessárias adaptações, para que possamos obter Custos aptos a auxiliar no apoio à tomada de decisão.

(Antes de continuar, vale a pena uma rememoração dos conceitos de Custos Fixos e Variáveis existentes no Capítulo 4).

15.3 CONCEITOS

15.3.1 Problema da alocação dos custos indiretos fixos

Suponhamos que uma empresa produza três produtos (L, M e N), seja constituída de um único Departamento (apenas para simplificação) e que tenha as seguintes características:

Custos Indiretos de Produção: $3.100.000 em certo mês, dos quais $2.455.000 são **fixos**, compreendendo Mão de Obra Indireta (maior parcela), Depreciações etc., e $645.000 são **variáveis**.

Embora todos os custos variáveis sejam quase sempre diretos por natureza, nem sempre vale a pena o sacrifício de se fazer seu acompanhamento e medição individual por produto; por isso alguns são tratados então, na prática, como indiretos.

Esses Custos Indiretos Variáveis, neste exemplo, são a Energia Elétrica e os Materiais Indiretos, e totalizam $645.000, por estar a empresa produzindo as seguintes quantidades:

Quadro 15.1

	Quantidade Produzida	Custo Indireto Variável por Unidade	Custo Indireto Variável Total
Produto L	2.000 un.	$80/un.	$160.000
Produto M	2.600 un.	$100/un.	$260.000
Produto N	2.500 un.	$90/un.	$225.000
Total			***$645.000***

Custos Diretos de Produção: Matérias-primas e Mão de Obra Direta, no total de $700/un. para o Produto L, $1.000/un. para o M e $750/un. para o N. A empresa está produzindo aquelas quantidades do Quadro 15.1 e vendendo pelos preços de $1.550/un. o produto L, $2.000/un. o M e $1.700/un. o N.

Esses preços de venda são os praticados pela empresa líder do mercado, e a nossa não pretende modificá-los, mas está fazendo um estudo para verificar qual é o produto mais lucrativo para tentar incentivar sua venda.

Para isso faz os seguintes cálculos:

Custos Indiretos por Produto: Já que a maior parte é constituída por Mão de Obra Indireta, decide por sua distribuição em função das horas de Mão de Obra Direta (hMOD):

Quadro 15.2

	Horas de MOD por Unidade	Quantidade Produzida	Total de Horas de MOD
Produto L	20,00 h/un.	2.000 un.	40.000 h
Produto M	25,00 h/un.	2.600 un.	65.000 h
Produto N	20,00 h/un.	2.500 un.	50.000 h
Total			***155.000 h***

$$\frac{\text{Custos Indiretos Totais}}{\text{Nº Horas MOD}} = \frac{\$3.100.000}{155.000 \text{ hMOD}} = \$20{,}00/\text{hMOD}$$

A partir desse Custo Indireto por hora de Mão de Obra Direta, a empresa construiu o seguinte quadro de lucratividade por produto:

Quadro 15.3

	Custo Direto	Custo Indireto	Custo Total	Preço de Venda	Lucro
	$	*hMOD × $/hMOD*	*$*	*$*	*$*
Produto L	$700	20 × 20 = $400	$1.100	$1.550	$450
Produto M	$1.000	25 × 20 = $500	$1.500	$2.000	$500
Produto N	$750	20 × 20 = $400	$1.150	$1.700	$550

Temos agora o resultado por unidade de cada Produto, apresentando-se como prioritário para incentivo de venda o N, como mais lucrativo, ficando o L em último lugar.

Façamos, todavia, outra análise: devido à existência dos Custos Fixos e à forma de alocação dos Custos Indiretos, chegamos a esse resultado; e se utilizássemos outro critério de rateio, teríamos a confirmação do Produto N como o mais rentável?

Suponhamos que essa empresa tenha tido custos por hora de Mão de Obra Direta diferenciados para cada produto e resolva atribuir, ao invés de por horas, por valor em reais de Mão de Obra Direta. Para isso verifica o quanto foi aplicado, desmembrando o Custo Direto; suponhamos:

Quadro 15.4

	Mão de Obra Direta	Matéria-prima	Custo Direto Total
Produto L	$195	$505	$700
Produto M	$300	$700	$1.000
Produto N	$276	$474	$750

Para a apropriação dos $3.100.000 de CIP por reais de MOD, terá que fazer:

Produto L	$195 × 2.000 un. =	$390.000
Produto M	$300 × 2.600 un. =	$780.000
Produto N	$276 × 2.500 un. =	$690.000
	MOD Total =	***$1.860.000***

$$\frac{CIP}{MOD} = \frac{\$3.100.000}{\$1.860.000} = 1{,}666666...$$

Para cada real de MOD, deverá a empresa apropriar $1,666... de CIP.

L –	1,666 × $195 = $325
M –	1,666 × $300 = $500
N –	1,666 × $276 = $460

Este será o novo Quadro de Lucratividade por produto:

Quadro 15.5

	Custo Direto $	Custo Indireto $	Custo Total $	Preço de Venda $	Lucro $
Produto L	$700	$325	$1.025	$1.550	$525
Produto M	$1.000	$500	$1.500	$2.000	$500
Produto N	$750	$460	$1.210	$1.700	$490

O produto M continua com o mesmo lucro unitário, mas L e N mudaram. E o mais importante é que se inverteu a ordem! O produto menos rentável tornou-se o melhor, e o que era mais lucrativo tornou-se o menos interessante!

Com tão pequena mudança no critério de alocação dos Custos Indiretos de Produção, temos tão dramática alteração. Seria o problema decorrente de estarmos rateando todos os CIP, sabendo que pelo menos os variáveis já são conhecidos por produto e não precisariam então desse tipo de rateio? (*Vide* Quadro 15.1.)

Refazendo todos os cálculos que levaram aos Quadros 15.3 e 15.5 de lucratividade por produto, mas dessa vez apropriando para cada produto seu Custo Indireto Variável conhecido, rateando apenas os Fixos ($2.455.000), teremos:

Primeiro, rateando à base de reais de MOD, chegamos a (omitidos os cálculos, já que são totalmente análogos aos dos Quadros 15.4 e 15.5):

Quadro 15.6

	Custo Direto Variável	Custo Indireto Variável	Custo Indireto Fixo	Custo Total	Preço de Venda	Lucro
Produto L	$700	$80	$257	$1.037	$1.550	$513
Produto M	$1.000	$100	$396	$1.496	$2.000	$504
Produto N	$750	$90	$364	$1.204	$1.700	$496

Continuamos com a mesma ordem do Quadro 15.5, onde o melhor é o Produto L.

Se fizéssemos à base de horas de MOD, chegaríamos a (cálculos semelhantes aos dos Quadros 15.2 e 15.3):

Quadro 15.7

	Custo Direto Variável	Custo Indireto Variável	Custo Indireto Fixo	Custo Total	Preço de Venda	Lucro
Produto L	$700	$80	$317	$1.097	$1.550	$453
Produto M	$1.000	$100	$396	$1.496	$2.000	$504
Produto N	$750	$90	$317	$1.157	$1.700	$543

De novo a posição dada pelo primeiro cálculo. Afinal, qual é o produto mais lucrativo, L ou N? Ou será o M, mais constante em todos os critérios?

É claro que as bases de rateio não deveriam ser estabelecidas e alteradas assim, aleatoriamente; porém, por melhor que seja o critério, sempre haverá certo grau de imprecisão no rateio dos custos indiretos.

15.3.2 Conceito de margem de contribuição

Nosso problema acima pode ser resolvido em função do seguinte: toda a dificuldade anterior residiu na alocação dos Custos Indiretos Fixos, já que os Variáveis são apropriáveis sem problema. Para a atribuição dos Fixos, existem dois tipos de problemas: o fato de serem no total independentes dos produtos e volumes, o que faz com que seu valor por unidade dependa diretamente da quantidade elaborada, e também o critério de rateio, já que, dependendo do que for escolhido, pode ser alocado um valor diferente para cada unidade de cada produto.

Em nosso exemplo podemos verificar que, supondo Matéria-prima e Mão de Obra Direta totalmente variáveis, podemos identificar como sendo realmente de cada produto a soma de seus custos Direto mais Indireto Variável; toda a dificuldade está residindo na apropriação dos $2.455.000 de CIP Fixos.

O Produto L traz à empresa uma receita de $1.550/un., e provoca, obrigatoriamente, um custo de $780/un., que é seu total variável por unidade. Cada unidade sua realmente provoca esse gasto e produz essa receita. Toda e qualquer parcela de Custo Fixo que lhe queiramos imputar não será existente apenas se houver a produção e venda desse produto; existirá independente dele. De que adianta então ficarmos imputando para cada unidade de cada produto uma parcela do Custo Fixo? Essa parcela dependerá da quantidade de produto e da forma de rateio, e não de cada unidade em si.

Chegamos assim ao conceito de ***Margem de Contribuição por Unidade***, que é a diferença entre o preço de venda e o Custo Variável de cada produto; é o valor que cada unidade efetivamente traz à empresa de sobra entre sua receita e o custo que de fato provocou e que lhe pode ser imputado sem erro. Verifiquemos o seguinte:

Quadro 15.8

	Custo Direto Variável	Custo Indireto Variável	Custo Variável Total	Preço de Venda	Margem de Contribuição
Produto L	$700	$80	$780	$1.550	$770/un.
Produto M	$1.000	$100	$1.100	$2.000	$900/un.
Produto N	$750	$90	$840	$1.700	$860/un.

Cada unidade de L contribui com $770; não podemos dizer que isso seja Lucro, já que faltam os Custos Fixos; trata-se de sua ***Margem de Contribuição Unitária***, para que, multiplicada pela quantidade vendida e somada à dos demais, perfaça a *Margem de Contribuição Total*. Desse montante, deduzindo os Custos Fixos, chegamos ao Resultado, que pode ser então o Lucro da empresa.

O fundamental é que, verificando o Quadro 15.8, notamos que o produto que mais contribui por unidade para a empresa é o M, seguido pelo N e, finalmente, pelo L. Cada unidade de M provoca de fato uma "sobra" de $900, diferença entre receita e custo variável.

Se existe um produto que deva ter sua venda incentivada é o M, que tem a maior Margem de Contribuição por Unidade.

15.3.3 Uma forma alternativa de demonstrar o resultado

Quando a nossa empresa, exemplo deste capítulo, produz e vende as quantidades mencionadas de cada produto, chega ao resultado do Quadro 15.9 (supondo como custos os dados do Quadro 15.3).

Já sabemos e não é mais necessário fazer outros cálculos para se provar que, caso mudássemos os critérios de rateio, chegaríamos a valores diferentes de Lucro total por produto, devido às variações nos custos de cada um. O Resultado final da empresa seria o mesmo, não podendo variar em nosso exemplo, já que as quantidades produzidas foram todas vendidas.

Quadro 15.9

	Produto L (2.000 un.)	Produto M (2.600 un.)	Produto N (2.500 un.)	Total
Vendas	$3.100.000	$5.200.000	$4.250.000	$12.550.000
(–) Custo Prod. Vend.	($2.200.000)	($3.900.000)	($2.875.000)	($8.975.000)
Lucro	***$900.000***	***$1.300.000***	***$1.375.000***	***$3.575.000***

(Os valores do CPV na demonstração acima foram obtidos do Quadro 15.3. Poderíamos elaborar uma demonstração igual a esta utilizando os valores do custo de cada produto obtidos no Quadro 15.5. Todavia, os valores obtidos como Lucro do produto seriam diferentes dos acima demonstrados, mas o lucro total seria o mesmo.)

Tendo em vista que chegamos agora ao conceito novo, que é o da *Margem de Contribuição*, em que não está computado o custo fixo antes apropriado para cada unidade, por que não elaborarmos uma Demonstração do Resultado também diferente daquela? Basta que apropriemos para o Resultado de cada produto seu Custo Variável, deixando os Fixos para serem diminuídos apenas da Margem de Contribuição Total:

Quadro 15.10

	L	M	N	Total
Vendas	$3.100.000	$5.200.000	$4.250.000	$12.550.000
(–) Custo Variável dos Produtos Vendidos	($1.560.000)	($2.860.000)	($2.100.000)	($6.520.000)
(=) Margem de Contribuição	$1.540.000	$2.340.000	$2.150.000	$6.030.000
(–) Custos Fixos				($2.455.000)
(=) ***Resultado***				***$3.575.000***

Nessa forma não existe "Lucro" por produto, mas sim Margem de Contribuição; os Custos Fixos são deduzidos da soma de todas as Margens de Contribuição, já que de fato não pertencem a este ou àquele produto, e sim ao global.

15.3.4 Outra aplicação da margem de contribuição para fins decisoriais

Suponhamos que uma empresa trabalhe por encomenda, produzindo com a seguinte estrutura de custos e despesas:

• Custos Fixos de Produção	$1.400.000/mês
• Custos Variáveis de Produção, exceto Materiais e Mão de Obra	$400/hora-máquina
• Despesas Fixas de Administração, Vendas e Financiamento	$1.200.000/mês
• Despesas Variáveis de Vendas	$0,20 por $1,00 de Venda

Para poder chegar ao preço de venda para cada encomenda, a empresa previu um volume total de trabalho para o mês de 2.500 horas-máquina e fixou como meta o lucro mensal de $1.000.000; a partir daí, criou a seguinte fórmula para a obtenção do preço:

Quadro 15.11

Custo Fixo de Produção por hora-máquina	$\frac{\$1.400.000}{2.500\text{ hm}}$	$1.840/hm
Custo Variável, exceto Materiais e Mão de Obra Direta		$400/hm
Despesas Fixas por hora-máquina	$\frac{\$1.200.000}{2.500\text{ hm}}$	$480/hm
Custo e Despesa por hora-máquina		$1.440/hm
Lucro desejado por hora-máquina	$\frac{\$1.000.000}{2.500\text{ hm}}$	$400/hm
Valor Total a obter, após dedução das Despesas de Vendas variáveis e dos Custos de Materiais e Mão de Obra Direta		***$1.840/hm***

Estando ociosa a firma numa determinada semana, recebe um cliente que lhe propõe uma encomenda com as características seguintes:

Materiais e Mão de Obra Direta Previstos	$96.000
Horas-máquina necessárias	50

Nossa empresa procede então aos seus cálculos:

Materiais e Mão de Obra Direta	$96.000
Custos, Despesas e Lucro, exceto Despesas de Venda Variáveis: 50hm × $1.840/hm	$92.000
	$188.000

Como esse montante deve corresponder a 80% do preço, já que 20% são despesas variáveis de venda, o preço pedido será:

$$\frac{\$188.000}{80\%} = \boxed{\$235.000}$$

Suponhamos, adicionalmente, que o cliente não concorde com esse preço e esteja disposto a pagar apenas $200.000 pela encomenda. Deverá a nossa empresa aceitar ou não o trabalho?

Se a indústria analisar com base nos valores obtidos no Quadro 15.11, talvez não aceite, já que poderia estar computando:

Preço ofertado pelo cliente	$200.000
(–) Despesas de Venda variáveis	$40.000
	$160.000
(–) "Custo, Despesa e Lucro"	$188.000
"Falta" de	***$28.000***

E essa diferença é superior ao que a empresa obteria de lucro, dentro do esquema do Quadro 15.11, pois nos $188.000 estão embutidos 50hm × $400/hm = $20.000 de lucro, o que daria um prejuízo "real" de $8.000.

Verifiquemos, entretanto, o que aconteceria de fato se a empresa deixasse de aceitar esse trabalho numa semana ociosa: seus Custos e Despesas Fixos continuariam a existir, independentemente da encomenda, e ela poderia, não aceitando, deixar de gastar apenas:

Materiais e Mão de Obra Direta	$96.000
Outros Custos Variáveis:	
$400/hm × 50 hm	$20.000
	$116.000
Despesas Variáveis de Venda: 20% de $200.000	$40.000
Total de custos e Despesas Variáveis	***$156.000***

Deixaria de gastar essa quantia, mas deixaria de receber os $200.000. Portanto, estaria perdendo uma Margem de Contribuição de $44.000:

	$200.000	–	Receita
(–)	156.000	–	Custo e Despesas Variáveis
	$44.000	–	***Margem de Contribuição dessa encomenda***

Seu resultado anual, caso não aceitasse a oferta e o trabalho, deixaria de ser incrementado nessa importância, pois, como já foi dito, os custos e despesas fixos continuariam a existir e estariam presentes.

Verificamos assim que mais uma vez os encargos fixos podem provocar problemas nos momentos de decisão, e que a Margem de Contribuição tem a grande virtude de tornar mais clara a situação para tais finalidades.

Vimos também que o conceito de Margem de Contribuição é um pouco mais amplo do que o comentado anteriormente, já que é a *diferença entre a Receita e a soma de Custos e Despesas Variáveis*, e não apenas entre receita e custos variáveis. E deve-se lembrar, também, que a receita a considerar deve ser a líquida, isto é, já deduzidos os tributos incidentes sobre ela.

15.3.5 Mais um exemplo do uso da margem de contribuição

Suponhamos, num outro exemplo, que uma indústria esteja operando no mercado brasileiro com as seguintes características:

• Capacidade de Produção		800.000 t/ano
• Capacidade que atende a mercado nacional		500.000 t/ano
• Custos Fixos de Produção		$35.000.000/ano
• Custos Variáveis de Produção		$110/t
• Despesas Fixas		$21.000.000/ano
• Despesas Variáveis:		
Comissões	$10/t	
Impostos	$15/t	$25/t
• Preço de Venda		$260/t

Com isso, a empresa está obtendo o seguinte resultado:

Quadro 15.12

Vendas: 500.000 t × $260/t		$130.000.000
(–) Custo dos Produtos Vendidos		
Fixos	$35.000.000	
Variáveis: 500.000 t × $110/t	$55.000.000	($90.000.000)
Lucro Bruto		$40.000.000
(–) Despesas		
Fixas	$21.000.000	
Variáveis: 500.000 t × $25/t	$12.500.000	($33.500.000)
Lucro Líquido		***$6.500.000***

Surge agora a oportunidade de uma venda ao exterior de 200.000 t, mas pelo preço de $180/t. Deve a empresa aceitar, mesmo sabendo que nessa hipótese não teria os impostos de venda?

Poderia nossa indústria proceder de três formas: primeira, calcular a soma de Custos e Despesas Totais por tonelada atualmente e cotejar com a oferta internacional:

Custo Total =	$90.000.000	
Despesa Total =	$33.500.000	
	$123.500.000 ÷ 500.000 t = $247/t	
(–) Despesas de Impostos		$15/t
		$232/t

Esse critério, que levaria à negativa da contratação, contém um primeiro erro, que é o de não considerar que o aumento de 500.000 para 700.000 t acarretará uma redução do custo fixo por unidade.

Assim, a segunda forma de procedimento poderia ser:

Custo Fixo =	$35.000.000	
Despesa Fixa =	$21.000.000	
	$56.000.000 ÷ 700.000 t = $80/t	
Custo Variável		$110/t
Despesa Variável (exceto Impostos)		$10/t
		$200/t

Tal cálculo continua levando à decisão de não atendimento da demanda externa.

A terceira forma de cálculo seria com o uso do conceito de Margem de Contribuição; calculando-se para o caso, teríamos:

Preço de Venda (Exportação)		$180/t
(–) Custo Variável	$110/t	
(–) Despesa Variável	$10/t	$120/t
Margem de Contribuição		***$60/t***

Aceitando a encomenda, a empresa receberá uma Margem de Contribuição adicional de $12.000.000 (200.000 t × $60/t), e seu resultado será acrescentado dessa importância (Quadro 15.13).

VOCÊ SABIA?

Essa prática é bastante usada internacionalmente. No mercado do próprio país consegue-se, com uma parte da capacidade de produção, amortizar os custos e despesas fixos, chegando-se inclusive a um resultado positivo. Ao vender para o mercado externo, qualquer preço acima do custo e despesa variáveis provocará acréscimo direto no lucro; qualquer valor de margem de contribuição é lucro, e o preço pode ser bastante inferior ao do mercado nacional onde está a indústria. Nesse caso, a empresa precisa ficar atenta à possibilidade de ser acusada da prática de *dumping*.

Quadro 15.13

Vendas: 500.000 t × $260/t		
500.000 t × $260/t	$130.000.000	
200.000 t × $180/t	$36.000.000	$166.000.000
(–) Custo dos Produtos Vendidos		
Fixos	$35.000.000	
Variáveis: 700.000 × $110/t	$77.000.000	$112.000.000)
Lucro Bruto		$54.000.000
(–) Despesas		
Fixas	$21.000.000	
Variáveis		
700.000 t × $10/t	$7.000.000	
500.000 t × $15/t	$7.500.000	($35.500.000)
Lucro Líquido		***$18.500.000***

Compare com o resultado anterior de $6.500.000 (Quadro 15.12).

Tal prática, uma das formas de *dumping* internacional, é realmente utilizada em larga escala, porque, dentro de um próprio país, seria praticamente impossível trabalhar-se com dois preços de venda tão diferentes para o mesmo produto, exceto em situações muito pontuais.

15.3.6 Decisão com taxas de inflação

Imagine-se um produto com as seguintes características:

Produzido em agosto com:

Custos variáveis

- Material adquirido em 18 de junho e pago em 18 de julho por $300
- Mão de Obra a pagar em 5 de setembro por $200

Preço de venda em início de setembro

- A receber em 30 dias após a data da venda $800

Aparentemente, a Margem de Contribuição desse produto é de $300. Entretanto, digamos que a inflação desde junho esteja em 2% ao mês e espera-se venha a ser de 2,5% em setembro. Seria lógico aceitar-se como válida aquela Margem de $300 ou de 37,5% sobre o preço de venda?

Como já enfatizamos, na inflação é necessário trabalharmos com uma moeda de poder constante de compra (ou pelo menos não tão mutante assim) e com todos os montantes a valor presente.

Por exemplo, se raciocinarmos em moeda estrangeira:

Primeiro: Qual a quantidade real de dólares ou euros que representa o preço de venda de $800 a ser recebido 30 dias depois da venda, com uma inflação esperada de 2,5% a.m.? É claro que o valor real em dólares não é obtido pela divisão de $800 pela taxa de câmbio do dia da venda, mas do dia do recebimento. Ou, então, traz-se o valor de $800 a valor presente, descontando-se pela taxa de inflação prevista, para só depois se transformar em dólar, marco, euro etc.

Segundo: O mesmo raciocínio vale para os materiais: a quantidade real de dólar etc. é obtida pela divisão dos $300 de custo pela taxa do dia do pagamento, e não da data da compra.

Terceiro: Idem com a mão de obra e todos os demais custos e despesas.

Assim, se calcularmos em dólar, teremos, supondo as seguintes taxas de câmbio para essa moeda:

18 de julho =	$10,00
5 de setembro =	$10,30
Esperada para o dia do recebimento =	$10,56

Logo:

$$MC = \frac{\$800}{\$10,56} - \left(\frac{\$300}{\$10} + \frac{\$200}{\$10,30}\right) =$$

$$= US\$75,75 - (US\$30 + US\$19,42) =$$

$$= US\$75,75 - US\$\ 49,42 = \underline{\underline{\boldsymbol{US\$26,33}}}$$

Trabalhando na moeda nacional a valor presente e em moeda de 5 de setembro:

$$\text{Preço de venda} = \frac{\$800}{1,025} = \$780,49$$

$$\text{Material} = \frac{\$300}{1,02} = (1,02^{79/30}) = \$309,65$$

onde os $300 foram descontados por 2% e depois corrigidos por 2% a.m. pelos 79 dias de 18 de junho a 5 de setembro.

Mão de Obra = $200

MC = $780,49 – $509,65 = $270,84, em moeda de 5 de setembro, que são os mesmos US$ 26,33 à taxa dessa data.

Veja como a margem caiu dos aparentes $300 para os reais $270,84 (de 37,5% para 34,7% sobre o preço de venda!). É assim que se trabalha em épocas de inflação.

RESUMO

A seguir, estão contemplados os principais assuntos discorridos no capítulo:

- A alocação de Custos Fixos aos produtos é uma prática contábil que pode, para efeito de decisão, ser perniciosa.
- A Margem de Contribuição Total, conceituada como diferença entre Receita e soma de Custo e Despesa Variáveis, tem a faculdade de tornar bem mais facilmente visível a potencialidade de cada produto.
- Na alta taxa de inflação trabalha-se com receitas, custos e despesas a valor presente e em moeda constante.

EXERCÍCIO 15.1

A empresa Arte em Estilo produz móveis de luxo por encomenda. Seus custos fixos totalizam $9.600 por semana e suas despesas fixas de administração e vendas $4.200 por semana.

Os custos e as despesas variáveis estimados são os seguintes, por unidade (em $):

	Material	Comissão	Frete
Carrinhos	150	50	25
Estantes	500	150	55

No início de setembro, a empresa recebe duas propostas de clientes:

Uma é para fabricar 200 carrinhos de chá, ao preço unitário de $550, cuja produção demandaria três semanas; a outra é para 110 estantes, a $1.400 cada, e quatro semanas de trabalho da fábrica.

Consultado, o gerente de produção informa que só tem capacidade para aceitar um pedido, pois a partir de outubro deverá dedicar-se às outras encomendas já programadas para o último trimestre.

Pede-se para calcular:

a) o lucro da empresa no mês de setembro, para cada alternativa;
b) o lucro operacional projetado de cada uma das encomendas;
c) a Margem de Contribuição unitária (MC/u) de cada encomenda; e
d) a Margem de Contribuição Total (MCT) de cada encomenda.

EXERCÍCIO 15.2

A Escola Immacolata oferece dois cursos técnicos profissionalizantes: mecânica de automóveis (60 horas) e eletricidade de automóveis (40 horas); para atender à demanda, oferece normalmente 25 vagas em cada curso, por período letivo.

O preço do curso para cada aluno participante é aproximadamente o mesmo das escolas concorrentes: $750 e $600, respectivamente, para os cursos mecânica e eletricidade, e a Immacolata pretende acompanhá-los; o Imposto sobre Serviços (ISS) é de 2% sobre a receita.

Os custos com material didático, impressos, fotocópia, lanches etc. são de $30 por aluno, além de $60 por hora-aula efetivamente ministrada pelos instrutores; já os custos fixos comuns (secretaria, laboratório, equipamento, estacionamento etc.) totalizam $10.000 por período letivo.

Pede-se calcular:

a) O custo de cada um dos cursos, considerando-se preenchidas todas as vagas e rateando os custos comuns proporcionalmente à remuneração dos instrutores (Custeio por Absorção).
b) O lucro por curso, pelo Custeio por Absorção, com todas as vagas preenchidas.
c) A margem de contribuição por aluno pagante.
d) A margem de contribuição por curso, considerando-se preenchidas todas as vagas e apropriando a cada um seus respectivos custos diretos (não ratear os custos fixos comuns).

EXERCÍCIO 15.3

A Cia. Amazonense de Veículos tem capacidade prática instalada para produzir até 36.000 carros por ano, mas nos últimos anos vem conseguindo colocar no mercado apenas 24.000, ao preço médio unitário de $10.000; ela só atua no mercado nacional.

Sua estrutura de gastos é a seguinte:

• Material direto	$4.000/unidade
• Mão de obra direta	$2.500/unidade
• Custos fixos	$45.000.000/ano
• Despesas fixas de Admin. e Vendas	$9.000.000/ano
• Comissões sobre a receita bruta	1%
• Impostos sobre a receita bruta	9%

Da Venezuela a empresa recebe uma proposta de aquisição de 12.000 carros, ao preço CIF (*Cost, Insurance and Freight*) de $7.500 cada.

Caso a proposta seja aceita, haverá isenção de impostos, mas o percentual de comissão sobre o preço de venda bruto dobra, e ainda haverá gastos com frete e seguro, que somam $250/un.

Pergunta-se: a Companhia Amazonense deve ou não aceitar a proposta? Por quê?

EXERCÍCIO 15.4

Uma editora distribui mensalmente cento e vinte mil exemplares da revista *Moderna* para cem cidades do território nacional. Se lançar no mercado trinta mil exemplares mensais da revista *Arcaica*, a empresa passará a utilizar os vinte por cento (20%) de ociosidade que há no seu centro de distribuição (CD).

Os principais dados operacionais da empresa, bem como a sua estrutura básica de custos, são demonstrados nas Tabelas 1, 2 e 3:

Tabela 1 Custos variáveis

	Custos variáveis	Revista *Moderna*	Revista *Arcaica*
Produção	Papel, tinta, grampos, cola e embalagem	$2,26 por exemplar	$1,94 por exemplar
Logística	Manuseio	$20 por mil exemplares	$15 por mil exemplares
	Frete de ida	$0,50 por kg	$0,50 por kg
	Logística reversa	$50 por mil exemplares	$75 por mil exemplares

Tabela 2 Custos fixos mensais do Centro de Distribuição (CD)

	Valor
Aluguel	$80.000
Depreciação	$260.000
Salários e Encargos Sociais	$410.000

Tabela 3 Outros dados das revistas

	Revista *Moderna*	Revista *Arcaica*
Preço de venda de cada exemplar	$7	$4
Receita de publicidade, por edição	$300.000	$100.000
Peso médio de cada exemplar	460 gramas	200 gramas
Percentual de encalhe	5%	2%
Proporção de vendas avulsas	100%	100%

Outros dados:

- a receita de venda de revistas (avulsas e assinaturas) goza de imunidade tributária; a receita de venda de publicidade é tributada em 10%;
- o custo de logística reversa inclui o frete de retorno e o manuseio do encalhe;
- os custos fixos, quando alocados às revistas, o são proporcionalmente à quantidade de exemplares;
- não há vendas por assinaturas; e
- todo o encalhe é sucateado e descartado sem gerar receita.

A. Com base nos dados apresentados, pede-se calcular:

1. o valor do lucro da revista *Moderna*, por edição mensal, na situação inicial em que só ela existia, com absorção total dos custos fixos;
2. o valor do lucro da revista *Moderna*, por edição mensal, na situação inicial em que só ela existia, porém com absorção parcial, isto é, considerando o custo da capacidade ociosa como perda do período;
3. a Margem de Contribuição Total (MCT), por edição, de cada revista;
4. a Margem Bruta (MB) em valor ($), por edição, de cada revista, com o lançamento da *Arcaica*; e
5. a Margem de Contribuição por exemplar (MC/un.) de cada revista.

B. Considerando exclusivamente os resultados encontrados em "A", pede-se responder:

6. No estudo de viabilidade, a empresa deveria ou não alocar parte dos custos fixos de distribuição à segunda revista para tomar a decisão?
7. Supondo que o único objetivo seja maximizar o valor do lucro mensal, a editora deve lançar a nova revista? Por quê?
8. Com o lançamento da *Arcaica*, haverá subsídio cruzado entre as duas revistas? Justifique sua resposta.

ATIVIDADES COMPLEMENTARES SUGERIDAS

Imagine que você seja o CEO de uma grande empresa:

1. O que você entende por margem de contribuição? De que forma ela afeta a lucratividade?

2. Como você faz para que seu produto tenha uma boa margem de contribuição e ao mesmo tempo um preço competitivo?

3. Se seu gerente comercial quisesse vender um produto por preço bem inferior ao de tabela, mas com margem de contribuição positiva, você aceitaria? Em que condições?

16

MARGEM DE CONTRIBUIÇÃO E LIMITAÇÕES NA CAPACIDADE DE PRODUÇÃO

16.1 OBJETIVOS DE APRENDIZAGEM

Ao final deste capítulo, o leitor deverá ser capaz de:

- Compreender os fatores que limitam a capacidade de produção em uma empresa e sua relação com a Margem de Contribuição.
- Usar o conceito de margem de contribuição para decisões face a situações de restrição.

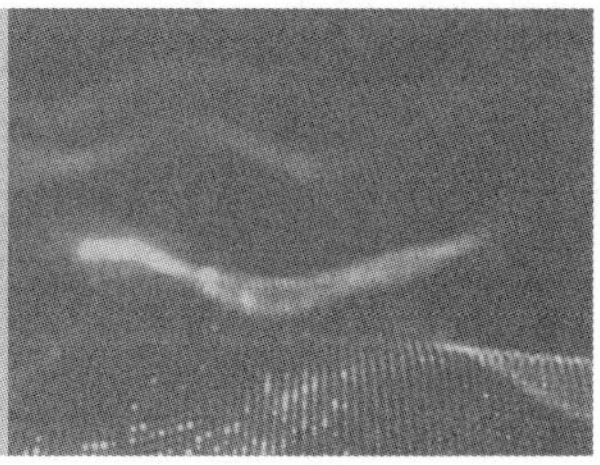

16.2 INTRODUÇÃO

Ao comentarmos a grande importância do conceito de Margem de Contribuição no capítulo anterior, verificamos algumas de suas aplicações, mas não atentamos ao problema decorrente da existência de diversos fatores que naturalmente limitam a capacidade de produção da empresa. Vamos agora entrar nesse tipo de problema.

16.3 CONCEITOS

16.3.1 Margem de contribuição antes da existência de limitações

Suponhamos que uma determinada empresa fabricante de barracas para *camping* produza quatro modelos diferentes (A, B, C e D).

Os dados de Custos que a empresa possui são bastante minuciosos:

Quadro 16.1

	Matéria-prima	Mão de Obra Direta	Custo Direto Total	Custo Indireto Variável	Custo Variável Total
	$/un.	*$/un.*	*$/un.*	*$/un.*	*$/un.*
Modelo A	28	24	52	8	60
Modelo B	24	20	44	6	50
Modelo C	80	28	108	8	116
Modelo D	16	20	36	4	40

Os Custos Indiretos Fixos são os seguintes:

Mão de Obra Indireta	$64.000/ano
Aluguéis (ou depreciações dos Direitos de Uso)	$16.000/ano
Depreciações	$12.000/ano
Outros Indiretos Fixos	$8.000/ano
Total	***$100.000/ano***

Para efeito de avaliação de estoques, a empresa rateia os Custos Indiretos fixos à base da Mão de Obra Direta, visto que o maior item daqueles diz respeito à supervisão de operários. Entretanto, conhecedora das vantagens da utilização do conceito de Margem de Contribuição, para efeito de análise e decisão, ela procede como indicado no Quadro 16.1, alocando apenas os custos variáveis. Com isso tem ela a seguinte tabela com relação à Margem de Contribuição de cada um dos modelos:

Quadro 16.2

	Custo Variável Total (Quadro 16.1)	Preço de Venda	Margem de Contribuição
	$/un.	*$/un.*	*$/un.*
Modelo A	60	80	20
Modelo B	50	72	22
Modelo C	116	140	24
Modelo D	40	48	8

Esses preços são também aproximadamente os da concorrência para cada tipo de barraca.

Analisando-se a coluna da Margem de Contribuição, verificamos de imediato que o modelo com maior capacidade de trazer recursos para a empresa é o modelo C. Entretanto, nossa firma não pode escolher apenas esse modelo para comercialização, precisando oferecer todos eles ao mercado. Mas é claro que ela tentará, sempre que possível, forçar a venda do modelo C, já que cada unidade dele produz maior margem de contribuição. Isso se não existir nenhum problema de limitação quanto à produção.

16.3.2 Existência das limitações na capacidade produtiva

A nossa empresa, precisando fazer uma programação para a produção do ano 199X, procede a uma pesquisa de mercado e verifica que existe uma demanda que poderá proporcionar nesse período que sejam vendidas as seguintes quantidades de cada modelo:

- Modelo A – 3.300 un.
- Modelo B – 2.800 un.
- Modelo C – 3.600 un.
- Modelo D – 2.000 un.

Como já foi dito, tentaria ela, se possível, forçar a venda de C, mas o mercado mostra-se disposto a lhe consumir essas quantidades indicadas; e ela então começa a preparar sua produção para atender à demanda.

Esbarra, todavia, em um problema logo de imediato: sua capacidade não é suficiente para fornecer esse volume, já que possui ela um nível máximo de produção de 97.000 horas-máquina, enquanto aquela demanda lhe consumiria 103.150 horas-máquina, conforme o tempo de cada modelo mostrado a seguir:

Quadro 16.3

	Horas-máquina Necessárias	Demanda Prevista	Total Horas-máquina
	h/un.	*un.*	*h*
Modelo A	9,50	3.300	31.350
Modelo B	9,00	2.800	25.200
Modelo C	11,00	3.600	39.600
Modelo D	3,50	2.000	7.000
Total			***103.150***

Vê-se agora a fábrica na contingência de verificar qual dos modelos deixará de ser total ou parcialmente atendido.

Suponhamos que a firma tenha o interesse de maximizar seu lucro nesse ano e por isso sua decisão será baseada nesse objetivo. (Poderia estar interessada na manutenção de alguns dos tipos de clientes e querer atender a essa meta mesmo à custa de redução do lucro.)

Onde então efetuar o corte das 6.150 horas excedentes à sua capacidade (103.150 h – 97.000 h)?

Já vimos no capítulo anterior que a decisão baseada no lucro unitário (após apropriação de todos os custos indiretos) não é correta, e sim a que considera a Margem de Contribuição. Com base nisso, é provável que a nossa empresa venha a decidir pela redução na linha do Modelo D, já que apresenta a menor Margem de Contribuição por unidade (ver Quadro 16.2). Teria assim que deixar de produzir 1.757 unidades desse tipo:

$$\frac{6.150 \text{ h}}{3{,}50 \text{ h/un.}} \cong 1.757$$

A partir dessa previsão de produção, poderia constituir um quadro projetado do resultado do ano 199X:

Quadro 16.4

	Quantidade	Margem de Contribuição Unitária	Margem de Contribuição Total
	un.	*$/un.*	*$*
Modelo A	3.300	201	66.000
Modelo B	2.800	221	61.600
Modelo C	3.600	241	86.400
Modelo D	243	81	1.944
	Total Margem de Contribuição		$215.944
	(–) Custos Fixos		($100.000)
	Resultado		***$115.944***

16.3.3 Comprovação da utilização do critério correto

Para termos certeza de que a decisão tomada de corte do Modelo D é a correta, podemos fazer alguns cálculos com o resultado que seria obtido caso se decidisse de maneira diversa. Para isso, basta verificarmos qual seria a nova Margem de Contribuição Total com a nova escolha, já que de todas as hipóteses possíveis, interessa a que maximizar a Margem de Contribuição Total, pois o mesmo montante de Custos Fixos será deduzido dela para se chegar ao Resultado.

Verifiquemos primeiramente o que teria acontecido se a empresa tivesse optado pelo corte no produto C, em vez de no D. O número de unidades não produzidas de C seria

$$\frac{6.150 \text{ h}}{11{,}00 \text{ h/un.}} \cong 559 \text{ un., e o resultado seria:}$$

Quadro 16.5

	Quantidade	Margem de Contribuição Unitária	Margem de Contribuição Total
	un.	*\$/un.*	*\$*
Modelo A	3.300	20	66.000
Modelo B	2.800	22	61.600
Modelo C	3.041	24	72.984
Modelo D	2.000	8	16.000
	Total Margem de Contribuição		***216.584***

Este quadro evidencia que a Margem de Contribuição Total seria maior nessa hipótese que na anterior! Logo, esta última produz mais lucro, e é, portanto, melhor que aquela!

Estará invalidado então nosso conceito de Margem de Contribuição?

16.3.4 Margem de contribuição e fator de limitação

Analisemos a razão da discrepância acima: na primeira hipótese, deixamos de produzir 1.757 unidades de D, o que nos eliminou a possibilidade de obtenção de uma Margem de Contribuição Total de:

1.757 un. × \$8/un. = \$14.056

enquanto, na segunda hipótese, cortando da linha C, diminuímos um potencial de Margem de Contribuição Total de:

559 un. × \$24/un. = \$13.416

Apesar de por unidade o modelo C produzir muito mais de Margem de Contribuição do que o D, dentro das 6.150 horas cortadas ele produz menos. E isso é devido ao tempo de máquina que cada unidade leva para ser elaborada.

Uma unidade de C produz \$24 de Margem de Contribuição, mas leva 11 horas para ser feita. Assim, em cada hora a Margem de Contribuição é de \$2,18, enquanto o produto D produz só \$8 por unidade, mas leva apenas 3,5 horas para ser elaborado, fornecendo \$2,29 por hora. Logo, cada hora usada na linha D rende mais do que na linha C.

O resultado correto seria obtido então com o seguinte cálculo:

Quadro 16.6

	Margem de Contribuição Unitária	Tempo de Fabricação	Margem de Contribuição por Hora-máquina
	\$	*hm.*	*\$/hm*
Modelo A	20	9,50	2,11
Modelo B	22	9,00	2,44
Modelo C	24	11,00	2,18
Modelo D	8	3,50	2,29

Vemos que o modelo que menos traz Margem de Contribuição por hora-máquina é o A, e este deverá então ser o item a ter sua produção limitada. O modelo D, que parecia o primeiro a ser eliminado, só seria cortado como 3ª opção, depois de A e C. Ele é, na realidade, o segundo produto mais interessante nessa situação.

Concluímos então que a Margem de Contribuição continua sendo o elemento-chave em matéria de decisão, só que agora não por unidade, mas pelo fator limitante da capacidade produtiva.

Seria então, em nosso exemplo, sempre mais interessante o incentivo à produção do modelo B, já que é o que mais produz Margem de Contribuição por hora-máquina?

Suponhamos que a empresa resolvesse, à custa de uma adição de custos fixos oriundos da aquisição de outras máquinas, aumentar sua capacidade de produção para 140.000 hm sem que nada se alterasse nos custos variáveis de cada produto. Poderia então agora atender a toda a demanda prevista e ainda teria uma folga de quase 37.000 hm. Caso tivesse em mente efetuar algum tipo de esforço para tentar vender mais do que aquela previsão, por meio, por exemplo, de uma campanha publicitária ou de uma motivação maior com relação à equipe de vendedores, como deveria proceder se soubesse que conseguiria, no máximo, aumentar em mais 10% aquele volume de vendas?

Estando com capacidade para 140.000 hm, mesmo com adição de mais 10% em seu volume de trabalho, não chegará àquele limite, ficando, no máximo, ao redor de 113.500 hm. Nessa situação, deve forçar a venda do produto B, que dá maior Margem de Contribuição por hora-máquina, ou do modelo C, que fornece maior Margem por unidade?

Claro está que, se não há no momento problema de horas-máquina, interessa que se consiga vender o mais possível daquele modelo que traz, por unidade, maior Margem de Contribuição. Cada unidade de C produz $24 de Margem de Contribuição, e, mesmo que demore mais tempo que B, deverá ser preferida, pois não há mais problema de tempo de máquina.

16.3.5 Outro exemplo de limitação na capacidade produtiva

Suponhamos que uma determinada indústria automobilística fabrique dois modelos de veículos com as seguintes características:

Quadro 16.7

	Preço de Venda	Custo Variável Total	Margem de Contribuição Unitária
Modelo 4 Portas	$26.000	$20.500	$5.500
Modelo 2 portas	$25.800	$20.400	$5.400

Todas as maçanetas usadas em qualquer modelo são iguais, quer nas portas dianteiras, quer nas traseiras, e são importadas; cada modelo leva o mesmo tempo de produção.

Não havendo problema de limitação na capacidade de produção, a empresa tentará, sempre que possível, vender o modelo 4P, já que em cada unidade deste consegue uma Margem de Contribuição maior do que no outro.

Digamos que em determinado mês haja um problema sério de obtenção de maçanetas, e a indústria consiga uma quantidade insuficiente delas para sua produção total. Como procederá nesse mês? Não há dúvida de que procurando apenas produzir e vender o modelo 2P.

Se tiver, digamos, 8.000 maçanetas para o mês todo, conseguirá elaborar 4.000 unidades do modelo 2P e obter uma Margem de Contribuição total de

4.000 un. × $5.400/un. = $21.600.000

Se produzisse o modelo 4P, conseguiria apenas $11.000.000 (2.000 un. × $5.500/un.).

O conceito de Margem de Contribuição pelo fator limitante da capacidade é o determinante da decisão. O modelo 4P dá Margem de Contribuição de $1.375 por maçaneta, mas o 2P dá $ 2.700. E a limitação no caso é o estoque disponível de maçanetas.

Poderia ocorrer de o mercado consumir apenas 3.000 unidades por mês de 2P; nessa hipótese, a indústria faria então esse total e utilizaria as 2.000 maçanetas restantes na produção de 500 de 4P.

O fator que limita a capacidade pode ser o mesmo durante um longo período de tempo (horas-máquina, por exemplo), ou ser temporário (maçaneta, determinada matéria-prima, hora-homem de certa especialização, hora-máquina de certo equipamento ou de um departamento etc.).

16.3.6 Existência de diversos fatores limitantes

Pode ocorrer que existam num mesmo período diversos fatores limitando a capacidade da empresa, como horas-máquina e certa matéria-prima.

Aí o problema fica realmente mais sério, já que uma solução simples e rápida como a que acabamos de ver não irá funcionar.

É necessário nesse caso que se recorra a métodos mais sofisticados, como a Programação Linear, por exemplo, ou outros modelos matemáticos da Pesquisa Operacional.

!? VOCÊ SABIA?

Por meio de *softwares* com o auxílio de planilhas eletrônicas pode-se encontrar a solução da combinação de quantidades de vários produtos que maximiza o lucro da empresa, quando há fatores limitantes da capacidade de produção.

16.3.7 Teoria das restrições

A Teoria das Restrições – conhecida como TOC, de Theory of Constraints – vem sendo bastante divulgada desde meados da década de 1980. Ela trata da identificação de restrições (gargalos) dos sistemas produtivos com o objetivo de otimizar a produção nesses pontos e, assim, maximizar o lucro da empresa.

A TOC apoia-se nos seguintes pressupostos principais:

a) todo sistema possui, no mínimo, um fator de restrição;
b) o conhecimento do valor da margem de contribuição por unidade do fator limitante é mais importante que o conhecimento da margem de contribuição por unidade produzida;
c) o custo de mão de obra direta é fixo, assim como são fixos todos os custos indiretos;
d) capacidade ociosa é desejável nos recursos que não representem restrições ou gargalos; e
e) deve-se administrar o equilíbrio do fluxo do processo, não a capacidade dos recursos etc.

Embora possa parecer nova, a ideia central da Teoria das Restrições – a margem de contribuição por unidade do fator limitante e o seu uso para tomada de decisão – é, na verdade, bem antiga: era contemplada já na primeira edição deste livro, em 1978 (mas existia desde muito antes).

16.3.8 Alocação de custo fixo e decisão

Pelo exposto até o momento, os Custos Fixos devem, para fins decisoriais, ser tratados com muito cuidado. Para alguns tipos de decisão chegam a ser plenamente relegados a segundo plano, ou simplesmente abandonados.

No primeiro exemplo que tratamos neste capítulo, o das barracas, falamos da existência de $100.000 de custos fixos que deixaram de ser considerados em nossas decisões, o que estava realmente correto. Naquele caso, a atribuição dos Custos Indiretos Fixos era à base de hora de Mão de Obra Direta. Vejamos como ficaria o custo total por unidade, supondo ainda a limitação na capacidade de produção da empresa.

Supondo que se tivesse decidido realmente pelo corte no produto A, por ser o de menor Margem de Contribuição por hora-máquina, a empresa obteria, então, o seguinte:

Quadro 16.8

	Quantidade	Margem de Contribuição Unitária	Margem de Contribuição Total
	un.	*$/un.*	*$*
Modelo A	2.653	20	53.060
Modelo B	2.800	22	61.600
Modelo C	3.600	24	86.400
Modelo D	2.000	8	16.000
	Total Margem de Contribuição		***217.060***

(6.150 h ÷ 9,5 h = 647 un. de produto A cortadas.)

(Veja que essa Margem de Contribuição total é maior do que a das hipóteses de corte no D ($215.944) ou no C ($216.584), e também é maior do que se fizéssemos a redução no B ($214.974); isso comprova o acerto da decisão pelo corte em A.)

Se fizéssemos a alocação dos Custos Indiretos Fixos de $100.000 a essa produção, obteríamos o seguinte, sabendo que teríamos que apropriar para cada modelo a base do que cada um incorreu em Mão de Obra Direta:

Mão de Obra Direta Total

(Veja Quadros 16.1 e 16.8)

A – $24 × 2.653 un. = $63.672

B – $20 × 2.800 un. = $56.000

C – $28 × 3.600 un. = $100.800

D – $20 × 2.000 un. = $40.000

Total MOD = ***$260.472***

Logo, a apropriação será feita à base de

$$\frac{\$100.000}{\$260.472} = \$0{,}384 \text{ de CIP para cada } \$1{,}00 \text{ de Mão de Obra Direta}$$

Cada modelo teria então a seguinte alocação de CIP e seguinte custo total (ver Quadro 16.9):

Quadro 16.9

	Custo Indireto Fixo por Unidade	Custo Variável	Custo Total Unitário	Lucro por Unidade
Modelo A	$24 × 0,384 = $9,22	$60	$69,22	$10,78
Modelo B	$20 × 0,384 = $7,68	$50	$57,68	$14,32
Modelo C	$28 × 0,384 = $10,75	$116	$126,75	$13,25
Modelo D	$20 × 0,384 = $7,68	$40	$47,68	$0,32

Notamos que, ao nos basearmos no critério do lucro, teríamos novamente o D como a pior das alternativas, e o B como a melhor.

No entanto, se fizéssemos um cálculo à base de lucro não por unidade, mas de lucro unitário por hora-máquina, em semelhança ao critério anterior, teríamos a mesma ordem que obtivemos no Quadro 16.6, quando definitivamente verificamos que o produto A era a pior alternativa da empresa, e por isso deveria ser sacrificado. Vejamos:

Quadro 16.10

	Lucro Unitário	Tempo de Fabricação	Lucro/Hora-máquina
	$	*hm*	*$/hm*
Modelo A	10,78	9,50	1,13
Modelo B	14,32	9,00	1,59
Modelo C	13,25	11,00	1,20
Modelo D	0,32	3,50	0,09

De novo o coitado do modelo D em última colocação! Isso prova que nem mesmo o lucro/hora-máquina funciona como parâmetro para esse tipo de decisão.

Seria então o conceito de lucro sempre errado? Não poderíamos então fazer nunca a apropriação dos Custos Fixos?

Resta, entretanto, uma última alternativa: E se distribuíssemos em nosso exemplo o CIP Fixo em função das horas-máquina? Vejamos:

$$\frac{\$100.000}{97.000 \text{ hm}} = \$1{,}0309 \text{ de CIP por hora-máquina}$$

Teríamos, então:

Quadro 16.11

	Custo Indireto Fixo Unitário	Custo Var.	Custo Total	Preço Venda	Lucro Unit.	Tempo Fabr.	Lucro/hm
Modelo A	9,50 × $1,0309 = 9,79	$60	$69,79	$80	$10,21	9,5 hm	1,07
Modelo B	9,00 × $1,0309 = 9,28	$50	$59,28	$72	$12,72	9,0 hm	1,41
Modelo C	11,00 × $1,0309 = 11,34	$116	$127,34	$140	$12,66	11,0 hm	1,15
Modelo D	3,50 × $1,0309 = 3,61	$40	$43,61	$48	$4,39	3,5 hm	1,25

Observação: Os valores deste Quadro foram calculados com mais decimais do que aparecem.

Notamos aqui que o lucro por unidade novamente não é bom, mas a coluna de lucro por hora-máquina está absolutamente compatível com a Margem de Contribuição por hora-máquina do Quadro 16.6! Basta ver que o produto que agora tem menor lucro/hm é o A. Coincidência?

Não, não é coincidência. Ocorre que, por atribuirmos os CIP Fixos aos produtos por hora-máquina e depois dividirmos o lucro também por hora-máquina, acabamos por anular praticamente o efeito do rateio. Jogamos o mesmo valor por hora-máquina para cada modelo, e assim cada um tem um lucro/hm igual à Margem de Contribuição/hm menos o mesmo valor ($1,0309). Mudaram os números, mas não ficam nunca mudadas a sequência e hierarquia em termos de produtos mais interessantes nas circunstâncias. Basta confirmar que a diferença entre o valor de um e outro é sempre constante (compare Quadros 16.6 e 16.11).

Concluímos então que a única forma de alocação de Custos Fixos que não provoca esse tipo de distorção é a de se basear o critério de rateio no próprio fator limitante da capacidade. Alocando-se os CIP à base desse recurso escasso que estiver limitando a produção, teremos sempre a mesma sequência que obteríamos caso fizéssemos os cálculos à base de Margem de Contribuição pelo mesmo fator.

O problema reside no fato de, havendo em cada mês variação no fator de limitação, também será necessário alterarem-se os critérios de apropriação dos Custos Fixos. Por isso é realmente mais racional trabalhar-se com a MC/fator de limitação.

Para uma melhor análise dessa alocação racional de custos fixos, que não altera a ordem de rentabilidade de cada produto, consulte-se a Dissertação de Mestrado da Profa. Cecília Akemi Kobata Chinen, editada pela FEA/USP, denominada "Alocação dos Custos Fixos: Um Modelo de Programação Linear".

RESUMO

A seguir, estão contemplados os principais assuntos discorridos no capítulo:

- Quando não há limitação na capacidade produtiva, mais rentável é o produto que apresentar maior Margem de Contribuição por unidade.
- Quando existir algum fator de limitação, mais rentável será o produto que tiver maior Margem de Contribuição pelo fator de limitação da capacidade produtiva.
- Os Custos Fixos só produzem valores finais de lucros unitários válidos para decisão se forem alocados em proporção ao que cada produto utilizar do fator de limitação da capacidade.
- A Teoria das Restrições trata da identificação de restrições (gargalos) dos sistemas produtivos com o objetivo de otimizar a produção nesses pontos e, assim, maximizar o lucro da empresa.

EXERCÍCIO 16.1

A empresa Clean produz apenas dois produtos – enceradeiras e aspiradores de pó – cujos preços de venda, líquidos dos tributos, são $120 e $80, respectivamente, e sobre esses preços ela paga comissões de 5% (cinco por cento) aos vendedores.

Os custos variáveis são os seguintes:

	Enceradeiras	Aspiradores
Matéria-prima	2 kg/un. a $8/kg	1 kg/un. a $8/kg
Mão de Obra Direta	2,5 h/un. a $20/h	1,5 h/un. a $20/h

Segundo o Diretor de Marketing, o mercado consome, no máximo, 100 unidades de cada produto da empresa por período.

Pede-se para calcular:

a) a Margem de Contribuição unitária (MC/un.) de cada produto;

b) a Margem de Contribuição Total (MCT) de cada produto, considerando o volume máximo de venda; e

c) a combinação ótima (melhor *mix* de produção) no caso de haver, em determinado período, apenas 200 kg de matéria-prima disponíveis para utilização.

EXERCÍCIO 16.2

A empresa Camomila produz apenas dois produtos (A e B), cujos preços de venda – líquidos dos tributos – são $120 e $80, respectivamente; sobre esses preços ela paga comissões de 5% aos vendedores. Os custos e despesas fixos são de $4.000 por período.

Os custos variáveis são os seguintes:

	A	B
Matéria-prima	4 kg/un.	2 kg/un
	$4/kg	$4/kg.
MOD	2,5 h/un.	2 h/un.
	$20/h	$20/h

Segundo o Diretor de Marketing, o mercado consome, no máximo, 100 unidades de cada produto da empresa por período.

Pede-se calcular:

a) O valor do resultado de cada produto pela óptica do Custeio Variável (Margem de Contribuição), considerando a demanda máxima.

b) O valor do resultado operacional máximo da empresa por período.

c) O valor do resultado máximo num período em que houver apenas 360 kg de matéria-prima disponíveis para utilização.

d) A combinação ótima (melhor *mix* de produção) e o resultado ótimo se a restrição for apenas de MOD, e houver somente 400 h disponíveis.

EXERCÍCIO 16.3

A Escola Immacolata oferece dois cursos técnicos profissionalizantes: mecânica de automóveis (60 horas) e eletricidade de automóveis (40 horas); para atender à demanda, oferece normalmente 25 vagas em cada curso, por período letivo.

O preço do curso para cada aluno participante é aproximadamente o mesmo das escolas concorrentes: $750 e $600, respectivamente, para os cursos mecânica e eletricidade, e a Immacolata pretende acompanhá-los; o Imposto sobre Serviços (ISS) é de 2% sobre a receita.

Os custos com material didático, impressos, fotocópia, lanches etc. são de $30 por aluno, além de $60 por hora-aula efetivamente ministrada pelos instrutores; já os custos comuns (secretaria, laboratório, equipamento, estacionamento etc.) totalizam $10.000 por período letivo.

Suponha que para determinado período a escola disponha de poucos instrutores, com disponibilidade para ministrar no máximo 80 horas de treinamento. Nessa situação, para obter o lucro máximo, que curso deve ser oferecido? (Considerar que todas as vagas serão preenchidas, não havendo limitação de mercado.)

a) Os dois.

b) Mecânica.

c) Eletricidade.

d) Nenhum dos dois.

EXERCÍCIO 16.4

Uma empresa produz e vende, normalmente, cerca de 30.000 unidades de seus produtos por mês. Os artigos são classificados como de luxo e destinados a populações de alta renda; a matéria-prima principal (lã) é importada, e a mão de obra direta é qualificada.

Tabela 1 Preços médios praticados pela empresa e demanda máxima do mercado

Produtos	Preço de venda bruto (por un.)	Demanda (em unidades/mês)
Cobertores de casal	$150	15.000
Cobertores de solteiro	$125	10.000
Mantas de casal	$130	8.000
Mantas de solteiro	$100	5.000

Tabela 2 Padrões físicos de Mão de Obra Direta (MOD) e de Matéria-Prima (MP) por unidade de produto

Produtos	Quantidade de lã	Tempo de MOD
Cobertores de casal	2,6 kg	2,5 h
Cobertores de solteiro	1,5 kg	1,5 h
Mantas de casal	2,5 kg	1,8 h
Mantas de solteiro	1,2 kg	1,0 h

Tabela 3 Estrutura básica-padrão de custos e despesas

Matéria-prima	$20 por kg de lã
Mão de Obra Direta (MOD): salário dos operários	$6 por hora
Comissões sobre a receita líquida	10%
Despesas administrativas gerais da empresa (fixas)	$100.000 por mês
Despesas comerciais e de marketing (fixas)	$75.000 por mês
Custos fixos	$615.000 por mês

Outros dados:

- sobre a receita bruta incidem 25% de tributos;
- no preço da matéria-prima estão inclusos 20% de tributos recuperáveis; e
- o ônus de encargos sociais sobre a MOD é de 100%.

Parte I

Suponha que, devido a um problema alfandegário ocorrido em determinado mês, a empresa teve seu suprimento de matéria-prima limitado a 50.000 kg de lã naquele período.

Pede-se calcular:

a) a quantidade de cada produto que o pessoal de vendas deveria tentar vender naquele mês, de modo a maximizar o resultado (melhor *mix* de produção e vendas); e

b) o valor do resultado global mensal da empresa com o composto de produção indicado em (a).

Parte II

Dois meses depois de regularizado o abastecimento de lã, o sindicato da categoria dos trabalhadores aprovou uma paralisação por 30 dias, por maiores salários e melhores condições de trabalho.

Como nem todos os empregados aderiram, a empresa estimou que poderia dispor de 55.000 horas de MOD durante aquele mês.

Pede-se calcular:

c) a quantidade de cada produto que o pessoal de vendas deveria tentar vender naquele mês, de modo a maximizar o resultado (melhor *mix* de produção e vendas); e

d) o valor do resultado global mensal da empresa com o composto de produção indicado em (c).

ATIVIDADES COMPLEMENTARES SUGERIDAS

1. Relacione limitação na capacidade com Margem de Contribuição. Discuta de que forma uma afeta a outra.
2. Prepare uma lista de fatores (recursos) que podem representar limitação à capacidade produtiva de uma indústria de manufatura.
3. Além de limitações à capacidade de produção, que outro tipo de restrição pode ter que ser levado em conta?

17

CUSTEIO VARIÁVEL

17.1 OBJETIVOS DE APRENDIZAGEM

Ao final deste capítulo, o leitor deverá ser capaz de:

- Compreender o método de Custeio Variável.
- Entender a distinção entre Custeio Variável e Custeio por Absorção.
- Conciliar os resultados obtidos pelos dois métodos.

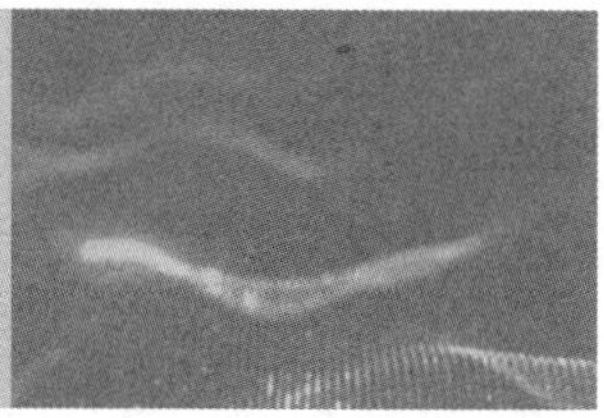

17.2 INTRODUÇÃO

Devido aos problemas vistos com relação à dificuldade trazida pela alocação dos Custos Fixos aos produtos e em função da grande utilidade do conhecimento do Custo Variável e da Margem de Contribuição, nasceu uma forma alternativa para custeamento.

17.3 CONCEITOS

17.3.1 Custeio variável

Até o final da Seção anterior, quando havíamos falado em Custos para avaliação de estoques, tínhamos estudado o que se denomina *Custeio por Absorção*. Resume-se este no método fartamente analisado por nós em que se atribuem todos os custos de produção, quer fixos, quer variáveis, quer diretos ou indiretos, e tão somente os custos de produção, aos produtos elaborados.

Como vimos, não há, normalmente, grande utilidade para fins gerenciais no uso de um valor em que existam custos fixos apropriados. Três grandes problemas concorrem para isso:

Primeiro: Por sua própria natureza, os custos fixos existem independentemente da produção ou não desta ou daquela unidade, e acabam presentes no mesmo montante, mesmo que oscilações (dentro de certos limites) ocorram no volume de produção. Tendem os custos fixos a ser muito mais um encargo para que a empresa possa ter *condições de produção* do que sacrifício para a *produção específica* desta ou daquela unidade; são necessários muito mais para que a empresa possa operar, ter instalada sua capacidade de produção, do que para produzir uma unidade a mais de determinado produto.

Segundo: Por geralmente não dizerem respeito a este ou àquele produto ou a esta ou àquela unidade, são quase sempre alocados à base de critérios de rateio, que contêm, em maior ou menor grau, arbitrariedade; quase sempre grandes graus de arbitrariedade. A maior parte das alocações é feita em função de fatores de influência que, na verdade, não vinculam efetivamente cada custo a cada produto, porque essa vinculação é muito mais forçada do que costumamos acreditar. Se, a fim de avaliar o custo de um produto para efeito de estoque, isso pode ser uma forma de minimizar injustiças, para efeito de decisão simplesmente mais confunde do que auxilia; o fato de se atribuir de uma forma pode alocar mais custo em um produto do que em outro, e, se alterarmos o critério de rateio, talvez façamos o inverso. Por se alterar um procedimento de distribuição de custos fixos, pode-se fazer de um produto rentável um não rentável (aparentemente), ou transformar um superavitário em deficitário, e vice-versa. E não há lógica em se alterar o grau de rentabilidade de um produto em função de modificações nas formas de rateio; essa é uma maneira de se autoenganar. (O uso do ABC ameniza esse problema.)

Terceiro: O valor do custo fixo por unidade depende ainda do volume de produção: aumentando-se o volume, tem-se um menor custo fixo por unidade, e vice-versa. Se se for decidir com base em custo, é necessário associar-se sempre ao custo global o volume que se tomou como base. Se a empresa estiver reduzindo um item por ser pouco lucrativo, pior ainda ficará sua posição, devido à diminuição do volume; ou, se um produto estiver com baixo lucro, o aumento de preço com base em seu alto custo poderá provocar uma diminuição de sua procura, e, consequentemente, reduzir seu volume, e assim aumentar ainda mais o custo de produção, num círculo vicioso. Pior do que tudo isso, a depender da forma de rateio, o custo de um produto pode variar em função da alteração de volume de outro produto, e não da sua própria; ao se aumentar a quantidade dos outros bens elaborados, o montante a ser carregado para um determinado produto será diminuído, já que os custos fixos globais serão agora carreados mais para aquele item, cuja quantidade cresceu. O custo de um produto pode, então, variar em função não apenas de seu próprio volume, mas também da quantidade dos outros bens fabricados.

Por tudo isso, e mais ainda pelo visto nos dois capítulos precedentes, chegou-se ao ponto de indagar: se todas essas desvantagens e riscos existem em função da apropriação dos Custos Fixos aos produtos e se são eles muito mais derivados da necessidade de se colocar em condições de operar uma produção muito pouco estando de fato vinculados a este ou àquele produto ou unidade, e, além disso, se são na maioria, senão na totalidade, repetitivos a cada período, por que não se deixar de alocá-los aos produtos, tratando-os como se fossem despesas (encargos de período)?

Nasceu assim o *Custeio Variável* (Custeio significa forma de apropriação de Custos).

Com base, portanto, no Custeio Variável, só são apropriados aos produtos os custos variáveis, ficando os fixos separados e considerados como despesas do período, indo diretamente para o Resultado. Para os estoques só vão, como consequência, custos variáveis, tais como matéria-prima, embalagens, componentes e, quando variáveis, mão de obra e energia, entre outros.

17.3.2 Exemplo da distinção entre Custeio Variável e por Absorção

Para se ter bem uma ideia de quais as diferenças que existiriam na Demonstração de Resultados e no Balanço com o uso alternativo de Custeio Variável e de Custeio por Absorção, façamos a seguinte hipótese:

Uma indústria, elaborando um único produto, tem a seguinte movimentação:

Quadro 17.1

Período	Produção *Unidades*	Vendas *Unidades*	Estoque Final *Unidades*
1º Ano	60.000	40.000	20.000
2º Ano	50.000	60.000	10.000
3º Ano	70.000	50.000	30.000
4º Ano	40.000	70.000	–

As características dos custos de produção são:

Custos Variáveis:		
Matéria-prima	$20/un.	
Energia	$4/un.	
Materiais Indiretos	$6/un.	$30/un.
Custos Fixos:		
Mão de Obra	$1.300.000/ano	
Depreciação	$400.000/ano	
Manutenção	$300.000/ano	
Diversos	$100.000/ano	$2.100.000/ano

Preço de Venda: $75/un.

A indústria apropria seus custos pelo Custeio por Absorção e avalia seus estoques à base do PEPS (ou FIFO). Os dados para elaboração das Demonstrações de Resultado e fixação dos valores dos estoques finais para cada ano são calculados assim:

1º Ano:		
Vendas: 40.000 un. × $75/un.		***$3.000.000***
Custo dos Produtos Vendidos:		
Custo de Produção		
Custos Variáveis = 60.000 un. × $30/un.		$1.800.000
Custos Fixos		$2.100.000
Custo da Produção Acabada		$3.900.000
(–) Estoque Final de Produtos Acabados		
$\frac{\$3.900.000}{60.000} \times 20.000$ un. = $65/un. × 20.000 un.		($1.300.000)
CPV		***$2.600.000***
2º Ano:		
Vendas: 60.000 un. × $75/un.		***$4.500.000***
Custo dos Produtos Vendidos:		
Custo de Produção		
Custos Variáveis = 50.000 un. × $30/un.		$1.500.000
Custos Fixos		$2.100.000
Custo da Produção Acabada ($72/un.)		$3.600.000
(+) Estoque Inicial de Produtos Acabados		$1.300.000
(–) Estoque Final: 10.000 un. × $72/un.		($720.000)
CPV		***$4.180.000***
3º Ano:		
Vendas: 50.000 un. × $75/un.		***$3.750.000***
Custo Unitário de Produção:		
Custos Variáveis = 70.000 un. × $30/un.		$2.100.000
Custos Fixos		$2.100.000
Custo da Produção Acabada		$4.200.000
$4.200.000 ÷ 70.000 un.	$60/un.	

Custo dos Produtos Vendidos:		
Estoque Inicial: 10.000 un. × $72/un.		$720.000
Produção do Período: 40.000 un. × $60/un.		$2.400.000
CPV		***$3.120.000***
Estoque Final: 30.000 un. × $60/un. =	$1.800.000	

4º Ano:	
Vendas: 70.000 un. × $75/un.	***$5.250.000***
Custo dos Produtos Vendidos:	
Estoque Anterior: 30.000 un. × $60/un.	$1.800.000
Produto do Período:	
Custos Variáveis: 40.000 un. × $30/un.	$1.200.000
Custos Fixos	$2.100.000
CPV	***$5.100.000***

Quadro 17.2

	1º Ano	2º Ano	3º Ano	4º Ano	Total
Vendas	$3.000.000	$4.500.000	$3.750.000	$5.250.000	$16.500.000
(–) CPV	($2.600.000)	($4.180.000)	($3.120.000)	($5.100.000)	($15.000.000)
Lucro	***$400.000***	***$320.000***	***$630.000***	***$150.000***	***$1.500.000***
Estoque Final	1.300.000	720.000	1.800.000	–	–

Analisando o Quadro 17.2 com os resultados dos quatro anos, notamos que, ao passar a empresa de $3.000.000 para $4.500.000 em vendas, teve seu resultado diminuído de $400.000 para $320.000. Houve aumento de 50% nas vendas, mas uma queda de 20% no lucro! Nada há de errado nos cálculos, e sabemos que o problema se deve ao seguinte: a produção foi grande no primeiro ano, com baixo custo unitário ($65/un.), mas foi reduzida no segundo, aumentando esse valor ($72/un.). Apesar do grande acréscimo das vendas, o aumento do custo unitário foi mais relevante e acabou por provocar esse lucro reduzido. Quanto aos estoques, caíram 50%, de 20.000 un. para 10.000 un. do 1º para o 2º ano, mas não houve tal redução em reais, devido também ao mesmo problema. De qualquer forma, fica uma dúvida para quem não estiver totalmente acostumado com os problemas de custos, pois não seria de se esperar que acréscimo tão grande nas vendas não viesse também acompanhado de lucros maiores.

No 3º ano houve uma redução de 16,7% nas vendas, em comparação com o 2º, mas os lucros aumentaram em 96,9%! As explicações são as mesmas: com a produção de 70.000 un. no 3º ano, o custo unitário caiu para $60/un., o que provocou um grande lucro, apesar de as primeiras vendas serem feitas com produtos remanescentes do ano anterior.

No 4o ano há outro acréscimo violento nas vendas (40%), mas outra vez o resultado reagiu de forma diferente, caindo 76% (!). Vendeu-se como nunca, mas obteve-se o menor lucro.

VOCÊ SABIA?

No Custeio por Absorção, os resultados não acompanham necessariamente a direção das vendas, sendo muitíssimo influenciados pelo volume de produção; seu montante, aliás, depende diretamente não só das receitas e volume produzido no período, mas também da quantidade feita no período anterior, já que isto afeta o custo unitário do estoque que passa a ser baixado no período seguinte.

Como ficariam as demonstrações desses mesmos períodos sob o Custeio Variável?

Só se agregaria ao produto seu custo variável, passando os custos fixos a serem debitados integralmente para o resultado do período em que tivessem sido incorridos; assim, cada unidade estocada estaria sempre, independentemente do volume de produção de que participou, avaliada por $30,00. Teríamos, então:

Quadro 17.3

Resumo dos Resultados, pelo Custeio Variável

	1º Ano	2º Ano	3º Ano	4º Ano	Total
Vendas	$3.000.000	$4.500.00	$3.750.000	$5.250.000	$16.500.000
(–) Custo Variável dos Produtos Vendidos	($1.200.000)	($1.800.000)	($1.500.000)	($2.100.000)	($6.600.000)
(=) Margem de Contribuição	$1.800.000	$2.700.000	$2.250.000	$3.150.000	$9.900.000
(–) Custos Fixos	($2.100.000)	($2.100.000)	($2.100.000)	($2.100.000)	($8.400.000)
Lucro	***($300.000)***	***$600.000***	***$150.000***	***$1.050.000***	***$1.500.000***
Estoque Final	600.000	300.000	900.000	–	–

Podemos verificar aqui que, aumentando-se as vendas, aumenta-se também o lucro; reduzindo-se o faturamento, cai o resultado. Não há, é claro, relacionamento igual em ambos em termos percentuais: aumentando-se as vendas em 50% no 2º ano, temos uma melhoria no resultado de 300%, passando de negativo de $300.000 para positivo de $600.000. Ao cair o faturamento em 16,7%, do 2º para o 3º ano, caiu o lucro em 75%. Isso é fácil de se explicar, já que, de diferentes valores de margem de contribuição é sempre deduzido o mesmo montante de custo fixo. Basta ver que as alterações dos valores das margens de contribuição são, estas sim, exatamente iguais às das vendas em termos percentuais.

Todavia, uma melhor visualização podemos obter elaborando um gráfico para poder comparar os dois lucros, o obtido pelo Custeio por Absorção e o dado pelo Custeio Variável, com as Vendas.

Pode-se notar no gráfico que o resultado pelo Custeio Variável sempre acompanha a inclinação das Vendas, enquanto pelo Absorção isso não ocorre necessariamente.

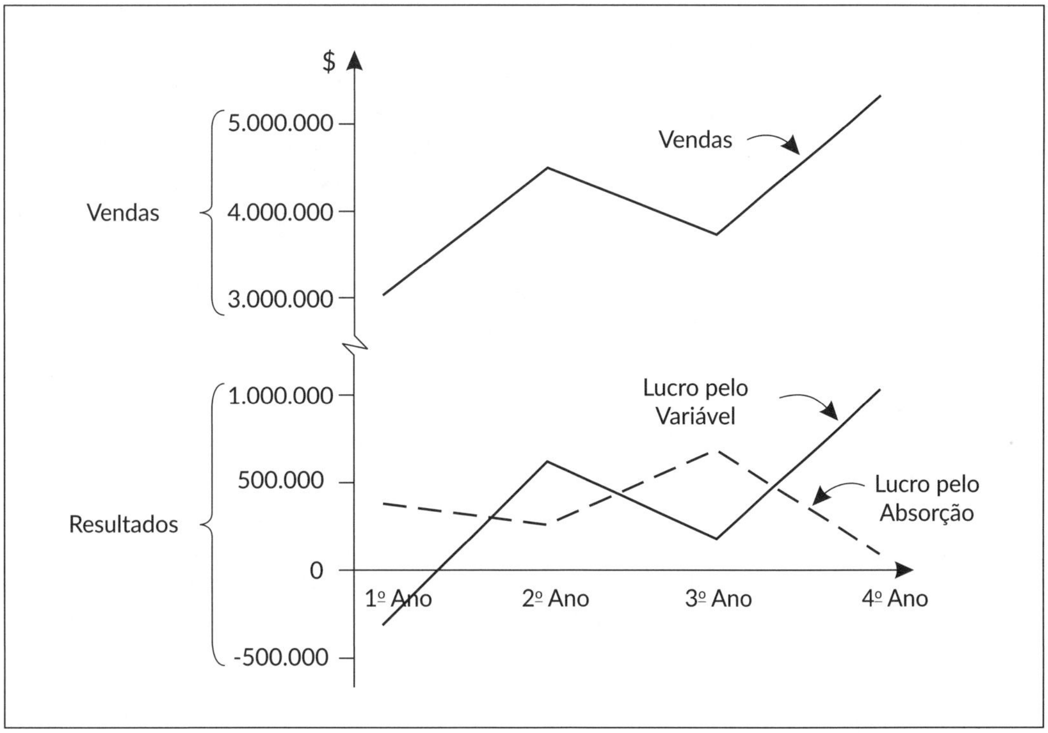

A diferença de valores de resultado entre um método e outro está sempre localizada no custo fixo incorporado aos estoques. No fim do 1º ano, por exemplo, o Absorção mostra um estoque de $1.300.000, correspondente a 20.000 un. pelo custo unitário de $65. Pelo Variável é de $600.000, com o custo unitário de $30. A diferença, de 20.000 un. × $35 ($700.000), é o valor dos custos fixos incorporados pelo Absorção ao estoque, e é exatamente a diferença entre o lucro de um e outro critério (lucro de $400.000 para prejuízo de $300.000). No fim do 2º ano, o Absorção tem $720.000 de estoques, correspondentes a 10.000 un. pelo valor unitário de $72. A diferença com o Variável é de $420.000, mas a diferença no lucro é de $280.000 ($320.000 – $600.000), porém ocorre que no resultado pelo Absorção do 2º ano estão alocados aqueles $700.000 de custo fixo estocado no fim do 1º ano. Houve, portanto, uma redução nos custos fixos do estoque de $280.000 ($700.000 – $420.000), e daí a diferença no resultado. Sempre esta última está definida em função dos custos fixos ativados.

17.3.3 Razões do não uso do Custeio Variável nos balanços

Do ponto de vista decisorial, verificamos que o Custeio Variável tem condições de propiciar muito mais rapidamente informações vitais à empresa; o resultado medido dentro da sua lógica parece ser mais informativo à administração, por segregar os custos fixos e tratá-los contabilmente como se fossem despesas, já que são quase sempre repetitivos e independentes dos diversos produtos e unidades fabricadas.

VOCÊ SABIA?

Os Princípios Contábeis hoje aceitos não admitem o uso de Demonstrações de Resultados e de Balanços avaliados à base do Custeio Variável; por isso, esse método de avaliar estoque e resultado não é reconhecido pelos Contadores, pelos Auditores Independentes e tampouco pelo Fisco.

O Custeio Variável é considerado por muitos profissionais como mais adequado para fins de planejamento, controle e avaliação de desempenho, principalmente da área comercial das empresas.

Ele (o Custeio Variável) de fato fere as Normas Contábeis, principalmente o Regime de Competência. Segundo estes, devemos apropriar as receitas e delas deduzir todos os sacrifícios envolvidos para sua obtenção. Ora, se produzimos hoje, incorremos hoje em custos que são sacrifícios para a obtenção das receitas derivadas das vendas dos produtos feitos, e essas vendas poderão em parte vir amanhã. Não seria, dentro desse raciocínio, muito correto jogar todos os custos fixos contra as vendas de hoje, se parte dos produtos feitos só será vendida amanhã; deve então também ficar para amanhã uma parcela dos custos, quer variáveis, quer fixos, relativos a tais produtos. Como foi dito no item 3.4 do Capítulo 3, no Brasil o Custeio por Absorção está contemplado no Pronunciamento Técnico CPC 16, do Comitê de Pronunciamentos Contábeis (CPC), que trata da valoração de estoques, nos itens 12 a 14.

Justifica-se dessa forma a ainda não aceitação do Custeio Variável para efeitos de Balanços e Resultados. Entretanto, essa situação poderá vir a mudar no futuro.

No entanto, essa não aceitação do Custeio Variável não impede que a empresa o utilize para efeito interno, ou mesmo que o formalize completamente na Contabilidade durante o período todo. Basta, no final, fazer um lançamento de ajuste para que fique tudo amoldado aos critérios exigidos. Nem a Auditoria Externa nem a legislação fiscal impedem a adoção de critérios durante o período diferentes dos adotados nas demonstrações contábeis de final de período. A Consistência é obrigatória entre as demonstrações de fim de cada período.

Considerando o exemplo visto atrás, vejamos como poderia a empresa fazer uso durante o período do Custeio Variável e no final ajustá-lo ao Absorção. No final do período, após ter utilizado o Custeio Variável e obtido os valores de Custo de Produtos Vendidos, Resultado e Estoques do Quadro 17.3, faria os lançamentos contábeis abaixo:

Débito:	Estoques	$700.000	
Crédito:	CPV		$700.000

Os estoques, com a incorporação dos custos fixos, passam de $600.000 para $1.300.000, e o lucro, de ($300.000) para $400.000, obtendo-se assim os números exigidos pelo Custeio por Absorção (Quadro 17.2).

De qualquer forma, cada vez menos esses ajustes são feitos na escrituração contábil. E as informações para fins gerenciais, se adotado o Custeio Variável, se dão em relatórios puramente gerenciais.

VOCÊ SABIA?

Com o advento de modernas técnicas de gestão da produção, como *Just-in-Time* e *Kanban*, os volumes de produção e de vendas são cada vez mais sincronizados. Isso faz com que a diferença de estoque e de resultado entre os dois métodos de custeio seja cada vez menor.

17.3.4 Benefícios do uso do Custeio Variável

Apesar de não ser admitido no âmbito da Contabilidade para usuários externos, o Custeio Variável apresenta alguns benefícios do ponto de vista da Contabilidade Gerencial, para usuários internos.

Um desses benefícios, como já foi dito, é o fato de evitar o risco de arbitrariedades na alocação de custos fixos aos produtos.

Além disso, por não atribuir custos fixos aos produtos, o Custeio Variável afasta completamente a possibilidade de incorporar a eles custos de ociosidade.

Por fim, o uso do Custeio Variável facilita o processo de planejamento de custos para períodos à frente.

RESUMO

A seguir, estão comtemplados os principais assuntos discorridos no capítulo:

- No Custeio Variável, só são agregados aos produtos seus custos variáveis, considerando-se os custos fixos como se fossem despesas.
- Nas Demonstrações à base do Custeio Variável obtém-se um lucro que acompanha sempre a direção das Vendas, o que não ocorre com o Absorção.
- O Custeio Variável não é válido para Balanços de uso externo, deixando de ser aceito tanto pela Auditoria Independente quanto pelo Fisco.

EXERCÍCIO 17.1

O único produto da empresa Facímpia é vendido, em média a $250 por unidade; sobre esse preço incidem tributos no total de 20% (vinte por cento) e comissões de 5% (cinco por cento). O imposto de renda (IR) é de 30% (trinta por cento), sobre o lucro.

O custo de material direto – matéria-prima, embalagem etc. – é de $130 por unidade e os custos e despesas fixos são de $840.000 e $172.500 por período, respectivamente.

Em determinado período – em que não houve estoques iniciais –, a empresa iniciou a produção de 30.000 unidades; 26.000 foram concluídas, sendo 23.000 vendidas, e 4.000 foram apenas parcialmente processadas, em um grau de 50% (cinquenta por cento). Todos os elementos de custos são incorridos uniformemente ao longo do processo produtivo.

Pede-se para elaborar a Demonstração de Resultados do período, pelo Custeio por Absorção e pelo Variável, e calcular:

a) o valor de custo do estoque final de produtos em elaboração segundo os dois critérios;
b) idem, do estoque final de produtos acabados; e
c) idem, do resultado operacional do período, segundo os dois métodos.

EXERCÍCIO 17.2

A Indústria de Violões Afinados iniciou suas atividades no dia 1º de outubro. Seu único produto é vendido, em média, por $600, e sobre esse preço a empresa paga comissões de 5% aos vendedores. A capacidade de produção é de 16.000 unidades por mês.

O volume de produção e de vendas no último trimestre do ano foi o seguinte, em unidades físicas:

	Produção	**Vendas**
Outubro	8.000	7.000
Novembro	16.000	7.000
Dezembro	4.000	14.000

Os custos variáveis são a matéria-prima, o material secundário e o de embalagem, que totalizam $200 por unidade; já os custos e despesas fixos mensais são os seguintes (em $):

Salários e Encargos dos operários	2.000.000
Salários e Encargos do pessoal administrativo	300.000
Depreciação dos equipamentos da fábrica	200.000
Aluguel do prédio da fábrica	100.000
Custos diversos de manufatura	100.000
Promoção e Propaganda	50.000

Sabendo que não houve estoques de produtos em elaboração e desconsiderando tributos incidentes sobre a receita, pede-se elaborar a Demonstração de Resultados de cada mês, pelo Custeio por Absorção e pelo Variável, e calcular:

a) A diferença, em cada mês, entre os lucros apurados segundo os dois critérios.
b) A diferença entre os estoques finais dos produtos acabados de cada mês, segundo os dois critérios.

EXERCÍCIO 17.3

A Indústria Brasileira de Malas tem capacidade prática de produção – planta, instalações, mão de obra etc. – para fabricar até 15.000 unidades por mês. Seu único produto é vendido, em média, por $45; sobre esse preço incidem tributos de 20% e a empresa remunera os vendedores com comissões de 15%.

O custo de material direto (matéria-prima e embalagem) é de $15 por unidade; e os custos e despesas fixos (CDF) mensais são os seguintes (em $):

Mão de obra direta	60.000
Mão de obra indireta	25.000
Depreciação dos equipamentos da fábrica	5.000
Despesas administrativas	30.000

Em março, foram produzidas integralmente 12.000 unidades e em abril, 15.000; e as vendas foram de 9.000 malas em cada um desses dois meses.

Considerando que não havia estoques iniciais em março e utilizando o critério PEPS, pede-se elaborar a Demonstração de Resultados de cada mês, pelo Custeio por Absorção e pelo Variável, e calcular:

a) A diferença, em cada mês, entre os lucros apurados segundo os dois critérios.

b) A diferença entre os estoques finais de cada mês, segundo os dois princípios.

EXERCÍCIO 17.4

Uma empresa de consultoria e assessoria em sistemas de informação dedica-se à prestação de serviços na área de informática, concebendo e desenvolvendo projetos de *software*. Todo trabalho especializado que a empresa utiliza é terceirizado, exceto a gerência de projetos.

Nos últimos dois meses, a empresa dedicou-se exclusivamente ao desenvolvimento de dois projetos: BILS, para gerenciamento de custos, e INFO, para gestão de estoques. Os principais dados de custos relativos aos projetos são demonstrados nas Tabelas 1, 2 e 3:

Tabela 1 Custos de material (em $)

Material	**BILS**	**INFO**
Papel	3.500	2.200
CDs	1.100	850
Tinta para impressora	1.600	1.950
Outros	3.800	3.500

Tabela 2 Tempo de mão de obra especializada

Profissionais	**BILS**	**INFO**
Analista	182 h	158 h
Consultor Júnior	332 h	238 h
Consultor Sênior	91 h	99 h

Tabela 3 Estrutura básica de custos

Mão de obra terceirizada:	
Analista	$30 por hora
Consultor Júnior	$50 por hora
Consultor Sênior	$100 por hora
Aluguel do imóvel	$2.000 por mês
Energia elétrica	$500 por mês
Telefone	$1.200 por mês
Salário do gerente de projetos	$4.000 por mês
Encargos sociais sobre salários	85%
Depreciação dos equipamentos, móveis e utensílios	$6.000 por ano

Pede-se calcular o custo de cada projeto pelo Custeio Variável e pelo Custeio por Absorção, utilizando para este último os seguintes critérios de rateio:

- aluguel, energia elétrica e telefone: partes iguais entre os dois projetos;
- remuneração do gerente: proporcional ao tempo de mão de obra;
- depreciação dos equipamentos: proporcional ao tempo de mão de obra.

ATIVIDADES COMPLEMENTARES SUGERIDAS

1. Dentro do que você aprendeu até agora, compare os métodos de Custeio e destaque suas principais diferenças.
2. Discuta de que forma essas diferenças afetam a elaboração das Demonstrações Contábeis.
3. Elabore uma lista de aspectos contra e a favor do uso de cada um dos dois métodos de custeio.
4. Como profissional de uma empresa, qual dos dois métodos de custeio, Absorção ou Variável, você adotaria e para quais propósitos de uso?

18

MARGEM DE CONTRIBUIÇÃO, CUSTOS FIXOS IDENTIFICADOS E RETORNO SOBRE O INVESTIMENTO

18.1 OBJETIVOS DE APRENDIZAGEM

Ao final deste capítulo, o leitor deverá ser capaz de:

- Constatar o impacto dos custos fixos identificáveis na rentabilidade dos produtos.
- Compreender o cálculo da Segunda Margem de Contribuição e os valores que o integram.
- Entender como se aplica a Margem de Contribuição ao cálculo da Taxa de Retorno.

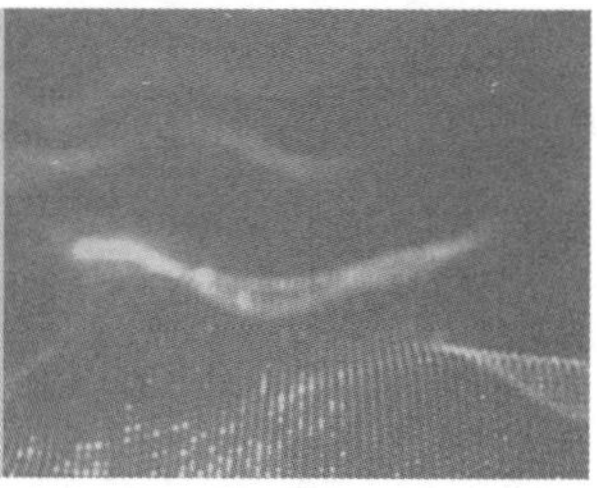

18.2 INTRODUÇÃO

Já se estudou bastante nos Capítulos 15 e 16 a influência da Margem de Contribuição nas decisões com relação a custo, inclusive nas condições de existência ou não de limitações na capacidade produtiva. Vamos agora verificar outros aspectos ligados ao problema dos custos fixos e dos investimentos identificados, bem como ao da taxa de retorno.

18.3 CONCEITOS

18.3.1 Margens de contribuição e custos fixos identificados

Após tudo o que comentamos sobre os Custos Fixos, talvez tenha permanecido a ideia de que devam eles sempre ser abandonados nos aspectos decisoriais. Obviamente, essa hipótese não é totalmente correta. Afinal, eles existem, representam gastos e desembolsos e têm que ser sempre lembrados. Além disso, sabe-se que os custos indiretos de produção e as despesas – genericamente denominadas de *overhead* – vêm crescendo muito, representando proporção significativa dos custos e despesas totais de muitas empresas. Como foi dito no Capítulo 8, e o será no 24, o custeio e a gestão baseados em atividades (ABC/ABM) têm por objetivo melhorar a mensuração e a administração desses custos e despesas considerados fixos. De que adiantaria termos Margens de Contribuição positivas em todos os produtos se a soma de todas elas fosse inferior ao valor dos Custos e Despesas Fixos? O que pretendemos mostrar até agora não é que eles devam ser omitidos, mas sim que precisam ser devidamente analisados, e não simplesmente rateados como custos realmente pertencentes a cada unidade de cada produto (para fins decisoriais).

Pode ocorrer, todavia, que em algumas situações haja necessidade de se levar em conta esses custos. Suponhamos que uma empresa fabrique cinco produtos, A, B, C, D e E, e que haja dois dos departamentos de produção trabalhando exclusivamente para alguns deles. O Departamento X só é utilizado para a produção de A e B, e o Departamento Y só para C, D e E. Estes são os seguintes dados relativos aos custos de produção:

Custos Variáveis	
Produto A	$480/un.
Produto B	$550/un.
Produto C	$350/un.
Produto D	$410/un.
Produto E	$600/un.
Custos Fixos	
Departamento X	$540.000/mês
Departamento Y	$430.000/mês
Demais Departamentos	$800.400/mês
Total Fixos	***$1.770.400/mês***

Durante um determinado mês, a empresa produziu e vendeu:

Produto A: 1.050 un. × $860/un.	$903.000
Produto B: 1.400 un. × $930/un.	$1.302.000
Produto C: 980 un. × $810/un.	$793.800
Produto D: 1.370 un. × $830/un.	$1.137.100
Produto E: 1.320 un. × $990/un.	$1.306.800
Total Vendas	***$5.442.700***

Suponha que o rateio dos custos fixos levasse ao seguinte:

Quadro 18.1

	Custo Variável *$/un.*	Custo Fixo *$/un.*	Custo Total *$/un.*	Preço de Venda *$/un.*	Lucro *$/un.*
Produto A	480	400	880	860	(20)
Produto B	550	340	890	930	40
Produto C	350	220	570	810	240
Produto D	410	240	650	830	180
Produto E	600	250	850	990	140

Com base nesses valores, a Demonstração de Resultado (pelo Absorção) ficaria assim:

Quadro 18.2

	A *(1.050 un.)*	B *(1.400 un.)*	C *(980 un.)*	D *(1.370 un.)*	E *(1.320 un.)*	**Total**
Vendas	$903.000	$1.302.000	$793.800	$1.137.100	$1.306.800	$5.442.700
(–) CPV	($924.000)	($1.246.000)	($558.600)	($890.500)	($1.122.000)	($4.741.100)
Lucro	***($21.000)***	***$56.000***	***$235.200***	***$246.600***	***$184.800***	***$701.600***

Já sabemos que a eliminação do produto A pode não ser uma solução muito indicada, já que, apesar de estar apresentando um "prejuízo" unitário de $20 e global de $21.000, talvez venha seu corte a reduzir o resultado global; isso porque, se for cortado, deixarão realmente de entrar receitas de $903.000, mas não deixarão de existir $924.000 de custos. Apenas deixarão de existir os custos variáveis de $480 × 1.050 un. = $504.000, já que, provavelmente, nada se conseguirá reduzir dos custos fixos.

Logo, se for eliminado o produto A, o resultado global da empresa cairá $399.000 ($903.000 – $504.000)! Compare-se com o lucro total de $701.600 e verifique-se o perigo de uma decisão errada.

Esses $399.000 nada mais são do que a Margem de Contribuição Total do Produto A:

Preço de Venda		$860/un.
Custo Variável		$480/un.
Margem de Contribuição Unitária	$380/un.	
Margem de Contribuição Total: 1.050 un. × $380 = $399.000		

Poderia ocorrer de a empresa pensar de outra forma: Já que os lucros de A e B reunidos dão apenas $35.000 ((–) $21.000 + $56.000), por que não cortar ambos, já que temos um Departamento com custos fixos altos de $540.000 só para eles?

De fato, talvez o corte dos produtos A e B conseguisse reduzir os custos fixos em $540.000. Mas, ainda assim, seria correta a decisão?

Basta continuarmos analisando as Margens de Contribuição:

Produto A: Margem de Contribuição Total	$399.000
Produto B: Margem de Contribuição Total	
(1.400 un. × ($930 – $550)/un.)	$532.000
Margem de Contribuição de ambos	***$931.000***

Assim, podemos de fato eliminar os $540.000, mas deixaremos de receber uma margem de contribuição de $931.000, e continuamos a ter uma redução no lucro total, agora de $391.000.

Uma forma rápida de identificarmos as posições de cada produto e grupo de produtos que possuem custos fixos comuns, identificados com eles, é a elaboração de uma sequência de Margens de Contribuição. Para o nosso exemplo em questão, poderíamos ter:

Quadro 18.3

	A	B	C	D	E	Total
Vendas	$903.000	$1.302.000	$793.800	$1.137.100	$1.306.800	$5.442.700
(–) CVPV	($504.000)	($770.000)	($343.000)	($561.700)	(792.000)	($2.970.700)
1ª MC	$399.000	$532.000	$450.800	$575.400	$514.800	
Soma	$931.000			$1.541.000		$2.472.000
(–) CFid	($540.000)			($430.000)		($970.000)
2ª MC	$391.000			$1.111.000		$1.502.000
(–) CFNI						($800.400)
Lucro						***$701.600***

CVPV: Custo Variável dos Produtos Vendidos
1ª MC: Primeira Margem de Contribuição Total
CFid: Custos Fixos Identificados
CFNI: Custos Fixos Não Identificados, Comuns a Todos

A análise fica bem mais fácil. O primeiro grupo contribui com $391.000 de MC, e o segundo com $1.111.000; juntos conseguem amortizar os custos fixos comuns a todos, de $800.400, e ainda produzir um lucro de $701.600.

Dentro do 2º grupo, por exemplo, o produto D é quem mais contribui para a formação da MC Total de $1.541.000 do grupo. Não se faz o rateio dos custos fixos, quer identificados, quer não. Isso acabaria por "embaçar" a apresentação, totalmente autoexplicativa.

Os Custos Fixos são deduzidos – se identificados com um produto ou grupo deles – desses itens, e, se forem comuns, da soma de todas as Margens de Contribuição.

18.3.2 Valores que integram o cálculo da margem de contribuição

Temos utilizado, até aqui, o conceito de Margem de Contribuição como sendo a diferença entre o Preço de Venda (líquido dos tributos incidentes sobre ele) e a soma dos Custos Variáveis. Esse conceito é correto, mas não completo. Já verificamos, aliás, no item 15.5 do Capítulo 15, que, para o cálculo dessa Margem, devem também ser consideradas as Despesas Variáveis, quer de Vendas, Financiamento ou outras; normalmente as que predominam são as de vendas (comissões, *royalties* etc.).

Cabe aqui esclarecer que, apesar de as Despesas Variáveis integrarem o cálculo da Margem de Contribuição, não são agregadas ao produto para fins de avaliação dos estoques, quando do uso interno do Custeio Variável. O mais correto é o tratamento seu como redução do valor da venda, o que não altera em nada o cálculo da Margem, mas facilita a solução do problema relativo ao que quantificar como custo do produto.

18.3.3 Margem de contribuição e taxa de retorno

Uma maneira de se avaliar o grau de sucesso de um empreendimento é calcular o seu retorno sobre o investimento realizado.

Sem entrarmos em muitos detalhes sobre esse conceito, definimos como a forma ideal de se avaliar a taxa de retorno a divisão do lucro obtido antes do imposto de renda e antes das despesas financeiras pelo ativo total utilizado para a obtenção do produto.

$$\text{Taxa de Retorno} = \frac{\text{Lucro Antes do Imposto de Renda e Antes da Despesa Financeira}}{\text{Ativo Total}}$$

Para o cálculo do retorno, do lucro não devem constar as Despesas Financeiras, já que estas são derivadas do Passivo (Financiamento), e não do Ativo (Investimento). Do retorno dado pelo Investimento, parte será utilizada para remunerar o capital de terceiros (Despesas Financeiras), e parte para remunerar o capital próprio (Lucro Líquido do proprietário). O retorno total, soma dos dois, é o que melhor define o desempenho global.

O problema da utilização dessa ideia por produto consiste não só na apuração do lucro, mas também na separação de que investimento pertence a cada produto. É muito comum (mas não correto) proceder-se da seguinte forma: rateia-se a Despesa de Venda e a de Administração também aos produtos, com base em critérios os mais variados (proporcionalmente a preço de venda, lucro bruto, tempo de fabricação etc.), como se fizessem parte do custo propriamente dito, chegando-se assim ao "lucro antes das Despesas Financeiras e do Imposto de Renda" de cada produto. Rateia-se também o investimento (ativo) total pelos produtos, com base em critérios igualmente pré-estudados, atribuindo-se parte dele a cada produto. Faz-se assim o cálculo da taxa de retorno. Isso também pode ser feito não só por produto, mas por famílias de produtos, por Departamento, Divisão etc.

Não é necessário discutir o quanto esses procedimentos podem mais atrapalhar do que ajudar a administração, já que em todos eles estão presentes os valores fixos e as possíveis arbitrariedades dos critérios de rateio.

Outra vez a Margem de Contribuição e o conceito dos encargos e valores fixos identificados ou comuns podem melhorar e ajudar nas finalidades gerenciais de custos. Vejamos um exemplo:

Uma empresa, fabricando os produtos L, M e N, tem os seguintes custos de produção, despesas de funcionamento, preços de venda e investimentos:

Custos de Produção:

Variáveis:

L: $150/un.

M: $280/un.

N: $210/un.

Fixos:

Identificados com os produtos:

L: $20.000/mês

M: $10.000/mês

Não identificados, comuns a todos os três: $70.000/mês

Despesas de Venda:

Variáveis: 10% do Preço de Venda

Fixas: $20.000/mês (comuns)

Despesas Administrativas:

Fixas: $40.000/mês (comuns)

Preços de Venda:

L: $250/un.

M: $420/un.

N: $330/un.

A empresa vende em média 1.000 unidades de cada produto por mês. Seu investimento (Ativo) total é assim composto (Quadro 18.4):

Quadro 18.4

Investimentos (Ativos)	Identificado com os Produtos				
	L	M	N	Comum	Total
Disponibilidades	–	–	–	$15.000	$15.000
Estoque	$30.000	$110.000	$100.000	$20.000	$260.000
Valor a Receber (líquido)	$35.000	$60.000	$70.000	–	$165.000
Imobilizado (líquido)	$40.000	$90.000	–	$230.000	$360.000
Total	***$105.000***	***$260.000***	***$170.000***	***$265.000***	***$800.000***

As Disponibilidades são gerais; os Estoques contêm Matéria-prima, Produtos Acabados e Embalagens identificáveis com cada produto, e materiais diversos de consumo industrial comuns a todos; Valores a Receber são todos identificados; finalmente, parte do Imobilizado é para máquinas e instalações identificadas com L, parte só para M e a maior parte é comum a todos.

Trabalhando à base da sequência de Margens de Contribuição e efetuando a análise dos retornos sobre investimentos identificados, temos:

Quadro 18.5

Demonstração de Resultados

	L	M	N	Total
Receita	$250.000	$420.000	$330.000	$1.000.000
(–) Despesas Variáveis	($25.000)	($42.000)	($33.000)	($100.000)
(–) Custos Variáveis	($150.000)	($280.000)	($210.000)	($640.000)
1ª margem de Contribuição	$75.000	$98.000	$87.000	$260.000
(–) Custos Fixos	($20.000)	($10.000)	(–)	($30.000)
2ª Margem de Contribuição	$55.000	$88.000	$87.000	$230.000
(–) Custos Fixos Comuns				($70.000)
(–) Desp. Vendas Comuns				($20.000)
(–) Desp. Adm. Comuns				($40.000)
Lucro				***$100.000***

Quadro 18.6

Análise do Retorno sobre o Investimento

	L	M	N	Total
2ª Margem de Contribuição	$55.000	$88.000	$87.000	$230.000
Invest. Identificado	$105.000	$260.000	$170.000	$535.000
Taxa Ret. Identificada	52,4%	33,8%	51,2%	43,0%
Lucro				$100.000
Investimento Total				$800.000
Taxa de Retorno sobre Investimento Total				***12,5%***

A taxa de Retorno Identificada evidencia o quanto cada produto conseguiu gerar de Margem de Contribuição (2ª) sobre o investimento que é realmente seu. Na média, houve retorno de 43%, o que nos fornece a visão de que o produto M está participando bastante na redução dessa taxa; é o de menor retorno, estando L e N quase na mesma situação. O retorno global é de 12,5%, após cômputo dos custos, despesas e investimentos comuns aos três produtos.

Não é realmente possível ter-se um quadro mais completo, mas este evidencia o que de melhor pode ser elaborado nas circunstâncias. Outros critérios podem levar a conclusões errôneas. Por exemplo, se fosse elaborada uma distribuição dos Custos e Despesas Comuns, bem como dos Investimentos, de forma proporcional à participação de cada produto no faturamento total, acabaríamos por ter (omitimos os cálculos):

Quadro 18.7

	L	M	N	Total
"Lucro"	$22.500	$33.400	$44.100	$100.000
Investimento Total	$171.250	$371.300	$257.450	$800.000
Taxa de Retorno	*13,1%*	*9,0%*	*17,1%*	*12,5%*

Se a situação do M continua a mesma, de pior desempenho, aparece agora uma disparada vantagem do N sobre o L, o que não era verdadeiro no Quadro 18.6; e de fato essa "vantagem" só ocorreu em função do critério de rateio; se tivéssemos distribuído com outra base, teríamos posições diferentes.

É de se notar que montamos o Quadro 18.7 com o rateio apenas dos valores comuns, o que já é um grande passo. Normalmente se utiliza, de forma incorreta, o rateio inclusive das instalações e outros investimentos plenamente identificados com determinados produtos. Não raro, rateiam-se inclusive custos variáveis ou fixos que são visivelmente pertencentes a um ou mais produtos, e não a todos.

18.3.4 Outro exemplo da aplicação da margem de contribuição ao cálculo da taxa de retorno

Apresentamos um exemplo usando inclusive um caso de empresa não industrial. Suponhamos que uma empresa comercial trabalhe basicamente com quatro linhas: artefatos de couro (A), de borracha (B), de madeira (C) e de plástico (D); são três filiais e uma matriz (a matriz inclui uma das filiais no seu andar térreo). Analisando a composição do seu resultado, a empresa resolve alocar todas as suas despesas à base dos critérios de rateio usados em indústrias semelhantes para melhor verificar o comportamento de cada linha em cada filial. Seu critério de rateio é o seguinte: as despesas da matriz são distribuídas a cada filial à base do volume de vendas de cada uma; as despesas de funcionamento de cada filial, após somadas àquela parcela recebida da matriz, são distribuídas às linhas em função também do faturamento de cada uma. O custo das mercadorias vendidas, as comissões dos vendedores e os tributos incidentes sobre as vendas estão atribuídos diretamente a cada linha, e representam as únicas despesas variáveis das filiais. O resultado final é visto no Quadro 18.8.

Analisando esse quadro, verificamos que a Filial 3 é extremamente rentável (62,6% do lucro total); as outras duas, somadas, não dão dois terços do seu lucro.

Na Filial 1, notamos que há duas linhas deficitárias, C e D, sendo esta última responsável por um prejuízo de $10.000.000 (5% do resultado global de $190 milhões). Por que não eliminamos essa linha nessa Filial? E por que não ambas (C e D)? Por que não encerramos as atividades das Filiais 1 e 2, pouco lucrativas?

Quadro 18.8

Receitas, Despesas e Lucro por Filial e por Linha

Em $ milhões

Matriz

DF = 500
(–) 500 rateados às filiais
-0-

Filial 1	**Filial 2**	**Filial 3**
DF = 160	DF = 150	DF = 140,
(+) 164	(+) 145	(+) 191, recebidos da Matriz
324	295	331
(–) 324	(–) 295	(–) 331, rateados às linhas
-0-	-0-	-0-

Linhas de Produtos	**A**	**B**	**C**	**D**	**A**	**B**	**C**	**D**	**A**	**B**	**C**	**D**	
R =	300	100	250	230	250	90	310	130	310	180	190	350	RT = 2.690
DV =	170	40	160	155	150	40	185	70	160	75	110	235	DVT = 1.550
DF =	110	37	92	85	95	34	117	49	100	58	61	112	DFT = 950
DT =	(280)	(77)	(252)	(240)	(245)	(74)	(302)	(119)	(260)	(133)	(171)	(347)	DT = (2.500)
L =	***20***	***23***	***(2)***	***(10)***	***5***	***16***	***8***	***11***	***50***	***47***	***19***	***3***	LT = ***190***

R =	880	780	1.030	RT = 2.690
DT =	(849)	(740)	(911)	DT = (2.500)
LT =	***31***	***40***	***119***	LT = ***190***

R = Receita; DV = Despesa Variável; DF = Despesa Fixa; DT = Despesa Total (Fixa mais Variável); L = Lucro

Sabemos que esses raciocínios não são válidos; se a Filial 1 eliminar a linha D, dificilmente deixará de continuar arcando com suas despesas fixas de $160 milhões, pois a maioria delas provavelmente não se poderá eliminar. Talvez ocorra de, por faturar menos, receber menos despesas fixas da Matriz, o que talvez lhe melhore o resultado de rentabilidade. Mas sabemos que, no total, as despesas da Matriz não serão provavelmente diminuídas, e, por isso, passarão a ser distribuídas às outras duas filiais. No total, as despesas fixas serão aproximadamente as mesmas. Como então dispor os dados para melhor análise? Basta voltarmos aos conceitos de sequências de Margens de Contribuição (Quadro 18.9).

Quadro 18.9

Margens de Contribuição por Linha e Filial

Em $ milhões

	Filial 1				Filial 2				Filial 3				
Linhas de Produtos	**A**	**B**	**C**	**D**	**A**	**B**	**C**	**D**	**A**	**B**	**C**	**D**	**Soma**
R =	300	100	250	230	250	90	310	130	310	180	190	350	RT = 2.690
DV =	(170)	(40)	(160)	(155)	(150)	(40)	(185)	(70)	(160)	(75)	(110)	(235)	DVT = (1.550)
1ª MC =	130	60	90	75	100	50	125	60	150	105	80	115	1ª MCT = 1.140
1ª MC =	355				335				450				1ª MCT = 1.140
DFF =	(160)				(150)				(140)				DFFT = (450)
2ª MC =	195				185				310				2ª MCT = 690
DFM =													(500)
LT =													***190***

R = Receita
DV = Despesas Variáveis
1ª MC = 1ª Margem de Contribuição, ou, no caso, Margem de Contribuição por Linha de Produto em cada Filial
DFF = Despesas Fixas de cada Filial (identificadas)
2ª MC = 2ª Margem de Contribuição, ou, no caso, Margem de Contribuição por Filial
DFM = Despesas Fixas da Matriz
LT = Lucro Total

Fica bastante fácil visualizar agora que a Filial 1, antes classificada por lucro em último lugar, apresentou MC melhor do que a Filial 2. Vemos também que a situação dessas duas Filiais não é assim tão disparatadamente ruim como parecia; juntas, forneciam apenas 37,4% do lucro total ($71 ÷ $190). Mas, na realidade, contribuem, juntas, com 55,1% da MC Total; a Filial 3, que aparecia sozinha com 62,6% do lucro, na verdade contribui com 44,9% da MC Total. Isso já nos alerta do engano a que podemos ser levados pela análise do "Lucro".

Na Filial 1, o produto D, com "prejuízo" de $10.000.000, tem agora mais bem analisado, MC de $75.000.000, com posição melhor inclusive que o produto B nessa Filial. Talvez uma boa forma para análise seja o Quadro 18.10.

Quadro 18.10

	Por Lucro					Por Margem de Contribuição				
Linha	**Filial 1**	**Filial 2**	**Filial 3**	**Soma**	**Classificação**	**Filial 1**	**Filial 2**	**Filial 3**	**Soma**	**Classificação**
A	20	5	50	75	2º lugar	130	100	150	380	1º lugar
B	23	16	47	86	1º lugar	60	50	105	215	4º lugar
C	(2)	8	19	25	3º lugar	90	125	80	295	2º lugar
D	(10)	11	3	4	4º lugar	75	60	115	250	3º lugar
Soma	31	40	119	190		355	335	450	1.140	
Classificação	3ª	2ª	1ª			2ª	3ª	1ª		

Extremamente fácil agora verificar que o produto B, por exemplo, primeiro classificado por lucro, é o último por Margem de Contribuição! E sabemos que, se mudássemos os critérios de rateio de Custos Fixos, teríamos talvez outras classificações para o *ranking* por lucro, mas nunca outra por Margem de Contribuição.

Já temos a resposta à pergunta sobre o corte do produto D na Filial 1: com sua supressão, não deixará de haver um prejuízo de $10.000.000, mas sim a falta de Margem de Contribuição de $75.000.000! Isto significa que o seu corte fará com que na realidade o lucro global caia nessa importância.

Entretanto, um ponto precisa ser bem colocado: a Filial 3 é realmente a melhor por Margem de Contribuição e lucro; mas é a que melhor remunera o investimento feito?

Para responder a essa indagação, seria necessário conhecermos o investimento filial por filial, e, se houvesse possibilidades, linha por linha. Suponhamos, para facilidade de cálculos, que, como não se apurou despesa fixa por linha, não haja também possibilidade de se conhecer investimento por linha de produto, sabendo-se apenas por Filial:

Investimento na Filial 1	$243 milhões
Investimento na Filial 2	$256 milhões
Investimento na Filial 3	$394 milhões
Investimento na Matriz	$307 milhões
Investimento Total	***$1.200 milhões***

Poderia nossa empresa fazer o rateio do investimento na matriz para poder comparar com o lucro; suponhamos que o rateio fosse proporcional ao próprio investimento em cada Filial. Teríamos:

Investimento na Filial 1: $243 + $84 =	$327 milhões
Investimento na Filial 2: $256 + $88 =	$344 milhões
Investimento na Filial 3: $394 + $135 =	$529 milhões
Total: $893 + $307 =	***$1.200 milhões***

O Retorno sobre o Investimento ficaria (com base no "lucro"):

Quadro 18.11

	Filial 1	Filial 2	Filial 3	Total
Lucro	$31	$40	$119	$190
Investimento	$327	$344	$529	$1.200
Retorno sobre o Investimento	*9,5%*	*11,6%*	*22,5%*	*15,8%*

O Quadro fica deveras bonito! E, se fosse válido, mostraria que a Filial 2 é mesmo melhor do que a 1, não só pelo valor absoluto do resultado, mas também pela taxa de retorno do investimento feito, o que é muito mais importante.

Entretanto, essa forma sabemo-la bastante passível de erros. Como procederíamos à análise da taxa de retorno com base na Margem de Contribuição?

Faríamos a análise em função de Margem e de Investimento Identificados, isto é, Margem de cada Filial com o Investimento pertencente de fato a cada uma, identificável com ela (e não rateado).

Teríamos, então:

Quadro 18.12

	Filial 1	Filial 2	Filial 3	Matriz	Total
Receita	$880	$780	$1.030	–	$2.690
(–) Despesas Variáveis	($525)	($445)	($580)	–	($1.550)
MC Linhas	$355	$335	$450	–	($1.140)
(–) Despesas Fixas das Filiais	($160)	($150)	($140)	–	($450)
MC Filiais (a)	***$195***	***$185***	***$310***	–	***$690***
(–) Despesas Fixa Matriz				($500)	($500)
Lucro (c)					***$190***
Investimento nas Filiais (b)	$243	$256	$394	–	$893
Investimento na Matriz				$307	$307
Investimento Total (d)					***$1.200***
Taxa de Retorno das Filiais					
MC/Investimento = (a) ÷ (b) =	80,2%	72,3%	78,7%		77,3%
Taxa de Retorno Final					
Lucro/Invest. Total = (c) ÷ (d) =					*15,8%*

A Taxa de Retorno $\frac{\text{Margem de Contribuição por Filial}}{\text{Investimento por Filial}}$ nos dá uma taxa global de 77,3% ($690 ÷ $893), em que verificamos que a de maior expressão é a Filial 1, e não a 3, situada agora em 2º lugar. Portanto, aquela é a que melhor retorno está propiciando aos recursos investidos pela empresa. A alocação dos investimentos da Matriz às Filiais é também um erro para essa finalidade, já que representam valores que são gastos para se montar uma estrutura para administrar e controlar a empresa, para a administração e controle de filiais, e não partes separadas para esta ou aquela filial.

O fato de aparecerem taxas aparentemente ilógicas, da ordem de 70% ou 80% ou muito mais, não deve servir como motivo para dúvidas. No final, a taxa real global é de apenas 15,8%, após o cômputo das despesas da matriz, bem como de seu investimento. Poderíamos inclusive montar uma forma alternativa para evidenciar bem a passagem de uma para outra porcentagem:

Quadro 18.13

	Filial 1	Filial 2	Filial 3	Total
Margem de Contribuição	$195	$185	$310	$690
Investimento Identificado	$243	$246	$394	$893
Taxa de Retorno Filiais sobre Investimento Total	80,2%	72,3%	78,7%	$\frac{\$690}{\$893}$ = 77,3%
Taxa de Retorno Global sobre o Investimento Total	–	–	–	$\frac{\$690}{\$1.200}$ = 57,5%
(–) Despesas Fixas Matriz (Comuns) sobre o Investimento Total	–	–	–	$\frac{(\$500)}{\$1.200}$ = (41,7%)
(=) Taxa de Retorno Global = Lucro / Investimento Total				$\frac{\$190}{\$1.200}$ = 15,8%

Vemos que a taxa global de 77,3% das Margens de Contribuição transforma-se em 57,5% quando comparada com o Investimento Global; diminuindo-se dela o que representam as Despesas Fixas Comuns (neste caso as da Matriz) sobre o Investimento Global, chegamos à Taxa de Retorno final.

18.3.5 De novo, a alta taxa de inflação

Voltamos a comentar que numa situação de alta inflação todos os valores precisam estar na mesma moeda: receitas, custos, despesas e investimentos. Se estiverem em moedas de capacidade distintas, produzirão taxas sem sentido.

RESUMO

A seguir, estão contemplados os principais assuntos discorridos no capítulo:

- O uso do Custeio Variável não significa que sempre os Custos Fixos são abandonados;
- Quando identificados especificamente com um produto, grupo ou família de produtos, tais custos são deduzidos diretamente da margem de contribuição deles, sem rateios.
- Criam-se as diversas Margens de Contribuição em uma sequência lógica e agregativa.
- Também os Investimentos podem ser separados no grupo dos identificados e no dos não identificados.
- Quando se tem Margem de Contribuição Identificada e Investimento também, constrói-se a Taxa de Retorno Identificada, elemento de extrema ajuda na análise interna da rentabilidade.
- Em períodos de altas taxas de inflação, além da receita, todos os componentes de custos devem estar traduzidos para uma única moeda em termos de capacidade aquisitiva.

EXERCÍCIO 18.1

A Revendedora de Pneus ZAK trabalha com três linhas de pneus: uma para automóveis, outra para caminhões e a terceira para motocicletas. A empresa possui três filiais e um escritório central; os investimentos feitos para sua instalação e colocação em funcionamento foram os seguintes:

Escritório Central:	$1.500
Filial Centro:	$2.500
Filial Norte:	$1.800
Filial Leste:	$1.200

A receita líquida obtida durante 20x1 foi (em $):

Produtos	Filial Centro	Filial Norte	Filial Leste
p/Automóveis	10.000	6.000	4.000
p/Caminhões	8.000	14.000	16.000
p/Motos	6.000	8.000	20.000

Os custos e as despesas variáveis incorridos pela empresa foram (em $):

Produtos	Filial Centro	Filial Norte	Filial Leste
p/Automóveis	7.000	4.800	3.200
p/Caminhões	6.500	12.000	12.800
p/Motos	3.600	6.000	16.000

A depreciação é calculada à base de 5% a.a. sobre os investimentos, e as despesas fixas diretas de administração em 20x1 foram (em $):

Escritório Central:	$2.200
Filial Centro:	$4.000
Filial Norte:	$6.000
Filial Leste:	$5.400

Pede-se para calcular:

a) a Margem de Contribuição Total (MCT) de cada produto;
b) a Margem de Contribuição Total (MCT) de cada filial;
c) a Margem Direta Total (segunda MC) de cada filial;
d) a rentabilidade de cada filial; e
e) a rentabilidade da empresa.

EXERCÍCIO 18.2

A empresa Clarabela & Irmãos produz luvas e bolsas em couro. Sobre o valor bruto de suas vendas incidem tributos de 13% e comissões de 10%.

Outros dados:

	Bolsas	Luvas
Volume de produção e vendas	1.000 un.	1.300 un.
Preço de venda por unidade	$92,00	$70,00
Custos variáveis por unidade	$22,80	$14,00
Custos diretos fixos por período	$10.400	$20.800

Os custos fixos comuns aos dois produtos são de $30.000 por período e as despesas fixas de administração e vendas, $16.750. Os investimentos específicos na linha de produção de bolsas perfazem $250.000 e os específicos na de luvas, $150.000. O valor do investimento operacional total da empresa é de $550.000.

Pede-se elaborar uma Demonstração de Resultados que contemple o Custeio Variável e os custos diretos fixos, e calcular:

a) A Margem de Contribuição unitária (MC/un.) de cada produto.
b) A Margem de Contribuição total (MCT) de cada produto.
c) A Margem Direta Total (Segunda Margem de Contribuição) de cada produto.
d) A taxa de retorno sobre o investimento em cada linha de produção.
e) A taxa de retorno sobre o investimento total da empresa.

EXERCÍCIO 18.3

A empresa Autopeças Magníficas preparou seu plano operacional para o próximo ano:

Produtos	Volume de produção (un.)	Preço de venda (PV)	Custos variáveis (CV)
Rodas	20.000	$280	$150
Para-lamas	20.000	$480	$200
Para-choques	10.000	$400	$150
Grades	10.000	$500	$300

Sua estrutura de Custos Fixos (CF) departamentais identificados é a seguinte (em $):

Pintura	2.200.000
Niquelação	3.000.000
Estamparia	1.500.000
Usinagem	900.000
Montagem	1.600.000

Apenas as rodas e os para-lamas são pintados, e pela niquelação só passam para-choques e grades; pela Estamparia, Usinagem e Montagem passam, necessariamente, todos os produtos. As despesas fixas de administração e de vendas são orçadas em $800.000.

Desconsiderando despesas variáveis de vendas, impostos e comissões, pede-se:

1. Calcular:
   a) O custo fixo departamental de cada produto (rateio baseado em volume).
   b) O custo total de cada produto.
   c) A margem de contribuição de cada produto.
   d) O lucro bruto de cada produto.
   e) A margem direta (Segunda Margem de Contribuição) por família de produtos: rodas e para-lamas numa família, para-choques e grades noutra.
2. Elaborar Demonstrações de Resultados projetadas simulando as seguintes situações:
   a) Resultado de cada produto e o da empresa toda, segundo os métodos de Custeio Variável, Direto e por Absorção;
   b) Idem, porém não produzindo rodas, não produzindo grades e não produzindo rodas nem grades.
   c) Idem, porém terceirizando a fase de pintura, a de niquelação e ambas, considerando que pela primeira a empresa pagaria $70 por unidade e pela segunda, $100. Considere, também, que todos os custos fixos identificados seriam eliminados no caso de terceirização.

EXERCÍCIO 18.4

O Hotel Pousada Feliz preparou o seguinte plano operacional para a próxima temporada de férias (mês de julho):

Categorias	Quantidade disponível (un.)	Preço Líquido da Diária (PD)	Custos Variáveis (Diários) (CV)
Single Standard	30	\$30	\$10
Single Luxo	20	\$45	\$18
Double Standard	30	\$50	\$20
Double Luxo	20	\$75	\$25

Sua estrutura de Custos Fixos (CF) departamentais identificados para o mês é a seguinte (em \$):

Cozinha	12.000
Limpeza	8.000
Serviço de quarto	8.000
Entretenimento (lazer)	5.000

Somente a categoria luxo tem direito a refeições (utilizam o departamento de cozinha); Limpeza, Serviço de quarto e Entretenimento servem, necessariamente, todas as categorias. As despesas fixas de administração são orçadas em \$20.000. Estima-se que todos os apartamentos de todas as categorias serão locados nos 30 dias do mês.

Desconsiderando impostos, pede-se:

1. Calcular:
   a) O custo fixo departamental de cada categoria (rateio baseado em volume).
   b) O custo mensal total de cada categoria.
   c) A margem de contribuição de cada categoria.
   d) O lucro bruto de cada categoria.
   e) A margem direta (Segunda Margem de Contribuição) por família de categoria: luxo numa família e *standard* noutra.
2. Elaborar Demonstrações de Resultados projetadas simulando as seguintes situações:
   a) Resultado de cada categoria e o do hotel todo, segundo os critérios de Custeio Variável, Direto e por Absorção.
   b) Idem, porém considerando que os apartamentos de categorias do tipo *Double* Luxo não estariam disponíveis.

ATIVIDADES COMPLEMENTARES SUGERIDAS

1. Relacione Segunda Margem de Contribuição, Investimento e Taxa de Retorno Identificada.
2. De que forma a Inflação pode ajudar, ou atrapalhar, os conceitos citados acima?
3. Além do retorno sobre o investimento, quais outros fatores podem ajudar a avaliar o sucesso de um empreendimento?

19

FIXAÇÃO DO PREÇO DE VENDA E DECISÃO SOBRE COMPRA OU PRODUÇÃO

19.1 OBJETIVOS DE APRENDIZAGEM

Ao final deste capítulo, o leitor deverá ser capaz de:

- Entender a formação de preços com base em custos e o conceito de *markup*.
- Compreender a forma de alocação de custos e despesas conhecida como RKW.
- Ter uma boa noção de como definir preços com base no conceito de Margem de Contribuição conjugado com informações sobre a demanda dos produtos.
- Entender o uso do *Target Costing* para gestão de custos e preços.
- Ter uma boa noção de como tomar decisão sobre produzir internamente ou comprar de fornecedores externos uma peça ou componente do produto.

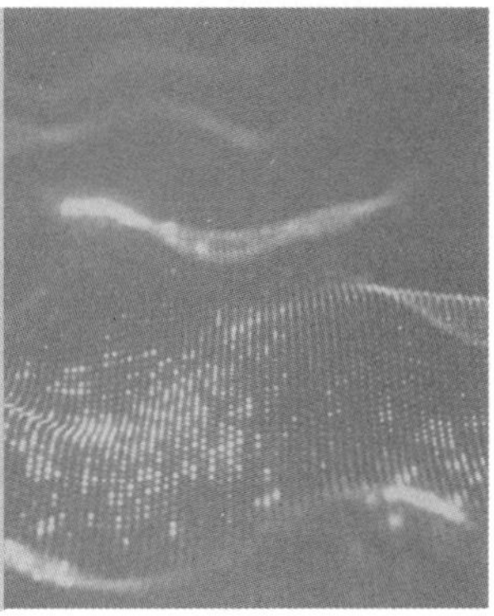

19.2 INTRODUÇÃO

São bastante importantes e interessantes as discussões sobre o processo decisório nos aspectos ligados à administração de preços de venda e sobre o dilema de compra ou produção de determinados itens. E bem mais fáceis se tornam quando analisados sob a luz do Custeio Variável.

19.3 CONCEITOS

19.3.1 Fixação do preço de venda

É generalizada a ideia de que uma das finalidades da Contabilidade de Custos é dar apoio ao processo de fornecimento do preço de venda. Vamos aqui discutir um pouco sobre se é possível isso, e em que circunstâncias, ou não, e se essa ideia pode mesmo ser aceita de forma incontestável.

Para administrar preços de venda, sem dúvida é necessário conhecer o custo do produto; porém essa informação, por si só, embora seja necessária, não é suficiente. Além do custo, é preciso saber o grau de elasticidade da demanda, os preços de produtos dos concorrentes, os preços de produtos substitutos, a estratégia de marketing da empresa etc.; e tudo isso depende também do tipo de mercado em que a empresa atua, que vai desde o monopólio ou do monopsônio até a concorrência perfeita, mercado de *commodities* etc.

O importante é que o sistema de custos produza informações úteis e consistentes com a filosofia da empresa, com sua estratégia e particularmente com sua política de preços.

Considerando-se esses aspectos citados, os preços podem ser fixados: com base nos custos, no valor percebido pelo cliente, com base no mercado ou com base em uma combinação de ambos.

19.3.1.1 Formação de preços com base em custos

Nesta forma de calcular preços – preços formados de dentro para fora –, o ponto de partida é o custo do bem ou serviço apurado segundo um dos critérios estudados: Custeio por Absorção, Custeio Variável etc. Sobre esse custo agrega-se uma margem, denominada *markup*, que deve ser estimada para cobrir os gastos não incluídos no custo, os tributos e comissões incidentes sobre o preço e o lucro desejado pelos administradores.

Suponhamos uma situação bastante simples que apresente os seguintes dados (Custeio por Absorção):

- Custo unitário: \$8
- Despesas Gerais e Administrativas (DGA): 10% da receita bruta (*)
- Comissões dos Vendedores (COM): 5% do preço de venda bruto
- Tributos (IMP) incidentes sobre o preço de venda bruto: 20%
- Margem de Lucro desejada (MLD): 5% sobre a receita bruta

(*) Trata-se de despesas operacionais fixas; o percentual é uma estimativa.

O *markup* seria, então, calculado da seguinte forma:

DGA	=	10%
COM	=	5%
IMP	=	20%
MLD	=	5%
TOTAL	=	40% sobre o preço de venda bruto = *markup*

O preço de venda (PV) será o custo acrescido de 40% do PV:

$$PV = \$8 + 0{,}4\ PV$$

$$PV - 0{,}4PV = \$8$$

$$0{,}6\ PV = \$\ 8$$

$$PV = \frac{\$8}{0{,}6}$$

$$PV = \$13{,}33$$

Por esse método o preço de venda seria fixado em \$13,33.

Esse preço de \$13,33 seria, então, uma referência, sujeita a ajustes – para mais ou para menos – de acordo com as condições de mercado e com negociações específicas com cada cliente, talvez transação a transação.

Algumas observações importantes:

- o custo deve ser o de reposição (ver Capítulo 21), à vista, e em moeda corrente. Assim, o preço calculado também é para venda à vista;
- para calcular preços de venda a prazo, é necessário embutir os encargos financeiros correspondentes;
- se o método de custeio for o Variável, então o *markup* terá que contemplar de um percentual estimado para cobrir os custos fixos de produção, não incluídos no custo do produto (claro que, nesse caso, o custo unitário necessariamente será inferior a \$8);

- se os vendedores tiverem vínculo empregatício com a empresa, então o percentual de comissão deve incluir os encargos sociais;
- os tributos a considerar são os incidentes direta e proporcionalmente sobre a receita, como ICMS e ISS; PIS e Cofins. Com a reforma tributária que, no momento em que se prepara esta edição (2023/2024), encontra-se em processo de regulamentação, aqueles tributos passam a ser substituídos por Imposto sobre Bens e Serviços (IBS) e Contribuição sobre Bens e Serviços (CBS);
- o lucro desejado pode ser expresso de várias outras formas, inclusive em valor absoluto, tomando-se por base o capital investido, o custo de oportunidade etc.

Esse método de calcular preços com base em custos é muito utilizado pelas empresas, porém apresenta algumas deficiências, como: não considerar, pelo menos inicialmente, as condições de mercado, fixar o percentual de cobertura das despesas fixas de forma arbitrária etc.

19.3.1.2 "RKW"

Com fundamento na ideia do uso de custos para fixar preços nasceu, no início do século XX, uma forma de alocação de custos e despesas muitíssimo conhecida no nosso meio brasileiro por RKW (abreviação de Reichskuratorium fur Wirtschaftlichtkeit). Trata-se de uma técnica disseminada originalmente na Alemanha (por um órgão que seria semelhante ao nosso antigo CIP – Conselho Interministerial de Preços), que consiste no rateio não só dos custos indiretos de produção como também de todas as despesas da empresa, inclusive financeiras, a todos os produtos. Só não entrariam nesse cálculo aqueles gastos não recorrentes, como multas, ou desvinculadas da normalidade operacional da organização. Claro é que as técnicas desse rateio são absolutamente semelhantes às das já vistas neste trabalho, principalmente quando tratamos das formas tradicionais de alocação dos custos indiretos de produção; ou seja, tudo com base na alocação dos custos e despesas aos diversos departamentos da empresa para depois ir-se procedendo às várias séries de rateio de forma que, ao final, todos os custos e despesas estejam recaindo exclusivamente sobre os produtos.

Com esse rateio, chega-se ao custo de "produzir e vender" (incluindo administrar e financiar), que, fossem os rateios perfeitos, nos daria o gasto completo de todo o processo empresarial de obtenção de receita. Bastaria adicionar agora o lucro desejado (ou fixado governamentalmente, como na época em que nasceu essa metodologia na Alemanha) para se ter o preço de venda final. Aliás, muitas vezes é exatamente isso o que se faz, e de outra forma: a empresa fixa o lucro desejado para o período como um valor global e procede então ao seu rateio aos produtos em função de alguma base de alocação (custo, custo mais despesas etc.).

Já se discutiram bastante nesta obra os aspectos relativos a qualquer forma arbitrária de rateio. Bastaria lembrar que, para a fixação do preço, precisaríamos primeiramente não só fixar a base de distribuição dos custos, despesas e lucro, como também prefixar o volume de cada produto, caso contrário não seria possível o cálculo. Mas o volume de produção e venda de cada produto vai depender do preço. Entra-se, assim, em uma espécie de *looping*, do qual só se consegue sair arbitrando-se ou estimando-se o volume.

Ocorre que se essa fórmula pode até ser usada em uma economia de decisão totalmente centralizada, ou em situação de monopólio ou oligopólio, dificilmente consegue ter sucesso em uma economia de mercado, mesmo que parcialmente controlada pelo governo. Afinal de contas, dentro do que se conhece em uma economia de mercado (mesmo com restrições), os preços são muito mais decorrência dos mecanismos e forças da oferta e da procura. O mercado é o grande responsável pela fixação dos preços, e não os custos de obtenção dos produtos. É muito mais provável que uma empresa analise seus custos e suas despesas para verificar se é viável trabalhar com um produto, cujo preço o mercado influencia marcantemente ou mesmo fixa, do que ela determinar o preço em função daqueles custos ou despesas.

19.3.1.3 Uso do ABC para fixar preço de venda

Com o advento e a tendência de incremento na utilização do ABC – Custeio Baseado nas Atividades – voltou-se a utilizar, às vezes, a mesma filosofia do RKW. Com base no ABC (vejam-se os Capítulos 8 e, principalmente, 24) tem-se a possibilidade de uma alocação mais racional de muitos custos e despesas a todos os produtos. Por isso alguns autores e profissionais chegam a praticar essa alocação com o objetivo de, conhecido o custo mais a despesa global de um produto, determinar então seu preço de venda, bastando para isso adicionar o lucro desejado por unidade.

É claro que esse raciocínio só poderia valer, em princípio, assim como no caso do RKW, para mercados monopolísticos ou de oligopólio, ou então na situação de preços absolutamente controlados pelo Governo. Para essas situações de ausência de concorrência essa forma do ABC é de fato muito boa; diríamos que muitíssimo melhor do que o RKW, já que ele introduz uma análise muito mais forte e de muito melhor qualidade para os rateios. Por outro lado, há os mercados de concorrência monopolística, também chamados de concorrência imperfeita, em que os produtos e serviços ofertados pela empresa possuem características exclusivas; nesse tipo de mercado há concorrência, mas o vendedor possui certa margem de manobra sobre o preço, e aí o ABC também é muito útil.

Todavia, continuam a existir, mesmo dentro do ABC, critérios ou direcionadores de custos que muito comumente contêm variadas doses de subjetivismo; além disso, continuam em pauta todos os problemas derivados da existência da variação nos volumes de produção no que se refere ao cálculo do custo unitário.

VOCÊ SABIA?

No caso de a empresa lançar um produto novo no mercado, por exemplo, já começa o primeiro grande problema: como estimar o volume a ser vendido para daí então chegar ao "custo unitário global", incluindo os custos fixos de produção e as despesas também fixas de vendas, administração e financiamento? E esse problema não é, obviamente, solucionado por nenhuma forma de custeamento no caso de um mercado competitivo.

Logo, pode-se concluir que, quanto maior a proporção desses gastos fixos dentro de uma empresa, maiores as dificuldades (ou até mesmo impossibilidades) para adoção do custo unitário como parâmetro para definição do preço de venda de um produto, se se quiser ser absolutamente racional. No caso de indústria com irrelevante participação desses gastos fixos isso pode até parecer mais apropriado, mas mesmo assim há problemas.

(Não estamos falando do uso do custo unitário baseado no Custeio por Absorção para fixar preço de venda já que, como ele não contém os valores das despesas de vendas, administração e financeiras, e ainda padece dos mesmos problemas de critérios de apropriação e de variação nos volumes produzidos, fica evidenciada sua fraqueza como instrumento para esse fim.)

19.3.1.4 Uso dos conceitos do custeio variável na fixação do preço de venda

Do forte conhecimento, e cada vez mais sensível no Brasil moderno e bem mais competitivo, de que o mercado é o grande definidor do preço, surge a ideia de se utilizar a figura da Margem de Contribuição para auxiliar nas tomadas de decisões também relativas à fixação dos preços. E, muitas vezes, consegue esse conceito ser útil (mas também nem sempre o é, como veremos a seguir).

Já comentamos alhures que nenhuma empresa toma decisões com relação a cortar, colocar ou selecionar produtos em função exclusivamente de Custos. A administração global é a arte de conciliar circunstâncias presentes e futuras internas e externas à empresa. O dirigente procura o caminho que concilia valores, posições e condições internos à Empresa com os que existem no meio onde ela vive, e procura não só trabalhar com base no que hoje existe, como também (e principalmente) no que se espera que vá ocorrer no futuro.

Isso significa que a fixação do preço de venda não cabe exclusivamente ao setor de Custos, mesmo que com todo o arsenal de informações de que dispõe do ponto de vista interno, bem como não cabe totalmente ao setor de Marketing, com toda a gama de dados do mercado e suas previsões. Se o dirigente ouvir só o setor de Custos, talvez venha a cortar produtos que, mesmo pouco ou nada rentáveis, talvez produzam boa imagem para a firma e sejam responsáveis pelo faturamento de inúmeros outros itens. Por outro lado, se depender só da área de Marketing, talvez venha a decidir por trabalhar só com os produtos de fácil colocação e boa margem de comissão aos vendedores, mas que talvez não deem lucro algum. O dirigente verdadeiro vai, além de proceder a todas as análises técnicas disponíveis, pesar bem as duas informações e usar de seu bom-senso, sua experiência e sua sensibilidade para tomar a decisão final.

Mostremos em um exemplo como poderia o conceito de Margem de Contribuição ser de grande valia em um processo como esse.

Uma empresa, antes de lançar um novo produto, faz, pelo departamento de Pesquisa de Mercado do seu setor de Marketing, um levantamento em que prevê: se o produto for colocado a $1.000/un., provavelmente serão vendidas 1.000 un. por mês; se colocar a $900/un., provavelmente se conseguirá vender 1.200 un. por mês. Qual a melhor alternativa?

Se a empresa desejar fazer o cálculo com base no rateio de custos e despesas, talvez fique agora um pouco embaraçada, já que precisará primeiro ter o volume para depois fixar o preço; coincidirá este com o do mercado?

A alternativa então é voltarmos ao conceito de Margem de Contribuição; sendo os Custos e Despesas Fixos os mesmos para as duas alternativas (1.000 ou 1.200 un. mensais), interessará das duas a que der maior Margem de Contribuição Total. Suponhamos que a soma de custos e despesas variáveis do produto seja de $700/un.

Quadro 19.1

Hipótese a) 1.000 un. a $1.000/un. Margem de Contribuição = $1.000 – $700 = $300/un. 1.000 un. × $300/un. = $300.000 de M.C. Total
Hipótese b) 1.200 un. a $900/un. Margem de Contribuição = $900 – $700 = $200/un. 1.200 un. × $200/un. = $240.000 de M.C. Total

A hipótese correta é, portanto, a primeira, com preço maior e quantidade menor. Bastaria verificar se a M.C. Total é suficiente para cobrir os encargos fixos e ainda fornecer um lucro mínimo desejado.

Digamos, todavia, que os custos e despesas variáveis sejam de $350/un. A decisão correta seria a mesma? Vejamos:

Quadro 19.2

Hipótese a) 1.000 un. a $1.000/un. Margem de Contribuição Unitária = $1.000 – $350 = $650/un. 1.000 un. × $650/un. = $650.000 de M.C. Total
Hipótese b) 1.200 un. a $900/un. Margem de Contribuição Unitária = $900 – $350 = $550/un. 1.200 un. × $550/un. = $660.000 de M.C. Total

Nesse caso, a hipótese *b* é melhor, fornecendo maior Margem de Contribuição Total e, consequentemente, melhor resultado.

Portanto, de vital importância é o conhecimento da estrutura de custos e despesas, pois só a partir da Margem de Contribuição se pode construir um quadro analítico verdadeiramente elucidativo.

Verifique-se que nem sempre a alternativa melhor é a que maximiza a Receita. Qualquer que seja o custo variável, a hipótese *a* sempre dá receita de $1.000.000, e a *b* de $1.080.000. Mas, dependendo da Margem de Contribuição, muitas vezes a menor receita pode propiciar o melhor resultado.

Nesse exemplo foi feita a simulação do valor da Margem de Contribuição Total com apenas duas opções de preço, mas nada impede que se faça com mais alternativas.

Note-se também que, das diferentes alternativas de preço, não é melhor aquela que dá maior Margem de Contribuição por unidade. Isso só ocorreria se a quantidade vendida fosse sempre a mesma; variando as quantidades, sempre interessa, de todas as diferentes possibilidades, aquela que dá a maior Margem de Contribuição total.

Esses problemas relativos a preços são de extremo interesse e utilidade, mas, por pertencerem muito mais ao campo da Microeconomia do que ao da Contabilidade de Custos, ficarão restritos aos aspectos vistos. O importante é que, no processo de formação de preços, sejam sempre levados em consideração os aspectos mercadológicos, econômicos e de custos.

De qualquer forma, é preciso verificar que, mesmo com o uso da Margem de Contribuição, nem sempre se tem a solução de se fixar o preço de venda. Afinal, como vimos logo atrás, a solução tecnicamente mais adequada, que é a de analisar dados internos de comportamento de custos e dados externos relativos à influência dos preços nas quantidades vendidas, tem limitações.

E se a empresa não consegue, por exemplo, saber qual é essa curva relativa à elasticidade-venda do produto? Não consegue identificar qual a reação dos consumidores ou clientes a diferentes níveis de preços? Esse problema é terrível e, às vezes, insolúvel no caso de lançamento de produtos novos.

Analisando outro aspecto, muitas vezes a empresa consegue identificar essas variáveis e então chegar ao preço de venda ideal que maximiza sua Margem de Contribuição Total. Só que esta não é capaz de cobrir todos os custos e despesas fixos e ainda propiciar o mínimo de lucro desejável! Nesse caso, o Custeio-Alvo passa a ser altamente recomendável.

19.3.1.5 *Target costing* (Custeio Meta); o uso do ABC para se chegar ao *target cost*

O Custeio-Alvo ou Custeio Meta é um processo de planejamento de lucros, preços e custos que parte do preço de venda para chegar ao custo "suportável", razão pela qual diz-se que é o custo definido de fora para dentro.

Por causa desse problema de muitas vezes o preço ideal não ser capaz de produzir o resultado mínimo necessário, ou de nem mesmo ser capaz de cobrir os gastos fixos, surge a necessidade de se ter a escolha do caminho inverso.

Com a crescente competitividade entre as empresas em um mercado em constante modificação, com clientes cada vez mais exigentes e ávidos por produtos que se ajustem mais às suas necessidades, o preço passa a ser formado praticamente em função da oferta e da procura.

Neste ambiente no qual as empresas simplesmente não podem alterar seus preços por modificação na sua estrutura de custos, o caminho inverso mencionado passou a ser uma fortíssima ferramenta para um melhor posicionamento estratégico e desempenho: dadas as limitações de preço do mercado (e, consequentemente, de quantidade vendável), *qual o custo máximo suportável de forma a atingir o retorno desejável?*

Nasce daí essa figura simples do "Custo Meta", ou custo alvo, conhecido na língua inglesa como *Target Cost*, que nada mais é do que exatamente o que foi dito na frase imediatamente atrás: qual o custo máximo admissível de um produto para que, dado o preço de venda que o mercado oferece, consiga-se o mínimo de rentabilidade que se quer?

A maioria dos custos a serem incorridos em um processo produtivo é determinada na estruturação deste processo, ou seja, na fase de projeto do produto. Quando uma linha de produção já está montada e funcionando, a grande maioria de seus custos está fadada a ser incorrida (em média 85% dos custos totais do início da pesquisa e do projeto até o fim da vida do produto, segundo citações bibliográficas estrangeiras), tendo em vista estarem, a essa altura, totalmente definidas as características técnicas do produto. As reduções de custos que se pode atingir nesse estágio podem não ser significativas o suficiente de forma a se atingir o custo meta.

Por outro lado, é na fase de planejamento que existem as possibilidades de alteração significativa dos custos. Durante o projeto podem ser alteradas as características do produto. Pode-se optar em reduzir o custo retirando características dos produtos (como retirar o ar-condicionado de um modelo de automóvel). Entretanto, essa alteração também muda o preço que o mercado está disposto a pagar, bem como a quantidade que o mercado pode absorver. Pode-se até optar por aumentar o custo de um produto, caso o preço seja alavancado, tomando-se cuidado com a quantidade a ser vendida.

Sendo assim, nesta fase de projeto a utilização do custo meta se faz mais eficaz. O retorno a ser atingido pode ser alcançado mais eficientemente se tudo for planejado desde a concepção do produto.

Vale lembrar, ainda, que este retorno pode ter um enfoque financeiro (em termos de rentabilidade) e/ou estratégico (em termos de posicionamento no mercado, continuidade da empresa, benefício social etc.).

!? VOCÊ SABIA?

O custo meta, apesar de ser um conceito simples, é também uma mentalidade de gerenciamento. Para se chegar a um denominador comum de qual o custo meta e qual o produto a ser feito, enfim, para se definir uma estratégia empresarial, há que existir uma integração entre todas as partes da empresa.

A engenharia responde por quais são as tecnologias disponíveis, quais os componentes que devem ou podem integrar o produto, o que pode ser substituído, quais características podem existir etc.

A área de marketing, por sua vez, é a responsável pela análise do comportamento do produto delineado pela engenharia no mercado em que a empresa se encontra. Permite o levantamento das informações de preços, quantidades possíveis de venda, anseios dos consumidores etc. Por isso costuma, nas empresas bem gerenciadas, participar junto com a engenharia desde o início do projeto.

Em uma visão moderna, a Contabilidade auxilia nas definições das estratégias financeiras, apurações de custos, planejamento de orçamentos e previsões de demonstrações etc.

Podemos citar ainda outras partes das empresas, como a de Planejamento e Desenho, Compras até Limpeza e Segurança. A integração deve ser a mais ampla possível.

A utilização do custo meta, desta maneira, enseja uma simbiose entre todas as partes da empresa, exigindo que todos trabalhem em uma equipe, e não como equipes separadas.

Ainda, induz a empresa a olhar não exclusivamente para si própria, e sim ter um foco no cliente, qual sua expectativa com relação ao produto, quais os custos de propriedade que ele terá (tais como manutenção preventiva, gastos com embalagens, consertos etc.).

Outro lado que se permite olhar é o dos fornecedores. Estes podem ser fatores determinantes nos custos a serem incorridos. A interação com a cadeia de valor como um todo permite não só que os custos sejam atingidos, como também que toda uma completa estratégia seja desenvolvida no sentido de melhoria tanto para a empresa como para a cadeia produtiva em que ela se insere.

Lembre-se de que uma cadeia de valor corresponde à visão integrada de todos os que participam desde a origem dos recursos básicos até o consumidor final, não interessando quantos elos compõem essa corrente. Por exemplo, mineradora de ferro, siderúrgica, metalúrgica, montadora, atacadista, varejista e consumidor final.

Deve-se ressaltar que, nesse momento, tem-se a mais forte exploração do Custeio Baseado na Atividade, conhecido como ABC. Afinal, nada melhor do que conhecer os custos de todas as atividades para daí se ter condição de verificar quais são as atividades que não adicionam valor e que precisam ter seus gastos reduzidos ou anulados, e quais são as atividades que podem sofrer processos de racionalização (às vezes de reengenharia) para se chegar a essa adaptação ao mundo real.

Por tudo que se tem visto na prática e que se tem à disposição em termos de literatura, a maior utilidade (segundo alguns, a única) do ABC está exatamente na sua extraordinária força em termos de ajudar no processo de racionalização, reengenharia e redução de gastos dentro da empresa (e para isso o conceito se aplica às indústrias, ao comércio, aos serviços etc.). Veja maiores detalhes nos Capítulos 8 e 24.

19.3.2 Comprar ou produzir

Suponhamos que uma empresa esteja produzindo determinado componente que usa na elaboração de um certo produto. Apropria ela os Custos Indiretos à base de hora-máquina às 800 unidades que fabrica (tanto de componente como de produto); são eles todos fixos. Dados de custos:

Componente:

Material e Mão de Obra Diretos: $73/un.

Custos Indiretos de Produção: $\dfrac{\$140.000}{2.000 \text{ hm}} \times 0{,}5 \text{ hm/un.} = \$35\text{/un.}$

Custo Unitário Total = $108

Produto:

Material e Mão de Obra Diretos: $360/un.

Custos Indiretos de Produção: $\dfrac{\$140.000}{2.000 \text{ hm}} \times 2{,}0 \text{ hm/un.} = \$140\text{/un.}$

Custo Total: $360 + $140 + $108 = $608

A empresa está estudando uma oferta de um fornecedor que lhe propõe entregar o componente por $80/un. Deve aceitar?

A essa altura, já não deve mais haver problemas quanto ao cálculo, não deve ser comparado o custo total interno de $108 contra o externo de $80. Deve ser feita uma análise mais profunda.

Se o fato de a empresa passar a comprar o componente não lhe altera em nada os custos fixos, já que estes talvez sejam comuns tanto para o componente quanto para o produto, não haverá interesse na aquisição. O custo variável do componente é de $73/un., e, caso passe a comprá-lo, desembolsará $80/un., e terá os mesmos custos fixos que tinha quando o fabricava.

Considerações que podemos fazer adicionalmente:

Talvez exista a possibilidade de a empresa, se comprar o componente, eliminar grande parte dos seus custos fixos pela desativação de parte da fábrica; conseguisse ela eliminar certos custos fixos que atualmente estão sendo imputados aos componentes, e então teríamos que decidir pela aquisição dos mesmos. Vejamos: os custos variáveis hoje são de $58.400. A compra dos componentes custaria $64.000 (800 un. × $80/un.); assim, só valerá a pena a decisão de compra se se conseguir nos custos fixos redução maior do que $5.600 ($64.000 – $58.400). Aí o custo total da compra seria menor que o total da produção.

A decisão depende, pois, não só da atual estrutura de custos, mas da que existirá após o momento da decisão.

Por outro lado, talvez exista a possibilidade também de ser viável o uso das instalações que hoje servem à fabricação dos componentes para a produção do produto final. Nesse caso, haveria o acréscimo do volume de unidades elaboradas (partindo-se da hipótese de que o mercado as absorveria, inclusive aos mesmos preços). Como deveria agora ser discutida a decisão?

Se a empresa não produz maior número hoje, é porque está com sua capacidade limitada (neste caso, não há o cálculo de Margem de Contribuição por fator de limitação, já que não há dois produtos, mas um único; o componente não é vendido, mas agregado ao produto final). Parando de fabricar o componente, poderia adicionar um volume de 200 un. do produto, passando então a 1.000. Vejamos:

800 un. de componentes × 0,5 hm/un. = 400 hm usadas na fabricação dos componentes

400 hm ÷ 2 hm/un. do produto = 200 un. do produto com o uso das 400 hm

Hoje, antes da compra, a empresa produz 800 un. completas do produto ao custo total de $608/un., no total de $486.400. Se produzir mil, comprando os componentes, terá um custo total de:

Custo Variável do Componente comprado:	$ 80/un.		
Custo Variável do Produto:	$360/un.		
Custo Variável Total:	$440/un. × 1.000 un.	=	$440.000
Custo Fixo Total:			$140.000
Custo Total:			***$580.000***

Logo, o custo unitário passará a $580, com redução de $28 em relação ao anterior. Isso porque o custo variável unitário aumentará, passando de $433 ($73 + $360) para $440 ($80 + $360); mas com o aumento do volume de produção haverá uma redução do custo fixo por unidade.

Raciocinando em termos de Margem de Contribuição fica bastante fácil o entendimento. Suponhamos que o preço do produto final seja de $650/un. A M.C. anterior era de $217/un. ($650 – $433), mas o volume de 800 un. propiciava M.C. Total de:

800 un. × $217/un. = $173.600

A nova M.C. seria de $210/un. ($650 – $440), e a total de $210.000.

Como em uma ou outra alternativa o custo fixo é o mesmo, interessa a que maximiza a M.C. Total. Logo, não há dúvidas de que se deverá decidir pela compra; poderíamos mesmo fixar um valor máximo até o qual valeria a pena, nessa hipótese, pagar pelo componente.

Esse máximo seria:

A M.C. Total era de $173.600, e o máximo que interessaria pagar seria um preço tal que, na pior das hipóteses, não houvesse redução dessa margem. Assim, a M.C. deveria ser, em última instância, não menor do que $173,60/un.

Como o preço de venda é de $650, o custo variável máximo deveria ser de $476,40 ($650 – $173,60), e, como já existe um custo variável do produto de $360, o máximo que se poderia adicionar seria de $116,40 ($476,40 – $360).

Assim, se a liberação da parte da fábrica usada nos componentes propiciar aumento do volume dos produtos finais em 200 unidades e estas puderem ser vendidas ao mesmo preço, valerá a pena a decisão de compra, desde que não seja por um preço unitário superior a $116,40. (Compare com o custo total hoje, que é de $108!)

Claro está que, para as decisões, várias informações foram necessárias, além dos elementos de custos, como manutenção do preço de venda, absorção pelo mercado do acréscimo de volume elaborado etc. Outras ponderações ainda precisariam ser feitas, tais como: tem a empresa capital circulante suficiente para suportar um acréscimo de volume de produção? Existe grande risco no fato de passarmos a depender de um fornecedor para a obtenção de um componente de nosso produto? A qualidade desse componente é de fato igual à do nosso? etc. Essas hipóteses todas precisam ser muito bem analisadas, e nossa finalidade neste livro é ajudar a administrar, a tomar decisões, evidenciando como os dados de Custos, se bem elaborados e analisados, são de vital importância para o processo decisório; não totalmente suficientes, mas absolutamente necessários.

!? VOCÊ SABIA?

O importante, portanto, para decisões do tipo Produzir ou Comprar é o Diferencial de Custos *versus* o Diferencial de Receitas. No conceito de Diferencial de Custos entram não só os Custos Variáveis, mas também a parcela de modificação dos Custos Fixos; por isso, são às vezes chamados esses Diferenciais de Custos de Incrementais, já que essa expressão engloba os aumentos (ou reduções) não só nos Variáveis, como também nos Fixos.

19.3.3 Um caso especial na produção contínua

Suponhamos que uma empresa de produção contínua, trabalhando com soja, por exemplo, tenha o seguinte esquema de produção e custos por mês:

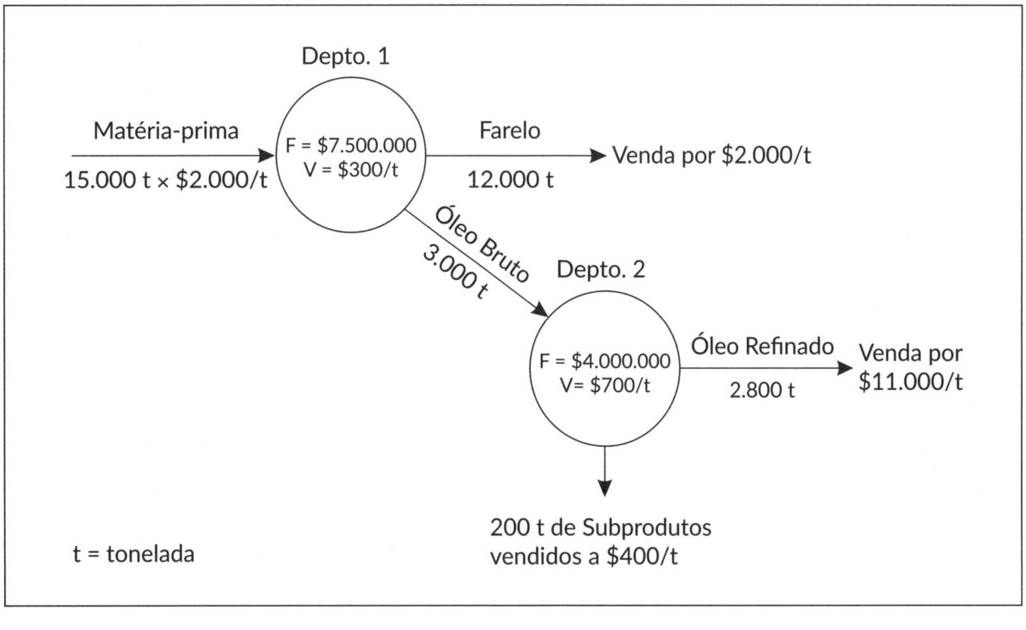

No Depto. 1, de extração do óleo e do farelo da soja, os custos fixos são de $7.500.000/mês, e os variáveis de $300/tonelada. Esses custos são distribuídos ao farelo e ao óleo bruto (incluindo o custo da matéria-prima), proporcionalmente aos valores de mercado; o farelo tem preço de venda de $2.000 t, e o óleo bruto, se fosse vendido, conseguiria $8.000/t; o cálculo, então, é feito:

Matéria-prima: 15.000 t × $2.000/t	$30.000.000
Custos Variáveis: 15.000 t × $300/t	$4.500.000
Custos Fixos	$7.500.000
Custo Total	***$42.000.000***
Valores de Mercado:	
farelo: 12.000 t × $2.000/t =	$24.000.000
óleo bruto: 3.000 t × $8.000/t =	$24.000.000

Logo, rateio do custo total → metade para cada um:

Custo atribuído ao farelo: $21.000.000

$21.000.000 ÷ 12.000 t = $1.750/t

Custo atribuído ao óleo bruto: $21.000.000

$21.000.000 ÷ 3.000/t = $7.000/t

Lucro na venda do farelo:	
Receita: 12.000 t × $2.000/t	$24.000.000
(–) Custo: 12.000 t × $1.750/t	$21.000.000
Lucro: 12.000 t × $250/t	***$ 3.000.000***

Custo (do óleo bruto) transferido para o Depto. 2:

3.000 t × $7.000/t = $21.000.000

No Depto. 2, teríamos:

Do Depto. 1: 3.000 t × $7.000/t	$21.000.000
Custos Variáveis: 3.000 t × $700/t	$2.100.000
Custos Fixos	$4.000.000
Subtotal	$27.100.000
(–) Recuperação de Custo (Venda de Subprodutos):	
200 t × $400/t	($80.000)
Total	***$27.020.000***

$27.020.000 ÷ 2.800 t = *$9.650/t* de óleo refinado

(O rateio no Depto. 1 dos custos comuns dos produtos conjuntos e a recuperação pela venda dos subprodutos no Depto. 2 estão detalhados no Capítulo 14, item 14.3.3, e Capítulo 10, item 10.3.7, respectivamente.)

Lucro na venda do óleo refinado:	
Receita: 2.800 t × $11.000/t	$30.800.000
(–) Custo: 2.800 t × $9.650/t	($27.020.000)
Lucro: 2.800 t × $1.350/t	***$3.780.000***

Resumo do resultado global (admitindo produção e venda no mesmo mês):

Receita Total: $24.000.000 + $30.800.000 =			$54.800.000
(–) Custo Total:			
Variável:			
Matéria-prima	$30.000.000		
Depto. 1	$4.500.000		
Depto. 2	$2.100.000	$36.600.000	
Fixo:			
Depto. 1	$7.500.000		
Depto. 2	$4.000.000	$11.500.000	
Soma		$48.100.000	
(–) Recuperação de Custo		($80.000)	($48.020.000)
Lucro			***6.780.000***

Dentro desses critérios e valores, a empresa apura o resultado mensal, atribuindo $3.000.000 do lucro ao farelo e $3.780.000 ao óleo refinado.

Suponhamos agora que em um determinado mês o preço de mercado do óleo bruto caia para $5.000/t, e a empresa resolva então estudar a possibilidade de adquiri-lo pronto para refinar, ao invés de comprar a matéria-prima para produzi-lo e depois refiná-lo. Compensa?

Para a empresa, o custo está atualmente em $7.000/t, conforme a apropriação em bases razoáveis e tradicionais, mas já sabemos que não podemos simplesmente comparar essa cifra com os $5.000 que hoje custa no mercado; agora existem duas razões para isso: primeira, a existência dos custos fixos de $7.500.000 no Depto. 1, independentes da produção, e segunda, o fato de o próprio valor de $7.000 não deixar de ser um valor atribuído, já que houve um rateio do custo total conjunto de $42.000.000 no Depto. 1.

Com a compra do óleo bruto, deixa inclusive de haver o lucro de $3.000.000 na venda do farelo; poderíamos dizer que a perda desse lucro seria compensada com a redução do custo do óleo ($2.000 × 3.000 t = $6.000.000)?

Já que há dúvida, façamos o seguinte cálculo: Pelo fato de os custos fixos continuarem os mesmos, qual a diferença na Margem de Contribuição Total entre uma e outra alternativa?

Na alternativa da produção do óleo bruto, teremos:

Receita Total de	$54.800.000
(–) Custo Variável de	($36.600.000)
Margem de Contribuição Total	***$18.200.000***

Na alternativa da compra, teremos:

Receita total (só venda do óleo refinado)		$30.800.000
(–) Custo Variável Total:		
Matéria-prima (óleo bruto):		
3.000 t × $5.000/t = $15.000.000	$15.000.000	
Depto. 2	$2.100.000	($17.100.000)
Margem de Contribuição Total		***$13.700.000***

bastante inferior à outra hipótese (desconsideramos os $80.000 de receita dos subprodutos, pois também o valor é igual para ambas as alternativas); não vale a pena, por isso, a compra do óleo bruto a esse preço.

A que preço então passa a valer a pena para a nossa firma deixar de comprar a matéria-prima para passar a comprar o óleo bruto?

Resposta: a partir do momento em que a Margem de Contribuição Total advinda da hipótese de compra passe a ser maior que os $18.200.000. Como a receita seria então só de $30.800.000, concluímos que apenas quando os custos variáveis caírem para $12.600.000 ($30.800.000 – $18.200.000); como os custos variáveis do Depto. 2 independem do valor do óleo bruto, concluímos finalmente que só valerá a pena comprá-lo quando o valor total da aquisição de 3.000 t não exceder a $10.500.000 ($12.600.000 – $2.100.000). Assim, quando o óleo bruto cair abaixo de $3.500/t ($10.500.000 ÷ 3.000 t), passaremos a adotar a hipótese de compra.

É necessário esclarecer que esses valores são válidos na hipótese de realmente os custos fixos no Depto. 1 continuarem a ser $7.500.00, mesmo que não se trabalhe a matéria-prima soja, o que é bastante razoável de se supor se a parada for temporária. Isso é comum se a oscilação no preço for durante pouco tempo, um mês, por exemplo: aí seria realmente possível ocorrer esse fato.

Entretanto, se os preços se modificam e espera-se continuem baixos durante um prazo bastante grande, é quase certo que muitos dos custos fixos poderiam ser diminuídos ou até mesmo eliminados: a mão de obra indireta fixa seria reduzida a um mínimo de manutenção e guarda, os seguros seriam bastante reduzidos, a própria depreciação talvez fosse diminuída, devido ao não uso; o consumo de alguns materiais talvez fosse eliminado, como os de laboratório, testes de qualidade, burocráticos etc.

Se a decisão fosse de paralisação definitiva do Depto. 1, a situação seria bastante diferente: praticamente todos os custos fixos seriam eliminados, e talvez tivéssemos até um valor de receita derivado da venda do imobilizado. Nesse caso, precisaríamos incluir na hipótese da paralisação a receita que poderia ser obtida em função dos juros (reais) do valor da venda. Por exemplo:

Admitamos que o estudo esteja cogitando da venda total do imobilizado do Depto. 1, e que se tenham levantado as seguintes informações:

Valor de venda: $200.000.000

Juros reais: 6% a.a., ou 1/2% ao mês

1/2% × $200.000.000 = $1.000.000/mês

Custos Fixos que não seriam eliminados mesmo com a venda: $2.500.000 de consumo mínimo de força, depreciação e seguros do edifício e parte da administração geral da produção que eram rateados ao Depto. 1 e integravam os $7.500.000.

A análise teria agora que ser:

1ª hipótese (continuidade):

Margem de Contribuição	$18.200.000	
(–) Custos Fixos	($11.500.000)	
Lucro, antes dos subprodutos	***$6.700.000***	

2ª hipótese (venda):

Margem de Contribuição	$13.700.000	
(–) Custos Fixos:		
Remanescentes do antigo Depto. 1	$2.500.000	
Depto. 2	$4.000.000	($6.500.000)
(+) Juros		$1.000.000
Lucro, antes dos subprodutos		***$8.200.000***

Vemos agora que mudou bastante de figura a situação. Vale a pena vender o Depto. 1.

De acordo com as hipóteses então em vista, diferentes precisam ser as alternativas de cálculo, não nos esquecendo de que outros fatores poderiam e deveriam ser considerados, tais como problemas relativos a fornecimento (o que é mais fácil: controlar preços, prazos e qualidade dos fornecedores de soja ou de óleo bruto?), graus de dependência etc.

E, como já tanto se vem falando: com todos os componentes corrigidos para a moeda de uma mesma data ou para uma moeda constante. Quanto ao preço de venda, veja-se também de novo o item 15.3.5 do Capítulo 15.

RESUMO

A seguir, estão contemplados os principais assuntos discorridos no capítulo:

- O problema de decidir o preço a ser fixado não é tarefa para solução só com dados de Custos.
- Necessária se torna uma gama de informações sobre o Mercado (elasticidade, na Economia) para que se possa, casando informes internos com externos, optar pelas decisões mais corretas. Também nessa hora a Contribuição Marginal é de vital importância.
- Das diversas opções de preço e quantidade, interessa a que maximiza a Margem de Contribuição Total, e não a Receita total, desde que para qualquer dessas alternativas o Custo Fixo se mantenha inalterado.
- O uso do antigo RKW ou do moderno ABC ajudam no processo de fixação do preço de venda quando de monopólio ou de oligopólio.
- Em um mercado competitivo eles falham, assim como o Custeio por Absorção.
- Em um mercado concorrencial é muito comum o contrário: a partir do preço de mercado chega-se ao *target cost*, ou seja, ao "custo meta", que representa o máximo de custo e despesa a se incorrer para que o produto seja rentável.
- No processo de redução de custos e despesas o uso do ABC é imbatível.
- Nas decisões do tipo Comprar ou Produzir, também o conceito do Custeio Variável é de suprema importância, já que sempre a alternativa correta será a que trouxer maior diferencial de Margem de Contribuição, o que significa diretamente diferencial do próprio Lucro.

EXERCÍCIO 19.1

A Indústria de Móveis Pica-Pau produz móveis para escritório sob encomenda. Para preparar orçamento para os possíveis compradores, a empresa estima os custos que deverão ser incorridos e calcula o preço de venda, utilizando um *markup* de 35% sobre o próprio preço de venda.

No início de determinado mês, recebeu, de clientes diferentes, três pedidos de orçamento para possíveis encomendas de mesas para computador: 160 grandes, 92 médias e 95 pequenas.

É normal haver perda de algumas unidades no processo de produção; por isso a empresa pretende iniciar as ordens com as seguintes quantidades: 165, 95 e 98, respectivamente.

Sua estimativa de custos foi a seguinte, para essas quantidades:

I) Matéria-prima:

Produtos	$
Grandes	4.950
Médias	2.375
Pequenas	1.764

II) Tempo de produção requerido por unidade de produto:

Produtos	Tempo de MOD	Tempo de Máquina
Grandes	1,4 hmod	1,8 hm
Médias	1,0 hmod	1,4 hm
Pequenas	1,0 hmod	1,0 hm

III) Outros Custos:

Custos	Fixo	Variável
Supervisão da Produção	$2.250	
Depreciação dos Equipamentos	$1.600	
Energia Elétrica		$2/hora-máquina
Mão de Obra Direta		$10/hora de MOD
Outros	$14.150	$8/hora-máquina

Considerando que além desses custos o preço deve ser suficiente para cobrir:

- tributos sobre a receita: 20%;
- comissão dos vendedores: 5%; e
- margem bruta de lucro: 10%.

Pede-se para calcular:

a) o preço de venda da encomenda das mesas de computador grandes, rateando todos os custos indiretos à base de horas-máquina;

b) idem, das médias;

c) idem, das pequenas;

d) o preço de venda da encomenda das mesas de computador grandes, rateando todos os custos indiretos à base de horas de mão de obra;

e) idem, das médias; e

f) idem, das pequenas.

EXERCÍCIO 19.2

A NTN-D é uma empresa de prestação de serviços de telecomunicações (telefonia fixa) que vem operando com um volume de 10.000.000 pulsos de ligações por mês. Após fazer uma pesquisa de mercado, verificou que precisaria diminuir o preço do pulso de $0,35 para $0,30, para conseguir elevar o número de pulsos para 12.000.000 mensais, atingindo assim a capacidade máxima de sua planta básica e de atendimento.

A empresa tem a seguinte estrutura de custos, em média e por mês:

• Custos variáveis (por pulso)	$0,08
• Tributos (sobre a receita)	10%
• Depreciação dos equipamentos	$1.150.000
• Outros custos fixos	$600.000
• Administração geral da empresa	$240.000

A mesma pesquisa mostrou que, caso a empresa baixasse o preço do pulso para $0,275, poderia operar com 15.000.000 pulsos de ligações por mês. Entretanto, nesse caso, necessitaria de um investimento adicional em equipamentos no valor de $1.200.000, que teriam uma vida útil econômica estimada em cinco anos, e um provável valor residual de $60.000. Além disso, os outros custos fixos aumentariam 15%.

Pede-se calcular o lucro mensal praticando preços de:

a) $0,350

b) $0,300 e

c) $0,275

EXERCÍCIO 19.3

Os administradores da Indústria Cofag, produtora de amortecedores para veículos pesados, têm como meta atingir um lucro de $2.000.000 por período. A empresa possui uma capacidade prática para produzir até 58.000 unidades por período, mas vem conseguindo colocar no mercado apenas cerca de 54.000, ao preço líquido de $220.

Seus custos diretos são os seguintes (em $):

Matéria-prima (por unidade)	110
Embalagem (por unidade)	28
Mão de obra direta (por período)	300.000

Seus custos Indiretos de Produção e Despesas, por período, são (em $):

Supervisão da fábrica	100.000
Depreciação de máquinas da produção	900.000
Despesas de administração-geral	200.000
Comissões sobre vendas	10%

O Departamento de Marketing fez uma pesquisa de mercado para saber qual seria o volume de vendas em diversos níveis de preço. O resultado foi:

Preço por unidade (em $)	Quantidade que seria vendida por período
200	60.000
220	54.000
240	48.000
260	42.000
280	36.000
300	30.000

Desconsiderando a incidência de tributos sobre a receita, pede-se calcular:

a) O valor do resultado que a empresa vem obtendo por período.
b) O valor máximo da Margem de Contribuição Total (MCT) que a empresa pode obter nas instalações atuais.
c) O valor da Margem de Contribuição Total (MCT) se praticar o preço de $300.
d) O valor de custo da ociosidade na situação (alínea c).
e) O valor do resultado no ponto ótimo de trabalho (lucro máximo).

EXERCÍCIO 19.4

Uma empresa produz e comercializa dois produtos, flautas e violões, e os custos variáveis são $60 e $220, por unidade, respectivamente. A linha de produção de flautas tem um custo fixo direto de $10.000 e a de violões, $20.000. Os custos fixos comuns aos dois produtos são de $45.000, por período, e as despesas fixas de administração e de vendas $21.000, também, por período. Os tributos incidentes sobre a receita bruta perfazem o total de 15%. A empresa costuma remunerar seus vendedores na base de 10% sobre a Receita Líquida.

Parte A

Considerando-se a formação de preços de venda com base nos custos e que:

- o Departamento de Marketing estima uma demanda de 2.000 flautas e 1.000 violões por período;

- a administração estabeleceu uma meta de lucratividade de 8% sobre a Receita Líquida para cada um dos dois produtos; e
- o rateio é feito com base no volume de produção (VBC).

Pede-se calcular o Preço de Venda Bruto (PVB) dos dois produtos.

SIMULAÇÃO DO RESULTADO
(Considerando-se os volumes estimados pela área de marketing)

	Flautas	Violões	Total
Receita Bruta			
Impostos			
Receita Líquida			
Custos Variáveis			
Despesas Variáveis			
Margem de Contribuição Total			
Custos Fixos Diretos			
2ª Margem de Contribuição Total			
Custos Fixos Comuns			
Despesas Fixas			
LUCRO OPERACIONAL			
Margem Operacional:			

Parte B

O Departamento de Marketing, por meio de pesquisas e estudos de mercado, elaborou a seguinte tabela de possíveis preços e respectivas demandas:

Flautas		Violões	
Preço ($)	**Volume (q)**	**Preço ($)**	**Volume (q)**
100	2.000	400	1.000
120	1.500	450	600

Considerando-se que o lucro operacional objetivado é de $40.000, por período, que os administradores da empresa pretendem estabelecer preços de venda com base no mercado, e que quaisquer outras variáveis são irrelevantes, pergunta-se:

a) Qual deve ser o preço praticado em cada produto?
b) Qual é o valor da contribuição de cada produto com os preços estabelecidos em (*a*)?
c) Qual é o valor do resultado operacional máximo da empresa, considerando-se as respostas de (*a*) e (*b*)?
d) Uma vez conhecida a resposta (*c*), devem-se validar os preços definidos em (*a*)? Por quê?

ATIVIDADES COMPLEMENTARES SUGERIDAS

1. Os métodos de custeio aprendidos até agora, são capazes de auxiliar na formação dos preços dos produtos? Se sim, em que circunstâncias?
2. Compare os métodos de custeio e diga qual deles é o que mais contribui para redução de custos e despesas.
3. Numa decisão de: (a) continuar produzindo internamente ou (b) passar a comprar de fornecedor externo um componente, os custos fixos de produção devem ser computados na primeira alternativa?

20

CUSTOS IMPUTADOS E CUSTOS PERDIDOS

20.1 OBJETIVOS DE APRENDIZAGEM

Ao final deste capítulo, o leitor deverá ser capaz de:

- Reconhecer o conceito de Custo de Oportunidade e sua utilidade para tomar decisões.
- Compreender o que é Custo Imputado.
- Compreender o que são Custos Perdidos.
- Aplicar esses três conceitos de custos para tomada de decisão.

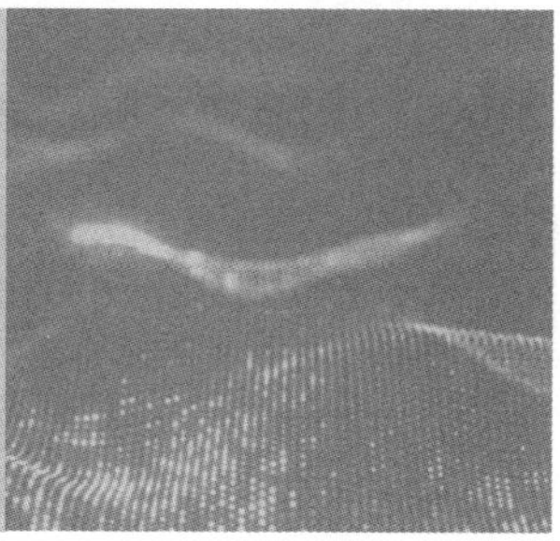

20.2 INTRODUÇÃO

Vamos abordar agora alguns conceitos não usuais na Contabilidade de Custos, mas não menos importantes do que os já vistos; pelo contrário, tão ou mais necessários para a pessoa que toma decisões ou prepara e fornece relatórios para essa finalidade.

20.3 CONCEITOS

20.3.1 Custo de oportunidade

Esse é um conceito costumeiramente chamado de "econômico" e "não contábil", o que em si só explica, mas não justifica, o seu não muito uso em Contabilidade Geral ou de Custos.

Representa o *Custo de Oportunidade* o quanto a empresa sacrificou em termos de remuneração por ter aplicado seus recursos em uma alternativa em vez de em outra. Se usou seus recursos para a compra de equipamentos para a produção de sorvetes, o custo de oportunidade desse investimento é o quanto deixou de ganhar por não ter aplicado aquele valor em outra forma de investimento que estava ao seu alcance.

Normalmente, esse tipo de comparação tende a ser um pouco difícil, em função principalmente do problema do risco. Aquela firma poderia usar seus recursos na compra de um prédio para fins locativos; o que ganharia de aluguel é uma boa forma de medir o custo de oportunidade do investimento na fábrica de sorvetes? Os graus de risco de um e outro empreendimento são bastante diferentes, e por isso a comparação entre os retornos é também sem muito sentido.

Duas alternativas poderíamos analisar, sem entrar em muito detalhe: ou entendemos o custo de oportunidade com relação a outro investimento de igual risco ou tomamos sempre como base o investimento de risco zero, que seria, no caso brasileiro, em títulos do Governo Federal, ou a Caderneta de Poupança, por exemplo.

Em termos práticos, precisamos fazer comparações entre valores de igual poder de compra; assim, é necessário trabalharmos com lucro (consequentemente, receitas e despesas), investimento e juros reais, ou seja, em moeda de mesmo poder aquisitivo. Por exemplo, suponhamos que não haja inflação, o custo de oportunidade tomado pela empresa em termos reais seja de 6% ao ano e que o valor do investimento no imobilizado para fabricação de sorvete seja de $10.000.000. Teríamos, então, um custo de oportunidade de $600.000 ao ano em termos reais. Digamos, ainda, que a empresa tenha no primeiro ano:

Receitas		$15.000.000
Custo dos Produtos Vendidos		
Matéria-prima	$7.000.000	
Mão de Obra	$3.000.000	
Depreciação	$2.000.000	
Outros Custos	$2.000.000	($14.000.000)
Lucro		***$1.000.000***

Com a inclusão do Custo de Oportunidade de $600.000, o resultado seria, então, de apenas $400.000. Isso significa que o verdadeiro valor do resultado da atividade é esse, pois é o que conseguiu a mais do que daria o juro do capital investido. Esses números seriam válidos na ausência de inflação.

20.3.2 Efeito da inflação no custo de oportunidade e no resultado

Suponhamos, entretanto, que a inflação durante esse ano tenha sido de 25%, e que o Custo de Oportunidade considerado seja o mesmo de 6%, mas em termos reais; assim, o raciocínio seria: se houve uma inflação de 25%, um valor investido deveria ser, no final do período, 25% superior ao do início para não ter rendido nada; se, por outro lado, desejamos um retorno real de 6%, essa porcentagem precisa ser calculada sobre o investimento original acrescido dos 25%. Teríamos:

$10.000.000 × 1,25 =	$12.500.000
(+) 6% × $12.500.000 =	$750.000
	$13.250.000

Nesse caso, teríamos, de fato, crescido 6% em termos reais, já que com $13.250.000 estaríamos, naquela porcentagem, maiores do que o valor inicial corrigido.

Diríamos, então, que a empresa "perdeu" $2.250.000 após o cômputo do Custo de Oportunidade, já que precisaria ter recebido $3.250.000 ($2.500.000 de correção e $750.000 de retorno real) e só recebeu $1.000.000?

Isso seria verdade caso não existisse um imobilizado que não se corrói pela influência da inflação. Se o valor contábil dele antes de qualquer atualização for de $8.000.000 ($10.000.000 originais menos $2.000.000 de depreciação acumulada) em termos de moeda inicial, temos que, corrigindo pelos 25%, chegamos a um valor atualizado de $10.000.000. Além disso, existem, digamos, em caixa $3.000.000 derivados do resultado (lucro antes da depreciação e na hipótese de receitas e despesas totalmente recebidas e pagas). Logo, o patrimônio todo no final do período é de $13.000.000.

Podemos, então, agora, comparar esses $13.000.000 com os $12.500.000 correspondentes ao investimento original corrigido. O resultado corrigido pela inflação é, portanto, de $500.000, inferior ao Custo de Oportunidade. Com o cômputo deste, o resultado foi um prejuízo de $250.000, isto é, ganhou-se no período, mas menos do que se ganharia com uma aplicação que rendesse correção monetária igual à inflação e juros reais de 6% ao ano.

Na verdade, o certo seria ter a empresa aplicado aqueles $3.000.000 recebidos durante o período em algum investimento que rendesse pelo menos a correção monetária ou em estoques ou em outro imobilizado não deteriorável pela inflação. Tivesse feito isso, teria obtido então um valor de patrimônio final maior. Supondo que uma correção média de 12,5% tivesse sido obtida, teríamos então, além dos $13.000.000, mais $375.000 ($3.000.000 × 12,5%). Assim, $13.375.000 menos os $12.500.000 nos dariam um resultado real de $875.000, suficientes para cobrir o Custo de Oportunidade ($750.000, corrigidos) e um resultado real da atividade de $125.000.

VOCÊ SABIA?

A Correção Monetária Integral nos dá uma ideia mais correta e completa dos efeitos da inflação sobre o patrimônio e os lucros da empresa.

A explicação seria a seguinte: as Receitas e Despesas, exceto Depreciação, estão em valores médios do exercício, precisando de uma atualização de 12,5%; a Depreciação necessita de 25% de correção, já que o valor atribuído de $2.000.000 está em moeda da data da compra do Imobilizado. Ficaria:

Receitas: $15.000.000 × 1,125 =	$16.875.000	
Custos:		
Matéria-prima	$7.000.000 × 1,125 = $7.875.000	
Mão de obra	$3.000.000 × 1,125 = $3.375.000	
Depreciação	$2.000.000 × 1,250 = $2.500.000	
Outros	$2.000.000 × 1,125 = $2.250.000	($16.000.000)
Lucro Antes do Custo de Oportunidade		$875.000
Custo de Oportunidade Real		$750.000
Lucro Real		***$125.000***

(Se a empresa não tivesse aplicado os $3.000.000 recebidos durante o período e tivesse ficado com o dinheiro exposto à perda pela inflação média de 12,5%, apareceria uma conta especial: "Perda na Disponibilidade" de $375.000 e teríamos aquele outro lucro já falado antes de apenas $500.000, inferior ao custo de oportunidade.)

Depreendemos disso duas ideias absolutamente importantes: no cálculo do custo devem estar todos os valores devidamente corrigidos. Se a Contabilidade está usando dados históricos, é necessário que eles sejam corrigidos, para que se possa ter uma ideia do valor total inflacionado (ou deflacionado, caso se prefira).

Os valores de Mão de obra, Energia, Aluguéis (depreciação do Direito de Uso) etc. precisam ser corrigidos pelos índices relativos à inflação observada entre a data em que ocorreram e a data base escolhida (de preferência a mais próxima possível do próprio relatório).

Os materiais, pelo índice representativo da inflação entre a compra (mas depois de trazidos a valor presente) e não o efetivo consumo e a data-base.

As depreciações e as amortizações, pelo relativo também entre a inflação desde a data da compra do imobilizado ou outro ativo a que se refira e a data-base.

Em segundo lugar, o Custo de Oportunidade é um custo verdadeiro, no sentido de representar quanto está sendo o sacrifício da empresa em investir nesse empreendimento, e não em outro. Para usuários externos, não é contabilizável, mas obrigatoriamente tem que ser levado em consideração pelos gestores nas análises para tomada de decisões.

Para uma análise mais completa dos efeitos da inflação, consulte-se, do mesmo autor, *Análise da correção monetária das demonstrações financeiras: implicações no lucro e na alavancagem financeira*, Atlas, 1980.

20.3.3 Consequências do custo de oportunidade e da taxa de retorno

Uma das consequências mais importantes decorrentes do uso do conceito de Custo de Oportunidade é a identificação dos produtos ou linhas que estão produzindo um retorno inferior a ele. Isso costuma acontecer com certa frequência. Alguns produtos estão trazendo resultado, mas uma análise mais aprofundada talvez mostre que esse retorno é inferior ao Custo de Oportunidade do Investimento utilizado para produzi-lo.

Vemos que aquele conceito de Retorno sobre o Investimento e os problemas relativos à medida de um e outro vistos no Capítulo 18, item 18.3.3, voltam à baila.

Se fosse possível fazer uma distribuição perfeita de todos os custos para todos os produtos e conseguir-se, também, identificar a parte do investimento total de uma empresa que cabe a cada um desses itens elaborados, não haveria dificuldade na análise. O problema reside na dificuldade, ou melhor, na impossibilidade de se levar a bom termo esse intuito.

Normalmente as tentativas que existem com essa finalidade acabam sendo malsucedidas, devido às necessidades de apropriação não só dos custos fixos, como também de grande parte dos investimentos realizados que são comuns a diversos ou a todos os produtos.

Por isso, talvez não haja outra alternativa que não a de se verificar o que é possível identificar e separar para cada um dos produtos e investimentos e trabalhar-se com o seguinte raciocínio: no total, o retorno sobre o investimento, computando-se o Custo de Oportunidade, está bom? Caso contrário, talvez seja necessário eliminar ou substituir os de menor retorno para se melhorar a média.

Aliás, essa prática não foi até agora mencionada, mas, apesar da tão elementar lógica nela subjacente, talvez seja bom discuti-la um pouco, devido à sua importância vital.

Em muitos exemplos temos discorrido sobre a necessidade ou não de se cortar este ou aquele produto, decidir entre comprar e produzir etc., mas não mencionamos que além desse aspecto existe aquele da comparação entre o produto que está gerando lucro e o que outro em seu lugar poderia render.

Suponhamos que uma empresa esteja trabalhando com quatro produtos, H, I, J e L, todos com Margem de Contribuição positiva e com um resultado global também positivo:

Quadro 20.1

	H	I	J	L	Total
Receitas	$10.000	$7.000	$9.000	$4.000	$30.000
(–) Custos Variáveis	($8.000)	($6.000)	($7.500)	($3.500)	($25.000)
(=) Margem de Contribuição	$2.000	$1.000	$1.500	$500	$5.000
(–) Custos Fixos					($3.000)
(=) Lucro					***$2.000***

Diversas hipóteses podemos assumir para melhor elucidação do que pretendemos mostrar:

1ª hipótese: O resultado final não é compatível com o investimento feito. Apesar das Margens e do lucro final positivos, um investimento, digamos, de $50.000 estaria proporcionando apenas 4% de retorno, e com um custo de oportunidade de 6% estaria proporcionando taxa final real negativa de 2%. O que fazer? Obviamente, duas alternativas existem: tentar melhorar o retorno ou desistir do empreendimento. Para melhorar o retorno, deverão ser analisadas as diferentes vias: aumentar o preço de venda, aumentar o volume de vendas, reduzir custos ou qualquer combinação deles, ou ainda substituir alguns dos produtos por outros que propiciem maiores valores de retorno final; por exemplo, apesar de todos terem M.C. positiva, talvez o produto L possa ser substituído por outro produto que consiga produzir M.C. maior do que os seus $500. Se alternativa nenhuma dessas é viável, o caminho da desistência do empreendimento poderia então ser estudado. Mas aqui cabe a indagação: investi $50.000 e só consigo $2.000 de retorno; abandonando esse empreendimento, quanto ganharia em outro? E nesse caso é necessário saber-se o quanto se poderia obter pela venda, que provavelmente não será feita por aqueles $50.000. De nada adianta vender por $20.000 e conseguir aplicar essa importância a 8%, ganhando $1.600!

2ª hipótese: O resultado final é compatível com o investimento feito, mas existem outras opções de bens ou serviços a produzir. Talvez o investimento tenha sido de $25.000 e o retorno de $2.000 seja considerado razoável, acima do Custo de Oportunidade, mas haja a possibilidade de a empresa substituir alguns produtos ou adicionar outros à linha existente. Para a substituição, digamos que não haja necessidade de investimentos adicionais; bastaria então a análise do diferencial de Margem de Contribuição entre o atual e o substituto. Se, por exemplo, há possibilidade de se trocar o produto I por outro que produza M.C. de $1.300, não haveria dúvidas de que essa seria economicamente a alternativa correta; mesmo que acontecesse de, por unidade, o novo produzir menos, o que interessa é a M.C. Total dele ser $300 superior à do I, o que aumentaria diretamente o Lucro nessa importância. Para o estudo da adição de produto novo, o importante é verificar se existirão acréscimos ou não de Custos Fixos e/ou de Investimentos. Se a adição não aumenta nem um nem outro, é porque estaríamos então aproveitando capacidade ociosa e qualquer opção com M.C. positiva melhoraria nossa rentabilidade. Se o novo produto provoca acréscimo de Custos Fixos, importante se torna verificar se o adicional de M.C. positiva melhoraria nossa rentabilidade. Se o novo produto provoca acréscimo de Custos Fixos, importante se torna verificar se o adicional de M.C. trazido por ele é superior ao adicional de Custos Fixos provocados. E se a nova linha, além de provocar novos Custos Fixos, traz também a necessidade de novos investimentos, importante se torna averiguar se a atual taxa de 8% ($2.000/$25.000) será ou não melhorada. Poderia ocorrer de sermos obrigados a um investimento adicional de $5.000, para produzirmos um produto com M.C. Total de $2.000, mas que aumentaria os Custos Fixos em $1.500; haveria, portanto, um acréscimo no resultado de $500 ($2.000 – $1.500) contra um acréscimo de $5.000 no investimento. Poder-se-ia dizer que esse investimento adicional tem um retorno específico de 10%, o que melhorará a taxa global. De fato, teríamos retorno de $2.500 contra investimento total de $30.000, com uma taxa de 8,3%.

3ª hipótese: Independentemente de o resultado ser ou não compatível, existe a alternativa de retirada de um dos produtos da linha. O produto, L no Quadro 20.1, mostra uma M.C. de $500, a menor de todas. Poderia acontecer de a empresa verificar que, caso desistisse dessa linha, pudesse desativar parte da sua planta, reduzindo então o investimento feito. O problema agora é o de se verificar qual das duas opções é melhor, e isso depende do valor que se poderia obter pela desativação e da alternativa de sua aplicação. Digamos que o investimento que esteja produzindo os $2.000 seja de $32.000 (retorno de 6,25%), e que na desativação do L se conseguisse reduzir o investimento em $9.000 bem como os Custos Fixos em $300. Nesse caso, teríamos o resultado de $2.000 transformado em $1.800 ($2.000 – $500 + $300), o que representaria um retorno de 7,8% sobre o investimento líquido de $23.000 ($32.000 – $9.000). Mas o problema reside no seguinte: desativando os $9.000, quanto de fato se consegue obter pela venda dessa parte dos ativos da firma? Digamos que apenas se obtivessem $5.000 como valor de venda; valeu a pena? A resposta depende ainda do que conseguiremos fazer com os $5.000; se conseguirmos aplicá-los, por exemplo, a 6%, rendendo $300, teremos feito um bom negócio, já que antes obtínhamos $2.000 e agora $2.100 ($1.800 + $300).

(Outras hipóteses e raciocínios poderiam ser desenvolvidos, mas o essencial aqui não é mostrar todo o "leque" possível de decisões, mas o raciocínio básico a ser seguido.)

20.3.4 Custos perdidos (*sunk costs*)

No último exemplo, falamos da possibilidade de desativação de um investimento original de $9.000, com sua venda por $5.000, e não consideramos esse prejuízo contábil de $4.000 na decisão. Devemos de fato considerá-lo ou não? Vai aparecer no Resultado da empresa ou não?

Para melhor elucidar esse tipo de problema, suponhamos outro exemplo: uma companhia fabricante de cosméticos produz determinado produto com os seguintes dados, segundo seu Departamento de Custos:

Custos Variáveis:		
Materiais	$130/un.	
Amortização de Gastos com Pesquisa de Mercado (PM)	$50/un.	$180/un.
Custos Fixos:		
Mão de Obra (Direta e Indireta)		$2.200.000/ano
Depreciação Planta Embalagens		$600.000/ano
Depreciação Planta Produtos		$1.000.000/ano
Energia Elétrica e Aluguel (ou Depreciação de Direitos de Uso)		$800.000/ano
Total		***$4.600.000/ano***

Preço de Venda do Produto Embalado: $500/un.

A Amortização de Gastos com Pesquisa de Mercado é apresentada como um custo variável, já que a empresa gastou $5.000.000 nesse levantamento para conhecer a melhor embalagem que poderia utilizar para seu produto, e resolveu amortizar esse total à base de $50/un., pela previsão de um volume total de 100.000 un., das quais já elaborou 20.000 un. Mão de obra é totalmente fixa, quer na parte Direta quer na Indireta, devido à grande especialização do pessoal; mesmo que haja oscilações no volume de produção, não se despede ninguém, sendo que isso só seria possível se o corte no volume fosse considerado definitivo.

Depreciação da Planta de Embalagens diz respeito a uma fábrica montada pela companhia em imóvel alugado apenas para a produção dessas embalagens pesquisadas. Dos Materiais variáveis de $130/un., $30 são relativos à embalagem; da Mão de obra de $2.200.000, $800.000 são gastos nessa planta só de embalagens, bem como $100.000 dos $800.000 de Energia Elétrica e Aluguel (depreciação do Direito de Uso).

A vida útil de ambas as fábricas, de embalagens e de produtos, é de cinco anos, após os quais a empresa sabe que não mais interessará trabalhar com esse produto. Já se passou o primeiro ano, e a depreciação das duas plantas é linear (20% ao ano); espera-se pela continuidade de produção de 20.000 un. por ano. Não se espera nada como valor de venda pelas plantas após os cinco anos.

Os Custos poderiam então ser separados:

Quadro 20.2

	Embalagem (*20.000 un.*)	**Produto** (*20.000 un.*)	**Total** (*20.000 un.*)
Materiais:	× $30/un. = $600.000	× $100 un. = $2.000.000	$2.600.000
Amortização P.M.	× $50/un. = $1.000.000	-0-	$1.000.000
Mão de obra	$800.000	$1.400.000	$2.200.000
Depreciação	$600.000	$1.000.000	$1.600.000
En. Elétrica e Aluguel (Dir. Uso)	$100.000	$700.000	$800.000
Total	***$3.100.000***	***$5.100.000***	***$8.200.000***
Custo Unitário Total =	$155	$255	$410

A nossa companhia recebe agora, no início do 2º ano de atividade, uma proposta de uma fábrica de embalagens, que lhe propõe a entrega das 20.000 un. anuais, pelo prazo restante de quatro anos, ao custo unitário de $90, ou seja, de $1.800.000 por ano, e paga $2.000.000 à vista pelos equipamentos de nossa fábrica. Só que precisaríamos comprar por $800.000 um equipamento embalador para a nossa outra planta.

O Diretor de Produção expõe seu raciocínio: "Aceitando a proposta, estaremos economizando $1.300.000 por ano ($3.100.000 – $1.800.000) numa economia global em quatro anos de $5.200.000. Proponho a imediata aceitação da proposta."

O Diretor Financeiro, por sua vez, argumenta: "De fato, seus números são até aí verdadeiros, mas você se esqueceu de que teremos de baixar dois ativos: a planta da fábrica, contabilizada por $2.400.000 ($3.000.000 de valor de compra menos $600.000 de depreciação do 1º ano), o que irá reduzir seus $5.200.000 para $4.800.000 (prejuízo na venda da atual planta); além disso, teremos que baixar $4.000.000 de Gastos com Pesquisas de Mercado ainda não amortizados, o que reduz o ganho para $800.000. Opto também pela decisão de aceitar a proposta, mas evidenciando que não há vantagem tão extraordinária quanto poderia parecer."

O Diretor-presidente, após ouvir ambos, comenta: "Apesar de ser Presidente, não tenho grandes conhecimentos técnicos de Custos ou de Produção; só sei raciocinar de forma simples. E minha lógica é a seguinte: se daqui a quatro anos nossas fábricas de nada valerão, interessa-me das duas alternativas aquela que, no final desse período, deixar nossa empresa com maior valor em Caixa. Temos um saldo hoje de $x,00. Daqui a quatro anos teremos, caso continuemos a fabricar a embalagem, esse saldo mais quatro vezes $4.400.000, ou seja, mais $17.600.000, já que receberemos em cada ano $10.000.000 de receitas, mas só desembolsaremos $5.600.000 de materiais, mão de obra, energia e aluguel (depreciação do Direito de Uso); afinal, o gasto com pesquisa e a compra das máquinas são coisas que já fizemos no passado, e não mais alterarão nossa vida. Por outro lado, se vendermos a planta e comprarmos as embalagens, teremos a mesma receita de $10.000.000 anuais, mas nossos desembolsos serão de $5.900.000 por ano, já que economizaremos $1.500.000 com materiais, mão de obra, energia e aluguel na fábrica de embalagens, mas gastaremos $1.800.000 com o fornecedor; assim, no final do período teremos o saldo de hoje mais quatro vezes $4.100.000 ($16.400.000), mais o valor da venda da planta, $2.000.000, menos os $800.000 a pagar pela embaladora, totalizando os mesmos $17.600.000 que na alternativa anterior. Opto pela decisão de comprarmos as embalagens e vendermos nossa fábrica, porque, aplicando esses fluxos de caixa anuais a juros, teremos uma renda maior nessa alternativa pois $5.300.000 no primeiro ano ($4.100.000 + $2.000.000 – $800.000) e $4.100.000 por ano em três anos rendem mais do que quatro aplicações iguais de $4.400.000. Essa é para mim a única diferença entre ambas as hipóteses."

Realmente, o raciocínio do Diretor-presidente é o mais correto, e ele está aplicando o conceito de Custo Perdido (*Sunk Cost*), ao abandonar os custos com amortização e depreciação de ativos existentes; são investimentos feitos no passado que provocam custos contábeis, mas são irrelevantes para certas decisões, por não alterarem fluxos financeiros. O que interessa neles é seu valor de recuperação, ou seja, o que se obteria pela disposição dos itens sendo apropriados.

Poderíamos ter chegado ao mesmo raciocínio que o Presidente da companhia, caso tivéssemos imaginado o seguinte: tanto a Amortização do Gasto com a Pesquisa quanto a Depreciação da Fábrica de Embalagens e de Produtos existirão, quer optemos por uma ou outra alternativa. Nós teremos assim quatro vezes $8.200.000 no período restante, no total de $32.800.000, de custos (não de desembolsos). Optando pela venda, teremos como custo total esse mesmo valor mais a diferença entre o que pagaremos, $1.800.000, ao fornecedor, e o que deixaremos de gastar com materiais, mão de obra, energia e aluguel (depreciação do Direito de Uso); da fábrica de embalagens ($1.500.000), em um diferencial total de $1.200.000 ao longo dos quatro anos, passando os custos totais para $34.000.000; mas teremos uma entrada (recuperação) de $2.000.000 pela venda das máquinas atuais e um desembolso de $800.000 pela nova, voltando aos mesmos $32.800.000 de custos totais. A única diferença passa mesmo a ser o fluxo de caixa, que é mais favorável, em termos de tempo, à hipótese da venda.

Seria útil que ainda se considerasse o efeito do Imposto de Renda sobre ambas as alternativas; apesar de que no total será o mesmo, sua distribuição no tempo será diferenciada, o que poderá trazer diferenças nos rendimentos sobre o fluxo de caixa. Veja os Quadros 20.3 e 20.4.

Ambos os fluxos são iguais no total, mas sua não igualdade no tempo acaba por fazer aparecer substancial diferença entre eles. O valor atual das duas séries é diferente, sendo maior o da hipótese de venda, o que equivale a dizer que este segundo fluxo, aplicado a juros, daria um montante maior que o primeiro.

O Diretor-presidente, ao desconsiderar as Depreciações e as Amortizações, pensou no Fluxo de Caixa puro; esse conceito tem sua razão de ser, já que o valor de um ativo existente será realmente baixado para o resultado, independentemente de sua venda. Se não for vendido, será transformado em depreciação ou amortização, e ser for vendido será dado como despesa na forma de "custo" do bem negociado. Logo, é um custo irrelevante para certos tipos de decisões, e por isso diz-se tratar de Custos Perdidos ("afundados"). Isso fica bastante visível quando olhamos a sequência completa de resultados (Quadro 20.3), que nos mostra valores iguais em uma ou em outra alternativa.

Quadro 20.3

Fluxo de Resultados

	1º Ano	2º Ano	3º Ano	4º Ano	Total
Receitas	$10.000.000	$10.000.000	$10.000.000	$10.000.000	$40.000.000
Hipótese de Não Vender:					
Custos	($8.200.000)	($8.200.000)	($8.200.000)	($8.200.000)	($32.800.000)
Lucro	$1.800.000	$1.800.000	$1.800.000	$1.800.000	$7.200.000
I.R. (30%)	($540.000)	($540.000)	($540.000)	($540.000)	($2.160.000)
L. Líquido	***$1.260.000***	***$1.260.000***	***$1.260.000***	***$1.260.000***	***$5.040.000***
Hipótese de Vender:					
Custo Embalagens	$1.800.000	$1.800.000	$1.800.000	$1.800.000	$7.200.000
Custo Produtos	$5.100.000	$5.100.000	$5.100.000	$5.100.000	$20.400.000
Deprec. Embalagens	$200.000	$200.000	$200.000	$200.000	$800.000
Amort. Pesq. de Mercado	$1.000.000	$1.000.000	$1.000.000	$1.000.000	$4.000.000
Prejuízo Venda Fábrica	$400.000				$400.000
Soma Custos	($8.500.000)	($8.100.000)	($8.100.000)	($8.100.000)	($32.800.000)
Lucro	$1.500.000	($1.900.000)	($1.900.000)	($1.900.000)	$7.200.000
IR	($450.000)	($570.000)	($570.000)	($570.000)	($2.160.000)
L. Líquido	***$1.050.000***	***$1.330.000***	***$1.330.000***	***$1.330.000***	***$5.040.000***

Quadro 20.4

	1º Ano	2º Ano	3º Ano	4º Ano	Total
Hipótese de Não Vender:					
Lucro	$1.260.000	$1.260.000	1.260.000	$1.260.000	$5.040.000
(+) Depreciações (1)	$1.600.000	$1.600.000	$1.600.000	$1.600.000	$6.400.000
(+) Amortiz. P. Mercado	$1.000.000	$1.000.000	$1.000.000	$1.000.000	$4.000.000
Fluxos de Caixa (4)	***$3.860.000***	***$3.860.000***	***$3.860.000***	***$3.860.000***	***$15.440.000***
Hipótese de Vender:					
Lucro	$1.050.000	$1.330.000	$1.330.000	$1.330.000	$5.040.000
(+) Depreciações (2)	$1.200.000	$1.200.000	$1.200.000	$1.200.000	$4.800.000
(+) Amortiz. P. Mercado	$1.000.000	$1.000.000	$1.000.000	$1.000.000	$4.000.000
(+) Prej. Venda Fabr. (3)	$400.000				$400.000
(+) Venda Fábrica	$2.000.000				$2.000.000
(–) Compra Embaladora	($800.000)				($800.000)
Fluxo de Caixa (4)	***$4.850.000***	***$3.530.000***	***$3.530.000***	***$3.530.000***	***$15.440.000***

Observação: A diferença entre os $17.600.000 mencionados pelo Presidente e os $15.440.000 acima deve-se à inclusão do Imposto de Renda de $2.160.000.

(1) Depreciações de $600.000 da Fábrica de Embalagens e $1.000.000 da de Produtos.

(2) Depreciações de $1.000.000 da de Produtos e $200.000 da nova máquina embaladora.

(3) O prejuízo é um valor contábil deduzido do lucro que não altera caixa; o que a altera é o valor de venda do imobilizado vendido.

(4) Hipótese assumida de receitas recebidas e despesas pagas, inclusive Imposto de Renda.

20.3.5 Custos imputados

Observe-se no exemplo anterior que o Diretor Presidente, ao levar em conta o juro que poderia ganhar com o dinheiro de cada hipótese, está aplicando o conceito de Custo de Oportunidade.

VOCÊ SABIA?

Custo de Oportunidade é um dos tipos de Custos Imputados. Estes são valores que a empresa tem de sacrifício econômico verdadeiro, mas que não são contabilizados por várias razões: não provocam gastos para a empresa, são subjetivos e polêmicos etc.

É relativamente comum encontrarmos o cálculo de Juro sobre o Capital Próprio sobre cada produto; é um Custo Imputado, relativo ao Custo de Oportunidade do uso do Capital Próprio. Do ponto de vista gerencial, é de grande valia, mas não pode ser tratado contabilmente como despesa. O grande problema é o já visto, de que para ser alocado a cada produto costuma ser rateado. E esse processo de rateio acaba por esbarrar nos mesmos problemas relativos aos rateios dos Custos Indiretos no Custeio por Absorção. Logo, acaba muitas vezes a adoção do conceito do Custo de Oportunidade por levar a empresa à crença de que está sofisticando seu cálculo, enquanto poderá estar na realidade se autoenganando com o uso de critérios arbitrários de distribuição desse Custo Imputado.

O mesmo conceito diz respeito ao Aluguel atribuído quando o imóvel é próprio. Trata-se de um raciocínio que acaba por imputar aos produtos um custo de oportunidade também. O fato de a empresa ter optado por não alugar o seu imóvel a terceiros e sim utilizá-lo no processo produtivo faz com que ela se sinta tentada a incluir esse valor como custo dos produtos e serviços elaborados. O raciocínio é gerencialmente válido, mas não contabilizável. Mas pode pecar pelas mesmas razões já discutidas. Sendo um valor fixo, independendo do volume de produção, pode, se rateado, levar a empresa aos mesmíssimos problemas já tão analisados.

Esses itens são de grande valia, mas somente se tratados convenientemente. Sendo fixos, deverão ser deduzidos da Margem de Contribuição Total para efeito de análise, como se fossem iguais (e realmente são) aos demais Custos Fixos; se são identificáveis com um ou vários produtos, deverão então entrar no cálculo da 2ª ou 3ª Margem de Contribuição.

Talvez a melhor forma mesmo seja a de calculá-los apenas após o resultado global, para análise da rentabilidade como um todo, já que as tentativas de apropriação podem mais iludir do que elucidar. A única forma lógica de apropriação seria a vista no Capítulo 16, item 16.3.7: em função do fator de limitação da capacidade produtiva.

Os custos imputados, tais como o custo de oportunidade e outros, às vezes são conhecidos, no jargão das empresas, como "custos que não vêm acompanhados de nota fiscal", no sentido de que não são documentados como fruto de transações. Nesse sentido, um relatório gerencial de custos poderia, por exemplo, evidenciar o valor dos custos explícitos separadamente dos implícitos (estes não contabilizáveis); assim, ter-se-ia o valor total do custo gerencial.

RESUMO

A seguir, estão contemplados os principais assuntos discorridos no capítulo:

- Custo Imputado é um valor atribuído ao produto para efeitos internos, mas não contabilizável.
- O Custo de Oportunidade é seu exemplo maior, representando o quanto está sendo o sacrifício da empresa em empregar determinado recurso em um projeto, em vez de em outra alternativa.
- Custos Perdidos são valores já gastos no passado e que, mesmo que ainda não contabilizados totalmente como custos, o serão no futuro;
- Na inflação, todos os componentes da análise precisam estar a valor presente e em moeda constante.

EXERCÍCIO 20.1

A Indústria de Refrigerantes Kirin foi constituída com um investimento de $120.000 (metade para capital fixo e metade para circulante). Esse montante foi financiado da seguinte forma:

a) capital próprio, representado por aporte dos sócios: $40.000; e

b) empréstimos e financiamentos, à base de correção monetária mais juros de 6% a.a.: $80.000.

No fim do primeiro ano de atividade, o presidente da empresa recebeu a seguinte demonstração de resultados da Contabilidade Gerencial:

Receita Bruta		160.000
Despesas Variáveis de Vendas		(6.300)
Receita líquida		153.700
Custos Variáveis		(75.600)
Margem de Contribuição		78.100
Custos Fixos, exceto depreciação	16.680	
Depreciação dos Equipamentos	3.000	(19.680)
Lucro Bruto		58.420
Despesas Fixas de Vendas	9.270	
Despesas Administrativas	8.200	(17.470)
Lucro Operacional Antes das Desp. Financeiras		40.950
Correção Monetária dos Empréstimos (8%)	6.400	
Juros sobre Empréstimos e Financiamentos	5.184	(11.584)
Lucro Operacional Depois das Desp. Financeiras		29.366
Correção Monetária sobre o Capital Próprio	3.200	
Juros sobre o Capital Próprio (6%)	2.592	
Aluguel imputado sobre Imóveis Próprios	7.000	12.792
LUCRO ANTES DO IMPOSTO DE RENDA (LAIR)		*16.574*

Todavia, a Contabilidade Financeira apresentou a seguinte demonstração:

Receita		160.000
Custos Variáveis	75.600	
Custos Fixos, exceto depreciação	16.680	
Depreciação dos Equipamentos	3.000	(95.280)
Lucro Bruto		64.720
Despesas Variáveis de Vendas	6.300	
Despesas Fixas de Vendas	9.270	
Despesas Administrativas	8.200	(23.770)
Lucro Operacional Antes das Desp. Financeiras		40.950
Correção Monetária dos Empréstimos (8%)	6.400	
Juros sobre Empréstimos e Financiamentos	5.184	(11.584)
LUCRO ANTES DO IMPOSTO DE RENDA (LAIR)		29.366

Pede-se para calcular o valor correto do resultado da empresa, do ponto de vista gerencial.

EXERCÍCIO 20.2

A empresa Grisi foi constituída em 2-1-X1 com o capital inicial de $100.000 totalmente subscrito e integralizado em moeda corrente nacional; o objetivo é produzir artigos para festas em geral; os proprietários esperam um retorno de 6% a.m.

O preço médio de venda do produto acabado é estimado pelo pessoal da área de marketing em $9,50 por unidade. Impostos e comissões sobre a receita bruta totalizam 20% do preço.

Durante o mês de janeiro, ocorreram os seguintes custos e despesas, todos pagos dentro do próprio mês (em $):

Aluguel da fábrica	3.000
Supervisão da fábrica	9.000
Matéria-prima ($3,00/un.)	36.000
Mão de obra direta	24.000
Despesas administrativas	8.000

No final do mês, 12.000 pacotes de confete haviam sido *integralmente* produzidos e estavam armazenados para serem vendidos no mês seguinte (não houve vendas em janeiro).

Pede-se calcular o valor do resultado do mês de janeiro, pelo Custeio por Absorção, considerando o custo de oportunidade do capital próprio.

EXERCÍCIO 20.3

A Empresa Highlight foi constituída em 30 de março com o capital de $10.000 e os proprietários esperam um retorno de, no mínimo, 0,5% por mês. O capital inicial foi total e integralmente utilizado na mesma data para a produção de um bem com o seguinte custo:

Material	64 kg a $100/kg
Mão de obra	180 h a $20/h

O produto foi vendido em 30 de abril por $12.000, incidindo impostos de $1.440 sobre esse preço.

Considerando que a inflação de abril foi de 2,0%, pede-se calcular o lucro obtido na venda.

EXERCÍCIO 20.4

Uma empresa produz um único produto que é vendido, em média, pelo preço de $250/un.; os principais dados encontram-se na Tabela:

Consumo da matéria-prima (MP)	3 kg por unidade
Preço da matéria-prima (MP)	$50 por kg
Tributos recuperáveis no preço da MP	20%
Aluguel do imóvel	$6.000 por período
Depreciação dos equipamentos	$15.000 por período
Salário com encargos sociais	$30.000 por período
Outros custos e despesas fixos	$9.000 por período
Tributos sobre a receita bruta	15%
Comissões sobre a receita bruta	5%

Em determinado período em que não houve estoques iniciais, a empresa produziu integralmente 1.000 unidades, das quais 950 foram vendidas; o restante foi descartado como refugo, sem valor algum, por apresentarem defeito de fabricação.

Pede-se calcular:

a) o valor do lucro da empresa naquele período;

b) o valor do lucro que seria obtido caso não tivesse havido falhas no processo produtivo e toda a produção fosse vendida ao preço normal; e

c) o valor máximo de custo em que a empresa poderia incorrer para melhorar o nível de qualidade, sem diminuir o lucro obtido em (a).

ATIVIDADES COMPLEMENTARES SUGERIDAS

1. Compare Custo de Oportunidade, Custo Imputado e Custo Perdido e pontue suas principais características.
2. Discuta em quais situações do seu cotidiano você aplicaria o custo de oportunidade. Compartilhe seus exemplos.
3. Você acha que o custo de oportunidade poderia ser contemplado em uma demonstração de resultados? Justifique sua resposta.

21

ALGUNS PROBLEMAS ESPECIAIS: CUSTOS DE REPOSIÇÃO E MÃO DE OBRA DIRETA COMO CUSTO VARIÁVEL

21.1 OBJETIVOS DE APRENDIZAGEM

Ao final deste capítulo, o leitor deverá ser capaz de:

- Compreender o que é Custo de Reposição.
- Conciliar a demonstração de resultados a custos históricos com custos de reposição.
- Entender os casos em que o custo de mão de obra direta pode ser classificado como custo fixo.

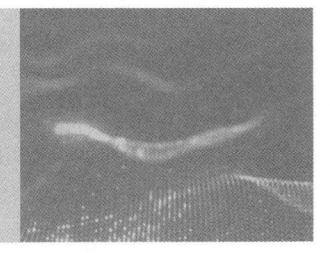

21.2 INTRODUÇÃO

Uma das mais importantes funções da Contabilidade de Custos para fins decisoriais é o suprimento de informações com relação aos valores dos atuais custos de produção, ou seja, custos atuais de reposição dos estoques de bens elaborados, bem como com relação à projeção de valores futuros de reposição.

21.3 CONCEITOS

21.3.1 Custos de reposição

Suponhamos, para exemplificar melhor o problema, que uma empresa tenha tido como único custo de um produto sua matéria-prima; esta foi comprada há 120 dias, quando se pagou $10.000 por ela. Agora, o produto é vendido por $12.000, mas a matéria-prima para refazer hoje o produto custaria $11.500. Qual o verdadeiro lucro?

Em uma Contabilidade tradicional, o resultado seria $2.000, não se levando em conta a reposição do estoque. Gerencialmente, entretanto, poderia o empresário raciocinar: tenho hoje um produto no estoque; vendendo-o e aplicando o valor da venda na reposição desse produto, terei amanhã a mesma coisa que tenho hoje em termos de quantidade de produtos e mais uma sobra de caixa de $500. Logo, o meu lucro é só de $500, ou seja, o valor de venda menos o preço de reposição do produto vendido.

Se o empresário pretende continuar produzindo e vendendo esse item, não deixa de ter certa razão nessa forma de pensar, mas só em parte dela. Se oscilou o preço dessa matéria-prima, mesmo não havendo inflação, não é verdade que ele só tenha ganho os $500. Afinal, seu ativo estocado deve hoje valer mais do que valia antes; custara $10.000 e hoje custa $11.500, e provavelmente o preço de venda deverá ter também subido. Assim, seu patrimônio se valorizou, mesmo sem contar o valor que sobrou no caixa.

Entretanto, esse ganho todo tem parte econômica, e parte também financeira. A parte econômica é a valorização do produto, mas é uma parcela que tem que continuar retida no estoque; só pode ser distribuído ou aplicado em outro item qualquer o valor de $500. Se houver distribuição de um valor superior a esse, a empresa estará fisicamente reduzindo seu estoque, e com isso provavelmente reduzindo sua capacidade futura de geração de lucro.

Em um raciocínio simplista, mas parcial, entenderia o empresário que lucro é o que ele pode tirar da empresa sem afetar seu patrimônio físico. A valorização deste é também um lucro, mas que só se realizará financeiramente quando a empresa for vendida ou descontinuada.

Nesta última alternativa de descontinuação, é fácil verificar o efeito todo; se o empresário investiu na compra da matéria-prima por pura especulação, estando agora desinteressado de continuar no negócio, estará de fato computando como lucro o total de $2.000, já que essa é a importância a mais que terá com relação ao seu valor investido originariamente.

Assim, vemos que são duas alternativas diferentes, do ponto de vista prático: na hipótese da descontinuidade e na da continuidade da empresa. Nesta que nos interessa mais de perto, o lucro disponível para qualquer outro investimento ou distribuição será de fato a receita menos o valor utilizado para a reposição do estoque. O restante é indisponível, precisando retornar ao ativo para recompô-lo fisicamente.

21.3.2 Custos de reposição com inflação

Suponhamos nesse mesmo exemplo que tenha havido uma inflação de 10% desde a data da compra da matéria-prima até a venda do produto.

Se há interesse na descontinuidade da empresa, o lucro será o montante da receita deduzido do valor investido corrigido pela inflação: $12.000 – $10.000 × 1,10 = $1.000. Em caixa existem $2.000 a mais do que o valor investido, mas uma depreciação da moeda de 10% fez com que os primeiros $1.000 fossem considerados como reposição do valor originalmente empregado ($10.000), e não como lucro; este é só o acréscimo a partir daquele montante corrigido.

Na hipótese da continuidade do empreendimento, o valor total do lucro é também o mesmo, de $1.000. Afinal, começamos com $10.000, que, corrigidos, equivalem a $11.000, e agora temos $12.000. Financeiramente, porém, nos sobram os mesmos $500.

Logo, o resultado global é de $1.000, mas $500 desse valor precisam ser retornados ao estoque para sua recomposição física, o que torna tal parcela indisponível para outros efeitos, inclusive distribuição. Só pode a empresa contar, gerencialmente, com os $500 de diferença entre receita e custo de reposição se pretende de fato continuar a operar nesse ramo.

Resumindo as três colocações:

Quadro 21.1

	Lucro à Base de Valores Históricos	Lucro à Base de Valores Históricos Corrigidos pela Inflação	Lucro à Base de Valores de Reposição Corrigidos pela Inflação
Receita	$12.000	$12.000	$12.000
(–) Custo Histórico	($10.000)	–	–
(–) Custo Histórico Corrigido	–	($11.000)	–
(–) Custo Reposição	–	–	($11.500)
Lucro Disponível	–	–	$500
Lucro Estocagem	–	–	$500 (1)
Lucro Total	$2.000	$1.000	$1.000

(1) O lucro de estocagem é o quanto houve de valorização na matéria-prima acima da inflação ($11.500 – $11.000); é a parte do lucro originada pela estocagem feita nesse tempo e que precisa continuar estocada na hipótese da continuidade.

VOCÊ SABIA?

Para efeitos práticos do dia a dia, o conceito de Lucro Disponível é de grande utilidade, pois evidencia o montante financeiro de resultado. Necessário é, todavia, que seja sempre lembrado que em termos econômicos ele é apenas parte do resultado global.

Para se ter uma ideia da utilidade desse conceito, basta verificar o seguinte: se o Imposto de Renda tributasse somente sobre o valor de lucro histórico (35% de $2.000), geraria uma despesa maior que o lucro financeiro ($700 de imposto contra $500 de lucro). Economicamente, ainda haveria uma sobra de $300, mas insuficiente para a renovação do próprio estoque.

Talvez a maior utilidade da adoção de custos de reposição seja seu uso para efeito prospectivo, ou seja, para se analisar e decidir sobre o futuro. Fizemos, por exemplo, um produto ontem por $5.000; praticamente não houve inflação entre ontem e hoje, mas ocorreu um aumento na folha de pagamento, em função de um reajuste salarial a partir de hoje. Se a reposição agora do produto fica em $5.600 devido a esse único fator, sabemos que, se vendido por $6.000, nos propiciará um lucro contábil de $1.000, mas "financeiro" apenas de $400. Se estamos estudando seu preço de venda, precisamos analisar sua contribuição a partir da sua reposição, atual ou futura.

Para efeito de cotações, concorrências, orçamentos para clientes e também para o próprio orçamento empresarial, os custos passados são apenas bases de referência; importantes mesmo são os custos futuros de reposição. E esses abrangem a reposição do material empregado, da mão de obra utilizada e de todos os demais custos envolvidos.

21.3.3 Conciliação entre custos para decisão e para estoque

Comentamos bastante desde o primeiro capítulo que há necessidade de conciliação entre a Contabilidade de Custos e a Contabilidade Geral da empresa. Explicamos bastante o porquê disso, argumentando que Custos recebe valores da Geral e deve devolvê-los a esta em forma de produtos.

Isso não significa que precisem ser uma só. E talvez agora fique definitivamente esclarecido que em muitas situações é até conveniente que não o sejam. A Contabilidade de Custos deve não só propiciar as informações gerenciais necessárias para os aspectos decisoriais, como auxiliar a Contabilidade Geral na sua tarefa de mensurar os estoques e medir o resultado.

Para atender a esses dois tipos de objetivos, precisa a Contabilidade de Custos fazer uso de critérios muitas vezes até antagônicos. Para a Contabilidade Geral, necessita informar em função da clássica separação entre Custos e Despesas, apropriando os Custos em função da Absorção, e só considerando valores incorridos historicamente. Para a Contabilidade Gerencial, ou seja, para uso interno na empresa, necessita muito mais de apropriações em termos do Custeio Variável, onde entram também despesas variáveis, mesmo que não incorridas, talvez à base de valores de reposição, custos de oportunidade e outros dados não compatíveis com os princípios adotados pela Contabilidade Geral.

Tende a nascer desse impasse o uso de duas Contabilidades de Custos, uma para cada finalidade, ou a criação apenas de uma para as finalidades internas com o abandono da Contabilidade Geral.

São posições que costumam estar entre os grandes erros administrativos.

Nada pior para uma empresa do que seus executivos de alto nível receberem relatórios de dois setores da empresa tratando do mesmo assunto, mas apresentando valores diferentes. Se cada setor apresenta um relatório de lucro, mas chegando a conclusões diferentes, é provável que um deles acabe por ser totalmente desacreditado e, talvez, na maior parte das vezes, acabem ambos por serem abandonados.

São bastante conhecidos os problemas decorrentes da competição interna quando dois setores trabalham sobre o mesmo problema, mesmo que com enfoques diferentes. Um desdenha o outro, o que acaba por provocar, deliberadamente ou não, comentários e situações de descrédito para o outro etc. E quem mais perde com tudo isso é a empresa como um todo.

Por essa razão, atenção toda especial deve ser dada ao caso em que a firma necessite de dois tipos de informação como esses mencionados. E o fundamental para o bom andamento do sistema é a completa conciliação entre essas duas informações. São diferentes, é claro, já que se prestam a duas finalidades diferentes, mas precisam ser, até o último centavo, conciliadas.

Que grande diferença existe entre um administrador recebendo dois relatórios distintos, cada um mostrando um resultado e uma cifra, sem que tenha ele condições de saber, afinal de contas, em quem acreditar, e o outro administrador recebendo dois relatórios com valores diferentes, mas com a completa explicação do porquê dessas discrepâncias! Terá este muito mais condições de entender ambos, assegurar-se do grau de qualidade de cada um e também ter uma ideia do grau de segurança com que a empresa está trabalhando em seu sistema de informações.

Por isso, acreditamos ser realmente de grande utilidade a separação do setor de Custos, desde que totalmente conciliável com a Contabilidade Geral. Para isso, nada tão importante do que ambos subordinados a uma única pessoa, seja o *Controller*, o Diretor-Financeiro, o Superintendente etc.; sempre cabe a essa pessoa a responsabilidade pela compatibilização entre ambas as Contabilidades.

Apresentamos no Quadro 21.2 um exemplo de relatório que atende, ao mesmo tempo, tanto à finalidade de avaliar estoques de acordo com o Absorção quanto a de prover a administração com dados mais úteis do ponto de vista gerencial, e consegue ainda compatibilizar os dois.

Poderiam agora ser dados maiores detalhes no que diz respeito à limitação na capacidade produtiva, a retorno sobre investimento etc.; também poderiam ser detalhados os próprios custos de diversos itens, como Componentes, Matéria-prima, Combustíveis etc., explanando quantidade de cada um, tempo de produção em cada Departamento etc.

O importante é darmos uma ideia de que não se deve, em função da necessidade de dois dados para finalidades diferentes, desagregar as próprias informações.

Aliás, a sua compatibilização é a maior segurança que a empresa pode ter; é evidência, inclusive, do próprio grau de controle interno e qualidade dos sistemas em funcionamento.

É também de grande importância, mais uma vez, o comentário de que Custeio por Absorção e Custeio Variável não são mutuamente excludentes; a adoção de um não impede a do outro. Podem ser utilizados conjuntamente, cada um servindo a uma finalidade. E também a utilização concomitante de valores históricos e de reposição não é tão difícil ou embaraçosa como pode parecer à primeira vista. O importante é saber o momento de usar um e outro.

Todavia, voltamos novamente ao assunto inflação. Esta tem sido a maior inimiga da Contabilidade, inclusive porque dificulta a conciliação entre Custos para Estoques no conceito fiscal e Custos para Decisão.

Ainda temos uma legislação no Brasil que não admite na Contabilidade o uso de uma moeda constante a valor presente. Urge a adoção de um modelo à base da Correção Integral para uma melhor compatibilização da Contabilidade com as necessidades gerenciais de informação correta, em moeda comparável.

Quadro 21.2

(Valores por unidade)

	Absorção (Valores Histórico-contábeis)		Variável (Valores de Reposição)
Materiais Diretos:			
Matéria-prima	$1.350		$1.410
Componentes	$430		$430
Embalagens	$300		$324
	$2.080		$2.164
Mão de Obra Direta:			
Depto. 32	$450		$450
Depto. 33	$130		$156
Depto. 35	$390		$429
	$970		$1.035
Custos Indiretos Variáveis:			
Combustíveis	$120		$138
Energia Elétrica	$270		$288
$150	$150		$150
Custos Indiretos Fixos:			
Depto. 32	$340		–
Depto. 33	$150		–
Depto. 35	$280		–
	$770		–
Soma	***$4.090***		***$3.487***
Despesas Variáveis de Venda:			
Comissões			$150
Entrega			$80
PIS			$35
			$265
		Total	***$3.752***
Preço de Venda, sem ICMS	$5.000		$5.000
Lucro	***$910,00/un.***	Margem de Contribuição	***$1.248/un.***

Explicações das diferenças:

a) Matéria-prima: Consumidos 200 kg; preço médio do estoque em $6,75/kg; preço atual de mercado, $7,05/kg.

b) Embalagens: Circular do fornecedor comunicando 8% de acréscimo para o próximo mês.

c) Mão de Obra Direta: A partir de 1º de julho, aumento de 20% no Depto. 33 e de 10% no Depto. 35.

d) Energia Elétrica: Aumento de 15% a partir de 5 de julho.

e) Custos Indiretos Fixos: rateados à base do tempo de produção nos Deptos. 32 e 33, e à base de peso no Depto. 35.

21.3.4 Um problema especial: a Mão de Obra Direta como Custo Variável

Temos comentado e exemplificado bastante o problema de Custos Variáveis e Custos Fixos, e dito que a Mão de Obra Direta tende a ser Variável, já que deve compreender apenas a parte realmente utilizada na produção; o tempo ocioso deve ser dela retirado e jogado dentro dos Custos Indiretos (veja item 11.3.2 do Capítulo 11).

Nos casos em que os funcionários são totalmente remunerados por produção, não há dúvida de que esse custo é variável. Porém, essa não é a situação da maioria das empresas; geralmente, contrata-se salário fixo por mês; aí, então, poderia haver interesse na separação da parcela correspondente ao tempo efetivamente empregado na produção.

VOCÊ SABIA?

Existem casos em que essa separação não é economicamente viável; a distinção entre tempo realmente utilizado na produção e tempo ocioso poderia levar à necessidade de apontamentos extremamente caros, o que poderia ser incompatível com o grau de utilidade da informação obtida, principalmente onde a Mão de Obra não é um custo dos mais relevantes.

Nessas ocasiões, acaba então a Mão de Obra do pessoal direto sendo considerada como um Custo Fixo, sem medição por unidade produzida, o que pode provocar algumas distorções conceituais, mas inúmeras vezes justificáveis do ponto de vista prático.

Por outro lado, em função da qualidade e da escassez de mão de obra especializada, é comum a empresa não despedir pessoal quando há reduções temporárias no nível de atividade; poderia sair muito mais cara a dispensa, nova admissão etc. do que a sua manutenção dentro da empresa. Além do que poderia haver dificuldade ou até impossibilidade de arregimentá-la outra vez, principalmente em centros pequenos onde o pessoal não se sujeitaria a tal fluxo.

Quer haja apontamento ou não, o importante é que, para efeitos de análise e decisão, nesses casos deve-se considerar que o custo total com esse pessoal é fixo; mesmo que a parte apontada como MOD especificamente apareça como Variável, já que a diferença poderia estar na ociosidade carregada aos Custos Indiretos.

Portanto, para certos tipos de decisão, deveria esse pessoal ter seu custo classificado entre os Fixos.

Claro está que há algumas restrições a isso, para oscilações muito grandes nos volumes de produção, ou então quando as reduções na atividade fossem por um período muito grande, realmente voltariam tais custos a assumir o aspecto de Variável.

Por exemplo, poderia uma empresa ter 800 pessoas trabalhando diretamente na linha de produtos, quando está produzindo 10.000 un. por semana. Em um determinado mês, verifica-se que, em função da demanda, dever-se-ão produzir apenas 9.000 un./semana; e o pessoal ocioso não será despedido, pois se espera para breve o retorno ao nível normal. Quer se aponte para MOD somente a parte realmente utilizada ao nível de 9.000 un., ficando o excedente como parte dos Custos Indiretos, quer se jogue tudo diretamente sobre o produto por questão de facilidade prática, o importante para efeito de decisão é que o todo seja considerado Fixo.

Talvez se a empresa estivesse em outra época, programando um nível de 8.000 un. semanais por seis meses, realmente voltasse a mão de obra desse pessoal a assumir a característica de Variável, pois 20% dele seria dispensado.

Logo, para alguns tipos de análise e decisão, pode a MOD ter que ser enquadrada como Custo Fixo, enquanto para outras como Variável.

Existe, também, outra abordagem que pode justificar esse tratamento do custo de Mão de Obra Direta como fixo: considerar seu valor total como um custo estrutural da empresa ou da área e não desta ou daquela unidade de produto.

Também uma outra questão se apresenta, tendente a crescer de relevância nos setores industriais de maior automação: o fato de o volume de produção estar muito mais dependente de máquinas do que de pessoas. Estas atuam sobre máquinas e são elas que, dependendo de regulagem ou programação, vão determinar aumento ou redução do volume produzido. Com isso, a MOD acaba por assumir definitivamente a característica real de Custo Fixo. Nesse tipo de empresa, ou no setor específico dentro da indústria onde isso ocorre, é necessário então que se atente para tal fato.

RESUMO

A seguir, estão contemplados os principais assuntos discorridos no capítulo:

- A avaliação de um produto em função do seu custo de reposição é, em inúmeras ocasiões, necessária, para certos tipos de decisão; principalmente quando se trata de decisões rápidas e de grande atualidade em termos de informações.
- É o caso de setores com preços de mercado em constante oscilação, ocasiões de elaboração de propostas para concorrências ou épocas de acirrada competição.
- A reposição precisa ser bem trabalhada nos casos de inflação para a separação do lucro, que, apesar de real economicamente, não é financeiramente disponível, por ser necessária à renovação dos estoques.
- A conciliação entre Custos com Valores Históricos e de Reposição é não só possível, como útil e até obrigatória para a segurança do próprio Sistema e confiabilidade dos dados transmitidos.
- Um cuidado especial precisa ser dado ao tratamento do Custo com a Mão de Obra Direta, que, em algumas situações, assume muito mais característica de Custo Fixo do que de Variável.

EXERCÍCIO 21.1

1. Observar as sentenças a seguir:

I. A Contabilidade de Custos deve propiciar informações gerenciais relevantes para aspectos decisoriais.
II. A Contabilidade Geral deve auxiliar a de Custos na tarefa de mensurar os estoques e o resultado.
III. A Contabilidade Geral considera os valores incorridos historicamente em função do Custeio por Absorção.
IV. A Contabilidade Gerencial, pela apropriação à base do Custeio Variável, segue os princípios adotados pela Contabilidade Geral.

Estão corretas as sentenças:

a) I e IV
b) I e III
c) II e III
d) I, II e III
e) II, III e IV

2. Observar as sentenças a seguir:

I. Em situação normal de empreendimentos em continuidade, é recomendável o uso do custo de reposição em vez do histórico para fins gerenciais.
II. A Contabilidade Geral, pelas leis brasileiras, pode apurar o lucro sempre levando em conta o custo de reposição dos seus estoques.
III. A diferença entre o custo de reposição e o histórico é sempre uma economia para empresa.
IV. Mão de Obra Direta é sempre um custo variável.

Estão corretas as sentenças:

a) II, apenas
b) I, apenas
c) I, II e III
d) III, apenas
e) I, II, III e IV

3. Observar as sentenças a seguir:

I. Em Contabilidade Gerencial, geralmente recomenda-se a utilização do Custeio Variável à base de valores de reposição.
II. Custeio por Absorção e Custeio Variável são mutuamente excludentes; a adoção de um impede a do outro.
III. A Contabilidade de Custos só deve propiciar informações gerenciais para tomada de decisão, e nada mais.
IV. Uma das funções da Contabilidade de Custos é auxiliar a Geral na tarefa de mensurar estoques e resultado.

Estão corretas as sentenças:

a) I e III
b) I e II
c) II e III
d) I e IV
e) II e IV

4. Assinalar Falso (F) ou Verdadeiro (V):

( ) Uma das funções da Contabilidade de Custos é o suprimento de informações gerenciais com relação à projeção de valores de reposição.
( ) Na Contabilidade dita tradicional geralmente não se leva em conta o custo de reposição dos estoques.
( ) A Contabilidade Geral realiza apropriações em termos do Custeio Variável à base de valores de reposição.
( ) Para fins gerenciais, a Contabilidade de Custos deve sempre se utilizar de custos históricos e utilizar o Custeio por Absorção.
( ) Em um raciocínio simplista, lucro é o que se pode tirar da empresa sem afetar seu patrimônio físico.

EXERCÍCIO 21.2

A Empresa Bom Gosto foi constituída em 1º de março com o capital de $40.000 e os proprietários esperam um retorno de, no mínimo, 6% ao mês. O capital inicial foi totalmente subscrito e integralizado no mesmo ato, em moeda corrente.

Os executivos preparam o seguinte plano operacional para os próximos três meses:

Volume mensal de produção e de venda	20.000 un.
Consumo mensal de matéria-prima	12.000 kg
Margem objetivada	10% sobre a receita bruta antes do IR
Imposto de Renda	30%
Estoque de segurança de matéria-prima para meio mês de produção	

Sua estrutura de custos e despesas estimados é a seguinte:

	Março	**Abril**	**Maio**
Matéria-prima	$1,20/kg	$1,30/kg	$1,50/kg
Mão de obra direta (custo fixo)	$8.000	$8.000	$9.000
Custos indiretos de produção (fixos)	$2.000	$2.336	$2.336
Despesas administrativas	$7.600	$7.600	$8.000
Tributos sobre vendas	21%	21%	21%
Comissão sobre vendas	5%	5%	5%

Considerando:

- todos os valores em moeda de capacidade aquisitiva constante,
- produção e vendas ocorrendo uniformemente ao longo do mês,
- estoque avaliado pelo critério UEPS (último a entrar, primeiro a sair),
- custos e despesas pagos e receitas recebidas dentro do próprio mês.

Pede-se calcular:

a) O preço de venda médio unitário objetivado para cada mês.
b) O valor ($) do resultado projetado para o mês de março.
c) Idem, para o mês de abril.
d) Idem, para o mês de maio.

EXERCÍCIO 21.3

Matabem & Cia. é uma empresa de pequeno porte que fabrica desinfetantes. Para a produção de abril, foram necessários:

Matéria-prima	12.000 litros
Frascos de embalagem	20.000 un.
Mão de obra direta (custo variável)	$113.000
Material secundário (custo variável)	$6.000
Aluguel do galpão da produção (custo fixo)	$9.400
Outros custos indiretos de produção (custos fixos)	$10.000

O critério de valoração de matéria-prima utilizado pela empresa é o da Média Ponderada Fixa. No final de abril, registrou a existência de 10.500 litros de matéria-prima em estoque, a $9,60/litro; e no primeiro dia útil de maio comprou 5.000 litros a $11,46/litro.

Os 1.000 frascos para envasamento do produto, existentes em estoque no fim de abril, estão valorados por um custo médio de $2,70/un. Se a empresa for comprar em maio só o necessário para a produção desse mês, pagará por eles $3,10/un.

O contrato de locação do galpão onde opera a indústria encerrou-se no fim desse primeiro quadrimestre e foi renovado com um acréscimo de $3.500/mês; estima-se que os Custos Indiretos de Produção deverão sofrer um aumento de 12% a partir do início de maio.

Sabendo que cada frasco de desinfetante foi e continuará sendo vendido por $18, líquido dos tributos, pede-se calcular:

a) O lucro de abril por unidade, com base nos custos históricos.
b) O lucro bruto provável unitário em maio, se for produzida a mesma quantidade de abril, também com base nos custos históricos.
c) O lucro bruto provável unitário em maio, se for produzida a mesma quantidade de abril, com base nos custos de reposição.
d) A margem de contribuição unitária e a total de maio, a custos históricos.
e) Idem, ao custo de reposição.

EXERCÍCIO 21.4

Um laboratório farmacêutico produz dois medicamentos utilizando matéria-prima importada da França; os principais dados relativos aos seus custos são demonstrados nas tabelas a seguir:

Tabela 1 Preços, volumes mensais de produção e quantidade de Matéria-Prima (MP)

Produtos	Preço de venda bruto (por un.)	Volume (em unidades)	Quantidade de MP (por unidade)
CEL 1	$25	6.000	70 g
BOL 2	$15	4.000	45 g

Tabela 2 Custos diretos mensais dos departamentos de produção, indiretos em relação aos produtos (em $)

Custos	Manipulação	Embalamento
Supervisão	6.195	5.575
Depreciação de equipamentos	–	4.450

Tabela 3 Outros custos de produção

Mão de Obra Direta (MOD): salário dos operários	$4,50 por hora
Aluguel do galpão industrial	$20.000 por mês
Energia elétrica	$6.500 por mês

Tabela 4 Bases para rateio de custos aos departamentos

	Manipulação	Embalamento
Área (m^2)	600	400
Energia elétrica (kWh)	4.500	5.500

Tabela 5 Tempo por Ordem de Produção (1 OP = 1.000 un. de produto)

Medicamentos	Tempo de MOD	Tempo de máquina
CEL 1	96 hmod	120 hm
BOL 2	48 hmod	60 hm

Outros dados:

- sobre a receita bruta incidem 20% de tributos;
- o ônus de encargos sociais sobre a MOD é de 100%;
- o custo do Departamento de Manipulação é rateado aos produtos proporcionalmente ao tempo de mão de obra direta;
- o custo do Departamento de Embalamento é rateado aos produtos proporcionalmente ao tempo de máquina;
- os administradores estimam que, com exceção da matéria-prima, todos os outros custos devem permanecer estáveis pelos próximos meses;
- o custo atual da matéria-prima é de 30€ por kg e estima-se que deverá subir para 33€ no início do mês seguinte; e
- a atual taxa de câmbio é de $3,00 por euro e a projetada para o mês seguinte é de $3,15.

Pede-se calcular o valor do lucro bruto (Custeio por Absorção) de cada produto:

a) ao custo histórico; e

b) ao custo de reposição.

ATIVIDADES COMPLEMENTARES SUGERIDAS

1. Compare a Contabilidade de Custos com a Contabilidade Geral no que se refere ao uso de custos históricos e de reposição. Aponte suas principais divergências e suas principais semelhanças.
2. Discuta de que forma você trabalharia para evitar ou conciliar divergências nas informações fornecidas pela Contabilidade Geral e pela Contabilidade de Custos.
3. Reflita sobre a diferença entre a Contabilidade de Custos e a Geral quanto aos efeitos da inflação sobre as empresas.
4. Ainda em relação ao tópico anterior, quais são as consequências de um lucro apurado sem se considerar a inflação na tributação pelo Imposto de Renda?

22

RELAÇÃO CUSTO/VOLUME/LUCRO – CONSIDERAÇÕES INICIAIS

22.1 OBJETIVOS DE APRENDIZAGEM

Ao final deste capítulo, o leitor deverá ser capaz de:

- Compreender o que é e para que serve o Ponto de Equilíbrio e suas modalidades.
- Identificar o Ponto de Equilíbrio Contábil, Ponto de Equilíbrio Econômico e o Ponto de Equilíbrio Financeiro.
- Calcular a Margem de Segurança e o Grau de Alavancagem Operacional.
- Simular o efeito de alterações de custos no ponto de equilíbrio.

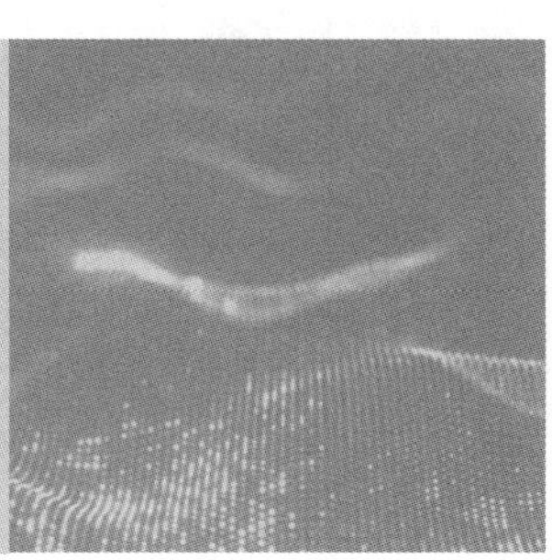

22.2 INTRODUÇÃO

Definimos no Capítulo 4, item 4.3.3, o que seja o Custo Fixo e o Custo Variável. Ao longo do trabalho, temos dado especial ênfase à análise da sua influência nos processos de Custeamento e no Resultado, das dificuldades de alocação dos Fixos etc. Vamos neste ponto dar ainda mais atenção a eles.

22.3 CONCEITOS

22.3.1 Custos (e despesas) fixos

Sabidamente, não existe Custo ou Despesa eternamente fixos; são, isso sim, fixos dentro de certos limites de oscilação da atividade a que se referem, sendo que, após tais limites, aumentam, mas não de forma exatamente proporcional, tendendo a subir em "degraus". Assim, o Custo com a supervisão de uma produção pode manter-se constante até que ela atinja, por exemplo, 50% da sua capacidade; a partir daí, provavelmente precisará de um acréscimo (5%, 20% ou 80%) para conseguir desempenhar bem sua função.

Alguns tipos de custos podem mesmo só se alterar se houver uma modificação na capacidade produtiva como um todo, sendo os mesmos de 0 a 100% da capacidade, mas são exceções (como a depreciação do imóvel, por exemplo).

VOCÊ SABIA?

Tal fenômeno pode acontecer, também, em sentido contrário: uma redução no nível de atividade pode fazer com que os custos fixos passem para um patamar inferior.

Podemos começar por verificar que uma planta parada, sem atividade alguma, já é responsável pela existência de alguns tipos de custos e despesas fixos (vigia, lubrificação das máquinas, depreciação etc.). Para colocá-la em condições de funcionamento, mesmo que a 10% da capacidade, já há um acréscimo abrupto desses custos (chefias, mecânicos, almoxarifes etc.). Talvez possa aguentar com essa estrutura até 20% da capacidade; aí, para aumentar um pouco mais, talvez precise de outros profissionais para a recepção de materiais, controle de qualidade, ferramentaria etc., que lhe podem provocar um acréscimo menor ou maior que a porcentagem de acréscimo do volume de produção.

Logo, a representação gráfica clássica normalmente feita de Custos Fixos ficaria melhor se expressa de outra maneira:

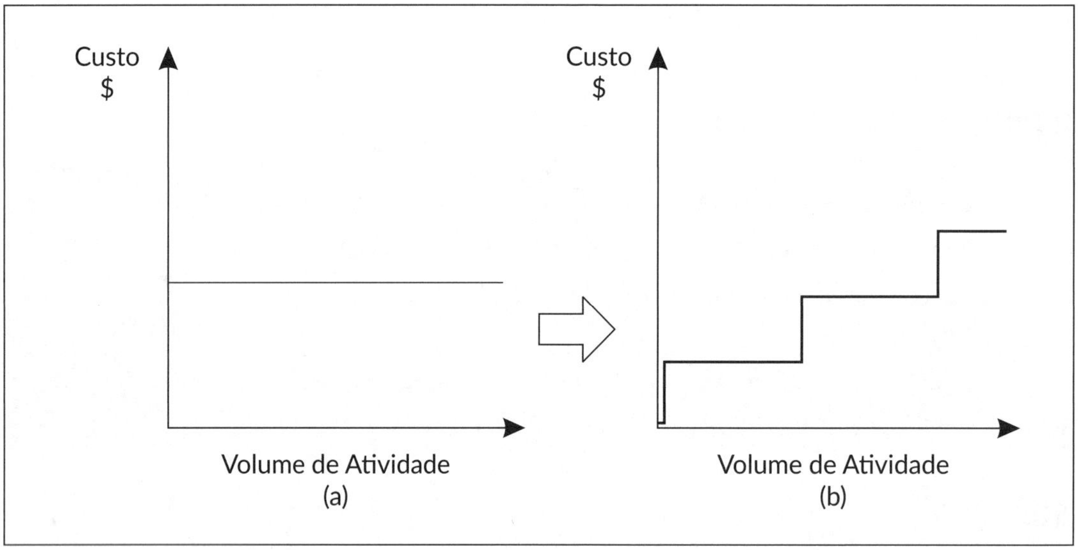

22.3.2 Custos (e despesas) variáveis

Em inúmeras empresas, os únicos custos realmente variáveis no verdadeiro sentido da palavra são as matérias-primas e embalagens. Mesmo assim, pode acontecer de o grau de consumo delas, em algum tipo de empresa, não ser exatamente proporcional ao grau de produção. Por exemplo, certas indústrias têm perdas no processamento da matéria-prima que, quando o volume produzido é baixo, são altas, tendendo a diminuir percentualmente quando a produção cresce.

Pode a Mão de Obra Direta, noutro exemplo, crescer à medida que se produz mais, mas não de forma exatamente proporcional, devido à produtividade que tenderia a aumentar até certo ponto, para depois começar a cair. Se o pessoal tem oito horas para produzir 60 unidades, quando normalmente levaria seis para tal volume, provavelmente gastará as oito horas todas trabalhando de forma um pouco mais calma (se não estiver o volume por hora condicionado por máquinas). Se o volume passar para 80 unidades, trabalharão as mesmas oito horas; se for de 90 unidades, talvez levem pouco mais de nove horas, em função do cansaço, que faz decrescer a produtividade.

Muitos Custos Variáveis também poderiam, ao invés da clássica representação gráfica a seguir, à esquerda, ser apresentados como à direita:

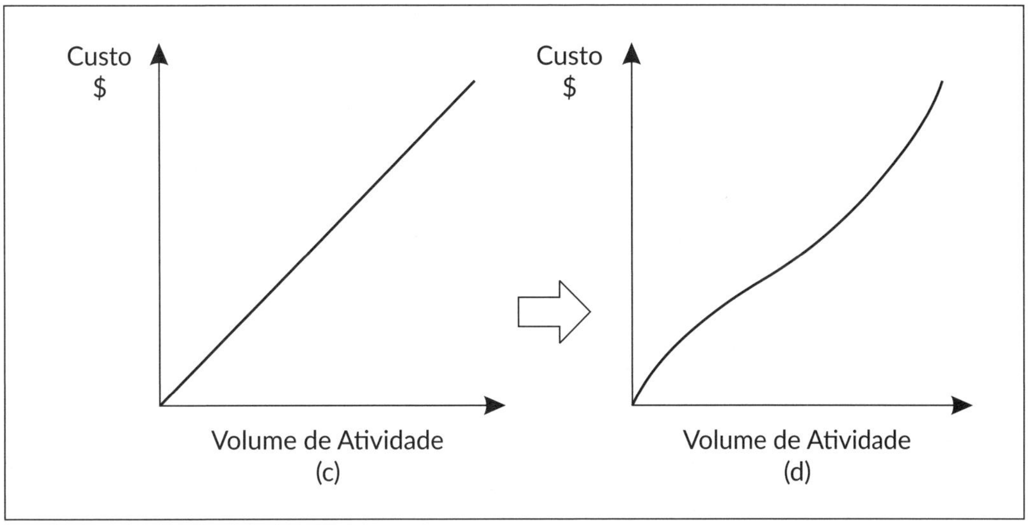

Assim, a soma dos Custos Totais poderia também ser representada graficamente de uma forma simplista, como a seguinte, à esquerda, ou mais realisticamente, como à direita:

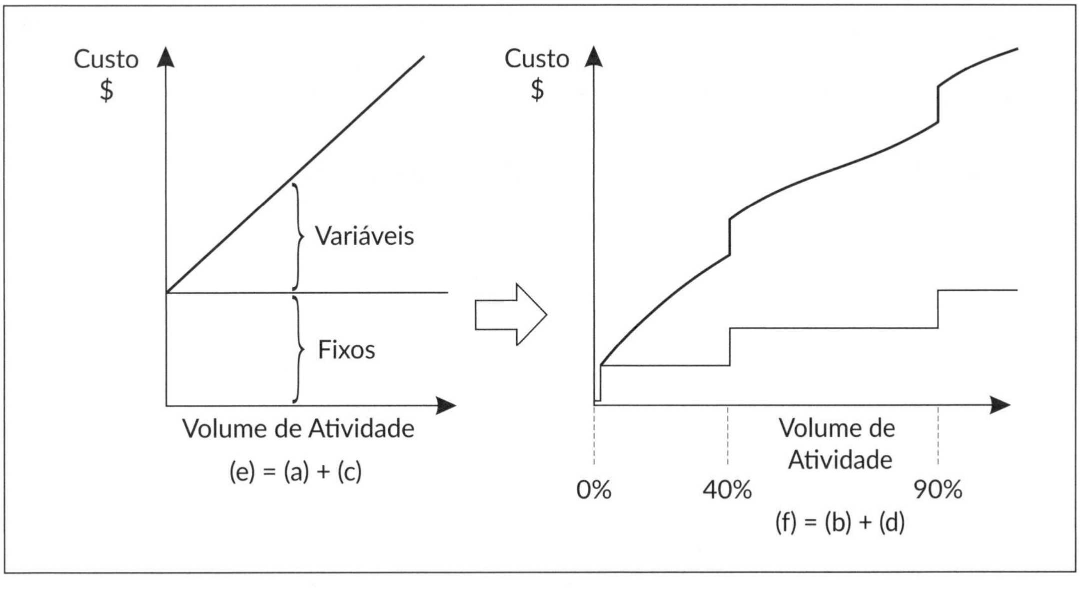

Entretanto, uma empresa não oscila tão facilmente o seu volume de atividade, e isso simplifica bastante a tarefa, já que o importante é analisar o comportamento dos Custos e Despesas Fixos e Variáveis dentro de certos limites normais de variação. Por isso, talvez então seja bastante conveniente uma representação linear de ambos, mas lembrando sempre que ela tem validade restrita; aumentando ou diminuindo bastante o volume da atividade da empresa, a representação terá também que mudar. Se a firma estivesse trabalhando, por exemplo, a 70% da capacidade, faríamos:

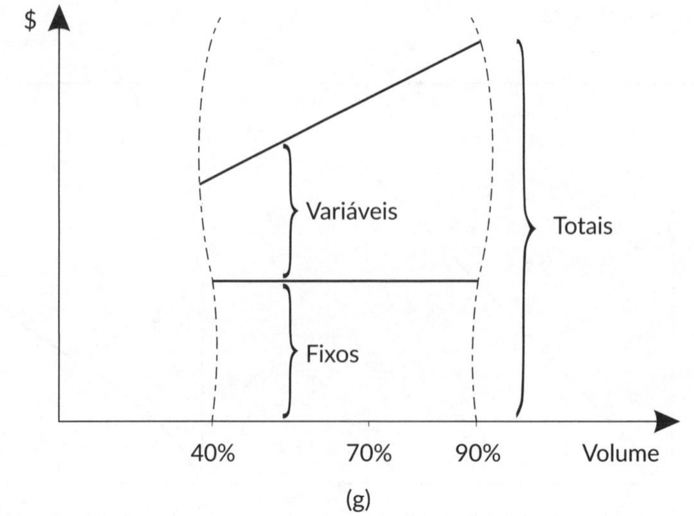

(g)

Este gráfico é "um pedaço" do gráfico (f), representando a parte de 40 a 90% da capacidade, onde está inserida a empresa hoje. Basta olhar o gráfico para se notar que as representações são válidas apenas para essa faixa; qualquer projeção linear fora delas é inverídica.

Além desse tipo de problema, há que se acrescentar ainda que ocorrem alterações nos montantes desses Custos em função de outras variáveis, além do volume. Um exemplo disso é quando a empresa decide diversificar o portfólio de bens e serviços vendidos, com mais modelos, tamanhos etc.

Aliás, muitas vezes, as alterações maiores são as decorrentes das variações dos preços, e não propriamente as das mutações no grau de atividade. O que eram $4.000.000 de Custos Fixos no mês passado talvez passem a $4.100.000 neste; os Variáveis, que eram de $490 por unidade, talvez subam para $530, e nenhuma alteração ocorreu no volume de atividade.

Os aumentos nos Fixos fazem com que sua reta "suba", e nos Variáveis faz com que se incline mais para cima:

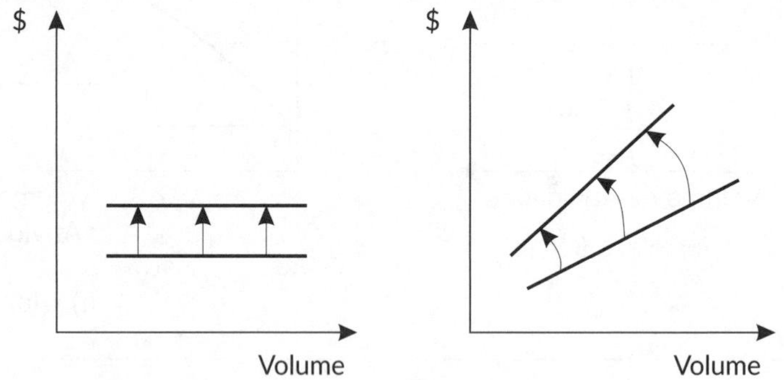

(h) (i)

VOCÊ SABIA?

Nos últimos anos, pesquisadores de Custos vêm estudando um fenômeno denominado *Sticky Costs*: em períodos de crescimento das vendas, os custos e as despesas aumentam em determinada proporção; porém, quando as vendas caem, os custos e as despesas diminuem numa proporção menor. Esse fenômeno também é chamado de *variação assimétrica de custos e despesas*.

22.3.3 Ponto de equilíbrio

O Ponto de Equilíbrio (também denominado Ponto de Ruptura – *Break-even Point*) nasce da conjugação dos Custos e Despesas Totais com as Receitas Totais. Estas, em uma economia de mercado, têm uma representação também não linear; isto é, para o mercado como um todo – de computadores, por exemplo –, tende a haver uma inclinação para menos, já que cada unidade adicional tenderia a ser capaz de produzir menor receita. Para uma empresa em particular, é quase certo que isso não ocorra, por ter ela um preço relativamente estável para seu produto, fazendo com que sua receita total seja tal preço vezes o número de unidades vendidas; com isso, sua representação seria de fato linear:

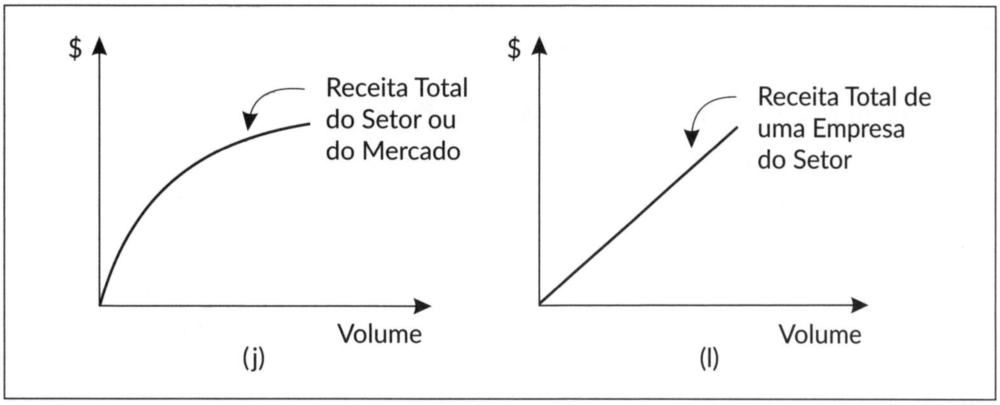

As alterações de preços provocariam o mesmo impacto que sobre os Custos Variáveis, isto é, inclinando para mais ou para menos a curva.

Simplificando nossas visualizações e admitindo como absolutamente lineares as representações tanto das Receitas quanto dos Custos e Despesas, teremos a seguinte reprodução gráfica do Ponto de Equilíbrio:

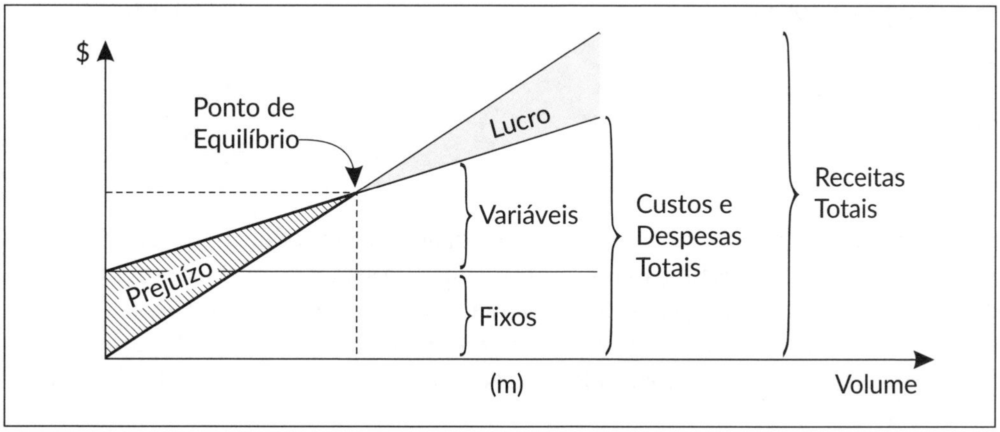

Até esse ponto, a empresa está tendo mais Custos e Despesas do que Receitas, encontrando-se, por isso, na faixa do Prejuízo; acima, entra na faixa do Lucro. Esse ponto é definido tanto em unidades (volume) quanto em reais.

Suponhamos uma empresa com os seguintes dados:

- Preço de Venda = \$500/un.
- Custos + Despesas Variáveis = \$350/un.
- Custos + Despesas Fixas = \$600.000/mês

A empresa obterá seu ponto de Equilíbrio quando suas Receitas Totais equalizarem seus Custos e Despesas Totais:

RT = (C + D)T

Quantidade × \$500/un. = Quantidade × \$350/un. + \$600.000/mês

Quantidade × (\$500/un. - \$350/un.) = \$600.000/mês

$$\text{Ponto de Equilíbrio} = \frac{\$600.000/\text{mês}}{(\$500/\text{un.} - \$350/\text{un.})} = 4.000 \text{ un./mês}$$

ou seja,

$$\text{Ponto de Equilíbrio} = \frac{\text{Custos + Despesas Fixas}}{\text{Margem de Contribuição Unitária}}$$

Para sua transformação em reais de Receitas Totais, basta fazer:

4.000 un./mês × \$500/un. = \$2.000.000/mês, que é o Ponto de Equilíbrio em reais.

Realmente, quando houver esse volume de vendas, teremos como Custos e Despesas Totais:

Variáveis: 4.000 un. × \$350/un. =	\$1.400.000
Fixos:	\$600.000
Soma =	***\$2.000.000***

com resultado então igual a zero.

A partir da unidade de número 4.001, cada Margem de Contribuição unitária que até aí contribuía para a cobertura dos Custos e Despesas Fixos passa a contribuir para a formação do lucro. Logo, 4.100 unidades produzidas e vendidas darão um lucro equivalente à soma das Margens de Contribuição das 100 unidades que ultrapassaram o Ponto de Equilíbrio:

100 un. × \$150/un. = \$15.000

Comprovemos:

Receitas Totais: 4.100 un. × \$500/un.	\$2.050.000	
(–) Custos e Despesas Totais:		
Variáveis: 4.100 un. × \$350/un.	\$1.435.000	
Fixos:	\$600.000	\$2.035.000
Lucro		***\$15.000***

Este cálculo só é válido, no Custeio por Absorção, quando a produção for igual à venda, em termos de unidades, e não houver estoques finais; caso contrário, haverá sempre o problema dos Custos Fixos mantidos em estoque que provocarão distorções, ora para mais, ora para menos. No Custeio Variável, o Resultado será sempre igual ao calculado em função dessas relações entre o Custo e o Volume. (Para comprovação, veja o exemplo no Capítulo 17, comparando o Quadro 17.2 com o 17.3, e calculando o ponto de equilíbrio para aqueles valores.)

No Custeio por Absorção, o Resultado será o calculado pelo Ponto de Equilíbrio (ou Custeio Variável) menos os custos fixos do estoque anterior mais os do estoque final.

22.3.4 Margem de segurança e alavancagem operacional

Suponhamos que uma construtora esteja produzindo um tipo de casa pré-fabricada com as seguintes características:

- Custos Variáveis: \$140.000/un.
- Custos + Despesas Fixos: \$1.000.000/mês
- Preço de Venda: \$240.000/un.

Seu Ponto de Equilíbrio é de:

$$\frac{\$1.000.000/\text{mês}}{(\$240.000/\text{un.} - \$140.000/\text{un.})} = 10 \text{ casas por mês}$$

Suponhamos que ela esteja produzindo e vendendo 14 casas por mês, obtendo com isso um lucro de:

4 un./mês × $100.000/un. = $400.000/mês

Dizemos que a empresa está operando com uma Margem de Segurança de quatro casas, pois pode ter essa redução sem entrar na faixa de prejuízo. Em termos percentuais, podemos dizer que está com uma Margem de Segurança de 28,6%:

$$\text{Margem de Segurança} = \frac{4 \text{ un.}}{14 \text{ un.}} = 28{,}6\%$$

Em Receitas o cálculo é o mesmo:

$$\text{M.S.} = \frac{\text{Receitas Atuais} - \text{Receitas no Ponto de Equilíbrio}}{\text{Receitas Atuais}}$$

$$\frac{\$3.360.000 - \$2.400.000}{\$3.360.000} = 28{,}6\%$$

Pode reduzir essa porcentagem nas Receitas antes de entrar na faixa de prejuízo (28,6% × $3.360.000 = $960.000 = 4 × $240.000).

Se passar a uma atividade de produção e venda de 17 unidades por mês, seu resultado passará a:

7 u/mês × $100.000/un. = $700.000/mês

Comparando esses números com os atuais (14 unidades e lucro de $400.000/mês), vemos que houve:

- Aumento no volume: 3 un., ou seja, 21,4%
- Aumento no lucro: $300.000, ou seja, 75%

A um acréscimo de 21,4% no volume de atividade correspondeu um aumento de 75% no resultado, com uma alavancagem de:

$$\frac{75\%}{21{,}4\%} = 3{,}5 \text{ vezes}$$

Logo,

$$\text{Alavancagem Operacional} = \frac{\text{Porcentagem de variação no lucro}}{\text{Porcentagem de variação no volume}}$$

O que teria acontecido se, ao invés de passar de 14 para 17, passasse de 14 para 21 unidades?

O novo lucro seria de

11 un./mês × $100.000/un. = $1.100.000

$$\frac{\$700.000 \div \$400.000}{7 \text{ un.} \div 14 \text{ un.}} = 3{,}5 \text{ vezes}$$

A cada 1% de variação sobre seu atual volume de 14 un./mês corresponderá uma variação de 3,5% sobre o seu atual resultado mensal.

Para cada ponto em que se encontrar, sua Alavancagem é diferente; ela não é sempre igual a 3,5, pois esse número é válido para as comparações a partir do volume atual de 14 un.

Por exemplo, se estiver produzindo agora as 21 unidades, com lucro de $1.100.000, o que acontecerá se passar para 25? Seu novo resultado será de

15 un./mês × $100.000/un. = $1.500.000/mês

E a alavancagem será de:

$$\frac{\$400.000 \div \$1.100.000}{4 \text{ un.} \div 21 \text{ un.}} = \frac{36{,}4\%}{19{,}0\%} = 1{,}9$$

Seria 3,5 se calculado sobre as 14 unidades.

A Margem de Segurança, por outro lado, com produção de 21 unidades é de 52% $\left(\frac{21 - 10}{21}\right)$, bem maior que a anterior de 28,6%.

À medida que aumenta a Margem de Segurança, decresce a Alavancagem Operacional.

22.3.5 Pontos de equilíbrio contábil, econômico e financeiro

Se uma empresa tem as seguintes características:

• Custos + Despesas Variáveis:	$600/un.
• Custos + Despesas Fixos:	$4.000.000/ano
• Preço de Venda:	$800/un.,

sabemos que seu Ponto de Equilíbrio será obtido quando a soma das Margens de Contribuição ($200/un.) totalizar o montante suficiente para cobrir todos os Custos e Despesas Fixos; esse é o ponto em que contabilmente não haveria nem lucro nem prejuízo (supondo produção igual à venda). Logo, esse é o Ponto de Equilíbrio Contábil (PEC):

$$PEC = \frac{\$4.000.000/\text{ano}}{\$200/\text{un.}} = 20.000 \text{ un./ano, ou } \$16.000.000/\text{ano de Vendas}$$

Entretanto, um resultado contábil nulo significa que, economicamente, a empresa está perdendo (pelo menos o juro do capital próprio investido). Voltamos, assim, ao conceito de Custo de Oportunidade estudado no Capítulo 20.

Supondo que essa empresa tenha tido um Patrimônio Líquido no início do ano de $10.000.000, colocados para render um mínimo de 10% a.a., temos um lucro mínimo desejado anual de $1.000.000. Assim, se essa taxa for a de juros no mercado, concluímos que o verdadeiro lucro da atividade será obtido quando contabilmente o resultado for superior a esse retorno. Logo, haverá um ponto de equilíbrio econômico (PEE) quando houver um lucro contábil de $1.000.000.

O PEE será obtido quando a soma das Margens de Contribuição totalizar então $5.000.000, para que, deduzidos os Custos e Despesas Fixos de $4.000.000, sobrem os $1.000.000 de lucro mínimo desejado:

$$PEE = \frac{\$5.000.000/\text{ano}}{\$200/\text{un.}} = 25.000 \text{ un./ano, ou } \$20.000.000/\text{ano de Receitas}$$

Se a empresa estiver obtendo um volume intermediário entre as 20.000 e as 25.000 unidades, estará obtendo resultado contábil positivo, mas estará economicamente perdendo, por não estar conseguindo recuperar sequer o valor do juro do capital próprio investido.

Por outro lado, o Resultado Contábil e o Econômico não são coincidentes, necessariamente, com o Resultado Financeiro. Por exemplo, se dentro dos Custos e Despesas Fixos de $4.000.000 existir uma Depreciação de $800.000, sabemos que essa importância não irá representar desembolso de caixa no período.

Dessa forma, os desembolsos fixos serão de $3.200.000/ano; portanto, o Ponto de Equilíbrio Financeiro (PEF) será obtido quando conseguirmos obter uma Margem de Contribuição Total nessa importância:

$$PEF = \frac{\$3.200.000/\text{ano}}{\$200/\text{un.}} = 16.000 \text{ un./ano, ou } \$12.800.000 \text{ de Receitas Totais}$$

Se a empresa estiver vendendo nesse nível, estará conseguindo equilibrar-se financeiramente, mas estará com um prejuízo contábil de \$800.000, já que não estará conseguindo recuperar-se da parcela "consumida" do seu Ativo Imobilizado. Economicamente estará, além desse montante, perdendo os \$1.000.000 dos juros, com um prejuízo total de \$1.800.000.

Se o volume de vendas for de 22.000 un., teremos:

- Resultado Contábil: 2.000 un. × \$200/un. = \$400.000 de lucro
- Resultado Econômico: (3.000 un.) × \$200/un. = (\$600.000) de prejuízo
- Resultado Financeiro: 6.000 un. × \$200/un. = \$1.200.000 de superávit

(Esses números foram calculados tomando-se o volume de vendas em unidades menos os respectivos Pontos de Equilíbrio; seriam os mesmos, caso calculássemos Receitas Totais menos Custos e Despesas Totais – contábeis, econômicas e financeiras.)

Assim, haveria em "Caixa" uma sobra de \$1.200.000/ano, que significariam, contabilmente, lucro de \$400.000, já que \$800.000 seriam a recomposição no Ativo da parte perdida no Imobilizado, mas essa sobra de \$400.000 é \$600.000 inferior ao mínimo desejado de \$1.000.000.

Essa é de fato uma hipótese simplista para o cálculo do Resultado Financeiro, pois estamos admitindo todas as receitas recebidas e todos os custos e despesas (exceto depreciação, é claro) pagos; mas também podemos admitir que o conceito de "Caixa" seja ampliado para "Disponível + Valores a Receber de Clientes – Valores a Pagar a Fornecedores dos Insumos (Bens e Serviços)". Poderia também ser calculado outro Ponto de Equilíbrio Financeiro que levasse em conta eventuais divergências entre valores e prazos de pagamento e de recebimento.

Mais importante do que esse, todavia, é a elaboração de um segundo Ponto de Equilíbrio Financeiro (PEF_2), que leve em consideração parcelas financeiras de desembolso obrigatório no período que não estejam computadas nos Custos e Despesas. Por exemplo, suponhamos que a empresa tenha feito um Empréstimo de \$8.000.000 para somar a seus Recursos Próprios a fim de conseguir os recursos totais para operar; e, mais, que os encargos financeiros desses \$8.000.000 já estejam contidos dentro dos \$4.000.000 de Custos e Despesas Fixos. Entretanto, a parcela da amortização não estará lá colocada. Supondo que tenhamos que amortizar esse empréstimo em parcelas anuais de \$2.000.000, concluímos que, financeiramente, a empresa precisa obter em cada período os \$3.200.000 de desembolsos fixos dos Custos e Despesas mais essa parcela de \$2.000.000. Logo, o Ponto de Equilíbrio Financeiro para conseguir esse objetivo será:

$$PEF_2 = \frac{\$5.200.000/\text{ano}}{\$200/\text{un.}} = 26.000 \text{ un./ano, ou } \$20.800.000 \text{ de Vendas Totais}$$

Assim, se estiver trabalhando em um volume de 25.500 un., estará com um Resultado Contábil de \$1.100.000, Econômico de \$100.000, Financeiro de \$1.900.000, se considerarmos só as operações, e Financeiro deficitário em \$100.000, se levarmos em conta que não conseguiu todo o recurso necessário ao pagamento da amortização da dívida.

Outros cálculos podem ser feitos dentro dessa mesma linha de ideias; apenas expusemos os exemplos iniciais suficientes para o desenvolvimento individual de outras alternativas.

22.3.6 Ponto de equilíbrio econômico na inflação

Se uma companhia iniciar um período com as seguintes estruturas Patrimonial e de Custos:

Ativo Circulante	\$600	Passivo Circulante	\$300
Ativo Não Circulante	\$800	Passivo Não Circulante	\$200
		Patrimônio Líquido	\$900
Total	***\$1.400***	***Total***	***\$1.400***

Custos + Despesas Variáveis: 60% das Vendas

Custos + Despesas Fixos: \$400/ano

e supondo ainda que haja uma expectativa de inflação de 25% no ano (os Valores Fixos já incorporaram essa previsão) e que a empresa deseje um retorno real mínimo de 8% sobre o Patrimônio Líquido inicial, temos:

O Patrimônio Líquido terá que crescer 25% para continuar igual ao inicial:

$900 × 1,25 = $1.125

Haverá crescimento real quando suplantar essa importância; logo, para o mínimo desejado de 8%, deverá ser igual, no fim do ano, a:

$1.125 × 1,08 = $1.215

A correção monetária do Ativo Não Circulante, se for feita, conseguirá fazer com que o Patrimônio Líquido aumente, automaticamente, no seguinte montante:

$800 × 0,25 = $200

Assim, montamos:

Patrimônio Líquido necessário no final	$1.215
(–) Patrimônio Líquido existente	($900)
Aumento Total necessário no ano	$315
(–) Parte do aumento propiciada pela correção do Ativo Não Circulante	($200)
(=) ***Parte a ser conseguida por lucro histórico durante o ano***	***$115***

Este é, portanto, o lucro mínimo que a empresa precisa ter, histórico, antes da incorporação do resultado das correções; esse é o valor a ser obtido como diferença entre Receitas e Despesas Totais das operações do exercício.

É necessário que se obtenha então, economicamente, os $400 de Custos e Despesas Fixos mais esses $115, a partir da "sobra" (Margem de contribuição) de 40% das Vendas:

40% das Vendas = $515

$$\text{Vendas} = \frac{\$515/\text{ano}}{0{,}40} = 1.287{,}5/\text{ano}$$

(Note que não temos agora Ponto de Equilíbrio em unidades, mas em Receitas, já que não foram dados Custos e Despesas Variáveis nem Preço de Venda por unidade, e sim a relação percentual entre ambos. O Ponto de Equilíbrio é então calculado pela divisão dos Valores Fixos pela Margem de Contribuição, mas esta em porcentagem sobre as Vendas, obtendo-se o resultado em reais de Vendas.)

Temos assim o mínimo necessário de Vendas para obter o crescimento real de pelo menos 8% ao ano. Comprovemos:

Vendas	$1.287,5
(–) Custos e Despesas Variáveis	($772,5)
Margem de Contribuição	$515,0
(–) Custos e Despesas Fixos	($400,0)
Lucro Histórico	***$115,0***
Patrimônio Líquido Inicial	$900
(+) Correção Ativo Não Circulante	$200
(+) Lucro Histórico	$115
(=) ***Patrimônio Líquido Final***	***$1.215***

Crescimento real em reais: $1.215 – $900 × 1,25 = $90

$$\text{Crescimento real percentual: } \frac{\$90}{\$900 \times 1{,}25} = \frac{\$90}{\$1.125} = 8\%$$

Por uma forma simplista de apuração do resultado, teríamos exatamente essa importância de $90 de lucro:

Lucro Histórico	$115
(–) Correção Patrimônio Líquido $900 × 0,25	($225)
(+) Correção Ativo Não Circulante $800 × 0,25	$200
Lucro Corrigido	***$90***

Porém, para melhor entendimento dos efeitos de inflação é necessário conhecer os fundamentos da Correção Integral de Balanços e Resultados. Com essa metodologia fica muito mais fácil entender o conceito de lucro e a sua mensuração na inflação.

22.3.7 Influência de alterações dos custos e despesas fixos no ponto de equilíbrio

Suponhamos uma firma com a seguinte estrutura:

Custos + Despesas Variáveis:	$1.000/un.
Custos + Despesas Fixos:	$600.000/mês
Preço de Venda:	$1.500/un.

O Ponto de Equilíbrio Contábil será calculado:

$$\text{PEC} = \frac{\$600.000/\text{mês}}{\$500/\text{un.}} = 1.200 \text{ un./mês, ou } \$1.800.000 \text{ de Vendas}$$

O que aconteceria com seu PEC se houvesse um acréscimo de 40% na Folha de Pagamento, que, por sua vez, equivale a 70% dos Custos e Despesas Fixos?

Esse aumento acarretaria um acréscimo de 28% dos Custos e Despesas Fixos totais (40% × 70%):

$600.000 × 70% = $420.000 (Folha de Pagamento)

$420.000 × 40% = $168.000 (Acréscimo)

$$\text{O novo PEC seria: } \frac{\$(600.000 + 168.000)/\text{mês}}{\$500 \text{ un.}} = 1.536 \text{ un./mês, ou } \$2.304.000 \text{ de Vendas}$$

O acréscimo no PEC é, percentualmente, de:

$$\frac{1.536 \text{ un.} - 1.200 \text{ un.}}{1.200 \text{ un.}} = \frac{336 \text{ un.}}{1.200 \text{ un.}} = 28\% \text{ (A mesma porcentagem também sobre as Receitas.)}$$

O fato de termos aumentado 28% nos Custos e Despesas Fixos e com isso acrescido de 28% também nosso Ponto de Equilíbrio é coincidência? Não, isso realmente ocorre: a cada 1% de aumento nos Custos e Despesas Fixos corresponde sempre 1% de aumento no Ponto de Equilíbrio.

Vejamos: o Ponto de Equilíbrio é obtido quando:

Receitas Totais = Custos e Despesas Totais, ou:

Receitas Totais = Custos e Despesas Fixos + Custos e Despesas Variáveis Totais

Simbolizando,

$$\text{RT} = \text{CDF} + \text{CDVT}$$
$$Q \times pu = \text{CDF} + Q \times vu$$

O Ponto de Equilíbrio (1), antes do acréscimo dos Custos e Despesas Fixos, será:

$$Q \times pu - Q \times vu = \text{CDF}$$

$$\text{PE (1)} = Q = \frac{\text{CDF}}{(pu - vu)} = \frac{\text{CDF}}{mcu}$$

Ponto de Equilíbrio (2), após o acréscimo dos Custos e Despesas Fixos, será:

$$PE\ (2) = \frac{CDF(1 + y\%)}{mcu}$$

Dividindo o PE (2) pelo PE (1), temos:

$$\frac{PE(2)}{PE(1)} = \frac{CDF(1 + y\%)/mcu}{CDF/mcu} = (1 + y\%)$$

Logo,

$PE\ (2) = PE\ (1) \times (1 + y\%)$	$= PE\ (1) + PE\ (1) \times y\%$

Assim, o novo ponto de equilíbrio será sempre igual ao anterior acrescido da porcentagem de aumento dos Custos e Despesas Fixos.

Símbolos:

RT = Receita Total
CDF = Custos e Despesas Fixos
CDVT = Custos e Despesas Variáveis Totais
Q = Quantidade de unidades
pu = Preço unitário de venda
vu = Custo e Despesa Variáveis por unidade
mcu = Margem de Contribuição por unidade
y = % de acréscimo dos CDF

VOCÊ SABIA?

Bastante importante essa verificação: cada vez que ocorre uma alteração no valor dos Custos e Despesas Fixos, o que resultar de acréscimo percentual sobre esse total redundará em igual aumento percentual sobre o ponto de equilíbrio.

O mesmo pode ser dito quando da necessária incrementação do lucro mínimo desejado, já que este, no cálculo do Ponto de Equilíbrio Econômico, entra como se fosse uma Despesa Fixa.

O que ocorreria, entretanto, se estivesse a nossa empresa exemplo deste item trabalhando em um volume de 2.000 un./mês, com um resultado contábil de \$400.000/mês ((2.000 un. – 1.200 un.) × \$500/un.), e sofresse agora o impacto de um aumento de 40% sobre seus Custos e Despesas Fixos (passando estes para \$600.000 × 1,4 = \$840.000)?

Seu ponto de equilíbrio, que era de 1.200 un., passaria para 1.680 un. por mês, com o aumento dos 40%. Basta verificar que (\$840.000 ÷ \$500 = 1.680 un.). Logo, se mantiver o mesmo nível de 2.000 un., seu lucro será reduzido para 320 un. × \$500 = \$160.000/mês. Quanto precisaria vender para continuar mantendo seu mesmo resultado de \$400.000?

$$\frac{\$400.000}{\$500/un.} = 800 \text{ un. acima do novo ponto de equilíbrio}$$

Logo, precisaria vender 1.680 + 800 = 2.480 un. por mês, com um aumento de apenas 24% sobre o volume anterior de 2.000 un. Isso ocorre porque, sem mudanças nos custos e despesas variáveis e no preço de venda, a margem de contribuição unitária se mantém, e, consequentemente, bastam sempre as mesmas 800 un. acima do ponto de equilíbrio para a obtenção daquele lucro de $400.000. Esse número de 800 sobre bases diferentes de pontos de equilíbrio (1.200 un., 1.680 un. etc.) representará sempre percentuais também diferentes.

Se, por outro lado, quisesse a empresa aumentar também seu lucro em 40%, passando para $560.000, aí sim precisaria aumentar suas vendas nos mesmos 40%:

$$\frac{\$560.000}{\$500/\text{un.}} = 1.120 \text{ un. acima do novo ponto de equilíbrio}$$

$$1.680 \text{ un.} + 1.120 \text{ un.} = 2.800 \text{ un.!}$$

Ocorre que antes, com um aumento de 40% sobre os Custos e Despesas Fixos, mas sem aumento no lucro mínimo, a Margem de Contribuição Total que antes tinha que ser de $1.000.000 ($600.000 + $400.000) passará a $1.240.000 ($840.000 + $400.000), com um aumento de apenas 24%, já que houve acréscimo de 40% sobre um item que representava 60% da MC Total. Na hipótese de se aumentar também o lucro mínimo desejado, haveria um acréscimo de 40% na MC Total.

Poderíamos ainda nesse exemplo calcular, em vez do aumento no número de unidades, o acréscimo que precisaria haver no preço unitário de venda para, mantendo-se o mesmo volume atual de 2.000 un., conseguir-se o mesmo lucro de $400.000.

Teríamos agora que obter uma MC Total então de $1.240.000, com as mesmas 2.000 un., o que significaria:

$$\frac{\$1.240.000}{\$2.000/\text{un.}} = \$620 \text{ de MC Unitária}$$

Como os Custos e Despesas Variáveis são de $1.000/un., o preço de venda precisaria passar para $1.620/un., com um aumento de apenas 8% sobre os atuais $1.500.

22.3.8 Influência de alterações dos custos e despesas variáveis no ponto de equilíbrio

Admitamos que uma firma, com as seguintes características, sofra alterações nos seus Custos e Despesas Variáveis de 30%:

- Custos + Despesas Variáveis: $400/un.
- Custos + Despesas Fixos: $1.200.000/mês
- Preço de Venda: $600/un.

$$\text{PEC (1): } \frac{\$1.200.000}{\$200/\text{un.}} = 6.000 \text{ un., ou } \$3.600.000 \text{ de Vendas/mês}$$

Com novos valores variáveis: $400 × 1,30 = $520/un.,

$$\text{PEC (2): } \frac{\$1.200.000}{\$80/\text{un. (nova MC/un.)}} = 15.000 \text{ un., ou } \$9.000.000 \text{ de Receitas/mês}$$

Com um aumento de 30% nos Custos + Despesas Variáveis, ocorreu um aumento de 150% no Ponto de Equilíbrio! Logo, não vale aqui aquela relação encontrada entre alteração nos Fixos e no PE.

Suponhamos que os Custos + Despesas Variáveis, antes do aumento, fossem de apenas $100/un., e houvesse os 30% de aumento sobre eles. Os números seriam:

$$\text{PEC (1): } \frac{\$1.200.000}{\$500/\text{un.}} = 2.400 \text{ un.}$$

$$\text{PEC (2): } \frac{\$1.200.000}{\$470/\text{un.}} \cong 2.550 \text{ un.}$$

Nesse caso, o aumento seria de apenas pouco mais de 6%!

Percebemos aqui que é bastante grande a diferença causada sobre o Ponto de Equilíbrio com a mesma porcentagem de acréscimo nos valores Variáveis; a diferença reside no fato de no primeiro exemplo a Margem de Contribuição ser bem menor do que no segundo.

Para uma melhor análise, vejamos algebricamente o problema:

Sabemos que o Ponto de Equilíbrio é calculado pela divisão dos (Custos + Despesas) Fixos pela Margem de Contribuição Unitária.

$$PE\,(1) = \frac{CDF}{mcu} = \frac{CDF}{pu - vu}$$

Após o aumento de y% sobre os custos e despesas variáveis, o novo Ponto de Equilíbrio fica:

$$PE\,(2) = \frac{CDF}{pu - vu(1 + y\%)}$$

$$PE\,(2) = \frac{CDF}{mcu'}$$

Dividindo PE (2) por PE (1), temos:

$$\frac{PE(2)}{PE(1)} = \frac{CDF/mcu'}{CDF/mcu} = \frac{mcu}{mcu'}$$

$$PE\,(2) = PE\,(1) \times \frac{mcu}{mcu'}$$

Assim, o novo Ponto de Equilíbrio é igual ao anterior, mais o quanto a MC unitária anterior era percentualmente maior do que a atual, isto é, o anterior multiplicado pela relação entre a mcu anterior e a nova. Esta fórmula é válida para Ponto de Equilíbrio em unidades.

Símbolos:

CDF = Custos e Despesas Fixos
mcu = Margem de Contribuição Unitária
pu = Preço unitário de venda
vu = Custos e Despesas Variáveis por unidade
mcu' = Nova Margem de Contribuição Unitária após o aumento de y% nos valores variáveis

Aplicando esse relacionamento no primeiro exemplo visto, temos:

$$PE\,(2) = PE\,(1)\,\frac{\$200}{\$80} = PE\,(1) \times 2{,}5$$

PE (2) = 6.000 un. × 2,5 = 15.000 un. como já calculáramos.

No segundo exemplo, quando os variáveis eram apenas $100, teríamos:

$$PE\,(2) = 2.400\text{ un.} \times \frac{\$500}{\$470} = 2.400 \times 1{,}064 \cong 2.550\text{ un.}$$

No primeiro exemplo, a MC unitária antes do acréscimo era 150% maior do que a nova; por isso o PE cresceu nessa porcentagem. No segundo exemplo, a MC unitária anterior era apenas 6,4% maior do que a nova, e o PE cresceu então apenas nessa proporção.

A conclusão final é a seguinte: Se a Margem de Contribuição Unitária é pequena, qualquer pequena alteração nos Custos e Despesas Variáveis provocará grandes alterações nessa mesma Margem, o que acarretará, por sua vez, grandes modificações no Ponto de Equilíbrio. E se a MC Unitária for grande, mesmo grandes alterações percentuais sobre os valores Variáveis não alterarão em muito essa Margem, o que por sua vez não mudará em muito também o Ponto de Equilíbrio. O efeito, portanto, da alteração no Ponto de Equilíbrio trazido por mudanças nos Custos e Despesas Variáveis é muito mais dependente da grandeza da Margem de Contribuição Unitária do que da porcentagem de tais mudanças.

A exemplo do visto no item 22.3.7, vejamos o caso seguinte:

- Custos + Despesas Variáveis: $600/un.
- Custos + Despesas Fixos: $4.000.000/ano
- Preço de Venda: $1.000/un.

Nessa situação, o PE seria de:

$$\text{PE (1): } \frac{\$4.000.000}{\$400/\text{un.}} = 10.000 \text{ un., ou } \$10.000.000 \text{ de Vendas/ano}$$

Havendo 20% de aumento nos Custos e Despesas Variáveis, teríamos:

$$\text{PE (2): } 10.000 \text{ un.} \times \frac{\$400}{\$280} = 10.000 \text{ un.} \times 1{,}4286 = 14.286 \text{ un., com um aumento de } 42{,}86\%.$$

Suponhamos, todavia, que a entidade estivesse vendendo 15.000 un. por ano, lucrando, portanto:

5.000 un. × $400 = $2.000.000/ano

Agora, com o aumento nos Custos e Despesas Variáveis, só há lucro nas 714 unidades excedentes ao novo ponto de equilíbrio (15.000 – 14.286):

714 × $280 = $199.920/ano

A alteração é formidável: redução de 90% do lucro!

Qual precisaria ser seu novo volume de vendas para obter os mesmos $2.000.000 de lucro anuais?

Precisaria vender w unidades, com uma MC de $280 em cada uma, de forma a totalizar uma MC global de $6.000.000/ano para amortizar os valores de Custos e Despesas Fixos e sobrar aquele lucro de $2.000.000:

$$w \times \$280 = \$6.000.000$$

$$w = \frac{\$6.000.000}{\$280/\text{un.}} = 21.429,$$

com um aumento de 42,86% sobre as 15.000 un. que são atualmente vendidas. Portanto, quando a alteração for nos Custos e Despesas Variáveis, a porcentagem exigida sobre o ponto de equilíbrio será a mesma exigida sobre o atual volume de vendas para manter o mesmo resultado anterior.

Por outro lado, qual poderia ser o novo preço de venda para se chegar aos $2.000.000 de lucro, mas sem alterar o volume de 15.000 un.?

$$\frac{\$6.000.000}{z} = 15.000 \text{ un., onde z é a nova Margem de Contribuição Unitária.}$$

Logo, z = $400, isto é, precisa voltar ao que era. Para isso, o preço de venda unitário necessita subir, em reais, o mesmo valor acrescentado aos Custos e Despesas Variáveis, isto é, $120. Assim, o novo preço de venda passaria a $1.120, com um aumento de apenas 12%.

22.3.9 Influência de alterações dos preços de venda no ponto de equilíbrio

Já que a mudança no preço de venda produz nova MC Unitária, sem alteração nos Custos Fixos, a mesma relação vista no item anterior é válida:

$$\text{PE (2)} = \text{PE (1)} \times \frac{\text{mcu}}{\text{mcu'}} \text{ (para Ponto de Equilíbrio em unidades)}$$

Se houver aumento do preço de venda, a nova MC Unitária mcu' será maior que a mcu, o que fará então com que o PE (2) novo seja igual ao anterior multiplicado pela porcentagem que a antiga mcu representava sobre a nova. Por exemplo:

pu = $400/un.

vu = $150/un.

CDF = $50.000/mês

$$PE\ (1) = \frac{\$50.000}{\$250} = 200 \text{ un./mês}$$

Com aumento de 10% no preço de venda, pu = $440/un.:

$$PE\ (2) = 200 \text{ un./mês} \times \frac{\$250}{\$290} = 200 \text{ un./mês} \times 0{,}862 =$$

$$= 200 \text{ un./mês} \times 86{,}2\% = 172 \text{ un./mês}$$

Isto significa que, no caso, um aumento de 10% no preço de venda acabou por reduzir o Ponto de Equilíbrio em 13,8%, já que a antiga mcu corresponde a 86,2% da nova.

Para o caso de redução no preço de venda, valem as mesmas considerações do item 22.3.8 (mudanças nos Custos e Despesas Variáveis), já que tem a mesma característica de reduzir a Margem de Contribuição Unitária.

Julgamos bastante oportuno, nessas alturas, que o leitor faça, individualmente, diversos outros exemplos para dominar o assunto e verificar as diferentes reações sobre alterações em Custos e Despesas Fixos e Variáveis, nos preços de venda, no volume etc.

RESUMO

A seguir, estão contemplados os principais assuntos discorridos no capítulo:

- Nenhum Custo ou Despesa é perfeitamente Fixo, e muitas vezes também não existe Custo ou Despesa perfeitamente Variáveis.
- Existem, pelo menos, três Pontos de Equilíbrio: Contábil, quando Receitas menos Custos e Despesas Totais dão resultado nulo.
- Econômico, quando dão como resultado o Custo de Oportunidade do Capital Próprio empregado; e
- Financeiro, quando o valor das disponibilidades permanece inalterado, independentemente de haver resultado contábil ou econômico.
- A cada 1% de alteração nos Custos e Despesas Fixos ocorrem os mesmos 1% de mudança no Ponto de Equilíbrio; mas se for a mudança sobre os Custos e Despesas Variáveis, o efeito dependerá do grau de alteração na Margem de Contribuição Unitária.

EXERCÍCIO 22.1

A Companhia Fellucci produz e vende cerca de 31.250 pacotes de algodão para uso farmacêutico, por mês, cujo preço médio de venda, líquido de tributos, é $3,50 por pacote, e esse é seu único produto.

Os custos e despesas variáveis atingem $1,50 por pacote, e os custos e despesas fixos $50.000 por mês; a capacidade de produção é de 40.000 unidades/mês.

Pede-se para calcular:

a) o percentual da Margem de Segurança Operacional;

b) o percentual de aumento do Ponto de Equilíbrio Contábil, caso os custos e despesas fixos aumentem 20% (vinte por cento) e todas as demais variáveis permaneçam constantes;

c) idem, se esse aumento de 20% (vinte por cento) fosse apenas nos custos e despesas variáveis, e todos os demais elementos do problema permanecessem constantes;
d) o percentual de aumento do lucro, caso a empresa aumente em 50% sua atual margem de segurança em unidades vendidas;
e) o percentual de redução do lucro caso a empresa reduza em 50% sua atual margem de segurança em unidades vendidas;
f) o Grau de Alavancagem Operacional, calculado com base na situação inicial; e
g) o percentual de aumento do volume atual de produção e vendas para que o lucro aumente 40% (quarenta por cento).

EXERCÍCIO 22.2

A Empresa Paulista de Trompetes produz um único produto, que é vendido, em média, por $200 cada unidade; nesse preço estão incluídos impostos de 15%.

Sua estrutura de custos e despesas é a seguinte:

• Matéria-prima	$20 por unidade
• Material de embalagem	$10 por unidade
• Peças, partes e componentes	$7 por unidade
• Salários e encargos da produção	$40.000 por período
• Salários e encargos da administração	$15.000 por período
• Depreciação dos equipamentos de fábrica	$10.000 por período
• Seguro dos bens da administração	$1.500 por período

Pede-se calcular:

a) O Ponto de Equilíbrio Contábil (PEC) em unidades físicas (q).
b) O Ponto de Equilíbrio Contábil (PEC) em valor monetário ($).
c) O Ponto de Equilíbrio Econômico (PEE) em unidades (q) e em valor ($), considerando-se um lucro-meta de 30% da Receita Bruta (RB).

EXERCÍCIO 22.3

O Hotel Porta das Maravilhas tem 100 apartamentos, todos da categoria *Standard* Simples. Sua estrutura de custos, despesas e receita é a seguinte:

• Preço da diária por apartamento, líquido de tributos	$150
• Despesas variáveis por apto.	10% (preço de locação)
• Custo variável por apartamento por dia	$90
• Custos fixos anuais	$480.000
• Despesas fixas anuais	$60.000

Pede-se calcular:

a) O Ponto de Equilíbrio Contábil (PEC) em número de diárias (q).

b) O Ponto de Equilíbrio Contábil (PEC) em valor ($).

c) O Ponto de Equilíbrio Econômico (PEE) em número de diárias (q) e em valor ($), considerando-se um lucro-meta de 20% da Receita Líquida (RL).

d) O percentual de margem de segurança, quando a taxa de ocupação é de 80%.

e) A capacidade teórica do hotel, em termos de número máximo de diárias por ano.

f) O percentual de taxa de ocupação, quando a empresa atinge o PEC.

g) Idem, quando atinge o PEE.

h) O lucro operacional do hotel, antes do Imposto de Renda (LAIR), considerando-se a taxa de ocupação de 80%.

EXERCÍCIO 22.4

A empresa Toshimp, produtora de televisores, tem patrimônio líquido (PL) (valor da empresa para os acionistas) de $12.000.000 e produz um único modelo, de um único tamanho. Esse produto é vendido, em média, por $555 cada unidade, e nesse preço estão incluídos impostos de 10%.

O custo de matéria-prima, material de embalagem, peças, partes e componentes é de $299,50 por unidade; os custos fixos atingem $1.600.000 por período; 20% desse valor correspondem à depreciação de máquinas e equipamentos da fábrica; e as despesas fixas de administração e vendas, $400.000, também por período.

A empresa tem uma dívida de $600.000, de curto prazo, contraída junto a um banco comercial, para financiar seu capital circulante, a vencer no período objeto de análise.

Pede-se calcular:

a) O Ponto de Equilíbrio Contábil (PEC) em unidades físicas (q) e em valor monetário ($) relativo à receita líquida.

b) O Ponto de Equilíbrio Financeiro (PEF) em unidades físicas (q) e em valor monetário ($) relativo à receita líquida.

c) O Ponto de Equilíbrio Econômico (PEE), em unidades físicas (q), considerando que o lucro mínimo desejado pelos acionistas é de 10% do PL, já descontado o Imposto de Renda sobre o lucro, que é de 20%.

ATIVIDADES COMPLEMENTARES SUGERIDAS

1. Discuta de que forma o conhecimento do Ponto de Equilíbrio pode favorecer os resultados de uma empresa.
2. Compare o Ponto de Equilíbrio Contábil, o Ponto de Equilíbrio Econômico e o Ponto de Equilíbrio Financeiro e diga para que serve cada um. Discuta.
3. Reflita sobre a possibilidade de se calcular um ponto de equilíbrio que englobe as três modalidades estudadas.

23

CONSIDERAÇÕES ADICIONAIS SOBRE CUSTO/VOLUME/LUCRO

23.1 OBJETIVOS DE APRENDIZAGEM

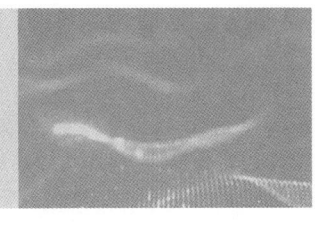

Ao final deste capítulo, o leitor deverá ser capaz de:

- Entender a relação existente entre custo, volume e lucro, no caso de vários produtos.
- Entender as limitações e os pressupostos assumidos no uso do Ponto de Equilíbrio.

23.2 INTRODUÇÃO

Definimos nos capítulos anteriores, o que é o Custo, suas classificações e características e de que forma se aplica na Contabilidade de Custos. No capítulo anterior estudamos ponto de equilíbrio e suas modalidades. Buscaremos, neste capítulo, aprofundar um pouco mais o conhecimento adquirido até aqui.

23.3 CONCEITOS

23.3.1 Estruturas diferenciadas e relações custo/volume/lucro

Suponhamos três empresas concorrentes X, Y e Z, trabalhando com as seguintes estruturas de custos e despesas:

Empresa X:

Custos e Despesas Fixos:

Mão de Obra Indireta	$100.000/mês	
Depreciação	$20.000/mês	
Despesas Diversas	$30.000/mês	***$150.000/mês***

Custos e Despesas Variáveis:		
Matéria-prima	\$300/un.	
Embalagem	\$100/un.	
Mão de Obra Direta	\$400/un.	
Despesas de Venda	\$100/un.	***\$900/un.***
Preço de Venda:		***\$1.400/un.***

$$PEC = \frac{\$150.000/mês}{\$500/un.} = 300 \text{ un./mês}$$

Empresa Y: Esta é mais automatizada que a primeira, por isso tem mais Custos e Despesas Fixos; em compensação, economia na MO Direta:

Custos e Despesas Fixos:		
Mão de Obra Indireta	\$100.000/mês	
Depreciação	\$60.000/mês	
Despesas Diversas	\$50.000/mês	***\$210.000/mês***
Custos e Despesas Variáveis:		
Matéria-prima	\$300/un.	
Embalagem	\$100/un.	
Mão de Obra Direta	\$150/un.	
Despesas de Venda	\$150/un.	***\$700/un.***
Preço de Venda:		***\$1.400/un.***

$$PEC = \frac{\$210.000/mês}{\$700/un.} = 300 \text{ un./mês, também}$$

Empresa Z: A mais automatizada de todas:

Custos e Despesas Fixos:		
Mão de Obra Indireta	\$80.000/mês	
Depreciação	\$75.000/mês	
Despesas Diversas	\$85.000/mês	***\$240.000/mês***
Custos e Despesas Variáveis:		
Matéria-prima	\$300/un.	
Embalagem	\$100/un.	
Mão de Obra Direta	\$40/un.	
Despesas de Venda	\$160/un.	***\$600/un.***
Preço de Venda:		***\$1.400/un.***

$$PEC = \frac{\$240.000/mês}{\$800/un.} = 300 \text{ un./mês, igualmente às outras}$$

As três compram matéria-prima e embalagem pelos mesmos preços e vendem também seus produtos pelos mesmos valores. Coincidentemente, têm o mesmo Ponto de Equilíbrio Contábil tanto em unidades como em valor.

Montemos um quadro onde seriam evidenciados os resultados contábeis dessas três empresas, a diferentes níveis de atividade:

Quadro 23.1

	Resultado		
Volume	*X*	*Y*	*Z*
100 un./mês	$(100.000)	($140.000)	($160.000)
200 un./mês	$(50.000)	($70.000)	($80.000)
300 un./mês	–	–	–
400 un./mês	$50.000	$70.000	$80.000
500 un./mês	$100.000	$140.000	$160.000

Apesar de terem o mesmo PEC, têm resultados diferentes fora desse ponto. Também a Alavancagem Operacional das três é a mesma, como se pode ver comparando, por exemplo, 400 com 500 un.; para todas elas existe, para um acréscimo de 25% no volume, um aumento de 100% no resultado (Grau de alavancagem = 4).

Notamos que, à medida que aumenta o volume, todas passam, é claro, a lucrar mais, porém Y ganha mais que X e Z mais que Y. Em compensação, abaixo do ponto de equilíbrio Z perde mais que Y e Y mais que X.

O fato de a empresa X ter mais Custos e Despesas Variáveis e consequentemente menor Margem de Contribuição Unitária faz com que ela ganhe menos após obter o PEC. Em compensação, devido ao menor montante dos Custos e Despesas Fixos, também tem menor prejuízo quando trabalha abaixo do PEC.

A empresa Z, com maior MCU, é a que mais se beneficia de um volume acima do PEC, sendo, por outro lado, a mais afetada quando trabalha abaixo dele. A comparação dos gráficos a seguir ajuda a compreensão.

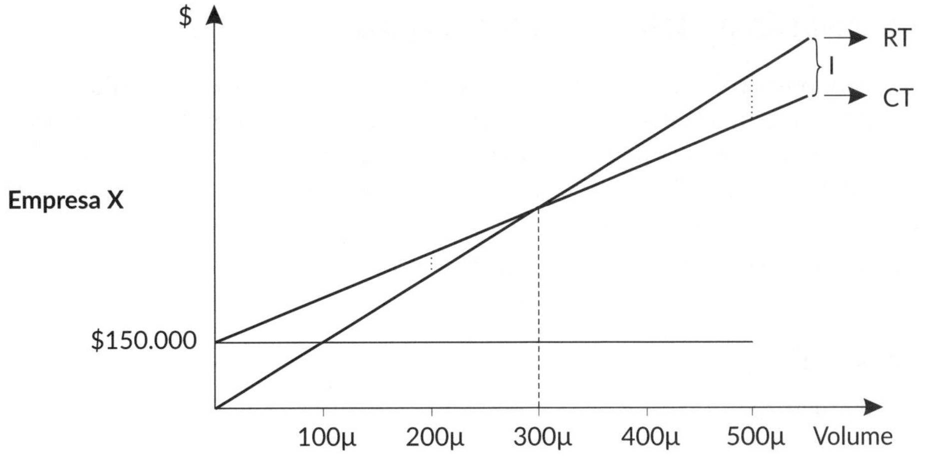

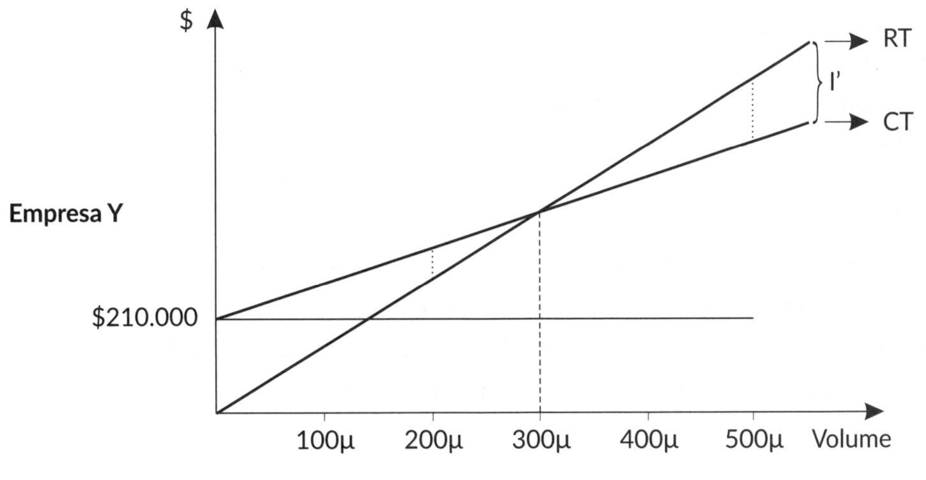

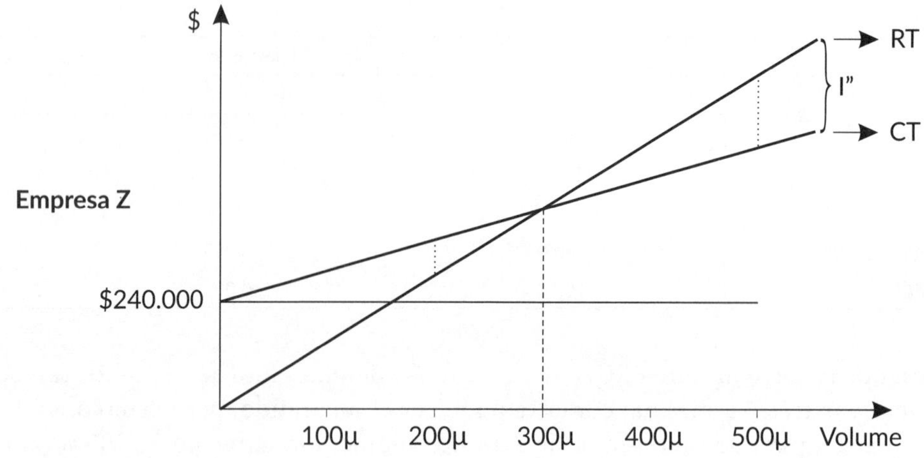

Comparando-se graficamente as estruturas das três, vemos que, devido às diferenças de MC Unitárias, a "abertura" entre Receita Total e Custo Total é também diferente para cada uma delas.

Neste exemplo, o grau de automação fez com que houvesse esse aumento da MCU, no sentido de X para Z, pela redução da participação dos Custos e Despesas Variáveis, apesar de ter havido, por causa dessa automatização, acréscimo nos Custos e Despesas Fixos. Quem trocou variáveis por fixos aumentou seu risco de ter grandes prejuízos (quando abaixo do PE), mas também aumentou sua possibilidade de ter grandes lucros (quando acima do PE).

23.3.2 Poder de competição e estruturas diferenciadas

Se o mercado comportasse apenas uma venda de 900 un./mês e estivesse dividido igualmente entre X, Y e Z, estariam todas com resultado contábil igual a zero. Se o mercado comportasse 1.500 unidades, com divisão também igual, seus lucros seriam diferentes. Por outro lado, é muito provável que o valor do investimento feito por Z seja bem maior do que o de Y, e o desta maior que o de X, devido aos valores requeridos para a própria instalação da produção mais automatizada.

Suponhamos, inclusive, que os investimentos feitos tenham sido:

- X: $5.000.000
- Y: $7.000.000
- Z: $8.000.000

Todas elas, se no volume de 500 un./mês, estão com retorno sobre o investimento igual, de 2% ao mês, ou aproximadamente 24% ao ano ($100.000/$5.000.000, $140.000/$7.000.000, e $160.000/$8.000.000). Poderiam, assim, estar "todas em paz".

Digamos que houvesse, por iniciativa de qualquer uma delas (provavelmente Z) ou por pressão do mercado comprador, ou por regulamentação do governo etc., uma redução de 10% no preço de venda para todas elas. Qual seria a repercussão sobre as três empresas, supondo ainda que as quantidades continuassem de 500 un. para cada uma?

Empresa X: Nova MCU = ($1.400 – 10% × $1.400) – $900 = $360
Lucro = 500 un. × $360/un. – $150.000 = $30.000

Empresa Y: Lucro = 500 un. × ($1.260 – $700)/un. – $210.000 = $70.000

Empresa Z: Lucro = 500 un. × ($1.260 – $600)/un. – $240.000 = $90.000

Continuam ainda as três com lucro, mas suas taxas de retorno passam a ser:

Empresa X: \$30.000 ÷ \$5.000.000 = 0,6% ao mês
Empresa Y: \$70.000 ÷ \$7.000.000 = 1,0% ao mês
Empresa Z: \$90.000 ÷ \$8.000.000 = 1,125% ao mês

A Taxa de Retorno de Z é agora quase o dobro da de X.

Se a redução do preço tivesse sido de 20%, a situação ficaria:

Empresa X: Lucro = 500 un. × (\$1.120 – \$900) – \$150.000 = (\$40.000), com TR = – 0,8% ao mês
Empresa Y: Lucro = 500 un. × (\$1.120 – \$700) – \$210.000 = \$0, com TR = 0% ao mês
Empresa Z: Lucro = 500 un. × (\$1.120 – \$600) – \$240.000 = \$20.000, com TR = 0,25% ao mês

A empresa X já entrou na faixa de prejuízo, e a Y está no limite; apesar de Z ter uma taxa de retorno bastante pequena, ainda é a única que apresenta resultado positivo, o que poderia fazer com que, a médio prazo, ficasse sozinha com o mercado.

É de se notar que, com as alterações nos preços de venda, mudaram, logicamente, as MC Unitárias, e, por isso, os pontos de equilíbrio. Com o preço a \$1.120/un., ficariam:

Empresa X: $\text{PEC} = \dfrac{\$150.000}{\$220/\text{un.}} \cong 682 \text{ un./mês}$

Empresa Y: $\text{PEC} = \dfrac{\$210.000}{\$420/\text{un.}} = 500 \text{ un./mês}$

Empresa Z: $\text{PEC} = \dfrac{\$240.000}{\$520/\text{un.}} \cong 462 \text{ un./mês}$

Vamos admitir, para um outro tipo de raciocínio já visto, que a empresa X não tenha pagamentos de dívidas a fazer, que Y tenha amortizações de \$50.000/mês e que Z as tenha em \$120.000/mês. O que aconteceria em termos financeiros com as três?

Empresa X: Prejuízo de \$40.000 + Depreciação de \$20.000 = Déficit de \$20.000 em caixa por mês
Empresa Y: Resultado nulo + Depreciação de \$60.000 – Amortização de \$50.000 = Superávit de \$10.000 por mês
Empresa Z: Lucro de \$20.000 + Depreciação de \$75.000 – Amortização de \$120.000 = Déficit de \$25.000 por mês.

Finalmente, agora a empresa mais bem colocada é a Y, seguida pela X, e, em último lugar, a Z!

Talvez a Z consiga obter créditos ou renovações em função dos resultados obtidos, o que provavelmente seria impossível a X.

Uma medida mal estudada pode ser fatal até para a dona da própria iniciativa.

VOCÊ SABIA?

Tão importante quanto conhecer a própria estrutura de Custos e Despesas é conhecer também a dos concorrentes. Além de ser necessário saber as reações sobre o lucro, sobre o caixa e retorno do investimento trazidas por mudanças nos Custos e Despesas Fixos, nos Variáveis e no Preço de Venda, é também absolutamente necessário conhecer-se as mesmas reações sobre os concorrentes para se ter uma boa ideia das consequências sobre cada um.

23.3.3 Representações gráficas de alterações no PE

Falamos no Capítulo 22 dos efeitos de alterações nos valores Fixos, nos Variáveis e nos Preços de Venda. Vejamos como ficariam essas mudanças graficamente, supondo 25% de aumento em cada item, em cada vez.

Dados:

- Preço de Venda: $4.000/un.
- Custos + Despesas Variáveis: $3.000/un.
- Custos + Despesas Fixas: $1.000.000/mês

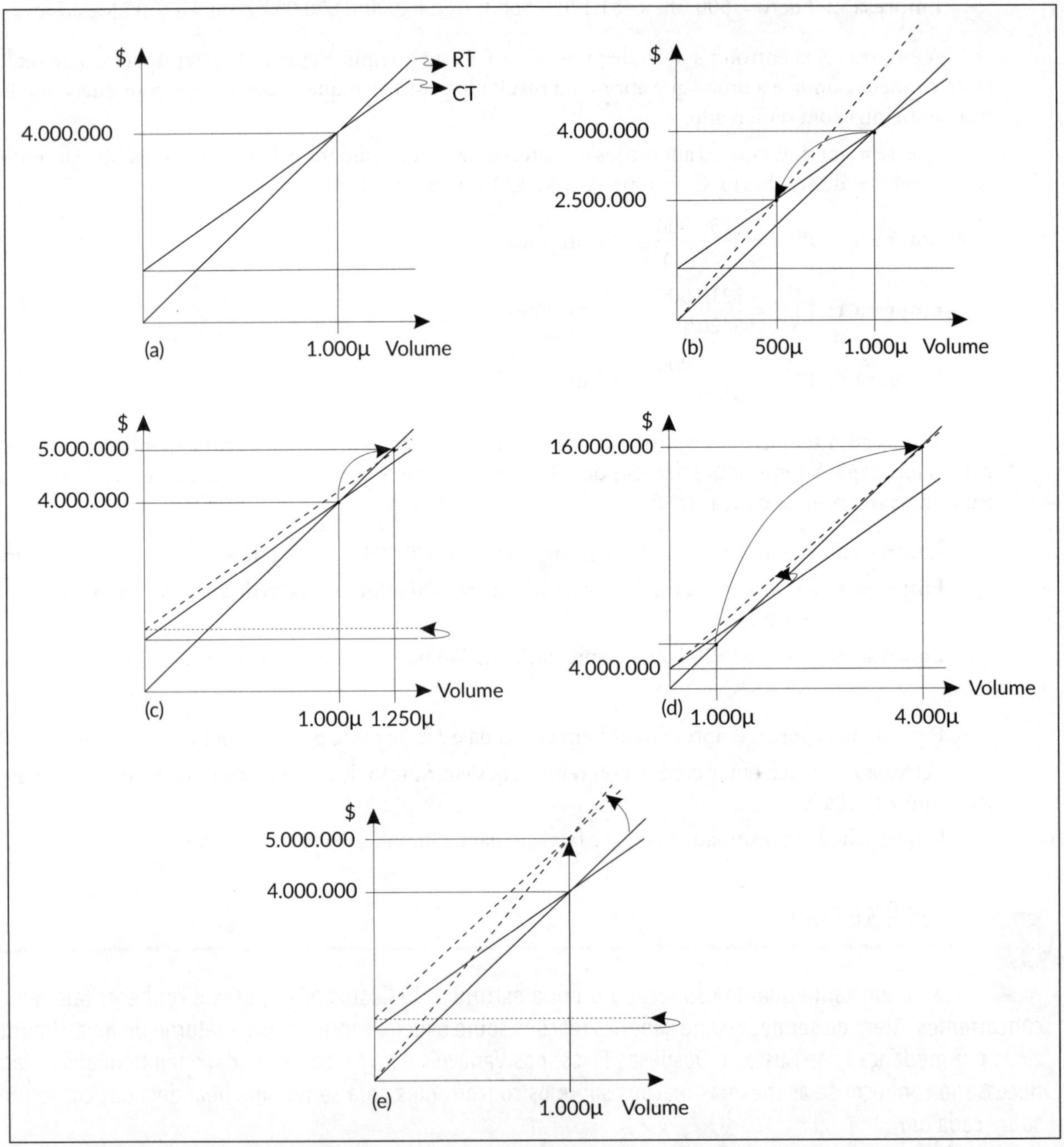

Observação: As linhas contínuas representam a posição original (gráfico a), e as seccionadas representam as novas posições.

No gráfico (a) está o Ponto de Equilíbrio nas atuais condições:

$$PE = \frac{\$1.000.000/\text{mês}}{\$1.000/\text{unidade}} = 1.000 \text{ un. ou } \$4.000.000 \text{ de Vendas/mês}$$

No gráfico (b), o novo PE com acréscimo de 25% apenas no preço de venda ($5.000/un.):

$$PE = \frac{\$1.000.000/\text{mês}}{\$2.000/\text{unidade}} = 500 \text{ un. ou } \$2.500.000 \text{ de Vendas/mês}$$

No (c), o que seria o PE se houvesse 25% de acréscimo nos Custos e Despesas Fixos ($1.250.000/mês):

$$PE = \frac{\$1.250.000/\text{mês}}{\$1.000/\text{unidade}} = 1.250 \text{ un. ou } \$5.000.000 \text{ de Vendas/mês}$$

No (d), o novo PE com o aumento de 25% apenas nos Custos e Despesas Variáveis ($3.750/un.; alteração tão grande que foi mudada a escala):

$$PE = \frac{\$1.000.000/\text{mês}}{\$250/\text{unidade}} = 4.000 \text{ un. ou } \$16.000.000 \text{ de Vendas/mês}$$

No (e), finalmente, se tudo aumentasse 25% (preço de venda, variáveis e fixos):

$$PE = \frac{\$1.250.000/\text{mês}}{(\$5.000 - \$3.750)/\text{un.}} = 1.000 \text{ un. ou } \$5.000.000 \text{ de Vendas/mês}$$

Notar nesta última hipótese que a quantidade não muda, apenas o valor das Vendas.

Esses gráficos são de grande importância para se evidenciar rapidamente o efeito de mudanças na estrutura dos custos e despesas ou nos preços de venda; são muitíssimo úteis principalmente quando da demonstração para terceiros dos efeitos dessas decisões.

23.3.4 Limitações ao uso do ponto de equilíbrio

Até agora temos visto exemplos onde sem dúvida alguma as aplicações dos conceitos de Ponto de Equilíbrio são de grande valia e de fácil entendimento e aplicação. Mas a grande restrição do até agora visto é o fato de termos sempre trabalhado com exemplos nos quais havia um único produto. Com isso, fica bastante simplificado o problema, o que não acontece quando a empresa trabalha com diversos produtos, que é a situação mais comum.

Na hipótese mais realista da existência de diversos produtos sendo elaborados pela empresa, o assunto se complica, já que os preços, custos e despesas variáveis são diferenciados também para cada um, o que provoca a impossibilidade de cálculo de um Ponto de Equilíbrio global.

Suponhamos que existissem três produtos, A, B e C, sendo fabricados:

Custos e Despesas Variáveis:	
Produto A	$400/un.
Produto B	$200/un.
Produto C	$350/un.
Custos e Despesas Fixos (CDF) =	400.000
Preços de Venda:	
Produto A	$600/un.
Produto B	$350/un.
Produto C	$600/un.

Se se trabalhasse só com o A, o PE seria de 2.000 un.; se só com o B, de 2.667 un.; e se só com o C, 1.600 un.

Todavia, existindo os três, qual o PE da empresa? Haveria possibilidade de se calcular caso todos tivessem a mesma Margem de Contribuição; teríamos assim um número de PE em unidades, tanto para um quanto para outro produto. O PE só não seria definido em reais, pois dependeria das diversas composições possíveis entre os três produtos.

Também poderia ser calculado o PE se a Margem de Contribuição fosse, mesmo que diferente em reais, igual para todos em termos de porcentagem sobre o preço de venda. Aí também haveria um PE único definido em reais, sem definição quanto às quantidades, já que estas estariam dependendo também das diferentes combinações possíveis entre eles.

Essas duas condições, de igualdade de MC em reais ou em percentual sobre preço de venda, são, todavia, casos de absoluta exceção. O normal é existirem diversos produtos com diferentes Margens de Contribuição, não havendo igualdade nem em termos monetários nem em percentuais sobre venda.

Por isso, acaba a empresa por ter *n* possibilidades de Pontos de Equilíbrio, já que diferentes combinações são possíveis, de tal forma que a MC Total iguale a soma dos Custos e Despesas Fixos. Por exemplo:

a) 800 un. de A, 700 de B e 540 de C:

800 un. × $200/un. = $160.000 de MC Total de A

700 un. × $150/un. = $105.000 de MC Total de B

540 un. × $250/un. = $135.000 de MC Total de C

$400.000 de MC Total

b) 1.200 un. de A e 640 un. de C:

1.200 un. × $200/un. = $240.000

640 un. × $250/un. = $160.000

$400.000 de MC Total

Poderia ser calculado um PE global, restrito à seguinte condição, por exemplo: que houvesse a mesma quantidade produzida e vendida de cada um dos três produtos:

MC de A: $200/un.

MC de B: $150/un.

MC de C: $250/un.

$600/un. = Soma das MC de uma unidade de cada produto.

$\frac{\$400.000}{\$600} \cong$ 667 conjuntos de três unidades, sendo uma de cada produto, isto é, 667 unidades de A, 667 de B e 667 de C.

Agora, para se analisar outras variações, raciocinaríamos: são necessárias 1,33... unidades de B para se conseguir a MC de uma de A ($200 ÷ $150); logo, se houver redução de 30 un. de A, precisaremos de 40 a mais de B. Para se tirar uma de A, seria necessário colocar-se 0,8 de C ($200 ÷ $250) etc.

Se fosse o caso de apenas dois produtos, até que seria bastante fácil fazer-se uma tabela das diferentes alternativas que dariam o PE global da empresa. Com 3, a tarefa se complica violentamente, ficando praticamente impossível, pois teria que conter todas as alternativas, inclusive as de eliminação de uma certa quantidade de um ou mais produtos para compensação com acréscimo do terceiro.

Essa é a grande limitação do uso do PE. Mas subsiste ainda uma alternativa bastante útil. Vejamos, a seguir.

23.3.5 Pontos de equilíbrio por produto

A possibilidade de elaboração de "tabelas de PE" é também limitada ao caso em que os Custos e Despesas Fixos são comuns a todos os produtos. Quando isso não ocorre, só nos resta uma última hipótese: já verificamos em outros pontos deste trabalho (especialmente no Capítulo 18) a análise dos Custos e Despesas Fixos Identificados, ou seja, daqueles que se identificam com determinado produto ou grupo deles, pertencendo a eles sem nenhum rateio.

(Obviamente, uma alternativa que poderia aparecer de imediato seria a de se ratearem os Custos e Despesas Fixos para se saber, a partir daí, o PE por produto. Entretanto, estamos já cansados de verificar a falácia e o erro decorrentes desse tipo de procedimento. Isso será mais bem visto à frente.)

Suponhamos, no exemplo, que estejamos vendo que os Custos e Despesas Fixos de $400.000 fossem assim distribuídos:

Identificados com Produto A:	$110.000
Identificados com Produto B:	$60.000
Identificados com Produto C:	$125.000
Soma dos Identificados:	$295.000
Comuns a Todos os Produtos:	$105.000
Total Custos e Despesas Fixos:	***$400.000***

Poderíamos, a partir do conhecimento dos Custos e Despesas Fixos Identificados com cada Produto e das respectivas Margens de Contribuição, calcular agora seus pontos de equilíbrio específicos:

$$\text{PE Específico de A: } \frac{\$110.000}{\$200/\text{un.}} = 550 \text{ un.}$$

$$\text{PE Específico de B: } \frac{\$60.000}{\$150/\text{un.}} = 400 \text{ un.}$$

$$\text{PE Específico de C: } \frac{\$125.000}{\$250/\text{un.}} = 500 \text{ un.}$$

Entretanto, necessário se torna lembrar que esses Pontos de Equilíbrio são válidos para cada um dos produtos para a completa amortização dos seus próprios Custos e Despesas Fixos Identificados. Resta ainda a soma dos $105.000 Não Identificados, comuns a todos, sem amortização. Com tais PE, haveria ainda esse montante de prejuízo, o que faz elevar o PE global da empresa.

Para a obtenção desse PE global não existe de fato fórmula alguma capaz de resolver o problema que não leve em consideração as inúmeras possibilidades de combinações entre os vários produtos. Entretanto, já temos agora pelo menos uma parte da solução do problema. Fica, inclusive, simplificado um pouco o cálculo do PE global.

Precisamos, após obtidas aquelas quantidades, vender algumas ainda a mais para a completa amortização dos $105.000 comuns. As possibilidades vão agora desde mais 525 un. apenas de A ($105.000 ÷ $200/un.) até mais 420 un. apenas de C, ou qualquer composição entre os três.

Não há condições de uma formulação única, mas pelo menos o mínimo de cada produto já foi determinado para a obtenção da amortização dos próprios Custos e Despesas Fixos Identificados.

Poderíamos até ratear os custos fixos não identificados entre os três produtos; por exemplo, se dividíssemos simplesmente os $105.000 igualmente para cada um deles, teríamos:

PE de A: além das 550 unidades necessárias à cobertura de seus custos fixos identificados, seriam necessárias mais 175 unidades para cobrir sua parte rateada de custos não identificados de $35.000 ($35.000/$200 = 175). Assim, seu PE global seria de 725 unidades.

PE de B: além de suas 400 unidades já calculadas, seriam necessárias mais 233,3... unidades ($35.000/$150 = 233,3), totalizando 633,3 unidades para obter seu PE.

PE de C: além das 500 u, precisaria de mais 140 ($35.000/$250 = 140), totalizando 640 un. para seu PE.

Basta verificar que:

Margem de Contribuição de A: 725 un. × $200 =	$145.000
Margem de Contribuição de B: 633,3 un. × $150 =	$95.000
Margem de Contribuição de C: 640 un. × $250 =	$160.000
Margem de Contribuição Total =	$400.000,

suficiente exatamente para a cobertura dos Custos e Despesas Fixos Totais.

Só que essa é uma das inúmeras combinações de quantidades de A, B e C capazes de propiciar o PE. O problema é acreditar, baseado na crença de que o rateio seja uma verdade absoluta, que essa combinação atrás calculada seja a única resposta possível. Afinal, para cada rateio diferente uma nova combinação aparecerá, e todas elas propiciarão o mesmo valor de resultado.

Finalmente, também é importante ser lembrado que, no cálculo destes Pontos de Equilíbrio específicos, existem também as hipóteses de inclusão, ou não, dos valores "Perdidos" (Depreciação, por exemplo), do lucro mínimo desejado, do PE Financeiro etc.

23.3.6 Outra representação gráfica

Outra forma de se representar graficamente o Ponto de Equilíbrio é a seguinte: no eixo das abcissas, coloca-se ou a quantidade ou o valor das vendas, conforme o que se tenha considerado para cálculo do PE; no das ordenadas, representam-se os valores do resultado (lucro ou prejuízo). Por exemplo, se estes forem os dados, teremos:

- Custos e Despesas Fixos: $6.000.000/ano
- Custos e Despesas Variáveis: $4.000/un.
- Preço de Venda: $10.000/un.
- $PE = \dfrac{\$6.000.000/\text{ano}}{\$6.000/\text{unidade}} = 1.000 \text{ un./ano}$

Quando a venda é nula, o resultado é um prejuízo de $6.000.000 (CDF); quando as vendas são de 1.000 un., a MCT = CDF, isto é, encontra-se o PE. Se as vendas forem de apenas 500 un., a MCT = 500 un. × $6.000/un. = $3.000.000, e temos um prejuízo de $3.000.000 ($6.000.000 – $3.000.000); se forem de 1.500 un., teremos uma MC Total de $9.000.000, o que nos propicia um lucro de $3.000.000.

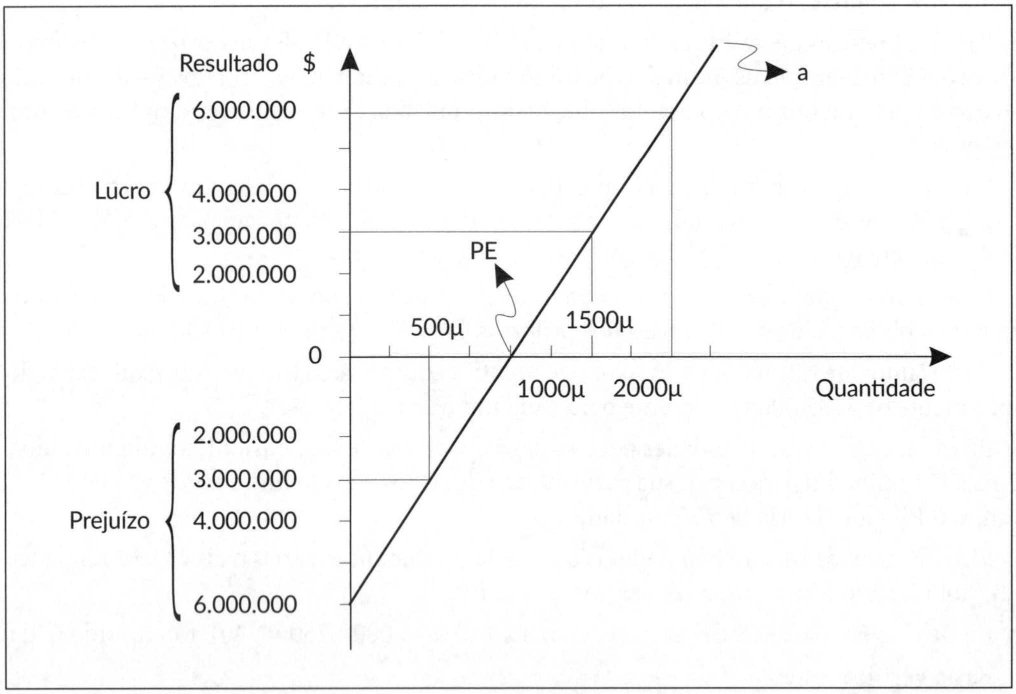

A reta *a* evidencia o Resultado da empresa aos diferentes níveis de atividade. Representa também a própria MC total, desde que se coloque, no eixo das abcissas, esse valor. Por exemplo, onde o Resultado é zero, a MCT é $6.000.000. Onde é $3.000.000, a MCT é $9.000.000 etc. O ponto Zero da MCT é onde o Resultado é (–) $6.000.000.

Poderíamos representar, em um gráfico dessa natureza, a posição daqueles três produtos, A, B e C, que vínhamos analisando:

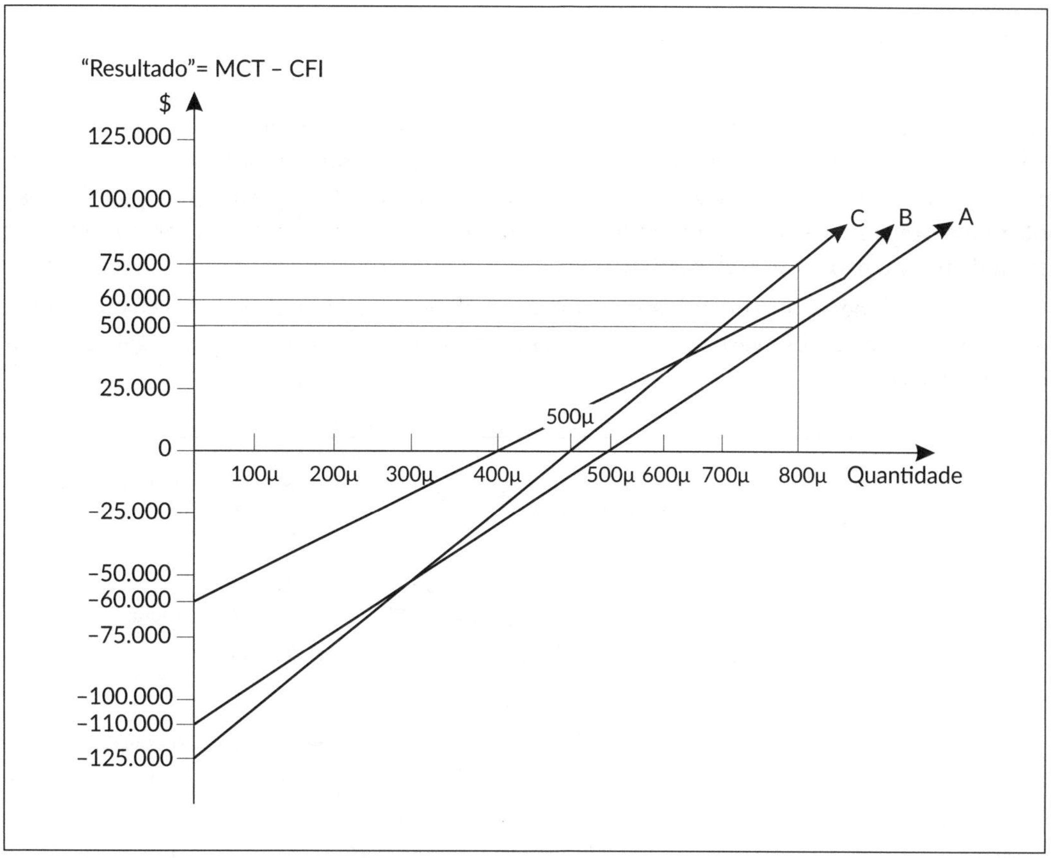

Um cuidado especial é necessário na análise desse gráfico. O "Resultado" é o de cada produto, e não o da empresa, representando na verdade a MC que cada um dá à empresa. Por exemplo, aos níveis de Equilíbrio específico, A com 550 un., B com 400 un. e C com 500 un., vemos que cada um amortizou seus próprios CDF, e não está contribuindo com nada para a cobertura daqueles $105.000 de Custos e Despesas Fixos Não Identificados.

Ao nível também, por exemplo, de 800 un., vemos que A contribui com $50.000 [(800 – 550)un. × $200/un.]; após cobrir seus próprios Custos e Despesas Fixos, B contribui com $60.000 e C com $75.000 (Conceitos de 2ª Margem de Contribuição). Dessa soma de $185.000 é que teríamos ainda que deduzir os $105.000 comuns.

A forma de representação da soma das MC de cada produto para comparação com os CDF comuns é complexa e de pouca facilidade de leitura e compreensão.

Uma excelente visão que nos dá o gráfico com os três produtos é o do comportamento de cada um. Vemos que o produto de maior inclinação é o C, devido à sua maior capacidade de geração de Margem de Contribuição; mas não é o de mais baixo PE, devido ao alto valor de seus CDF Identificados ($125.000). O Produto B é o que atinge mais rapidamente o seu PE, mas propicia pouca MC Total, devido à sua pequena MC Unitária; precisaria sempre de maior volume de vendas em termos de unidades. O Produto A é o de maior PE, e é intermediário entre os outros dois em termos de Margem de Contribuição.

Essa forma de representação não resolve aquele problema de PE global da empresa com vários produtos (problema insolúvel, por sinal); apenas permite comparações visuais sobre o desempenho de cada produto em termos de MC.

VOCÊ SABIA?

Nos estudos discutidos até aqui sobre ponto de equilíbrio, desde o Capítulo 22, ficou implícito o pressuposto de que as empresas são capazes de conhecer, com certeza e exatidão, o valor dos custos fixos e dos variáveis. Todavia, na prática, isso nem sempre é perfeitamente possível e muitas vezes é necessário fazê-lo com estimativas e aproximações.

23.3.7 Um ponto de equilíbrio às avessas[1]

Imagine agora uma situação completamente diferente: a de uma empresa jornalística que possui dois tipos de receita: uma derivada dos anúncios e outra da venda do jornal. Ainda, que tenha também custos e despesas fixos e mais o custo e a despesa variáveis por jornal vendido. A parte da receita derivada dos anúncios normalmente é um valor contratado independentemente da venda de jornais (é lógico que os preços flutuam conforme a tiragem, mas para cada unidade temporal – mês, por exemplo – o preço é constante). Logo, essa parcela da receita não é variável, e sim fixa.

Comumente nesse tipo de indústria acontece também o seguinte: o preço de cada jornal vendido é inferior ao seu custo e despesa variáveis, ou seja, há uma margem de contribuição negativa por unidade. Repare no que ocorre então:

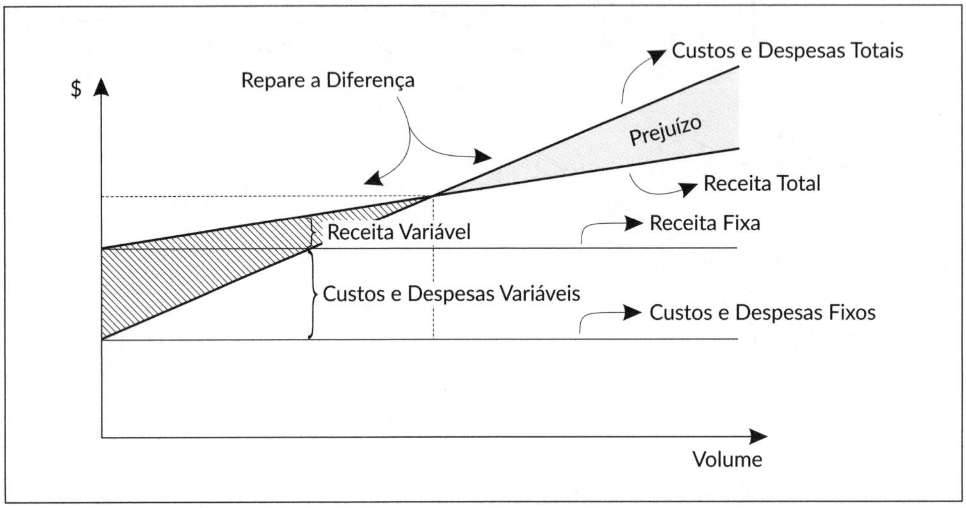

É isso mesmo! A empresa possui uma receita fixa que faz com que sua reta das receitas totais não comece no ponto de interseção entre volume e reais. À medida que a empresa vai vendendo mais, o seu lucro vai caindo, já que há uma margem de contribuição unitária negativa, até que chega o ponto de equilíbrio a partir de onde passa a entrar na faixa de prejuízo!

É lógico que, à medida que a empresa vai aumentando sua tiragem e consegue vendê-la, tenta aumentar sua receita fixa mediante aumento da quantidade de anúncios, ou do preço de cada anúncio ou de ambas as formas, a fim de evitar entrar na faixa de prejuízo ou de reduzir a de lucro a um ponto em que não tenha adequada remuneração do seu investimento. Mas muitas vezes a empresa se obriga, como de fato tem ocorrido na prática, a simplesmente parar de crescer o número de unidades a serem vendidas para evitar situação difícil.

Uma série de considerações para tal tipo de empresa pode ser feita, mas, por se tratar de uma situação muito específica, consideramos suficiente alertar para o problema com o que se mostrou.

É realmente uma situação totalmente diferente do ponto de equilíbrio normal!

VOCÊ SABIA?

Com a tendência cada vez mais forte da migração de jornais e revistas físicos para o formato digital, via internet, o modelo de negócio também ganha contornos diferentes, em termos de custos e preços.

1 Este item é uma simplificação de um artigo que publicamos na Temática Contábil da IOB-Informações Objetivas, nº 21/1986.

23.3.8 Taxa de inflação

Na alta inflação toda a análise da Relação Custo/Volume/Lucro só faz sentido se todos os valores estiverem em moeda constante e dentro do conceito de valor presente.

Não faz sentido calcular Ponto de Equilíbrio e não funciona na prática esse conceito, se os gastos fixos e os variáveis não estiverem na mesma genuína unidade monetária. Não se compara e não se faz cálculos com componentes adquiridos à vista e outros a prazo sem antes colocá-los a valor presente. E não se usam moedas de datas diferentes sem antes compatibilizá-las em termos de poder de compra.

RESUMO

A seguir, estão contemplados os principais assuntos discorridos no capítulo:

- Estruturas diferenciadas em termos de composição de Custos e Despesas Fixos e Variáveis provocam diferenciadas condições de resistências a oscilações nos volumes e preços de venda.
- Empresas com maior MC unitária tendem a ser mais resistentes, vencendo normalmente suas concorrentes, apesar de correrem maior risco se seu faturamento estiver na faixa de prejuízo. Aí a situação se inverte.
- O PE não pode ser calculado como um todo para empresas com diversos produtos, a não ser que eles tenham mesma MC em valor ou mesma porcentagem de MC sobre o preço de venda.
- Haverá sempre um número infinitamente grande de diferentes hipóteses para esse PE global e final.
- Há situações específicas em que ocorre o contrário: quanto mais unidades vendidas, menor o lucro, podendo chegar até ao prejuízo.

EXERCÍCIO 23.1

As empresas Cascata e Cachoeira são as únicas que atuam no mercado de água mineral na região de Camburi e o nível de qualidade dos produtos é equivalente.

A Cascata possui instalações fabris modernas, bastante automatizadas, e utiliza tecnologia de ponta; já na Cachoeira a tecnologia é de base, e o processo de produção convencional, intensivo em mão de obra.

O mercado consome cerca de 200.000 garrafas de água mineral por mês, e a participação é de aproximadamente 50% para cada empresa, pois ambas praticam o mesmo preço ($1 por garrafa).

Outros dados (em $):

	Cascata	Cachoeira
Capital Investido	4.000.000	2.500.000
Custos e despesas fixos mensais (CDF)	30.000	26.000
Custos e despesas variáves por unidade (CDV)	0,25	0,35

Pede-se para calcular:

a) o Ponto de Equilíbrio Contábil (PEC) em unidades (q) e em valor ($) para a Cascata;

b) idem, para a Cachoeira;

c) a variação no Ponto de Equilíbrio Contábil (PEC) de cada empresa, no caso de haver um aumento de 25% (vinte e cinco por cento) no preço de venda de ambas; e

d) idem, na taxa de retorno sobre o investimento (RSI).

EXERCÍCIO 23.2

A empresa Limpa Tudo produz apenas dois produtos, enceradeiras e aspiradores de pó, cujos preços de venda – líquidos dos tributos – são \$120 e \$80, respectivamente, e sobre esses preços ela paga comissões de 5% aos vendedores. Os custos e despesas fixos, comuns aos dois produtos, são de \$5.000 por período.

Os custos variáveis são os seguintes:

	Enceradeiras	**Aspiradores**
Matéria-prima	2 kg/un. a \$8/kg	2 kg/un. a \$8/kg
Mão de obra direta	2,5 h/un. a \$20/h	1,5 h/un. a \$20/h

Considerando quantidades iguais para os dois produtos, pede-se calcular:

a) O Ponto de Equilíbrio Contábil (PEC) da empresa em unidades físicas (q).

b) O Ponto de Equilíbrio Contábil (PEC) da empresa em valor monetário (\$).

EXERCÍCIO 23.3

A Empresa Matrix produz dois produtos cujos preços de venda, *líquidos de tributos*, são, em média, \$70 e \$85, respectivamente. Historicamente, o volume de produção é de cerca de 4.000 unidades do Produto A e 12.000 unidades do B, por período, e a administração projeta essa mesma tendência para o futuro próximo.

Os custos variáveis somam \$30 por unidade, para cada um (não há despesas variáveis); já os fixos totalizam \$500.000 por período e as despesas fixas \$89.375 por período.

Considerando a composição normal de venda (*mix*), pede-se calcular:

a) O Ponto de Equilíbrio Contábil (PEC) em unidades físicas (q).

b) O Ponto de Equilíbrio Contábil (PEC) em valor monetário (\$).

EXERCÍCIO 23.4

O Hotel Sharon tem apartamentos em duas categorias: *standard* simples e *standard* duplo. Os preços das diárias são, em média, \$150 e \$200, respectivamente. Sua estrutura de custos e despesas é a seguinte (em \$):

	***Standard* simples**	***Standard* duplo**
Custos e despesas variáveis (CDV) por dia	80	110
Custos e despesas fixos (CDF) identificados	182.000	378.000
Custos e despesas fixos (CDF) comuns	119.000	

Pede-se calcular:

a) O Ponto de Equilíbrio Contábil (PEC) de cada categoria, separadamente, em unidades e em valor, considerando apenas os custos e despesas fixos (CDF) identificados.

b) A quantidade de apartamentos da categoria *standard* simples que precisaria ocupar, para cada apartamento da categoria *standard* duplo que o hotel deixe de locar, a fim de amortizar todos os custos e despesas fixos (CDF).

c) O Ponto de Equilíbrio Contábil (PEC), em unidades e em valor, na hipótese de os administradores do hotel decidirem padronizar os apartamentos e trabalhar com apenas uma ou outra categoria. Considere que os CDF identificados são elimináveis.

ATIVIDADES COMPLEMENTARES SUGERIDAS

1. Em sua opinião, até onde é vantajoso uma empresa diversificar seus produtos e até onde é vantajoso focar em um produto só. É possível o equilíbrio? Discuta.

2. Discuta de que forma a taxa de inflação impacta nos resultados dos custos, do volume de produção e no lucro.

3. Reflita sobre como se poderia calcular o ponto de equilíbrio em uma empresa com dezenas de produtos.

24

CUSTEIO BASEADO EM ATIVIDADES (ABC) – ABORDAGEM GERENCIAL E GESTÃO ESTRATÉGICA DE CUSTOS

24.1 OBJETIVOS DE APRENDIZAGEM

Ao final deste capítulo, o leitor deverá ser capaz de:

- Conhecer o Custeio ABC de forma mais ampla.
- Relacionar o Custeio ABC com o processo de reengenharia.
- Entender as limitações dos sistemas tradicionais de custeio.
- Entender características da Gestão Estratégica de Custos.

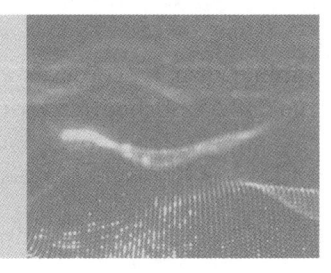

24.2 INTRODUÇÃO

Vimos no Capítulo 8 uma primeira abordagem do Custeio Baseado em Atividades (ABC). Ali utilizamos um conceito de atividade limitado ao contexto de cada departamento, em uma visão exclusivamente *funcional* e de *custeio de produto*. Esta visão é conhecida como *primeira versão* ou *primeira geração* do ABC.

Na abordagem do Capítulo 8 o objetivo era o custeio de produtos para fins de avaliação de estoques para atender às legislações fiscal e societária.

Por essa razão é que se permitiu a inclusão de custos fixos estruturais no custo das atividades. Também lá admitimos o uso de rateios quando não fosse possível a alocação direta ou rastreamento. Porém, nesta Parte III do livro, o leitor já vem sendo alertado para o perigo que esse procedimento pode representar para certas decisões.

O ABC é, na realidade, uma ferramenta de *gestão de custos*, muito mais do que de custeio de produtos.

Neste capítulo vamos analisar o ABC através de uma abordagem mais ampla e mais consistente com sua real dimensão.

24.3 CONCEITOS

24.3.1 Segunda geração do ABC

A segunda versão ou geração do ABC foi concebida de forma a possibilitar a análise de custos sob duas visões:

a) a visão econômica de custeio, que é uma visão vertical, no sentido de que apropria os custos aos objetos de custeio através das atividades realizadas em cada departamento; e

b) a visão de aperfeiçoamento de processos, que é uma visão horizontal, no sentido de que capta os custos dos processos através das atividades realizadas nos vários departamentos funcionais.

A visão vertical de custeio fornece basicamente os mesmos dados que já estavam contemplados na primeira versão do ABC.

A visão horizontal, de aperfeiçoamento de processos, reconhece que um processo é formado por uma sequência de atividades encadeadas, exercidas através de vários departamentos da empresa. Esta visão horizontal permite que os processos sejam analisados, custeados e aperfeiçoados através da melhoria de desempenho na execução das atividades.

Os sistemas tradicionais geralmente refletem os custos segundo a estrutura organizacional da empresa, na maioria dos casos estrutura funcional. O ABC, nesta visão horizontal, procura custear processos; e os processos são, via de regra, interdepartamentais, indo além da organização funcional. O ABC, assim, pode ser visto como uma ferramenta de análise dos fluxos de custos e, quanto mais processos interdepartamentais houver na empresa, tanto maiores serão os benefícios do ABC.

Para se ter uma visão talvez mais esquemática veja-se o seguinte: normalmente a empresa é dividida em Departamentos (logo a seguir, representados pelas colunas); mas as atividades acontecem dentro dos Departamentos (representadas pelas linhas). Uma atividade não necessariamente é executada dentro de um único departamento, e quando isto ocorre ela pode ser, na maioria das vezes, dividida em subatividades.

Por exemplo, dentro do Departamento Financeiro (tesouraria, contas a receber etc.), realiza-se a atividade de efetuar o pagamento dos fornecedores; só que essa atividade faz parte do processo de pagar fornecedores, que é composto por outras atividades além desta. Talvez a área de Compras produza um documento que vá ser enviado ao Departamento Financeiro para autorizar o pagamento. Com isso, o processo completo de pagar o fornecedor pode começar na área de Compras e se completar no Departamento Financeiro.

Com isso, se se quiser conhecer o custo total do processo "pagar fornecedores", é necessário somar, "na horizontal", custos incorridos em dois departamentos diferentes, ou seja, somam-se os custos das atividades envolvidas no processo.

Suponha-se um "pedaço" da empresa assim representado:

	Depto. Compras	**Depto. Análise de Crédito**	**Depto. Vendas**	**Depto. Financeiro**
Emitir Pedido	XXXXXXXXXX			
Autorizar Pagamento	XXXXXXXXXX			
Efetuar Pagamento				XXXXXXXXXX
Autorizar Crédito		XXXXXXXXXX		
Receber Pedido			XXXXXXXXXX	
Autorizar Venda			XXXXXXXXXX	
Efetuar Venda			XXXXXXXXXX	
Comunicar Depto. Fin.			XXXXXXXXXX	
Efetuar Recebimento				XXXXXXXXXX

Nessa visão bastante simples tem-se:

O Departamento de Análise de Crédito tem uma única atividade.

O de Compras tem uma atividade que começa e termina nele (emitir pedidos) (atenção, essa atividade é uma parte do Processo de Suprimento que deve ter sido iniciado na área da Fábrica ou da Administração de onde partiu a requisição). Esse Departamento de Compras tem outra atividade, que é a de autorizar o pagamento aos fornecedores; mas essa atividade é complementada no Departamento Financeiro. Assim, o processo de pagar fornecedores é formado pelo que se faz em Compras e no Financeiro.

O Departamento de Vendas possui quatro atividades, que fazem parte de um processo que se inicia aqui e termina no Departamento Financeiro; afinal, o processo total de receber dos clientes começa com o aviso de Vendas ao Financeiro e com a efetiva cobrança por parte deste.

Vê-se então que as atividades e processos estão acontecendo "na horizontal", enquanto as estruturas tradicionais, em Departamentos, são vistas mais na forma "vertical". Veremos com mais detalhes o custeamento de processos em itens posteriores.

Essa é uma visão genérica; existem vários outros arranjos e desenhos organizacionais.

24.3.2 ABC e reengenharia

Nesta 2ª versão, o ABC deveria ser sempre implementado através de uma análise de processos, e as informações por ele geradas servem para auxiliar a gestão de processos. Ao analisar os processos para identificar e selecionar os direcionadores de custos, o ABC poderá, já na fase de implementação, propiciar economias que justifiquem a relação custo-benefício do projeto.

Assim, a implantação de um sistema de custos baseado nos conceitos do ABC pode dar origem a uma reengenharia de processos. O caminho inverso também é possível: uma empresa que esteja envolvida em um projeto de reengenharia pode desejar conhecer os custos das atividades e dos processos e avaliar as economias obtidas, e daí a necessidade de um sistema de custos por atividades. O ABC pode ser, então, um instrumento de mudanças.

É necessário, porém, que as pessoas tenham disposição e motivação para promover essas mudanças.

24.3.3 ABC e análise de valor

A análise de custos propiciada pelo ABC pode ser complementada pela análise de valor das atividades e dos processos. Essa análise de valor deve ser realizada sempre sob a óptica do cliente, interno ou externo, isto é, daquele que recebe e utiliza o bem ou serviço gerado pela atividade.

Neste sentido o ABC propõe que os custos sejam reportados por atividades, classificando-as em atividades que adicionam ou não valor para o cliente (interno ou externo).

Atividades que não adicionam valor são aquelas que poderiam ser eliminadas sem afetar os atributos do produto ou serviço nem o nível de atendimento aos clientes. Esse julgamento é um tanto quanto subjetivo; porém, há certo consenso com relação a algumas atividades que não agregam valor, como por exemplo: inspecionar, conferir, retrabalhar, armazenar, movimentar materiais etc.

24.3.4 ABC e gestão baseada em atividades

A Gestão Baseada em Atividades apoia-se no planejamento, execução e mensuração do custo das atividades para obter vantagens competitivas; utiliza o Custeio Baseado em Atividades e caracteriza-se por decisões estratégicas como:

- Alterações no mix de produtos;
- Alterações no processo de formação de preços;
- Alterações nos processos;
- Redesenho de produtos;
- Eliminação ou redução de custos de atividades que não agregam valor;
- Eliminação de desperdícios;
- Elaboração de orçamentos com base em atividades etc.

24.3.5 Definição do escopo do projeto ABC

Como se pôde ver nos itens anteriores, um projeto de implementação de ABC pode propiciar ampla gama de informações. É fundamental definir claramente o escopo do projeto, que pode incluir itens como:

- Custeio de produtos, linhas ou famílias de produtos;
- Inclusão ou não de gastos com administração no custo dos produtos, linhas ou famílias;
- Custeio de processos;
- Custeio de canais de distribuição;
- Custeio de clientes, mercados e segmentos de mercado;
- Análise de lucratividade desses objetos custeados;
- Utilização de custos históricos ou predeterminados;
- Se será também sistema de acumulação ou apenas de análise de custos;
- Se o sistema será recorrente ou de uso apenas periódico.
- Se o sistema vai alocar aos produtos só os custos primários das atividades ou o total, incluindo os custos transferidos entre atividades.

24.3.6 Voltando ao caso do Capítulo 8

Vamos retomar o exemplo utilizado no Capítulo 8 e a ele aplicar, agora, conceitos mais amplos do Custeio Baseado em Atividades. Suponhamos que a empresa tenha tomado duas decisões na definição do escopo do projeto:

a) que incluiria, no custo dos produtos, atividades das áreas de Vendas e de Administração, desde que rastreáveis através de direcionadores.
b) que custearia, também, os principais processos.

Observe que a inclusão das despesas no "custo" dos produtos faz-se apenas no campo gerencial, pois contraria os Princípios Fundamentais da Contabilidade e as Legislações Societária e Fiscal. Esse procedimento é mais comum em sistemas de custos de empresas alemãs (Custeio por Absorção Integral ou RKW, conforme visto no Capítulo 19).

É importante salientar, também, que os três produtos trabalhados no exemplo procuram ilustrar, na realidade, diferentes linhas ou famílias de produtos.

24.3.6.1 Custeando produtos

O primeiro passo é o levantamento das atividades das áreas de administração e de vendas, seus "custos" e respectivos direcionadores. As atividades consideradas relevantes foram:

Quadro 24.1

Levantamento das Atividades das Áreas Não Produtivas

Áreas	*Atividades*
Administração	Efetuar Registros Fiscais
	Pagar Fornecedores
	Receber Faturas
Vendas	Visitar Clientes
	Emitir Pedidos

Seguindo a mesma linha de raciocínio apresentada no Capítulo 8, itens 5.1 a 5.5, devemos agora, através dos direcionadores de custos de recursos, "abrir" os valores de Despesas Administrativas e Despesas com

Vendas em seus componentes, tais como aluguel (depreciação do Direito de Uso), energia elétrica, salários etc., alocando as parcelas destes "custos" às atividades contidas dentro das áreas acima.

Esta abertura do saldo total de despesas com administração e vendas já deve fazer parte do plano de contas de um bom sistema de contabilidade. Pode ser necessária alguma adaptação neste sistema para uma formação ideal dos "custos" das atividades em pauta.

Pode ocorrer também a necessidade de rateio de despesas contabilizadas em uma área para as demais; no caso da energia elétrica, por exemplo, pode a fatura estar totalmente lançada como despesa administrativa, sendo que parte desta energia também foi consumida pelo pessoal da área de vendas.

Como fizemos naquele capítulo, não apresentaremos os cálculos por entendermos não ser necessário ao entendimento do conceito apresentado, além de, naquele capítulo, já terem sido apresentados os mesmos conceitos a serem aqui utilizados (direcionadores de recursos e de atividades), só que aplicados aos "custos" não produtivos.

VOCÊ SABIA?

A maneira de definir atividades das áreas fora da produção e seus custos se dá através da mesma técnica utilizada para os departamentos produtivos: identificação dos componentes do custo total (aluguel, energia etc.) e alocação de parcelas destes componentes às atividades.

Assim, as atividades acima ficam custeadas da seguinte maneira:

Quadro 24.2

Levantamento dos Custos das Atividades Não Produtivas

Área	*Atividades*	*Custos*
Administração	Efetuar Registros Fiscais	$7.000
	Pagar Fornecedores	$10.000
	Receber Faturas	$33.000
	Total	***$50.000***
Vendas	Visitar Clientes	$30.000
	Emitir Pedidos	$13.000
	Total	***$43.000***

Note que as comissões não estão lançadas como despesa de venda, uma vez que são totalmente identificáveis com os produtos.

O próximo passo é definir os direcionadores de custos das atividades, ou seja, aqueles que levam o custo das atividades para os produtos, bem como o "consumo" destes direcionadores pelos produtos.

Os direcionadores utilizados são:

Quadro 24.3

Levantamento dos Direcionadores de Atividades

Área	*Atividades*	*Direcionadores*
Administração	Efetuar Registros Fiscais	nº de registros entrada e saída
	Pagar Fornecedores	nº de cheques emitidos
	Receber Faturas	nº de faturas emitidas
Vendas	Visitar Clientes	nº de visitas
	Emitir Pedidos	nº de pedidos venda

Lembramos que as atividades que aqui apresentamos são propositadamente sucintas como forma de facilitar o acompanhamento do raciocínio pelo leitor. Por exemplo, a atividade Efetuar Registros Fiscais poderia, nos casos em que isso seja relevante, ser subdividida em registros de entrada, saída, controle de impostos etc., bem como uma atividade Administrar Recursos Financeiros poderia ser composta pelas subatividades de pagar faturas e receber pagamentos etc.

Já o "consumo" dos direcionadores pelos produtos é:

Quadro 24.4

	Camisetas	*Vestidos*	*Calças*	*Total*
nº de registros entrada e saída	600	700	800	**2.100**
nº de cheques emitidos	200	275	500	**975**
nº de faturas emitidas	200	250	360	**810**
nº de visitas	150	250	600	**1.000**
nº de pedidos venda	250	300	400	**950**

De posse desses dados podemos apurar o custo unitário de cada produto conforme a técnica explanada no item 8.3.5, uma vez que as atividades dos departamentos produtivos já foram custeadas no Capítulo 8.

Quadro 24.5

Custos Unitários Totais

	Camisetas	*Vestidos*	*Calças*
Comprar Materiais	$0,1778	$2,0317	$0,3282
Desenvolver Fornecedores	$0,1212	$1,5584	$0,2517
Receber Materiais	$0,1372	$1,5683	$0,2533
Movimentar Materiais	$0,1317	$2,1164	$0,3647
Programar Produção	$0,2963	$1,2698	$0,4103
Controlar Produção	$0,1099	$1,8844	$0,3044
Cortar	$0,6168	$1,0794	$1,0280
Costurar	$0,3930	$1,0699	$1,3101
Acabar	$0,2303	$0,9211	$0,4605
Despachar Produtos	$0,4472	$3,8333	$0,6192
Subtotal Produtivos	*$2,6614*	*$17,3328*	*$5,3305*
Efetuar Reg. Fiscais	$0,1111	$0,5556	$0,2051
Pagar Fornecedores	$0,1140	$0,6716	$0,3945
Receber Faturas	$0,4527	$2,4250	$1,1282
Visitar Clientes	$0,2500	$1,7857	$1,3846
Emitir Pedidos	$0,1901	$0,9774	$0,4211
Comissões	$0,5000	$1,1000	$0,8000
Subtotal não Produtivos	*$1,6178*	*$7,5153*	*$4,3335*
Total	***$4,2792***	***$24,8481***	***$9,6640***

Vejamos o Quadro-Resumo dos produtos:

Quadro 24.6

Quadro-Resumo –ABC

	Camisetas	*Vestidos*	*Calças*
Custos Diretos	$3,75	$5,75	$4,25
Custos da Atividades	$4,28	$24,85	$9,67
Custo Total	**$8,03**	**$30,60**	**$13,92**
Preço de Venda	$10,00	$22,00	$16,00
Lucro Unitário	**$1,97**	**($8,60)**	**$2,08**
Margem %	19,7%	–39,1%	13,0 %
Ordem de Lucratividade	1º	3º	2º

Como vimos no Capítulo 8, a mudança nos métodos de custeio altera não só o custo dos produtos como também a ordem de lucratividade dos mesmos. Podemos notar que entre os métodos ABC (primeira e segunda versão) há uma diferença na ordem de lucratividade, pois pelo segundo as camisetas passam a ser mais lucrativas do que as calças, ocorrendo o inverso na primeira versão do ABC.

Apresentamos a seguir o gráfico que demonstra a mudança na ordem de lucratividade dos produtos:

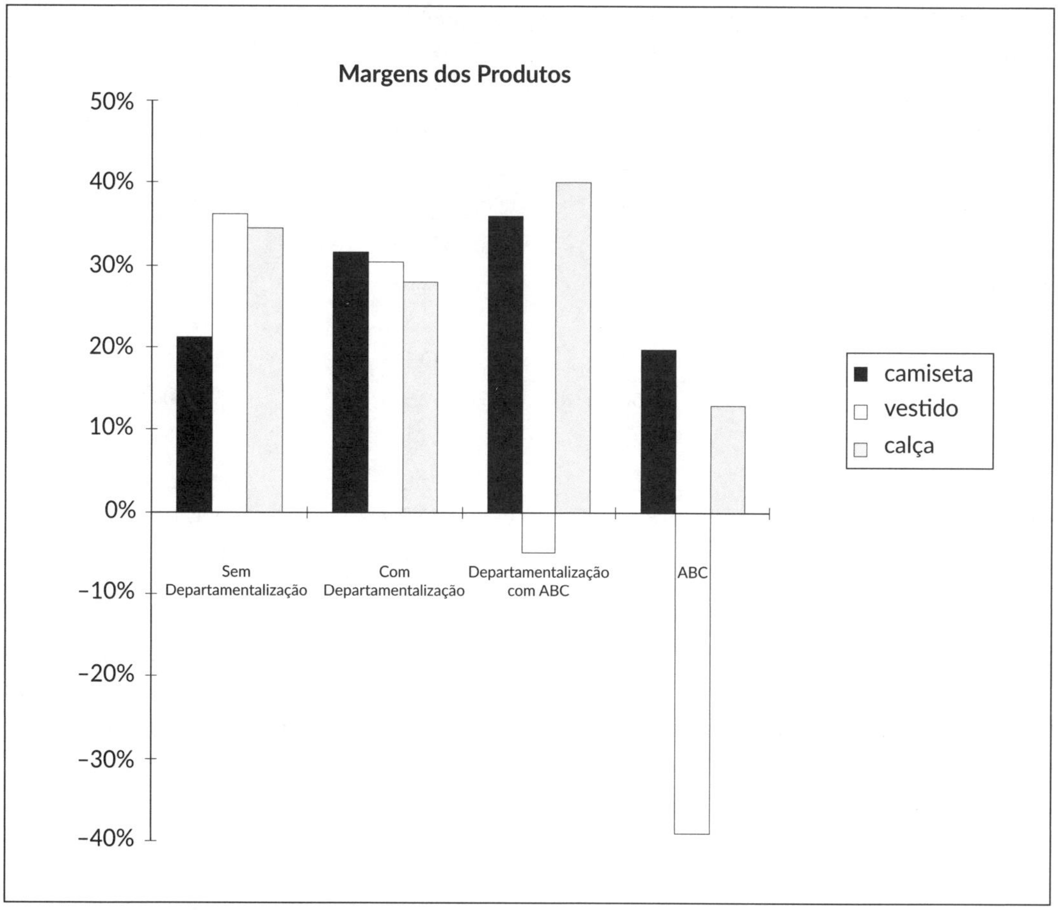

(**ATENÇÃO:** Os percentuais apresentados no gráfico acima, a título de ABC, não são diretamente comparáveis com os demais métodos, uma vez que o custo total no ABC contém as despesas administrativas e com vendas. A classificação entre os produtos, porém, continua válida.)

Uma análise mais detalhada das causas destas alterações pode ser efetuada, tanto com base nos custos dos processos ou mesmo das atividades. A análise dos dados fornecidos pelo ABC permite a ligação entre este e a Reengenharia das empresas (*vide* item 24.3).

A Demonstração do Resultado ficaria então:

Quadro 24.7

Demonstração do Resultado

	Camisetas	*Vestidos*	*Calças*	*Total*
Vendas	**$180.000**	**$92.400**	**$208.000**	**$480.400**
Custos Diretos	**$67.500**	**$24.150**	**$55.250**	**$146.900**
Tecido	$54.000	$16.800	$39.000	**$109.800**
Aviamentos	$4.500	$3.150	$6.500	**$14.150**
Mão de Obra Direta	$9.000	$4.200	$9.750	**$22.950**
Custos das Atividades	**$77.026**	**$104.362**	**$125.632**	***$307.020***
Comprar Materiais	$3.200	$8.533	$4.267	**$16.000**
Desenvolver Fornecedores	$2.182	$6.545	$3.273	**$12.000**
Receber Materiais	$2.470	$6.587	$3.293	**$12.350**
Movimentar Materiais	$2.370	$8.889	$4.741	**$16.000**
Programar Produção	$5.333	$5.334	$5.333	**$16.000**
Controlar Produção	$1.979	$7.914	$3.957	**$13.850**
Cortar	$11.102	$4.534	$13.364	**$29.000**
Costurar	$7.075	$4.494	$17.031	**$28.600**
Acabar	$4.145	$3.868	$5.987	**$14.000**
Despachar Produtos	$8.050	$16.100	$8.050	**$32.200**
Subtotal Produtivos	*$47.906*	*$72.798*	*$69.296*	***$190.000***
Efetuar Registros Fiscais	$2.000	$2.333	$2.667	**$7.000**
Pagar Fornecedores	$2.051	$2.821	$5.128	**$10.000**
Receber Faturas	$8.148	$10.185	$14.667	**$33.000**
Visitar Clientes	$4.500	$7.500	$18.000	**$30.000**
Emitir Pedidos	$3.421	$4.105	$5.474	**$13.000**
Comissões	$9.000	$4.620	$10.400	**$24.020**
Subtotal não Produtivos	*$29.120*	*$31.564*	*$56.336*	***$117.020***
Lucro Operacional	***$35.474***	***($36.112)***	***$27.118***	***$26.480***

Note-se que esta demonstração não contém separação em "despesas de vendas", "administrativas", "custo dos produtos vendidos" etc.; todos os custos indiretos e as despesas estão classificadas por atividades. Com isso teria sido possível chegar a este ponto sem que houvesse a figura da departamentalização, estudada no Capítulo 6.

Além disso, ou melhor, por causa disso, o resultado final é o Lucro Operacional Antes do Imposto de Renda, ou seja, pode-se agora alocar esse imposto e chegar ao discutido conceito de lucro líquido por produto.

24.3.6.2 Custeando processos

Uma das grandes vantagens do ABC frente a outros sistemas de custos mais "tradicionais" é que ele permite uma análise que não se restringe ao custo do produto, sua lucratividade ou não, sua continuidade ou não etc., mas permite que os processos que ocorrem dentro da empresa também sejam custeados. Aliás, talvez aqui estejam seus maiores méritos.

Uma vez que os processos são compostos por atividades que se inter-relacionam, tal análise permite uma visualização das atividades que podem ser melhoradas, reestruturadas ou até mesmo eliminadas dentro de um processo, de forma a melhorar o desempenho competitivo da empresa.

A visão de processos é completamente diferente da visão verticalizada do departamento. Os processos são compostos por atividades que não necessariamente são desempenhadas dentro de um mesmo departamento.

Assim, os processos são interdepartamentais, portanto, horizontais na estrutura organizacional de uma empresa.

Por exemplo, o processo de Compras seria composto pela seguinte sequência de atividades:

- Desenvolver Fornecedores
- Comprar MP
- Pagar Fornecedores

VOCÊ SABIA?

Pode ocorrer a situação em que uma atividade faça parte de mais de um processo. Quando isto ocorre é necessária uma verificação de quanto cada processo se utiliza desta atividade para que a alocação do custo desta seja feita de forma correta aos processos.

Um exemplo prático disto é o caso da atividade Processar Contabilidade. Neste caso pode-se proceder de duas formas: substituição de uma atividade por suas subdivisões, aumentando o nível de detalhamento (Processar Contabilidade substituída por Processar Compras, Processar Vendas, Processar Sistema de Custos etc.), sendo que cada atividade nova terá seu respectivo direcionador; ou rateio do custo da atividade para suas subdivisões com a utilização de algum tipo de direcionador, tal como o tempo gasto pelo pessoal da Contabilidade para efetuar cada tarefa das atividades.

Pode ser que haja a necessidade de custear processos mais amplos, tal como o processo inteiro que vai desde o pedido de compra até o recebimento da matéria-prima. Neste caso trata-se de uma soma de processos e não de um novo processo.

O Processo de Compras ficaria então custeado da seguinte maneira:

Quadro 24.8

Custo do Processo de Compras

Atividade	*Compras*	*Adm. Geral*	*Total*
Desenvolver Fornecedores	$12.000		**$12.000**
Comprar Materiais	$16.000		**$16.000**
Pagar Fornecedores		$10.000	**$10.000**
Total	***$28.000***	***$10.000***	***$38.000***

24.3.7 ABC e custeio variável

Conforme já comentado, a grande crítica ao uso do ABC está no problema do rateio dos custos fixos. Por isso, muitos simplesmente o detestam. Porém, como foi explicado no item 8.3.5.4 do Capítulo 8, o que é condenável é a alocação de custos de forma altamente arbitrária e subjetiva. O ABC, ao rastrear custos por meio de direcionadores, reflete uma relação mais verdadeira, obtida mediante estudos e pesquisas, entre os quais a análise de regressão. Além disso, do ponto de vista de uma análise de custos mais estratégica, de longo prazo, é extremamente discutível a classificação de um custo como fixo ou variável.

Na verdade, o uso do ABC é extraordinário em termos de identificar o custo das atividades e dos processos e de permitir uma visão muito mais adequada para a análise da relação custo/benefício de cada uma dessas atividades e desses processos. Permite o levantamento do quanto se gasta em determinadas atividades, tarefas e processos onde não se agrega valor ao produto (manufaturado, na forma de serviços etc.), mesmo que com a devida cautela em função da sempre permanente presença de algum nível de erro e mesmo de arbitrariedade nesses rateios.

Todavia, é necessário lembrar que é absolutamente possível, viável e mesmo necessário ter a aplicação do ABC também dentro do conceito do Custeio Variável; ou seja, não existe nenhuma dificuldade maior, impossibilidade ou razão conceitual adversa para que se tenha a totalidade dos custos e despesas apurados pelo ABC completamente segregados em fixos e variáveis.

Ou seja, pode-se chegar ao custo + despesa globais de um produto dividido em duas parcelas:

a) custos e despesas variáveis e

b) custos e despesas fixos apropriados pelo ABC.

Assim, com inteligência pode-se aproveitar o lado bom dos dois extremos: apropriação só dos custos e despesas variáveis (Custeio Variável) e apropriação de todos os custos e despesas da empresa que sejam rastreáveis através de direcionadores (ABC, neste caso).

Na realidade, o conceito de Margem de Contribuição fica exatamente completo dessa forma, já que todos os custos e despesas variáveis de todas as naturezas (produção, vendas, administração, financiamento etc.) estarão totalmente alocados ao produto.

A partir daí, pode-se elaborar uma demonstração de resultados com a seguinte configuração:

Demonstração de Resultados

	Produtos (em $ mil)			**Total**
	P1	**P2**	**P3**	
Receita Líquida				
Custos e despesas variáveis				
Margem de Contribuição				
Custos das atividades:				
Receber materiais e componentes				
Requisitar materiais				
Inspecionar materiais				
Inspecionar processo de produção				
Comprar materiais e componentes				
Etc.				
Lucro				

É absolutamente incorreto dizer-se sempre que um método é, por definição, melhor do que outro. Na realidade, um é melhor do que outro em determinadas circunstâncias, para determinadas utilizações etc.

O fundamental e desejável seria que a empresa tivesse sempre um sistema flexível suficiente que propiciasse todas as informações necessárias, que são basicamente as seguintes:

1. margem de contribuição de cada produto (custeio variável);
2. custo de produção de cada bem ou serviço (custeio por absorção, de preferência com o rateio dos custos indiretos pelo ABC – muito mais detalhado, analítico e com menor número de possíveis erros do que o tradicional rateio por departamentos);
3. soma de custo global (custos e despesas) de cada produto (ABC completo).

Claro que nem sempre isso é possível, necessário e passível de ser financeiramente suportado pela empresa. Por isso muitas vezes há que se analisar as necessidades mais prementes e escolher-se entre as alternativas existentes.

O importante, ressaltamos, é não se ter uma atitude inflexível e talvez até obtusa de, por definição, ser sempre contra um determinado método de custeio.

Todos têm, conforme já várias vezes explicitado neste livro, seus méritos e suas falhas. Aliás, se um deles fosse absolutamente correto e completo os outros já teriam simplesmente sumido da literatura e da vida prática.

24.3.8 Outras considerações sobre o ABC

Os conceitos e a metodologia do Custeio Baseado em Atividades (ABC) aplicam-se também às empresas não industriais, pois atividades ocorrem tanto em processos de manufatura quanto de prestação de serviços. Logo, é possível utilizar o ABC em instituições financeiras, concessionárias de serviços públicos (telecomunicações, energia e outras), hospitais, escolas etc. Enfim, atividades e objetos de custeio são encontrados em todas as organizações, inclusive naquelas de fins não lucrativos.

O ABC também se ajusta muito bem às indústrias que utilizam sistema de manufatura celular.

Outra questão que se verifica no uso do ABC é quanto à definição do volume de direcionadores com que se vai trabalhar, no âmbito de cada atividade relevante. O problema é semelhante ao da previsão do volume de produção, comentado no Capítulo 9, para fins de previsão da taxa de aplicação de CIP.

Tal como foi discutido no item 9.3.6 do Capítulo 9, pode-se trabalhar com o volume orçado para o período em análise, com o que vem ocorrendo normalmente ou ainda com a capacidade prática atingível.

O ABC pode ser implementado sem interferir no sistema contábil corrente da empresa, isto é, pode ser um sistema paralelo; pode, também, ser utilizado apenas periodicamente. Neste caso, a periodicidade poderá ser preestabelecida ou ficar na dependência de fatores como: alteração no mix de produtos, na tecnologia de produção, no perfil de consumo de recursos pelas atividades ou destas pelos produtos etc.

O ABC, por ser uma ferramenta eminentemente gerencial, pode, também, incorporar conceitos utilizados na gestão econômica, como custo de oportunidade, custo de reposição, depreciação diferente dos critérios legais etc.

24.3.9 Gestão estratégica de custos

A expressão "Gestão Estratégica de Custos" vem sendo utilizada nos últimos tempos para designar a integração que deve haver entre o processo de gestão de custos e o processo de gestão da empresa como um todo. Entende-se que essa integração é necessária para que as empresas possam sobreviver em um ambiente de negócios crescentemente globalizado e competitivo.

Esse ambiente de competitividade global ganhou força principalmente a partir de meados da década de 1970, quando empresas orientais passaram a concorrer mais fortemente em mercados ocidentais. No Brasil esse fenômeno vem ocorrendo, principalmente a partir desta década de 1990, em função da maior abertura ao mercado externo.

Além da abertura de mercados, observa-se também o advento da utilização de modernas tecnologias de produção e de gestão empresarial como *Just-in-Time, Total Quality Control, Total Quality Management, Flexible Manufacturing System, Computer Integrated Manufacturing, Computer Aided Manufacturing, Computer Aided Design* etc. (JIT, TQC, FMS, CIM, CAM, CAD). E mais: *Big Data*, Indústria 4.0, Inteligência Artificial etc.

Para sobreviver nesses mercados cada vez mais competitivos, a empresa precisa perseguir e alcançar altos níveis de qualidade, eficiência e produtividade, eliminando desperdícios e reduzindo custos. Assim, é necessário que os gestores recebam informações precisas, tempestivas e atualizadas para um apoio eficaz ao processo decisório.

24.3.9.1 Limitações dos sistemas tradicionais de custeio

Já há algum tempo os chamados "sistemas tradicionais de custeio" vinham perdendo relevância por não atender, em muitos casos, adequadamente às necessidades informativas dos gestores nesse novo ambiente de negócios. As principais deficiências nesses sistemas tradicionais são as seguintes:

- distorções no custeio dos produtos, provocadas por rateios arbitrários de custos indiretos;
- utilização de reduzido número de bases de rateio, nesses mesmos casos;
- não mensuração dos custos da não qualidade, provocados por falhas internas e externas, tais como retrabalho e outras;
- não segregação dos custos das atividades que não agregam valor;
- não utilização do conceito de custo-meta ou custo-alvo (ver Capítulo 19);
- não consideração das medidas de desempenho de natureza não financeira, mais conhecidas por indicadores físicos de produtividade.

Assim, esses sistemas deixam de fornecer aos tomadores de decisão importantes informações que possibilitem melhores desempenhos no processo de melhoria contínua.

24.3.9.2 Princípios fundamentais da gestão estratégica de custos

A estrutura conceitual da gestão estratégica de custos é constituída por uma série de princípios reunidos em três grandes grupos: princípios de custos, princípios de mensuração de desempenhos e princípios de gestão de investimentos.

Vejamos quais são alguns desses princípios, embora sem discorrer sobre cada um deles, por fugir do escopo deste livro.

Alguns Princípios de Custos:

- custos relevantes devem ser atribuídos, preferencialmente, diretamente aos objetos que se pretende custear;
- devem ser identificadas bases de alocação que reflitam, adequadamente, as relações de causa e efeito entre os recursos consumidos e as atividades, e entre estas e os objetos que se pretende custear;
- o custo real deve ser confrontado com o custo-meta;
- devem ser estabelecidos centros de custos com base em grupos homogêneos de recursos e atividades;
- a utilização do Custeio Baseado em Atividades deverá melhorar o processo de apropriação.

Princípios de Mensuração de Desempenhos:

- devem ser estabelecidas mensurações de desempenho para as atividades relevantes;
- essas mensurações de desempenho devem ser de natureza financeira e não financeira (produtividade por hora trabalhada, por quilo consumido, vendas por funcionário, dias de atraso dos balancetes contábeis, grau de satisfação dos adquirentes dos serviços do departamento jurídico etc.);
- as mensurações de desempenho devem ser consistentes com os objetivos da empresa;
- as mensurações de desempenho devem melhorar a visibilidade dos direcionadores de custos.

Alguns Princípios de Gestão de Investimentos:

- a gestão de investimentos deve ser mais do que um processo de orçamento de capital;
- a gestão de investimentos deve ser consistente com os objetivos da empresa;
- as decisões de investimentos devem ser tomadas com suporte de múltiplos critérios;
- a gestão de investimentos deve dar suporte ao processo de redução ou eliminação de atividades que não adicionam valor;

- a gestão de investimentos deve dar suporte para atingimento do custo-meta;
- a gestão de investimentos deve considerar os impactos na cadeia de valor em que a empresa atua;
- a gestão de investimentos deve levar em consideração os dados relativos às atividades desempenhadas antes e depois da adoção de novas tecnologias;
- todos os investimentos devem ter efetivo acompanhamento posterior para que seu desempenho possa ser comparado com o que fora originalmente previsto.

Veja-se que são princípios básicos que fazem com que a Contabilidade de Custos esteja inserida em um mundo bem maior do que simplesmente acompanhar os custos de cada bem ou serviço. O Contador de Custos acaba, em uma visão estratégica, tendo um papel muito mais amplo e relevante, bem como assumindo responsabilidade bem maior do que a de sua função tradicional.

Ele precisa acompanhar todos os gastos da empresa; precisa conhecer e acompanhar todas as atividades; analisá-las quanto a sua utilidade e valor; acompanhar as efetivas consequências das novas tecnologias feitas ou dos novos investimentos realizados, além de verificar o desempenho de novos produtos e outras tarefas mais tradicionais.

Ele precisa conhecer quais são os planos estratégicos da empresa para participar do processo de acompanhamento e se os fatos estão realmente fazendo com que a empresa se encaminhe para os objetivos previamente definidos.

Passa a ser papel também da Contabilidade de Custos prevenir, evitar, reduzir, eliminar ou otimizar os custos e as despesas, propiciando aos gestores uma postura muito mais proativa do que reativa.

24.3.9.3 Visão ampla, externa à empresa

Em uma visão muito mais abrangente, a Gestão Estratégica de Custos requer análises que vão além dos limites da empresa para se conhecer a cadeia de valor: desde a origem dos recursos materiais, humanos, financeiros e tecnológicos que utiliza, até o consumidor final. Passa a não ser apenas importante conhecer os custos da sua empresa, mas os dos fornecedores e os dos clientes que sejam ainda intermediários, a fim de procurar, ao longo de toda a cadeia de valor (até chegar ao consumidor final), onde estão as chances de redução de custos e de aumento de competitividade.

Da mesma maneira, acompanhar os custos e as demonstrações contábeis dos concorrentes (cuidado com a ilegal espionagem industrial).

Este assunto é muito relevante e merece considerações muito mais profundas. Temos consciência de que estes pontos, como colocados, são muito teóricos em sua grande maioria. Todavia, o caráter deste livro, de ser no nível de introdução à Contabilidade de Custos, e dirigido precipuamente a cursos de graduação, leva-nos a apenas efetuar estes comentários rápidos sobre o assunto a fim de que o leitor e o aluno tenham a ideia de que há ainda muito mais a se conhecer e a se praticar.

Nos cursos de pós-graduação em Controladoria da Universidade de São Paulo, essa matéria é estudada na disciplina Gestão Estratégica de Custos, em um semestre letivo.

O fundamental é deixar aqui apenas esta semente.

RESUMO

A seguir, estão contemplados os principais assuntos discorridos no capítulo:

- Para se efetuar a versão completa do ABC, é necessária a aplicação da técnica apresentada no Capítulo 8 também aos departamentos que se encontram fora da área de produção.
- A definição de direcionadores de custos de atividades e de recursos faz-se da mesma forma do que nos departamentos produtivos.

- Completada a fase de custeamento das atividades segue a definição dos processos (conjunto de atividades que se inter-relacionam) e seus respectivos custos, o que permite uma melhor análise não só do lucro ou custo de um produto, mas também de onde estão sendo consumidos os recursos aplicados na empresa.
- Esta visão permite até uma possível reengenharia dos processos empresariais dependendo dos resultados obtidos com a implantação do ABC e/ou uma gestão gerencial com base nas atividades.
- A visão mais abrangente de uma moderna Contabilidade de Custos leva à sua transformação na Gestão Estratégica de Custos, onde ela tem um papel muito mais amplo do que na visão tradicional.

EXERCÍCIO 24.1

A empresa Vende Tudo dedica-se à fabricação de dois produtos, Fritadeiras e Batedeiras, cujos preços de venda, líquidos de tributos, são, em média, $80 e $95, respectivamente. O volume de produção e de vendas é cerca de 4.000 unidades de Fritadeiras e 12.000 unidades de Batedeiras, por período.

Sua estrutura de custos diretos unitários é a seguinte (em $):

	Fritadeiras	**Batedeiras**
Material Direto	20	25
Mão de Obra Direta	10	5

Os Custos Indiretos de Produção (CIP) (*overhead* de produção) totalizam $500.000 por período e os demais *overheads* (Despesas Administrativas e de Vendas (DVA)), $89.750.

Por meio de entrevistas, análise de dados na contabilidade etc., verificou-se que o *overhead* se referia às seguintes atividades (em $):

Atividades	**$**
Inspecionar material	60.000
Emitir faturas	15.000
Armazenar material	50.000
Receber duplicatas	30.000
Controlar estoques	40.000
Despachar produtos	35.000
Pagar fornecedores	9.750
Processar produtos (máquinas)	150.000
Controlar processos (engenharia)	200.000
Total	**589.750**

A administração fez um levantamento dos direcionadores de custos dessas atividades. São eles:

	Fritadeiras	**Batedeira**
Número de lotes inspecionados	5	10
Número de lotes armazenados	5	10
Número de faturas emitidas	8	12
Número de duplicatas recebidas	8	12
Número de embarques	8	12
Número de cheques emitidos	50	100
Número de horas-máquina por unidade	0,5	2
Tempo dedicado pelos Engenheiros	25%	75%

Pede-se para calcular:

a) o custo unitário, rateando os Custos Indiretos de Produção (CIP) (*overhead* de produção) com base no custo de Mão de Obra Direta;

b) idem, com base no custo do material direto;

c) idem, rateando todo o *overhead* pelo Custeio Baseado em Atividades (ABC); e

d) o lucro de cada produto pelos três sistemas.

EXERCÍCIO 24.2

O Hotel Garden Plaza tem apartamentos das categorias *standard* simples e duplo, e de categoria luxo simples e duplo. Considerando as taxas médias de ocupação, o volume estimado de diárias é de cerca de 3.650 *standard* simples, 14.600 *standard* duplo, 4.380 luxo simples e 6.570 luxo duplo, por ano.

Os custos diretos e os preços são os seguintes:

	Standard		**Luxo**	
	Simples	**Duplo**	**Simples**	**Duplo**
Custos diretos (em $/apto.)	15	30	20	35
Preço da diária (em $/apto.)	75	100	150	200
Número de diárias por ano	3.650	14.600	4.380	6.570

Por meio de entrevistas, análise de dados na contabilidade etc., verificou-se que os principais custos indiretos se referiam às seguintes atividades relevantes (em $):

Atividades	**$**
Inspecionar apartamentos	148.000
Recepcionar hóspedes	153.000
Requisitar materiais	135.000
Lavar roupa (enxoval)	169.000
Total	**605.000**

Os custos e despesas fixos estruturais totalizam $1.852.500 por ano, e não devem ser rateados.

A administração fez um levantamento dos direcionadores de custos dessas atividades. São eles:

	Standard		**Luxo**	
	Simples	**Duplo**	**Simples**	**Duplo**
Tempo gasto com inspeção	300 h	1.500 h	500 h	1.100 h
Número de hóspedes	3.600	29.000	4.300	13.100
Número de requisições	700	4.230	670	1.500
Quilogramas de lavagem	5.000	37.000	4.000	13.000

Pede-se calcular:

a) O custo de cada categoria, rateando os indiretos com base nos diretos.

b) A margem de lucro, em porcentagem, por categoria de apartamento.

c) O custo de cada categoria, pelo Custeio Baseado em Atividades (ABC).

d) A margem de lucro, em porcentagem, por categoria, pelo ABC.

e) O lucro operacional do hotel, antes do Imposto de Renda (LAIR), por ano.

EXERCÍCIO 24.3

Assinalar a alternativa correta:

1. O ABC deve ser implantado mediante análise de:

   a) Processos.
   b) Orçamento.
   c) Fornecedor.
   d) Lucratividade.
   e) Manutenção.

2. O ABC propõe que os custos sejam reportados por:

   a) Produção.
   b) Orçamento.
   c) Mercado.
   d) Atividades.
   e) Fornecedor.

3. A análise de valor proporcionada pelo ABC e pelo ABM deve ser realizada pela óptica dos:

   a) Clientes.
   b) Preços.
   c) Custos.
   d) Canais.
   e) Lucros.

4. Com relação à gestão de atividades e processos para obter vantagens competitivas, a Gestão Baseada em Atividades (ABM) é focada em:

   a) Planejamento, execução e mensuração.
   b) Economias de escala, custos e preços.
   c) Lucratividade, planejamento e despesas.
   d) Orçamento, execução e cadeia de valor.
   e) Estudo, análise e gestão do *overhead*.

5. É exemplo de gestão de custos:

   a) Levantamento dos balanços.
   b) Uso do custeio por absorção.
   c) Utilização do custo histórico.
   d) Contagem física de estoques.
   e) Eliminação de desperdícios.

EXERCÍCIO 24.4

Assinalar Falso (F) ou Verdadeiro (V):

( ) O sucesso de um projeto de implantação de ABC deve definir, clara e antecipadamente, o escopo.

( ) O ABC/ABM permite uma análise que se restringe ao custeio dos produtos e análise de sua lucratividade.

( ) No ABC, os processos são vistos como conjuntos de atividades que, necessariamente, são desempenhadas sempre dentro de um mesmo departamento.

( ) Os conceitos e a metodologia do ABC aplicam-se a qualquer empresa, de qualquer porte e setor, pois atividades ocorrem tanto em processos de manufatura quanto de prestação de serviços.

( ) A principal deficiência do ABC é a não mensuração dos custos da não qualidade, provocados por falhas internas e externas.

ATIVIDADES COMPLEMENTARES SUGERIDAS

1. Discuta a importância de um processo de reengenharia dentro de uma empresa. Para que serve? Qual a sua finalidade?
2. Discuta o atual papel do contador na sociedade. Se limita apenas aos registros contábeis? À elaboração das Demonstrações Contábeis?
3. Reflita sobre como as atividades relacionadas à contabilidade podem contribuir para a Gestão Estratégica de Custos nas empresas.

PARTE IV

CUSTOS PARA PLANEJAMENTO E CONTROLE

25

CONTROLE, CUSTOS CONTROLÁVEIS E CUSTOS ESTIMADOS

25.1 OBJETIVOS DE APRENDIZAGEM

Ao final deste capítulo, o leitor deverá ser capaz de:

- Compreender o significado de controle.
- Entender o conceito de custeio por responsabilidade.
- Entender o que são estimativas de custos e para que servem.

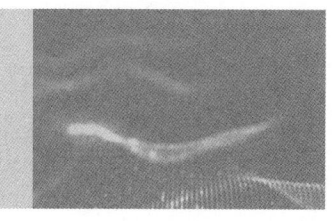

25.2 INTRODUÇÃO

Neste capítulo, abordaremos os principais aspectos ligados à função da Contabilidade de Custos como uma das formas de Planejamento e Controle de custos. Iniciemos por discutir o próprio conceito de Controle.

25.3 CONCEITOS

25.3.1 Significado de "controle"

Uma forma simples de entendermos o amplo conceito de Controle talvez seja respondermos a uma indagação como esta: "Quando é que posso dizer que tenho controle da minha situação financeira particular (doméstica)?"

Para podermos concluir pela resposta correta, talvez tenhamos que formular e responder a outras indagações intermediárias: a) "Conheço bem a origem e o valor de cada receita e o destino de cada despesa minha?"; b) "Estão elas dentro dos valores e limites que deveriam estar?"; c) "Quando algumas delas se desviam do comportamento que deveria ter, tenho eu conhecimento rápido disso?"; d) "Sou capaz de identificar também rapidamente a razão do desvio?"; e) "Tomo alguma atitude para corrigir esses desvios quando tenho condições de fazê-lo?"

Se as respostas a estas cinco indagações são afirmativas, podemos então tranquilamente agora responder à pergunta inicial. Afinal, Controlar significa conhecer a realidade, compará-la com o que deveria ser, tomar conhecimento rápido das divergências e suas origens e tomar atitudes para sua correção.

!?

VOCÊ SABIA?

Esse mesmo conceito é o aplicável a qualquer setor ou atividade de uma empresa. Pode-se dizer que a empresa tem Controle dos seus Custos e Despesas quando conhece os que estão sendo incorridos, verifica se estão dentro do que era esperado, analisa as divergências e toma medidas para correção de tais desvios.

Isso nos permite concluir que nenhum Sistema de Custos, por mais completo e sofisticado que seja, é suficiente para determinar que uma empresa tenha total Controle deles. Principalmente porque a fase mais importante do ciclo para essa finalidade é a tomada de decisões com respeito à correção dos desvios. No entanto, podemos concluir que um Sistema de Custos pode ser de grande importância para que se consiga obter Controle, desde que devidamente completado por essa fase de correção. Podemos até dizer que dispor de um bom sistema de custos é condição não suficiente, mas necessária.

Vemos que há uma grande ligação entre Custos e Orçamento; este é, no sentido mais amplo, o grande instrumento de Controle. Contabilidade de Custos pode ser uma parte do processo de controle como um todo.

25.3.2 Alguns problemas comportamentais decorrentes de "custos para controle"

A primeira grande função do Sistema de Custos é o conhecimento do que ocorre. E esse primeiro levantamento já começa a causar diversos problemas de natureza comportamental dentro de muitas empresas. Mesmo quando ele é implantado não com essa finalidade de Controle, acaba por provocar reações.

Funcionários, que antes nunca estiveram obrigados a dar pormenores rotineiramente do que ocorre em suas seções, passam a ver o Sistema de Custos como uma forma de a direção da empresa espioná-los e controlá-los. Chefes de Setores, normalmente galgados a essa posição por se terem sobressaído como bons técnicos, mas não necessariamente como bons administradores, tendem a não ver com bons olhos uma obrigação de informar sistematicamente tudo o que ocorre dentro do setor que é de sua responsabilidade.

Se souberem então que seu desempenho estará sendo cotejado com alguma forma prevista de comportamento, maiores reações ainda tenderão a existir.

Por isso, toda e qualquer implantação de Sistemas de Custos costuma ter um problema de reação das pessoas, mesmo quando o Sistema não está voltado precipuamente para a função de Controle; imagine-se então quando se destina também a cumprir essa finalidade.

Mas não deve ser esse fato admitido como determinante do não uso de Custos para Controle. Deve, isso sim, ser bem analisado, para que se consiga atingir o objetivo por meio de implantação gradual, educação do pessoal, sua conscientização da necessidade do Sistema, e para que se consiga reduzir ao mínimo esses tipos de reações.

Voltaremos ao final do livro a falar desse assunto.

25.3.3 Custos por produto *versus* custos por departamento

Quando o objetivo é o Controle de Custos, torna-se bastante válida a indagação relativa à fase à qual deve ser dada ênfase para melhor se atingir esse objetivo. Verificamos sobejamente, principalmente ao tratarmos de Custos para Avaliação de Estoques, que os Custos Indiretos são alocados a Departamentos para posteriormente caírem sobre os produtos; e que os Diretos são atribuídos diretamente aos bens e serviços elaborados. Porém, mesmo os Diretos podem ser atribuídos a Departamentos para depois serem apropriados aos produtos; a diferença real é que os Diretos são temporariamente apropriados aos Departamentos, mas destes vão aos produtos em função de medição, e não de rateio.

E a razão de se discutir Custos por Produto ou por Departamento é a seguinte: já que o objetivo em mira é o Controle, não seria mais lógico fazermos as análises por Departamentos, já que sobre estes a identificação da pessoa responsável é imediata, enquanto muitas vezes pode não existir uma pessoa responsável pelo Produto? Este tende a passar por vários lugares na produção. Consequentemente, passa pelas mãos de diversas pessoas.

De fato, essa ideia de se trabalhar muito mais em cima de Departamentos é realmente mais válida para essa finalidade. E não há necessidade de se fazer um Sistema para isso, já que se trata de uma análise feita em uma fase do processo normal. Todo Sistema, quer por Absorção, quer Variável, por atividades ou qualquer forma intermediária que se adote, terá sempre condições de também fornecer dados com relação a Custos por Departamento, incluindo Diretos e Indiretos, Fixos e Variáveis.

Dentro de cada Departamento é que poderia ser feita uma análise por Produtos ou por Atividades. Por exemplo, dentro do Departamento de Fundição poder-se-ia verificar o comportamento de vários Custos por Produtos, como consumo de materiais, utilização de horas de mão de obra direta, tempo de produção total etc.

Estamos falando do controle de custos *por departamento* por ser esta, ainda, a forma de estrutura organizacional predominante entre as empresas; porém, os mesmos conceitos aplicam-se a fábricas organizadas em *células de manufatura*.

Em ambientes de manufatura tradicionais o arranjo físico das instalações fabris é baseado na separação de funções; assim, tem-se, por exemplo, Departamento de Estamparia (com suas prensas), Departamento de Soldagem etc.

Já em sistemas modernos de produção, essas prensas e máquinas de solda podem ser reunidas em uma só área, num único grupo, denominado célula de manufatura. Assim, todos os produtos cuja produção deva receber o mesmo tipo de estampagem e o mesmo tipo de solda serão processados naquela célula.

Esses sistemas vêm sendo utilizados cada vez mais em setores de alta tecnologia, como o eletroeletrônico, automobilístico etc., e apresentam vantagens no que se refere a maior flexibilidade e eficiência do processo produtivo.

Duas alternativas poderiam agora ser estudadas: primeira, análise dos Departamentos – ou das células de manufatura – antes de qualquer rateio de Custos Indiretos, o que poderia propiciar a visualização dos Custos Diretamente Identificados com o próprio Departamento, isentos de qualquer vício ou arbitrariedade decorrentes de rateios; segunda, análise após os rateios. Exemplifiquemos:

A Fundição talvez tenha recebido os seguintes Custos em um mês:

Quadro 25.1

Produção Recebida do Departamento Anterior		$4.500.000
Custos Diretos de Produto, incorridos no Departamento		
Materiais Consumidos no mês	$1.350.000	
M.O.D. Aplicada	$760.000	
Energia Elétrica	$160.000	$2.270.000
Custos Indiretos de Produto, mas Identificados com o Departamento:		
Mão de Obra Indireta	$190.000	
Materiais Indiretos Diversos	$250.000	
Material de Manutenção	$110.000	
Depreciação de Equipamentos	$200.000	$750.000
Custos Indiretos de Produto, Recebidos de outros Departamentos:		
Aluguel (Direito de Uso) e Imposto Predial	$185.000	
Administração	$60.000	
Manutenção (exceto materiais)	$95.000	
Almoxarifado	$50.000	
Ferramentaria	$130.000	$520.000
Total		***$8.040.000***

Desse total, notamos que custos incorridos no mês e diretamente identificáveis com o Departamento são os $2.270.000 mais os $750.000. Os primeiros $4.500.000 dizem respeito a custos incorridos nos Departamentos anteriores pelos produtos que no período adentraram a Fundição, e os $520.000 são custos de outros centros, rateados no mês. Em termos de Custos por Produto, o total de $8.040.000 será atribuído aos produtos, mas em termos de análise de Custos, para efeito de Controle, poderíamos fazer:

a) análise só dos Custos Identificados: Far-se-iam relatórios sobre os $3.020.000 ($2.270.000 mais $750.000). Os $4.500.000 terão sido analisados nos Departamentos precedentes, e os $520.000 rateados serão analisados nos seus respectivos lugares de origem (Administração, Almoxarifado etc.). As comparações relativas a Custos efetivamente incorridos e que deveriam ter sido incorridos ficarão restritas, nesta alternativa, aos $3.020.000;

b) análise dos Custos Totais: Nesta hipótese, seriam analisados, além dos $3.020.000, mais os $520.000 recebidos no período. Continuariam sempre de fora os $4.500.000 que terão sido verificados nos Departamentos de onde provêm.

Um argumento favorável à alternativa *a* é que estes são os Custos que de fato pertencem ao Departamento, não estando sujeitos à influência de qualquer tipo de critério de rateio. Além do mais, como os Indiretos rateados vêm de outros setores, serão lá analisados, sob a responsabilidade de seus respectivos Chefes.

Por outro lado, poder-se-ia argumentar que na alternativa *b* está-se de fato analisando melhor a Fundição, já que esta, por exemplo, fez uso do Almoxarifado, da Ferramentaria, da Manutenção etc., e deve ser analisada tendo entre seus Custos os relativos a tal uso.

Apesar desse aspecto, tendo em vista os problemas inerentes aos rateios muitas vezes arbitrários, julgamos, em princípio, mais conveniente a primeira forma. Porém, se os rateios forem realizados com base nos fatores que efetivamente representem a utilização, pela Fundição, das atividades da Manutenção, do Almoxarifado e da Ferramentaria, isto é, se forem identificados os verdadeiros direcionadores de custos, então a segunda pode ser utilizada. De qualquer maneira, devem ficar fora os custos estruturais: aluguel (Direito de Uso) e imposto predial.

25.3.4 Custos por responsabilidade; custos controláveis

Dentro dessa linha de raciocínio vista anteriormente, procederíamos então à verificação de quais Custos foram incorridos no Departamento e que, sem dúvida alguma, a ele pertencem. Trabalharíamos, então, no exemplo visto, com os $3.020.000 de Custos Diretos e Indiretos Identificados com a Fundição.

Poderíamos agora refinar um pouco mais a situação. Olhando-se a composição desses Custos, analisando-os e procurando identificá-los com a pessoa que possa, de fato, tê-los provocado, talvez verifiquemos que, dos $3.020.000, alguns não tenham sido de fato provocados pelo Chefe da Fundição; assim, não deveriam ser atribuídos à sua Responsabilidade.

Por exemplo, a Depreciação é atribuída em função de investimentos feitos no Departamento por decisão da alta administração; da Mão de Obra Indireta de $190.000 (ver Quadro 25.1), pode ocorrer que $80.000 digam respeito a salários do próprio Chefe e um ou mais auxiliares, cujos níveis são fixados pela Diretoria Industrial, e sobre os quais o Chefe da Fundição não detém controle. Também poderia ocorrer que, do material de Manutenção de $110.000, $60.000 se referissem a consumos baseados em uma manutenção preventiva determinada em função de um plano global, de responsabilidade da Administração-Geral da Produção, e sobre o qual não tenha também responsabilidade ou controle o profissional em questão; só lhe deve ser atribuído o excedente de $50.000 relativos a consertos.

Acabamos por fazer uma distinção entre Custos Controláveis e Custos Não controláveis. Aqueles são os que estão diretamente sob responsabilidade e controle de uma determinada pessoa cujo desempenho se quer analisar e controlar, e os Não controláveis estão fora dessa responsabilidade e controle. Não significa que Custos Não controláveis estejam fora da responsabilidade da empresa, mas sim fora da pessoa que chefia o setor em análise. O que não é controlável pelo Chefe da Fundição, talvez o seja pela Administração da Produção, pela Diretoria da empresa ou pelos seus proprietários. Não existem de fato

Custos Não Controláveis. O que existe é Custo só controlável em nível hierárquico superior ao daquele que está sendo considerado.

Custeio por Responsabilidade é, portanto, a separação dos Custos incorridos pelos diferentes níveis de responsabilidade. Não é uma outra maneira de se custearem produtos, mas uma forma de, dentro do Sistema de Custos, proceder-se a uma divisão deles não em função de produtos, mas de Departamentos, e, dentro destes, com sua divisão em Controláveis pelo Chefe e Não Controláveis por ele.

Dessa forma, passaria a existir, dentro do Sistema de Custos que a empresa utiliza, um relatório adicional por Departamento, enumerando os Custos nele incorridos, com sua separação em Controláveis e Não controláveis.

Não existiria um Sistema adicional, ou uma outra forma de apropriação de Custos, mas sim uma informação além daquelas que já tínhamos visto anteriormente.

A grande crítica com relação a esse procedimento é a dificuldade de separação, em alguns casos, dos Custos Controláveis dos Não controláveis. Até onde detém o Chefe do Almoxarifado controle e responsabilidade sobre o que se paga a seus funcionários? Até onde exerce ele controle sobre o material burocrático que consome? Até onde é responsável pelo que se deteriora ou se quebra em seu Departamento? São indagações que, em certas ocasiões, acabam sendo respondidas à base de algum tipo de subjetivismo, o que por si só restringe sua utilidade. Porém, isso não significa que se deva abdicar desse instrumento de controle, uma vez que ele chama a atenção para a necessidade de se buscar, continuamente, a eficiência.

25.3.5 Bases de comparação

De nada adianta a elaboração de relatórios que digam apenas o quanto se gastou disso ou daquilo. É necessário que sejam feitas comparações entre o real ocorrido e o que deveria acontecer.

Dentro do conceito de Custos por Responsabilidade, uma primeira forma de se fazer comparações seria entre os Custos incorridos e o volume de produção efetuado, para comparação com exercícios passados. Em nosso exemplo da Fundição, far-se-ia, então, a divisão dos custos incorridos pelo volume de produção; para mensuração deste, poderia se utilizar, no caso de um só produto, a sua quantidade elaborada, e, no caso de vários produtos, uma base homogênea, como horas de trabalho do Departamento ou algo na linha das Unidades de Esforço de Produção (UEP); ver item 25.3.7. Afora, é claro, aqueles custos Diretos dos Produtos cuja base de comparação é por volume feito.

Poderíamos então fazer um relatório como o seguinte, já com comparação em relação ao período anterior.

Quadro 25.2

Departamento de Fundição Mês 10								
			Comparações					
			No mês			**Mês anterior**		
Custos Controláveis			**Real**	**Plano**	**Desvio**	**Real**	**Plano**	**Desvio**
Materiais Consumidos								
Produto A:	$480.000		$480/un.	$470/un.	–$10/un.	$480/un.	$465/un.	–$15/un.
Produto B:	$730.000		$365/un.	$352/un.	–$8/un.	$360/un.	$350/un.	–$10/un.
Produto C:	$140.000	$1.350.000	$350/un.	$355/un.	$5/un.	$340/un.	$360/un.	$20/un.
Mão de Obra Direta								
Produto A:	$250.000		$250/un.	$258/un.	$8/un.	$235/un.	$245/un.	$10/un.
Produto B:	$300.000		$150/un.	$147/un.	–$3/un.	$145/un.	$140/un.	–$5/un.
Produto C:	$210.000	$760.000	$525/un.	$517/un.	–$8/un.	$525/un.	$511/un.	–$14/un.

(continua)

(*continuação*)

Energia Elétrica:								
Produto A:	$30.000		$30/un.	$29/un.	–$1/un.	$28/un.	$26/un.	–$2/un.
Produto B:	$80.000		$40/un.	$41/un.	$1/un.	$35/un.	$37/un.	$2/un.
Produto C:	$50.000	$160.000	$125/un.	$123/un.	–$2/un.	$128/un.	$120/un.	–8/un.
Mão de Obra Indireta:		$110.000	$22/hm	$20/hm	–$2/hm	$20/hm	$20/hm	–
Materiais Indiretos Diversos:		$250.000	$50/hm	$53/hm	$3/hm	$52/hm	$53/hm	$1/hm
Materiais de Manutenção		$50.000	$10/hm	$11/hm	$1/hm	$9/hm	$11/hm	$2/hm
Soma:		***$2.680.000***						
Custos Não Controláveis:								
Deptos. Anteriores:		$4.500.000						
Mão de Obra Indireta:		$80.000						
Materiais de Manutenção:		$60.000						
Depreciação:		$200.000						
Rateio de Outros Deptos.:		$520.000						
Soma		**$5.360.000**						
Total		***$8.040.000***						

Este Relatório, emitido quando os Custos estão sendo apropriados aos produtos, dá uma visão de quais são os elementos que se estão desviando dos valores do mês anterior e dos orçados para o próprio mês. Poderiam ser criadas colunas adicionais para valores das diferenças em porcentagens. Talvez também não fosse apropriado usar como Base de Comparação o mês anterior, mas sim uma média dos últimos quatro meses, ou outra qualquer.

Vemos nesse Relatório que o enfoque é a separação entre Controláveis e Não controláveis. Aqueles é que são comparados com alguma base, já que só aqueles são de responsabilidade e controle do Chefe da Fundição.

A atribuição por si só dos Custos à responsabilidade de alguém não resolve o problema de Controle. O importante é que agora, identificadas as variações entre o que ocorreu e o que era esperado ocorrer e também relacionadas as diferenças com as responsabilidades, mediante emissão de Relatórios dessa natureza para toda a empresa, venham a ser tomadas medidas corretivas com relação aos itens que mais se desviaram.

Poderiam aqueles custos que não incluímos sob responsabilidade da Fundição por serem de níveis hierárquicos superiores (não aqueles que deixamos de incluir por se referirem a rateio de outros Departamentos, como Manutenção, Ferramentaria etc.) serem dados então como custos desses níveis. Por exemplo, no relatório global da Produção, a Administração teria como sua a responsabilidade $80.000 de Mão de Obra Indireta relativos a salários do Chefe da Fundição e alguns seus auxiliares diretos.

Entretanto, essa forma de relatório pode ser um tanto quanto complicada, além de se ter eternamente a discussão de quem é responsável por este ou aquele Custo. Por que então não dar ênfase maior à identificação dos Custos que se desviaram e ao que podemos fazer para corrigi-los do que aos eventuais responsáveis por eles? A correção é muito mais importante do que a incriminação.

Se pensarmos dessa forma, poderemos, então, trabalhar de maneira diferente na elaboração do Quadro 25.2, passando a fazer comparações entre base e custos incorridos também daqueles elementos considerados Não controláveis.

Podemos também fazer comparações entre Custos por Produtos, isto é, compararmos custo do Produto X no mês *a* com o seu custo no mês *a* –1, ou outra base qualquer. Não vamos com isso abandonar Custos por Departamentos, já que, para a averiguação final das divergências, precisaremos deles. Por exemplo, sabendo que há um grande desvio no Produto B, teremos que descobrir a razão. Para se chegar a esta, o melhor caminho será a decomposição do custo por valores recebidos em cada Departamento. Com isso, obteremos facilmente a localização das divergências. Virá agora a fase de correção, já independente da área da Contabilidade de Custos, embora esta também possa oferecer sugestões de ações corretivas.

25.3.6 Estimativas de custos

Em vez de trabalhar simplesmente com custos passados como base de comparação com os atuais, podemos melhorar um pouco esse cotejo, levantando estimativas de custos.

Já falamos no Capítulo 9 sobre o uso de estimativas de Custos, mas nos referimos na ocasião apenas aos Custos Indiretos, já que nossa preocupação era a adoção de uma Taxa Estimada de Aplicação de Custos Indiretos; bastaria agora ampliar a estimativa também para os Custos Diretos, tarefa por sinal mais simples do que a outra.

Custos Estimados seriam melhorias técnicas introduzidas nos custos médios passados, em função de determinadas expectativas quanto a prováveis alterações de alguns custos, de modificações no volume de produção, de mudanças na qualidade de materiais ou do próprio produto, introduções de tecnologias diferentes etc.

O processo de Controle seria baseado na fixação de Custos Estimados para cada Produto (Diretos e Indiretos), apuração do custo realmente incorrido, comparação entre ambos, localização das divergências e retificações dos desvios.

Na feitura da estimativa do custo, necessariamente far-se-ia sua divisão em parcelas de Custos Diretos, bem como nas quotas de Indiretos por Departamentos. Assim seria possível fazer as comparações posteriores.

Um aspecto sumamente importante quando da elaboração de estimativas é o relativo ao grau de detalhamento. Se voltássemos àquela indagação inicial do capítulo quanto ao controle das finanças domésticas e estivéssemos na fase de comparação do real com o estimado, só chegaríamos a bom termo se estivéssemos comparando itens iguais; por exemplo, se a estimativa tivesse sido feita com base em gastos por natureza (alimentação, vestuário, transporte, moradia, lazer etc.), de nada adiantaria efetuarmos comparações com a realidade se, nesta, a classificação tivesse sido, por exemplo, por pessoa da família.

Da mesma forma, se a estimativa dos Custos é feita em um critério, o acompanhamento do efetivamente incorrido terá que ser realizado igualmente. Aliás, essa é, não raro, a causa de fracassos de Orçamentos implantados em algumas empresas. Estes são feitos sem ligação com a Contabilidade, mas esta é que vai levantar o realmente ocorrido; não estando ambos compatibilizados, com certeza não poderão ser extraídas conclusões do trabalho feito. Isso é válido inclusive com relação a preços e prazos de pagamento.

Assim, o melhor é que os detalhamentos sejam iguais; como os custos reais são levantados primeiro por natureza, segundo por Departamentos, células ou atividades e terceiro por Produtos, é natural que os Custos Estimados também tenham essa mesma classificação, inclusive com mesma denominação, se possível.

Deixaremos aqui de comentar os detalhes relativos aos Custos Estimados, já que são idênticos aos processamentos que veremos a seguir em termos de Custo-Padrão, embora este último seja mais complexo e completo.

25.3.7 Unidade de Esforço de Produção (UEP)

O método das Unidades de Esforço de Produção (UEP) consiste na construção e utilização de uma unidade de medida dos esforços e recursos aplicados na produção de vários produtos. Essa medida deve ser homogênea, de forma que possa servir de denominador comum a todos os produtos.

O principal objetivo é simplificar o processo de cálculo e alocação de custos a vários produtos, mensurar a produção de diversos itens no mesmo período e, com isso, administrar a produção, controlar custos e avaliar desempenhos.

O método das UEPs divide o ambiente de produção em Postos Operativos (POs) e elege um produto-base, cujo custo servirá de parâmetro para medir os equivalentes de produção dos demais.

A sigla UEP é marca registrada, com direitos exclusivos de uso.

25.3.7.1 Um exemplo

Suponhamos uma empresa com três produtos.

O Produto P2 demanda 1,5 vez mais trabalho do que o Produto P1 (P2 = 1,5 P1). O Produto P3 é 2,0 vezes mais difícil de ser fabricado do que o Produto P1 (P3 = 2,0 P1). O P1 pode ser usado como a unidade de medida comum, unificando os esforços de produção nesta unidade de medida (1 P1 = 1 UEP).

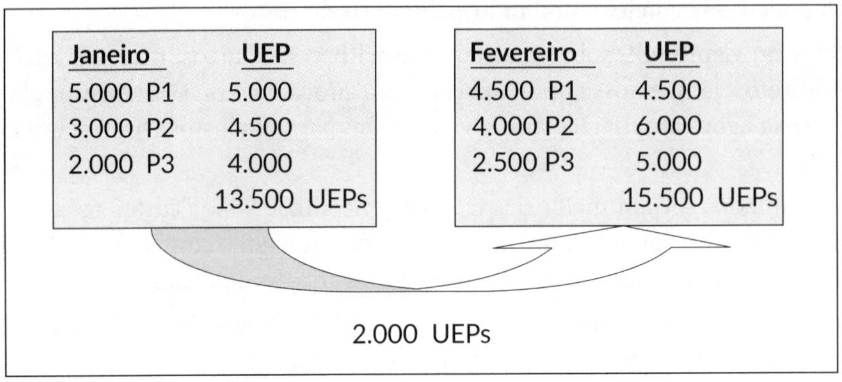
Janeiro UEP
5.000 P1 5.000
3.000 P2 4.500
2.000 P3 4.000
13.500 UEPs
Fevereiro UEP
4.500 P1 4.500
4.000 P2 6.000
2.500 P3 5.000
15.500 UEPs
2.000 UEPs

Conclui-se, portanto, que a produção global de fevereiro foi superior à de janeiro em 2.000 UEPs, o que representa um acréscimo de aproximadamente 15%.

25.3.8 Inflação e prazos

Na inflação, uma atenção especial deve ser dada ao problema referente a prazos para pagamento. O padrão deve ser efetuado, preferivelmente, no conceito de valor presente ou dos preços à vista, já que pode ser alta a mudança no preço dependendo do nível de inflação quando a condição é a prazo. Consequentemente, a comparação com o real fica prejudicada ou impossível se os valores reais também não forem trazidos a valor presente.

RESUMO

A seguir, estão contemplados os principais assuntos discorridos no capítulo:

- Controlar significa conhecer a realidade, compará-la com o que se esperava ser, localizar divergências e tomar medidas visando à sua correção.
- O controle deve ser implantado de acordo com a estrutura organizacional da empresa, que pode ser por departamentos, por células de manufatura etc.
- Para se chegar ao Controle, importante se torna a identificação dos Custos por Departamentos ou células onde foram incorridos.
- Custos Controláveis são os que estão sob responsabilidade e controle de uma determinada pessoa.
- Não controláveis são os que estão sob os de uma outra em nível superior. Essa separação tem o nome de Custos ou Custeio por Responsabilidade.
- Uma boa base de comparação é o uso de Custos Estimados, que são melhorias introduzidas nos custos médios passados em função de determinadas expectativas quanto ao futuro.
- Cuidado especial exige o fator prazo de pagamento quando da inflação.

EXERCÍCIO 25.1

A empresa Pokky, produtora de chocolates e bombons, utiliza um sistema de controle de custos no qual compara os custos projetados com os reais, apura as variações, e implementa ações corretivas dos desvios.

Para determinado período, a previsão havia sido feita para uma estimativa de produção de 200.000 unidades, mas foram produzidas apenas 160.000.

Sabendo-se que não houve inflação nos períodos considerados, pede-se para calcular as variações, em $ e em %, para todos os elementos de custos. Indicar se a variação é favorável (F) ou desfavorável (D):

	Previsão p/ 200.000 un.		**Real p/ 160.000 un.**		**Variação (em $)**		**Variação (em %)**	
	Total	**Por Un.**	**Total**	**Por Un.**	**Total**	**Por Un.**	**Total**	**Por Un.**
Matéria-prima	320.000		256.000					
Material de Consumo Direto	180.000		176.000					
Energia Elétrica	100.000		75.200					
Mão de Obra Direta	450.000		350.080					
Mão de Obra Indireta	110.000		89.920					
Depreciação de Equipamentos	75.000		75.000					
Consertos e Manutenção	65.000		70.080					
Material Indireto	135.000		140.000					
Outros Custos Indiretos	66.000		66.000					
Total	*1.501.000*		*1.298.280*					

EXERCÍCIO 25.2

A empresa Black, produtora de café solúvel, utiliza um sistema de controle de custos bastante simples. Sua produção em abril foi consideravelmente superior à de março, com um acréscimo de 36% no volume, devido a uma inesperada demanda de exportação.

Os custos totais de um de seus departamentos, Purificação, cresceram. Seu relatório de custos é o seguinte (em $):

	Março (em $)	**Abril (em $)**	**Variação (em $)**	**Variação (em %)**
Custos Diretos				
Recebidos da torrefação	9.760	12.700		
Material direto	2.000	2.650		
Mão de obra direta	1.200	1.630		
Custos indiretos identificados com o departamento				
Depreciação	814	870		
Mão de obra indireta	312	234		
Material	140	140		
Manutenção	340	35		
Energia elétrica	98	120		
Custos indiretos recebidos por rateio				
Administração da produção	264	264		
Manutenção	418	106		
Almoxarifado	86	110		
Controle de qualidade	90	115		
Total	15.522	18.974		

Sabendo que não houve inflação nos períodos considerados, pede-se calcular, para os meses de março e de abril:

a) O valor dos custos controláveis pelo Departamento de Purificação.
b) O valor dos custos não controláveis.
c) A variação, em $ e em %, para todos os elementos de custos.

EXERCÍCIO 25.3

Assinalar a alternativa correta:

1. O método das UEPs é mais indicado para ambientes de produção em que haja:

   a) Poucos produtos.
   b) Produção homogênea.
   c) Diversidade de produção.
   d) Muitos itens em estoque.
   e) Um só produto fabricado.

2. O ABC e a UEP são instrumentos gerenciais:

   a) Idênticos.
   b) Conflitantes.
   c) Antagônicos.
   d) Concorrentes.
   e) Complementares.

3. Uma característica das células de manufatura é:

   a) Estrutura departamentalizada.
   b) Organização verticalizada.
   c) Organização funcional.
   d) Grupos de máquinas.
   e) Gestão centralizada.

4. A segregação do ambiente de produção em postos operativos é uma característica:

   a) Da UEP.
   b) Do ABC.
   c) Do ABM.
   d) Do JIT.
   e) Do TQM.

5. A estrutura organizacional departamentalizada é uma característica da:

   a) Célula de manufatura.
   b) Organização funcional.
   c) Moderna administração.
   d) Gestão da qualidade total.
   e) Reengenharia de processos.

EXERCÍCIO 25.4

Uma empresa fabricante de chocolates planejou produzir, em determinado período, 20.000 caixas de bombons de chocolate branco. Analisando-se a estrutura de produção da empresa, foram estabelecidas as seguintes estimativas de custos para aquele produto:

Tabela 1 Custos diretos, variáveis por unidade

Custos diretos	$/un.
Matéria-prima (cacau)	1,50
Mão de obra direta	1,25

Tabela 2 Custos indiretos de produção, ao valor-padrão, para o volume de 20.000 caixas

Custos indiretos	em $
Supervisão da produção	11.000
Depreciação de equipamentos	7.500
Energia elétrica	8.000
Manutenção dos equipamentos	4.000
Seguro dos equipamentos	1.350
Aluguel da fábrica	6.600

Durante o período de produção, houve uma queda inesperada na colheita de cacau, reduzindo sua oferta no mercado e elevando o custo em 8% acima do orçado; sendo assim, a empresa só pôde produzir 16.000 caixas. Além disso, o custo real da mão de obra direta ficou 4% acima do previsto.

Tabela 3 Custos indiretos de produção realizados, para o volume de 16.000 caixas

Custos indiretos	em $
Supervisão da produção	11.000
Depreciação de equipamentos	7.500
Energia elétrica	8.000
Manutenção dos equipamentos	4.000
Seguro dos equipamentos	1.350
Aluguel da fábrica	6.600

Pede-se calcular a variação dos custos, item a item, em valor monetário ($) e em porcentagem (%), no total e por caixa produzida. Indicar se a variação é favorável (F) ou desfavorável (D).

ATIVIDADES COMPLEMENTARES SUGERIDAS

1. Discuta a importância de sempre se compararem valores de períodos vigentes com anteriores. É possível com isso planejar melhor exercícios futuros?
2. Dentro desse planejamento de exercícios futuros, discuta como utilizar as estimativas de custos para um planejamento cada vez mais preciso.
3. Como seria, na contabilidade familiar (doméstica), um relatório de custos por responsabilidade?
4. Como seria, na contabilidade familiar (doméstica), um relatório de custos por tipo (natureza) de gasto?

26

CUSTO-PADRÃO

26.1 OBJETIVOS DE APRENDIZAGEM

Ao final deste capítulo, o leitor deverá ser capaz de:

- Compreender o significado e utilização do Custo-padrão.
- Entender a relação do Custo-padrão com o orçamento.
- Entender a utilidade do Custo-padrão para planejamento e controle de custos.

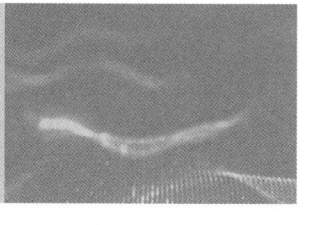

26.2 INTRODUÇÃO

A mais eficaz forma de se planejar e controlar custos é a partir da institucionalização do Custo-padrão, que tanto pode ser usado com o Custeio por Absorção como com o Variável, Custeio por Atividades (ABC) etc.

26.3 CONCEITOS

26.3.1 Conceitos de Custo-padrão

Existem diversas acepções de Custo-padrão. Muitas vezes é entendido como sendo o Custo Ideal de produção de um determinado bem ou serviço. Seria, então o valor conseguido com o uso dos melhores materiais possíveis, com a mais eficiente mão de obra viável, a 100% da capacidade da empresa, sem nenhuma parada por qualquer motivo, a não ser as já programadas em função de uma perfeita manutenção preventiva etc. Esta ideia de Custo-padrão Ideal, em franco desuso, nasceu da tentativa de se "fabricar" um custo "em laboratório". Isto é, os cálculos relativos a tempo de produção (de profissional ou de máquina), por exemplo, seriam feitos com base em estudos minuciosos de Tempos e Movimentos, com experiências usando o funcionário mais bem treinado e habilitado, sem se considerar sua produtividade oscilante durante o dia, mas aquela medida em um intervalo de tempo observado no teste. As perdas de material seriam apenas as mínimas admitidas como impossíveis de serem eliminadas pela Engenharia da Produção, e assim por diante. No final, Custo-padrão Ideal seria uma meta da empresa a longo prazo, e não a fixada para o próximo período ou para determinado mês.

O uso do Custo-padrão Ideal é extremamente restrito, já que serviria apenas para comparações realizadas no máximo uma vez ao ano, por exemplo, para se ter uma ideia de quanto se evoluiu com relação a anos anteriores.

Há um outro conceito de Custo-padrão muito mais válido e prático. Trata-se do Custo-padrão Corrente. Este diz respeito ao valor que a empresa fixa como meta para o próximo período para um determinado produto ou serviço, mas com a diferença de levar em conta as deficiências sabidamente existentes em termos de qualidade de materiais, mão de obra, equipamentos, fornecimento de energia etc. É um valor que a empresa considera difícil de ser alcançado, mas não impossível.

Diferencia-se o Padrão Corrente do Ideal em diversos pontos. O Corrente inclui no custo do produto algumas ineficiências, exceto aquelas que a empresa julga possam de fato ser sanadas; o Ideal só inclui as que "cientificamente" não podem ser eliminadas. O Corrente é levantado com base não só em estudos teóricos, mas também em "pesquisas e testes práticos", mediante estudos e cálculos não distanciados da realidade. O Corrente leva em conta os fatores de produção que a empresa realmente tem à sua disposição, como máquinas que possui, mão de obra na qualidade que detém ou pode recrutar ou preparar no período etc.; o Ideal considera os melhores fatores de produção que a empresa deveria ter, mesmo que isso não fosse viável para ela de imediato. O Corrente é uma meta de curto e médio prazos, enquanto o Ideal é de longo. Aquele fixa um montante que a empresa deverá empenhar-se para alcançar no próximo período, e este um valor do qual deverá aproximar-se ao longo de vários anos, sem provavelmente jamais alcançá-lo.

No que se diferencia então o Custo-padrão Corrente do Custo Estimado? Talvez a forma mais simples de se responder seja dizendo que o Padrão Corrente é o custo que deveria ser, enquanto o Estimado é o que deverá ser. Aquele é o que a empresa deveria alcançar, se conseguisse atingir certos níveis de desempenho, enquanto este é o que normalmente a empresa deverá obter. O Custo-padrão Corrente é mais elaborado; exige que determinados estudos sejam feitos, enquanto o Estimado parte da hipótese de que a média do passado é um número válido e apenas introduz algumas modificações esperadas, tais como volume de atividade, mudança de equipamentos etc. Por exemplo, para a fixação do Custo-padrão Corrente, exige-se que a empresa faça uma averiguação da produtividade de cada máquina, considerando-se suas características técnicas, tais como volume que deveria produzir (talvez fornecido pelo próprio fabricante), consumo de energia e lubrificantes que deveria ter etc. Para o Custo Estimado, pegar-se-ia simplesmente a média passada, e se por um problema de regulagem a máquina estivesse consumindo mais energia do que deveria, esse fato nem seria percebido.

VOCÊ SABIA?

O Custo-padrão Corrente é mais "científico", no sentido de que faz a união entre aspectos teóricos e práticos da produção, enquanto o Custo Estimado só levaria em conta os práticos, podendo por isso nunca apontar defeitos ou ineficiências que seriam sanados com aquele. (O Custo-padrão Ideal tende a ser, por outro lado, extremamente teórico.)

Outros conceitos de Custo-padrão existem; entretanto, ficaremos na discriminação apenas desses dois.

26.3.2 Finalidades e utilidades do Custo-padrão

(A partir de agora, ao falarmos em Custo-padrão, estaremos referindo-nos a Custo-padrão Corrente, a não ser que expressamente dito em contrário.)

Já documentamos que a grande finalidade do Custo-padrão é o planejamento e controle dos custos. E é fácil notarmos que ele é melhor e mais eficiente do que o Custo Estimado nessa tarefa, já que, para sua fixação, obriga a levantamentos que irão, em confronto posterior com a realidade, apontar ineficiências e defeitos na linha de produção ou no processo de prestação de serviços.

Seu grande objetivo, portanto, é o de fixar uma base de comparação entre o que ocorreu de custo e o que deveria ter ocorrido. E isso nos leva à conclusão de que Custo-padrão não é uma outra forma, método ou critério de contabilização de custos (como Absorção e Variável), mas sim uma técnica auxiliar. Não é uma alternativa, mas sim um coadjuvante. A instalação do Custo-padrão não significa a eliminação de Custos a Valores Reais Incorridos (Custo Real); pelo contrário, só se torna eficaz na medida em que exista um Custo Real, para se extrair, da comparação de ambos, as divergências existentes.

É muitas vezes encontrada a ideia, errada, de que a empresa ou tem Custo Real ou tem Custo-padrão; pode existir a acepção de que Custo-padrão é uma forma mais sofisticada de se fazer Custo. Na verdade, o Padrão é uma base de comparação para o Real, e só tem de fato utilidade à medida que a empresa tem um bom sistema de Custo Real. De que adiantaria a fixação de um excelente Custo-padrão objetivado se a empresa não apurasse seu verdadeiro custo de produção realmente incorrido? Tomaria decisões em cima de um valor que não o verdadeiro? Como saberia se de fato sua produção está sendo feita dentro do que deveria estar?

Custo-padrão nunca foi uma forma de simplificar a vida da empresa. Essa é uma ideia errônea, nascida de uma visão parcial do que seja esse Sistema. Custo-padrão implica sempre a adoção de mais trabalho por parte da empresa do que se não o tivesse. Há, realmente, alguns pontos de simplificação, como, por exemplo, a contabilização dos estoques por valores já fixados, sem necessidade da apuração do Custo Real para seu registro, o que facilita e agiliza a elaboração dos relatórios mensais; permitem à empresa fazer fechamento de Custos trimestralmente, por exemplo, sem eliminar os balancetes e balanços mensais. Mas essas simplificações não são suficientes para fazer do Custo-padrão uma forma de custeio com menos carga de trabalho. Pelo contrário, haverá, com sua adoção, um maior volume de serviço, devido à comparação entre Padrão e Real, à análise e interpretação das variações ocorridas e, principalmente, ao desencadeamento do processo de correção, quando cabível.

O Custo-padrão não elimina o Real, nem diminui sua tarefa; aliás, a implantação do Padrão só pode ser bem-sucedida onde já exista um bom sistema de Custo Real (quer Absorção, quer Variável por atividades ou qualquer combinação entre eles).

Outra grande finalidade do Custo-padrão, decorrente da adoção de qualquer base de comparação fixada para efeito de controle, é o efeito psicológico sobre o pessoal. E este pode ser positivo ou negativo, dependendo da forma de tratamento dispensada à implantação.

Se o Padrão for fixado considerando-se metas difíceis, mas não impossíveis de ser alcançadas, acabará por funcionar como alvo e desafio realmente de todo o pessoal. Mais ainda, se tiver sido firmado com a participação dos responsáveis pela sua execução. Se for fixado com base no conceito Ideal, cada um já saberá de antemão que o valor é inatingível, que todo e qualquer esforço jamais culminará na satisfação máxima de objetivo alcançado, e poderá haver a criação de um espírito psicológico individual e coletivo amplamente desfavorável.

As pessoas responsáveis pela análise das diferenças entre Padrão e Real, conscientes de que aquele é passível de ser obtido, estarão provavelmente interessadas na averiguação das divergências e sua eliminação. Para elas, uma diferença de 12% é algo de importante a ser analisado e pesquisado. Entretanto, se as mesmas pessoas sentirem que o Padrão é absurdo para as circunstâncias atuais, uma divergência de 80% será igual a outra de 50% e não haverá grande estímulo para solução; "a variação é inevitável, não adianta muito correr atrás dela" poderá ser o pensamento reinante.

A própria alta administração da empresa pode acabar por se acostumar aos relatórios com apontamentos de grandes distorções, se o valor tomado como base for por demais utópico; e nada pior do que tais relatórios, cujo conteúdo o destinatário já conhece, e que, por isso mesmo, passam à categoria dos "a ler depois", provavelmente nunca. Diferente é a reação do diretor que viu uma diferença de 13% há dois meses, 9% no mês anterior e que estará, agora, provavelmente, ansioso para verificar a evolução. Uma redução de 9% para 7% terá para ele um significado muito maior do que se fosse de 85% para 76%.

Portanto, esses aspectos reforçam ainda mais a fixação dos Padrões Correntes, que, pela sua própria natureza, precisam de revisão periódica (mais à frente falaremos dos problemas trazidos pela inflação, que podem alterar esse esquema).

Contudo, o sucesso mesmo do Custo-padrão vai depender do grau de seriedade que a empresa der à localização e saneamento das diferenças entre o Padrão e o Real. E disso precisa o mais alto escalão estar consciente e disposto a disseminar aos níveis inferiores. De pouca ou nenhuma utilidade será o Sistema se dezenas de relatórios forem feitos a respeito das variações e ninguém se interessar por sua redução e eliminação. O clima que poderá daí decorrer, de desânimo e frustração dos responsáveis pelo Sistema e o espírito de não responsabilidade cobrado junto ao pessoal da produção acabarão por desmoralizá-lo. Perdida a grande função de controle, desaparece a razão de ser do Custo-padrão. E controle culmina com as medidas de correção, não com os relatórios das divergências.

Finalmente, uma outra importante utilidade decorrente do Custo-padrão diz respeito à obrigação que cria na empresa de registro e controle não só dos valores em reais de custos, mas também das quantidades físicas de fatores de produção utilizados. Não que isso só ocorra com o Custo-padrão, mas com ele se converte em uma prática inevitável; prática essa de extraordinária importância.

Ao se fixar o Padrão, deve ser isso feito com base em quantidade e valor (por exemplo, quilogramas de material e preço por quilograma), para se poder, depois, avaliar onde estão as diferenças. E para a comparação, será necessário que o Custo Real também levante quantidades e valores consumidos. E esse fato irá realmente possibilitar melhores controles e análises por parte da empresa.

26.3.3 Fixação do padrão

Acabamos de mencionar que o Padrão deve, sempre que possível, ser fixado em quantidades físicas e valores monetários, quer de materiais, mão de obra, kWh, horas-máquina etc. E essas fixações físicas são muito mais uma tarefa da Engenharia da Produção do que da Contabilidade de Custos.

Cabe à Contabilidade de Custos a transformação dos padrões físicos em valores monetários. Não é papel de Custos fazer o levantamento das horas, toneladas etc. dos fatores de produção dados como Padrão; cabe-lhe a transformação desses itens em reais e o levantamento posterior do Real; se ficar a fixação do Padrão como tarefa de Custos, poderá esta fazer simplesmente da média passada o próprio Padrão, o que não é absolutamente desejável. A finalidade de Custos não é ter pessoal especializado nos aspectos técnicos da produção; e o Padrão depende totalmente dessas características técnicas.

Portanto, a fixação final do Custo-padrão de cada bem ou serviço produzidos depende de um trabalho conjunto entre a Engenharia de Produção e a Contabilidade de Custos.

Essa fixação não precisa ser imposta totalmente à empresa. É comum a existência de padrões apenas para certos produtos ou departamentos, ou para certos tipos de custos (matéria-prima ou mão de obra direta etc.). Já que Custo-padrão é uma forma de controle, instala-se tal controle onde se julga necessário, não obrigatoriamente em toda a empresa.

Além disso, pode haver (e deve, na maioria dos casos) implantação gradual, para melhor sucesso do próprio Sistema. Primeiramente estabelece-se o Padrão de um produto, serviço ou setor da produção, para alguns meses depois ampliar-se a outros etc.

A própria qualidade do Custo-padrão é também de um aspecto dinâmico. Na primeira vez que for estabelecido, estará sujeito a uma série de erros e imperfeições. Com o decorrer do tempo existirão, com certeza, melhorias introduzidas, que o tornarão cada vez mais credível e útil.

Com as mudanças cada vez mais frequentes que existem nos processos de produção e devido ao fato de o Custo-padrão Corrente precisar ser periodicamente revisto, esse aspecto dinâmico do Custo-padrão tende a se acentuar, o que, por sinal, lhe prolonga a vida útil. Qualquer Sistema, se tomado como válido eternamente, tende a morrer em pouco tempo. A Produção é dinâmica, inclusive sua tecnologia; assim também tem de ser a forma de custeá-la e controlá-la.

26.3.4 Custo-padrão e orçamento

Já foi comentado que o Orçamento é a grande arma global de controle de uma empresa. O Custo-padrão não deixa de ser uma espécie de orçamento, apenas que tende a forçar o desempenho da produção por ser normalmente fixado com base na suposição de melhoria de aproveitamento dos fatores de produção.

Essa característica de servir também como instrumento psicológico de motivação pode estender-se ao próprio Orçamento global; podem-se encontrar exemplos até em que a grande finalidade da sua elaboração é exatamente a definição de metas a atingir.

Por essa razão, Custo-padrão e Orçamento estão intimamente ligados. Inclusive, existente o Custo-padrão, fácil se torna a elaboração do Orçamento da parte relativa à produção, bastando apenas a definição do volume de vendas. Assim, vemos que acaba o Custo-padrão podendo servir também como elemento de base para a elaboração daquela peça de controle global tão importante; simplificando-lhe sobremaneira a própria construção.

Cabe, entretanto, a ressalva de que essa validade existe na hipótese de se usar o Custo-padrão Corrente, já que o Ideal não se presta a esse tipo de ligação. Cabe também o alerta de que é necessário não se tomar o valor do Custo-padrão como totalmente válido para elaboração de orçamentos de preços de venda, já que ele tende a ser sempre um pouco rigoroso; as naturais imperfeições, ineficiências e fatos imprevistos do processo produtivo provavelmente farão com que o Custo Real seja superior ao Padrão fixado.

VOCÊ SABIA?

Há empresas que utilizam o custo-meta (ou custo-alvo) como instrumento de planejamento do custo e do lucro dos produtos e serviços (ver Capítulo 19). Trata-se de um instrumento gerencial utilizado nas fases de concepção, projeto e desenvolvimento dos produtos, não do processo produtivo. Na fase de produção, o instrumento mais adequado para controlar os custos é o Custo-padrão.

26.3.5 Influência das variações de preço

Adiante será estudada com profundidade a influência das variações de preços sobre a fixação do Padrão e a análise de suas diferenças com o Real. Vamos aqui fazer apenas uma pequena menção de alguns dos problemas existentes.

Para a fixação do Padrão em uma empresa, dentro de uma situação inflacionária, pode ela trabalhar com diversas alternativas: uma delas seria o uso de preços estimados para o próximo período, já com a inclusão da perspectiva de alterações. Essa hipótese tem um defeito, caso o período de validade do Padrão seja de um ano. A previsão terá que se basear numa estimativa de preços para o exercício todo, e estará, por isso, fixada em um valor médio. Assim, nos primeiros meses do ano tenderá a haver uma variação no sentido de o Real ser menor que o Padrão, enquanto no final ocorrerá o inverso. E sempre existirá um erro na previsão dessa oscilação de preços, além da necessidade de se estudar o que provavelmente mudará no preço de cada fator de produção.

Por outro lado, poderia a empresa trabalhar com base em um Padrão fixado à base dos preços da data em que é elaborado (fim do exercício anterior, com certeza). Quando da comparação com o Real, haveria então uma componente de grande diferença trazida pela mudança nos preços. Essa técnica faria com que o Padrão deixasse de ser tão útil quanto poderia, já que só seriam realmente válidas as variações trazidas por diferenças entre quantidades Padrão e Real.

Outra forma de trabalho seria a adoção dos preços da data da fixação do Padrão, mas com a diferença de, quando da comparação com o Real, ser deduzida da variação de preço a parcela resultante da influência da inflação; restaria como variação líquida apenas a divergência entre a variação de preço do item em questão e a inflação propriamente dita. Se permanece ainda o vício de o Padrão fixado estar antiquado em termos de valor, pelo menos fica, na análise, a quantificação de quanto da variação é trazido pela inflação e quanto por variação específica diferente da inflação.

Poder-se-ia, ainda, fazer a fixação do Custo-padrão em termos de uma moeda fictícia, como o IGP, ou o IPC, ou UMC (Unidade Monetária Contábil), por exemplo. Nesse caso, em cada mês seriam convertidos os custos reais naquela moeda fictícia com base em seu valor nesse mesmo mês, e as comparações seriam sempre em termos dessa moeda. Esse critério seria extremamente mais válido, caso não houvesse grande defasagem com a inflação, quer em função de sua própria fórmula, quer devido às "acidentalidades".

É necessário lembrar que o correto é primeiro trazer os valores a prazo a seu valor presente para depois transformá-los em moeda forte.

Como última alternativa a ser discutida pode ser colocada a de fazer com que o período de validade do Padrão seja extremamente reduzido (um trimestre ou um mês, por exemplo), para se evitar essas complicações. O único problema é que Padrões de curta vida não dão uma ideia melhor da evolução da empresa ao longo do exercício.

26.3.6 Contabilização do Custo-padrão

Ao contrário do que às vezes se poderia imaginar, o Custo-padrão não precisa ser obrigatoriamente inserido na Contabilidade. Pode esta trabalhar com base apenas nos valores Reais, e toda a comparação entre Padrão e Real ser feita à parte, extracontabilmente, em relatórios especiais.

Pode também haver a completa inserção dos valores-padrão na Contabilização, a partir até do extremo de já registrar dessa forma as compras, as folhas de pagamento etc., com as diferenças (variações) apuradas em contas especiais. Isso vem sendo viabilizado cada vez mais com o advento de modernos sistemas integrados (ERPs). No âmbito da Contabilidade Financeira, o Pronunciamento Técnico CPC 16, do Comitê de Pronunciamentos Contábeis, admite a valoração dos estoques no balanço ao custo-padrão nos casos em que seus valores sejam próximos do custo real. Nesse sentido, o custo-padrão deve ser calculado levando-se em consideração os níveis normais de eficiência na utilização dos insumos e de utilização da capacidade produtiva; além disso, ele deve ser revisado regularmente à luz das condições correntes. Ainda segundo o CPC 16, se houver variações relevantes (materiais) entre o custo-padrão e o real, elas devem ser registradas em contas específicas, no período a que se referem, de maneira a trazer o custo dos estoques a seus valores reais, por ocasião do balanço de encerramento do exercício.

Há também a possibilidade de usar qualquer combinação intermediária. Por exemplo, poderiam todos os Custos ser registrados pelo Real, e apenas os valores dos estoques de produtos acabados e em elaboração ficarem pelo Padrão (bem como o Custo dos Produtos Vendidos). Ou podem os custos ser debitados à produção pelo Real, mas, ao serem transferidos aos produtos, apenas o fazerem pelo Padrão, mesmo nas fases intermediárias de apropriação por Departamento.

Há conveniências e inconveniências em cada sistema. Quando usar uma ou outra forma, dependerá do nível de destacamentos, do controle interno, das necessidades específicas e até do gosto pessoal de quem definir a maneira de contabilizar. Aliás, já verificamos que a própria contabilização do Custo Real é possível ser feita desde formas simplificadas até formas com requintes de detalhes.

Quando se inserir, em algum ponto, o Custo-padrão na Contabilidade, passarão a existir contas que terão que registrar as variações entre Real e Padrão. O que fazer com essas variações? Terão que ser eliminadas, e as alternativas são várias; destas, entretanto, a mais correta dentro das normas contábeis e práticas reconhecidas é a sua distribuição, de tal forma que, para Balanço e Demonstração de Resultados, todos os valores de Estoques e de Custos de Produtos Vendidos voltem a seus valores Reais (afora algumas raras exceções).

Nessa hipótese de utilização dos valores-padrão dentro da Contabilidade, teremos então dois trabalhos com as variações entre Padrão e Real de cada produto: primeiro, o que fazer contabilmente com a diferença; segundo, o que é mais importante, como analisar e, se possível, corrigir as divergências.

Tanto os problemas de análise, contabilização, tratamento da inflação como outros passarão a ser vistos nos capítulos seguintes.

RESUMO

A seguir, estão contemplados os principais assuntos discorridos no capítulo:

- A melhor arma de planejamento e controle em Custos é o uso do Custo-padrão.
- Este pode ser o Ideal, fixado com base em condições ideais de qualidade de materiais, mão de obra e equipamento, bem como de volume de produção, ou Corrente, fixado com fundamento em desempenhos desses itens considerados altos, mas não impossíveis de se alcançar.
- Aquele é útil apenas para comparações de longo prazo, este é de fato mais lógico, factível e de melhores resultados.
- O Custo-padrão serve, além de arma de controle, de instrumento psicológico para melhoria do desempenho do pessoal, se bem utilizado.

- Sua fixação é tarefa dupla, da Engenharia da Produção e da de Custos; aquela, responsável pela determinação das quantidades físicas de horas de mão de obra, de máquina, de energia, de materiais etc., e esta pela transformação destes em reais.
- O custo-alvo (ou custo-meta) é utilizado por algumas empresas nas fases de projeto e desenvolvimento de produtos e serviços; na fase de produção, o custo-padrão é o mais adequado.

EXERCÍCIO 26.1

Assinalar a alternativa correta:

1. O custo-padrão é aplicável ao Custeio:

    a) Variável
    b) Absorção
    c) ABC
    d) Pleno
    e) Todos

2. Custo-padrão é sinônimo de custo:

    a) Ideal
    b) Orçado
    c) Estimado
    d) Corrente
    e) Predeterminado

3. O custo-padrão deve ser comparado com o:

    a) histórico
    b) corrente
    c) de reposição
    d) projetado
    e) estimado

4. Um exemplo de padrão de custo em produtos de instituições financeiras é:

    a) lucro por agência
    b) tempo de atender a clientes
    c) número de reclamações ao Procon
    d) lucro por funcionário
    e) receita por funcionário

5. A elaboração de um Custo-padrão Ideal parte do pressuposto de que:

    a) o Custo-padrão Corrente é muito científico
    b) não deve haver nenhuma ineficiência
    c) a meta deve ser alcançada a curto prazo
    d) algumas ineficiências são inevitáveis
    e) ele é o que realisticamente deverá ocorrer

EXERCÍCIO 26.2

Assinalar a alternativa correta:

1. A elaboração de um custo-padrão corrente parte do pressuposto de que:

   a) Algumas ineficiências são inevitáveis.
   b) A empresa terá os melhores recursos à sua disposição.
   c) A média de custo do passado é um número válido.
   d) O custo-padrão ideal é muito prático.
   e) Ele é o que realisticamente deverá ocorrer.

2. O custo-padrão atende aos preceitos da Contabilidade:

   a) Financeira.
   b) Societária.
   c) Geral.
   d) Gerencial.
   e) Tributária.

3. O custo-padrão é útil para ser utilizado na fase de:

   a) Planejamento.
   b) Execução.
   c) Controle.
   d) Programação.
   e) Todas as fases.

4. No processo de custeio-padrão, cabe à área de Contabilidade de Custos:

   a) Elaborar os padrões.
   b) Apurar as variações.
   c) Avaliar as variações.
   d) Tomar medidas corretivas.
   e) Avaliar os desempenhos.

5. Na formação de preços de venda com base em custos, deve-se tomar por referência o custo:

   a) Histórico.
   b) Real.
   c) Padrão.
   d) Fixo.
   e) Variável.

EXERCÍCIO 26.3

Assinalar Falso (F) ou Verdadeiro (V):

( ) O custo-padrão corrente é útil como base de referência para elaboração de orçamentos.

( ) O custo-padrão é construído com base no orçamento global da empresa.

( ) O uso do sistema de custo-padrão é um fator de simplificação do sistema de informação das empresas.

( ) Padrões de custos podem ser estabelecidos apenas em termos quantitativos, não necessariamente monetários.

( ) Padrões de custos podem ser estabelecidos apenas em termos monetários, não necessariamente quantitativos.

EXERCÍCIO 26.4

1. Com relação ao uso do custo-padrão, é correto afirmar que:

   a) Deve ser sempre comparado com o custo estimado.
   b) Deve substituir o custo histórico como base de valor.
   c) Pode ser implantado para apenas um ou alguns produtos.
   d) Deve enfatizar mais o planejamento do que o controle de custos.
   e) Deve ser estabelecido sempre para todo o conjunto de produtos.

2. Observe as sentenças abaixo:

   I – O uso do custo-padrão ideal não é muito restrito, é de fácil aplicação.
   II – O custo-padrão corrente considera algumas ineficiências da empresa.
   III – O custo-padrão ideal só capta fatores de produção que a firma possui.
   IV – O custo-padrão corrente é uma meta para ser alcançada no curto prazo.

   Estão corretas as sentenças:

   a) II e IV.
   b) II e III.
   c) I e IV.
   d) I e III.
   e) III e V.

3. Assinale a alternativa correta:

   a) O custo-padrão é mais eficaz em ambientes em que não exista custo real.
   b) Custo-padrão é o custo estabelecido pelas empresas como meta para seus produtos.
   c) O uso do custo-padrão é característico de processos de gestão focados apenas em custos.
   d) A implantação do custo-padrão não deve envolver pessoas de outras áreas além da controladoria.
   e) A implantação do custo-padrão só pode ser bem-sucedida onde não haja utilização de métodos de custeio (variável ou absorção).

4. No que se refere ao processo de gestão de custos, o custo-padrão é útil nas seguintes etapas:

   a) Controle.
   b) Execução.
   c) Planejamento.
   d) Estratégica, tática e operacional.
   e) Planejamento, execução e controle.

5. Assinalar Verdadeiro (V) ou Falso (F):

   ( ) O custo real é o que efetivamente foi executado, enquanto o padrão é o que deveria ter sido.
   ( ) O custo estimado é estabelecido de forma mais rigorosa que o padrão.
   ( ) O custo-padrão não é um terceiro método ou critério de custeio, tal como o de absorção e o variável.
   ( ) Na Contabilidade Societária, os estoques devem ser valorados pelo seu custo-padrão, sempre que a empresa utilizar bem este sistema.
   ( ) Um bom sistema de custo-padrão pode substituir o custo histórico no âmbito da Contabilidade Gerencial.

ATIVIDADES COMPLEMENTARES SUGERIDAS

1. De que forma o Custo-padrão pode auxiliar no planejamento e controle dos custos na empresa? Discuta.

2. Podemos concluir que a utilização do Custo-padrão pode auxiliar favoravelmente para os resultados da empresa? Discuta.

3. Qual é a diferença entre Custo-alvo e Custo-padrão no contexto de planejamento e controle de custos?

27

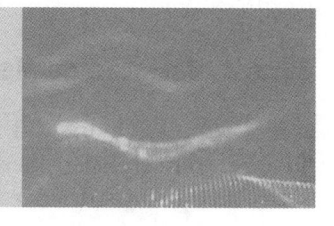

ANÁLISE DAS VARIAÇÕES DE MATERIAIS E MÃO DE OBRA

27.1 OBJETIVOS DE APRENDIZAGEM

Ao final deste capítulo, o leitor deverá ser capaz de:

- Apurar variações entre Custo Real e Custo-padrão.
- Interpretar as variações e investigar suas causas.

27.2 INTRODUÇÃO

Ao serem obtidos os valores de Custo Real, a primeira providência é sua comparação com o Padrão, para se aquilatarem as diferenças. Estas precisam ser analisadas antes de se tomarem medidas para as correções; por sinal, estas dependem das próprias análises, já que somente assim se poderá tentar chegar ao porquê das divergências.

27.3 CONCEITOS

27.3.1 Padrão *versus* Real

Suponhamos que uma empresa esteja utilizando o Custeio por Absorção, tanto para o Padrão quanto para o Real, e tenha tido os seguintes números com relação a um determinado produto:

Padrão: Custo Total por Unidade = $340

Real: Custo Total por Unidade = $385

A diferença entre o Custo Real e o Padrão, chamada de Variação, é de $45, normalmente cognominada ainda de Desfavorável, já que o Real é superior ao Padrão. (Outras terminologias existem para Variação, tal como Variância, e para Desfavorável ou Favorável, tais como Credora e Devedora, Positiva e Negativa etc.)

O fato de sabermos dessa diferença já é de alguma utilidade; o mais interessante, todavia, é saber o porquê de sua existência. Para chegarmos lá, precisamos decompor os valores integrais de $340 e $385 em seus principais componentes. Suponhamos que sejam os seguintes:

Quadro 27.1

Custo-padrão:		
Materiais Diretos	$170	
Mão de Obra Direta	$95	
Custos Indiretos	$75	$340/un.
Custo Real:		
Materiais Diretos	$185	
Mão de Obra Direta	$105	
Custos Indiretos	$95	$385/un.
Variação Total:		
Materiais Diretos	$15 D	
Mão de Obra Direta	$10 D	
Custos Indiretos	$20 D	***$45/un. D***

D = Desfavorável
F = Favorável

Notamos agora que a maior diferença está nos Custos Indiretos, enquanto a menor, na Mão de Obra Direta. Mas esse detalhamento ainda não é suficiente. Passemos a analisar mais detidamente cada uma dessas parcelas, começando pelos Materiais Diretos.

27.3.2 Variação de Materiais Diretos

O Quadro 27.1 mostra-nos uma Variação Desfavorável de $15 nos Materiais Diretos. Admitamos que entrem três itens nesse grupo: Matérias-primas X e Y e a Embalagem, com a seguinte decomposição entre quantidades físicas e valores em reais (Quadro 27.2).

Quadro 27.2

Custo-padrão:		
Matéria-prima X:	16 kg × $4,00/kg = $64	
Matéria-prima Y:	5 m × $10,00/m = $50	
Embalagem:	80 fl × $0,70/fl = $56	$170/un.
Custo Real:		
Matéria-prima X:	19 kg × $4,20/kg = $79,80	
Matéria-prima Y:	4 m × $13,55/m = $54,20	
Embalagem:	75 fl × $0,68/fl = $51,00	$185/un.
Variação Total:		
Matéria-prima X:	$15,80 D	
Matéria-prima Y:	$4,20 D	
Embalagem:	$5,00 F	***$15/un. D***

A Variação nos Materiais Diretos como um todo, de $15 D, aparece agora desmembrada no que pertence a cada Matéria-prima e à Embalagem, sendo esta última de natureza Favorável, ou seja, seu Custo Real foi menor do que o Padrão. A grande responsabilidade coube à Matéria-prima X com uma Variação de $15,80 D. Nesta houve não só diferença de quantidade (3 kg), como de preço ($0,20/kg). Da Variação Total dessa Matéria-prima no valor de $15,80, quanto é devido à Variação de Quantidade e quanto à Variação de Preço?

27.3.3 Variação de Quantidade

Poderíamos medir a Variação de Quantidade dentro do seguinte raciocínio: se só tivesse havido diferença na quantidade e nenhuma no preço, quanto seria a divergência entre Padrão e Real? Seria de 3 kg vezes o Preço-padrão:

Variação de Quantidade = Diferença de Quantidade × Preço-padrão

V.Q.: 3 kg × $4,00/kg = $12,00 D

O Custo Real, caso tivesse havido tão somente diferença na quantidade, seria $12,00 mais caro que o Padrão; de fato, teria o custo total sido de $76,00 (19 kg × $4,00/kg).

Logo, dos $15,80 totais de Variação Desfavorável, sabemos que $12 se devem exclusivamente ao efeito do consumo maior de 3 kg.

Qual agora o efeito trazido pelo fato de se ter pago mais por kg do que era previsto?

27.3.4 Variação de Preço

Em uma forma análoga de pensamento, poderíamos admitir que chegaríamos à Variação de Preço calculando quanto haveria de diferença se só o preço tivesse variado, com a quantidade Real sendo igual à Padrão:

Variação de Preço: Diferença de Preço × Quantidade-padrão

V.P.: $0,20/kg × 16 kg = $3,20 D

Só que, somando esta Variação de Preço à de Quantidade, chegamos a uma Variação total de $15,20, e não à de $15,80, como havíamos determinado para toda a Matéria-prima X. Por que essa diferença de $0,60?

Poderemos muito mais facilmente explicar a razão dessa pequena divergência se representarmos graficamente as Variações:

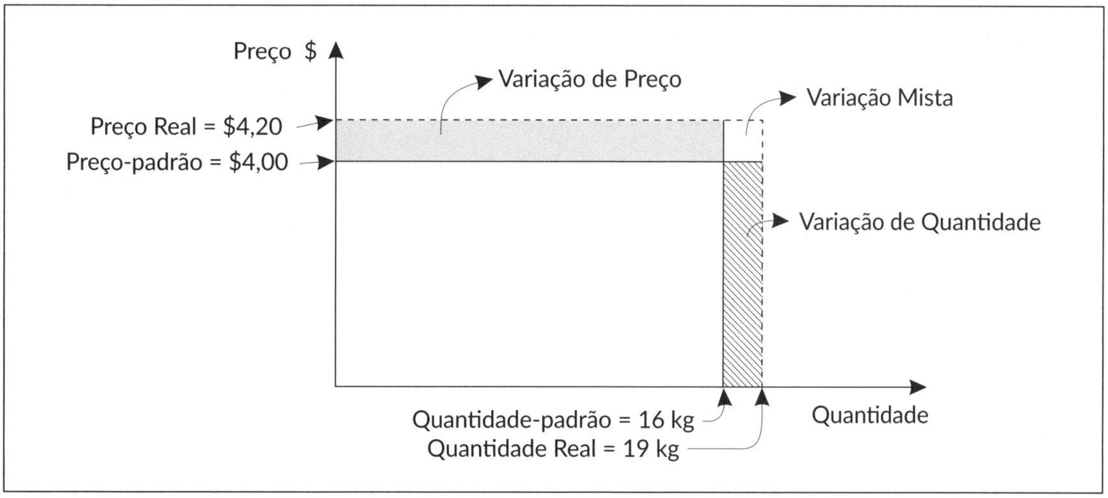

27.3.5 Variação Mista

A área do retângulo interno representa o Custo-padrão, já que representa Quantidade-padrão vezes Preço-padrão. A do retângulo externo representa o Custo Real, por se tratar de Quantidade Real vezes Preço Real.

A Variação de Quantidade, fruto da multiplicação da diferença entre Quantidade-padrão e Real pelo Preço-padrão, compõe-se da área hachurada. E a Variação de Preço, originada pela multiplicação da diferença entre Preços-padrão e Real pela Quantidade-padrão, aparece na forma de área sombreada. Entretanto, as duas não formam a Variação Total, já que está faltando a inclusão da área em branco representada pela multiplicação da diferença de Quantidade pela diferença de Preço; esta é a Variação Mista:

Variação Mista = Diferença de Quantidade × Diferença de Preço

V.M.: 3 kg × $0,20/kg = $0,60 D

Essa Variação Mista é de difícil entendimento, causando, às vezes, algumas dificuldades para efeito de análise. Suponhamos que estivéssemos atribuindo toda a Variação de Quantidade ao profissional responsável pela produção, e a de Preço ao responsável pelas compras. Aquele provavelmente aceitaria uma responsabilidade, já que de fato consumiu 3 kg a mais do que o Padrão, mas dificilmente admitiria que se avaliasse cada um desses kg por um valor diferente do padrão de $4,00, pois acharia que qualquer diferença em função do preço é de responsabilidade das compras. Por outro lado, o profissional de compras admitiria uma responsabilidade de $0,20/kg, mas até o limite dos 16 kg, dizendo que o consumo excedente não é problema dele. Não teríamos, assim, condição de, com absoluta precisão e lógica, atribuir os $0,60 de Variação Mista a um ou a outro.

A Variação Mista é fruto da existência das outras duas; aliás, caso não existisse a de Preço ou a de quantidade, não existiria também essa Mista. Mas não há condições de uma distribuição justa a uma e outra. Poderia parecer à primeira vista que bastaria, por algum critério de proporcionalidade, rateá-la. Mas e quando uma das duas, ou a V.Q. ou a V.P., fosse Favorável? Como faríamos então a distribuição?

Por outro lado, ela é normalmente pequena, imaterial quando comparada com as outras; aliado isso ao fato de ser de difícil entendimento, costuma-se, na prática, incluí-la, mesmo que arbitrariamente, junto a uma das outras duas.

!? VOCÊ SABIA?

Como é muito comum admitir-se que a Variação de Preço é mais difícil de ser controlada pela empresa, bem como é difícil atribuir-se sua responsabilidade a alguém, já que tende a depender mais de fatores externos, costuma-se então englobar a Variação Mista a ela.

Teríamos, então, outra conceituação para a Variação de Preço:

V.P. = Diferença de Preço × Quantidade Real (e não Padrão, como antes)

V.P. = $0,20/kg × 19 kg = $3,80 D

Esta, somada à de Quantidade ($12,00), somaria então os $15,80 de Variação Total Desfavorável.

Nada impede, todavia, que sejam usadas as três Variações, o que faremos neste trabalho.

27.3.6 Exemplos adicionais de Variações de Materiais Diretos

Para a Matéria-prima X, o resumo seria:

Quadro 27.3

Variação de Quantidade =	3 kg × 4,00/kg =	$12,00 D
Variação de Preço =	$0,20/kg × 16 kg =	$3,20 D
Variação Mista =	$0,20/kg × 3 kg =	$0,60 D
Variação Total Matéria-prima X =		***$15,80 D***

Para a Matéria-prima Y, teríamos (do Quadro 27.2):

Padrão: 5 m × $10,00/m = $50

Real: 4 m × $13,55/m = $54,20

A Variação Total desse Material seria, então, calculada:

Quadro 27.4

Variação de Quantidade =	1 m × $10,00/m =	$10,00 F
Variação de Preço =	$3,55/m × 5 m =	$17,75 D
Variação Mista =	1 m × $3,55/m =	$3,55 F
Variação Total Matéria-prima Y =		***$4,20 D***

A Variação de Quantidade é Favorável, pois gastou-se menos material do que o Padrão; a de Preço é Desfavorável, já que o preço Real por unidade (metro) foi maior que o previsto. E a Mista, por que é Favorável? Um entendimento rápido existirá se fizermos a representação gráfica:

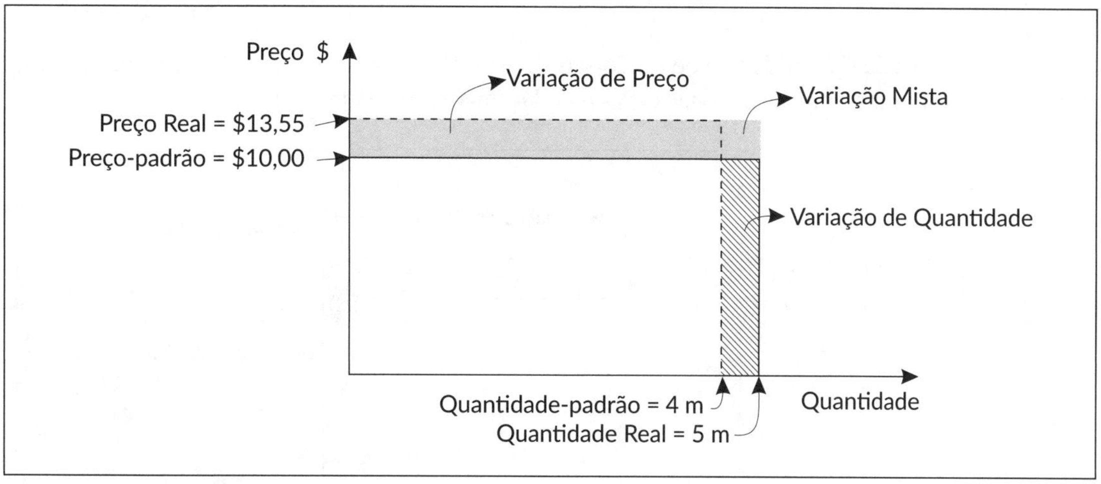

O retângulo de linha contínua representa o Custo-padrão; o de linha secionada, o Real. A área hachurada é a Variação de Quantidade. A sombreada, igual a Diferenças de Preço vezes a Quantidade-padrão, é a Variação de Preço. Mas a soma das duas excede a área total de diferença entre Custo-padrão e Custo Real. É necessário ser eliminada a área sombreada excedente, e que é exatamente a da Variação Mista, por reduzir, no caso, a Variação de Preço. Precisa então ser de sinal contrário; como a V.P. é Desfavorável, a Mista é, então, Favorável.

Poderíamos talvez, daí, inferir que seria lógico sempre incluirmos a Variação Mista na de Preço. Vejamos, entretanto, o que ocorreria se a Quantidade Real fosse maior que a Padrão e o Preço Real, menor que o Padrão.

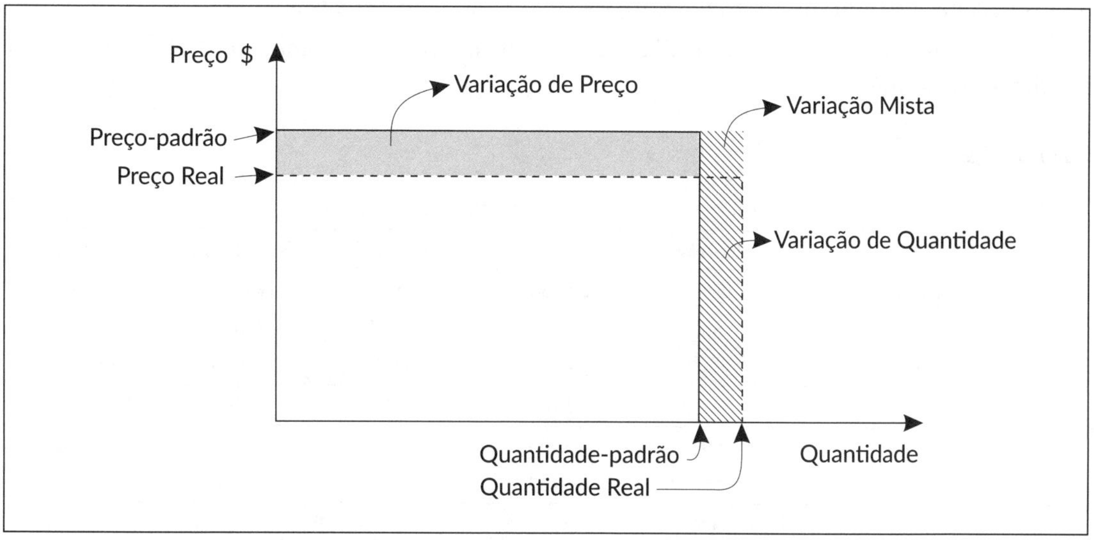

Neste caso, teria havido excesso no cálculo da Variação de Quantidade, e então a Variação Mista teria que ter sinal contrário a ela, nada tendo a ver com o sinal da Variação de Preço. Aqui tenderíamos a admitir que a Variação Mista deveria ser acoplada à de Quantidade.

Vejamos agora o caso, no nosso exemplo, da Variação com o Custo da Embalagem. O Padrão previa uma quantidade de folhas de algum material a um determinado preço, mas tanto a quantidade como o preço real foram inferiores ao Padrão. (Ver Quadro 27.2.)

Quadro 27.5

Variação de Quantidade =	5 fl × $0,70/fl =	$3,50 F
Variação de Preço =	$0,02/fl × 80 fl =	$1,60 F
Variação Mista =	5 fl × 0,02/fl =	$0,10 D
Variação Total Embalagem =		***$5,00 F***

As Variações de Quantidade e de Preço são Favoráveis, visto que ambas se reportam a valores Reais inferiores ao Padrão; mas por que a Variação Mista é Desfavorável? Vejamos:

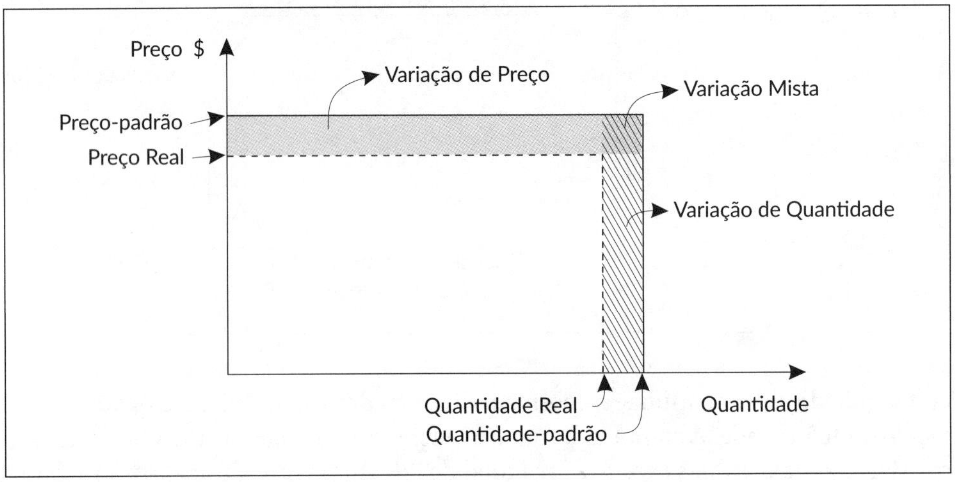

A Variação de Quantidade e a de Preço se interseccionam, havendo então uma contagem dupla na área representada, no gráfico, por existência comum de hachuras e sombra. Como ambas são Favoráveis, para a eliminação da duplicidade é necessário que a Variação Mista seja considerada Desfavorável.

(Há outra forma, algébrica, de provar esses comportamentos da Variação Mista; apenas não a apresentaremos porque acreditamos ser esta – gráfica – mais fácil de se visualizar.)

Resumindo agora os Quadros 27.2 a 27.5 e considerando os dados do 27.1, podemos construir até o momento o seguinte:

Quadro 27.6

1º Quadro-resumo de variações

		Padrão	Real	Var. Total	Var. Quant.	Var. Preço	Var. Mista
Materiais Diretos	M.P.X	$64	$79,80	$15,80 D	$12,00 D	$3,20 D	$0,60 D
	M.P.Y	$50	$54,20	$4,20 D	$10,00 F	$17,75 D	$3,55 F
	Embalagem	$56	$51,00	$5,00 F	$3,50 F	$1,60 F	$0,10 D
Soma		*$170*	*$185*	*$15 D*	*$1,50 F*	*$19,35 D*	*$2,85 F*
MOD		$95	$105	$10 D			
CIP		$75	$95	$20 D			
Total		*$340*	*$385*	*$45 D*			

27.3.7 Variação da Mão de Obra Direta

Toda a Variação relativa à Mão de Obra Direta é analisada da mesma forma que a referente aos Materiais Diretos. Há apenas uma diferença em terminologia, não por alguma obrigatoriedade técnica, mas mais por costume.

O que nos Materiais Diretos é chamado de Variação de Preço tem o nome de Variação de Taxa; a Variação de Quantidade é cognominada de Variação de Eficiência ou de Uso; e a Mista não se altera.

Dando continuidade ao mesmo exemplo em estudo, admitamos que a Variação Total de Mão de Obra Direta de $10 D (Quadros 27.1 e 27.6) esteja assim destrinchada:

Quadro 27.7

Padrão	
No Departamento A: 40 h × $ 1,20/h = $48	
No Departamento B: 20 h × $ 2,35/h = $47	$95/un.
Real	
No Departamento A: 46 h × $ 1,25/h = $57,50	
No Departamento B: 19 h × $ 2,50/h = $47,50	$105/un.

No Departamento A, teríamos então a seguinte análise:

Variação de Eficiência: Diferença de Horas × Taxa-padrão	
V.E.: 6 h × $1,20/h =	$7,20 D
Variação de Taxa: Diferença de Taxa × Horas-padrão	
V. Tx.: $0,05/h × 40 h =	$2,00 D
Variação Mista: Diferença de Horas × Diferença de Taxa	
V.M.: 6 h × $0,05/h =	$0,30 D
Variação Total de	***$9,50 D***

No Departamento B ficaria:

V.E.: 1 h × $2,35/h =	$2,35 F
V. Tx.: $0,15/h × 20 h =	$3,00 D
V.M.: 1 h × $0,15/h =	$0,15 F
Var. Total =	***$0,50 D***

Poderíamos, agora, remontar o Quadro 27.6, com o resumo de todas as Variações vistas:

Quadro 27.8

2º Quadro-resumo de variações

		Padrão	Real	Var. Total	Var. Quant.	Var. Preço	Var. Mista
Materiais Diretos	M.P.X	$64	$79,80	$15,80 D	$12,00 D	$3,20 D	$0,60 D
	M.P.Y	$50	$54,20	$4,20 D	$10,00 F	$17,75 D	$3,55 F
	Embalagem	$56	$51	$5 F	$3,50 F	$1,60 F	$0,10 D
Soma		*$170*	*$185*	*$15 D*	*$1,50 F*	*$19,35 D*	*$2,85 F*
MOD	Depto. A	$48	$57,50	$9,50 D	$7,20 D	$2,00 D	$0,30 D
	Depto. B	$47	$47,50	$0,50 D	$2,35 F	$3,00 D	$0,15 F
Soma		*$95*	*$105*	*$10 D*	*$4,85 D*	*$5,00 D*	*$0,15 D*
CIP		$75	$95	$20 D			
Total		*$340*	*$385*	*$45 D*			

27.3.8 Análise propriamente dita das Variações de Materiais

Antes de passarmos às Variações dos Custos Indiretos de Produção, vamos tentar fazer a análise das Variações; até agora fizemos apenas cálculos, mas eles em si mesmos de nada valem; o que importa é sua análise.

Começando pela Matéria-prima X, notamos que ela teve uma Variação de Quantidade Desfavorável; olhando o Quadro 27.3, notamos que isto se deve ao uso, em excesso, de 3 kg sobre o Padrão de 16 kg/un. Por que teria isso ocorrido?

A resposta cabe agora à área de Produção. Inúmeras poderiam ter sido as razões:

- qualidade da matéria-prima usada, que, por ser inferior à recomendada, provocou maior consumo;
- baixa qualidade da mão de obra, que aumentou esse consumo;
- máquinas mal preparadas ou mal reguladas, que provocaram estragos na matéria-prima usada;
- problemas técnicos, como evaporação em excesso, deterioração por mal acondicionamento etc.;
- etc.

Algumas vezes as causas são fáceis de ser localizadas; outras vezes, o tempo despendido em sua pesquisa pode ser muito grande. Por isso, deve a empresa determinar um limite abaixo do qual não gastará esforço em localizar a razão da Variação; ele pode ser fixado tanto em valor absoluto em reais, como em percentual sobre o próprio Padrão.

Por exemplo, já que o Custo Total Padrão da unidade do produto sob análise é de $340, poderia a empresa determinar que nenhuma Variação inferior a 1% desse valor seja questionada ($3,40, no caso).

Ou então poderia a empresa determinar que cada Variação fosse relatada em reais e em porcentagem sobre o Custo-padrão, não da unidade toda, mas em relação ao item sob análise. Por exemplo, a Matéria-prima X tem um Custo-padrão de $64/un., e, como a Variação de Quantidade foi de $12, quer isso dizer que o desvio foi de 18,75%. E a regra então para a localização da razão das Variações poderia ser firmada em função de um percentual mínimo de 5% ou 10%, por exemplo.

Nessa Matéria-prima X, além da Variação de Quantidade Desfavorável em 18,75%, houve também uma outra de Preço, também Desfavorável, de $3,20, ou seja, de exatamente 5% do Padrão de $64. Se o limite fosse de 1% sobre o Custo Total ($3,40), estaria fora a análise desse item, e se estivesse sendo usado o de 5% sobre o item estaria dentro. O importante é que se utilize um critério que não faça a empresa gastar mais na procura das razões das Variações do que já gastou ao nelas incorrer.

Voltando à Matéria-prima X, poderíamos querer saber por que houve a Variação de Preço Desfavorável de $3,20. Também diversas poderiam ser as explicações:

- compra malfeita por deficiência do Setor de Compras;
- compra malfeita por deficiência do Depto. de Controle e Programação da Produção, que não previu o item adequadamente e obrigou à aquisição na base da correria;
- imposição do Depto. de Vendas para entrega rápida do produto, tendo sido o Setor de Compras obrigado a adquirir de quem tinha em estoque, mesmo que a preço maior;
- determinação da Diretoria de se comprar de outro Fornecedor para não ficar na mão de um único (mas, neste caso, o padrão deveria ser revisto);
- etc.

VOCÊ SABIA?

Dependendo da razão averiguada, far-se-á uma verificação da possibilidade de ser ela controlável ou não pela empresa. Se o for, deverá a pessoa responsável determinar a correção ou punir o causador da divergência, ou tomar outra medida adequada. Se a causa não for controlável, nada restará a fazer, a não ser anotar o evento para uma modificação para os padrões futuros (como no caso de preço aumentado por permissão de órgãos do governo ou de agências reguladoras).

A Matéria-prima Y teve uma Variação de Quantidade Favorável de $10,00 (20% do Padrão de $50), e o Quadro 27.4 mostra-nos que isso se deveu ao consumo de 1 m a menos desse Material do que o Padrão de 5 m. Por quê?

Outra vez se torna necessário que seja a indagação respondida pela Chefia da Produção; esta irá indagar do responsável por sua aplicação se a explicação já não veio automaticamente quando dos dados de consumo.

Talvez nesse caso ocorresse o seguinte: houve também uma Variação de Preço nessa Matéria-prima Y, mas Desfavorável de $17,75 (35,5% de $50), e isso tudo devido ao fato de a empresa ter comprado material de melhor qualidade do que o Padrão, só que por preço muito maior. Por isso, consumiu-se 1 m a menos, só que se gastaram $3,55/m a mais. No final, houve uma Variação Total de $4,20, Desfavorável (após cômputo da Mista). Ou seja, não compensou a melhora da qualidade, já que o acréscimo de preço foi mais do que proporcional à redução na quantidade consumida. Talvez não houvesse outra alternativa, como falta do material originalmente especificado no mercado ou também pelo fato de que, se comprado o Padrão, ocorreria ainda uma diferença maior do que os $4,20 totais (a quantidade poderia ser a Padrão de 5 m, mas o preço poderia ser $11,00, em vez de $10,00, com uma Variação Total de $5,00 D).

Outra razão poderia ser a seguinte: a empresa, tendo em vista o brutal crescimento do preço do material, decidiu pela menor aplicação da quantidade especificada. Isso talvez tenha feito aparecer a Variação Favorável de Quantidade. O que, entretanto, isso acarretou em termos de alteração da qualidade do produto? No que isso afetará a imagem da empresa? Quais serão os encargos futuros decorrentes da garantia dada?

27.3.9 Análise das variações de Mão de Obra Direta

O Quadro 27.7 evidencia que, no Depto. A, se gastou a mais tanto em números de horas (6 horas ou 15% do Padrão de 40 h), quanto em taxa horária ($0,05/h, ou 4,2% sobre o Padrão de $1,20/h).

As razões poderiam ser:

- ineficiência da mão de obra;
- uso de pessoal que não o adequado para a tarefa;
- inexistência de pessoal treinado para substituir o pessoal em férias;
- acréscimo de taxa determinado pela Direção, legislação ou sindicato;
- falta de pessoal nessa faixa no mercado, tendo sido contratado ao preço que foi possível;
- padrão em horas muito "apertado", válido apenas para pessoal de extrema habilidade, do qual a empresa possua talvez um único elemento.

Da mesma forma que no caso dos Materiais, para algumas causas haverá solução, para outras talvez não haja outro remédio que a própria alteração do Custo-padrão para o exercício seguinte.

No Departamento B houve Variação de Eficiência Favorável, mas Desfavorável de Taxa. Ganhou-se uma hora sobre o Padrão de 20 h (5%), mas pagou-se $0,15 a mais que o Padrão de $23,50/h (6,4%). No final, a Variação Total nesse Departamento foi Desfavorável em apenas $0,50 (Quadro 27.8), isto é, desvio apenas de 1% sobre o Padrão de $47.

Neste ponto, o Custo-padrão atinge realmente seu grande papel de instrumento de controle, ao procurar conhecer as razões que fizeram aparecer as Variações e tentar corrigi-las. E sem esse aspecto totalmente bem executado, perdeu-se a sua grande finalidade.

Especial ênfase deve ser dada, a partir da Alta Administração, a tal etapa de investigação e correção, já que um descrédito total do Sistema pode advir se existirem imperfeições e se elas forem apontadas pelo Departamento de Custos e nenhuma medida for tomada para as eliminações das causas das divergências.

RESUMO

A seguir, estão contemplados os principais assuntos discorridos no capítulo:

- As Variações de Materiais (e Mão de Obra) Diretos começam com a subdivisão de Variações de Quantidade (Eficiência) e Preço (Taxa).
- A de Quantidade é a diferença de quantidade entre Padrão e Real vezes o Preço-padrão.
- A outra é a diferença de Preço entre Padrão e Real vezes a Quantidade-padrão.
- Sempre que existem uma e outra, ocorre também a Variação Mista; esta é, muitas vezes, agregada à de Preço, para efeitos práticos.
- O importante do Custo-padrão não é apenas a quantificação dessas Variações, mas também a localização das causas da sua existência e a tentativa de sua erradicação.

EXERCÍCIO 27.1

A empresa "STANDARD" elaborou o seguinte plano operacional de produção para determinado período:

	Físico	Monetário
Volume:	40.000 unidades	–
Matéria-prima:	100.000 kg	$4.000.000
Mão de Obra Direta:	80.000 h	$4.800.000

Passado o período, a Contabilidade de Custos reportou os seguintes dados reais (históricos):

	Físico	Monetário
Volume:	42.000 unidades	–
Matéria-prima:	109.200 kg	$4.313.400
Mão de Obra Direta:	88.200 h	$5.203.800

Pede-se para preencher a ficha de Custo-padrão e calcular, por unidade produzida, as respectivas variações:

Elementos de Custo	Custo-padrão ($/un.)	Custo Real ($/un.)	Variações							
			Total		Quantidade		Preço		Mista	
			$/un.	F/D	$/un.	F/D	$/un.	F/D	$/un.	F/D
Matéria-prima										
Mão de Obra Direta										
Total										

EXERCÍCIO 27.2

A Empresa Wissen, fabricante de um único produto, tem os seguintes padrões de custos:

Quantidade da matéria-prima	1 kg/un.
Preço da matéria-prima	$1,00/kg
Tempo da mão de obra direta	1 h/un.
Taxa da mão de obra direta	$3,00/h

Em determinado mês, ocorreram os seguintes eventos:

Custo de mão de obra direta incorrido	$259.250
Quantidade de horas de MOD trabalhadas	85.000
Matéria-prima adquirida (100.000 kg)	$110.000
Volume da produção	80.000 un.
Volume das vendas	60.000 un.
Estoque inicial de matéria-prima	0
Estoque final de matéria-prima	10.000 kg

Pede-se calcular, por unidade produzida, as seguintes variações, em valores monetários ($). Indicar se a variação é Favorável (F) ou Desfavorável (D):

a) De eficiência no uso da mão de obra direta.

b) De preço (taxa) da mão de obra direta.

c) De eficiência no uso da matéria-prima.

d) De preço na compra da matéria-prima.

e) Mista no custo da matéria-prima.

Elementos de custo	**Custo-padrão ($)**	**Custo real ($)**	**Variações**							
			Total		**Quantidade**		**Preço**		**Mista**	
			$	**F/D**	**$**	**F/D**	**$**	**F/D**	**$**	**F/D**
Material										
Mão de obra direta										
Total										

EXERCÍCIO 27.3

A Empresa SuperComp, prestadora de serviços na área de informática, foi contratada para implantar uma rede de computadores para determinado cliente.

Considere os seguintes dados relativos ao custo da implantação:

	Padrão	**Real**
Material (cabo de rede)	100 m a $1,00/m	120 m a $1,20/m
Mão de obra (configuração das estações)	12 h a $35/h	9 h a $35/h

Pede-se calcular as seguintes variações, em $. Indicar se a variação é Favorável (F) ou Desfavorável (D):

a) De eficiência no uso do material.

b) De preço (taxa) na compra do material.

c) Mista no custo do material.

d) De eficiência no uso da mão de obra direta.

e) De preço (taxa) da mão de obra direta.

f) Mista no custo da mão de obra.

Elementos de custo	Custo-padrão ($)	Custo real ($)	Variações							
			Total		Quantidade		Preço		Mista	
			$	F/D	$	F/D	$	F/D	$	F/D
Material										
Mão de obra direta										
Total										

EXERCÍCIO 27.4

Uma empresa fabricante de produtos para nutrição animal planeja produzir no próximo período, entre outros produtos, 1.000 toneladas de ração para aves em fase inicial de crescimento.

Analisando-se a estrutura da produção e custos da empresa e a tendência de preços no mercado de grãos, foram estabelecidos os seguintes padrões para aquele produto:

	Soja	Milho
Composição da matéria-prima (por kg de produto)*	60%	40%
Preço (por saca de 60kg)	$36	$15
Mão de obra direta (por kg de produto)	4 min. × $3,00/h	

* Cada 1 kg de produto acabado contém 1 kg de matéria-prima.[1]

Considerando-se os níveis normais de impurezas encontradas nos grãos, a diminuição natural de peso durante a armazenagem nos silos e também nos processos de moagem e de mistura, sabe-se que cerca de 4% do peso total de cada matéria-prima normalmente se perdem; portanto, para se produzir um kg de produto acabado, é necessário adquirir mais de um kg de matéria-prima. (Considerar três casas decimais no cálculo das quantidades.)

Durante o período de produção da ração, houve queda na colheita de soja, em razão da proliferação de pragas durante a safra. Esse fato fez com que a oferta de soja no mercado fosse muito inferior à prevista; em consequência disso, o preço real dessa matéria-prima ficou 40% acima do orçado.

Devido à escassez de soja, a empresa, na produção real, inverteu as proporções-padrão da quantidade de soja e milho para a produção de ração, sendo que o percentual de perda se manteve. Verificou-se, também, que o preço real do milho ficou 20% abaixo do projetado.

A taxa real de mão de obra superou em 10% o padrão, em função de uma greve parcial dos operários. Além disso, o tempo real de mão de obra direta aplicada ficou 25% acima da eficiência-padrão.

O volume real de produção no período foi de 950.000 kg de ração.

1. Pede-se calcular, por unidade produzida e para a produção real total, as seguintes variações, em valores monetários ($). Indicar se a variação é Favorável (F) ou Desfavorável (D):

    a) De quantidade no uso da matéria-prima (soja).

    b) De preço na compra da matéria-prima (soja).

---

1 Esta composição de matérias-primas foi simplificada, para fins didáticos. Embora haja variações, uma estrutura mais próxima da realidade poderia ser a seguinte, para uma tonelada de ração:

- ✓ Milho: 500 kg.
- ✓ Farelo de soja: 400 kg.
- ✓ Farinha de carne e ossos: 50 kg.
- ✓ Óleo de soja degomado: 40 kg.
- ✓ Outros (sal etc.): 10 kg.

c) Mista no custo da matéria-prima (soja).
d) De quantidade no uso da matéria-prima (milho).
e) De preço na compra da matéria-prima (milho).
f) De preço (taxa) da mão de obra direta.
g) De eficiência no uso da mão de obra direta.
h) Mista no custo da mão de obra direta.
i) De preço na compra de matéria-prima (milho), considerando o sistema de duas variações (de quantidade e de preço, incluindo a variação mista na de preço).
j) O efeito da variação conjunta de preço e quantidade das duas matérias-primas (resultado da variação no *mix* dos insumos).

Elementos de custo	**Custo-padrão ($)**	**Custo real ($)**	**Variações**							
			Total		**Quantidade**		**Preço**		**Mista**	
			$	**F/D**	**$**	**F/D**	**$**	**F/D**	**$**	**F/D**
Soja										
Milho										
MOD										
Total										

2. Comente a respeito de como essa análise de variações poderia influenciar a avaliação de desempenho dos gestores das áreas de compras e de produção.

ATIVIDADES COMPLEMENTARES SUGERIDAS

1. Como o sistema de custo-padrão pode ser usado pelas empresas no contexto de remuneração por desempenho e pagamento de bônus aos funcionários?

2. Que fatores fora de controle pelas empresas podem ser responsáveis por variações desfavoráveis na taxa de mão de obra?

28

ANÁLISE DAS VARIAÇÕES DE CUSTOS INDIRETOS

28.1 OBJETIVOS DE APRENDIZAGEM

Ao final deste capítulo, o leitor deverá ser capaz de:

- Apurar e interpretar as variações dos custos indiretos de produção entre real e padrão.
- Separar as variações de volume, eficiência e preço.

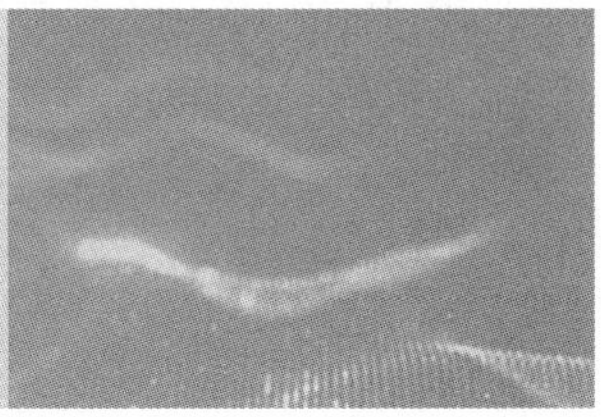

28.2 INTRODUÇÃO

Continuemos a usar o mesmo exemplo do capítulo anterior para apuração e explicação de variações entre real e padrão no que se refere a Custos Indiretos de Produção (CIP).

28.3 CONCEITOS

28.3.1 Variação Total de CIP

Até agora vimos a análise de Variações, tanto de Material quanto de Mão de obra, por unidade, já que esta é de fato a melhor forma de manuseá-las. Usemos o mesmo tipo de cálculo para os CIP.

Como em nosso exemplo se fala em Custos Indiretos de Produção por unidade, está implícito que a empresa em questão está usando o Custeio por Absorção. Por isso, sabemos que dois problemas vão entrar na diferença entre Padrão e Real. Primeiramente, a própria diferença entre volume considerado para o cálculo do Padrão e volume Real de unidades feitas, já que isso provoca alteração nos custos unitários devido à existência dos Custos Indiretos Fixos. E também haverá a diferença causada pela oscilação no valor monetário dos custos em si.

Suponhamos que a determinação do Custo Indireto padrão de $75/unidade tenha sido feita assim (ver, novamente, o Quadro 27.1 do Capítulo 27):

Padrão de Custo Indireto Variável:	$45/un.
Padrão de Custos Indiretos Fixos:	$30.000/mês
Volume-padrão de Produção:	1.000 un./mês

Custo Indireto Padrão Total:

Variável: \$45/un. × 1.000 un./mês =	\$45.000/mês
Fixo:	\$30.000/mês
Total =	***\$75.000/mês*** ÷ 1.000 un./mês =
Padrão de CIP por unidade =	\$75/un./mês

Digamos que os Custos Indiretos de Produção Reais ocorridos no período e o volume real de produção tenham sido:

CIP Reais Totais:	\$76.000
Volume Real Produzido:	800 un.

Daí ter sido o Custo Indireto Total Real = $\frac{\$76.000}{800 \text{ un.}}$ = \$95/un., conforme apresentado no Quadro 27.1 do Capítulo 27.

Logo, a Variação Total de Custos Indiretos de Produção é de \$20 D, diferença entre a taxa-padrão e a real.

28.3.2 Variação de Volume dos CIP

Quanto dessa diferença é atribuível à redução do volume de produção? Para calcularmos isso, basta raciocinarmos assim: se não houvesse nenhuma Variação nos custos monetários propriamente ditos, quanto teriam sido eles quando a produção fosse de 800 un./mês?

Seriam:

CI Variáveis Totais: \$45/un. × 800 un./mês =	\$36.000
CI Fixos =	\$30.000
Total =	***\$66.000***

O CIP que então seria admitido por unidade teria o valor de:

$$\frac{\$66.000}{800 \text{ un.}} = \$82{,}50/\text{un.}$$

Dessa forma, com a simples redução de um padrão de 1.000 un./mês para 800 un./mês, o Custo Indireto de Produção Padrão passaria de \$75/un. para \$82,50/un.

Logo, a Variação de Volume é de:

\$82,50/un. – \$75/un. = \$7,50/un. D

Ou seja:

Variação de Volume = CIP Padrão ao nível-padrão – CIP que seria padrão no nível real.

28.3.3 Variação de Custo

Todavia, acontece que o CIP Real não foi de \$82,50/un., como seria a expectativa da empresa caso a única coisa diferente do Padrão fosse a diferença no Volume. Ele foi de \$95/un. Por quê?

A razão da diferença reside no comportamento dos Custos monetários propriamente ditos, que, ao nível Real de 800 un./mês, deveriam ter sido de \$66.000, mas que foram realmente de \$76.000. Isso representou então uma Variação de Custo de \$12,50/un. D (\$82,50/un. – \$95/un., ou \$10.000 ÷ 800 un.). Este é o real excesso de CIP, já que a passagem de \$75 para \$82,50 seria ocasionada apenas por diminuição do volume, mas essa mudança de \$82,50 para \$95 é de fato Variação nos Custos.

Variação de Custo = CIP que seria Padrão ao nível Real – CIP Real.

Teríamos então o seguinte resumo nos CIP:

Quadro 28.1

CIP Padrão = $75/un.	Var. Volume =	$7,50/un. D
CIP Padrão ajustado ao nível Real de prod. = $82,50/un.	Var. Custo =	$12,50/un. D
CIP Real = $95/un.	***Var. Total =***	***$20/un. D***

Logicamente, a Variação de Volume nesse caso é Desfavorável, já que, pela redução do volume, há um concomitante acréscimo no custo unitário; só haverá Variação de Volume Favorável quando o volume Real for superior ao Padrão. E a Variação de Custo é também Desfavorável, por ter sido o Real superior ao que deveria ser um novo Padrão ajustado ao nível Real de produção. Só haveria, nesse caso, Variação de Custo Favorável se o valor Real dos CIP fosse inferior aos $66.000 dados como o novo Padrão global ajustado para o volume de 800 un./mês.

28.3.4 Introdução de outra Variação: a de Eficiência

No exemplo visto, fixou-se o Custo Variável Total em função do número de unidades. Muitas vezes esses Custos Variáveis têm maior relacionamento com outro tipo de atividade, por exemplo horas-máquina, quilos de matéria-prima processada etc. Nesse caso, pode a empresa fixar um Padrão também de relação entre produção elaborada e atividade necessária a essa produção.

Por exemplo, digamos que na fixação do Custo Indireto Unitário o Padrão tenha sido assim calculado:

- Padrão de Custo Indireto Variável: $45/hora-máquina
- Padrão de Produtividade: 1 hm/un.
- Padrão de Custos Indiretos Fixos: $30.000/mês
- Volume-padrão de Produção: 1.000 un./mês, equivalente ao uso de 1.000 hm/mês.
- Custo Indireto Total Unitário:

  1.000 un./mês × 1 hm/un. × $45/hm + $30.000/mês =

  = $45.000/mês + $30.000/mês = $75.000/mês, ou ***$75/un***.

A Variação de volume seria exatamente igual à já calculada:

VV = CIP Padrão ao nível-padrão – CIP que seria Padrão ao nível Real

Em nível Real, o Custo-padrão seria ajustado para:

800 un./mês × 1 hm/un. × $45/hm + $30.000/mês =

= $36.000/mês + $30.000/mês = $66.000/mês, ou $82,50/un.

Logo, VV = $75 – $82,50 = $7,50 D.

Existe, entretanto, um dado novo a ser considerado, já que a produção Real foi de 800 un., mas não foi dito quantas horas-máquina se utilizaram para chegar a esse volume. Se tivessem sido 800 hm, não teria havido problema algum de eficiência, já que a produtividade Padrão de 1 hm/un. teria sido alcançada.

Suponhamos, todavia, que entre os dados reais, onde encontramos produção de 800 un. e CIP Reais de $76.000, encontrássemos também a informação de que foram consumidas 880 hm para a elaboração das 800 un., com uma ineficiência, portanto, de 80 hm no todo, ou seja, de 0,1 hm/un. (10%).

Por essa razão, considerar toda a diferença entre $82,50/un. e $95/un. como Variação de comportamento dos Custos não é totalmente correto, já que os Variáveis variam em função das horas-máquina, e não das unidades produzidas (no nosso exemplo). Necessária se faz então uma subdivisão dessa diferença toda em duas: a Variação de Eficiência e a de Custos propriamente dita. Teríamos, então:

Para o volume de 800 un., o Custo Indireto Unitário seria aquele visto de $82,50, caso não houvesse ineficiência (relação entre horas-máquina e produção). Mas como houve, acabamos por gastar 80 hm a mais do que o Padrão. E isso seria suficiente para que o Custo Indireto passasse então para:

880/hm × $45/hm + $30.000 = $69.600, o que nos daria um custo de

$$\frac{\$69.600}{800 \text{ un.}} = \$87/\text{un.}$$

Essa diferença entre $82,50 e $87 seria devida, então, unicamente à ineficiência pelo consumo de 880/hm, quando o Padrão para 800 un. seria de 800 hm. Assim:

Variação de Eficiência = CIP que seria Padrão ao nível Real – CIP Padrão ao nível Real ajustado pela ineficiência

VE: $82,50/un. – $87/un. = $4,50 D

A Variação de Custo passaria então a ser a diferença entre o CIP Padrão ajustado ao nível Real e à ineficiência e o CIP Real. Representa a diferença entre os $69.600 que deveriam ser os Custos Indiretos se se comportassem como se previa ($45/hm + os Fixos) e os $76.000 de CIP Reais.

VC: CIP Padrão ajustado ao nível Real e à ineficiência – CIP Real

VC: $87 – $95 = $8 D

28.3.5 Comparação entre o uso de duas e de três Variações

Primeiramente, havíamos feito a seguinte divisão:

Quadro 28.2

CIP Padrão = $75/un.	Var. Volume =	$7,50/un. D
CIP Padrão ajustado ao nível Real de prod. = $82,50/un.	Var. Custo =	$12,50/un. D
CIP Real = $95/un.	***Var. Total =***	***$20/un. D***

Agora, com a introdução da Variação de Eficiência, temos:

Quadro 28.3

CIP Padrão = $75/un.	Var. Volume =	$7,50/un. D
CIP Padrão ajustado ao nível Real de prod. = $82,50/un.	Var. Eficiência =	$4,50/un. D
CIP Padrão ajustado ao nível Real de horas-máq. = $87/un.	Var. Custo =	$8/un. D
CIP Real = $95/un.	***Var. Total =***	***$20/un. D***

A diferença entre ambas reside na subdivisão do que primeiramente chamamos de Variação de Custos em outras duas: de Eficiência e de Custos, propriamente dita.

VOCÊ SABIA?

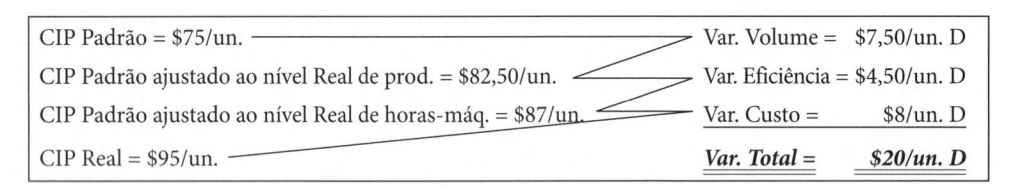

Essa separação em três, em vez de duas, só pode ser usada quando é possível fazer algum tipo de relacionamento entre produção e esforço para a produção (horas-máquina, volume de matéria-prima, horas de Mão de Obra Direta, tempo total de produção etc.), e quando os Custos Indiretos Variáveis guardarem relação com esse esforço.

Em alguns tipos de indústrias pode não haver possibilidade de se fazer a subdivisão das Variações dos Custos Indiretos em 3; quando houver, é de grande valia, já que demonstra o que é fruto da ineficiência de se usarem fatores de produção e o que deriva de Custos que de fato se comportaram acima ou abaixo do que era esperado.

28.3.6 Análise detalhada da Variação de Custos

Todas as comparações feitas até aqui foram em termos globais, e o mais importante agora é verificarmos o seguinte: quais foram especificamente os itens de Custos que se comportaram acima do que era Padrão?

Para a fixação daqueles $45/hm, algum estudo tinha sido feito, bem como para os $30.000 de Fixos. Suponhamos que as bases tenham sido:

Quadro 28.4

Custos Indiretos de Produção Padrão

Elemento	Variável	Fixo
Mão de Obra Indireta	–	$10.000/mês
Materiais Indiretos	$13/hm	–
Energia Elétrica	$22/hm	$9.000/mês
Depreciação	–	$8.000/mês
Peças de Manutenção	$10/hm	$3.000/mês
Total	***$45/hm***	***$30.000/mês***

Notemos que alguns custos são só fixos, outros, só variáveis e outros possuem uma parte fixa e outra variável.

Variando nesse exemplo os CIP com as horas-máquina, já vimos que a diferença de comportamento (Variação de Custos) é calculada com o confronto entre os valores de CIP Reais com os que deveriam ter sido ao nível Real de 880 hm. Para esse volume, a Mão de Obra Indireta deveria ter sido de $10.000 (é totalmente fixa), os Materiais Indiretos deveriam ter chegado a $11.440 ($13/hm × 880 hm), a Energia Elétrica a $28.360 ($22/hm × 880 hm + $9.000) etc. Admitindo que o detalhamento dos CIP Reais de $76.000 tenham sido os seguintes, poderíamos então analisar:

Quadro 28.5

Elementos	CIP Padrão Ajustado ao Nível Real de 880 hm	CIP Real	Diferença		
Mão de Obra Indireta	$10.000	$11.500	$1.500 D	15%	$1,88/un. D
Tempo Improdutivo da Mão de Obra Direta	–	$3.000	$3.000 D	N.A.	$3,75/un. D
Materiais Indiretos	$11.440	$10.200	$1.240 F	11	$1,55/un. F
Energia Elétrica	$28.360	$30.500	$2.140 D	8	$2,68/un. D
Depreciação	$8.000	$8.000	–	0	–
Peças de Manutenção	$11.800	$12.800	$1.000 D	8	$1,25/un. D
Total	***$69.600***	***$76.000***	***$6.400 D***	***9***	***$8,00/un. D***

Essa Diferença total de $6.400 dividida pelos 800 un. nos dá a Variação de Custo de $8/un. (Quadro 28.3), e está detalhada por elemento de Custo na última coluna do Quadro 28.5.

$$\frac{\$69.600}{800 \text{ un.}} = \frac{\$76.000}{800 \text{ un.}} = \$87 - \$95 = \$8 \text{ D}$$

Podemos agora verificar que o maior problema se deveu à Mão de obra não utilizada diretamente na produção (também parte do problema de redução de volume), que se incorporou aos produtos indiretamente. Em segundo lugar, temos a Energia Elétrica, com um excesso de aproximadamente 8% sobre o Padrão para 880 hm. Percentualmente, a maior divergência se encontra na Mão de Obra Indireta, que foi 15% superior ao Padrão.

Todos os comentários feitos com relação às Variações de Materiais e Mão de Obra Diretos são válidos aqui. Cabe agora a averiguação do porquê das principais diferenças, inclusive do consumo menor em 11% dos Materiais Indiretos, e a correção dos desvios Desfavoráveis.

Poder-se-ia inclusive fazer ainda uma subdivisão adicional em alguns desses Custos Indiretos. Materiais Indiretos, por exemplo, podem ter sido formados a partir de uma quantia vezes determinado preço. Poderíamos então subdividir os $1.240 de Variação Favorável em subvariações de Quantidade e de Preço. Nem todos os custos, todavia, podem ser assim subanalisados.

28.3.7 Uma forma alternativa de cálculo das Variações de CIP

A maneira que vimos de calcular as Variações dos Custos Indiretos de Produção é bastante simples, e tem uma grande vantagem: a de possibilitar os levantamentos independentemente de a empresa estar ou não contabilizando o Custo-padrão.

Uma outra forma, também simples, mas que só pode ser utilizada integralmente quando a empresa contabiliza os produtos elaborados em função do Custo-padrão, é a seguinte:

Fazendo uso dos mesmos números vistos, a empresa teria apropriado contabilmente às 800 unidades elaboradas um total de CIP de:

CIP Padrão Aplicados: 800 un. × $75/un. = $60.000.

Apesar de o Padrão total ser de $75.000, este valor passa, neste outro método, a ser abandonado, já que tal Padrão só é válido para aquele volume de 1.000 un. Far-se-ia, então, o cálculo de qual deveria ser o Padrão ajustado ao nível real de 800 un.:

$45/hm × 1 hm/un. × 800 un. + $30.000 = $66.000.

A Variação de Volume seria então definida como a diferença entre os $60.000 de CIP aplicados com os $66.000 que deveriam ter sido aplicados caso se usasse uma taxa apropriada para 800 un., e não para 1.000 un., como foi o caso.

VV = CIP Aplicados – CIP Padrão ajustado ao nível real de produção
= $60.000 – $66.000 = $6.000 D

A Variação de Eficiência seria a diferença entre os $66.000 que deveriam ter sido aplicados e o montante de Custo Indireto Padrão válido para 880 hm, já que aqueles estão ainda à base de 800 hm. Estaria agora sendo verificada a diferença de CIP devido à ineficiência pelo consumo de 80 hm acima do Padrão para 800 un.

VE = CIP Padrão ajustado ao nível Real de produção – CIP Padrão ajustado ao nível Real de hm
= $66.000 – $69.600 = $3.600 D

Finalmente, a Variação de Custos seria então a diferença entre esses $69.600, que deveriam ser o valor dos CIP caso se comportassem conforme o Padrão de $45/hm, afora os Fixos de $30.000, e os $76.000 de CIP Reais:

VC = CIP Padrão ajustado ao nível Real de hm – CIP Real
= $69.600 – $76.000 = $6.400 D

Em resumo teríamos:

Quadro 28.6

Variação Volume =	$6.000 D,	ou	$7,50/un. D
Variação Eficiência =	$3.600 D,	ou	$4,50/un. D
Variação Custos =	$6.400 D,	ou	$8/un. D
Variação Total =	$16.000 D,	ou	$20/un. D

Esta forma nos dá primeiro as Variações em seus valores globais, e a anterior nos dá primeiramente em valor unitário; a conversão de uma para outra, é claro, nos dá os mesmos valores.

Ambos são conceitos válidos, e podem ser usados conforme o interesse da empresa. A forma primeira vista tem a facilidade mencionada de independer da contabilização e, ainda, de ser de fácil uso em conjunto com as Variações de Custos Diretos, já que estas sempre apresentam valores por unidade, em vez de globais.

28.3.8 Análise detalhada das Variações de Eficiência e de Volume

Poderíamos também construir Quadros semelhantes para a análise individual das Variações de Eficiência e de Volume:

Quadro 28.7

Elementos	CIP Padrão Ajustado ao Nível de 800 hm	CIP Padrão Ajustado ao Nível de 880 hm	Diferença		
Mão de Obra Indireta	$10.000	$10.000	–	–	–
Tempo Improdutivo da Mão de Obra Direta	–	–	–	–	–
Material Indireto	10.400	$11.440	1.040 D	10%	$1,30/un. D
Energia Elétrica	26.600	$28.360	1.760 D	7%	$2,20/un. D
Depreciação	8.000	$8.000	–	–	–
Peças de Manutenção	11.000	$11.800	800 D	7%	$1,00/un. D
Total	***$66.000***	***$69.600***	***$3.600 D***		***$4,50/un. D***

No Quadro de Variação de Eficiência (Quadro 28. 7), podemos notar que apenas aparecem Variações nos itens que são ou contêm Custos Variáveis. Afinal, ele mostra quanto poderiam os Custos Indiretos aumentar apenas em função do acréscimo de número de horas, e que só podem mesmo acrescer os Variáveis. Nota-se que a soma de VE é exatamente igual ao Padrão de CIP Variável vezes as horas que representaram a ineficiência ($45/hm × 80 hm = $3.600). A análise dessa Variação não é de grande valia quando feita por Elemento de custo, pois apenas detalha onde estariam os $4,50 a mais da ineficiência, no caso de 80 horas consumidas além do Padrão. O global de $3.600 ou de $4,50/un. é suficiente para o entendimento.

Quadro 28.8

Elementos	CIP Padrão Aplicados	CIP Padrão Ajustado ao Nível de 800 un.	Diferença		
Mão de Obra Indireta	$8.000	$10.000	2.000 D	25%	2,50/un. D
Tempo Improdutivo da Mão de Obra Direta	–	–	–	–	–
Material Indireto	10.400	10.400	–	–	–
Energia Elétrica	24.800	26.600	1.800 D	7%	$2,25/un. D
Depreciação	6.400	8.000	1.600 D	25%	$2,00/un. D
Peças de Manutenção	10.400	11.000	600 D	6%	$0,75/un. D
Total	***$60.000***	***$66.000***	***$6.000 D***		***$7,50/un. D***

O Quadro de Variação de Volume (Quadro 28.8), por sua vez, apresenta Variações apenas nos Elementos que são ou contêm Custos Fixos. Afinal, esta Variação apenas existe pelo uso do Custeio por Absorção; em função deste é que se dividiu o Custo Fixo Total por um determinado volume para a apropriação às unidades produzidas. Como o Padrão levava em conta 1.000 un., o Custo Fixo por unidade teria mesmo que aumentar quando o Real foi de 800 un.

É interessante notar que neste Quadro, na coluna de CIP Aplicados, está o total de $60.000, que representa as 800 un. vezes a Taxa Padrão original de $75/un. Consequentemente, cada elemento de Custo Fixo aparece exatamente com 80% do que seria o seu total caso houvesse de fato o volume total de 1.000 un. Como a comparação no Quadro é entre o que foi Aplicado e o que deveria ter sido caso já se levasse em conta o volume Real de 800 un. na fixação da Taxa-padrão, verificamos que o efeito deve estar apenas nos Custos Fixos, já que os Variáveis foram multiplicados por 800 un. tanto em uma como na outra coluna. E como só foram aplicados 80% dos Custos Indiretos Fixos, podemos notar que a diferença na Variação Total de volume terá que ser exatamente os 20% não Aplicados dos Custos Indiretos Fixos Padrão de $30.000. Para cada Elemento de Custo, a VV é exatamente 20% do seu Custo Fixo Padrão.

Essa análise individual por Elemento de Custo não é também de muita importância, já que espelha apenas onde estariam os $7,50 a mais de Custo Indireto por unidade.

Dessas análises individuais todas, a mais importante é a de Variação de Custos, pois esta realmente mostra problemas de comportamento de cada um dos Custos Indiretos, acima ou abaixo do que deveriam estar.

28.3.9 Um resumo global das Variações

Aproveitemos o exemplo iniciado no Capítulo 27 para a elaboração de um modelo de apresentação de todas as Variações, usando para isso os Quadros 27.8 do Capítulo 27, e 28.3, 28.5, 28.7 e 28.8 do Capítulo 28:

Quadro 28.9

Produto: 148.M				**Valores:** Por Unidade						**Mês:** Janeiro/x1	
Elemento de Custo		**Custo-padrão**	**Custo Real**	**Variação Total**		**Variação de Quantidade**		**Variação de Preço**		**Variação Mista**	
		$	*$*	*$*	*%*	*$*	*%*	*$*	*%*	*$*	*%*
Materiais Diretos	Matéria-prima X	64,00	79,80	15,80 **D**	**24,7**	12,00 D	**18,8**	3,20 D	5,0	0,60 D	0,9
	Matéria-prima Y	50,00	54,20	4,20 D	8,4	10,00 F	**20,0**	17,75 **D**	**35,5**	3,55 F	7,1
	Embalagem	56,00	51,00	5,00 F	8,9	3,50 F	6,3	1,60 F	2,9	0,10 D	0,2
	Soma	*170,00*	*185,00*	*15,00 D*	8,8	1,50 F		19,35 D		2,85 F	
						Variação de Eficiência		**Variação de Taxa**		**Variação Mista**	
Mão de Obra Direta	Departamento A	48,00	57,50	9,50 **D**	**19,8**	7,20 **D**	**15,0**	2,00 D	4,2	0,30 D	0,6
	Departamento B	47,00	47,50	0,50 D	1,1	2,35 F	5,0	3,00 D	6,4	0,15 F	0,3
	Soma	*95,00*	*105,00*	*10,00 D*	*10,5*						
						Variação de Custos		**Variação de Eficiência**		**Variação de Volume**	
Custos Indiretos de Produção	Mão de Obra Indireta	10,00	14,37	4,37 **D**	**43,8**	1,87 **D**	**15,0**	–	–	2,50 D	25,0
	Tempo Improdutivo	–	3,75	3,75 **D**	**N.A.**	3,75 **D**	**N.A.**	–	–	–	–
	Materiais Indiretos	13,00	12,75	0,25 F	1,9	1,55 **F**	**10,8**	1,30 D	10,0	–	–
	Energia Elétrica	31,00	38,12	7,12 **D**	**23,0**	2,67 **D**	7,5	2,20 D	7,1	2,25 D	7,3
	Depreciação	8,00	10,00	2,00 **D**	**25,0**	–	–	–	–	2,00 D	25,0
	Manutenção (Peças)	13,00	16,00	3,00 **D**	**23,1**	1,25 D	8,5	1,00 D	7,7	0,75 D	5,8
	Soma	*75,00*	*95,00*	*20,00 D*	*26,7*	*8,00 D*	*9,2*	*4,50 D*	*6,0*	*7,50 D*	*10,0*
	Total	***340,00***	***385,00***	***45,00 D***	***13,2***						

Deixaram de ser somadas as Variações de Quantidade, Preço, Eficiência de Mão de obra, Taxa e Mistas, já que o interessante é a análise individual, e não a da sua soma.

Estão assinaladas em negrito as Variações consideradas mais importantes, por estarem 10% ou mais acima ou abaixo do Padrão. Um Relatório desses, mostrando as exceções mais importantes, de forma bastante rápida por meio de sinais, é, dessa forma, de grande valia para quem vai recebê-lo. Se estiver interessado em tomar conhecimento apenas das Variações grandes, olhará só as mostradas em destaque. Se quiser ver mais detalhes, analisará o restante. Não foram assinaladas as Variações de Eficiência e Volume de CIP, já que não é tão importante sua análise.

Também poderia ser elaborado o Relatório de Exceção, onde estariam apenas as Variações mencionadas, eliminando-se as que deram diferenças inferiores aos 10%; essa percentagem a empresa poderia ter tomado como básica, podendo ser, conforme o caso, definida a mais ou a menos, de acordo com a conveniência e o interesse.

28.3.10 Considerações finais sobre as Variações de CIP

O fundamental na Análise das Variações é a localização da razão das diferenças. Por que houve Variação de Volume? Talvez tenha havido um problema de mercado, incontrolável pela empresa; ou uma falha no Departamento de Vendas, sanável com medidas adequadas; ou problemas com quebras de maquinaria, falta de energia, de matéria-prima; ou ineficiência propriamente dita do pessoal etc.

Por que houve Variação de Eficiência? Talvez o Padrão esteja por demais apertado; ou então de fato houve uma produtividade baixa em função da qualidade do pessoal, de férias concedidas a certos elementos-chave na produção ou mudanças em determinados postos; ou então outras razões que precisam ser levantadas e, se possível, corrigidas.

Por que ocorreram as Variações de Custo? Talvez a Mão de Obra Indireta esteja superdimensionada para o Volume atual; talvez o consumo de Energia tenha sido muito grande por problemas de regulagens nas máquinas; o consumo de Materiais Indiretos foi menor, em função de uma mudança tecnológica introduzida num determinado Departamento etc.

Como sempre, toda a análise terá validade se for acompanhada de medidas que procurem a correção dos desvios, ou, se necessário, que promovam as alterações do Padrão. Caso contrário, todo o esforço terá sido em vão. Quando do uso de Taxas Departamentais de CIP, todas essas análises serão feitas por Departamento, e não de forma global, como fizemos aqui.

A Variação de Volume é uma característica do Custeio por Absorção. No Custeio Variável ela não existe, pois não há atribuição dos Custos Fixos aos produtos. Haverá apenas, dentro das Variações de Custos, a diferença de comportamento dos Fixos-padrão com o Fixo Real.

Para efeito de analogia com outros trabalhos de Contabilidade de Custos, queremos mencionar que há algumas diferenças de terminologia entre autores e também entre profissionais. Por exemplo, o que chamamos de Variação de Custos muitas vezes aparece como Variação de Previsão. E, o que é mais importante, há, às vezes, diferenças também conceituais.

Dependendo do nível de inflação, pode ser útil separar o valor correspondente à variação do nível geral de preços daquela específica do elemento de custo que se está analisando.

Em muitos textos a Variação Mista não é sequer mencionada, já estando englobada dentro da de Preço.

Contudo, a maior diferença talvez resida na conceituação da Variação de Eficiência de Custos Indiretos de Produção, já que muitas vezes ela é definida de forma diferente do que a adotada neste livro. Não vamos delongar-nos na explanação dessa outra alternativa, pois julgamos a fórmula que usamos mais lógica e inteligível, por possibilitar o uso dos mesmos conceitos tanto para o Custeio por Absorção quanto para o Custeio Variável; a diferença entre ambos residiria apenas na não existência da Variação de Volume no último. As Variações de Eficiência e de Custos seriam idênticas nos dois sistemas. Além disso, preferimos esta fórmula, pois, ao tratar da Variação de Eficiência, levam-se em conta apenas os problemas relativos aos Custos Variáveis, ficando todo o problema de Custos Fixos ligado à Variação de Volume (e também de Custos, no que diz respeito ao seu comportamento).

Como já temos enfaticamente afirmado, o importante é fazer do Custo-padrão uma forma de planejamento e controle, não sendo de vital importância algumas diferenças conceituais sobre o cálculo das Variações. O importante é que, uma vez adotado um critério, seja consistentemente usado, período após período, e que sejam localizadas e sanadas as razões da existência de variações.

RESUMO

A seguir, estão contemplados os principais assuntos discorridos no capítulo:

- A Variação Total de CIP pode ser subdividida em duas: a de Volume e a de Custos, e esta pode ainda ser separada em Variação de Eficiência e de Custos propriamente dita.
- A de Volume é devida aos Custos Fixos, e origina-se na produção Real diferente, em quantidade, do volume de produção-padrão.
- A de Eficiência deriva de um uso diferente de insumos ou fatores de produção daquele que seria desejável pelo Padrão para determinada quantidade produzida.
- E a de Custos é representada pelo comportamento dos CIP, acima ou abaixo do que deveriam, já considerado o volume Real de produção.
- A variação específica dos custos da empresa pode ser separada da variação geral de preços.
- A Variação de Volume só existe no Custeio por Absorção.
- Todas essas Variações podem ser analisadas ou por unidade ou no seu total. Também são calculadas, às vezes, de forma diversa da que vimos aqui.
- O importante é o uso do Padrão como forma de controle e instrumento de localização das diferenças e sua correção.

EXERCÍCIO 28.1

A Editora Hércules tem a seguinte estrutura de custo indireto-padrão (CIPp) para o nível de produção total de 10.000.000 páginas:

Custos Indiretos de Produção: $0,02/página + $300.000/período, fixos

Ao terminar um período, verificou que seus custos reais foram de $528.000 e o volume de produção real de 11.000.000 de páginas efetivamente editadas.

Pede-se para calcular, por unidade produzida:

a) custo-padrão dos custos indiretos;
b) variação de volume no custo indireto de produção; e
c) variação no custo indireto de produção.

EXERCÍCIO 28.2

A Montadora de Veículos Autobrás produz apenas automóveis do modelo SkyLine-XT, em série. Seu período contábil anual é de 364 dias, divididos em 52 semanas. Ela trabalha com um sistema de custo-padrão semanal; e para os Custos Indiretos de Produção (CIP), o padrão é de $ 10.000.000.

O volume-padrão de produção da empresa é de 5.000 veículos por semana; e os valores reais de determinadas semanas foram:

	Semanas			
	nº 5	nº 8	nº 11	nº 12
Produção real (veículos)	4.850	5.000	5.020	5.050
Custos indiretos reais ($)	10.225.000	9.590.000	9.995.000	10.100.000

Pede-se calcular:

a) A variação de volume da 5ª semana.
b) A variação de custo da 8ª semana.
c) A variação de volume da 11ª semana.
d) A variação de custo da 12ª semana.

EXERCÍCIO 28.3

A Embalax é uma empresa produtora de caixas de papelão. Para sua linha de embalagens para liquidificadores foram estabelecidos os seguintes padrões de Custos Indiretos Fixos de Produção (CIP) para um nível de produção de 200.000 caixas: $6.000.000.

Durante determinado período, foram produzidas 230.000 caixas, e os custos indiretos reais totalizaram $6.900.000.

Pede-se calcular:

a) A variação de volume no Custo Indireto de Produção (CIP).
b) A variação de preço no Custo Indireto de Produção (CIP).

EXERCÍCIO 28.4

A empresa Standard elaborou o seguinte plano operacional de produção para determinado período:

		Físico	Monetário
Volume:		40.000 un.	–
Mão de obra direta:		80.000 h	$4.800.000
Custos Indiretos de Produção	(variáveis):		$25/hmod
	(fixos):		$1.200.000

Passado o período, a Contabilidade de Custos reportou os seguintes dados reais (históricos):

	Físico	Monetário
Volume:	42.000 un.	–
Mão de obra direta:	88.200 h	$5.203.800
Custos Indiretos de Produção Totais:		$3.570.000

Considerando que os Custos Indiretos de Produção são apropriados com base no custo de mão de obra direta, pede-se preencher a ficha de custo-padrão e calcular, por unidade produzida, as seguintes variações:

a) De eficiência no CIP.
b) De volume no CIP.
c) Total do CIP.

Elementos de custo	Custo-padrão ($)	Custo real ($)	Variações					
			Total		Quantidade		Preço	
			$	F/D	$	F/D	$	F/D
Custos Indiretos de Produção								

ATIVIDADES COMPLEMENTARES SUGERIDAS

1. Compare as variações de eficiência e de volume e pontue suas principais diferenças e causas possíveis.
2. Discuta a relação entre as variações de eficiência e de volume com os métodos de custeio variável e por absorção. Ambas as variações podem ser utilizadas em ambos os métodos? Discuta.

29

CONTABILIZAÇÃO DO CUSTO-PADRÃO – O PROBLEMA DA INFLAÇÃO

29.1 OBJETIVOS DE APRENDIZAGEM

Ao final deste capítulo, o leitor deverá ser capaz de:

- Compreender a contabilização das variações dos custos indiretos de produção.
- Lidar com Custos-padrão em situações de altos níveis de inflação.

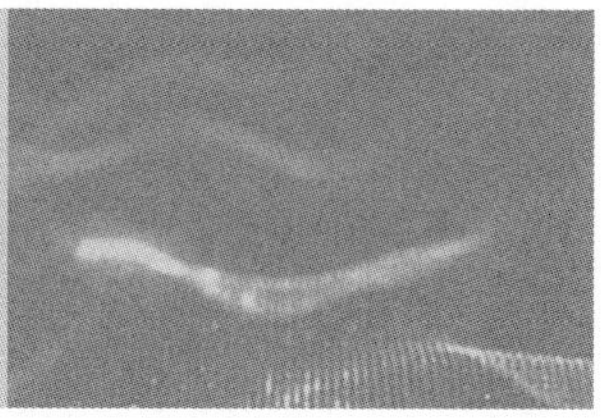

29.2 INTRODUÇÃO

Já comentamos que não é obrigatória a introdução do Padrão na Contabilização dos Custos. Todas as análises, comparações e emissões de Relatórios poderiam ser feitas à parte. Entretanto, há algumas vantagens derivantes do uso do Padrão na Contabilidade, bem como diversas formas de se proceder a esse Registro.

29.3 CONCEITOS

29.3.1 Uma forma simplificada de contabilização à base do padrão

Uma forma bastante simples de contabilizar os Custos, fazendo uso dos valores dos Padrões fixados, e que pode compatibilizar aquele critério simplista que vimos no Capítulo 6, seria a seguinte:

a) todos os Custos, quer Diretos quer Indiretos, Fixos ou Variáveis, seriam debitados à conta de Produção por seus valores reais;

b) à medida que a produção fosse sendo transferida aos estoques (ou entregue aos clientes, na Produção por Encomenda), seu custo seria baixado dessa conta por seu valor-padrão. O mesmo para os Produtos em Elaboração no final do período;

c) sobraria na conta de Produção sempre um saldo, devedor ou credor, relativo à soma das Variações, já que de um lado entraram valores reais e de outro saiu produção pelo valor-padrão. A análise seria feita fora dos registros contábeis, bem como seria, no final de cada período, ajustado esse saldo representativo da soma de todas as variações;

d) a conta de Produtos Acabados receberia, durante o período, os produtos feitos a débito e os vendidos a crédito, sempre pelo Padrão, ficando os estoques assim avaliados no período. Por exemplo, fazendo uso do caso analisado nos dois capítulos anteriores, teríamos, para a produção de 800 unidades:

D – Produção em Processo	$308.000	
C – Estoques Materiais Diretos		$148.000
C – Estoques Materiais Indiretos		$10.200
C – Folha de Pagamento (Dir., Improd. e Ind.)		$98.500
C – Estoques Peças Manutenção		$12.800
C – Energia a Pagar		$30.500
C – Depreciação Acumulada		$8.000

(Pelo valor Real dos Custos incorridos.)

Esses números foram obtidos a partir da multiplicação dos Custos Diretos e Indiretos do Quadro 27.6 do Capítulo 27 por 800 un. (ver também Quadro 28.9 do Capítulo 28).

D – Produtos Acabados	$272.000	
C – Produção em Processo		$272.000

(Pelo valor de 800 un. ao Padrão de $340/un.)

	Produção em Processo		
Valor Real dos Custos Incorridos	308.000		
		272.000	Valor-padrão Produção Elaborada
	36.000		

Este saldo de $36.000 representa a soma de todas as Variações (de Materiais Diretos, de Mão de Obra Direta e de CIP): 800 un. × $45/un. = $36.000. (Ver Quadro 27.6 do Capítulo 27 para a soma de $45/un.)

Se 3/4 dos produtos feitos tivessem sido vendidos, teríamos:

D – Custos Produtos Vendidos	$204.000	
C – Produtos Acabados		$204.000

(Pelo Valor-padrão dos produtos vendidos: 600 un. × $340/un.)

Produtos Acabados (D)	Produtos Acabados (C)	CPV (D)	CPV (C)
272.000			
	204.0000	204.000	
68.000			

Este saldo de Produtos Acabados representa as 200 un. pelo Valor-padrão de $340/un.

A grande vantagem do uso desse sistema é que, havendo o Custo-padrão e sendo ele relativamente próximo do Real (melhor diríamos sendo o Real próximo do Padrão), pode a Contabilidade fazer todos os lançamentos durante o período de maneira simples: pelos dados Reais debita a Produção e pelos valores do Padrão credita-a em função dos bens elaborados, e também pelo Padrão dá baixa dos vendidos. Isso inclusive possibilita à Contabilidade a emissão de relatórios bastante rápidos mensalmente, mesmo que não de todo perfeitos, e também permite que sejam os Custos Reais apurados não obrigatoriamente todo o mês, podendo sê-lo trimestralmente, por exemplo. Sempre é necessário observar a legislação tributária e societária em vigor; neste caso, o CPC 16.

Entretanto, para efeito do Balanço Geral, não pode aquela diferença permanecer na conta de Produção. O que fazer com ela?

29.3.2 Tratamento contábil das Variações

O saldo de $36.000 na conta de Produção em Processo precisa sair para efeito do Balanço. A forma mais lógica e indicada é sua transferência, parte para Produtos Acabados e parte para Custo dos Produtos Vendidos, conforme estejam os produtos elaborados ainda estocados e vendidos. Com isso, teríamos:

D – Produtos Acabados	$9.000	
D – CPV	$27.000	
C – Produção em Processo		$36.000

Após esses lançamentos (1/4 de $36.000 para estoque e 3/4 para CPV), teríamos:

Produtos Acabados	
272.000	
	204.0000
68.000	
9.000	
77.000	

CPV	
204.000	
27.000	
231.000	

Ambas as contas estão agora com 200 e 600 un., respectivamente, ao custo Real de $385,00/un.

Com essa contabilização, os Estoques e o CPV ficam com valores à base do Padrão durante o período (talvez o ano todo), mas são ajustados aos valores Reais para fins de balanço.

Dentro das Normas Contábeis vigentes, essa é a forma correta.

Admite-se, todavia, ser toda a Variação descarregada apenas para o CPV, como se fosse apenas referente às unidades vendidas, quando o volume estocado é mínimo em comparação com a produção ou quando a diferença é por demais pequena para se ter um tratamento pormenorizado. Assim, a Relevância poderia determinar o tratamento simplificado de se considerar toda a Variação como Despesas, sem apropriação da parte relativa aos Estoques. Em nosso exemplo, não seria isso possível, não só porque os estoques são grandes (25% da produção), mas principalmente porque a Variação Total é de 13,2% sobre o Custo-padrão ou de 11,7% sobre o Real, porcentagens por demais relevantes.

Para efeitos fiscais, também o tratamento brasileiro é o de se avaliar os estoques pelo Real, e não pelo Padrão. Veja-se o item seguinte.

29.3.3 Uma forma complexa de Contabilização

Uma forma complexa de Contabilização requer a separação entre Real e Padrão já a partir das próprias aquisições dos fatores de produção. Na aquisição de Materiais, Diretos ou Indiretos, já se estocaria pelo Padrão, apropriando-se as Variações em contas à parte; a própria folha de pagamento também assim seria processada. No entanto, esta maneira é de pouca lógica e validade prática, mais servindo à complicação da Contabilidade do que aos efeitos de controle que se deseja do Custo-padrão.

Entretanto, fora desse extremo, é relativamente usada a forma de registro seguinte:

a) os Custos são debitados por seus valores Reais às diversas contas de Estoques, Folhas, Custos Indiretos etc., à medida que são incorridos;

b) durante o processo de Produção, são transferidos a ela já pelo Valor-padrão de cada um, e não pelos Reais, como no critério anterior. Assim, essa conta teria, tanto a débito quanto a crédito, Valor-padrão de Produção, ficando seu saldo sempre representativo de Padrão de Produtos em Processamento;

c) também Produtos Acabados e CPV só são movimentados por valores à base do Padrão;

d) a diferença resultante das Variações é apropriada em contas específicas durante a Produção, já que, ao ser debitada esta, ela o é pelo Padrão, mas a saída das contas de Custo fez-se pelo Real.

Por exemplo:

D – Produção em Processo	$272.000		(Padrão)
D – Variações Materiais Diretos	$12.000		
D – Variações Mão de Obra Direta	$8.000		
D – Variações CIP	$16.000		
C – Estoques Material Direto		$148.000	(Real)
C – Folha de Pagamento		$84.000	(Real)
C – Custos Indiretos de Produção (todos)		$76.000	(Real)

Produção em Processo recebeu 800 un. × $340 = $272.000, que é o Padrão dos produtos feitos. Das contas diversas dos Custos, retiraram-se os valores reais de Custos incorridos ($308.000), e a diferença foi lançada nas Variações.

Estas Variações serão posteriormente transferidas para Produtos Acabados e CPV no fim do período, para ajustá-los ao Real.

A baixa para CPV seria feita como vista anteriormente.

Poderíamos ainda tornar mais detalhada (e talvez confusa) a Contabilização, detalhando em contas específicas todas as Variações (de Quantidade, de Preço, de Volume, de Custos etc., e ainda por Matéria-prima, por Departamento, por Custo Indireto etc.). Se atentarmos para o que isto representaria em termos de uma indústria com diversos produtos, poderemos notar que talvez não convenha a inserção na Contabilidade de tantos detalhes. Poderíamos então nela trabalhar por valores globais, como no primeiro ou neste último método, com todas as análises feitas à parte. No final, o resultado será o mesmo.

VOCÊ SABIA?

Para efeito fiscal, não se admite o uso do Custo-padrão, como já dito. Pode-se, todavia, usar o Custo-padrão com os ajustes para transformação dos estoques e do Custo dos Produtos Vendidos nos seus montantes reais. Esse ajuste para que os estoques fiquem pelo seu efetivo custo real deve ser feito trimestralmente, ou então em um prazo maior, quando for maior o ciclo industrial do produto, não podendo, nunca, deixar de ser realizado por ocasião do fechamento das demonstrações contábeis para fins fiscais e societários.

Ocorre muitas vezes serem incluídos no padrão valores relativos a férias coletivas, a manutenções e outros itens que só são incorridos em determinado período do ano. É normal que o Fisco venha a aceitar que o ajuste relativo a essas situações especiais só ocorra por ocasião do encerramento do balanço. O que o Fisco não admite é a inclusão no produto de custos cuja apropriação ele somente admite em regime mais próximo do de caixa, como no caso de certas manutenções feitas a cada três ou quatro anos. Neste caso, a dedutibilidade só é admitida quando da efetiva realização da manutenção, não aceitando o Fisco seu provisionamento pelos anos anteriores. Deve-se ter esse cuidado, sujeitando-se ao Fisco valores assim apropriados, controlando-se tais montantes no Livro de Apuração do Lucro Real e fazendo-se fiscalmente a sua dedução no exercício da realização da manutenção.

29.3.4 Inflação e Custo-padrão

Costumeiramente há um grande descrédito quanto ao uso do Padrão em situações de grande oscilação de preços. Os Padrões desatualizavam-se depressa demais e sua constante revisão acabava por prejudicar comparações por prazos mais longos.

Realmente, a existência da alta inflação criava uma série de problemas. Por outro lado, é exatamente em períodos como esse que o controle dos Custos se torna de grande necessidade.

Existem diversas alternativas para se fazer Análises e Controles quando da existência de grande oscilação nos preços. Uma das fórmulas possíveis é a correção frequente do Padrão, fixando-o não em reais nominais correntes, mas em reais de uma determinada data ou então em UFIR, por exemplo. Façamos uma demonstração.

Suponhamos que o Padrão da Matéria-prima Y tenha assim sido fixado em outubro/x7: 5 m/un. × $10,00/m = $50,00/un. Em janeiro/x8, tivemos um Real de $54,20/un. (4 m × $13,55/m), e fizemos a seguinte composição (ver Quadro 27.4 do Capítulo 27):

Variação Quantidade:	1 m × $10,00/m =	$10,00 F
Variação Preço:	$3,55/m × 5 m =	$17,75 D
Variação Mista:	1 m × $3,55/m =	$3,55 F
Variação Total		***$4,20 D***

Se tivesse havido uma inflação de 10% entre outubro/x7 e janeiro/x8, passaríamos então a fazer:

Padrão Corrigido: 5 m × $10,00/m × 1,10 = $55,00

O Preço-padrão passaria a $11,00/m para janeiro/x8. As Variações ficariam:

Variação Quantidade:	1 m × $11,00/m =	$11,00 F
Variação Preço:	$2,55/m × 5 m =	$12,75 D
Variação Mista:	1 m × $2,55/m =	$2,55 F
Variação Total		***$0,80 F***

Admitindo-se a inflação de 10%, o custo deveria então ser de $55,00; como ficou em $54,20, houve uma Variação Favorável de $0,80, composta de uma Desfavorável de Preço e outra Favorável de Quantidade. A Desfavorável de Preço explica-se por que o preço foi 35,5% acima do Padrão original, quando houve uma inflação de apenas 10,0% nesse período.

Uma forma alternativa de analisar a variação desfavorável nominal de preço, no valor de $ 17,75, é desmembrá-la em duas parcelas:

a) Variação devida à inflação:	5 m ($11,00 – $10,00) =	$5,00 D
b) Variação real do preço em si:	5 m ($13,55 – $11,00) =	$12,75 D
Total		$17,75 D

29.3.5 Uso de outra moeda

Uma forma diferente seria a fixação do Padrão em UMC (com ela variando mensalmente). Supondo que a UMC fosse de $20,00 em outubro/x7 e de $22,00 em janeiro/x8, teríamos:

Padrão: 5 m × 0,5 UMC: 2,5 UMC
Real: 4 m × 0,6159 UMC: 2,4636 UMC
(0,6159 UMC = $13,55/$22,00 UMC)

As Variações ficariam:

Variação Quantidade:	1 m × 0,5 UMC =	**0,5 UMC F**
Variação Preço:	0,1159 UMC × 5 m =	**0,5795 UMC D**
Variação Mista:	1 m × 0,1159 UMC =	**0,1159 UMC F**
Variação Total	=	***0,0364 UMC F***

Basta verificar que 0,0364 UMC × $22,00/UMC = $0,80.

Um problema que ocorre com o uso de indexadores oficiais é o fato de eles poderem não variar exatamente igual à inflação, devido a sua fórmula de cálculo. Poderia ser que, com inflação de 10%, ela não tivesse aumentado mais do que 8% nesse período, passando a $21,60, e não a $22,00. Isso provoca distorções na análise.

O mesmo ocorre com empresas que fazem todos os cálculos em moeda estrangeira, comumente o dólar americano. Este também oscila não exatamente igual à inflação, ficando as comparações ligeiramente distorcidas em alguns exercícios e bastante em outros.

Além disso, ocorre também com frequência o fato de a empresa ter uma inflação de sua moeda diferente da moeda nacional. Pode acontecer de ela consumir fatores que tenham variação abaixo ou acima da média da inflação do país, o que acaba por gerar uma inflação própria diferente daquela. Neste caso, poderia ser criada uma forma própria também de correção, com a desvantagem de que seria difícil fazer comparações com o ambiente externo.

Dessas maneiras vistas, julgamos melhor a da correção do Padrão em função da inflação, pois com isso a empresa estará fazendo uso de valores médios de desvalorização da moeda menos distorcidos que com o uso de moedas diferentes. A criação de moeda própria é difícil, e exige constante acompanhamento e levantamento.

A única inconveniência ocorre quando se contabilizam os Custos à base do Padrão, já que existirão na Contabilidade diversas contas de Variações registradas com valores originados de comparações de moedas correntes de cada mês com uma moeda prefixada corrigida pela inflação. Essas Variações não são comparáveis entre si devido à própria oscilação da capacidade da compra do real.

Para melhor elucidação, suponhamos que em fevereiro/x8 o consumo da Matéria-prima Y nos indique o seguinte custo Real:

4,2 m × $13,38/m = $56,20

Admitamos que tenha havido uma inflação de 3,6% de janeiro a fevereiro/x8, o que, juntado à de 10% entre outubro/x7 e janeiro/x8, nos daria um total de 14% de outubro a fevereiro (1,10 × 1,036 ≅ 1,14).

Para fevereiro, seria então Padrão:

5 m × $11,40/m = $57,00

A Variação Total de $0,80 F (Padrão de $57,00 menos Real de $56,20) não é exatamente comparável à de $0,80 F em janeiro. Seria necessário que em fevereiro ela fosse de $0,80 × 1,036 = $0,829 para que a empresa tivesse conseguido manter a mesma Variação Favorável de janeiro, já que houve 3,6% de inflação entre ambas as variações.

Seria bastante difícil fazer isso na Contabilidade. Mas em relatórios à parte isso seria bastante simples; em cada mês seriam feitas correções relativas às Variações dos anteriores, estando sempre comparáveis entre si.

Mesmo que não se use dessa sofisticação, ainda é bem melhor a comparação do Real com o Padrão corrigido pela inflação do que o cotejo com valores nominais, fixados há muito tempo.

29.3.6 Uso de padrões a valores correntes projetados

Poder-se-ia usar outro recurso: o Padrão seria fixado já com base no quanto se estima pagar pelo item no período em que será usado. Mas isso obriga à adoção de um preço médio, válido, na melhor das hipóteses, para o meio do período seguinte.

Com esse critério, estaríamos, nos primeiros meses, esperando ter Variações Favoráveis de Preço, e, nos últimos, Desfavoráveis.

(Na alta taxa de inflação, essa metodologia não faz sentido.)

O inconveniente maior é a falha que normalmente existe quando se faz previsão de flutuações de preços. Costuma-se errar bastante e, por tal motivo, ficam as comparações um pouco sem sentido.

Por outro lado, poder-se-iam dessa maneira levar em consideração determinadas oscilações de preços que, se sabe, ocorrerão de modo bastante divergente da inflação, como acréscimos anormais em matérias-primas, correções salariais diferentes dos dissídios etc. E nessas situações realmente um Padrão que já incorpore esse tipo de oscilação é útil, pois provocará comparações mais significativas.

Um critério intermediário seria o de se juntar a técnica de Preço Corrente do próximo período com correção do Padrão, fazendo-se o seguinte: primeiramente fixando-se o corrente e, em seguida, trazendo-o à moeda de hoje com base em uma expectativa de inflação. Por exemplo, esperamos que nossa matéria-prima J suba no ano que vem 5%, quando estimamos a inflação em 3% para o próximo ano todo. Admitamos que se aguarde o grosso desse aumento específico da matéria-prima para março do próximo ano (4%, digamos), a partir de quando tenderá a ficar subindo proporcionalmente à inflação.

Supondo que até março seja esperada uma inflação de 0,7%, fixaríamos então para hoje um Padrão dessa matéria-prima de tal forma que, quando chegar março, esse Padrão corrigido por 1,007 dê o que hoje esperamos vá ser seu preço corrente. Se este deverá ser, por exemplo, $560,00 naquele mês (hoje seria $523,36), teríamos a fixação, então, de um Padrão para hoje de $560,00 ÷ 1,007 = $556,11.

Nos meses de janeiro e fevereiro tenderá a haver mesmo uma Variação de Preço bastante grande (e Favorável), mas provavelmente valerá a pena esse procedimento. Entretanto, se variações bruscas são esperadas para o segundo semestre do próximo ano, é melhor não as levarmos em conta na fixação do Padrão. É melhor termos grandes Variações, mesmo que já esperadas, do que incorrermos em grandes erros de previsão.

Sugerimos, pois, a não ser em caso de grandes e bruscas alterações de alguns itens importantes de nosso Custo, que seja sempre feito o Padrão com base nos preços da data em que é levantado, e se submeta ele a correções por índices inflacionários para as comparações com os Reais no exercício seguinte. As Variações de Preços serão sempre entendidas como valores que subiram acima ou abaixo da inflação, já que o Padrão estará sendo automaticamente corrigido pela oscilação desse nível geral de preços.

29.3.7 Conceito de valor presente

Lembramos que na inflação o efeito do prazo sobre o valor nominal da compra ou da venda é enorme. Assim, ao se fixar o padrão há que se levar em conta esse efeito. Algo comprado hoje por $500.000 a ser pago daqui a 20 dias, quando a inflação corrente é de 3% a.m., precisa ser calculado a seu valor presente:

$$VP = \frac{\$500.000}{1{,}03^{20/30}} = \frac{\$500.000}{1{,}03^{0{,}666...}} = \frac{\$500.000}{1{,}0199} \cong \$490.243{,}51$$

Generalizando:

$$VP = \frac{VN}{(1+i)^{n+30}}$$

VP = Valor presente

VN = Valor nominal a pagar (ou a receber) no futuro

i = Taxa mensal de inflação esperada

n = Número de dias até o pagamento (ou recebimento)

RESUMO

A seguir, estão contemplados os principais assuntos discorridos no capítulo:

- Existem inúmeras formas de contabilização do Custo-padrão.
- A mais simples faria com que a conta de Produção recebesse os Custos a valores Reais, mas transferisse os produtos a Padrão.

- Outra já mais complexa faria com que a Produção recebesse os Custos a Padrão, passando os produtos também à mesma base.
- Outras mais extremadas existem com o Padrão já usado na própria aquisição dos insumos, antes mesmo de sua utilização.
- Em ambas os Produtos Acabados e o Custo dos Produtos Vendidos são tratados a Valores-padrão.
- E as diferenças (Variações), em contas específicas ou englobadas, devem, no final do exercício, ser descarregadas de tal forma que os estoques e o CPV estejam a valores Reais, a não ser que a diferença entre estoques a Padrão e a Real seja mínima, quando se admite toda a Variação em Resultado.
- O melhor critério, quando de situação inflacionária, é o uso de Padrão corrigido mensalmente pela desvalorização da moeda.
- O uso de outras moedas, como euro, dólar etc., guarda um problema relacionado com a defasagem entre a sua oscilação e a da inflação.
- Todos os valores precisam estar a valor presente quando há inflação.

EXERCÍCIO 29.1

A Empresa SuperComp, prestadora de serviços na área de informática, implantou uma rede de computadores para determinado cliente.

Considere os seguintes dados relativos ao custo da implantação:

	Padrão	Real
Material (cabo de rede)	100 m a $1,00/m	120 m a $1,20/m
Mão de obra (configuração das estações)	12 h a $35/h	9 h a $35/h

Entre o início da produção e a entrega ao cliente, houve uma inflação de 8%.

Pede-se para calcular as seguintes variações, em valores monetários ($) e preencher a ficha a seguir. Indicar se a variação é Favorável (F) ou Desfavorável (D):

a) de eficiência no uso do material;

b) de preço na compra do material;

c) mista no custo do material;

d) de eficiência no uso da mão de obra;

e) de preço da mão de obra; e

f) mista no custo da mão de obra.

Elementos de Custo	Custo-padrão ($/un.)	Custo Real ($/un.)	Variações							
			Total		Quantidade		Preço		Mista	
			$/un.	F/D	$/un.	F/D	$/un.	F/D	$/un.	F/D
Material										
Mão de obra										
Total										

EXERCÍCIO 29.2

Assinalar a alternativa correta:

1. No custeio-padrão, até o final de cada período os produtos acabados e os vendidos são contabilizados ao custo:

   a) Histórico.
   b) Variável.
   c) Direto.
   d) Padrão.
   e) De mercado.

2. Na contabilização pelo critério simples com uso do custo-padrão, os custos – quer diretos, quer indiretos – são debitados à conta produção ao custo:

   a) Padrão.
   b) Real.
   c) Fixo.
   d) De mercado.
   e) Ideal.

3. Para efeitos fiscais e societários, no Brasil, o tratamento correto é o de avaliar os estoques no balanço pelo custo:

   a) Padrão.
   b) Ideal.
   c) Fixo.
   d) De mercado.
   e) Real.

4. Na forma complexa de contabilização à base do padrão, à medida que são incorridos, os custos são debitados por seu valor:

   a) Padrão.
   b) Fixo.
   c) Real.
   d) De mercado.
   e) Ideal.

5. Na forma complexa de contabilização à base do padrão, durante o processo produtivo os custos são transferidos à produção a valor:

   a) Histórico.
   b) Variável.
   c) Direto.
   d) Padrão.
   e) De mercado.

EXERCÍCIO 29.3

A Empresa Pompina foi constituída em 30 de março com o capital de $10.000 e os proprietários esperam um retorno de, no mínimo, 6% por período. O capital inicial foi total e imediatamente utilizado na produção de um produto com o seguinte custo:

	Padrão (30 de março)	Real (30 de abril)
Material	60 kg a $90/kg	64 kg a $100/kg
Mão de obra	180 h a $20/h	180 h a $20/h

O produto foi vendido em 30 de abril do ano seguinte por $15.000, incidindo impostos e comissões de $1.000 sobre esse preço.

Considerando-se que a inflação de abril foi de 2,0%, pede-se calcular as seguintes variações, em $. Indicar se a variação é Favorável (F) ou Desfavorável (D):

a) De eficiência no uso do material.
b) De preço (taxa) na compra do material.
c) Mista no custo do material.
d) De eficiência no uso da mão de obra direta.
e) De preço (taxa) da mão de obra direta.
f) Mista no custo da mão de obra.

Elementos de custo	Custo-padrão ($)	Custo real ($)	Variações							
			Total		Quantidade		Preço		Mista	
			$	F/D	$	F/D	$	F/D	$	F/D
Material										
Mão de obra direta										
Total										

EXERCÍCIO 29.4

Uma empresa estabeleceu os seguintes padrões de custos de produção:

Tabela 1 Valores-padrão de material direto e de mão de obra direta

	Padrão físico	Padrão monetário
Material direto	300 g/un.	$200 por kg
Mão de obra direta	2,5 h/un.	$8 por hora

Em determinado período, foi iniciada a produção de 4.000 unidades do produto, com os seguintes custos:

Tabela 2 Custos reais de material direto e de mão de obra direta

	Real físico	Real monetário
Material direto	315 g/un.	$220 por kg
Mão de obra direta	2,75 h/un.	$12 por hora

Outros dados:

- no início do período não havia estoques;
- a quantidade de material adquirida no período foi de 2.000 kg;
- 70% dos produtos foram vendidos;
- a taxa de inflação do período foi de 6%; e
- toda a produção iniciada foi concluída no período.

Pede-se:

a) apurar as variações efetivas de custos (descontando o efeito da inflação); e

b) contabilizar os custos (por seus valores-padrão corrigidos) e as variações, em razonetes.

Ficha de custo-padrão e variações

Elementos de custo	Custo-padrão ($)	Custo real ($)	Variações							
			Total		Quantidade		Preço		Mista	
			$	F/D	$	F/D	$	F/D	$	F/D
Material										
MOD										
Total										

ATIVIDADES COMPLEMENTARES SUGERIDAS

1. De que forma a inflação pode afetar o custo-padrão? Discuta.

2. Que tratamento seria dado caso a empresa utilizasse em seus cálculos moeda estrangeira? Discuta.

PARTE V

IMPLANTAÇÃO DE SISTEMAS DE CUSTOS

30

IMPLANTAÇÃO DE SISTEMAS DE CUSTOS

30.1 OBJETIVOS DE APRENDIZAGEM

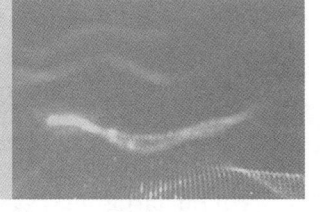

Ao final deste capítulo, o leitor deverá ser capaz de:

- Conhecer as dificuldades para a adoção de um sistema de custos nas empresas.
- Entender todas as etapas necessárias ao planejamento de implantação de um sistema de custos.

30.2 INTRODUÇÃO

Reprisaremos aqui alguns problemas já vistos ao longo deste livro e analisaremos outros relativos à Implantação de Sistemas de Custos.

30.3 CONCEITOS

30.3.1 Sistemas de Custos – apreciações gerais

Devido às necessidades mencionadas de dados para planejamento, controle e decisão, além da avaliação de estoques, é comum vermos empresas adotarem sistemas de custos repentinamente, acreditando em resultados imediatos. Talvez acreditem que isso constitua uma panaceia e seja sua salvação.

Isso não é verdade. *Primeiro*, porque nenhum sistema é capaz de resolver todos os problemas; *segundo*, porque, para atingir sua capacidade de funcionar como instrumento de administração, precisa desenvolver-se e aprimorar-se.

Ouvimos dizer que sistema não é somente um conjunto de normas, fluxos, papéis e rotinas *software* e *hardware*, mas um conjunto de pessoas; muitas vezes, entretanto, esquecemo-nos disso. Sistemas de Custos não são exceções e dependem primordialmente de pessoas, não de números, papéis e rotinas.

O sucesso de um sistema de informações depende do pessoal que o alimenta e o faz funcionar. O sistema representa um conduto que recolhe dados em diversos pontos, processa-os e emite, com base neles, relatórios na outra extremidade. Esses relatórios não podem ser, em hipótese alguma, de qualidade melhor do que a qualidade dos dados recebidos no início do processamento. Podem é ser piores, se seu manuseio não for absolutamente correto. Entretanto, independentemente de quão automatizado seja o processo, todos os dados iniciais quase sempre dependem de pessoas, e, se estas falharem ou não colaborarem, todo o sistema acabará por falir.

Normalmente, o problema mais grave reside na qualificação e competência do pessoal envolvido nas fases iniciais do processamento; os primeiros informes nascem de diversos apontamentos na produção, em que o nível médio de escolaridade e o grau de interesse por serviços burocráticos podem ser relativamente baixos. Esse nível de educação insuficiente do pessoal que inicia o processo é, em muitos casos, o grande responsável pelos insucessos de Sistemas de Custos.

Logo, na implantação de qualquer Sistema dessa natureza, é obrigatório que se leve em consideração esse fato. É necessário que se comece com rotinas e formulários simples e com números que no início sejam fáceis de se obter. O treinamento é obrigatório no sentido de se conseguir gradualmente a melhoria da qualidade das informações levantadas. No período em que se faz o desenho e se define o Sistema, é preciso lembrar desse fato para que o planejamento seja feito de forma que seja implantado de maneira progressiva, não só em termos de território abrangido, mas também de sofisticação em cada território.

O pessoal técnico de produção é normalmente avesso à burocracia e, em geral, encara um Sistema de Custos como uma forma de controle e, devido a essas duas razões, tenderá, em inúmeras situações, a rejeitar, boicotar ou simplesmente fazer resistência passiva a sua implantação. Problemas maiores ainda advirão se as informações iniciais já forem sofisticadas, ou se for relativamente difícil que tenham sua utilidade visualizada; quem não vê utilidade em um dado não lhe dá importância. Primeiro, cada pessoa deve ser conscientizada da necessidade e utilidade de cada informação, para depois ser treinada a localizá-la e transmiti-la.

30.3.2 Sistemas de Custos - quantificações físicas

Uma necessidade básica para uma boa contabilidade de custos é a existência de quantificações físicas para todos os valores monetários. De pouco vai adiantar saber que o consumo de tinta passou de $600.000,00 para $800.000,00 se não existirem paralelamente informações sobre volume físico consumido e produção realizada.

Uma das grandes utilidades dos sistemas de custos é exatamente a sistematização criada para o registro de volumes físicos consumidos e fabricados; a Contabilidade Financeira costuma trabalhar só com valores monetários, mas a de Custos, apesar de poder também fazê-lo, tem sua utilidade duplicada ou triplicada com a utilização desses dados de natureza não monetária.

Nem sempre, entretanto, é economicamente viável o levantamento de certos dados físicos. Pode ocorrer em uma fábrica de fertilizantes em que não haja condições para se medir a matéria-prima introduzida em determinado dia; ou, então, em uma indústria de café solúvel, em que não haja pesagem do produto que passa de uma fase para outra no processo de produção. Com isso, é muitíssimo difícil explorar a completa utilidade do sistema, ou às vezes isso é até mesmo impossível, devido ao uso de valores estimados de maneira pouco correta.

30.3.3 Reação ao Sistema

Qualquer que seja o Sistema a ser adotado, qualquer que seja o número de detalhes necessários à sua alimentação e qualquer que seja a finalidade de sua implantação, sempre existirão problemas com a resistência das pessoas. Principalmente quando pela primeira vez são solicitados diversos dados das atividades delas.

A primeira reação é a da sensação de estar sendo iniciada uma era de controle, e toda pessoa que sempre trabalhou sem sentir formalmente essa "fiscalização" tem uma natural predisposição contrária. Pessoas que sempre sentiram ser da confiança da Administração podem passar a achar que perderam, pelo menos parcialmente, essa condição.

Quando são contratadas pessoas de fora para a implantação, é necessário um cuidado ainda maior, já que poderão ser rotuladas de intrusas que surgiram para acabar com a paz existente. Poderá o pessoal imaginar que os de fora estarão à cata de algum ou alguns motivos para justificar sua presença e seu honorário, e que isso poderá redundar no corte de muitas pessoas ou pelo menos no aumento de seu serviço.

Nenhum Sistema de Custos consegue, normalmente, eliminar pessoas e gastos a curto prazo, apesar de muitas vezes se ouvir exatamente o contrário como forte argumento de venda de Sistemas. Tende a ocorrer exatamente o inverso, isto é, acréscimo de pessoas e de equipamentos, e esse é o sacrifício para a obtenção de informações e de futura possibilidade de controle. Mas o pior é que, se um dos motivos para a implantação tiver sido exatamente a ideia de redução imediata de custos, o efeito poderá ser também a imediata reação do pessoal.

Além disso, existe o problema da burocracia. Comumente, os diversos Gerentes, Chefes de Departamentos, Divisões ou Setores, quaisquer que sejam os graus e nomes, são arrebanhados de áreas operacionais. São, em sua maioria, postos que representam prêmios e reconhecimento pelo desempenho, e por isso tendem a ser preenchidos por pessoas que se salientaram tecnicamente. Isso não significa que gostem ou pelo menos se adaptem facilmente a toda a burocracia que um Sistema de Custos tende a colocar em funcionamento.

Pessoas que nunca tiveram preocupação de preencher papéis e digitar dados no computador podem estar às voltas, de uma hora para outra, com vários relatórios por dia. Inúmeras vezes são chefes que sempre tiveram o máximo de consciência no uso de diversos materiais, de ferramentas, de equipamentos etc., mas que jamais pensaram ou se prepararam para fazer anotações desse uso. Sendo agora obrigadas a fazê-lo, podem achar-se reduzidas em seus méritos, sentindo-se escriturários e não verdadeiros chefes. O pior é quando são técnicos bons, mas às vezes até mal alfabetizados.

Essas reações, de medo do controle, de medo do papel e até de dificuldade de preenchê-lo, aversão ou falta de familiaridade com tecnologia podem acabar por criar um clima de resistência à implantação do Sistema de Custos; mesmo que não venha a repeli-lo, poderá pelo menos dificultar ou tornar onerosa essa tarefa.

A pior forma de reação é a "passiva"; aquela que sempre se caracteriza pela atitude da pessoa de dizer "vou ajudá-lo", "vou preencher amanhã mesmo" etc., mas que acaba por nunca fazer o que diz. Aparenta uma concordância e acaba por fazer acreditar ser um aliado, quando na verdade é um adversário ferrenho da ideia. Conseguirá sempre consumir um grande tempo e talvez solapar o moral do pessoal antes de ser descoberto.

30.3.4 Custo do Sistema e seu benefício

Raramente, uma informação é totalmente inútil para a administração. Mas comumente muita informação deixa de ser analisada ou transmitida porque, no contexto geral, sua prioridade é pequena, e o tempo disponível por parte da pessoa a quem se destina é muito escasso para dela se ocupar. Logo, tornou-se inútil.

!? VOCÊ SABIA?

Cada informação provoca um gasto (nenhuma é gratuita) e pode trazer um benefício. Essa relação entre gasto e benefício precisa ser muito bem avaliada na hora da implantação do sistema, e mesmo depois, durante todo seu funcionamento. Diariamente, são encontrados inúmeros relatórios com números e dados que acabam por nunca virar informação, ou então jamais trazem qualquer benefício, mas continuam a ser produzidos em série tão somente porque no modelo inicial estavam previstos.

Quanto se gasta para saber o custo de fabricação do calçado nº 40 do modelo x, e qual será a utilidade dessa informação? Irá a empresa cortar esse número? Não é melhor saber se a linha toda do modelo x é interessante?

Ou, então, de que adianta o dado relativo ao consumo de papel por filial se esse montante é irrisório? Por que não controlá-lo só pelo total?

O gasto envolvido na obtenção de cada informação é normalmente alto, e a expansão dos sistemas pode estar sendo efetivada muito mais em função do orgulho pessoal de uma pessoa de chefiar um departamento sofisticado ou então para justificar aumento de número ou salários de subordinados (às vezes, os próprios). A avaliação crítica da relação "custo-benefício" deve ser continuamente feita de preferência por alguém não envolvido diretamente no próprio sistema.

Se o problema da empresa é um determinado produto em especial, ou uma Divisão que apresenta problemas de controle, ou uma linha cuja concorrência é maior etc., talvez não valha a pena colocar um Sistema para a empresa toda a fim de solucionar um desses problemas específicos.

A Informação é generosamente cara. Cara porque consome tempo para ser obtida, tempo, às vezes, de equipamento para ser processada e tempo para ser lida. Consome horas desde setores mais baratos até a Alta (e cara) Administração.

A tendência é de, para se obterem as primeiras informações, gastar-se uma quantia razoável com a designação ou contratação de algumas pessoas especializadas. Após isso, a adição de número de informações, bem como de sua qualidade, acaba por assumir o seguinte comportamento: o custo de algumas a mais é relativamente irrelevante até determinado ponto, por entrarem quase que automaticamente no Sistema; mas, a partir de certo momento, passam a exigir certo grau de sofisticação e de aumento de pessoas e papéis, que acabam por ter um acréscimo de custo muito grande.

Por outro lado, a utilidade das primeiras informações é bastante grande, pois elas representam algo onde antes nada havia. Mas a utilidade das informações seguintes talvez passe a ser cada vez mais decrescente, já que os itens tendem a ser agora cada vez de menor valor. É a Lei da Utilidade Marginal Decrescente, da Economia.

Sendo crescentes os gastos envolvidos na captação, no processamento e na transmissão da informação e sendo decrescente a sua utilidade, torna-se imperioso um meticuloso estudo para um adequado julgamento, a fim de se decidir onde parar com o acréscimo de detalhes de um Sistema de Custos.

Antes de se implantar um dado a mais, há que se responder à indagação: Qual sua real utilidade e qual seu real gasto adicional?

A implantação de um sistema de custos – e de sistemas de informações em geral – deve ser vista como um projeto; e, como tal, precisa ter a sua viabilidade econômica comprovada.

30.3.5 Escolha do Sistema

Para se escolher qual o Sistema mais adequado, se só Real ou Real com Padrão (já que Padrão puro é sem sentido), se por Absorção ou Variável, é necessário começar pelo fim.

A primeira pergunta para se chegar à conclusão é: "Para que se quer o Sistema?" É para controle, para fornecimento rápido de informações para fins de decisões rotineiras e intempestivas, para decisões que não demandam tanta rapidez de dados ou ainda para simples avaliações de estoques a ajudar a Contabilidade Financeira em sua tarefa de apuração de Estoques e Resultados?

A decisão de qual modelo usar depende de quem vai receber as informações na ponta da linha e o que fará com elas. Isso definirá o modelo.

Complementarmente, para se ter uma ideia de que nível de detalhes será necessário, é também obrigatório que se defina, junto ao usuário final da informação, o que ele necessita.

Reconhecemos que, inúmeras vezes, é necessário que seja dada alguma assessoria junto a esse usuário para lhe ser explicado o que pode e o que não pode o Sistema prover, bem como quanto isso provavelmente custará.

Definidos os objetivos, torna-se fácil determinar que tipo de Sistema usar, bem como seu nível de detalhamento.

VOCÊ SABIA?

Para certas decisões, como gestão de preços, produzir ou comprar componentes, manter ou descontinuar produtos, terceirizar ou internalizar atividades etc., as informações geradas pelos sistemas de custos precisam ser complementadas por várias outras, como nível de qualidade, risco etc.

30.3.6 Implantação gradativa

Tendo-se em vista o comentado quanto às reações contrárias à implantação de qualquer Sistema de Custos, bem como o próprio custo de seu funcionamento, é fácil verificar que a implantação deve, normalmente, ser gradativa. Onde antes nunca houve sistemas formais de captação de dados, há que se começar com o mínimo.

Deve-se, inclusive, iniciar pela motivação junto ao pessoal, mostrando, pelo menos aos chefes dos diversos setores, o que é o Sistema global, o que ele pretende fazer, como serão juntadas as informações etc. Deve-se incutir-lhe o grau de importância que um pequeno número seu terá no funcionamento do esquema inteiro, e de como é importante lhe ser dada a devida atenção. E, se possível, tentar convencê-lo de quais benefícios poderão advir para ele do próprio Sistema, como avaliação da melhoria do seu desempenho, premiação talvez por isso, melhoria possível do grau de rentabilidade da empresa e consequente repercussão salarial a todos etc.

Após isso, procede-se a seu treinamento, para que o pessoal possa ser esclarecido totalmente de todos os tipos de dificuldades que venha a encontrar. Se for possível, esse treinamento deve ser feito pessoalmente, e não só por meio de circulares, ordens escritas ou manuais recebidos sem maiores esclarecimentos.

O objetivo desses procedimentos é o de se evitar a sensação de inutilidade que qualquer um tem quando se vê obrigado a executar uma tarefa cuja finalidade desconhece. Pior ainda, se dela desconfia.

Além disso, não se devem exigir logo no início todos os dados relativos a materiais consumidos, pessoal utilizado em cada ordem ou linha, horas-máquina trabalhadas etc. É necessário ser primeiramente solicitada uma dessas informações, e só depois de se ter certeza de que ela está sendo dada corretamente é que deve ser solicitada a próxima. Para quem não é muito afeito a processos burocráticos, qualquer papel ou tela a ser preenchida é enigmática, e leva certo tempo para haver a assimilação.

!?

VOCÊ SABIA?

O grau de complexidade e o nível de detalhe de um sistema de custos devem ser compatíveis com a estratégia da empresa. Em uma estratégia de competição de baixo preço de venda, o nível de detalhe (e de controle) deve ser maior do que em outra cuja estratégia seja de diferenciação.

30.3.7 "Importação" de Sistemas de Custos

A "importação" de Sistemas de Custos consiste na utilização de sistemas já utilizados em outras empresas, em matrizes ou em concorrentes, quer na mesma região quer em outros países.

A razão já mencionada da qualificação e competência do pessoal envolvido em todo o processo de custos é uma limitação extraordinária às "importações". O fato de um sistema estar funcionando muito bem na matriz, no exterior, não significa que, na filial, mesmo com sistema produtivo igual, esse sistema também dará resultado. Provavelmente, lá ele foi desenvolvido, melhorado e adaptado ao longo de anos, e o pessoal todo já está longamente acostumado a ele. Sua adoção, da forma como já funciona alhures, provavelmente trará mais discussões do que concórdias, mais confusão que informações.

Situação ainda mais desastrosa é a adoção de um sistema já em funcionamento em outra empresa com tecnologia diferente, a começar pelo fato de que cada sistema precisa estar adaptado à situação específica. Em uma empresa, por exemplo, onde o item mais relevante é a mão de obra, o critério de controle e avaliação desse tipo de custo deve ser bastante detalhado e rigoroso, o que não será feito com o consumo de alguns materiais irrelevantes (lubrificantes, por exemplo). Outra empresa, talvez fabricando produtos iguais, mas com tecnologia diferente, pode ter em uma matéria-prima um item de grande importância; precisará de um sistema de medição de seu consumo e de avaliação do gasto incorrido bastante acurado e rápido, podendo deixar de ser tão detalhado em sua mão de obra que talvez represente pequena parcela dos custos totais.

A utilização de sistemas de contabilidade de custos pré-fabricados, já testados e em funcionamento em outras empresas locais ou estrangeiras, só pode dar bons resultados quando as estruturas de custos são semelhantes, a qualidade do pessoal é de nível bastante igual, o processo de produção é semelhante e também as necessidades de informações por parte da administração são as mesmas.

Este último item, o da igualdade de necessidade administrativa da informação, é bastante relevante. Empresas existem que montam contabilidade de custos em função de problemas relativos a controle;

outras, devido a problemas de decisões rápidas de corte de produtos, introdução de novos produtos ou reformulação rápida e políticas de preços, e outras, talvez, só para poderem fazer avaliações mais corretas de estoques para melhor conhecerem seus resultados mensalmente. Logo, para cada uma delas haverá um sistema com características diferentes; para cada uma deverá ser montado um sistema, e não adquirir um "importado".

O uso indiscriminado de "Pacotes" de Sistemas, já pré-moldados e desenhados, pode, na maioria das vezes, provocar extraordinários insucessos.

O que um vizinho necessita em termos de informações não é necessariamente o que o outro precisa, e o que para um funcionou bem talvez não seja um bom remédio para o outro.

VOCÊ SABIA?

O fato de um Sistema estar funcionando satisfatoriamente em um concorrente não implica que ele tenha sucesso no outro, já que o grau de sofisticação em termos de estrutura administrativa, qualidade do pessoal e educação pode ser diferente.

Se problemas dessa natureza existem quando se faz o translado de Sistemas de uma para outra empresa dentro do próprio país, imagine-se quando se fazem importações no sentido restrito da palavra. Muitas vezes trata-se de modelos desenhados para locais onde a ênfase é no controle da mão de obra, talvez extremamente cara lá; já que talvez tenhamos maiores problemas com matéria-prima do que naquele item, é fácil de se imaginar o desastre que virá de seu uso indiscriminado, sem adaptações.

30.3.8 Problema de inflação

Nesse contexto de grandes variações do poder de compra da moeda, atenção especial precisa ser dada na implantação de sistemas de custos, à moeda-base de registro. Nenhum sentido faz adotar um sistema que misture custos de datas diferentes, compras à vista e compras a prazo, mão de obra que em uma empresa é paga uma vez por mês, em outras duas e em outra semanalmente.

O sistema legal brasileiro vigente é incapaz hoje de permitir uma boa Contabilidade de Custos para fins gerenciais ou de elaboração de balanços para terceiros nos exercícios com certos níveis de inflação (achamos que 5% ao ano já é suficiente para prejudicar a maioria das empresas).

Com isso, ao se implantar um sistema de custos, há que se pensar nas condições necessárias para que, a fim de bem se informar a gerência, se tenha a capacidade de adaptar os números para se trabalhar com o conceito de valor presente e de moeda constante.

A Correção Integral é uma metodologia extremamente útil nesse sentido.

RESUMO

A seguir, estão contemplados os principais assuntos discorridos no capítulo:

- Má informação é, muitas vezes, pior do que nenhuma. Não raro é preferível deixar de se ter um dado do que tê-lo errado, principalmente se nele a gente acreditar.
- É importante que sejam estudadas e vencidas as reações à implantação do Sistema e seja o pessoal educado para entender sua utilidade e treinado para fazê-lo funcionar.
- A escolha do Sistema depende do objetivo que com ele se pretende atingir; o seu nível de detalhes também depende disso e do quanto se gastará para sua obtenção.

- As Informações são caras e sua utilidade não é igual em todos os níveis de detalhes. Sua adoção como "pacote" é temerária.
- A implantação do Sistema deve ser, na medida do possível, gradativa, não necessariamente imposta com os mesmos detalhes e sofisticações em todos os Departamentos e níveis.

EXERCÍCIO 30.1

1. O problema mais grave na implantação de um sistema de custos é:

a) falta de qualificação e de competência do pessoal envolvido;
b) falta de números, papéis e rotinas para o processamento dos dados;
c) resistência da alta administração em divulgar suas informações ao mercado;
d) pouco tempo para segregar os custos das despesas ou de algumas perdas durante o processo produtivo;
e) não há preocupação, já que, ao implementar um sistema de custos, os problemas serão resolvidos.

2. A utilização de sistemas de contabilidade de custos pré-fabricados, já testados e em funcionamento em outras empresas, pode dar bons resultados, exceto quando:

a) as estruturas das empresas são semelhantes;
b) a qualidade do pessoal é de nível equivalente;
c) o processo de produção é semelhante;
d) trata-se de matriz e filial da mesma empresa;
e) a necessidade de informação é bem diferente.

3. Assinalar Falso (F) ou Verdadeiro (V):

( ) Ao se implantar um sistema de Custos, deve-se levar em conta a qualificação do pessoal que vai operá-lo.
( ) Para garantir a qualidade das informações geradas por um sistema, é necessário um bom treinamento do pessoal envolvido.
( ) As pessoas normalmente encaram a implantação de um Sistema de Custos como uma forma de controle sobre suas ações.
( ) Não há problemas se as informações iniciais do Sistema de Custos já forem sofisticadas ou se for relativamente difícil que tenham sua utilidade visualizada.
( ) A qualificação, as habilidades e competências do pessoal envolvido não representam empecilhos à implantação de Sistemas de Custos.

EXERCÍCIO 30.2

Assinalar a alternativa correta:

1. A atitude de uma pessoa, por ter resistência à implantação de um sistema de custos, normalmente é uma reação:

a) Ativa.
b) De controle.
c) Passiva.
d) De medo.
e) Positiva.

2. A escolha de um sistema de custos depende principalmente:

   a) Da metodologia empregada.
   b) Do objetivo a ser atingido.
   c) Do tamanho do setor.
   d) Da mão de obra empregada.
   e) Do patrimônio da empresa.

3. São subsistemas típicos de um Sistema de Informações Gerenciais:

   a) Planejamento, Execução e Controle.
   b) Contabilidade Gerencial e Decisorial.
   c) Contabilidade, Custos e Orçamentos.
   d) Contabilidade, Execução e Controles.
   e) Controles, Orçamentos e Gestão.

4. A implantação de um sistema de informação deve ser:

   a) Imperativa.
   b) Gradativa.
   c) Imposta.
   d) Autoritária.
   e) Arbitrária.

5. Observar as sentenças seguintes:

   I – Sempre existirão problemas na adoção e implantação de um sistema de informação.
   II – Quando da implantação de um sistema, pode-se desencadear uma sensação de início de uma era de controle e fiscalização sobre o pessoal.
   III – A curto prazo, normalmente, todo sistema consegue eliminar pessoas e gastos.
   IV – Quando um dos motivos da implantação de um sistema é a ideia de redução de custos, pode ocorrer imediata reação do pessoal.

   Estão corretas as sentenças:

   a) I, II e IV.
   b) I, II, III e IV.
   c) II, III e IV.
   d) I, III e IV.
   e) I, II e III.

EXERCÍCIO 30.3

Assinalar a alternativa correta:

1. São informações geradas por um sistema de custos:

   a) Valor dos estoques, lucro líquido, liquidez.
   b) Custos das perdas, receita bruta, solvência.
   c) Valor dos estoques, custo-padrão, custo fixo.
   d) Custo fixo, lucratividade, patrimônio líquido.
   e) Valor dos estoques, custo por produto, liquidez.

2. Pode-se citar como intercâmbio de dados entre subsistemas de um Sistema de Informações Gerenciais (SIG):

   a) Preço do concorrente e consumo de material.
   b) Custo previsto e liquidez corrente da empresa.
   c) Análise dos concorrentes e valor dos estoques.
   d) Quantidade prevista e consumida de material.
   e) Análise de mercado e de demanda por produto.

3. Não se pode afirmar, a respeito da implantação de Sistemas de Custos, que ela:

   a) Deve ser gradativa.
   b) Deve ser imposta.
   c) Depende do objetivo.
   d) Depende do nível de detalhe.
   e) Informações são caras.

4. A respeito de "importação" de sistemas de custos, é correto afirmar que:

   a) O uso de pacotes de sistemas, já pré-moldados e pré-desenhados, pode, na maioria das vezes, ser bem-sucedido.
   b) O sistema que foi bem-sucedido na matriz também funcionará bem na filial.
   c) Se um sistema estiver funcionando bem em um concorrente, não implica que, necessariamente, tenha sucesso no outro.
   d) Um sistema sempre funciona bem, independentemente do grau de sofisticação da estrutura administrativa, da qualidade e educação do pessoal envolvido.
   e) Modelos desenvolvidos para empresas onde a ênfase é no controle de mão de obra podem ser aplicados, sem qualquer adaptação, em outra cujo foco está em material direto.

5. A implantação de um sistema de custos depende de:

   a) Objetivo e nível de detalhe.
   b) Ambiente e pessoal.
   c) Informação e tecnologia.
   d) Mercado e demanda.
   e) Fiscalização e controle.

EXERCÍCIO 30.4

Assinalar Falso (F) ou Verdadeiro (V):

( ) Quaisquer que sejam os sistemas de custos adotados, a quantidade de dados necessários e a finalidade de sua implantação, sempre existirão alguns problemas, como a resistência do pessoal e outros.

( ) A implantação de sistemas de custos consegue sempre eliminar pessoas e reduzir muitos custos a curto prazo.

( ) Quando da implantação de um sistema de custos, o que normalmente ocorre é o aumento de pessoas e de equipamentos, pelo menos durante algum tempo.

( ) Um sistema de custos deve ser eficiente a ponto de levantar todos os dados e gerar todas as informações possíveis, custe o que custar.

( ) A primeira reação das pessoas, ao implantar um sistema de custos, é a sensação de estar sendo iniciada uma era de controle por parte da Administração.

ATIVIDADES COMPLEMENTARES SUGERIDAS

1. Dentro de tudo o que você aprendeu, na sua opinião, de que forma a tecnologia pode auxiliar a contabilidade de custos? Discuta.
2. Na sua opinião, o contador está preparado para lidar com tanta tecnologia? Discuta.
3. O que se pode fazer para minimizar a reação negativa das pessoas à implantação de um sistema de apuração de custos?

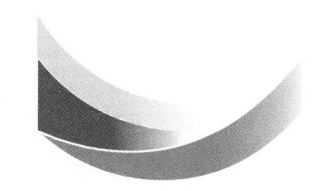

RESOLUÇÃO DOS EXERCÍCIOS

CAPÍTULO 1

EXERCÍCIO 1.1

F, V, V, F, V

EXERCÍCIO 1.2

V, F, F, V, F

EXERCÍCIO 1.3

1. Alternativa correta: E
2. Alternativa correta: D
3. Alternativa correta: A
4. Alternativa correta: A
5. Alternativa correta: E

CAPÍTULO 2

EXERCÍCIO 2.1

I
C ou D
C
C ou D
D
I
C ou D

D
D
C e D
C
I
P
P

C
P
D
RR
D
–

EXERCÍCIO 2.2

a)

Eventos	Classificações
1	Gasto e investimento.
2	Desembolso.
3	Gasto, custo, investimento e despesa.
4	Custo e despesa.
5	Custo e despesa.
6	Custo.
7	Gasto, custo, investimento e despesa.
8	Gasto, desembolso e investimento.
9	Perda.
10	Despesa.

b)

Eventos	Gastos	Desembolsos	Investimentos	Custos	Despesas	Perdas
1	10.000		10.000			
2		5.000				
3	11.000		8.000	8.000	3.000	
4				7.500	2.500	
5				3.800	1.000	
6				200		
7	8.000		6.000	6.000	2.000	
8	50.000	25.000	50.000			
9						2.000
10					25.500	
Total	**79.000**	**30.000**	**74.000**	**25.000**	**34.000**	**2.000**

Srs. Professores:

1. Foram considerados como investimentos apenas os valores que ainda não tinham transitado pelo ativo. Por exemplo: no evento nº 3, a parte da mão de obra relativa à produção é custo e investimento; o mesmo ocorre em relação ao item 7. Por outro lado, em relação aos custos contidos nos itens 4 e 5, os investimentos já haviam sido reconhecidos no momento da aquisição dos recursos.
2. Em relação ao item 10, observe-se que os custos se "transformam" em despesas, pela venda dos produtos.

CAPÍTULO 3

EXERCÍCIO 3.1

V, F, V, F, V

EXERCÍCIO 3.2

1. Alternativa correta: D
2. Alternativa correta: B
3. Alternativa correta: C
4. Alternativa correta: A
5. Alternativa correta: E

EXERCÍCIO 3.3

1. Quantidade necessária de papel por mês:

Couchê para páginas:

- Moderna: 0,16 kg × 10.000 = 1.600 kg.
- Weekly: 0,12 kg × 15.000 × 4 = 7.200 kg.

Supercalandrado para capas:

- Moderna: 0,03 kg × 10.000 = 300 kg.
- Weekly: 0,03 kg × 15.000 × 4 = 1.800 kg.

Papel (em kg)	Moderna	Weekly	Total
Couchê para páginas	1.600	7.200	8.800
Supercalandrado para capas	300	1.800	2.100
Total	**1.900**	**9.000**	**10.900**

2. Custo do papel:

Papel	Custo CIF €/ton.	Taxa de câmbio	Custo $/kg
Couchê	800	2,50	2,00
Supercalandrado	780	2,50	1,95

3. Nesta situação, em que há possibilidade de se apurar, ainda que aproximadamente (com um grau de precisão aceitável), a parcela do esforço de compras direcionado à produção, ela é incorporada ao custo. Assim, o custo de suprimento alocado à área de produção é:

$ 10.650 × 60% = $ 6.390

4. Custo das atividades de suprimento, por kg de papel:

$ 6.390 / 10.900 kg = $ 0,5862/kg

a) Valor do estoque final de papel, ao custo histórico, com inclusão dos gastos da área de compras:

Couchê para páginas:

8.800 kg ($ 2 + $ 0,5862) = $ 22.758,56

Supercalandrado para capas:

2.100 kg ($ 1,95 + $ 0,5862) = $ 5.326,02

Resumo:

Papel	Custo Total ($)	Quantidade (kg)	Custo Unitário $/kg
Couchê	22.758,56	8.800	2,5862
Supercalandrado	5.326,02	2.100	2,5362
Total	**28.084,58**	**10.900**	

O preço de mercado do papel de imprensa, no final do mês (custo de reposição), bem como a nova taxa de câmbio da moeda europeia, não devem ser considerados, no âmbito da Contabilidade Societária, segundo o Princípio do Custo Histórico como Base de Valor. O uso do custo de reposição, em Contabilidade Gerencial, é estudado no Capítulo 21.

Da mesma forma, os gastos com juros não devem ser incorporados ao custo do estoque, e, sim, contabilizados como despesas financeiras.

b) Caso não houvesse condições de identificar a parcela do esforço da área de compras demandado pela produção, então o resultado de março seria $ 6.390 a menor, que é o valor da parcela dos gastos da área de compras que teria sido debitado como despesa do período.

Papel	Custo Total ($)	Quantidade (kg)	Custo Unitário $/kg
Couchê	17.600	8.800	2,00
Supercalandrado	4.095	2.100	1,95
Total	**21.695**	**10.900**	

Nesse caso, o valor do estoque teria sido $ 21.695,00 e não $ 28.084,58 (a diferença de $ 0,42, em relação aos $ 6.390, deve-se ao arredondamento).

CAPÍTULO 4

EXERCÍCIO 4.1

a) Custo de produção do mês (em $):

Material Direto (MAT.)	
Estoque Inicial de Matéria-Prima	120.000
(+) Compras de Matéria-Prima	500.000
(–) Devolução de 20% das Compras	(100.000)
Custo do Material Direto Disponível	520.000
(–) Estoque Final de Matéria-Prima	0
Custo do Material Direto Consumido	520.000

Demonstração do Custo de Produção do Mês	
Material Direto Disponível	520.000
(–) Estoque Final de Materiais Diretos	0
Material Direto Consumido	520.000
(+) Mão de Obra Direta	600.000
(+) Custos Indiretos de Produção	400.000
CUSTO DE PRODUÇÃO DO MÊS	1.520.000

b) Custo da produção acabada no mês (em $):

Demonstração do Custo da Produção Acabada	
Estoque Inicial de Produtos em Elaboração	180.000
(+) Custo da Produção do Período	1.520.000
Custo Total de Produção	1.700.000
(–) Estoque Final de Produtos em Elaboração	0
CUSTO DA PRODUÇÃO ACABADA NO MÊS	1.700.000

c) Custo da produção vendida no mês (em $):

Demonstração do Custo dos Produtos Vendidos	
Estoque Inicial de Produtos Acabados	0
(+) Custo da Produção Acabada no Período	1.700.000
Custo dos Produtos Acabados Disponíveis	1.700.000
(–) Estoque Final de Produtos Acabados	(200.000)
CUSTO DOS PRODUTOS VENDIDOS NO MÊS	1.500.000

Demonstração do Custo dos Produtos Vendidos	
Estoque Inicial de Materiais Diretos	120.000
(+) Compras de Materiais Diretos	500.000
(–) Devolução de 20% da Compra de Matéria-Prima	(100.000)
Material Direto Disponível	120.000
(–) Estoque Final de Materiais Diretos	0
Material Direto Consumido	520.000
(+) Mão de Obra Direta	600.000
(+) Custos Indiretos de Produção	400.000
CUSTO DA PRODUÇÃO DO PERÍODO (CPP)	1.520.000
(+) Estoque Inicial de Produtos em Elaboração	180.000
Custo Total de Produção	1.700.000
(–) Estoque Final de Produtos em Elaboração	0
CUSTO DA PRODUÇÃO ACABADA (CPA)	1.700.000
(+) Estoque Inicial de Produtos Acabados	0
Custo dos Produtos Disponíveis	1.700.000
(–) Estoque Final de Produtos Acabados	(200.000)
CUSTO DOS PRODUTOS VENDIDOS (CPV)	1.500.000

EXERCÍCIO 4.2

a) Estoque final dos produtos acabados (em $):

Custos Indiretos de Produção (CIP)	
Supervisão Geral da Fábrica	17.000
Depreciação dos Equipamentos	10.000
Aluguel do Galpão	2.400
Energia Elétrica	5.600
CUSTOS INDIRETOS DE PRODUÇÃO	35.000

Demonstração do Custo dos Produtos Vendidos	
Material Direto Consumido	28.000
(+) Mão de Obra Direta	21.000
(+) Custos Indiretos de Produção	35.000
CUSTO DA PRODUÇÃO DO PERÍODO (CPP)	84.000
(+) Estoque Inicial de Produtos em Elaboração	0
Custo Total de Produção	84.000
(–) Estoque Final de Produtos em Elaboração	0
CUSTO DA PRODUÇÃO ACABADA (CPA)	84.000
(+) Estoque Inicial de Produtos Acabados	0
Custo dos Produtos Disponíveis	84.000
(–) Estoque Final de Produtos Acabados	(6.000)
CUSTO DOS PRODUTOS VENDIDOS (CPV)	78.000

$$EF_{PAC} = \frac{\text{Custo dos Produtos Disponíveis}}{\text{Volume Produzido}} = \frac{\$\ 84.000}{14.000\ \text{un.}} = \$\ 6{,}00/\text{un.}$$

$$EF_{PAC} = \$\ 6{,}00/\text{un.} \times 1.000\ \text{un.} = \$\ 6.000$$

b) Lucro antes do imposto de renda (em $):

Receita = $ 9,50/un. × 13.000 unidades vendidas = $ 123.500

Comissões = $ 0,75/un. × 13.000 unidades vendidas = $ 9.750

Frete = $ 0,15/un. × 13.000 unidades vendidas = $ 1.950

Demonstração de Resultados	
RECEITA LÍQUIDA	123.500
(–) Custo dos Produtos Vendidos	(78.000)
LUCRO BRUTO	45.500
(–) Despesas Administrativas	(8.000)
Comissão sobre Vendas	(9.750)
Frete para Entregar Produtos Vendidos	(1.950)
LUCRO ANTES DO IMPOSTO DE RENDA (LAIR)	25.800

EXERCÍCIO 4.3

Custos Indiretos de Produção (CIP)	
Aluguel da Fábrica	3.000
(+) Supervisão da Fábrica	9.000
Custos Indiretos de Produção	12.000

Demonstração do Custo de Produção do Mês	
Material Direto Consumido	36.000
(+) Mão de Obra Direta	24.000
(+) Custos Indiretos de Produção	12.000
CUSTO DE PRODUÇÃO DO MÊS	72.000

Demonstração do Custo da Produção Acabada	
Estoque Inicial de Produtos em Elaboração	0
(+) Custo da Produção do Período	72.000
Custo Total de Produção	72.000
(–) Estoque Final de Produtos em Elaboração	0
CUSTO DA PRODUÇÃO ACABADA NO MÊS	72.000

a) Demonstração de resultados (em $):

Demonstração de Resultados	
RECEITA BRUTA = RECEITA LÍQUIDA	0
(–) Custo dos Produtos Vendidos	0
LUCRO BRUTO	0
(–) Despesas Administrativas	(8.000)
Despesas Comerciais	0
LUCRO ANTES DO IMPOSTO DE RENDA (LAIR)	(8.000)

b) Balanço patrimonial (em $):

Balanço Patrimonial Do período de 2-1-X1 a 31-1-X1			
ATIVO		PASSIVO + PL	
Circulante		**Patrimônio Líquido**	
Caixa	20.000	Capital	100.000
Estoque		Prejuízo Acumulado	(8.000)
Produtos Acabados	72.000		92.000
	92.000		
Total (ATIVO)	**92.000**	**Total (P + PL)**	**92.000**

EXERCÍCIO 4.4

1. Alternativa correta: C
2. Alternativa correta: B
3. Alternativa correta: C
4. Alternativa correta: E
5. Alternativa correta: E
6. Alternativa correta: A
7. Alternativa correta: E
8. Alternativa correta: D

   Obs.: É indireto porque o tempo de uso da máquina (hm), embora mensurado por produto, não é o fator que determina a depreciação. Nesse caso, a variável determinante da depreciação é a obsolescência.

9. Valor total dos custos diretos, indiretos, fixos e variáveis.

Eventos	**CD**	**CI**	**CF**	**CV**
Consumo de energia diretamente proporcional ao volume	400			400
Transformação de matéria-prima em produtos acabados	500			500
Depreciação de máquinas de produção comuns (linha reta)		200	200	
Honorários da Administração da Produção		600	600	
Total	**900**	**800**	**800**	**900**

Srs. Professores:

Observem que os Gastos com o Pessoal do Faturamento e a Depreciação do equipamento da Contabilidade não são custos, e sim despesas.

10. Valor total dos custos fixos e variáveis (em $) no período:

Transações	**CF**	**CV**
Moagem de soja		25.000
Depreciação do equipamento	3.000	
Recipientes para embalagem		2.500
Mão de obra (quatro operários)	4.000	
Rótulo de papel		800
Energia Elétrica	3.000	1.000
Total	**10.000**	**29.300**

CAPÍTULO 5

EXERCÍCIO 5.1

I. Matéria-Prima:

Produtos	Volume de Produção	Custo Unitário	Total
Sabão em Pó	12.000 kg	$ 2/kg	$ 24.000
Sabão Líquido	8.000 kg	$ 2/kg	$ 16.000
	20.000 kg		$ 40.000

II. Mão de Obra Direta (inclui encargos sociais) no período:

Produtos	Volume de Produção	Custo Unitário	Total
Sabão em Pó	6.000 h	$ 5/kg	$ 30.000
Sabão Líquido	3.000 h	$ 5/kg	$ 15.000
	9.000 h		$ 45.000

III. Depreciação:

Vida útil do equipamento: 400.000 kg de matéria-prima processada

Valor de aquisição: $ 320.000

Depreciação por kg de matéria-prima processada: $ 0,8/kg

Produtos	Volume de Produção	Custo Unitário	Total
Sabão em Pó	12.000 kg	$ 0,8/kg	$ 9.600
Sabão Líquido	8.000 kg	$ 0,8/kg	$ 6.400
	20.000 kg		$ 16.000

IV. Base de Rateio por Tempo (h) ou Custo ($) de MOD:

- Custo Indireto de Produção: $ 24.000

Produtos	MOD		%	$
Sabão em Pó	(18 min./cx × 20.000 cx)/60 min.	6.000 h	66,67%	16.000
Sabão Líquido	(11,25 min./cx × 16.000 cx)/60 min.	3.000 h	33,33%	8.000
		9.000 h	100%	24.000

a) Custo total de cada produto (em $/un.):

	Sabão em pó	Sabão líquido	Total
CUSTOS DIRETOS	63.600	37.400	101.000
Matéria-Prima	24.000	16.000	40.000
Mão de Obra Direta	30.000	15.000	45.000
Depreciação	9.600	6.400	16.000
CUSTOS INDIRETOS DE PRODUÇÃO (CIP)	16.000	8.000	24.000
CUSTO TOTAL	$ 79.600	$ 45.400	$ 125.000

b) Custo unitário de cada produto (em $):

	Sabão em pó	Sabão líquido
Custo Total	$ 79.600	$ 45.400
Volume	20.000 caixas	16.000 frascos
CUSTO UNITÁRIO	$ 3,98/cx	$ 2,8375/frasco

EXERCÍCIO 5.2

I. Base de Rateio por Tempo (h) ou Custo ($) de MOD:

- Supervisão Geral da Fábrica: $ 2.880.000

Produtos	MOD	%	$
X	1,0 hh/un. × 50.000 un. = 50.000 hh	31,25	900.000
Y	2,0 hh/un. × 30.000 un. = 60.000 hh	37,50	1.080.000
Z	2,5 hh/un. × 20.000 un. = 50.000 hh	31,25	900.000
	160.000 hh	100%	2.880.000

- Aluguel da Fábrica: $ 600.000

Produtos	MOD	%	$
X	1,0 hh/un. × 50.000 un. = 50.000 hh	31,25	187.500
Y	2,0 hh/un. × 30.000 un. = 60.000 hh	37,50	225.000
Z	2,5 hh/un. × 20.000 un. = 50.000 hh	31,25	187.500
	160.000 hh	100%	600.000

II. Base de Rateio por Tempo (h) ou Custo ($) de Máquinas:

- Consumo de Lubrificantes nos Equipamentos de Produção: $ 350.000

Produtos	Máquinas	%	$
X	0,60 hm/un. × 50.000 un. = 30.000 hm	20	70.000
Y	1,50 hm/un. × 30.000 un. = 45.000 hm	30	105.000
Z	3,75 hm/un. × 20.000 un. = 75.000 hm	50	175.000
	150.000 hm	100%	350.000

- Manutenção Preventiva de Máquinas Comuns de Produção: $ 500.000

Produtos	Máquinas	%	$
X	0,60 hm/un. × 50.000 un. = 30.000 hm	20	100.000
Y	1,50 hm/un. × 30.000 un. = 45.000 hm	30	150.000
Z	3,75 hm/un. × 20.000 un. = 75.000 hm	50	250.000
	150.000 hm	100%	500.000

- Depreciação de Equipamentos de Produção: $ 300.000

Produtos	Máquinas	%	$
X	0,60 hm/un. × 50.000 un. = 30.000 hm	20	60.000
Y	1,50 hm/un. × 30.000 un. = 45.000 hm	30	90.000
Z	3,75 hm/un. × 20.000 un. = 75.000 hm	50	150.000
	150.000 hm	100%	300.000

- Seguro dos Equipamentos de Produção: $ 340.000

Produtos	Máquinas	%	$
X	0,60 hm/un. × 50.000 un. = 30.000 hm	20	68.000
Y	1,50 hm/un. × 30.000 un. = 45.000 hm	30	102.000
Z	3,75 hm/un. × 20.000 un. = 75.000 hm	50	170.000
	150.000 hm	100%	340.000

III. Consumo de Matéria-Prima: $ 7.000.000

Produtos	Volume de produção	%	$
X	50.000 un.	50	3.500.000
Y	30.000 un.	30	2.100.000
Z	20.000 un.	20	1.400.000
	100.000 un.	100%	7.000.000

IV. Base de Rateio por Tempo (h) ou Custo ($) de MAT:

- Supervisão do Almoxarifado de Matéria-Prima: $ 1.440.000

Produtos	Matéria-prima	%	$
X	3.500.000	50	720.000
Y	2.100.000	30	432.000
Z	1.400.000	20	288.000
	7.000.000	100%	1.440.000

V. Mão de Obra Direta (inclui encargos sociais) no período: $ 6.000.000

Produtos	MOD	%	$
X	1,0 hh/un. × 50.000 un. = 50.000 hh	31,25	1.875.000
Y	2,0 hh/un. × 30.000 un. = 60.000 hh	37,50	2.250.000
Z	2,5 hh/un. × 20.000 un. = 50.000 hh	31,25	1.875.000
	160.000 hh	100%	6.000.000

VI. Energia elétrica consumida na produção: $ 790.000

Produtos	Máquinas	%	$
X	0,60 hm/un. × 50.000 un. = 30.000 hm	20	158.000
Y	1,50 hm/un. × 30.000 un. = 45.000 hm	30	237.000
Z	3,75 hm/un. × 20.000 un. = 75.000 hm	50	395.000
	150.000 hm	100%	790.000

VII. Vendas: $ 25.100.000

Produtos	Preço ($/un.)	Volume de vendas (un.)	Receita ($)
X	270	40.000	10.800.000
Y	350	18.000	6.300.000
Z	500	16.000	8.000.000
			25.100.000

1. **a)** Custo Total de cada Produto (em $):

	X	Y	Z
CUSTOS DIRETOS	5.533.000	4.587.000	3.670.000
Matéria-Prima	3.500.000	2.100.000	1.400.000
Mão de Obra Direta	1.875.000	2.250.000	1.875.000
Energia Elétrica	158.000	237.000	395.000
CUSTOS INDIRETOS DE PRODUÇÃO (CIP)	2.105.500	2.184.000	2.120.500
Consumo de Lubrificantes	70.000	105.000	175.000
Supervisão Geral da Fábrica	900.000	1.080.000	900.000
Aluguel da Fábrica	187.500	225.000	187.500
Manutenção Preventiva	100.000	150.000	250.000
Supervisão do Almoxarifado	720.000	432.000	288.000
Depreciação de Equipamentos	60.000	90.000	150.000
Seguro dos Equipamentos	68.000	102.000	170.000
CUSTO TOTAL	$ 7.638.500	$ 6.771.000	$ 5.790.500

b) Custo Unitário de cada Produto (em $):

	X	Y	Z
Custo Total	$ 7.638.500	$ 6.771.000	$ 5.790.500
Volume	50.000	30.000	20.000
Custo Unitário	$ 152,77/un.	$ 225,70/un.	$ 289,525/un.

c) Custo dos Produtos Vendidos (CPV) (em $):

d) Estoque Final dos Produtos Acabados (em $):

	X	Y	Z	Total
Custo dos Produtos Vendidos (CPV)	6.110.800	4.062.600	4.632.400	14.805.800
Estoque Final dos Produtos Acabados	1.527.700	2.708.400	1.158.100	5.394.200

2. **a)** Custo Direto Total de cada Produto (em $):

Custos diretos	X	Y	Z
Matéria-Prima	3.500.000	2.100.000	1.400.000
Mão de Obra Direta	1.875.000	2.250.000	1.875.000
Energia Elétrica	158.000	237.000	395.000
Total	**$ 5.533.000**	**$ 4.587.000**	**$ 3.670.000**

b) Mapa de Rateio dos Custos Indiretos de Produção (em $):

Custos indiretos de produção	**X**	**Y**	**Z**
Consumo de Lubrificantes	70.000	105.000	175.000
Supervisão Geral da Fábrica	900.000	1.080.000	900.000
Aluguel da Fábrica	187.500	225.000	187.500
Manutenção Preventiva	100.000	150.000	250.000
Supervisão do Almoxarifado	720.000	432.000	288.000
Depreciação de Equipamento	60.000	90.000	150.000
Seguro dos Equipamentos	68.000	102.000	170.000
Total	**$ 2.105.500**	**$ 2.184.000**	**$ 2.120.500**

c) Demonstração de Resultados do Período:

Demonstração de Resultados (em $)				
	X	**Y**	**Z**	**Total**
Vendas Líquidas	10.800.000	6.300.000	8.000.000	25.100.000
(–) CPV	(6.110.800)	(4.062.600)	(4.632.400)	(14.805.800)
LUCRO BRUTO	4.689.200	2.237.400	3.367.600	10.294.200
Despesas:				
Comerciais				(5.060.000)
Administrativas Gerais				(3.040.000)
LUCRO ANTES DAS DF				2.194.200
Financeiras				(200.000)
LUCRO ANTES DO IR				1.994.200
Provisão para IR (30%)				(598.260)
LUCRO LÍQUIDO				1.395.940

d) Balanço patrimonial do período:

Balanço Patrimonial (em $)			
ATIVO		**PASSIVO + PL**	
Circulante		**Circulante**	
Caixa	460.000	Empréstimos	3.520.000
Bancos	1.000.000	IR a Pagar	598.260
Clientes	6.060.000		4.118.260
Estoques:			
Produtos Acabados	5.394.200		
Matéria-Prima	5.000.000		
	17.914.200		
Permanente		**Patrimônio Líquido**	
Imobilizado		Capital Social	15.000.000
Equipamentos	2.000.000	Lucros Acumulados	1.395.940
(–) Depr. Acum.	(300.000)		16.395.940
	1.700.000		
Veículos	1.000.000		
(–) Depr. Acum.	(100.000)		
	900.000		
Total (ATIVO)	**20.514.200**	**Total (P + PL)**	**20.514.200**

EXERCÍCIO 5.3

Base de Rateio por Tempo (h) ou Custo ($) de MOD:

- Custos Indiretos de Produção: $ 500.000

Produtos	MOD	%	$
A	$ 10/un. × 12.000 un. = $ 120.000	83,33	416.650
B	$ 6/un. × 4.000 un. = $ 24.000	16,67	83.350
	$ 144.000	100%	500.000

EXERCÍCIO 5.4

(em $)

Custos	Saias	Vestidos	Total
Diretos	1.239.000	1.711.000	2.950.000
Matéria-prima	735.000	1.015.000	1.750.000
Mão de Obra Direta	504.000	696.000	1.200.000
Indiretos	73.800	71.200	145.000
Aluguel do galpão industrial	36.000	24.000	60.000
Supervisão geral da produção	16.800	23.200	40.000
Energia elétrica consumida na produção	14.400	15.600	30.000
Depreciação das máquinas de produção	6.600	8.400	15.000
a) CUSTO TOTAL	**1.312.800**	**1.782.200**	**3.095.000**
VOLUME PRODUZIDO	35.000	29.000	64.000
b) CUSTO UNITÁRIO	**37,51**	**61,46**	-

	Saias	Vestidos	Total
Receita Bruta	1.800.000	2.000.000	3.800.000
(–) Tributos	(270.000)	(300.000)	(570.000)
Receita Líquida	1.530.000	1.700.000	3.230.000
(-) Custo Produtos Vendidos	(1.125.257)	(1.536.379)	(2.661.636)
c) LUCRO BRUTO	**404.743**	**163.621**	**568.364**
Comissão	–	–	(258.400)
Publicidade e propaganda	–	–	(120.000)
Despesas Administrativas	–	–	(150.000)
d) LUCRO OPERACIONAL	-	-	**39.964**

e) Estoque final de produtos acabados:

SAIAS:	5.000 un. × $ 37,51/un. =	$ 187.550
VESTIDOS:	4.000 un. × $ 61,46/un. =	$ 245.840
TOTAL		$ 433.390

CAPÍTULO 6

EXERCÍCIO 6.1

1. a) Custo total de cada departamento de produção (em $):

Custos indiretos	Estamparia	Furação	Montagem	Almoxarifado	Manutenção	Adm. geral da produção	Total
Mat. indireto	159	57	46	90	112	336	800
Energia elétrica	2.400	432	1.340	240	240	148	4.800
MO indireta	532	672	390	140	170	896	2.800
Aluguel	–	–	–	–	–	3.200	3.200
TOTAL	3.091	1161	1.776	470	522	4.580	11.600
Rateio da adm. geral	1.603	1.374	687	458	458	(4.580)	–
Soma	4.694	2.535	2.463	928	980	–	11.600
Rateio da manutenção	392	343	245	–	(980)	–	–
Soma	5.086	2.878	2.708	928	–	–	11.600
Rateio do almoxarifado	464	232	232	(928)	–	–	–
Soma	5.550	3.110	2.940	–	–	–	11.600
Fechadura	2.220	1.244	2.940	–	–	–	6.404
Dobradiça	3.330	1.866	–	–	–	–	5.196
Total	**5.550**	**3.110**	**2.940**	–	–	–	**11.600**

b) Custo total de cada produto (em $):

	Material	Mão de Obra Direta	Custos indiretos de produção	Total
Fechadura	5.568	4.032	6.404	16.004
Dobradiça	8.352	6.048	5.196	19.596
Total	**13.920**	**10.080**	**11.600**	**35.600**

c) Custo unitário de cada produto:

Fechaduras: $ 16.000/4.000 un. = $ 4,00/un.

Dobradiças: $ 19.596/12.000 un. = $ 1,633/un.

2. Contabilização dos custos.

a) Critério simples:

Custos de Produção	
13.920	
10.080	
3.200	
4.800	
800	
2.800	
35.600	35.600 (a)

Estoque de dobradiças	
(a) 19.596	

Estoque de fechaduras	
(a) 16.004	

b) Critério complexo:

Aluguel

	3.200	3.200	(a)

Energia Elétrica

	4.800	4.800	(b)

Materiais indiretos

	800	800	(c)

MO indireta

	2.800	2.800	(d)

Material (dobr.)

	8.352	8.352	(h)

MO direta (dobr.)

	6.048	6.408	(i)

Material (fech.)

	5.568	5.568	(j)

MO direta (fech.)

	4.032	4.032	(k)

Adm. Geral

(a)	3.200		
(b)	148		
(c)	336		
(d)	896		
	4.580	4.580	(e)

Manutenção

(b)	240		
(c)	112		
(d)	170		
(e)	458		
	980	980	(f)

Almoxarifado

(b)	240		
(c)	90		
(d)	140		
(e)	458		
	928	928	(g)

Montagem

(b)	1.340		
(c)	46		
(d)	390		
(e)	687		
(f)	245		
(g)	232		
	2.940	2.940	(l)

Furação

(b)	432		
(c)	57		
(d)	672		
(e)	1.374		
(f)	343		
(g)	232		
	3.110	3.110	(m)

Estamparia

(b)	2.400		
(c)	159		
(d)	532		
(e)	1.603		
(f)	392		
(g)	464		
	5.550	5.550	(n)

Estoque de dobradiças

(h)	8.352	
(i)	6.048	
(m)	1.866	
(n)	3.330	
	19.596	

Estoque de fechaduras

(j)	5.568	
(k)	4.032	
(l)	2.940	
(m)	1.244	
(n)	2.220	
	16.004	

Contabilização pelo critério complexo

a) Apropriação dos custos diretos aos produtos

Material - dobr.			
	8.352	8.352	(a)

MOD - dobr			
	6.048	6.048	(b)

Estoque de dobr.			
(a)	8.352		
(b)	6.048		

Material - fech.			
	5.568	5.568	(c)

MOD - fech.			
	4.032	4.032	(d)

Estoque de fech.			
(c)	5.568		
(d)	4.032		

b) Rateio dos custos dos elementos de custos aos departamentos

Aluguel			
	3.200	3.200	(e)

Energia Elétrica			
	4.800	4.800	(f)

Material indireto			
	800	800	(g)

MO indireta			
	2.800	2.800	(h)

Adm. Geral		
(e)	3.200	
(f)	148	
(g)	336	
(h)	896	

Manutenção		
(f)	240	
(g)	112	
(h)	170	

Almoxarifado		
(f)	240	
(g)	90	
(h)	140	

Montagem		
(f)	1.340	
(g)	46	
(h)	390	

Furação		
(f)	432	
(g)	57	
(h)	672	

Estamparia		
(f)	2.400	
(g)	159	
(h)	532	

c) Distribuição dos custos da administração geral da produção

Adm. Geral			
(e)	3.200		
(f)	148		
(g)	336		
(h)	896		
	4.580	4.580	(i)

Manutenção		
(f)	240	
(g)	112	
(h)	170	
(i)	458	

Almoxarifado		
(f)	240	
(g)	90	
(h)	140	
(i)	458	

Montagem		
(f)	1.340	
(g)	46	
(h)	390	
(i)	687	

Furação		
(f)	432	
(g)	57	
(h)	672	
(i)	1.374	

Estamparia		
(f)	2.400	
(g)	159	
(h)	532	
(i)	1.603	

d) Distribuição dos custos de manutenção

Adm. Geral

(e)	3.200		
(f)	148		
(g)	336		
(h)	896		
	4.580	4.580	(i)

Manutenção

(f)	240		
(g)	112		
(h)	170		
(i)	458		
	980	980	(j)

Almoxarifado

(f)	240	
(g)	90	
(h)	140	
(i)	458	

Montagem

(f)	1.340	
(g)	46	
(h)	390	
(i)	687	
(j)	245	

Furação

(f)	432	
(g)	57	
(h)	672	
(i)	1.374	
(j)	343	

Estamparia

(f)	2.400	
(g)	159	
(h)	532	
(i)	1.603	
(j)	392	

e) Distribuição dos custos do almoxarifado

Adm. Geral

(e)	3.200		
(f)	148		
(g)	336		
(h)	896		
	4.580	4.580	(i)

Manutenção

(f)	240		
(g)	112		
(h)	170		
(i)	458		
	980	980	(j)

Almoxarifado

(f)	240		
(g)	90		
(h)	140		
(i)	458		
	928	928	(k)

Montagem

(f)	1.340	
(g)	46	
(h)	390	
(i)	687	
(j)	245	
(k)	232	

Furação

(f)	432	
(g)	57	
(h)	672	
(i)	1.374	
(j)	343	
(k)	232	

Estamparia

(f)	2.400	
(g)	159	
(h)	532	
(i)	1.603	
(j)	392	
(k)	464	

f) Rateio dos custos dos departamentos de produção aos produtos

Montagem

(f)	1.340		
(g)	46		
(h)	390		
(i)	687		
(j)	245		
(k)	232		
	2.940	2.940	(l)

Furação

(f)	432		
(g)	57		
(h)	672		
(i)	1.374		
(j)	343		
(k)	232		
	3.110	3.110	(m)

Estamparia

(f)	2.400		
(g)	159		
(h)	532		
(i)	1.603		
(j)	392		
(k)	464		
	5.550	5.550	(n)

Estoques de dobradiças		
(a)	8.352	
(b)	6.048	
(m)	1.866	
(n)	3.330	
	19.596	

Estoque de fechaduras		
(c)	5.568	
(d)	4.032	
(l)	2.940	
(m)	1.244	
(n)	2.220	
	16.004	

EXERCÍCIO 6.2

Mapa de apropriação de custos

Custos indiretos	Pasteurização	Embalagem	Manutenção	Administração da produção	Total
Aluguel	3.740	3.247	578	935	8.500
Material	3.120	1.560	260	260	5.200
Energia elétrica	3.650	3.066	365	219	7.300
Depreciação	2.832	1.416	236	236	4.720
Outro	3.960	1.980	330	330	6.600
Total	**17.302**	**11.269**	**1.769**	**1.980**	**32.320**
Distrib. adm.	792	792	396	(1980)	–
Soma	18.094	12.061	2.165	–	32.320
Distrib. manut.	1.732	433	(2.165)	–	–
Total	**19.826**	**12.494**			**32.320**
Genoveva	14.869,5	9.370,5	–	–	24.240
Genoveva Super	4.956,5	3.123,5	–	–	8.080
Total	**19.826**	**12.494**		–	**32.320**

1. **a)** Custo total de cada produto

	Custos diretos	Custos indiretos de produção	Custo total
Genoveva	87.800	24.240	112.040
Genoveva Super	50.400	8.080	58.480
Total	138.200	32.320	170.520

b) Custo unitário de cada produto

	Custo total	Volume	Custo unitário
Genoveva	112.040	448.160,00	0,250
Genoveva Super	58.480	146.935,80	0,398
Total	170.520	595.095,80	–

c) Custo apurado com base no custo direto

	Custo direto	Pasteurização	Embalagem
Genoveva	87.800	12.595,68	7.937,58
Genoveva Super	50.400	7.230,32	4.556,42
	138.200	19.826,00	12.494,00

2. **a)** Apropriação dos custos utilizando o critério simples:

Custos de Produção

Débito	Crédito
87.800	
50.400	
8.500	
5.200	
7.300	
4.720	
6.600	
170.520	170.520 (a)

Genoveva

Débito	Crédito
(a) 112.040	

Genoveva Super

Débito	Crédito
(a) 58.480	

b) Apropriação dos custos utilizando o critério complexo:

a) Custos diretos aos produtos:

Custos diretos

Débito	Crédito
138.200	87.800 (a)
	50.400 (b)

Genoveva

Débito	Crédito
(a) 87.800	

Genoveva Super

Débito	Crédito
(b) 50.400	

b) Distribuição dos custos dos elementos de custos aos departamentos:

Aluguel

Débito	Crédito
8.500	8.500 (c)

Materiais

Débito	Crédito
5.200	5.200 (d)

Energia Elétrica

Débito	Crédito
7.300	7.300 (e)

Depreciação

Débito	Crédito
4.720	4.720 (f)

Outros

Débito	Crédito
6.600	6.600 (g)

Manutenção

Débito	Crédito
(c) 578	
(d) 260	
(e) 365	
(f) 236	
(g) 330	

Adm. da fábrica

Débito	Crédito
(c) 935	
(d) 260	
(e) 219	
(f) 236	
(g) 330	

Pasteurização

Débito	Crédito
(c) 3.740	
(d) 3.120	
(e) 3.650	
(f) 2.832	
(g) 3.960	

Embalagem

Débito	Crédito
(c) 3.247	
(d) 1.560	
(e) 3.066	
(f) 1.416	
(g) 1.980	

c) Distribuição dos custos da administração da fábrica

Adm. da fábrica			
(c)	935		
(d)	260		
(e)	219		
(f)	236		
(g)	330		
	1.980	1.980	(h)

Manutenção			
(c)	578		
(d)	260		
(e)	365		
(f)	236		
(g)	330		
(h)	396		

Pasteurização			
(c)	3.740		
(d)	3.120		
(e)	3.650		
(f)	2.832		
(g)	3.960		
(h)	792		

Embalagem			
(c)	3.247		
(d)	1.560		
(e)	3.066		
(f)	1.416		
(g)	1.980		
(h)	792		

d) Distribuição dos custos de manutenção

Adm. da fábrica			
(c)	935		
(d)	260		
(e)	219		
(f)	236		
(g)	330		
	1.980	1.980	(h)

Manutenção			
(c)	578		
(d)	260		
(e)	365		
(f)	236		
(g)	330		
(h)	396		
	2.165	2.165	(i)

Pasteurização			
(c)	3.740		
(d)	3.120		
(e)	3.650		
(f)	2.832		
(g)	3.960		
(h)	792		
(i)	1.732		
	19.826		

Embalagem			
(c)	3.247		
(d)	1.560		
(e)	3.066		
(f)	1.416		
(g)	1.980		
(h)	792		
(i)	433		
	12.494		

e) Custos dos departamentos de produção aos produtos

Pasteurização

	Débito	Crédito	
(c)	3.740		
(d)	3.120		
(e)	3.650		
(f)	2.832		
(g)	3.960		
(h)	792		
(i)	1.732		
	19.862	19.862	(j)

Embalagem

	Débito	Crédito	
(c)	3.247		
(d)	1.560		
(e)	3.066		
(f)	1.416		
(g)	1.980		
(h)	792		
(i)	433		
	12.494	12.494	(k)

Genoveva

	Débito	Crédito
(a)	87.800	
(j)	14.869,5	
(k)	9.370,5	
	112.040	

Genoveva Super

	Débito	Crédito
(b)	50.400	
(j)	4.956,5	
(k)	3.123,5	
	58.480	

EXERCÍCIO 6.3

Mapa de apropriação de custos

Custos	Gerência geral da produção	Manutenção	Montagem	Acabamento	Total
	1.050	1.110	9.300	7.140	18.600
Rateio da administração	(1.050)	210	420	420	–
Soma	–	1.320	9.720	7.560	18.600
Rateio da manutenção		(1.320)	990	330	–
Total		–	10.710	7.890	18.600
Produto A			8.568	6.312	14.880
Produto B			2.142	1.578	3.720
TOTAL			**10.710**	**7.890**	**18.600**

CAPÍTULO 7

EXERCÍCIO 7.1

Custo da caldeiraria rateado para cada departamento.

Custos Fixos: rateados de acordo com a capacidade de cada departamento. Custos Variáveis: rateados de acordo com o consumo efetivo.

Custos	Departamentos			Total
	Forjaria	Térmico	Zincagem	
Fixos (em $)	9.000	4.500	1.500	15.000
Variáveis (em $)	30.937,50	14.062,50	-0-	45.000
Total	**39.937,50**	**18.562,50**	**1.500**	**60.000**

EXERCÍCIO 7.2

Custo do departamento de informática a ser rateado para cada departamento (em $).

Custos Fixos: rateados de acordo com o potencial de utilização.

Custos Variáveis: rateados de acordo com a utilização efetiva.

Custos	Departamentos			Total
	RH	Contabilidade	MKT	
Fixos				
Salários e encargos sociais	6.600	8.000	5.400	20.000
Depreciação do equipamento	3.300	4.000	2.700	10.000
Variáveis				
Disquetes	1.000	875	625	2.500
Papel para impressão	1.600	1.400	1.000	4.000
Tinta para impressão	800	700	500	2.000
Total	**13.300**	**14.975**	**10.225**	**38.500**

EXERCÍCIO 7.3

a) Percentuais de distribuição de custos:

Usuários / Prestadores	Compras	ADM. RH	Tecn. Inform.	Prod.	Controladoria	Vendas
Compras	5%	13%	15%	60%	3%	4%
Administração de RH	5%	12%	4%	70%	3%	6%
Tecn. de Informação	5%	12%	4%	70%	3%	6%

b) Rateio dos custos dos departamentos de serviços aos demais (em $):

Departamentos	Compras	ADM. RH	Tecn. Inform.	Prod.	Controladoria	Vendas	Total
Compras	1.900	4.940	5.700	22.800	1.140	1.520	38.000
Administração de RH	2.000	4.800	1.600	28.000	1.200	2.400	40.000
Tecn. de Informação	1.500	3.600	1.200	21.000	900	1.800	30.000
Total	**5.400**	**13.340**	**8.500**	**71.800**	**3.240**	**5.720**	**108.000**

CAPÍTULO 8

EXERCÍCIO 8.1

a) Custos indiretos de produção rateados à base de MOD:

MOD do Produto A:	$ 10/un. × 12.000 un. =	$ 120.000
MOD do Produto B:	$ 5/un. × 4.490 un. =	$ 22.450
		$ 142.450

Taxa CIP = $ 500.000 / $ 142.450 = $ 3,51 por $ 1,00 de MOD

Produto A ⇒ CIP/un. = $ 35,10/un. ⇒ CIP =		$ 421.200
Produto B ⇒ CIP/un. = $ 17,55/un. ⇒ CIP =		$ 78.800
	TOTAL	$ 500.000

b) Custos indiretos de produção rateados à base de material direto:

MAT do Produto A:	\$ 20/un. × 12.000 un. =	\$ 240.000
MAT do Produto B:	\$ 27,95/un. × 4.490 un. =	\$ 125.496
		\$ 365.496

Taxa CIP = \$ 500.000 / \$ 365.496 = \$ 1,368 por \$ 1,00 de MAT

Produto A ⇒ CIP/un. = \$ 27,36/un. ⇒ CIP =	\$ 328.320
Produto B ⇒ CIP/un. = \$ 38,236/un. ⇒ CIP =	\$ 171.680
TOTAL	\$ 500.000

c) Custos indiretos de produção rateados pelo ABC:

Atividades	Direcionador utilizado
Inspecionar material	Nº de lotes inspecionados e armazenados
Armazenar material	Nº de lotes inspecionados e armazenados
Controlar estoques	Nº de lotes inspecionados e armazenados
Processar produtos	Nº de horas-máquina de processamento
Controlar processos	Dedicação do tempo dos engenheiros

Proporções para alocação dos CIP

Atividades	Produto A	Produto B
Inspecionar material	30%	70%
Armazenar material	30%	70%
Controlar estoques	30%	70%
Processar produtos	40%	60%
Controlar processos	25%	75%

Alocação dos CIP aos produtos (em \$)

Atividades	Produto A	Produto B	Total
Inspecionar material	18.000	42.000	60.000
Armazenar material	15.000	35.000	50.000
Controlar estoques	12.000	28.000	40.000
Processar produtos	60.000	90.000	150.000
Controlar processos	50.000	150.000	200.000
Total	**155.000**	**345.000**	**500.000**

d) Margem bruta e lucro

d1) CIP à base do custo de MOD

	Produtos (em \$)		Total
	A	B	
Receita líquida	960.000	426.550	1.386.550
Custos diretos			
Material	240.000	125.495,50	365.495,50
Mão de obra	120.000	22.450	142.450
Custos indiretos	421.200	78.800	500.000
Lucro bruto	*178.800*	*199.804,50*	*378.604,50*
Margem bruta	*18,63%*	*46,84%*	*27,31%*

d2) CIP à base no custo de MAT

	Produtos (em $)		Total
	A	B	
Receita líquida	960.000	426.550	1.386.550
Custos diretos			
Material	240.000	125.495,50	365.495,50
Mão de obra	120.000	22.450	142.450
Custos indiretos	328.320	171.680	500.000
Lucro bruto	271.680	106.924,50	378.604,50
Margem bruta	28,30%	25,07%	27,31%

d3) CIP pelo ABC

	Produtos (em $)		Total
	A	B	
Receita líquida	960.000	426.550	1.386.550
Custos diretos			
Material	240.000	125.495,50	365.495,50
Mão de obra	120.000	22.450	142.450
Custos indiretos			
Inspecionar material	18.000	42.000	60.000
Armazenar material	15.000	35.000	50.000
Controlar estoques	12.000	28.000	40.000
Processar produtos	60.000	90.000	150.000
Controlar processos	50.000	150.000	200.000
Lucro bruto	445.000	(66.395,50)	378.604,50
Margem bruta	46,35%	–15,57%	27,31%

EXERCÍCIO 8.2

	Atividades			Total
Custos	**Projetar novos produtos**	**Elaborar fichas técnicas**	**Treinar funcionários**	
Salários:				
Gerente	42.000	–	18.000	60.000
Engenheiros	60.000	24.000	36.000	120.000
Estagiários	–	12.000	–	12.000
Secretária (1)	7.800	600	3.600	12.000
Subtotal	109.800	36.600	57.600	204.000
Depreciação	10.200	6.800	17.000	34.000
Viagens	20.000	–	–	20.000
Aluguel	4.000	1.000	5.000	10.000
Outros (2)	3.768	1.256	1.976	7.000
Total	**147.768**	**45.656**	**81.576**	**275.000**

(1) Salário da secretária:

	Projetar novos produtos	Elaborar fichas técnicas	Treinar funcionários
$ 9.000 para gerência	6.300	–	2.700
$ 3.000 para engenheiros	1.500	600	900
	7.800	600	3.600

(2) Outros custos:

Normalmente, são custos de atividades de apoio ao próprio departamento. Foram alocadas às atividades-fim com base no custo do salário (53,83%, 17,94% e 28,23%, para cada atividade, respectivamente) por ser a mão de obra o principal fator de produção do departamento.

EXERCÍCIO 8.3

a) Custos indiretos rateados à base do custo direto:

	Serviço A	Serviço B	Total
Custos diretos (em $)	455.000	245.000	700.000
Proporção	65%	35%	100%
Custos indiretos (em $)	325.000	175.000	500.000

b) Custos indiretos rateados à base do custo de MOD:

MOD do Serviço A =	$ 200.000
MOD do Serviço B =	$ 120.000
Total	$ 320.000

Taxa Custos Indiretos = \$ 500.000 / \$ 320.000 = \$ 1,5625 por \$ 1,00 de MOD

Serviço A ⇒ Custos indiretos =	$ 312.500
Serviço B ⇒ Custos indiretos =	$ 187.500
TOTAL	$ 500.000

c) Custos indiretos rateados pelo ABC:

Escolha dos direcionadores para as atividades

Atividades	Direcionadores
Realizar manutenção preventiva	Nº de horas de manutenção preventiva
Realizar manutenção corretiva	Nº de defeitos detectados e corrigidos
Supervisionar serviços	Tempo dedicado pelos supervisores
Controlar a qualidade dos serviços	Nº de pontos de inspeção de controle de qualidade

Proporções

Atividades	Serviços	
	A	B
Realizar manutenção preventiva	1/6	5/6
Realizar manutenção corretiva	1/5	4/5
Supervisionar serviços	25%	75%
Controlar a qualidade dos serviços	20%	80%

Alocação dos custos das atividades aos serviços (em $)

Atividades	Serviços		Total
	A	B	
Realizar manutenção preventiva	25.000	125.000	150.000
Realizar manutenção corretiva	36.000	144.000	180.000
Supervisionar serviços	17.500	52.500	70.000
Controlar a qualidade dos serviços	20.000	80.000	100.000
Total	**98.500**	**401.500**	**500.000**

d) Margem bruta e lucro:

d1) CIP com base no custo direto:

	Serviços (em $)		Total
	A	B	
Receita líquida	790.715	994.620	1.785.335
Custos diretos			
Depreciação de veículos	0	80.000	80.000
Salários e encargos sociais	200.000	120.000	320.000
Depreciação da planta básica	100.000	0	100.000
Material para reparos	0	45.000	45.000
Energia elétrica	155.000	0	155.000
Custos indiretos	325.000	175.000	500.000
Lucro bruto	10.715	574.620	585.335
Margem bruta	1,36%	57,77%	32,79%

d2) CIP com base no custo de MOD:

	Serviços (em $)		Total
	A	B	
Receita líquida	790.715	994.620	1.785.335
Custos diretos			
Depreciação de veículos	0	80.000	80.000
Salários e encargos sociais	200.000	120.000	320.000
Depreciação da planta básica	100.000	0	100.000
Material para reparos	0	45.000	45.000
Energia elétrica	155.000	0	155.000
Custos indiretos	312.500	187.500	500.000
Lucro bruto	23.215	562.120	585.335
Margem bruta	2,94%	56,52%	32,79%

d3) CIP pelo ABC:

	Serviços (em $)		Total
	A	B	
Receita líquida	790.715	994.620	1.785.335
Custos diretos			
Depreciação de veículos	0	80.000	80.000
Salários e encargos sociais	200.000	120.000	320.000
Depreciação da planta básica	100.000	0	100.000
Material para reparos	0	45.000	45.000
Energia elétrica	155.000	0	155.000
	455.000	245.000	700.000
Custos indiretos			
Realizar manutenção preventiva	25.000	125.000	150.000
Realizar manutenção corretiva	36.000	144.000	180.000
Supervisionar serviços	17.500	52.500	70.000
Controlar a qualidade dos serviços	20.000	80.000	100.000
	98.500	401.500	500.000
Custo total	553.500	646.500	1.200.000
Lucro bruto	237.215	348.120	585.335
Margem bruta	30%	35%	32,79%

EXERCÍCIO 8.4

a) Custos indiretos rateados à base do custo direto:

a1) Apropriação do custo das atividades aos produtos (em $):

1) Departamento de Almoxarifado

Produtos	Receber materiais	Movimentar materiais	Expedir produtos	Total
ONT 1	21.000	28.000	27.500	76.500
BUL 2	14.000	12.000	22.500	48.500
Total	**35.000**	**40.000**	**50.000**	**125.000**

2) Departamento de Controle de Qualidade

Produtos	Efetuar controle do processo	Inspecionar processo	Total
ONT 1	12.000	10.800	22.800
BUL 2	8.000	19.200	27.200
Total	**20.000**	**30.000**	**50.000**

3) Departamento de Manutenção

Produtos	Realizar manutenção preventiva dos equipamentos	Realizar manutenção corretiva dos equipamentos	Total
ONT 1	7.800	5.500	13.300
BUL 2	7.200	4.500	11.700
Total	**15.000**	**10.000**	**25.000**

4) Departamento de Administração de Produção

Produtos	**Efetuar fechamento de ordens de produção**	**Programar a produção**	**Total**
ONT 1	30.000	20.000	50.000
BUL 2	20.000	30.000	50.000
Total	**50.000**	**50.000**	**100.000**

a2) Alocação dos custos indiretos aos produtos (em $):

Atividades	**ONT 1**	**BUL 2**	**Total**
Receber materiais	21.000	14.000	35.000
Movimentar materiais	28.000	12.000	40.000
Expedir produtos	27.500	22.500	50.000
Efetuar controle do processo de produção	12.000	8.000	20.000
Inspecionar processo de produção	10.800	19.200	30.000
Realizar manutenção preventiva de equip.	7.800	7.200	15.000
Realizar manutenção corretiva de equip.	5.500	4.500	10.000
Efetuar fechamento de ordens de produção	30.000	20.000	50.000
Programar a produção	20.000	30.000	50.000
Total	**162.600**	**137.400**	**300.000**

b) Lucro Bruto de cada produto (em $):

	Produtos		**Total**
	ONT 1	**BUL 2**	
Receita Bruta	1.200.000	675.000	1.875.000
Tributos	(240.000)	(135.000)	(375.000)
Receita Líquida	960.000	540.000	1.500.000
Custos Diretos:			
Material	(540.000)	(225.000)	(765.000)
Mão de obra direta	(240.000)	(126.000)	(366.000)
Custos Indiretos de Produção (*overhead*)	(162.600)	(137.400)	(300.000)
Lucro Bruto	17.400	51.600	69.000

c) Percentual de lucro bruto de cada produto (margem bruta percentual):

	Produtos	
	ONT 1	**BUL 2**
Lucro Bruto	17.400	51.600
Receita Líquida	960.000	540.000
Margem Bruta (%)	1,81%	9,56%

CAPÍTULO 9

EXERCÍCIO 9.1

a) Taxa predeterminada de custos indiretos de produção, por tonelada:

Custos Indiretos de Produção Orçados (exceto manutenção)	5.754.000
Custos Indiretos de Produção Orçados (manutenção)	2.466.000
TOTAL	8.220.000

$$\text{Taxa Orçada} = \frac{\$\ 8.220.000}{3.288.000\ t} = \$\ 2{,}50/t$$

b) Taxa real de custos indiretos de produção, por tonelada:

Custos Indiretos de Produção (exceto manutenção)	5.920.300
Custos Indiretos de Produção (manutenção)	2.507.470
TOTAL	8.427.770

$$\text{Taxa Real} = \frac{\$\ 8.427.770}{3.133.000\ t} = \$\ 2{,}69/t$$

c) Variação total de custos indiretos de produção (em $):

CIP Aplicados = $ 2,50/t × 3.133.000 t = $ 7.832.500
Custos Indiretos de Produção Real Incorridos = $ 8.427.770
Assim, a Variação Total de CIP = CIP Real Incorrido – CIP Aplicado =
= $ 8.427.770 – $ 7.832.500 =
= $ 595.270

d) Variação total de custos indiretos de produção (em %):

	Orçado para		Real para	Variação	
	3.288.000 t	**3.133.000 t**	**3.133.000 t**	**(em $)**	**(em %)**
Total	$ 8.220.000	$ 7.832.500	$ 8.427.770	$ 595.270	7,6 (D)
Unidade	$ 2,50/t	$ 2,50/t	$ 2,69/t	$ 0,19/t	7,6 (D)

EXERCÍCIO 9.2

a) Taxa de aplicação de custos indiretos de produção utilizada:

$$\text{Taxa Orçada} = \frac{\$\ 3.900.000 + \$\ 5.500.00}{16.000\ h} = \$\ 587{,}50/h$$

b) Taxa que seria prevista, se já se estimassem 19.000 h:

$$\text{Custos Variáveis} = \frac{\$\ 5.500.000}{16.000\ h} = \$\ 343{,}75/h$$

$$\text{Custos Fixos} = \frac{\$\ 3.900.000}{19.000\ h} \cong \$\ 205{,}26/h$$

Taxa que seria utilizada = $ 343,75/h + $ 205,26/h = $ 549,01/h

c) Valor dos custos indiretos de produção aplicados:

CIP Aplicados = 19.000 h × $ 587,50/h = $ 11.162.500

d) Variação de volume:

- Custos Indiretos de Produção Aplicados: $ 11.162.500
- CIP que deveriam ter sido aplicados (19.000 h × $ 549,01): $ 10.431.190

VARIAÇÃO DE VOLUME $ 731.310 (F)

e) Variação de custo:

- CIP orçado para 16.000 h: $ 9.400.000
- CIP ajustado para 19.000 h: $ 10.431.190
- CIP real: $ 11.800.000

VARIAÇÃO DE CUSTO = CIP real – CIP ajustado para 19.000 h =
= $ 11.800.000 – $ 10.431.190
= $ 1.368.810 (D)

f) Variação total de custos indiretos de produção (em $):

Variação de custo:	$ 1.368.810	(D)
Variação de volume:	$ 731.310	(F)
VARIAÇÃO TOTAL	$ 637.500	(D)

EXERCÍCIO 9.3

a) Custo médio estimado, por cópia:

$$\text{Custos Fixos} = \frac{\$\ 2.020 + 14.480}{150.000\ \text{cópias}} = \frac{\$\ 16.500}{150.000\ \text{cópias}} = \$\ 0{,}11/\text{cópia}$$

Custos Variáveis: $ 0,60/cópia
CUSTO MÉDIO ESTIMADO *$ 0,71/cópia*

b) Custo por cópia que teria sido estimado para 180.000 cópias:

$$\text{Custos Fixos} = \frac{\$\ 2.020 + 14.480}{180.000\ \text{cópias}} = \frac{\$\ 16.500}{180.000\ \text{cópias}} = \$\ 0{,}092/\text{cópia}$$

$$\text{Custo adicional das 30.000 cópias} = \frac{30.000 \times \$\ 0{,}75}{180.000\ \text{cópias}} = \$\ 0{,}125/\text{cópia}$$

Custos Variáveis: $ 0,600/cópia
CUSTO TOTAL $ 0,817/cópia

c) Variação de volume:

- CF Apropriados (180.000 cópias × $ 0,11/cópia): $ 19.800
- CF que deveriam ter sido aplicados (180.000 cópias × $ 0,0917/cópia): $ 16.500

VARIAÇÃO DE VOLUME $ 3.300 (F)

Observação: Os $ 0,0917/cópia foram assim calculados:
($ 2.020 + $ 14.480)/180.000 cópias

Outra maneira de se apurar essa variação de volume é a seguinte:

CF/un. estimado: $ 0,11 (ver alínea *a* acima)

CF/un. real: $ 0,0917

Variação de volume: 180.000 un. × ($ 0,11 – $ 0,0917) = $ 3.300 F

d) Variação de custo:

- Custo orçado ajustado ao volume real:

Fixos:	$ 16.500
Variáveis: (180.000 cópias × $ 0,60/cópia) + (30.000 cópias × $ 0,75/cópia)	$ 130.500
	$ 147.000

- CIP real: $ 116.160 + $ 22.500 + $ 14.480

VARIAÇÃO DE CUSTO = CIP real – CIP previsto para 180.000 cópias =
= $ 153.140 – $ 147.000
= $ 6.140 (D)

e) Variação total de custos indiretos de produção (em $):

Variação de Volume:	$ 3.300	(F)
Variação de Custo:	$ 6.140	(D)
VARIAÇÃO TOTAL	$ 2.840	(D)

EXERCÍCIO 9.4

a) Taxa horária de aplicação de custos utilizada:

$$\text{Taxa Orçada} = \frac{\$\ 1.032.000}{8.000\ h} = \$\ 129/h$$

b) Valor dos custos aplicados:

Custos Aplicados = 10.000 h × $ 129/h = $ 1.290.000

c) Variação de custo:

Custo Real Incorrido:	$ 1.150.000
Custos Aplicados:	$ 1.290.000

VARIAÇÃO DE CUSTO = Custo Real – Custos Aplicados =
= $ 1.150.000 – $ 1.290.000
= $ 140.000 (F)

CAPÍTULO 10

EXERCÍCIO 10.1

a) Matéria-prima:

Com 300 g de matéria-prima produz → 1 arruela grande
→ 1 arruela pequena

Peso da grande = 2 vezes o peso da pequena

Para produzir uma grande e uma pequena, perde-se material correspondente ao peso da pequena, ou seja: Sobra = peso da pequena

Se o peso da grande = peso da pequena + sobra, então o material gasto para produzir uma grande, uma pequena e a sobra é igual ao material necessário para produzir duas grandes.

Em 300 g, obtém-se
- → 1 grande: 300 g/2 = 150 g
- → 1 pequena: 150 g/2 = 75 g
- → sobra = peso da pequena: 75 g

Se com 300 g se produz uma arruela de cada tipo, então o total de arruelas produzidas de cada tipo:

72.000 kg/0,3 kg = 240.000.

As sobras da matéria-prima são de 240.000 × 0,075 kg = 18.000 kg, e elas são vendidas por $ 3,00/kg. Logo, são um subproduto a reduzir o custo da matéria-prima utilizada.

Custo da matéria-prima consumida no período:

(72.000 kg × $ 12/kg) – (18.000 kg × $ 3,00/kg) = $ 810.000

Custo/kg de matéria-prima contida nas arruelas:

$$\frac{\$\ 810.000}{(240.000 \times 0{,}15\ \text{kg}) + (240.000 \times 0{,}075\ \text{kg})} = \frac{\$\ 810.000}{(36.000\ \text{kg} + 18.000\ \text{kg})} = \$\ 15/\text{kg}$$

Arruela grande: (0,15 kg × $ 15/kg) × 50 un. = $ 112,50

Arruela pequena: (0,075 kg × $ 15/kg) × 50 un. = $ 56,25

b) Niquelagem:

Arruela grande: (0,15 kg × $ 10/kg) × 50 un. = $ 75,00

Arruela pequena: (0,075 kg × $ 10/kg) × 50 un. = $ 37,50

c) Mão de obra direta:

O custo da mão de obra direta é igual para os dois tamanhos, já que a prensa, uma vez acionada pelo operário, estampa as duas ao mesmo tempo.

$$\text{Mão de obra direta} = \frac{\$\ 360.0000}{480.000} = \$\ 0{,}75$$

Arruela grande: $ 0,75/un. × 50 un. = $ 37,50

Arruela pequena: $ 0,75/un. × 50 un. = $ 37,50

d) Depreciação:

O custo de depreciação é igual para os dois tamanhos, já que a prensa, uma vez acionada, estampa as duas ao mesmo tempo.

$$\text{Depreciação: } \frac{\$\ 480.000}{10.000\ \text{h}} \times \frac{480.000\ \text{arruelas}}{1.200\ \text{arruelas/h}} = \$\ 48/\text{h} \times 400\ \text{h} = \$\ 19.200$$

$$\text{Depreciação: } \frac{\$\ 19.200}{480.000} = \$\ 0{,}04$$

Arruela grande: $ 0,04/un. × 50 un. = $ 2

Arruela pequena: $ 0,04/un. × 50 un. = $ 2

e) Total:

Caixa com 50 arruelas grandes: $ 112,50 + $ 75 + $ 37,50 + $ 2 + $ 2 = $ 229

Caixa com 50 arruelas pequenas: $ 56,25 + $ 37,50 + $ 37,50 + $ 2 + $ 1,50 = $ 134,75

EXERCÍCIO 10.2

1. Alternativa correta: C
2. Alternativa correta: D
3. Alternativa correta: C
4. Alternativa correta: B
5. Alternativa correta: C

EXERCÍCIO 10.3

a) Custo do material transferido para a fundição: 0,82 × $ 80.000 = $ 65.600

b) Peso do material transferido para a usinagem: 0,95 × 16.000 kg = 15.200 kg

c) Peso do material que sobra na usinagem: 5% de 15.200 kg = 760 kg

d) Receita da venda das sobras: $ 2 × 760 kg = $ 1.520

Logo, o valor de custo do material consumido:

$ 65.600 – $ 1.520 = $ 64.080

EXERCÍCIO 10.4

1. Quantidade de papel utilizado por mês (em kg):

   Couchê para páginas:

   – Moderna: 0,16 kg / 0,9 × 10.000 = 1.777,778 kg.

   – Weekly: 0,12 kg / 0,9 × 15.000 × 4 = 8.000 kg.

   Supercalandrado para capas:

   – Moderna: 0,03 kg / 0,9 × 10.000 = 333,333 kg.

   – Weekly: 0,03 kg / 0,9 × 15.000 × 4 = 2.000 kg.

Papel	Moderna	Weekly	Total
Couchê para páginas	1.777,778	8.000	9.777,778
Supercalandrado para capas	333,333	2.000	2.333,333
Total	**2.111,111**	**10.000**	**12.111,111**

2. Preço FOB do papel:

Papel	Preço bruto (US$/ton.)	Taxa de câmbio	Preço bruto ($/kg)
Couchê	800	2,50	2,00
Supercalandrado	780	2,50	1,95

3. Preço total de papel utilizado por mês (em $):

Papel	Preço bruto ($/kg)	Quantidade (em kg)	Total
Couchê para páginas	2,00	9.777,778	19.555,556
Supercalandrado para capas	1,95	2.333,333	4.549,999

4. Gastos com despachante por kg de papel (em $):

Taxa de anuência	100
Honorários do despachante	940
Taxa de emissão de DI	40
Total	**1.080**

$$\text{Gastos com despachante} = \frac{\$\ 1.080}{12.111{,}111\ \text{kg}} = \$\ 0{,}089/\text{kg}$$

5. Gastos com frete e seguro internacional:

Custos	Preço bruto (US$/ton.)	Taxa de câmbio	Preço bruto ($/kg)
Frete internacional	12,00	2,50	0,030
Seguro internacional	9,00	2,50	0,023
Total	**21,00**		**0,053**

6. Custo parcial do papel, base para cálculo do Imposto de Importação (em $):

Couchê para páginas:

– Gastos com despachante: $ 0,089/kg × 9.777,778 kg = $ 870,222

– Frete e Seg. Internacionais: $ 0,053/kg × 9.777,778 kg = $ 518,222

Supercalandrado para capas:

– Gastos com despachante: $ 0,089/kg × 2.333,333 kg = $ 207,667

– Frete e Seg. Internacionais: $ 0,053/kg × 2.333,333 kg = $ 123,667

Papel	Preço total	Gastos com despachante	Frete e seg. Internacionais	Total
Couchê	19.555,556	870,222	518,222	20.944,000
Supercalandrado	4.549,999	207,667	123,667	4.881,333
Total	**24.105,555**	**1.077,889**	**641,889**	**25.825,333**

7. Custo do papel acrescido do imposto de importação (em $):

Papel	Custo	Imposto de Importação	Custo do papel importado
Couchê	20.944,000	2%	21.362,880
Supercalandrado	4.881,333	2%	4.978,960
Total	**25.825,333**	–	**26.341,840**

8. Outros gastos locais relativos ao custo do papel (em $):

Frete, seguro e armazenagem nacional:

– Couchê: $ 12,00/ ton. × 9,77778 ton. = $ 117,333

– Supercalandrado: $ 12,00/ton. × 2,33333 ton. = $ 28,000

Papel	Custo do papel importado	Frete, seg. e arm. nacional	Custo final
Couchê	21.362,880	117,333	21.480,213
Supercalandrado	4.978,960	28,000	5.006,960
Total	**26.341,840**	**145,333**	**26.487,173**

9. Quantidade de outros materiais por revista:

Materiais (por mês)	**Moderna**	**Weekly**	**Total**
Tinta para impressão (em litros)	3.000	15.000	18.000
Grampos (em unidades)	0	120.000	120.000
Cola (em kg.)	100	0	100

10. Custo total de outros materiais, por mês (em $):

Materiais	**Preço líquido**	**Quantidade**	**Custo total ($)**
Tinta para impressão	6,00	18.000/1	108.000,00
Grampos	0,04	120.000 un.	4.800,00
Cola	0,40	100 kg	40,00

a) Resumo do custo de cada tipo de material:

Materiais	**Custo total ($)**	**Quantidade**	**Custo unitário**
Papel Couchê	21.480,213	9.777,778	2,197/kg
Papel Supercalandrado	5.006,960	2.333,33	2,146/kg
Tinta para impressão	108.000,00	18.000	6,000/l
Grampos	4.800,00	120.000	0,040/un.
Cola	40,00	100	0,400/kg

b) Custo do material contido em cada revista, por exemplar (em $):

Materiais	**Moderna**	**Weekly**
Papel Couchê	0,352	0,264
Papel Supercalandrado	0,064	0,064
Tinta para impressão	1,800	1,500
Grampos	–	0,080
Cola	0,004	–
Total	2,220	1,908

CAPÍTULO 11

EXERCÍCIO 11.1

Dias à disposição da empresa

Número total de dias do ano	365
(–) Domingos	(48)
(–) Sábados	(48)
(–) Férias	(30)
(–) Faltas abonadas e Feriados	(15)
Dias à disposição da empresa	224

Número de horas de trabalho por dia: 44 h/5 dias = 8,8 h

a) Custo total do funcionário para a empresa, por ano (em $):

Salário: 224 dias × 8,8 h × $ 5/h	9.856,00
Repousos semanais, faltas e feriados:	
63 dias × 7,333 h × $ 5/h	2.310,00
13º Salário: 30 dias × 7,333 h × $ 5/h	1.100,00
Férias: 30 dias × 7,333 h × $ 5/h	1.100,00
Adicional Constitucional de Férias	366,67
	14.732,67
(+) Contribuições Sociais (36,8%)	5,421,62
Custo total anual	20.154,29

b) Número médio de horas que o funcionário fica à disposição da empresa, por ano:

Número de horas de trabalho por ano: 8,8 h/dia × 224 dias = 1.971,20 h

c) Custo médio de horas que o funcionário fica à disposição da empresa, por ano:

$$\text{Custo médio} = \frac{\$\ 20.154,29}{1.971,20\ \text{h}} \cong \$\ 10,22/\text{h}$$

EXERCÍCIO 11.2

Dias à disposição da empresa

Número total de dias do ano	365
(–) Repousos semanais	(48)
(–) Férias	(30)
(–) Feriados	(12)
(–) Faltas abonadas	(3)
Dias à disposição da empresa	272

Número de horas de trabalho por dia: 42 h/6 dias = 7 h

a) Custo total do funcionário para a empresa, por ano (em $):

Salário: 272 dias × 7 h × $ 5/h	9.520,00
Repousos semanais, feriados e faltas:	
63 dias × 7 h × $ 5/h	2.205,00
13º Salário: 30 dias × 7 h × $ 5/h	1.050,00
Férias: 30 dias × 7 h × $ 5/h	1.050,00
Adicional Constitucional de Férias	350,00
	14.175,00
(+) Contribuições Sociais (36%)	5.130,00
CUSTO TOTAL ANUAL	19.278,00

b) Número médio de horas que o funcionário fica à disposição da empresa, por ano:

Número de horas de trabalho por ano: 7 h/dia × 272 dias = 1.904 h

c) Custo médio de horas que o funcionário fica à disposição da empresa, por ano:

$$\text{Custo médio} = \frac{\$\ 19.278}{1.904\ \text{h}} \cong \$\ 10{,}13/\text{h}$$

EXERCÍCIO 11.3

a) Custo total, por ano, da funcionária:

	Meses	$
a) Salário	11,33	17.000
b) Férias 2/3 (descanso)	0,67	1.000
c) Abono Pecuniário das Férias 1/3 ($)	0,33	500
d) 13º Salário	1,00	1.500
e) Adicional Constitucional de Férias (1/3 do b)	0,22	333
f) Adicional Constitucional de Férias (1/3 do c)	0,11	167
Subtotal		20.500
g) Contribuição Social 35% sobre (a + b + d + e)		6.942
CUSTO TOTAL ANUAL		*27.442*

b) Custo total, por ano, do funcionário:

	Meses	$
a) Salário	11,33	22.667
b) Férias 2/3 (descanso)	0,67	1.333
c) Abono Pecuniário das Férias 1/3 ($)	0,33	667
d) 13º Salário	1,00	2.000
e) Adicional Constitucional de Férias (1/3 do b)	0,22	444
f) Adicional Constitucional de Férias (1/3 do c)	0,11	222
Subtotal		27.333
g) Contribuição Social 35% sobre (a + b + d + e)		9.255
CUSTO TOTAL ANUAL		*36.588*

c) Custo dos encargos, em porcentagem:

$$\text{Custos dos encargos da funcionária} = \frac{a+b+c+d+e+f+g}{\$\ 17.000} = \frac{\$\ 10.442}{\$\ 17.000} \times 100 = 61,42\%$$

$$\text{Custos dos encargos do funcionário} = \frac{a+b+c+d+e+f+g}{\$\ 22.667} = \frac{\$\ 13.921}{\$\ 22.667} \times 100 = 61,42\%$$

c1) Encargos sociais sobre o salário (Maria):

27.442 – 17.000 = 10.442

10.442 ÷ 17.000 = 61,42%

O de João leva ao mesmo percentual.

c2) Encargos sociais sobre o salário, férias e 13º salário (João):

36.588 - 27.333 = 9.255

9.255 ÷ 27.333 = 33,86%

O de Maria leva ao mesmo percentual.

c3) Encargos sociais sobre o tempo à disposição da empresa (Maria):

27.442 ÷ 11,33 = 2.422,07

2.422,07 - 1.500 = 922,07

922,07 ÷ 1.500 = 61,47%

O de João leva ao mesmo percentual.

EXERCÍCIO 11.4

1. Demonstração da quantidade de horas de trabalho por ano:

Número total de dias no ano (-)	365
Férias	(30)
(–) Domingos	(48)
(–) Sábados	(48)
(–) Feriados	(9)
Nº máximo de dias à disposição do empregador	230
Nº de horas à disposição do empregador (230 dias × 8h/dia)	1.840
Nº de horas efetivamente trabalhadas (90%)	1.656

2. Demonstração do custo anual para a empresa:

Custo Anual	$
Salário nominal (onze meses)	13.200
Férias	1.200
Adicional de 1/3 das férias	400
13º Salário	1.200
a) Total da remuneração	**16.000**
b) Contribuições Sociais (36%)	**5.760**
c) Subtotal remuneração + contribuições	**21.760**
d) Benefícios:	3.348
Vale-refeição (230 dias a $ 10/dia)	2.300
Vale-transporte (230 dias a $ 8/dia)	1.048[1]
e) Custo Total para empresa	**25.108**
f) Custo-hora de mão de obra	**15,16**
g) Custo-hora de mão de obra sem benefícios	**13,14**

[1] Vale-transporte = (230 dias × $ 8/dia) - (6% × $ 13.200) = $ 1.048.

3. Custo de horas extras:

Adicional de horas extras – ($ 13.200/1.840 h) × 1,5 ≅	$ 10,76/h
+ Contribuições Sociais (36%)	$ 3.87/h
Custo de horas extras	$ 14,63/h

OBS.: Como as horas extras, neste caso, não são habituais, o adicional não se incorpora à remuneração, para fins de cálculo de férias e 13º salário; por isso acabam custando menos que as horas normais (mesmo com o adicional de 50%).

4. Custo de remuneração nos projetos:

4.1 Com benefícios:

Projeto A = $ 15,16/h × 160 horas = $ 2.425,60

Projeto B = $ 14,63/h × 30 horas = $ 438,90

4.2 Sem benefícios:

Projeto A = $ 13,14/h × 160 horas = $ 2.102,40

Projeto B = $ 14,63/h × 30 horas = $ 438,90

CAPÍTULO 12

EXERCÍCIO 12.1

a) Custo de conversão, segregado por período (em $):

	1º Período	2º Período	Total
Mão de obra	50.000	72.800	122.800
Custos Indiretos	100.000	145.600	245.600
TOTAL	150.000	218.400	368.400
	40,72%	59,28%	

b) Parcela da receita proporcional ao material empregado:

No primeiro período	$ 72.000 + 10% =	$ 79.200	60%
No segundo	$ 48.000 + 10% =	$ 52.800	40%
TOTAL		$ 132.000	100%

c) Resultado global da encomenda (em $):

Receita	540.000
Material	(120.000)
Mão de obra	(122.800)
Indiretos	(245.600)
LUCRO	51.600

Obs.: esse lucro será reconhecido da seguinte forma:

- $ 12.000 com base no MAT
- $ 39.600 com base no custo de conversão

d) Lucro bruto do primeiro período:

Receita:		
Proporcional ao Material	$ 79.200	
Proporcional ao Custo de Conversão	$ 166.138	(40,72% de 540.000 - 132.000)
RECEITA TOTAL	$ 245.338	
Custos:		
Material	$ 72.000	
Mão de Obra	$ 50.000	
Indiretos	$ 100.000	
CUSTO TOTAL	($ 222.000)	
LUCRO BRUTO	$ 23.338	

e) Lucro bruto do segundo período:

Receita:		
Proporcional ao Material	$ 52.800	
Proporcional ao Custo de Conversão	$ 241.862	(59,28% de 540.000 - 132.000)
RECEITA TOTAL	$ 294.662	
Custos:		
Material	$ 48.000	
Mão de Obra	$ 72.800	
Indiretos	$ 145.600	
CUSTO TOTAL	($ 266.400)	
LUCRO BRUTO	$ 28.262	

Sr. Professor:

Como atividade adicional, pode pedir aos alunos que registrem toda a operação em razonetes.

EXERCÍCIO 12.2

a) Custo da etapa completada no primeiro ano:

Em um ano foram executados 500 km de pavimentação → 25% da obra

Logo, o custo desta etapa do serviço é de: 25% de $ 10.000.000 = $ 2.500.000

b) Valor do lucro bruto do primeiro ano:

Receita = 25% de $ 15.000.000 =	$ 3.750.000
(–) Custo	($ 2.500.000)
LUCRO BRUTO DO 1º ANO	$ 1.250.000

c) Custo da etapa do serviço prestado no segundo ano:

Taxa do Custo do 2º ano: 70% – 25% do primeiro ano = 45% em relação ao total da obra. Porém, em relação ao saldo dos 75% a serem executados nos dois últimos anos, essa etapa representa 60% = (45/75).

Custo previsto	10.000.000
(–) Custo completo no 1º ano	(2.500.000)
SALDO	7.500.000
Aumento de 10%	750.000
	8.250.000

Logo, o custo da etapa do serviço prestado no segundo ano é de: 60% de $ 8.250.000 = $ 4.950.000

d) Valor do lucro bruto do segundo ano:

Receita: 70% de \$ 15.000.000 = \$ 10.500.000	
Receita do 2º ano = \$ 10.500.000 – \$ 3.750.000 =	\$ 6.750.000
(–) Custo da etapa do serviço prestado no 2º ano	(\$ 4.950.000)
LUCRO BRUTO DO 2º ANO	\$ 1.800.000

e) Custo da etapa do serviço prestado no terceiro ano:

Custo Aplicado: 30% do total da obra.

Porém, em relação ao saldo dos 75% dos dois últimos anos (em que houve o aumento de custos), esta etapa representa 40% = (30/75).

Logo, o custo da etapa do serviço prestado no terceiro ano é de 40% de \$ 8.250.000 = \$ 3.300.000.

Outra forma de chegar a esse valor é reconhecer que esses 30% realizados no terceiro ano correspondem a 100% do saldo.

Saldo total:	\$ 8.250.000 do saldo com aumento
(–) Parcela já apropriada no segundo ano:	(\$ 4.950.000)
	\$ 3.300.000

f) Resultado bruto da empreitada (em \$ mil):

Receita:		\$ 15.000
(–) Custo:		
1º ano	2.500	
2º ano	8.250	(\$ 10.750)
LUCRO BRUTO		\$ 4.250

Que corresponde à soma do lucro bruto apropriado em cada um dos três anos:
\$ 1.250 + \$ 1.800 + \$ 1.200 = \$ 4.250

Sr. Professor:

Como atividade extra, pode solicitar aos alunos que registrem em razonetes toda a operação, ano a ano.

EXERCÍCIO 12.3

	Produtos		
Custos	**Grandes**	**Médias**	**Pequenas**
Matéria-prima	\$ 30/un.	\$ 25/un.	\$ 18/un.
Energia Elétrica	\$ 2/hm	\$ 2/hm	\$ 2/hm
Mão de Obra Direta	\$ 10/hmod	\$ 10/hmod	\$ 10/hmod
Outros Custos Variáveis	\$ 8/hm	\$ 8/hm	\$ 8/hm
Custos Fixos		\$ 18.000	

	Grandes	Médias	Pequenas	Total
Volume (un.)	165	95	98	358
Horas MOD	231	95	98	424
Proporção (hmod)	54,48%	22,41%	23,11%	100%
Horas MAQ	297	133	98	528
Proporção (hmaq)	56,25%	25,19%	18,56%	100%

a) Custo da encomenda das grandes, à base de horas-máquina:

Para 165 unidades:

• Matéria-prima ($ 30/un. × 165 un.):	$ 4.950,00
• Mão de Obra Direta ($ 10/hmod × 231 hmod):	$ 2.310,00
• Energia Elétrica ($ 2/hmaq × 297 hmaq):	$ 594,00
• Outros Custos ($ 8/hmaq × 297 hmaq):	$ 2.376,00
• Custos Fixos (56,25% de $ 18.000):	$ 10.125,00
CUSTO DA ENCOMENDA	$ 20.355,00

b) Custo da encomenda das médias, à base de horas-máquina:

Para 95 unidades:

• Matéria-prima ($ 25/un. × 95 un.):	$ 2.375,00
• Mão de Obra Direta ($ 10/hmod × 95 hmod):	$ 950,00
• Energia Elétrica ($ 2/hmaq × 133 hmaq):	$ 266,00
• Outros Custos ($ 8/hmaq × 133 hmaq):	$ 1.064,00
• Custos Fixos (25,19% de $ 18.000):	$ 4.534,20
CUSTO DA ENCOMENDA	$ 9.189,20

c) Custo da encomenda das pequenas, à base de horas-máquina:

Para 98 unidades:

• Matéria-prima ($ 18/un. × 98 un.):	$ 1.764,00
• Mão de Obra Direta ($ 10/hmod × 98 hmod):	$ 980,00
• Energia Elétrica ($ 2/hmaq × 98 hmaq):	$ 196,00
• Outros Custos ($ 8/hmaq × 98 hmaq):	$ 784,00
• Custos Fixos (18,56% de $ 18.000):	$ 3.340,80
CUSTO DA ENCOMENDA	$ 7.064,80

d) Custo da encomenda das grandes, à base de horas MOD:

Para 165 unidades:

• Matéria-prima ($ 30/un. × 165 un.):	$ 4.950,00
• Mão de Obra Direta ($ 10/hmod × 231 hmod):	$ 2.310,00
• Energia Elétrica ($ 2/hmaq × 297 hmaq):	$ 594,00
• Outros Custos ($ 8/hmaq × 297 hmaq):	$ 2.376,00
• Custos Fixos (54,48% de $ 18.000):	$ 9.806,40
CUSTO DA ENCOMENDA	$ 20.036,40

e) Custo da encomenda das médias, à base de horas MOD:

Para 95 unidades:

• Matéria-prima ($ 25/un. × 95 un.):	$ 2.375,00
• Mão de Obra Direta ($ 10/hmod × 95 hmod):	$ 950,00
• Energia Elétrica ($ 2/hmaq × 133 hmaq):	$ 266,00
• Outros Custos ($ 8/hmaq × 133 hmaq):	$ 1.064,00
• Custos Fixos (22,41% de $ 18.000):	$ 4.033,80
CUSTO DA ENCOMENDA	$ 8.688,80

f) Custo da encomenda das pequenas, à base de horas MOD:

Para 98 unidades:

• Matéria-prima ($ 18/un. × 98 un.):	$ 1.764,00
• Mão de Obra Direta ($ 10/hmod × 98 hmod):	$ 980,00
• Energia Elétrica ($ 2/hmaq × 98 hmaq):	$ 196,00
• Outros Custos ($ 8/hmaq × 98 hmaq):	$ 784,00
• Custos Fixos (23,11% de $ 18.000):	$ 4.159,80
CUSTO DA ENCOMENDA	$ 7.883,80

Sr. Professor:

Sugestão de pergunta extra sobre este exercício: "Qual deverá ser o tratamento contábil das 11 unidades que sobrarem no estoque caso não haja perdas no processo produtivo?"

EXERCÍCIO 12.4

1. Custo da OP nº 22 (em $):

Matéria-prima $ 29/kg. × 0,80 × 3 kg./un. × 500 un.	34.800
Embalagem $ 5,60/un. × 0,80 × 500 un.	2.240
Mão de obra direta $ 6/h × 2 × 2,5 h/un. × 500 un.	15.000
Energia Elétrica $ 3/un. × 500 un.	1.500
Depreciação	5.000
Total	**58.540**

2. Custo da OP nº 23 (em $):

Matéria-prima $ 29/kg. × 0,80 × 3 kg./un. × 60 un.	4.176
Mão de obra direta $ 9/h × 2 × 2,75 h/un. × 60 un.	2.970
Energia Elétrica $ 3/un. × 60 un.	180
Total	**7.326**

3. Resultado de cada OP e total (em $):

	OP nº 22	**OP nº 23**	**TOTAL**
Receita Bruta	125.000	6.000	131.000
(–) tributos	(31.250)	(1.500)	(32.750)
Receita Líquida	93.750	4.500	98.250
(–) Custo dos produtos vendidos	(58.540)	(7.326)	(65.866)
Lucro (prejuízo) Bruto	35.210	(2.826)	32.384

CAPÍTULO 13

EXERCÍCIO 13.1

I. Pelo PEPS:

JANEIRO

Volume de produção:

Unidades iniciadas e terminadas:	760 un.
+ semiacabadas: 40 un. × 50%:	20 un.
	780 un.

a) Custo unitário:

$$\text{Custo unitário: } \frac{\$\ 1.950}{780 \text{ un.}} = \$\ 2{,}50/\text{un.}$$

b) Custo da produção acabada:

Custo da produção acabada: $ 2,50/un. × 760 un. = $ 1.900

c) Custo do estoque final de produtos em elaboração:

EF_{PP} = $ 2,50/un. × (40 un. × 50%) = $ 50

FEVEREIRO

Volume de produção (un.):

Unidades iniciadas em janeiro e terminadas em fevereiro:	40 × 50%	= 20
+ iniciadas e terminadas no mês de fevereiro:	860 – 40	= 820
iniciadas em fevereiro e não terminadas:	80 × 50%	= 40
		880 un.

a) Custo unitário:

$$\text{Custo unitário: } \frac{\$\ 2.640}{880 \text{ un.}} = \$\ 3{,}00/\text{un.}$$

b) Custo da produção acabada:

(40 un. × 50% × $ 2,50/un.) + (40 un. × 50% × $ 3,00/un.) =	$ 110
+ (860 un. – 40 un.) × $ 3,00/un.	$ 2.460
TOTAL	$ 2.570

c) Custo do estoque final de produtos semiacabados:

EF_{PP} = $ 3,00/un. × (80 un. × 50%) = $ 120

II. PELO CUSTO MÉDIO

JANEIRO

Volume de produção:

Unidades iniciadas e terminadas:	760 un.
+ semiacabadas: 40 un. × 50%:	20 un.
	780 un.

a) Custo unitário:

Custo unitário: $\dfrac{\$\ 1.950}{780\ \text{un.}} = \$\ 2,50/\text{un.}$

b) Custo da produção acabada:

Custo da produção acabada: $ 2,50/un. × 760 un. = $ 1.900

c) Custo do estoque final de produtos semiacabados:

EF_{pp} = $ 2,50/un. × (40 un. × 50%) = $ 50

FEVEREIRO

Unidades em processamento trazidas de janeiro:		= 40
+ iniciadas e terminadas no mês de fevereiro:	860 – 40	= 820
iniciadas em fevereiro e não terminadas:	80 × 50%	= 40
		900 un.

Custos ($):

EI_{pp} = $ 2,50/un. × (40 un. × 50%) =	$ 50
Total do mês de fevereiro:	$ 2.640
	$ 2.690 un.

a) Custo médio unitário:

Custo unitário: $\dfrac{\$\ 2.690}{900\ \text{un.}} = \$\ 2,99/\text{un.}$

b) Custo da produção acabada:

Custo da produção acabada: 860 un. × $ 2,99/un. = $ 2.571,40

c) Custo do estoque final de produtos semiacabados:

EF_{pp} = $ 2,99/un. × (80 un. × 50%) = $ 119,60/un.

EXERCÍCIO 13.2

a) Custo unitário:

Matéria-prima:

Custo: $ 9.500

Volume de Produção: 10.000 kg – (10.000 kg × 5%) = 9.500 kg

$$\text{Custo unitário}_{MP} \quad \frac{\$\ 9.500}{9.500\ \text{kg}} = \$\ 1{,}00/\text{kg}$$

Mão de Obra Direta:

Custo: $ 7.200

Volume de Produção

Unidades iniciadas e acabadas no mês:	8.000 kg
+ iniciadas e não terminadas (1.500 kg × 2/3):	1.000 kg
	9.000 kg

$$\text{Custo unitário} = \frac{\$\ 7.200}{\text{MOD } 9.000} = \$\ 0{,}80/\text{kg}$$

Custos Indiretos de Produção:

Custo: $ 4.500

Volume de Produção: 9.000 kg

$$\text{Custo unitário}_{CIP} \quad \frac{\$\ 4.500}{9.000\ \text{kg}} = \$\ 0{,}50/\text{kg}$$

Logo, Custo Unitário da Produção: $ 1,00/kg + $ 0,80/kg + $ 0,50/kg = $ 2,30/kg

b) Custo do estoque final de produtos acabados:

EF_{PAC} = $ 2,30/kg × 8.000 kg = $ 18.400

c) Custo das unidades em processamento:

Matéria-prima:	1.500 kg × $ 1,00/kg =	$ 1.500
Mão de Obra Direta:	(1.500 kg × 2/3) × $ 0,80/kg =	$ 800
Custos Indiretos de Produção:	(1.500 kg × 2/3) × $ 0,50/kg =	$ 500
TOTAL DO EF_{PP}		$ 2.800

Conciliação:

Somando-se o valor do estoque final de produtos acabados ($ 18.400) com o de produtos em elaboração ($ 2.800), chega-se a $ 21.200, que é o Custo Total de Produção do mês: MP + MOD + CIP.

EXERCÍCIO 13.3

a) Custo unitário de novembro:

Custo: $ 2.310.000
Volume de Produção:

Unidades iniciadas e acabadas no mês:	760.000 un
+ iniciadas e não terminadas (40.000 un × 25%):	10.000 un
	770.000 un

$$\text{Custo unitário} = \frac{\$\ 2.310.000}{770.000\ \text{un.}} = \$\ 3{,}00/\text{un.}$$

b) Custo unitário de dezembro:

Custo: $ 2.403.000
Volume de Produção:

Unidades iniciadas em NOV. e acabadas em DEZ.	(4.000 un. × 75%):	30.000 un.
+ iniciadas e terminadas no mês	(860.000 un. – 40.000 un.):	820.000 un.
iniciadas em DEZ. e não terminadas	(80.000 un. × 50%):	40.000 un.
		890.000 un.

$$\text{Custo unitário} = \frac{\$\ 2.403.000}{890.000\ \text{un.}} = \$\ 2{,}70/\text{un.}$$

c) Custo do estoque final de produtos em elaboração em 30 de novembro:

EF_{pp} = (40.000 un. × 25%) × $ 3,00/un. = $ 30.000

d) Custo do estoque final de produtos em elaboração em 31 de dezembro:

EF_{pp} = (80.000 un. × 50%) × $ 2,70/un. = $ 108.000

EXERCÍCIO 13.4

a) Demonstração do cálculo da quantidade de calcário que precisa ser introduzida no início do processo para se produzir uma tonelada de cimento:

$[\{[(y - 0{,}02y) \times 1{,}2] \times 0{,}65\} + y/50\ ] \times 0{,}97 = 1$

$[\{[(0{,}98y) \times 1{,}2] \times 0{,}65\} + y/50\ ] \times 0{,}97 = 1$

$[\{[1{,}176y] \times 0{,}65\} + y/50\ ] \times 0{,}97 = 1$

$[0{,}7644y + y/50\ ] \times 0{,}97 = 1$

$[39{,}22y/50\ ] \times 0{,}97 = 1$

$[0{,}7844y\ ] \times 0{,}97 = 1$

$0{,}760868y = 1$

$y \cong 1{,}3143$ ton.

b) Valor do custo acumulado por tonelada em cada fase do processo:

b.1) Na Britagem:

Custo do calcário = 1,3143 ton. × ($ 70/ton.+ $ 7,50/ton.) = $ 101,8583

Calcário transferido da Britagem para a Primeira Moagem = 1,3143 ton. – (1,3143 ton. × 2%) = 1,288 ton.

Custo do calcário/ton. = $ 101,8583/1,288 ton. = $ 79,0825/ton.

Custo de conversão/ton. = $ 3.720/800 ton. = $ 4,65/ton.

Custo na fase da Britagem:

Custo do calcário	$ 79,0825/ton.
Custo de conversão	+ $ 4,6500/ton.
Total	**$ 83,7325/ton.**

b.2) Na Primeira Moagem:

Introduz-se, para cada tonelada de calcário recebida da Britagem, 200 kg de argila:

1,288 ton. × 0,20 = 0,2576 ton.

Custo da matéria-prima (argila) adicionada = 0,2576 ton. × ($ 60/ton + $ 7,50/ton) = $ 17,3880

$$\text{Custo da matéria-prima (argila) adicionada} = \frac{\$\ 17.3880}{(1,288 + 0,2576)\ \text{ton.}} = \$\ 11{,}25/\text{ton.}$$

$$\text{Custo por ton. recebida da Britagem, diluído pelo acréscimo de volume} = \frac{= \$\ 83{,}7325}{1,20} = \$\ 69{,}7771/\text{ton.}$$

Custo de conversão/ton. = $ 3.576/800 ton. = $ 4,47/ton.

Custo acumulado até a Primeira Moagem:

Custo recebido da Britagem	$ 69,7771/ton.
Custo da argila	$ 11,2500/ton.
Custo de conversão na Primeira Moagem	+ $ 4.4700/ton.
Total	$ 85,4971/ton.

b.3) No aquecimento:

Quantidade total de material transferido da Britagem + adicional da 1ª Moagem (em tonelada):

Matéria-prima transferida da Britagem para a Primeira Moagem	1,2880
Matéria-prima adicionada na Primeira Moagem (argila)	0,2576
Total	**1,5456**

Se a perda no forno é da ordem de 35%, o material aproveitado será: 1,5456 ton. – (1,5456 ton. × 35%) = 1,0046 ton.

$$\text{Custo por tonelada recebida da fase anterior} = \frac{\$\ 85.4971}{0,65} = \$\ 131{,}534/\text{ton.}$$

Custo de conversão/ton. = $ 2.750/800 ton. = $ 3,4375/ton.

Custo acumulado até o aquecimento

Custo recebido da Primeira Moagem	$ 131,5340/ton.
Custo de Conversão no Aquecimento	+ $ 3,4375/ton.
Total	**$ 134,9715/ton.**

b.4) Na Segunda Moagem:

Gesso na proporção de 1/50 sobre calcário iniciado na britagem: 1,3143 ton./50 = 0,0263 ton.

Ao adicionar-se 0,0263 ton. e perder-se 3% da matéria-prima processada, tem-se:

1,0046 ton. + 0,0263 ton. = 1,0309 ton. × 0,97 = 1 ton.

Custo por tonelada recebida do forno ajustada à quantidade final aproveitada no final da 2ª moagem: \$ 134,9715/ton × 1,00 ton./1 ton. = \$ 134,9715/ton.

$$\text{Custo do material adicionado} = \frac{(0,0263 \text{ ton.} \times \$ 87{,}50/\text{ton.})}{1 \text{ ton.}} = \$ 2{,}3013/\text{ton.}$$

Custo de conversão = \$ 1.750/800 ton. = \$ 2,1875/ton.

Custo acumulado até a Segunda Moagem

Custo recebido do Aquecimento	\$ 134,9715/ton.
Custo do gesso	\$ 2,3013/ton.
Custo de conversão na Segunda Moagem	+ \$ 2,1875/ton.
Total	\$ 139,4603/ton.

Resumo				
Custos Acumulados (por tonelada)				
	Britagem	**1ª Moagem**	**Aquecimento**	**2ª Moagem**
Custo do Calcário	\$ 79,0825			
Custo de conversão	\$ 4,6500			
Custo na fase de Britagem	\$ 83,7325			
Custo recebido da fase anterior		\$ 69,7771		
Custo da argila		\$ 11,2500		
Custo de conversão		\$ 4,4700		
Custo na fase de 1ª Moagem		\$ 85,4971		
Custo recebido da fase anterior			\$ 131,5340	
Custo de conversão			\$ 3,4375	
Custo na fase de Aquecimento			\$ 134,9715	
Custo recebido da fase anterior				\$ 134,9715
Custo do gesso				\$ 2,3013
Custo de conversão				\$ 2,1875
Custo na fase de 2ª Moagem				\$ 139,4603

c) **Custo final do cimento** é o custo acumulado até a Segunda Moagem \$ 139,4603/ton.

CAPÍTULO 14

EXERCÍCIO 14.1

a) Valor de custo do estoque final de produtos acabados:
Custo Total de Produção (em \$):

Matéria-prima	50.000 kg × \$ 3,00/kg	150.000
Mão de obra		25.000
Outros		12.500
TOTAL		\$ 187.500

Receita que seria auferida se houvesse vendido toda a produção (em $):

Receita com Quirera	30.000 kg × $ 5,00/kg	150.000
Receita com Fubá	15.000 kg × $ 6,80/kg	102.000
Receita com Germe	5.000 kg × $ 9,60/kg	48.000
TOTAL		$ 300.000

$$\text{Participação do Germe na Receita Total} = \frac{\$\ 48.000}{\$\ 300.000} = 16\%$$

Custo de 5.000 kg de Germe = 16% × $ 187.500 = $ 30.000

$$\text{Assim, o Custo do } EF_{PAC}\text{ (Germe)} = \frac{\$\ 30.000}{5.000\text{ kg}} \times 1.200\text{ kg} = \$\ 7.200$$

b) Custo dos produtos vendidos (CPV):

CPV = $ 187.500 – $ 7.200 = $ 180.300

c) Lucro bruto de cada produto (em $): e

d) Margem bruta de cada produto (em %):

	Quirera	Fubá	Germe	Total
Receita	150.000	102.000	36.480	288.480
(–) CPV	(93.750)	(63.750)	(22.800)	(180.300)
LUCRO BRUTO	$ 56.250	$ 38.250	$ 13.680	$ 108.180
MARGEM BRUTA	37,50%	37,50%	37,50%	37,50%

e) Margem bruta de cada produto pelo critério do volume (em %):
Pelo critério do volume, o custo atribuído à produção de Germe será:

$ 187.500 (5.000 kg/50.000 kg) = $ 18.750 e o

$$EF_{PAC}\text{ (Germe)} = \frac{\$\ 18.750}{5.000\text{ kg}} \times 1.200\text{ kg} = \$\ 4.500$$

CPV (Germe) = $ 18.750 – $ 4.500 = $ 14.250

	Quirera	Fubá	Germe	Total
Receita	150.000	102.000	36.480	288.480
(–) CPV	(112.500)	(56.250)	(14.250)	(183.000)
LUCRO BRUTO	$ 37.500	$ 45.750	$ 22.230	$ 105.480
MARGEM BRUTA	25%	45%	61%	36,56%

SUGESTÃO DE PERGUNTA ADICIONAL:

- A escolha do critério produz impacto financeiro na empresa?

Sim, porém a diferença de um período é compensada no período seguinte.

EXERCÍCIO 14.2

Valor dos custos conjuntos (em $):

Matéria-prima	75.000
Mão de obra	25.000
Outros	50.000
TOTAL	$ 150.000

Receita relativa à produção toda (em $):

Produtos	Volume (un.)	Receita ($)
A	12.000	120.000
B	6.000	75.000
C	2.000	55.000
	20.000 un.	$ 250.000

Custos dos produtos:

Produtos	Pelo preço de mercado	Pelo volume
A	72.000	90.000
B	45.000	45.000
C	33.000	15.000
	$ 150.000	$ 150.000

a) Valor do custo dos produtos vendidos (em $):

Produtos	Pelo preço de mercado	Pelo volume
A	60.000[2]	75.000[3]
B	37.500	37.500
C	24.750	11.250
	122.250	*123.750*

b) Lucro bruto de cada produto (em $):

	A	B	C	Total
Receita	100.000	62.500	41.250	203.750
(–) CPV	(75.000)	(37.500)	(11.250)	(123.750)
LUCRO BRUTO	$ 25.000	$ 25.000	$ 30.000	$ 80.000

---

[2] CPV pelo Preço de Mercado = $ 72.000/12.000 un. × 10.000 un. = $ 60.000.

[3] CPV pelo Volume = $ 90.000/12.000 un. × 10.000 un. = $ 75.000.

EXERCÍCIO 14.3

Valor dos custos conjuntos:

$ 5.500 + $ 4.500 = $ 10.000

Receita:

Queijo: 3.750 kg × $ 5,00/kg = $ 18.750
Manteiga: 5.000 kg × $ 2,50/kg = $ 12.500

Estimativa de preço de mercado (caso houvesse) dos produtos semiacabados:

Q $ 18.750 – $ 3.000 =	$ 15.750	(60%)
M $ 12.500 – $ 2.000 =	$ 10.500	(40%)
	$ 26.250	

Distribuição dos custos conjuntos:

Q $ 10.000 × 60% = $ 6.000
M $ 10.000 × 40% = $ 4.000

Logo, o valor de custo de cada produto (conjuntos + específicos) é de:

Q $ 9.000 ($ 2,40/kg)
M $ 6.000 ($ 1,20/kg)

EXERCÍCIO 14.4

Custo total de produção (em $):

Frangos de corte (64.000 kg. × $ 1,5/kg)	96.000
Custos de transformação ($ 10.000 + $ 5.000 + $ 1.500)	16.500
Total	**112.500**

a) Custo de cada produto pelo critério dos volumes produzidos:

Produtos	Volumes produzidos (kg)	Proporção (%)	Custos conjuntos alocados ($)	Custo ($/kg)
Asa	10.000	16,13%	18.146	1,81
Peito	15.000	24,19%	27.214	1,81
Coxa	25.000	40,32%	45.360	1,81
Sobrecoxa	12.000	19,35%	21.769	1,81
Total	**62.000**	**100,00%**	**112.500**	

b) Custo de cada produto pelo critério do preço de mercado:

Produtos	Preços de venda ($/kg)	Volumes produzidos (kg)	Receita bruta ($)	Proporção (%)
Asa	3,00	10.000	30.000	10,71%
Peito	6,00	15.000	90.000	32,14%
Coxa	4,00	25.000	100.000	35,71%
Sobrecoxa	5,00	12.000	60.000	21,43%
Total	–	**62.000**	**280.000**	**100,00%**

Produtos	Proporção (%)	Custo conjuntos alocados ($)	Volumes produzidos (kg)	Custo ($/kg)
Asa	10,71%	12.049	10.000	1,20
Peito	32,14%	36.158	15.000	2,41
Coxa	35,71%	40.174	25.000	1,61
Sobrecoxa	21,43%	24.109	12.000	2,01
Total	**100,00%**	**112.500**	**62.000**	

c) Custo de cada produto, por kg, apropriando o custo da matéria-prima pelo volume e os custos de transformação pelo preço de mercado:

c1) Custo da matéria-prima apropriado aos produtos pelo volume:

Produtos	Volumes produzidos (kg)	Proporção (%)	Custos da MP alocados ($)	Custo ($/kg)
Asa	10.000	16,13%	15.485	1,55
Peito	15.000	24,19%	23.222	1,55
Coxa	25.000	40,32%	38.707	1,55
Sobrecoxa	12.000	19,35%	18.576	1,55
Total	**62.000**	**100,00%**	**96.000**	

c2) Custos de transformação apropriados aos produtos pelo preço de mercado: utilizando os percentuais obtidos em (b), tem-se:

Produtos	Proporção (%)	Custos de transformação alocados ($)	Volumes produzidos (kg)	Custo ($/kg)
Asa	10,71%	1.768	10.000	0,18
Peito	32,14%	5.304	15.000	0,35
Coxa	35,71%	5.893	25.000	0,24
Sobrecoxa	21,43%	3.536	12.000	0,29
Total	**100,00%**	**16.500**	**62.000**	

Logo, o custo total de cada produto é:

Produtos	Custos de matéria-prima ($)	Custos de transformação ($)	Total ($)	Volumes produzidos (kg)	Custo ($/kg)
Asa	15.485	1.768	17.253	10.000	1,73
Peito	23.222	5.304	28.526	15.000	1,90
Coxa	38.707	5.893	44.600	25.000	1,78
Sobrecoxa	18.576	3.536	22.112	12.000	1,84
Total	**96.000**	**16.500**	**112.491**	**62.000**	

d) Lucro bruto de cada produto, segundo o critério da alínea "c":

	Asa	Peito	Coxa	Sobrecoxa
Receita Bruta	30.000	90.000	100.000	60.000
(–) Tributos	(3.000)	(9.000)	(10.000)	(6.000)
Receita Líquida	27.000	81.000	90.000	54.000
(–) Custos Produtos Vendidos	(17.253)	(28.526)	(44.600)	(22.112)
Lucro Bruto	**9.747**	**52.474**	**45.400**	**31.888**

e) Lucro bruto do conjunto:

	Total
Receita Bruta	280.000
(–) Tributos	(28.000)
Receita Líquida	252.000
(–) Custos Produtos Vendidos	(112.500)
Lucro Bruto	**139.500**

CAPÍTULO 15

EXERCÍCIO 15.1

a) Lucro da empresa, para cada alternativa (em $):

Demonstração de Resultados (Aceitando Carrinhos de Chá)		
Receita Líquida		110.000
(–) Custos:		
Variáveis	30.000	
Fixos	28.800	(58.800)
LUCRO BRUTO		51.200
(–) Comissões		(10.000)
(–) Frete		(5.000)
Custos fixos da 4ª semana (ociosidade)		(9.600)
Despesas fixas		(16.800)
LUCRO DA EMPRESA NO PERÍODO		$ 9.800

Demonstração de Resultados (Aceitando Estantes)		
Receita Líquida		154.000
(–) Custos:		
Variáveis	55.000	
Fixos	38.400	(93.400)
LUCRO BRUTO		60.600
(–) Despesas		
Variáveis	22.550	
Fixas	16.800	(39.350)
LUCRO DA EMPRESA NO PERÍODO		$ 21.250

b) Lucro operacional projetado (em $):

Demonstração de Resultados (Aceitando Carrinhos de Chá)		
Receita Líquida		110.000
(–) Custos:		
Variáveis	30.000	
Fixos	28.800	(58.800)
LUCRO BRUTO		51.200
(–) Despesas		
Variáveis	15.000	
Fixas	12.600	(27.600)
LUCRO OPERACIONAL DA ENCOMENDA		$ 23.600

Demonstração de Resultados (Aceitando Estantes)		
Receita Líquida		154.000
(–) Custos:		
Variáveis	55.000	
Fixos	38.400	(93.400)
LUCRO BRUTO		60.600
(–) Despesas		
Variáveis	22.550	
Fixas	16.800	(39.350)
LUCRO OPERACIONAL DA ENCOMENDA		$ 21.250

c) Margem de contribuição unitária (em $/un.):

	Carrinhos	Estantes
Preço de Venda	550	1.400
(–) Custos e Despesas Variáveis		
Material	(150)	(500)
Comissão	(50)	(150)
Frete	(25)	(55)
MARGEM DE CONTRIBUIÇÃO UNITÁRIA	$ 325/un.	$ 695/un.

d) Margem de contribuição total (em $):

	Carrinhos	Estantes
Receita Total	1) 110.000	2) 154.000
(–) Custos e Despesas Variáveis		
Material	3) 30.000	4) 55.000
Comissões	5) 10.000	6) 16.500
Frete	7) 5.000	8) 6.050
MARGEM DE CONTRIBUIÇÃO TOTAL	$ 65.000	$ 76.450

RECEITA TOTAL

1) 200 un. × $ 550/un. = $ 110.000
2) 110 un. × $ 1.400/un.= $ 154.000

CUSTO VARIÁVEL

3) 200 un. × $ 150/un. = $ 30.000
4) 110 un. × $ 500/un. = $ 55.000

DESPESAS VARIÁVEIS

COMISSÃO:
5) 200 un. × $ 50/un. = $ 10.000
6) 110 un. × $ 150/un. = $ 16.500

FRETE:
7) 200 un. × $ 25/un. = $ 5.000
8) 110 un. × $ 55/un. = $ 6.050

EXERCÍCIO 15.2

a) Custo de cada um dos cursos (em $):

	Mecânica	Elétrica
Material, impressos, fotocópia, lanches etc.	750	750
Remuneração dos professores	3.600	2.400
Custos Comuns	6.000	4.000
CUSTO TOTAL	$ 10.350	$ 7.150

b) Lucro por curso (em $):

	Mecânica	Elétrica
Receita Bruta	18.750	15.000
(–) Imposto sobre Serviços (ISS)	(375)	(300)
Receita Líquida	18.375	14.700
(–) Custo Total	(10.350)	(7.150)
LUCRO POR CURSO	$ 8.025	$ 7.550

c) Margem de contribuição por aluno (em $):

	Mecânica	Elétrica
Preço do Curso	750	600
(–) Imposto sobre Serviços (ISS)	(15)	(12)
Custos Variáveis	(30)	(30)
MARGEM DE CONTRIBUIÇÃO POR CURSO	$ 705	$ 558

d) Margem de contribuição por curso (em $):

	Mecânica	Elétrica
Receita Bruta	18.750	15.000
(–) Imposto sobre Serviços (ISS)	(375)	(300)
Receita Líquida	18.375	14.700
(–) Custos Variáveis	(4.350)[4]	(3.150)[5]
MARGEM DE CONTRIBUIÇÃO POR CURSO	$ 14.025	$ 11.550

EXERCÍCIO 15.3

a) Lucro bruto por unidade (vendendo só no Brasil e repassando o custo de ociosidade para o produto) (em $):

Demonstração de Resultados	
Preço de Venda	10.000
Impostos	(900)
Material Direto	(4.000)
Mão de Obra Direta	(2.500)
Custos Fixos	(1.875)
LUCRO BRUTO UNITÁRIO	$ 725

b) Lucro operacional total antes do IR da empresa (vendendo só no Brasil) (em $ mil):

Demonstração de Resultados	
Receita Bruta	240.000
Impostos	(21.600)
Receita Líquida	218.400
Material Direto	(96.000)
Mão de Obra Direta	(60.000)
Custos Fixos	(45.000)
LUCRO BRUTO	17.400
Comissões	(2.400)
Desp. Adm. Vendas	(9.000)
LUCRO OPERACIONAL ANTES DO IR	$ 6.000

c) Lucro bruto por unidade (encomenda da Venezuela) (em $):

Demonstração de Resultados	
Preço de Venda	7.500
Material Direto	(4.000)
Mão de Obra Direta	(2.500)
Custos Fixos	(1.250)
LUCRO BRUTO POR UNIDADE	(250)

---

4 Custos Variáveis: ($ 30/aluno × 25 alunos) + ($ 60/h × 60 h) = $ 750 + $ 3.600 = $ 4.350.

5 Custos Variáveis: ($ 30/aluno × 25 alunos) + ($ 60/h × 40 h) = $ 750 + $ 2.400 = $ 3.150.

Obs.: A remuneração dos professores é custo variável em relação ao número de turmas, mas fixo em relação ao número de alunos de cada turma. Nesta última perspectiva, é uma espécie de Custo Fixo Identificado (ver Capítulo 18).

d) Lucro operacional total antes do IR da empresa (em $ mil):

	Brasil	Venezuela	Total
Receita Bruta	240.000	90.000	330.000
Impostos	(21.600)	–	(21.600)
Receita Líquida	218.400	90.000	308.400
Material Direto	(96.000)	(48.000)	(144.000)
Mão de Obra Direta	(60.000)	(30.000)	(90.000)
Custos Fixos	(30.000)	(15.000)	(45.000)
LUCRO BRUTO	32.400	(3.000)	29.400
Frete e Seguro	–	(3.000)	(3.000)
Desp. Adm. e Vendas	(6.000)	(3.000)	(9.000)
Comissões	(2.400)	(1.800)	(4.200)
LUCRO OPERACIONAL ANTES DO IR	24.000	(10.800)	13.200

e_1) Margem de contribuição unitária (vendendo só no Brasil) (em $/un.):

Demonstração de Resultados	
Preço de Venda Unitário	10.000
Custos e Despesas Variáveis:	
Impostos	(900)
Material Direto	(4.000)
Mão de Obra Direta	(2.500)
Comissões	(100)
MARGEM DE CONTRIBUIÇÃO UNITÁRIA	$ 2.500/un.

e_2) Margem de contribuição total (vendendo só no Brasil) (em $ mil):

Demonstração de Resultados	
Receita Bruta	240.000
Impostos	(21.600)
Receita Líquida	218.400
Custos e Despesas Variáveis:	
Material Direto	(96.000)
Mão de Obra Direta	(60.000)
Comissões	(2.400)
MARGEM DE CONTRIBUIÇÃO TOTAL	$ 60.000

f_1) Margem de contribuição unitária (vendendo para a Venezuela) (em $/un.):

Demonstração de Resultados	
Preço de Venda unitário	7.500
Custos e Despesas Variáveis:	
Material Direto	(4.000)
Mão de Obra Direta	(2.500)
Frete e seguro	(250)
Comissões	(150)
MARGEM DE CONTRIBUIÇÃO UNITÁRIA	$ 600/un.

f_2) Margem de contribuição total (vendendo para a Venezuela) (em $ mil):

Demonstração de Resultados	
Receita Líquida	90.000
Custos e Despesas Variáveis:	
Material Direto	(48.000)
Mão de Obra Direta	(30.000)
Frete e seguro	(3.000)
Comissões	(1.800)
MARGEM DE CONTRIBUIÇÃO TOTAL	$ 7.200

EXERCÍCIO 15.4

	Moderna	Arcaica
Frete por quilo	$ 0,5/kg	$ 0,5/kg
Peso médio	0,46 kg/un	0,20 kg/un
Frete de ida	$ 0,23/un	$ 0,10/un
Receita de Venda	120.000 × (1 – 5%) × $ 7 = $ 798.000	30.000 × (1 – 2%) × $ 4 = $ 117.600
Manuseio	$ 0,020 × 120.000 = $ 2.400	$ 0,015 × 30.000 = $ 450
Frete	$ 0,50/kg × 0,46 kg/un. × 120.000 = $ 27.600	$ 0,50/kg × 0,20 kg/un. × 30.000 = $ 3.000
Logística Reversa	$ 0,050/un. × 120.000 × 5% = $ 300	$ 0,075/un. × 30.000 × 2% = $ 45

Questão 1	Moderna
DRE	Situação Original 100% dos CF
Receita de Venda	$ 798.000,00
Receita de Publicidade	$ 300.000.00
(=) Receita Bruta	$ 1.098.000,00
(–) Impostos	$ 30.000.00
(=) Receita Líquida	$ 1.068.000,00
Custos Variáveis	
Produção	$ 271.200,00
Logística	
Manuseio	$ 2.400,00
Frete de ida	$ 27.600,00
Logística reversa	$ 300,00
Margem de Contribuição Total	$ 766.500,00
Custos Fixos	
Aluguel	$ 80.000,00
Depreciação	$ 260.000,00
Salários e ES	$ 410.000,00
Lucro	**$ 16.500,00**

Questão 2	**Moderna**
DRE	Situação Original 100% dos CF
Receita de Venda	$ 798.000,00
Receita de Publicidade	$ 300.000,00
(=) Receita Bruta	$ 1.098.000,00
(–) Impostos	$ 30.000,00
(=) Receita Líquida	$ 1.068.000,00
Custos Variáveis	
Produção	$ 271.200,00
Logística	
Manuseio	$ 2.400,00
Frete de ida	$ 27.600,00
Logística reversa	$ 300,00
Margem de Contribuição Total	$ 766.500,00
Custos Fixos	
Aluguel	$ 64.000,00
Depreciação	$ 208.000,00
Salários e ES	$ 3.280.000,00
Lucro	**$ 166.500,00**

Questão 3			
DRE	**Moderna**	**Arcaica**	**Total**
Receita de Venda	$ 798.000,00	$ 117.600,00	$ 915.600,00
Receita de Publicidade	$ 300.000.00	$ 100.000.00	$ 400.000.00
(=) Receita Bruta	$ 1.098.000,00	217.600,00	$ 1.315,600,00
(–) Impostos	$ 30.000.00	$ 10.000.00	$ 40.000.00
(=) Receita Líquida	$ 1.068.000,00	$ 207.600,00	$ 1.275,600,00
Custos Variáveis			
Produção	$ 271.200,00	$ 58.200,00	$ 329.400,00
Logística			
Manuseio	$ 2.400,00	$ 450,00	$ 2.850,00
Frete de ida	$ 27.600,00	$ 3.000,00	$ 30.600,00
Logística reversa	$ 300,00	$ 45,00	$ 345,00
Margem de Contribuição Total	$ 766.500,00	$ 145.905,00	$ 912.405,00

Questão 4			
DRE	Moderna	Arcaica	Total
Receita de Venda	$ 798.000,00	$ 117.600,00	$ 915.600,00
Receita de Publicidade	$ 300.000,00	$ 100.000,00	$ 400.000,00
(=) Receita Bruta	$ 1.098.000,00	217.600,00	$ 1.315.600,00
(–) Impostos	$ 30.000,00	$ 10.000,00	$ 40.000,00
(=) Receita Líquida	$ 1.068.000,00	$ 207.600,00	$ 1.275,600,00
Custos Variáveis			
Produção	$271.200,00	$ 58.200,00	$ 329.400,00
Logística			
Manuseio	$ 2.400,00	$ 450,00	$ 2.850,00
Frete de ida	$ 27.600,00	$ 3.000,00	$ 30.600,00
Logística reversa	$ 300,00	$ 45,00	$ 345,00
Margem de Contribuição Total	$ 766.500,00	$ 145.905,00	$ 912.405,00
Custos Fixos			
Aluguel	$ 64.000,00	$ 16.000,00	$ 80.000,00
Depreciação	$ 208.000,00	$ 52.000,00	$ 260.000,00
Salários e ES	$ 328.000,00	$ 82.000,00	$ 410.000,00
Margem Bruta	**$ 166.500,00**	**– $ 4.095,00**	**$ 162.405,00**

Questão 5		
DRE	Moderna	Arcaica
Preço de Venda	$ 7,000	$ 4,000
Custos Variáveis		
Produção	$ 2,260	$ 1,940
Logística		
Manuseio	$ 0,020	$ 0,015
Frete de ida	S 0,230	$ 0,100
MC/un.	$ 4,490	$ 1,945

Questão 6

Para tomar a decisão, não é necessário alocar os custos fixos às revistas. A decisão de viabilidade pode ser tomada mediante análise da margem de contribuição. No entanto, o rateio de CF não distorce a informação para decisão, desde que se tome por base o lucro global da empresa (ver coluna Total, última linha, da DRE da Questão 4).

Questão 7

Sim, a editora deve lançar a revista Arcaica, porque o lucro total da empresa aumentará. Isso se deve ao fato de que a nova revista tem margem de contribuição positiva, cujo valor representa acréscimo direto no resultado. Analisando por outro ângulo, a nova revista vai absorver a parcela ociosa dos custos fixos.

Questão 8

Se só estivesse sendo atribuído à revista Moderna o custo correspondente aos recursos por ela usados, sem ociosidade (conforme Questão 2), então não haveria subsídio cruzado, pois o custo da ociosidade já não estaria onerando a primeira revista. Entretanto, se todo o custo, inclusive o da ociosidade, estivesse sendo atribuído integralmente à primeira revista (Questão 1), o fato de não ratear nada à segunda configuraria subsídio cruzado.

CAPÍTULO 16

EXERCÍCIO 16.1

a) Margem de contribuição unitária (em $/un.):

	Enceradeiras	Aspiradores
Preço de Venda	120	80
(–) Custos e Despesas Variáveis		
Matéria-prima	(16)	(8)
Mão de Obra Direta	(50)	(30)
Comissões	(6)	(4)
MARGEM DE CONTRIBUIÇÃO UNITÁRIA	$ 48/un.	$ 38/un.

b) Margem de contribuição total (em $):

	Enceradeiras	Aspiradores
Receita Bruta = Receita Líquida	12.000	8.000
(–) Custos e Despesas Variáveis		
Matéria-prima	(1.600)	(800)
Mão de Obra Direta	(5.000)	(3.000)
Comissões	(600)	(400)
MARGEM DE CONTRIBUIÇÃO TOTAL	$ 4.800	$ 3.800

c) Melhor *mix* de produção:

Produtos	MC/un.	Matéria-prima (fator limitante)	MC/un. (fator limitante)	A fabricar	Matéria-prima disponível
Enceradeiras	48	2 kg	24	50 un.	100 kg
Aspiradores	38	1 kg	38	100 un.	100 kg
					200 kg

EXERCÍCIO 16.2

a) Resultado de cada produto (em $):

	A	B
Receita Bruta = Receita Líquida	12.000	8.000
(–) Custos e Despesas Variáveis		
Matéria-prima	(1.600)	(800)
Mão de Obra Direta	(5.000)	(4.000)
Comissões	(600)	(400)
MARGEM DE CONTRIBUIÇÃO TOTAL	$ 4.800	$ 2.800

b) Resultado mensal máximo da empresa (em $):

	A	B	Total
Receita Bruta = Receita Líquida	12.000	8.000	20.000
(–) Custos e Despesas Variáveis			
Matéria-prima	(1.600)	(800)	(2.400)
Mão de Obra Direta	(5.000)	(4.000)	(9.000)
Comissões	(600)	(400)	(1.000)
MARGEM DE CONTRIBUIÇÃO TOTAL	$ 4.800	$ 2.800	$ 7.600
(–) Custos e Despesas Fixos			($ 4.000)
LUCRO OPERACIONAL DA EMPRESA			$ 3.600

c) Resultado máximo (restrição de matéria-prima):

Produtos	MC/un.	Matéria-prima (fator limitante)	MC/un. (fator limitante)	A fabricar	Matéria-prima disponível
A	48	4 kg	12	40 un.	160 kg
B	28	2 kg	14	100 un.	200 kg
					360 kg

MCT (A) = 40 un. × $ 48/un. =	$ 1.920
MCT (B) = 100 un. × $ 28/un. =	$ 2.800
MCT	$ 4.720
(–) CDF	($ 4.000)
LUCRO	$ 720

d) Combinação e resultado ótimos (restrição de MOD):

Produtos	MC/un.	Mão de obra (fator limitante)	MC/un. (fator limitante)	A fabricar	Matéria-prima disponível
A	48	2,5 h	19,20	100 un.	250 hh
B	28	2 h	14	75 un.	150 hh
					400 hh

MCT (A) = 100 un. × $ 48/un. =	$ 4.800
MCT (B) = 75 un. × $ 28/un. =	$ 2.100
MCT	$ 6.900
(–) CDF	($ 4.000)
LUCRO	$ 2.900

EXERCÍCIO 16.3

Margem de contribuição por curso (em $):

	Mecânica	Elétrica
Receita Bruta	18.750	15.000
(–) Imposto sobre Serviços (ISS)	(375)	(300)
Receita Líquida	18.375	14.700
(–) Custos:	(4.350)[6]	(3.150)[7]
Material: impressos, fotocópia, lanches etc.	(750)	(750)
Salário dos instrutores	(3.600)	(2.400)
MARGEM DE CONTRIBUIÇÃO POR CURSO	$ 14.025	$ 11.550

Caso a empresa ofereça só o curso de Mecânica, restarão apenas 20 horas disponíveis (tempo insuficiente para que haja o oferecimento do curso de Eletricidade). Por outro lado, como a escola tem disponibilidade de 80 horas de treinamento e o curso de Eletricidade é de 40 horas, e sabendo-se que não há limitação de mercado, podem-se formar duas turmas deste curso.

O lucro em cada uma dessas hipóteses é demonstrado a seguir:

Demonstração de Resultados (em $)			
	Uma turma de Mecânica	Uma turma de Eletricidade	Duas turmas de Eletricidade
Receita Bruta	18.750	15.000	30.000
(–) Imposto sobre Serviços (ISS)	(375)	(300)	(600)
Receita Líquida	18.375	14.700	29.400
(–) Custos:			
Material: impressos, fotocópia etc.	(750)	(750)	(1.500)
Salário dos instrutores	(3.600)	(2.400)	(4.800)
MARGEM DE CONTRIBUIÇÃO POR CURSO	14.025	11.550	23.100
(–) Custos Fixos:	(10.000)	(10.000)	(10.000)
Lucro Operacional	(4.025)	(1.550)	(13.100)

Pode-se observar que a opção que maximizaria o lucro da empresa é a de se oferecer duas turmas do curso de Eletricidade: lucro de $ 13.100.

Margem de Contribuição por hora de curso, considerando-se turmas de 25 alunos:

- Mecânica: $ 14.025/60h = $ 233,75/h
- Eletricidade: $ 11.500/80h = $ 288,75/h

Sendo assim, o curso a ser oferecido é o de eletricidade (alternativa c).

---

6 Custos variáveis: ($ 30/aluno × 25 alunos) + ($ 60/h × 60 h) = $ 750 + $ 3.600 = $ 4.350.

7 Custos variáveis: ($ 30/aluno × 25 alunos) + ($ 60/h × 40 h) = $ 750 + $ 2.400 = $ 3.150.

EXERCÍCIO 16.4

Margem de Contribuição Unitária (em $/un.):

	Cobertores de Casal	Cobertores de Solteiro	Mantas de Casal	Mantas de Solteiro
Preço de Venda Bruto	150,00	125,00	130,00	100,00
(–) Tributos	(37,50)	(31,25)	(32,50)	(25,00)
Preço de Venda Líquido	112,50	93,75	97,50	75,00
(–) Matéria-prima	(41,60)	(24,00)	(40,00)	(19,20)
(–) Mão de Obra Direta	(30,00)	(18,00)	(21,60)	(12,00)
(–) Comissões	(11,25)	(9,38)	(9,75)	(7,50)
MARGEM DE CONTRIBUIÇÃO UNITÁRIA	29,65	42,37	26,15	36,30

PARTE I

a) Melhor *mix* de produção e vendas:

Produtos	MC/u ($)	Fator limitante (kg/un.)	MC/u por kg de MP ($)	A produzir (un.)	kg de MP
Cobertores de Casal	29,65	2,60	11,40	11.154	29.000
Cobertores de Solteiro	42,38	1,50	28,25	10.000	15.000
Mantas de Casal	26,15	2,50	10,46	0	0
Mantas de Solteiro	36,30	1,20	30,25	5.000	6.000
					50.000

b) Lucro da empresa (em $):

	Cobertores de Casal	Cobertores de Solteiro	Mantas de Casal	Mantas de Solteiro	Total
RECEITA BRUTA	1.673.100,00	1.250.000,00	0,00	500.000,00	3.423.100,00
(–) Tributos	(418.275,00)	(312.500,00)	0,00	(125.000,00)	(855.775,00)
RECEITA LÍQUIDA	1.254.825,00	937.500,00	0,00	375.000,00	2.567.325,00
(–) Matéria-prima	(464.006,40)	(240.000,00)	0,00	(96.000,00)	(800.006,40)
(–) Mão de Obra Direta	(334.620,00)	(180.000,00)	0,00	(60.000,00)	(574.620,00)
(–) Comissões	(125.482,50)	(93.750,00)	0,00	(37.500,00)	(256.732,50)
MARGEM DE CONTRIBUIÇÃO	330.716,10	423.750,00	0,00	181.500,00	935.966,10
(–) Custos Fixos	–	–	–	–	(615.000,00)
(–) Despesas Fixas	–	–	–	–	(175.000,00)
LUCRO DA EMPRESA					145.966,10

Margem Operacional = $ 145.966,10/2.567.325 = 5,69%

PARTE II

c) Melhor *mix* de produção:

Produtos	MC/u ($)	Fator limitante (kg/un.)	MC/u por kg de MP ($)	A produzir (un.)	Horas de MOD
Cobertores de Casal	29,65	2,50	11,860	8.240	20.600
Cobertores de Solteiro	42,37	1,50	28,247	10.000	15.000
Mantas de Casal	26,15	1,80	14,528	8.000	14.400
Mantas de Solteiro	36,30	1,00	36,300	5.000	5.000
					55.000

d) Lucro da empresa (em $) :

	Cobertores de Casal	Cobertores de Solteiro	Mantas de Casal	Mantas de Solteiro	Total
RECEITA BRUTA	1.236.000,00	1.250.000,00	1.040.000,00	500.000,00	4.026.000,00
(–) Tributos	(309.000,00)	(312.500,00)	(260.000,00)	(125.000,00)	(1.006.500,00)
RECEITA LÍQUIDA	927.000,00	937.500,00	780.000,00	375.000,00	3.019.500,00
(–) Matéria-prima	(342.784,00)	(240.000,00)	(320.000,00)	(96.000,00)	(998.784,00)
(–) Mão de Obra Direta	(247.200,00)	(180.000,00)	(172.800,00)	(60.000,00)	(660.000,00)
(–) Comissões	(92.700,00)	(93.750,00)	(78.000,00)	(37.500,00)	(301.950,00)
MARGEM DE CONTRIBUIÇÃO	244.316,00	423.750,00	209.200,00	181.500,00	1.058.766,00
(–) Custos Fixos	–	–	–	–	(615.000,00)
(–) Despesas Fixas	–	–	–	–	(175.000,00)
LUCRO DA EMPRESA					268.766,00

Margem Operacional = $ 268.766/3.019.500 = 8,90%

CAPÍTULO 17

EXERCÍCIO 17.1

EI = 0

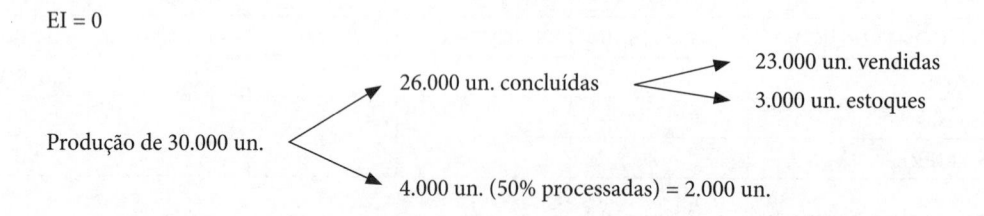

Produção de 30.000 un. → 26.000 un. concluídas → 23.000 un. vendidas; 3.000 un. estoques

Produção de 30.000 un. → 4.000 un. (50% processadas) = 2.000 un.

Esforço de produção equivalente a 26.000 + (0,5 × 4.000) = 28.000 un.

Demonstração de Resultados (Custeio por Absorção)		
Receita Bruta (23.000 un. × $ 250/un.)		5.750.000
(–) Tributos (20% da Receita Bruta)		(1.150.000)
Receita Líquida		4.600.000
Material Consumido (28.000 un. × $ 130/un.)	3.640.000	
MOD e Outros	840.000	
Custos de Produção do Período (CPP)[8]	4.480.000	
EI_{PP}	0	
EF_{PP} (4.000 un. × 0,50) × $ 160/un.	(320.000)	
Custo da Produção Acabada (CPA)	4.160.000	
EI_{PA}	0	
EF_{PA} (3.000 un. × $ 160/un.)	(480.000)	
Custo dos Produtos Vendidos (CPV)	3.680.000	(3.680.000)
LUCRO BRUTO		920.000
(–) Comissões (5% da Receita Bruta)		(287.500)
Despesas Fixas		(172.500)
LUCRO ANTES DO IMPOSTO DE RENDA		460.000
(–) Imposto de Renda (30%)		(138.000)
LUCRO LÍQUIDO		322.000

Demonstração de Resultados - Custeio Variável		
Receita Bruta		5.750.000
(–) Tributos		(1.150.000)
Receita Líquida		4.600.000
(–) Custos Variáveis		
Material Consumido[9]	3.640.000	
EI_{PP}	0	
EF_{PP} (4.000 un. × 0,50) × $ 130/un.	(260.000)	
CPA	3.380.000	
EI_{PA}	0	
EF_{PA} (3.000 un. × $ 130/un.)	(390.000)	
CVPV	2.990.000	(2.990.000)
(–) Despesas Variáveis: Comissões		(287.500)
Margem de Contribuição		1.322.500
(–) Custos Fixos	840.000	
Despesas Fixas	172.500	(1.012.500)
LUCRO ANTES DO IMPOSTO DE RENDA		310.000
(–) IR (30%)[10]		(138.000)
LUCRO LÍQUIDO		172.000

---

8 Custo médio de produção = $ 4.480.000/28.000 un. = $ 160/un.

9 Custo médio de produção = $ 3.640.000/28.000 un. = $ 130/un.

10 Sobre o lucro de $ 460.000 apurado pelo Custeio por Absorção, que é o exigido pela legislação tributária.

	Absorção	Variável	Diferença
a) Estoque Final de Produtos em Elaboração	\$ 320.000	\$ 260.000	\$ 60.000
b) Estoque Final de Produtos Acabados	\$ 480.000	\$ 390.000	\$ 90.000
c) Lucro Antes do Imposto de Renda (LAIR)	\$ 460.000	\$ 310.000	\$ 150.000

EXERCÍCIO 17.2

Demonstração de Resultados pelo Custeio por Absorção (em \$ mil)

	Outubro	Novembro	Dezembro	Total
Receita Líquida	4.200	4.200	8.400	16.800
Custo dos Produtos Vendidos (CPV)	3.500[11]	2.600	6.700	12.800
Estoque Inicial$_{PAC}$	0	500[12]	3.500	0
Custo do Período (CPP)	4.000[13]	5.600	3.200	12.800
Fixos	2.400[14]	2.400	2.400	7.200
Variáveis	1.600[15]	3.200	800	5.600
Custo da Produção Acabada (CPA)	4.000[16]	5.600	3.200	12.800
Estoque Final$_{PAC}$	500[17]	3.500[18]	0	0
LUCRO BRUTO	700	1.600	1.700	4.000
Despesas:				
Com Vendas	(50)	(50)	(50)	(150)
Administrativas	(300)	(300)	(300)	(900)
Comissões	(210)	(210)	(420)	(840)
LUCRO OPERACIONAL	140	1.040	930	2.110

Demonstração de Resultados pelo Custeio Variável (em \$ mil)

	Outubro	Novembro	Dezembro	Total
Receita Líquida	4.200	4.200	8.400	16.800
Despesa Variável: Comissões	(210)	(210)	(420)	(840)
Custo Variável dos Produtos Vendidos (CVPV)	(1.400)	(1.400)	(2.800)	(5.600)
Estoque Inicial$_{PAC}$	0	200	2.000	0
Custo do Período (CPP)				
Variáveis	1.600	3.200	800	5.600
Custo da Produção Acabada (CPA)	1.600	3.200	800	5.600
Estoque Final$_{PAC}$	200	2.000	0	0
Margem de Contribuição	2.590	2.590	5.180	10.360
Custos Fixos	(2.400)	(2.400)	(2.400)	(7.200)
Despesas Fixas	(350)	(350)	(350)	(1.050)
Lucro Operacional	(160)	(160)	2.430	2.110

---

[11] CPV = EI_{PAC} + CPA – EF_{PAC}= 0 + \$ 4.000.000 – \$ 500.000 = \$ 3.500.000.

[12] $EI_{PAC\text{-}NOVEMBRO} = EF_{PAC\text{-}OUTUBRO}$.

[13] CPP = CPP Fixos + CPP Variáveis = \$ 2.400.000 + \$ 1.600.000 = \$ 4.000.000.

[14] CPP Fixos = salário e encargos dos operários + depreciação + aluguel + custos diversos = \$ 2.400.000.

[15] CPP Variáveis = \$ 200/un. × 8.000 un. = \$ 1.600.000.

[16] CPA = CPP.

[17] EF de PAC = CPP/volume de produção × unidades em estoque de PAC = (\$ 4.000.000/8.000 un.) × 1.000 un. = \$ 500.000.

[18] $EF_{PAC\text{-}NOVEMBRO}$ = (\$ 5.600/16.000 un.) × 10.000 un. = \$ 3.500.

a) Diferença, em cada mês, entre os lucros apurados:

Lucros	Absorção	Variável	Diferença
Outubro	140	(160)	300
Novembro	1.040	(160)	1.200
Dezembro	930	2.430	(1.500)
Total	**2.110**	**2.110**	**0**

b) Diferença, em cada mês, entre os estoques finais de produtos acabados:

Estoque final	Absorção	Variável	Diferença
Outubro	500	200	300
Novembro	3.500	2.000	1.500
Dezembro	0	0	0
Total	**4.000**	**2.200**	**1.800**

EXERCÍCIO 17.3

Março –Demonstração de Resultados (Custeio por Absorção)		
Receita Bruta (9.000 un. × $ 45/un.)		405.000
Tributos (20% da Receita Bruta)		(81.000)
Receita Líquida		324.000
CPP = CPA		
Material Direto	180.000	
MOD	60.000	
MOI	25.000	
Depreciação	5.000	
CPP = CPA	270.000	
Estoque Final	(67.500)	
CPV	202.500	(202.500)
LUCRO BRUTO		121.500
Comissões (15% da Receita Bruta)		(60.750)
Despesas Administrativas		(30.000)
LUCRO DA EMPRESA NO PERÍODO		30.750

Abril – Demonstração de Resultados (Custeio por Absorção)		
Receita Bruta (9.000 un. × $ 45/un.)		405.000
Tributos (20% da Receita Bruta)		(81.000)
Receita Líquida		324.000
EI = 3.000 un. × $ 21/un.	67.500	
Material Direto	90.000	
MOD	24.000	
MOI	10.000	
Depreciação	2.000	
CPV	193.500	(193.500)
LUCRO BRUTO		130.500
Comissões (15% da Receita Bruta)		(60.750)
Despesas Administrativas		(30.000)
LUCRO DA EMPRESA NO PERÍODO		39.750

$$EF = \frac{\$ \ 193.500 - \$ \ 67.500}{6.000 \text{ un.}} \times 9.000 \text{ un.} = \$ \ 189.000 \rightarrow \frac{\$ \ 189.000}{9.000 \text{ un.}} = \$ \ 21/\text{un.}$$

Março – Demonstração de Resultados (Custeio Variável)	
Receita Bruta (9.000 un. × $ 45/un.)	405.000
Tributos (20%)	(81.000)
Receita Líquida	324.000
Custos variáveis dos produtos vendidos (CVPV)	
Material Direto	(135.000)
Despesas variáveis:	
Comissões (15% × 405.000)	(60.750)
MARGEM DE CONTRIBUIÇÃO	128.250
CF (MOD, MOI, Depreciação)	(90.000)
DF (Despesas Administrativas)	(30.000)
LUCRO DA EMPRESA NO PERÍODO	8.250

$$EF = \frac{\$ \ 135.000}{9.000/\text{un.}} \times 3.000 \text{ un.} = \$ \ 45.000$$

Abril – Demonstração de Resultados (Custeio Variável)		
Receita Bruta (9.000 un. × $ 45/un.)		405.000
Tributos (20%)		(81.000)
Receita Líquida		324.000
Custos variáveis dos produtos vendidos (CVPV)		
EI (3.000 un. × $ 15/un.)	45.000	
Material Direto	90.000	(135.000)
Despesas variáveis		
Comissões (15% × 405.000)		(60.750)
MARGEM DE CONTRIBUIÇÃO		128.250
CF (MOD, MOI, Depreciação)		(90.000)
DF (Despesas Administrativas)		(30.000)
LUCRO DA EMPRESA NO PERÍODO		8.250

$$EF = \frac{\$ 135.000 - \$ 45.000}{6.000 \text{ un.}} \times (15.000 - 6.000) \text{ un.} = \$ 135.000$$

a) Diferença, em cada mês, entre os lucros apurados:

Lucros	Absorção	Variável	Diferença
Março	$ 30.750	$ 8.250	$ 22.500
Abril	$ 39.750	$ 8.250	$ 31.500

b) Diferença, em cada mês, entre os estoques finais:

Estoques finais	Absorção	Variável	Diferença
Março	$ 67.500	$ 45.000	$ 22.500
Abril	$ 189.000	$ 135.000	$ 54.000

EXERCÍCIO 17.4

Custeio Variável (em $)

Custeio variável	BILS	INFO	TOTAL
Material direto	10.000	8.500	18.500
Mão de obra terceirizada			
Analista	5.460	4.740	10.200
Consultor Júnior	16.600	11.900	28.500
Consultor Sênior	9.100	9.900	19.000
SUBTOTAL	41.160	35.040	76.200
Custos fixos			23.200
Total	**41.160**	**35.040**	**99.400**

Custeio por Absorção (em $)

Custeio por Absorção	BILS	INFO	TOTAL
Material direto	10.000	8.500	18.500
Mão de obra terceirizada			
Analista	5.460	4.740	10.200
Consultor Júnior	16.600	11.900	28.500
Consultor Sênior	9.100	9.900	19.000
Aluguel do Imóvel	2.000	2.000	4.000
Energia elétrica	500	500	1.000
Telefone	1.200	1.200	2.400
Salário do gerente de projetos	8.140	6.660	14.800
Depreciação dos equipamentos	550	450	1.000
Total	**53.550**	**45.850**	**99.400**

CAPÍTULO 18

EXERCÍCIO 18.1

a) Margem de contribuição total de cada linha de produto:

Demonstração de Resultados (em $)				
	p/ automóveis	**p/ caminhões**	**p/ motos**	**Total**
Receita	20.000	38.000	34.000	92.000
(–) CDV	(15.000)	(31.300)	(25.600)	(71.900)
MCT	5.000	6.700	8.400	20.100

b) Margem de contribuição total de cada filial:

Demonstração de Resultados (em $)				
	Centro	**Norte**	**Leste**	**Total**
Receita	24.000	28.000	40.000	92.000
(–) CDV	(17.100)	(22.800)	(32.000)	(71.900)
MCT	6.900	5.200	8.000	20.100

c) Lucratividade de cada filial:

FILIAL CENTRO

Demonstração de Resultados (em $)				
	p/ automóveis	**p/ caminhões**	**p/ motos**	**Total**
Receita	10.000	8.000	6.000	24.000
(–) CDV	(7.000)	(6.500)	(3.600)	(17.100)
MCT	3.000	1.500	2.400	6.900
(–) Depreciação				(125)
(–) Desp. Fixas				(4.000)
MARGEM DIRETA				2.775

FILIAL NORTE

Demonstração de Resultados (em $)				
	p/ automóveis	**p/ caminhões**	**p/ motos**	**Total**
Receita	6.000	14.000	8.000	28.000
(–) CDV	(4.800)	(12.000)	(6.000)	(22.800)
MCT	1.200	2.000	2.000	5.200
(–) Depreciação				(90)
(–) Desp. fixas				(6.000)
MARGEM DIRETA				(890)

FILIAL LESTE

Demonstração de Resultados (em $)				
	p/ automóveis	p/ caminhões	p/ motos	Total
Receita	4.000	16.000	20.000	40.000
(–) CDV	(3.200)	(12.800)	(16.000)	(32.000)
MCT	800	3.200	4.000	8.000
(–) Depreciação				(60)
(–) Desp. fixas				(5.400)
MARGEM DIRETA				2.540

CENTRO

$$\frac{\text{Margem Direta}}{\text{Receita}} \times 100\% = \frac{\$\ 2.775}{\$\ 24.000} \times 100\% = 11{,}56\%$$

NORTE

$$\frac{\text{Margem Direta}}{\text{Receita}} \times 100\% = \frac{(\$\ 890)}{\$\ 28.000} \times 100\% = (3{,}18\%)$$

LESTE

$$\frac{\text{Margem Direta}}{\text{Receita}} \times 100\% = \frac{\$\ 2.540}{\$\ 40.000} \times 100\% = 6{,}35\%$$

d) Rentabilidade de cada filial:

CENTRO

$$\frac{\text{Margem Direta}}{\text{Investimentos}} \times 100\% = \frac{\$\ 2.775}{\$\ 2.500} \times 100\% = 111\%$$

NORTE

$$\frac{\text{Margem Direta}}{\text{Investimentos}} \times 100\% = \frac{(\$\ 890)}{\$\ 1.800} \times 100\% = (49\%)$$

LESTE

$$\frac{\text{Margem Direta}}{\text{Investimentos}} \times 100\% = \frac{\$\ 2.540}{\$\ 1.200} \times 100\% = 212\%$$

e) Rentabilidade da empresa:

Demonstração de Resultados (em $)					
	Filial			**Escritório**	**Total**
	Centro	**Norte**	**Leste**		
Receita Líquida	24.000	28.000	40.000	0	92.000
(–) CDV	(17.100)	(22.800)	(32.000)	0	(71.900)
MCT	6.900	5.200	8.000	0	20.100
(–) Depreciação	(125)	(90)	(60)	(75)	(350)
(–) Despesas Fixas	(4.000)	(6.000)	(5.400)	(2.200)	(17.600)
MARGEM DIRETA	2.775	(890)	2.540	(2.275)	2.150

$$\text{Rentabilidade: } \frac{\$\ 2.150}{(1.500 + 2.500 + 1.800 + 1.200)\text{ un.}} \times 100\% = 30{,}71\%$$

EXERCÍCIO 18.2

Demonstração de Resultados (em $)			
	Bolsas	**Luvas**	**Total**
Receita Bruta	92.000	91.000	183.000
Tributos	(11.960)	(11.830)	(23.790)
Receita Líquida	80.040	79.170	159.210
Custos Variáveis	(22.800)	(18.200)	(41.000)
Despesas Variáveis: Comissões	(9.200)	(9.100)	(18.300)
Margem de Contribuição	48.040	51.870	99.910
Custos Diretos Fixos	(10.400)	(20.800)	(31.200)
Margem Direta	37.640	31.070	68.710
Custos Fixos Estruturais			(30.000)
Despesas Administrativas e de Vendas			(16.750)
LUCRO OPERACIONAL			21.960

a) Margem de contribuição unitária:

a1) Das bolsas:

MC/un. = $ 48.040/1.000 un. = $ 48,04/un.

a2) Das luvas:

MC/un. = $ 51.870/1.300 un. = $ 39,90/un.

b) Margem de contribuição total:

b1) Das bolsas:

MCT = $ 48.040

b2) Das luvas:

MCT = $ 51.870

c) Margem direta total:

c1) Das bolsas:

MDT = $ 37.640

c2) Das luvas:

MDT = $ 31.070

d) Taxa de retorno sobre o investimento identificado (rentabilidade):

Bolsas: 37.640 ÷ 250.000 = 15,1%
Luvas: 31.070 ÷ 150.000 = 20,7%

e) Taxa de retorno da empresa como um todo (rentabilidade):

21.960 ÷ 550.000 = 4%

EXERCÍCIO 18.3

1. Custo fixo departamental de cada produto:

Departamentos	Produtos (un.)					Custo Fixo por unidade
	Rodas	Para-lamas	Para-choques	Grades	Total	
Pintura	20.000	20.000			40.000 un.	$ 55/un.
Niquelação			10.000	10.000	20.000 un.	$ 150/un.
Estamparia	20.000	20.000	10.000	10.000	60.000 un.	$ 25/un.
Usinagem	20.000	20.000	10.000	10.000	60.000 un.	$ 15/un.
Montagem	20.000	20.000	10.000	10.000	60.000 un.	$ 26,67/un.

a) Custo total de cada produto (em $):

	Produtos				Total
	Rodas	Para-lamas	Para-choques	Grades	
Custos variáveis:					
	3.000.000	4.000.000	1.500.000	3.000.000	11.500.000
Custos fixos:					
Pintura	1.100.000	1.100.000			2.200.000
Niquelação			1.500.000	1.500.000	3.000.000
Estamparia	500.000	500.000	250.000	250.000	1.500.000
Usinagem	300.000	300.000	150.000	150.000	900.000
Montagem	533.333	533.333	266.667	266.667	1.600.000
Total	5.433.333	6.433.333	3.666.667	5.166.667	20.700.000

b) Margem de contribuição de cada produto (em $):

Demonstração de Resultados (em $)				
	Produtos			
	Rodas	Para-lamas	Para-choques	Grades
Receita	5.600.000	9.600.000	4.000.000	5.000.000
(–) CDV	(3.000.000)	(4.000.000)	(1.500.000)	(3.000.000)
MCT	2.600.000	5.600.000	2.500.000	2.000.000

c) Lucro bruto de cada produto (em $):

Demonstração de Resultados (em $)					
	Produtos				
	Rodas	Para-lamas	Para-choques	Grades	Total
Receita	5.600.000	9.600.000	4.000.000	5.000.000	24.200.000
(–) CDV	(3.000.000)	(4.000.000)	(1.500.000)	(3.000.000)	(11.500.000)
MCT	2.600.000	5.600.000	2.500.000	2.000.000	12.700.000
(–) CF	(2.433.333)	(2.433.333)	(2.166.667)	(2.166.667)	(9.200.000)
LUCRO BRUTO	166.667	3.166.667	333.333	(166.667)	3.500.000

d) Margem direta de cada produto (em $):

Demonstração de Resultados (em $)				
	Produtos			
	Rodas	Para-lamas	Para-choques	Grades
Receita	5.600.000	9.600.000	4.000.000	5.000.000
(–) CDV	(3.000.000)	(4.000.000)	(1.500.000)	(3.000.000)
MCT	2.600.000	5.600.000	2.500.000	2.000.000
$MCT_{POR\ FAMÍLIA}$	8.200.000		4.500.000	
(–) CF_{COMUNS}	(2.200.000)		(3.000.000)	
MARGEM DIRETA	6.000.000		1.500.000	

2.

a) Demonstrações de resultados:

CUSTEIO DIRETO

Demonstração de Resultados (em $)					
	Produtos				Total
	Rodas	Para-lamas	Para-choques	Grades	
Receita	5.600.000	9.600.000	4.000.000	5.000.000	24.200.000
(–) CDV	(3.000.000)	(4.000.000)	(1.500.000)	(3.000.000)	(11.500.000)
MCT	2.600.000	5.600.000	2.500.000	2.000.000	12.700.000
$MCT_{POR\ FAMÍLIA}$	8.200.000		4.500.000		12.700.000
(–) $CF_{IDENTIFICADOS}$	(2.200.000)		(3.000.000)		(5.200.000)
MARGEM DIRETA	6.000.000		1.500.000		7.500.000
(–) CF_{COMUNS}					(4.000.000)
(–) Despesas Fixas					(800.000)
LUCRO OPERACIONAL					2.700.000

CUSTEIO VARIÁVEL

Demonstração de Resultados (em $)					
	Produtos				**Total**
	Rodas	**Para-lamas**	**Para-choques**	**Grades**	
Receita	5.600.000	9.600.000	4.000.000	5.000.000	24.200.000
(–) CDV	(3.000.000)	(4.000.000)	(1.500.000)	(3.000.000)	(11.500.000)
MCT	2.600.000	5.600.000	2.500.000	2.000.000	12.700.000
(–) Custos Fixos					(9.200.000)
(–) Despesas Fixas					(800.000)
LUCRO OPERACIONAL					2.700.000

CUSTEIO POR ABSORÇÃO

Demonstração de Resultados (em $)					
	Produtos				**Total**
	Rodas	**Para-lamas**	**Para-choques**	**Grades**	
Receita	5.600.000	9.600.000	4.000.000	5.000.000	24.200.000
(–) CPV	(5.433.333)	(6.433.333)	(3.666.667)	(5.166.667)	(20.700.000)
LUCRO BRUTO	166.667	3.166.667	333.333	(166.667)	3.500.000
(–) Despesas Fixas					(800.000)
LUCRO OPERACIONAL					2.700.000

b1) Demonstrações de resultados não produzindo rodas:

CUSTEIO DIRETO

Demonstração de Resultados (em $)				
	Produtos			**Total**
	Para-lamas	**Para-choques**	**Grades**	
Receita	9.600.000	4.000.000	5.000.000	18.600.000
(–) CDV	(4.000.000)	(1.500.000)	(3.000.000)	(8.500.000)
MCT	5.600.000	2.500.000	2.000.000	10.100.000
$MCT_{POR\ FAMÍLIA}$	5.600.000		4.500.000	10.100.000
(–) $CF_{IDENTIFICADOS}$	(2.200.000)		(3.000.000)	(5.200.000)
MARGEM DIRETA	3.400.000		1.500.000	4.900.000
(–) CF_{COMUNS}				(4.000.000)
Despesas Fixas				(800.000)
LUCRO OPERACIONAL				100.000

CUSTEIO VARIÁVEL

Demonstração de Resultados (em $)				
	Produtos			**Total**
	Para-lamas	**Para-choques**	**Grades**	
Receita	9.600.000	4.000.000	5.000.000	18.600.000
(–) CDV	(4.000.000)	(1.500.000)	(3.000.000)	(8.500.000)
MCT	5.600.000	2.500.000	2.000.000	10.100.000
(–) Custos Fixos				(9.200.000)
Despesas Fixas				(800.000)
LUCRO OPERACIONAL				100.000

CUSTEIO POR ABSORÇÃO

Demonstração de Resultados (em $)				
	Produtos			**Total**
	Para-lamas	**Para-choques**	**Grades**	
Receita	9.600.000	4.000.000	5.000.000	18.600.000
(–) CPV	(8.200.000)	(4.000.000)	(5.500.000)	(17.700.000)
LUCRO BRUTO	1.400.000	0	(500.000)	900.000
(–) Despesas Fixas				(800.000)
LUCRO OPERACIONAL				100.000

b2) Demonstrações de resultados não produzindo grades:

CUSTEIO DIRETO

Demonstração de Resultados (em $)				
	Produtos			**Total**
	Rodas	**Para-lamas**	**Para-choques**	
Receita	5.600.000	9.600.000	4.000.000	19.200.000
(–) CDV	(3.000.000)	(4.000.000)	(1.500.000)	(8.500.000)
MCT	2.600.000	5.600.000	2.500.000	10.700.000
$MCT_{\text{POR FAMÍLIA}}$		8.200.000	2.500.000	10.700.000
(–) $CF_{\text{IDENTIFICADOS}}$		(2.200.000)	(3.000.000)	(5.200.000)
MARGEM DIRETA		6.000.000	(500.000)	5.500.000
(–) Outros CF				(4.000.000)
(–) Despesas Fixas				(800.000)
LUCRO OPERACIONAL				700.000

CUSTEIO VARIÁVEL

Demonstração de Resultados (em $)				
	Produtos			Total
	Rodas	Para-lamas	Para-choques	
Receita	5.600.000	9.600.000	4.000.000	19.200.000
(–) CDV	(3.000.000)	(4.000.000)	(1.500.000)	(8.500.000)
MCT	2.600.000	5.600.000	2.500.000	10.700.000
(–) Custos Fixos				(9.200.000)
(–) Despesas Fixas				(800.000)
LUCRO OPERACIONAL				700.000

CUSTEIO POR ABSORÇÃO

Demonstração de Resultados (em $)				
	Produtos			Total
	Rodas	Para-lamas	Para-choques	
Receita	5.600.000	9.600.000	4.000.000	19.200.000
(–) CPV	(5.700.000)	(6.700.000)	(5.300.000)	(17.700.000)
LUCRO BRUTO	(100.000)	2.900.000	(1.300.000)	1.500.000
(–) Despesas Fixas				(800.000)
LUCRO OPERACIONAL				700.000

b3) Demonstrações de resultados não produzindo rodas nem grades:

CUSTEIO DIRETO

Demonstração de Resultados (em $)			
	Produtos		Total
	Para-lamas	Para-choques	
Receita	9.600.000	4.000.000	13.600.000
(–) CDV	(4.000.000)	(1.500.000)	(5.500.000)
MCT	5.600.000	2.500.000	8.100.000
(–) $CF_{IDENTIFICADOS}$	(2.200.000)	(3.000.000)	(5.200.000)
MARGEM DIRETA	3.400.000	(500.000)	2.900.000
(–) CF_{COMUNS}			(4.000.000)
Despesas Fixas			(800.000)
LUCRO OPERACIONAL			(1.900.000)

CUSTEIO VARIÁVEL

Demonstração de Resultados (em $)			
	Produtos		Total
	Para-lamas	Para-choques	
Receita	9.600.000	4.000.000	13.600.000
(–) CDV	(4.000.000)	(1.500.000)	(5.500.000)
MCT	5.600.000	2.500.000	8.100.000
(–) Custos Fixos			(9.200.000)
Despesas Fixas			(800.000)
LUCRO OPERACIONAL			(1.900.000)

CUSTEIO POR ABSORÇÃO

Demonstração de Resultados (em $)			
	Produtos		Total
	Para-lamas	Para-choques	
Receita	9.600.000	4.000.000	13.600.000
(–) CPV	(8.866.667)	(5.833.333)	(14.700.000)
LUCRO BRUTO	733.333	(1.833.333)	(1.100.000)
(–) Despesas Fixas			(800.000)
LUCRO OPERACIONAL			(1.900.000)

c1) Demonstrações de resultados terceirizando a fase de pintura:

CUSTEIO DIRETO

Demonstração de Resultados (em $)					
	Produtos				Total
	Rodas	Para-lamas	Para-choques	Grades	
Receita	5.600.000	9.600.000	4.000.000	5.000.000	24.200.000
(–) CDV	(4.400.000)	(5.400.000)	(1.500.000)	(3.000.000)	(13.300.000)
MCT	1.200.000	4.200.000	2.500.000	2.000.000	9.900.000
$MCT_{POR\ FAMÍLIA}$	5.400.000		4.500.000		9.900.000
(–) $CF_{IDENTIFICADOS}$	0		(3.000.000)		(3.000.000)
MARGEM DIRETA	5.400.000		1.500.000		6.900.000
(–) CF_{COMUNS}					(4.000.000)
Despesas Fixas					(800.000)
LUCRO OPERACIONAL					2.100.000

CUSTEIO VARIÁVEL

Demonstração de Resultados (em $)					
	Produtos				Total
	Rodas	Para-lamas	Para-choques	Grades	
Receita	5.600.000	9.600.000	4.000.000	5.000.000	24.200.000
(–) CDV	(4.400.000)	(5.400.000)	(1.500.000)	(3.000.000)	(14.300.000)
MCT	1.200.000	4.200.000	2.500.000	2.000.000	9.900.000
(–) Custos Fixos					(7.000.000)
Despesas Fixas					(800.000)
LUCRO OPERACIONAL					2.100.000

CUSTEIO POR ABSORÇÃO

Demonstração de Resultados (em $)					
	Produtos				Total
	Rodas	Para-lamas	Para-choques	Grades	
Receita	5.600.000	9.600.000	4.000.000	5.000.000	24.200.000
(–) CPV	(5.733.333)	(6.733.333)	(3.666.667)	(5.166.667)	(21.300.000)
LUCRO BRUTO	(133.333)	2.866.667	333.333	(166.667)	2.900.000
(–) Despesas Fixas					(800.000)
LUCRO OPERACIONAL					2.100.000

c2) Demonstrações de resultados terceirizando a fase de niquelação:

CUSTEIO DIRETO

Demonstração de Resultados (em $)					
	Produtos				Total
	Rodas	Para-lamas	Para-choques	Grades	
Receita	5.600.000	9.600.000	4.000.000	5.000.000	24.200.000
(–) CDV	(3.000.000)	(4.000.000)	(2.500.000)	(4.000.000)	(13.500.000)
MCT	2.600.000	5.600.000	1.500.000	1.000.000	10.700.000
$MCT_{POR FAMÍLIA}$	8.200.000		2.500.000		10.700.000
(–) $CF_{IDENTIFICADOS}$	(2.200.000)		0		(2.200.000)
MARGEM DIRETA	6.000.000		2.500.000		8.500.000
(–) CF_{COMUNS}					(4.000.000)
Despesas Fixas					(800.000)
LUCRO OPERACIONAL					3.700.000

CUSTEIO VARIÁVEL

Demonstração de Resultados (em $)					
	Produtos				Total
	Rodas	Para-lamas	Para-choques	Grades	
Receita	5.600.000	9.600.000	4.000.000	5.000.000	24.200.000
(–) CDV	(3.000.000)	(4.000.000)	(2.500.000)	(4.000.000)	(13.500.000)
MCT	2.600.000	5.600.000	1.500.000	1.000.000	10.700.000
(–) Custos Fixos					(6.200.000)
Despesas Fixas					(800.000)
LUCRO OPERACIONAL					3.700.000

CUSTEIO POR ABSORÇÃO

Demonstração de Resultados (em $)					
	Produtos				Total
	Rodas	Para-lamas	Para-choques	Grades	
Receita	5.600.000	9.600.000	4.000.000	5.000.000	24.200.000
(–) CPV	(5.433.333)	(6.433.333)	(3.166.667)	(4.666.667)	(19.700.000)
LUCRO BRUTO	166.667	3.166.667	833.333	333.333	4.500.000
(–) Despesas Fixas					(800.000)
LUCRO OPERACIONAL					3.700.000

2. c3) Demonstrações de resultados terceirizando a fase de pintura e niquelação:

CUSTEIO DIRETO

Demonstração de Resultados (em $)					
	Produtos				Total
	Rodas	Para-lamas	Para-choques	Grades	
Receita	5.600.000	9.600.000	4.000.000	5.000.000	24.200.000
(–) CDV	(4.400.000)	(5.400.000)	(2.500.000)	(4.000.000)	(16.300.000)
MCT	1.200.000	4.200.000	1.500.000	1.000.000	7.900.000
$MCT_{POR\ FAMÍLIA}$	5.400.000		2.500.000		7.900.000
(–) $CF_{IDENTIFICADOS}$	0		0		0
MARGEM DIRETA	5.400.000		2.500.000		7.900.000
(–) CF_{COMUNS}					(4.000.000)
Despesas Fixas					(800.000)
LUCRO OPERACIONAL					3.100.000

CUSTEIO VARIÁVEL

Demonstração de Resultados (em $)					
	Produtos				Total
	Rodas	Para-lamas	Para-choques	Grades	
Receita	5.600.000	9.600.000	4.000.000	5.000.000	24.200.000
(–) CDV	(4.400.000)	(5.400.000)	(2.500.000)	(4.000.000)	(16.300.000)
MCT	1.200.000	4.200.000	1.500.000	1.000.000	7.900.000
(–) Custos Fixos					(4.000.000)
Despesas Fixas					(800.000)
LUCRO OPERACIONAL					3.100.000

CUSTEIO POR ABSORÇÃO

Demonstração de Resultados (em $)					
	Produtos				Total
	Rodas	Para-lamas	Para-choques	Grades	
Receita	5.600.000	9.600.000	4.000.000	5.000.000	24.200.000
(–) CPV	(5.733.333)	(6.733.333)	(3.166.667)	(4.666.667)	(20.300.000)
LUCRO BRUTO	(133.333)	2.866.667	833.333	333.333	3.900.000
(–) Despesas Fixas					(800.000)
LUCRO OPERACIONAL					3.100.000

EXERCÍCIO 18.4

a) Custo fixo departamental de cada categoria:

	Categorias (apto.)					Custo Fixo mensal
Departamentos	***Single standard***	***Single* luxo**	***Double standard***	***Double* luxo**	**Total**	
Cozinha	–	20	–	20	40 un.	$ 300/un.
Limpeza	30	20	30	20	100 un.	$ 80/un.
Serv. quarto	30	20	30	20	100 un.	$ 80/un.
Lazer	30	20	30	20	100 un.	$ 50/un.

b) Custo mensal total de cada categoria (em $):

	Categorias				Total
	Single standard	***Single* luxo**	***Double standard***	***Double* luxo**	
Custos variáveis:					
	9.000	10.800	18.000	15.000	52.800
Custos fixos:					
Cozinha	–	6.000	–	6.000	12.000
Limpeza	2.400	1.600	2.400	1.600	8.000
Serv. quarto	2.400	1.600	2.400	1.600	8.000
Lazer	1.500	1.000	1.500	1.000	5.000
Total	**15.300**	**21.000**	**24.300**	**25.200**	**85.800**

c) Margem de contribuição de cada categoria (em $):

Demonstração de Resultados (em $)				
	Categorias			
	Single standard	***Single* luxo**	***Double standard***	***Double* luxo**
Receita	27.000	27.000	45.000	45.000
(–) CDV	(9.000)	(10.800)	(18.000)	(15.000)
MCT	18.000	16.200	27.000	30.000

d) Lucro bruto de cada categoria (em $):

Demonstração de Resultados (em $)					
	Categorias				Total
	Single standard	***Single* luxo**	***Double standard***	***Double* luxo**	
Receita	27.000	27.000	45.000	45.000	144.000
(–) CDV	(9.000)	(10.800)	(18.000)	(15.000)	(52.800)
MCT	18.000	16.200	27.000	30.000	91.200
(–) CF	(6.300)	(10.200)	(6.300)	(10.200)	(33.000)
LUCRO BRUTO	11.700	6.000	20.700	19.800	58.200

e) Margem direta de cada família de categorias (em $):

Demonstração de Resultados (em $)				
	Categorias			
	Standard		Luxo	
	Single	*Double*	*Single*	*Double*
Receita	27.000	45.000	27.000	45.000
(–) CDV	(9.000)	(18.000)	(10.800)	(15.000)
MCT	18.000	27.000	16.200	30.000
$MCT_{POR\ FAMÍLIA}$	45.000		46.200	
(–) $CF_{IDENTIFICADOS}$	0		(12.000)	
MARGEM DIRETA	45.000		34.200	

1. a) Demonstrações de resultados:

CUSTEIO DIRETO

Demonstração de Resultados (em $)					
	Categorias				Total
	Standard		Luxo		
	Single	*Double*	*Single*	*Double*	
Receita	27.000	45.000	27.000	45.000	144.000
(–) CDV	(9.000)	(18.000)	(10.800)	(15.000)	(52.800)
MCT	18.000	27.000	16.200	30.000	91.200
$MCT_{POR\ FAMÍLIA}$	45.000		46.200		91.200
(–) $CF_{IDENTIFICADOS}$	0		(12.000)		(12.000)
MARGEM DIRETA	45.000		34.200		79.200
(–) CF_{COMUNS}					(21.000)
(–) Despesas Fixas					(20.000)
LUCRO OPERACIONAL					38.200

CUSTEIO VARIÁVEL

Demonstração de Resultados (em $)					
	Categorias				Total
	Single standard	*Single* luxo	*Double* standard	*Double* luxo	
Receita	27.000	27.000	45.000	45.000	144.000
(–) CDV	(9.000)	(10.800)	(18.000)	(15.000)	(52.800)
MCT	18.000	16.200	27.000	30.000	91.200
(–) Custos Fixos					(33.000)
(–) Despesas Fixas					(20.000)
LUCRO OPERACIONAL					38.200

CUSTEIO POR ABSORÇÃO

Demonstração de Resultados (em $)					
	Categorias				Total
	Single standard	*Single* luxo	*Double standard*	*Double* luxo	
Receita	27.000	27.000	45.000	45.000	144.000
(–) CPV	(15.300)	(21.000)	(24.300)	(25.200)	(85.800)
LUCRO BRUTO	11.700	6.000	20.700	19.800	58.200
(–) Despesas Fixas					(20.000)
LUCRO OPERACIONAL					38.200

2. b) Demonstrações de resultados não considerando *double* luxo:

CUSTEIO DIRETO

Demonstração de Resultados (em $)				
	Categorias			Total
	Standard		Luxo	
	Single	*Double*	*Single*	
Receita	27.000	45.000	27.000	99.000
(–) CDV	(9.000)	(18.000)	(10.800)	(37.800)
MCT	18.000	27.000	16.200	61.200
$MCT_{POR\ FAMÍLIA}$		45.000	16.200	61.200
(–) $CF_{IDENTIFICADOS}$		0	(12.000)	(12.000)
MARGEM DIRETA		45.000	4.200	49.200
(–) CF_{COMUNS}				(21.000)
Despesas Fixas				(20.000)
LUCRO OPERACIONAL				8.200

CUSTEIO VARIÁVEL

Demonstração de Resultados (em $)				
	Categorias			Total
	Standard		Luxo	
	Single	*Double*	*Single*	
Receita	27.000	45.000	27.000	99.000
(–) CDV	(9.000)	(18.000)	(10.800)	(37.800)
MCT	18.000	27.000	16.200	61.200
(–) Custos Fixos				(33.000)
(–) Despesas Fixas				(20.000)
LUCRO OPERACIONAL				8.200

CUSTEIO POR ABSORÇÃO

Demonstração de Resultados (em $)				
	Categorias			Total
	Standard		Luxo	
	Single	*Double*	*Single*	
Receita	27.000	45.000	27.000	99.000
(–) CPV	(16.875)	(28.050)	(25.875)	(70.800)
LUCRO BRUTO	10.125	16.950	1.125	28.200
(–) Despesas Fixas				(20.000)
LUCRO OPERACIONAL				8.200

CAPÍTULO 19

EXERCÍCIO 19.1

Custos	Produtos		
	Grandes	Médias	Pequenas
Matéria-prima	$ 30/un.	$ 25/un.	$ 18/un.
Energia Elétrica	$ 2/hm	$ 2/hm	$ 2/hm
Mão de Obra Direta	$ 10/hmod	$ 10/hmod	$ 10/hmod
Outros Custos Variáveis	$ 8/hm	$ 8/hm	$ 8/hm
Custos Fixos	$ 18.000		

	Grandes	Médias	Pequenas	Total
Volume (un.)	165	95	98	358
Horas MOD	231	95	98	424
Proporção (homd)	54,48%	22,41%	23,11%	100%
Horas MAQ	297	133	98	528
Proporção (hmaq)	56,25%	25,19%	18,56%	100%

a) Custo da encomenda das grandes, à base de horas-máquina:
Para 165 unidades:

• Matéria-prima ($ 30/un. × 165 un.):	$ 4.950,00
• Mão de Obra Direta ($ 10/hmod × 231 hmod):	$ 2.310,00
• Energia Elétrica ($ 2/hmaq × 297 hmaq):	$ 594,00
• Outros Custos ($ 8/hmaq × 297 hmaq):	$ 2.376,00
• Custos Fixos (56,25% de $ 18.000):	$ 10.125,00
CUSTO DA ENCOMENDA	$ 20.355,00

Considerando-se, porém, a estimativa de perda de cinco unidades, obtém-se:
Custo unitário: $ 20.355/160 un. = $ 127,22/un.
Logo, o preço de venda da encomenda das grandes é de: $ 127,22/0,65 = $ 195,72/un.

b) Preço de venda da encomenda das médias, à base de horas-máquina:
Para 95 unidades:

• Matéria-prima ($ 25/un. × 95 un.):	$ 2.375,00
• Mão de Obra Direta ($ 10/hmod × 95 hmod):	$ 950,00
• Energia Elétrica ($ 2/hmaq × 133 hmaq):	$ 266,00
• Outros Custos ($ 8/hmaq × 133 hmaq):	$ 1.064,00
• Custos Fixos (25,19% de $ 18.000):	$ 4.534,20
CUSTO DA ENCOMENDA	$ 9.189,20

Considerando-se, porém, a estimativa de perda de três unidades, obtém-se:
Custo unitário: $ 9.189,20/92 un. = $ 99,88/un.
Logo, o preço de venda da encomenda das médias é de: $ 99,88/0,65 = $ 153,67/un.

c) Preço de venda da encomenda das pequenas, à base de horas-máquina:
Para 98 unidades:

• Matéria-prima ($ 18/un. × 98 un.):	$ 1.764,00
• Mão de Obra Direta ($ 10/hmod × 98 hmod):	$ 980,00
• Energia Elétrica ($ 2/hmaq × 98 hmaq):	$ 196,00
• Outros Custos ($ 8/hmaq × 98 hmaq):	$ 784,00
• Custos Fixos (18,56% de $ 18.000):	$ 3.340,80
CUSTO DA ENCOMENDA	$ 7.064,80

Considerando-se, porém, a estimativa de perda de três unidades, obtém-se:
Custo unitário: $ 7.064,80/95 un. = $ 74,37/un.
Logo, o preço de venda da encomenda das pequenas é de: $ 74,37/0,65 = $ 114,41/un.

d) Preço de venda da encomenda das grandes, à base de horas MOD:
Para 165 unidades:

• Matéria-prima ($ 30/un. × 165 un.):	$ 4.950,00
• Mão de Obra Direta ($ 10/hmod × 231 hmod):	$ 2.310,00
• Energia Elétrica ($ 2/hmaq × 297 hmaq):	$ 594,00
• Outros Custos ($ 8/hmaq × 297 hmaq):	$ 2.376,00
• Custos Fixos (54,48% de $ 18.000):	$ 9.806,40
CUSTO DA ENCOMENDA	$ 20.036,40

Considerando-se, porém, a estimativa de perda de cinco unidades, obtém-se:
Custo unitário: $ 20.036,40/160 un. = $ 125,23/un.
Logo, o preço de venda da encomenda das grandes é de: $ 125,23/0,65 = $ 192,66/un.

e) Preço de venda da encomenda das médias, à base de horas MOD:
Para 95 unidades:

• Matéria-prima ($ 25/un. × 95 un.):	$ 2.375,00
• Mão de Obra Direta ($ 10/hmod × 95 hmod):	$ 950,00
• Energia Elétrica ($ 2/hmaq × 133 hmaq):	$ 266,00
• Outros Custos ($ 8/hmaq × 133 hmaq):	$ 1.064,00
• Custos Fixos (22,41% de $ 18.000):	$ 4.033,80
CUSTO DA ENCOMENDA	$ 8.688,80

Considerando-se, porém, a estimativa de perda de três unidades, obtém-se:

Custo unitário: $ 8.688,80/92 un. = $ 94,44/un.

Logo, o preço de venda da encomenda das médias é de: $ 94,44/0,65 = $ 145,29/un.

f) Preço de venda da encomenda das pequenas, à base de horas MOD:

Para 98 unidades:

• Matéria-prima ($ 18/un. × 98 un.):	$ 1.764,00
• Mão de Obra Direta ($ 10/hmod × 98 hmod):	$ 980,00
• Energia Elétrica ($ 2/hmaq × 98 hmaq):	$ 196,00
• Outros Custos ($ 8/hmaq × 98 hmaq):	$ 784,00
• Custos Fixos (23,11% de $ 18.000):	$ 4.159,80
CUSTO DA ENCOMENDA	$ 7.883,80

Considerando-se, porém, a estimativa de perda de três unidades, obtém-se:

Custo unitário: $ 7.883,80/95 un. = $ 82,98/un.

Logo, o preço de venda da encomenda das pequenas é de: $ 82,98/0,65 = $ 127,66/un.

EXERCÍCIO 19.2

a) Lucro atual (em $ mil):

Receita Bruta	3.500
Tributos	(350)
Receita líquida	3.150
Custos Variáveis	(800)
Margem de Contribuição	2.350
Depreciação	(1.150)
Outros Custos Fixos	(600)
Administração Geral	(240)
Lucro	360

b) Lucro operando com 12.000.000 pulsos (em $ mil):

Receita Bruta	3.600
Tributos	(360)
Receita líquida	3.240
Custos Variáveis	(960)
Margem de Contribuição	2.280
Depreciação	(1.150)
Outros Custos Fixos	(600)
Administração Geral	(240)
Lucro	290

c) Lucro operando com 15.000.000 pulsos (em $ mil):

Receita Bruta	4.125,00
Tributos	(412,50)
Receita líquida	3.712,50
Custos Variáveis	(1.200,00)
Margem de Contribuição	2.512,50
Depreciação	(1.150,00)
Outros Custos Fixos	(690,00)
Administração Geral	(240,00)
Depreciação (novos equipamentos)	(19,00)[19]
Lucro	413,50

EXERCÍCIO 19.3

a) Resultado da empresa:

Demonstração de Resultados (em $ mil)	
Receita Líquida	11.880
Matéria-prima	(5.940)
Embalagem	(1.512)
Comissões	(1.188)
Margem de Contribuição	3.240
Custos Fixos:	
Mão de Obra Direta	(300)
Supervisão da Fábrica	(100)
Depreciação das Máquinas de Produção	(900)
Despesas de Administração Geral	(200)
LUCRO OPERACIONAL ANTES DO IR	$ 1.740

b) Valor máximo da margem de contribuição total que a empresa pode obter nas instalações atuais (em $):

PV	DV/un.[20]	CV/un.[21]	MC/un.	Volume	MCT
200	20	138	42	60.000	2.520.000
220	22	138	60	54.000	3.240.000
240	24	138	78	48.000	3.744.000
260	26	138	96	42.000	4.032.000
280	**28**	**138**	**114**	**36.000**	**4.104.000**
300	30	138	132	30.000	3.960.000

[19] Depreciação dos equipamentos novos: $ 1.200.000 – $ 60.000 = $ 1.140.000 × 20% = $ 228.000.
$ 228.000/12 meses = $ 19.000 a.m.

[20] Despesas Variáveis = comissão.

[21] Custos Variáveis = matéria-prima + embalagem.

c) Margem de contribuição total ao preço de $ 300:

A Margem de Contribuição Total se praticar o preço de $ 300 é de $ 3.960.000

d) Valor de custo da ociosidade ao praticar o preço de $ 300:

Capacidade prática da empresa:	58.000 un.
Quantidade vendida a preço de $ 300:	30.000 un.
OCIOSIDADE EM QUANTIDADE	28.000 un.
Custos Fixos, por período:	
Mão de Obra Direta	$ 300.000
Supervisão da Fábrica	$ 100.000
Depreciação de Máquinas	$ 900.000
CUSTO FIXO TOTAL	$ 1.300.000

Custo Fixo por unidade: $ 1.300.000/58.000 un. = $ 22,41/un.
Logo, o valor do custo da ociosidade é de $ 22,41/un. × 28.000 un. = $ 627.480

e) Resultado no ponto ótimo de trabalho (preço de $ 280, volume de 36.000 un.):

Demonstração de Resultados (em $ mil)	
Receita Líquida	10.080
Matéria-prima	(3.960)
Embalagem	(1.008)
Comissões	(1.008)
Margem de Contribuição	4.104
Custos Fixos:	
Mão de Obra Direta	(300)
Supervisão da Fábrica	(100)
Depreciação das Máquinas de Produção	(900)
Despesas de Administração Geral	(200)
LUCRO OPERACIONAL ANTES DO IR	$ 2.604

EXERCÍCIO 19.4

PARTE A

- Custo Fixo Direto unitário estimado para as flautas:
  $ 10.000/2.000 un.= $ 5/un.

- Custo Fixo Direto unitário estimado para os violões:
  $ 20.000/1.000 un.= $ 20/un.

- Custo Fixo Comum unitário para flautas e violões:
  $ 45.000/3.000 un.= $ 15/un.

- Despesas Fixas de Administração e Vendas por unidade:
  $ 21.000/3.000 un.= $ 7/un.

Resumo dos custos por produto:

	Flautas	Violões
Custos Variáveis	60	220
Custos Fixos Diretos	5	20
Custos Fixos Comuns	15	15
Despesas Fixas de Administração e de Vendas	7	7
Total	**87**	**262**

PV_L = Custo + Despesas Fixas + Comissão + Lucro

FLAUTAS:

$PV_L = 87 + 0{,}1\ PV_L + 0{,}08\ PV_L$
$0{,}82\ PV_L = 87$
$PV_L = \$\ 106{,}10$ Þ PVb = $ 125,00

VIOLÕES:

$PV_L = 262 + 0{,}1\ PV_L + 0{,}08\ PV_L$
$0{,}82\ PV_L = 262$
$PV_L = \$\ 319{,}50$ Þ PVb = $ 376,00

OBSERVAÇÕES:

1. Para que se possa calcular o custo unitário, é preciso estimar o volume; mas para se estimar o volume (a demanda), é necessário ter-se uma ideia do preço: entra-se em um *looping*. Portanto, é impossível formar preços apenas com base nos custos.
2. Quanto ao rateio de custos e despesas indiretos, a melhor solução é usar o ABC.
3. Se o lucro objetivado for estabelecido sobre outra base que não a receita líquida, então ele também precisará ser rateado.

Simulação do Resultado (Considerando-se os volumes estimados pela área de MKT)			
	Flautas	**Violões**	**Total**
Receita Bruta	250.000	376.000	626.000
Impostos	(37.500)	(56.400)	(93.900)
Receita Líquida	212.500	319.600	532.100
Custos Variáveis	(120.000)	(220.000)	(340.000)
Despesas Variáveis	(21.250)	(31.960)	(53.210)
Margem de Contribuição Total	71.250	67.640	138.890
Custos Fixos Diretos	(10.000)	(20.000)	(30.000)
2ª Margem de Contribuição Total	61.250	47.640	108.890
Custos Fixos Comuns			(45.000)
Despesas Fixas			(21.000)
LUCRO OPERACIONAL			42.890
Margem Operacional: 8% c.q.d.			

Simulação do Resultado (Considerando-se 1.500 flautas e 1.000 violões)			
	Flautas	**Violões**	**Total**
Receita Bruta	187.500	376.000	563.500
Impostos	(28.125)	(56.400)	(84.525)
Receita Líquida	159.375	319.600	478.975
Custos Variáveis	(90.000)	(220.000)	(310.000)
Despesas Variáveis	(15.937,50)	(31.960)	(47.897,50)
Margem de Contribuição Total	53.437,50	67.640,00	121.077,50
Custos Fixos Diretos	(10.000)	(20.000)	(30.000)
2ª Margem de Contribuição Total	43.437,50	47.640,00	91.077,50
Custos Fixos Comuns			(45.000)
Despesas Fixas			(21.000)
LUCRO OPERACIONAL			25.077,50
Margem Operacional: 5,2%			

PARTE B

a1) MCT simulada das flautas:

ao preço de $ 100/un.: 2.000 un. (100 – 15 – 8,50 – 60) = $ 33.000

ao preço de $ 120/un.: 1.500 un. (120 – 18 – 10,20 – 60) = $ 47.700

Logo, o preço que maximiza a MCT da linha de produção de flautas é de $ 120 por unidade.

a2) MCT simulada dos violões:

ao preço de $ 400/un.: 1.000 un. (400 – 60 – 34 – 220) = $ 86.000

ao preço de $ 450/un.: 600 un. (450 – 67,50 – 38,25 – 220) = $ 74.550

Logo, o preço que maximiza a MCT da linha de produção de violões é de $ 400 por unidade.

b) Flautas: $ 47.700 – $ 10.000 = $ 37.700

Violões: $ 86.000 – $ 20.000 = $ 66.000

c) Resultado Operacional:

Margem de Contribuição Total	103.700
(–) Custos Fixos Comuns	(45.000)
Despesas Fixas de Adm. e Vendas	(21.000)
Lucro Operacional	**37.700**

d) Sim, porque o lucro projetado corresponde a mais de 94% (noventa e quatro por cento) do desejado, e qualquer outra combinação de preços implicaria resultado inferior a $ 37.700. Para alcançar os $ 40.000, a empresa deve buscar maneiras de redução de custos e/ou aumento nas vendas.

Srs. Professores:

Com base nos dados fornecidos na Parte B do enunciado deste exercício, pode-se tecer considerações sobre elasticidade-preço da demanda, promovendo-se uma interface com disciplinas de Economia.

CAPÍTULO 20

EXERCÍCIO 20.1

Demonstração de Resultados (em $)		
Receita Bruta		160.000
Despesas Variáveis de Vendas		(6.300)
Receita Líquida		153.700
Custos Variáveis		(75.600)
Margem de Contribuição		78.100
Custos Fixos, exceto Depreciação	16.680	
Depreciação dos Equipamentos	3.000	(19.680)
Lucro Bruto		58.420
Despesas Fixas de Vendas	9.270	
Despesas Administrativas	8.200	(17.470)
Lucro Operacional antes das Desp. Financeiras		40.950
Correção Monetária dos Empréstimos (8%)	6.400	
Juros sobre Empréstimos e Financiamentos	5.184	(11.584)
Lucro Operacional Depois das Desp. Financeiras		29.366
Correção Monetária sobre o Ativo Imobilizado	4.560[22]	
Correção Monetária sobre o Capital Próprio	(3.200)[23]	
Juros sobre o Capital Próprio Corrigido (6%)	(2.592)	(1.232)
LUCRO ANTES DO IMPOSTO DE RENDA (LAIR)		28.134

Observações:

- O aluguel imputado sobre imóveis próprios foi desprezado para não haver duplicidade, pois já se está computando uma remuneração sobre o capital próprio.
- Os efeitos da inflação foram computados por meio da correção monetária sobre o patrimônio líquido (Capital Próprio) e sobre o Ativo Permanente (Imobilizado); o mais correto seria aplicar a Correção Monetária Integral, mas não há dados suficientes para isso.

EXERCÍCIO 20.2

Demonstração de Resultados (em $)	
RECEITA BRUTA = RECEITA LÍQUIDA	0
Custo dos Produtos Vendidos	0
LUCRO BRUTO	0
Despesas Administrativas	(8.000)
Lucro Contábil	(8.000)
Custo de Oportunidade (6% sobre o capital)	(6.000)
Lucro Econômico	(14.000)

22 Correção Monetária sobre o Ativo Imobilizado: 8% sobre ($ 60.000 – $ 3.000) = $ 4.560.

23 Correção Monetária sobre o Capital Próprio: 8% sobre $ 40.000 = $ 3.200.

EXERCÍCIO 20.3

Demonstração de Resultados (em $)	
Receita Bruta	12.000
Impostos	(1.440)
Receita Líquida	10.560
Material (custo corrigido)	(6.528)
Mão de obra (idem)	(3.672)
Lucro Contábil, ao custo corrigido	360
Custo de Oportunidade	(51)
Lucro Econômico, ao custo corrigido	309

Custo de Oportunidade:

Capital inicial $ 10.000

Correção Monetária (2%) $ 200

Capital Inicial Corrigido $ 10.200

Remuneração Mínima Desejada (0,5%): $ 51

EXERCÍCIO 20.4

a) Apuração do valor do lucro da empresa no período (em $):

Receita Bruta	237.500
Tributos	(35.625)
Receita Líquida	201.875
Matéria-prima referente às unidades vendidas	(114.000)
Comissões sobre vendas	(11.875)
Margem de Contribuição	76.000
Custos e Despesas Fixos	(60.000)
Matéria-prima referente às unidades descartadas	(6.000)
Lucro	10.000

b) Simulação do lucro que seria obtido caso não tivesse havido falhas no processo produtivo e toda a produção tivesse sido vendida ao preço normal (em $):

Receita Bruta	250.000
Tributos	(37.500)
Receita Líquida	212.500
Matéria-prima	(120.000)
Comissões sobre vendas	(12.500)
Margem de Contribuição	80.000
Custos e Despesas Fixos	(60.000)
Lucro	20.000

Essa solução parte do pressuposto, simplista, de que não haveria custos adicionais para eliminar as falhas.

Srs. Professores:

Observem que, nesse caso, a receita aumentaria 5,26% e o lucro seria dobrado! Dependendo do tipo de curso, do nível da turma etc., pode haver oportunidade de se fazer menção à Alavancagem Operacional, embora este assunto seja tratado no Capítulo 22.

c) Valor máximo de custo em que a empresa poderia incorrer para melhorar o nível de qualidade, sem diminuir o lucro obtido em (a):

O valor total que a empresa deixou de ganhar por ter havido falhas no processo de produção foi de $ 10.000, que é a diferença entre os dois resultados. Assim, deixou de lucrar a Margem de Contribuição Total relativa às 50 unidades que não puderam ser vendidas, no valor de $ 4.000, conforme demonstração a seguir:

Preço de Venda Bruto	250,00
Tributos	(37,50)
Preço de Venda Líquido	212,50
Matéria-prima	(120,00)
Comissões sobre vendas	(12,50)
Margem de Contribuição unitária	80,00
MC Total = $ 80 × 50 un.	$ 4.000

Além disso, caso não houvesse unidades com defeito, não teria havido a perda dos $ 6.000 com matéria-prima, totalizando, portanto, os $ 10.000 que deixou de ganhar.

Portanto, mesmo que tivesse um custo adicional de $ 10.000 para elevar o nível de qualidade, a empresa ainda manteria seu lucro atual de (a) $ 10.000.

CAPÍTULO 21

EXERCÍCIO 21.1

1. Alternativa correta: D
2. Alternativa correta: B
3. Alternativa correta: D
4. V, V, F, F, V

EXERCÍCIO 21.2

a) Preço de venda médio unitário para cada mês:

Custo Histórico:

	Março	Abril	Maio
Matéria-prima	14.400	15.600	18.000
Mão de Obra Direta	8.000	8.000	9.000
Custos Indiretos de Produção	2.000	2.336	2.336
CUSTO TOTAL	24.400	25.936	29.336
Despesas Administrativas	7.600	7.600	8.000
	32.000	33.536	37.336
Impostos	21%	21%	21%
Comissões	5%	5%	5%

Março:

$$\text{Receita Bruta: } \frac{\$\ 32.000}{0{,}64} = \$\ 50.000$$

$$\text{Preço de Venda} = \frac{\$\ 50.000}{20.000 \text{ un.}} = \$\ 2{,}50/\text{un.}$$

Abril:

$$\text{Receita Bruta: } \frac{\$\ 33.536}{0{,}64} = \$\ 52.400$$

$$\text{Preço de Venda} = \frac{\$\ 52.400}{20.000 \text{ un.}} = \$\ 2{,}62/\text{un.}$$

Maio:

$$\text{Receita Bruta: } \frac{\$\ 37.336}{0{,}64} = \$\ 58.337{,}50$$

$$\text{Preço de Venda} = \frac{\$\ 58.337{,}50}{20.000 \text{ un.}} = \$\ 2{,}92/\text{un.}$$

Resultados projetados para cada mês:

Demonstração de resultados (em $)					
	Custo histórico			Custo de reposição	
	Março	Abril	Maio	Março	Abril
Receita Bruta	50.000	52.400	58.337,50	50.000	52.400
Impostos	(10.500)	(11.004)	(12.250,88)	(10.500)	(11.004)
Receita Líquida	39.500	41.396	46.086,62	39.500	41.396
CPV:	(24.400)	(25.936)	(29.336)	(25.936)	(29.336)
Material	14.400	15.600	18.000		
Mão de obra	8.000	8.000	9.000		
Custos Indiretos de Produção	2.000	2.336	2.336		
Lucro Bruto	15.100	15.460	16.750,62	13.564	12.060
Despesas Administrativas	(7.600)	(7.600)	(8.000,00)	(7.600)	(7.600)
Comissões	(2.500)	(2.620)	(2.916,88)	(2.500)	(2.620)
Lucro Operacional antes do IR	5.000	5.240	5.833,74	3.464	1.840
Imposto de Renda (30%)	(1.500)	(1.572)	(1.750,12)	(1.500)	(1.572)
Lucro Contábil	3.500	3.668	4.083,62	1.964	268
Custo de Oportunidade	(2.400)[24]	(2.400)	(2.400,00)	(2.400)	(2.400)
Lucro Econômico	1.100	1.268	1.683,62	(436)	(2.132)

[24] Custo de Oportunidade = 6% sobre $ 40.000 = $ 2.400.

EXERCÍCIO 21.3

a) Lucro de abril por unidade, com base nos custos históricos:

Matéria-prima ($ 9,60/l × 12.000 l)	115.200
Frascos de embalagem ($ 2,70/fr × 20.000 fr)	54.000
Mão de Obra Direta	113.000
Material Secundário	6.000
Aluguel do galpão da produção	9.400
Outros Custos Indiretos de Produção	10.000
Custo Total	307.600

$$\text{Custo unitário} = \frac{\$\text{ Custo Total}}{\text{Volume}} = \frac{\$\ 307.600}{20.000\text{ un.}} = \$\ 15{,}38/\text{un.}$$

Lucro de abril por unidade = $ 18,00 – $ 15,38 = $ 2,62/un.

b) Lucro bruto provável de maio, por unidade, ao custo histórico:

I. Custo médio ponderado fixo de matéria-prima:

10.500 l × $ 9,60/l =	$ 100.800
5.000 l × $ 11,46/l =	$ 57.300
15.500 l	$ 158.100

$$\text{Custo unitário} = \frac{\$\ 158.100}{15.500\text{ l}} = \$\ 10{,}20/\text{l}$$

II. Custo médio ponderado fixo de frascos de embalagem:

1.000 fr × $ 2,70/fr =	$ 2.700
19.000 fr × $ 3,10/fr =	$ 58.900 (comprando só do necessário à produção)
20.000 fr	$ 61.600

$$\text{Custo unitário} = \frac{\$\ 61.600}{20.000\text{ fr}} = \$\ 3{,}08/\text{fr}$$

Matéria-prima ($ 10,20/l × 12.000 l)	122.400
Frascos de embalagem ($ 3,08/fr × 20.000 fr)	61.600
Mão de Obra Direta	113.000
Material Secundário	6.000
Aluguel do galpão da produção	12.900
Outros Custos Indiretos de Produção	11.200
Custo Total	327.100

$$\text{Custo unitário} = \frac{\$\text{ Custos Totais}}{\text{Volume}} = \frac{\$\ 327.100}{20.000\text{ un.}} = \$\ 16{,}355/\text{un.}$$

Lucro bruto de maio por unidade = $ 18,00 – $ 16,355 = $ 1,645/un.

c) Lucro bruto unitário de maio, com base no custo de reposição:

Matéria-prima ($ 11,46/l × 12.000 l)	137.520
Frascos de embalagem ($ 3,10/fr × 20.000 fr)	62.000
Mão de Obra Direta	113.000
Materiais Secundários	6.000
Aluguel do galpão da produção	12.900
Outros Custos Indiretos de Produção	11.200
Custo Total	342.620

$$\text{Custo unitário} = \frac{\$\ \text{Custo Total}}{\text{Volume}} = \frac{\$\ 342.620}{20.000\ \text{un.}} = \$\ 17{,}131/\text{un.}$$

Lucro de abril por unidade = $ 18,00 – $ 17,131 = $ 0,869/un.

d) Margens de contribuição unitária e total de maio, a custo histórico:

Demonstração de resultado por unidade	
Preço de Venda	18,00
Matéria-prima	(6,12)
Frascos de embalagem	(3,08)
Mão de Obra Direta	(5,65)
Material Secundário	(0,30)
Margem de Contribuição Unitária	2,85

Logo, a Margem de Contribuição Total é $ 2,85/un. × 20.000 un. = $ 57.000.

e) Margem de contribuição unitária e total de maio, ao custo de reposição:

Demonstração de resultado por unidade	
Preço de Venda	18,000
Matéria-prima	(6,876)
Frascos de embalagem	(3,100)
Mão de Obra Direta	(5,650)
Materiais Secundários	(0,300)
Margem de Contribuição Unitária	2,074

Logo, a Margem de Contribuição Total é $ 2,074/un. × 20.000 un. = $ 41.480.

EXERCÍCIO 21.4

a) Lucro bruto de cada produto ao custo histórico; apuração do custo da matéria-prima por produto:

Produtos	€/kg	€/g	Taxa de conversão	$/g	Qtd. MP/un.	Volume (em un.)	Total
CEL 1	30	0,03	3,00	0,09	70g	6.000	37.800
BOL 2	30	0,03	3,00	0,09	45g	4.000	16.200
							54.000

Apuração do custo da mão de obra direta por produto:

Produtos	Taxa por hora	Encargos sociais	Custo/h com encargos	Tempo de MOD (h/un.)	Volume (un.)	Total
CEL 1	4,50	100%	9,00	0,096	6.000	5.184
BOL 2	4,50	100%	9,00	0,048	4.000	1.728
						6.912

Apuração do Custo dos Departamentos:

Custos	Manipulação	Embalamento	Total
Aluguel	12.000	8.000	20.000
Energia elétrica	2.925	3.575	6.500
Supervisão	6.195	5.575	11.770
Depreciação de equipamentos	0	4.450	4.450
Total	**21.120**	**21.600**	**42.720**

Tempo total de produção requerido por produto:

Produtos	Tempo de MOD	Tempo de máq.
CEL 1	576[25]	720[26]
BOL 2	192[27]	240[28]
Total	**768**	**960**

Taxas de Rateio:

$$\text{Tx rateio}_{\text{Manipulação}} = \frac{\$\ 21.120}{768\ \text{hmod}} = \$\ 27{,}50/\text{hmod}$$

$$\text{Tx rateio}_{\text{Embalamento}} = \frac{\$\ 21.600}{960\ \text{hm}} = \$\ 22{,}50/\text{hm}$$

Rateio do custo dos Departamentos para os produtos (em $):

Departamentos	Produtos		Total
	CEL 1	BOL 2	
Manipulação	15.840	5.280	21.120
Embalamento	16.200	5.400	21.600
Total	**32.040**	**10.680**	**42.720**

---

25 Produto CEL 1: (6.000/1.000) un. × 96 hh = 576 hmod.

26 Produto CEL 2: (6.000/1.000) un. × 120 hm = 720 hm.

27 Produto BOL 2: (4.000/1.000) un. × 48 hh = 192 hmod.

28 Produto BOL 2: (4.000/1.000) un. × 60 hm = 240 hm.

Demonstração do Lucro Bruto de cada produto ao custo histórico (em $):

	Produtos		Total
	CEL 1	BOL 2	
Receita Bruta	150.000	60.000	210.000
Tributos	(30.000)	(12.000)	(42.000)
Receita Líquida	120.000	48.000	168.000
Custos Diretos:			
Material	(37.800)	(16.200)	(54.000)
Mão de Obra Direta	(5.184)	(1.728)	(6.912)
Custos Indiretos de Produção	(32.040)	(10.680)	(42.720)
Lucro Bruto	44.976	19.392	64.368
Margem Bruta (em %)	37,48%	40,40%	38,31%

b) Lucro bruto de cada produto ao custo de reposição; apuração do custo da matéria-prima ao custo de reposição:

Produtos	€/kg	€/g	Taxa de conversão	$/g	Qtd. MP/un.	Volume (em un.)	Total
CEL 1	33	0,033	3,15	0,10395	70g	6.000	43.659
BOL 2	33	0,033	3,15	0,10395	45g	4.000	18.711
							62.370

Demonstração do Lucro Bruto de cada produto ao custo histórico (em $):

	Produtos		Total
	CEL 1	BOL 2	
Receita Bruta	150.000	60.000	210.000
Tributos	(30.000)	(12.000)	(42.000)
Receita Líquida	120.000	48.000	168.000
Custos Diretos:			
Material	(43.659)	(18.711)	(62.370)
Mão de Obra Direta	(5.184)	(1.728)	(6.912)
Custos Indiretos de Produção	(32.040)	(10.680)	(42.720)
Lucro Bruto	**39.117**	**16.881**	**55.998**
Margem Bruta (em %)	**32,60%**	**35,17%**	**33,33%**

CAPÍTULO 22

EXERCÍCIO 22.1

Preço de Venda Líquido	$ 3,50
(–) Custos e Despesas Variáveis	($ 1,50)
Margem de Contribuição Unitária	$ 2,00

$$PEC_{(q)} = \frac{\text{(Custos Fixos + Despesas Fixas)}}{\text{MC/pct}} = \frac{\$\ 50.000}{\$\ 2{,}00\text{/pct}} = 25.000\ \text{pct}$$

a) Margem de segurança (%):

$$\text{Margem de Segurança} = \frac{- PEC_{(q)}}{\text{Volume Atual}} = \times 100$$

$$MSO\ (\%) = \frac{31.250 - 25.000}{31.250} = \times 100 = 20\%$$

Margem de Segurança em unidades = 6.250

b) Novo ponto de equilíbrio contábil:

Custos e Despesas Fixos atuais = $ 50.000

Novo CDF = $ 50.000 × 1,2 = $ 60.000

$$PEC_{(q)} = \frac{\text{(Custos Fixos + Despesas Fixas)}}{MC/pct} = \frac{\$\ 60.000}{\$\ 2{,}00/pct} = 30.000\ pct$$

Logo, aumentaria 30.000 pct – 25.000 pct = 5.000 pct. → 20% de aumento em relação ao atual PEC, que é de 25.000 pct.

Observar que é exatamente o mesmo percentual de aumento dos Custos e Despesas Fixos (20%) (não por coincidência...). Ver item 22.7 do livro-texto.

c) Novo ponto de equilíbrio contábil:

Custos e Despesas Variáveis atuais = $ 1,50/pct

Novo CDV = $ 1,50 × 1,2 = $ 1,80/pct

Preço de Venda	$ 3,50
(–) Custos e Despesas Variáveis	($ 1,80)
Margem de Contribuição Unitária	$ 1,70

$$PEC_{(q)} = \frac{\text{(Custos Fixos + Despesas Fixas)}}{MC/pct} = \frac{\$\ 50.000}{\$\ 1{,}70/pct} \cong 29.412\ pct$$

Logo, aumentaria 29.412 un. – 25.000 un. = 4.412 un. → 17,65%

Observar que é um percentual inferior ao do acréscimo nos Custos e Despesas Variáveis, mas que isso nem sempre ocorre; ver item 22.8 do livro-texto.

d) Aumento do lucro (%):

Lucro atual: 6.250 un. × $ 2,00/un. = $ 12.500

Aumento: (50% de 6.250 un.) × $ 2,00/un. = $ 6.250

50% de 6.250 un. = 3.125 un.

Esse aumento de 3.125 un. representa 10% do volume atual (31.250 un.).

e) Redução do lucro (%):

Lucro atual: 6.250 un. × $ 2,00/un. = $ 12.500

Redução: (50% de 6.250 un.) × $ 2,00/un. = $ 6.250

50% de 6.250 un. = 3.125 un.

Redução de 10% em relação ao atual volume.

f) Grau de alavancagem operacional:

$$GAO = \frac{\text{Porcentagem de variação no lucro}}{\text{Porcentagem de variação no volume}} = \frac{50\%}{10\%} = 5 \text{ vezes}$$

ou

MC/un. = $ 2,00/un.

MCT = $ 2,00/un. × 31.250 u = $ 62.500

Lucro = MCT – CDF = $ 62.500 – $ 50.000 = $ 12.500

$$GAO = \frac{\text{MCT}}{\text{Lucro}} = \frac{62.500}{12.500} = 5 \text{ vezes}$$

ou

Margem de Segurança = 20%

$$GAO = \frac{1}{\text{MSO}} = \frac{1}{0,2} = 5 \text{ vezes}$$

g) Percentual de aumento do volume atual:

$$GAO = \frac{40\%}{x} = 5 \text{ vezes}$$

x = 8% (porcentagem de acréscimo no volume)

Aumento no volume: 31.250 pct × 1,08 = 33.750 pct

EXERCÍCIO 22.2

Preço de Venda Bruto	$ 200	
(–) Impostos	($ 30)	
Preço de Venda Líquido	$ 170	
(–) Custos Variáveis	($ 37)	
Margem de Contribuição Unitária	$ 133	⇒ 66,5% do PV bruto

a) Ponto de equilíbrio contábil (q):

$$PEC_{(q)} = \frac{\text{Custos e Despesas Fixos}}{\text{MC/un.}} = \frac{\$ 66.500}{\$ 133/\text{un.}} = 500 \text{ un.}$$

b) Ponto de equilíbrio contábil ($):

$$PEC(\$) = \frac{\text{Custos e Despesas Fixos}}{\text{Margem de Contribuição em \%}} = \frac{\$ 66.500}{0,665.} = \$ 100.000$$

c1) Ponto de equilíbrio econômico (q):

Quantidade = q

Receita Bruta = $ 200q

Lucro desejado = 30% de $ 200q = $ 60q

Impostos = $ 30q

Custos Variáveis = $ 37q

Custos e Despesas Fixos = $ 66.500

$$PEE(q) = \frac{CDF + LD}{MC/un.}$$

$$q = \frac{66.500 + 0,3\ RB}{133}$$

133q = 66.500 + 0,3PVq
133q = 66.500 + 60q
73q = 66.500
q ≅ 911 un.

c2) Ponto de equilíbrio econômico ($):

PEE($) = 911 un. × $ 200/un. = $ 182.200

Demonstração de Resultados ($)	
Receita Bruta (911 un. × $ 200/un.)	182.200
Impostos	(27.330)
Receita Líquida	154.870
Custos Variáveis	(33.707)
Margem de Contribuição Total	121.163
Custos e Despesas Fixos	(66.500)
Lucro	54.663

$$\frac{\$\ 54.663}{\$\ 182.200} = 30\%, \text{ cqd}$$

EXERCÍCIO 22.3

Preço da diária por apartamento	$ 150	
(–) Custos Variáveis	($ 90)	
Despesas Variáveis	($ 15)	⇒ 10% de 150 $/apto.
Margem de Contribuição unitária	$ 45	⇒ 30% do PV

a) Ponto de equilíbrio contábil (q):

$$PEC_{(q)} = \frac{\text{Custos e Despesas Fixos}}{\text{MC/un.}} = \frac{\$\ 540.000}{\$\ 45/\text{apto}} = 12.000 \text{ diárias}$$

b) Ponto de equilíbrio contábil ($):

$$PEC(\$) = \frac{\text{Custos e Despesas Fixos}}{\text{Margem de Contribuição em \%}} = \frac{\$\ 540.000}{0,30} = \$\ 1.800.000$$

c1) Ponto de equilíbrio econômico (q):

Quantidade = q
Receita Líquida = $ 150q
Lucro desejado = 20% de $ 150q = $ 30q
Custos e Despesas Variáveis = $ 105q
Custos e Despesas Fixos = $ 540.000

$$PEE(q) = \frac{CDF + LD}{MC/un.}$$

$$q = \frac{540.000 + 0{,}2\ RT}{45}$$

45q = 540.000 + 0,2PVq
45q = 540.000 + 30q
15q = 540.000
q = 36.000 diárias.

c2) Ponto de equilíbrio econômico ($):

PEE($) = $ 150/diária × 36.000 diárias = $ 5.400.000

Demonstração de Resultados ($ mil)	
Receita Líquida	5.400
Custos Variáveis	(3.240)
Despesas Variáveis	(540)
Margem de Contribuição Total	1.620
Custos e Despesas Fixos	(540)
Lucro	1.080

$$\frac{\$\ 1.080}{\$\ 5.400} = 20\%,\ \text{cqd}$$

d) Margem de segurança (%):

Por ano: 365 dias × 100 apartamentos = 36.500 diárias

Volume atual: 80% de 36.500 = 29.200 diárias

$$\text{Margem de Segurança} = \frac{- PEC_{(q)}}{\text{Volume Atual}} = \times 100$$

$$MSO\ (\%) = \frac{29.200 - 12.000}{29.200} = \times 100 \cong 60\%$$

e) Capacidade teórica do hotel:

365 dias × 100 apartamentos = 36.500 diárias/ano, correspondentes a uma receita de $ 5.475.000.

f) Percentual da taxa de ocupação (%):

$PEC_{(q)}$ = 12.000 diárias

$$\text{Logo} = \frac{12.000}{36.500} \times 100 \cong 33\%$$

g) Percentual da taxa de ocupação (%):

$PEE_{(q)}$ = 36.000 diárias

$$\text{Logo} = \frac{36.000}{36.500} \times 100 \cong 98{,}6\%$$

h) Lucro operacional do hotel, antes do Imposto de Renda:

Demonstração de Resultados ($ mil)	
Receita Líquida (29.200 diárias × $ 150/diária)	4.380
Custos Variáveis	(2.628)
Despesas Variáveis	(438)
Margem de Contribuição Total	1.314
Custos e Despesas Fixos	(540)
LUCRO OPERACIONAL ANTES DO IR	774

EXERCÍCIO 22.4

Preço de Venda bruto	$ 555,00
(–) Impostos	($ 55,50)
Preço de Venda líquido	$ 499,50
(–) Custos Variáveis	($ 299,50)
Margem de Contribuição Unitária	$ 200 ⇒ 40,04% do PV líquido

a1) Ponto de equilíbrio contábil (q):

$$PEC_{(q)} = \frac{\text{Custos e Despesas Fixos}}{\text{MC/un.}} = \frac{\$\ 1.600.000 + \$\ 400.000}{\$\ 200/\text{un.}} = 10.000 \text{ un.}$$

a2) Ponto de equilíbrio contábil ($):

$$PEC(\$) = \frac{\text{Custos e Despesas Fixos}}{\text{Margem de Contribuição em \%}} = \frac{\$\ 2.000.000}{0{,}4004} \cong \$\ 4.995.005$$

ou PEC($) = 10.000 un. × $ 499,50/un. = $ 4.995.000

b1) Ponto de equilíbrio financeiro (q):

$$PEF_{(q)} = \frac{\text{Custos Fixos} - \text{Depreciação} + \text{Despesas Fixas} + \text{Dívida}}{\text{Margem de Contribuição Unitária}} = \frac{\$\ 1.600.000 - \$\ 320.000 + \$\ 400.000 + 600.000}{\$\ 200/\text{un.}} = 11.400 \text{ un.}$$

b2) Ponto de equilíbrio financeiro ($):

$$PEF(\$) = \frac{\text{Custos Fixos} - \text{Depreciação} + \text{Despesas Fixas} + \text{Dívida}}{\text{Margem de Contribuição Unitária}} = \frac{\$\ 1.600.000 - \$\ 320.000 + \$\ 400.000 + 600.000}{0{,}4004} \cong \$\ 5.694.306$$

ou PEF($) = 11.400 un. × $ 499,50/un. = $ 5.694.300

c) Ponto de equilíbrio econômico (q):

Lucro desejado = 10% × $ 12.000.000 = $ 1.200.000/período.

$$\text{Lucro desejado antes do IR} = \frac{\$\ 1.200.000}{0{,}8} = \$\ 1.500.000.$$

$$PEF_{(q)} = \frac{\text{Custo Fixo} + \text{Despesa Fixa} + \text{Lucro Desejado}}{\text{Margem de Contribuição Unitária}} = \frac{\$\ 1.600.000 + \$\ 400.000 + \$\ 1.500.000}{\$\ 200/\text{un.}} = 17.500 \text{ un.}$$

CAPÍTULO 23

EXERCÍCIO 23.1

a1) Ponto de equilíbrio contábil (*q*) para a cascata:

Preço de Venda $ 1,00
(–) Custos e Despesas Variáveis ($ 0,25)
Margem de Contribuição unitária $ 0,75 ⇒ 75% do PV

$$PEC_{(q)} = \frac{\text{(Custos Fixos + Despesas Fixas)}}{\text{MC/un.}} = \frac{\$\ 30.000}{\$\ 0{,}75/\text{un.}} = 40.000 \text{ garrafas}$$

a2) Ponto de equilíbrio contábil ($) para a cascata:

$$PEC_{(\$)} = \frac{\text{Custos e Despesas Fixos}}{\text{Margem de Contribuição em \%}} = \frac{\$\ 30.000}{0{,}75} = \$\ 40.000$$

b1) Ponto de equilíbrio contábil (q) para a cachoeira:

Preço de Venda $ 1,00
(–) Custos e Despesas Variáveis ($ 0,35)
Margem de Contribuição unitária $ 0,65 ⇒ 65% do PV

$$PEC_{(q)} = \frac{\text{(Custos Fixos + Despesas Fixas)}}{\text{MC/un.}} = \frac{\$\ 26.000}{\$\ 0{,}65/\text{un.}} = 40.000 \text{ garrafas}$$

b2) Ponto de equilíbrio contábil ($) para a cachoeira:

$$PEC_{(\$)} = \frac{\text{Custos e Despesas Fixos}}{\text{Margem de Contribuição em \%}} = \frac{\$\ 26.000}{0{,}65} = \$\ 40.000$$

c1) Variação no ponto de equilíbrio contábil (%) para a cascata:

Novo preço: $ 1,00 + 0,25 × 1,00 = $ 1,25/garrafa

$$PEC_{(q)} = \frac{\$\ 30.000}{(\$\ 1{,}25 - \$\ 0{,}25)} = 30.000 \text{ garrafas}$$

$$\Delta\%PEC = \frac{PEC_{NOVO} - PEC}{PEC} = \frac{30.000 - 40.000}{40.000} = -0{,}25 = -25\% \text{ (queda)}$$

c2) Ponto de equilíbrio contábil (%) para a cachoeira:

Novo preço: $ 1,00 + 0,25 × 1,00 = $ 1,25/garrafa

$$PEC_{(q)} = \frac{\$\ 26.000}{(\$\ 1{,}25 - \$\ 0{,}35)} = 28.889 \text{ garrafas}$$

$$\Delta\%PEC = \frac{PEC_{NOVO} - PEC}{PEC} = \frac{28.889 - 40.000}{40.000} = -0{,}278 = -27{,}8\% \text{ (queda)}$$

d1) Taxa de retorno sobre o investimento para a cascata:

200.000 garrafas × 50% = 100.000 garrafas

I. Lucro Atual

Lucro Atual = MC/un. (Volume atual – $PEC_{(q)}$)
= 0,75 (100.000 – 40.000)
= $ 45.000

II. Taxa de Retorno sobre o Investimento atual

$$\text{Tx. RSI} = \frac{\text{Lucro}}{\text{Capital investido}} = \frac{\$\ 45.000}{\$\ 4.000.000} = 0{,}01125 = 1{,}125\%$$

III. Novo Lucro (com aumento de 25% no Preço de Venda)

Novo Lucro = MC/un. (Volume atual – $PEC_{(q)}$)
= 1,00 (100.000 – 30.000)
= $ 70.000

IV. Nova Taxa de Retorno sobre Investimento

$$\text{nTx. RSI} = \frac{\$\ 70.000}{\$\ 4.000.000} = 0{,}0175 = 1{,}75\%$$

V. Variação da Taxa de Retorno sobre Investimento

$\Delta\%RSI = (1{,}75/1{,}125) - 1 \cong 55{,}6\%$

d2) Taxa de retorno sobre o investimento para a cachoeira:

200.000 garrafas × 50% = 100.000 garrafas

I. Lucro Atual

Lucro Atual = MC/un. (Volume atual – $PEC_{(q)}$)
= 0,65 (100.000 – 40.000)
= $ 39.000

II. Taxa de Retorno sobre o Investimento atual

$$\text{Tx. RSI} = \frac{\$\ 39.000}{\$\ 2.500.000} = 0{,}0156 = 1{,}56\%$$

III. Novo Lucro (com aumento de 25% no Preço de Venda)

Novo Lucro = MC/un. (Volume atual – $PEC_{(q)}$)
= 0,90 (100.000 – 28.889)
= $ 64.000

IV. Nova Taxa de Retorno sobre Investimento

$$\text{nTx. RSI} = \frac{\$\ 64.000}{\$\ 2.500.000} = 0{,}0256 = 2{,}56\%$$

V. Variação da Taxa de Retorno sobre Investimento

$\Delta\%RSI = (2{,}56/1{,}56) - 1 \cong 64{,}1\%$

	Cascata	Cachoeira
Investimento	$ 4.000.000	$ 2.500.000
Lucro Antes	$ 45.000	$ 39.000
Tx. RSI antes	1,125%	1,56%
Lucro Depois	$ 70.000	$ 64.000
Tx. RSI depois	1,75%	2,56%

EXERCÍCIO 23.2

	Enceradeiras	Aspiradores
Preço de Venda Líquido	120	80
Custos e Despesas Variáveis:		
Matéria-prima	(16)	(8)
Mão de Obra Direta	(50)	(30)
Comissões	(6)	(4)
Margem de Contribuição Unitária	$ 48/un.	$ 38/un.
Custos e Despesas Fixos	$ 5.000	

a) Ponto de equilíbrio contábil de cada produto (q):

$MCT_{ENCERADEIRAS} = 48q$

$MCT_{ASPIRADORES} = 38q$

MCT 86q → MC/un. média = 86q/2 = $ 43/un.

$$PEC_{(q)} = \frac{\text{(Custos Fixos + Despesas Fixas)}}{\text{MC/un.}} = \frac{\$\ 5.000}{\$\ 43/\text{un.}} = 116.28 \text{ un.}$$

$PEC_{ENCERADEIRAS(q)}$ = 50% 116,28 un. = 58,14 un. → 59 un.

$PEC_{ASPIRADORES(q)}$ = 50% 116,28 un. = 58,14 un. → 59 un.

b) Ponto de equilíbrio contábil de cada produto ($):

$PEC_{ENCERADEIRAS(\$)}$ = 59 un. × $ 120/un. = $ 7.080

$PEC_{ASPIRADORES(\$)}$ = 59 un. × $ 80/un. = $ 4.720

c) Ponto de equilíbrio contábil da empresa ($):

$PEC_{(\$)}$ = $ 7.080 + $ 4.720 = $ 11.800

EXERCÍCIO 23.3

	A	B
Preço de Venda	70	85
(–) Custos Variáveis	(30)	(30)
Margem de Contribuição Unitária	$ 40/un.	$ 55/un.
Volume de produção	4.000 un.	12.000 un.
Proporção	25%	75%
Margem de Contribuição Total	$ 160.000	$ 660.000
Custos Fixos	$ 500.000	
Despesas Fixas	$ 89.375	

a) Ponto de equilíbrio contábil (q):

MCT_A = $ 160.000
MCT_B = $ 660.000
MCT $ 820.000 → MC/un. média = $ 820.000/16.000 un. = $ 51,25/un.

$$PEC_{(q)} = \frac{\text{(Custos Fixos + Despesas Fixas)}}{\text{MC/un.}} = \frac{\$\ 589.375}{\$\ 51{,}25/\text{un.}} = 11.500 \text{ un.}$$

Distribuição do PEC(q) entre os produtos (utilizando a mesma proporção do *mix* atual):

$PEC_{A(q)}$ = 25% 11.500 un. = 2.875 un.

$PEC_{B(q)}$ = 75% 11.500 un. = 8.625 un.

b) Ponto de equilíbrio contábil ($):

$PEC_{A(\$)}$ = 2.875 un. × $ 70/un. = $ 201.250

$PEC_{B(\$)}$ = 8.625 un. × $ 85/un. = $ 733.125

EXERCÍCIO 23.4

	Standard	
	Simples	**Duplo**
Preço da diária por apartamento	150	200
(–) Custos e Despesas Variáveis	(80)	(110)
Margem de Contribuição unitária	$ 70/apto.	$ 90/apto.
Percentual do Preço de Venda	46,67%	45%
Custos e Despesas Fixos identificados	$ 182.000	$ 378.000
Custos e Despesas Fixos comuns	$ 119.000	

a1) Ponto de equilíbrio contábil (q) da categoria simples:

$$\underline{PEC_{(q)}} = \frac{\text{(Custos Fixos + Despesas Fixas)}}{\text{MC/um.}} = \frac{\$\ 182.000}{\$\ 70/\text{apto.}} = 2.600 \text{ diárias}$$

$$\underline{PEC_{(\$)}} = \frac{\text{(Custos e Despesas Fixos)}}{\text{MC em \%}} = \frac{\$\ 182.000}{0{,}4667} \cong \$\ 390.000$$

a2) Ponto de equilíbrio contábil (q) da categoria duplo:

$$\frac{PEC_{(q)}}{} = \frac{\text{(Custos + Despesas Fixas)}}{\text{MC/un.}} = \frac{\$\ 378.000}{\$\ 90/\text{apto.}} = 4.200 \text{ diárias}$$

$$\frac{PEC_{(\$)}}{} = \frac{\text{(Custos e Despesas Fixos)}}{\text{MC em \%}} = \frac{\$\ 378.000}{0{,}45} = \$\ 840.000$$

b) Quantidade de apartamentos *standard* simples (q):

$$\frac{MC_{DUPLO}}{MC_{SIMPLES}} = \frac{\$\ 90/\text{apto.}}{\$\ 70/\text{apto.}} = 1{,}286 \text{ diária do Simples para cada diária do apto. Duplo}$$

c) Considerando-se que 100% dos custos e despesas fixos sejam elimináveis com a decisão, tem-se:

c1) $PEC_{(q)}$ pela opção só pela categoria simples:

$$\frac{PEC_{(q)}}{} = \frac{\text{(Custos + Despesas Fixos)}}{\text{MC/un.}} = \frac{\$\ 182.000 + \$\ 119.000}{\$\ 70/\text{apto.}} = \$\ 4.300$$

c2) Ponto de equilíbrio contábil (q) da categoria duplo:

$$\frac{PEC_{(q)}}{} = \frac{\text{(Custos + Despesas Fixas)}}{\text{MC/un.}} = \frac{\$\ 378.000 + \$\ 119.000}{\$\ 90/\text{apto.}} \cong 5.222 \text{ diárias}$$

CAPÍTULO 24

EXERCÍCIO 24.1

a) Custos indiretos de produção rateados à base de MOD:

MOD das Fritadeiras: $ 10/un. × 4.000 un. = $ 40.000
MOD das Batedeiras: $ 5/un. × 12.000 un. = $ 60.000
$ 100.000
Taxa CIP = $ 500.000 / $ 100.000 = $ 5,00 por $ 1,00 de MOD
Fritadeiras → CIP/un. = $ 50/un. → CIP = $ 200.000
Batedeiras → CIP/un. = $ 25/un. → CIP = $ 300.000

b) Custos indiretos de produção rateados à base de MAT:

MAT das Fritadeiras: $ 20/un. × 4.000 un. = $ 80.000
MAT das Batedeiras: $ 25/un. × 12.000 un. = $ 300.000
$ 380.000
Taxa CIP = $ 500.000 / $ 380.000 = $ 1,3158 por $ 1,00 de MOD
Fritadeiras → CIP/un. = $ 26,316/un. → CIP = $ 105.264
Batedeiras → CIP/un. = $ 32,895/un. → CIP = $ 394.740

c) *Overhead* rateado pelo ABC

Atividades	Direcionador utilizado
Inspecionar material	Nº de lotes inspecionados
Armazenar material	Nº de lotes armazenados
Controle de estoques	Nº de lotes inspecionados e armazenados
Processar produtos	Nº de horas-máquina por unidade
Controlar processos	Dedicação do tempo dos engenheiros

Proporções para alocação do *overhead*:

Atividades	Fritadeira	Batedeira
Inspecionar material	33,33%	66,67%
Emitir faturas	40,00%	60,00%
Armazenar material	33,33%	66,67%
Receber duplicatas	40,00%	60,00%
Controlar estoques	33,33%	66,67%
Despachar produtos	40,00%	60,00%
Pagar fornecedores	33,33%	66,67%
Processar produtos	7,69%	92,31%
Controlar processos	25,00%	75,00%

Alocação dos *overheads* de produção aos produtos (em $)

Atividades	Fritadeira	Batedeira	Total
Inspecionar material	20.000	40.000	60.000
Armazenar material	16.665	33.335	50.000
Controlar estoques	13.332	26.668	40.000
Processar produtos	11.535	138.465	150.000
Controlar processos	50.000	150.000	200.000
Custo Total	111.532	388.468	500.000
Custo Unitário	$ 27,883/un.	$ 32,372/un.	$ 31,25/un.

Alocação dos demais *overheads* aos produtos (em $)

Atividades	Fritadeira	Batedeira	Total
Emitir faturas	6.000	9.000	15.000
Receber duplicatas	12.000	18.000	30.000
Despachar produtos	14.000	21.000	35.000
Pagar fornecedores	3.250	6.500	9.750
Total	35.250	54.500	89.750

d) Valor percentual de lucro bruto de cada produto:

d1) CIP com base no custo do MOD (em $):

	Produtos		Total
	Fritadeira	**Batedeira**	
Receita Líquida	320.000	1.140.000	1.460.000
Custos Diretos:			
Matéria-prima	80.000	300.000	380.000
Mão de obra	40.000	60.000	100.000
Custos Indiretos	200.000	300.000	500.000
Lucro Bruto	–	480.000	480.000

d2) CIP com base no custo de MAT (em $)

	Produtos		Total
	Fritadeira	**Batedeira**	
Receita Líquida	320.000	1.140.000	1.460.000
Custos Diretos:			
Matéria-prima	80.000	300.000	380.000
Mão de obra	40.000	60.000	100.000
Custos Indiretos	105.264	394.740	500.004
Lucro Bruto	94.736	385.260	479.996

d3) CIP pelo ABC (em $):

	Produtos		Total
	Fritadeira	**Batedeira**	
Receita Líquida	320.000	1.140.000	1.460.000
Custos Diretos:			
Matéria-prima	80.000	300.000	380.000
Mão de obra	40.000	60.000	100.000
Overheads:			
Inspecionar material	20.000	40.000	60.000
Emitir faturas	6.000	9.000	15.000
Armazenar material	16.665	33.335	50.000
Receber duplicatas	12.000	18.000	30.000
Controlar estoques	13.332	26.668	40.000
Despachar produtos	14.000	21.000	35.000
Pagar fornecedores	3.250	6.500	9.750
Processar produtos	11.535	138.465	150.000
Controlar processos	50.000	150.000	200.000
Lucro Operac. Antes IR	53.218	337.032	390.250

EXERCÍCIO 24.2

a) Custos indiretos rateados com base nos diretos:

	Standard		Luxo		Total
	Simples	**Duplo**	**Simples**	**Duplo**	
Custos Diretos (em $)	54.750	438.000	87.600	229.950	810.300
Proporção	6,76%	54,05%	10,81%	28,38%	100%
Custos Indiretos (em $)	40.878,38	327.027,03	65.405,41	171.689,19	605.000

b) Margem bruta de lucro:

	Standard		Luxo		Total
	Simples	**Duplo**	**Simples**	**Duplo**	
Receita Líquida	273.750,00	1.460.000,00	657.000,00	1.314.000,00	3.704.750,00
Custos:					
Diretos	(54.750,00)	(438.000,00)	(87.600,00)	(229.950,00)	(810.300,00)
Indiretos	(40.878,38)	(327.027,03)	(65.405,41)	(171.689,19)	(605.000,00)
Lucro Bruto	178.121,62	694.972,97	503.994,59	912.360,81	2.289.450,00
Margem Bruta	65,07%	47,60%	76,71%	69,43%	61,80%

c) Custos indiretos pelo ABC:

Escolha dos direcionadores para as atividades:

Atividades	**Direcionadores**
Inspecionar Apartamentos	Tempo gasto com inspeção (horas)
Recepcionar Hóspedes	Nº de hóspedes
Requisitar Materiais	Nº de requisições
Lavar Roupa (Enxoval)	Quilogramas de lavagem

Proporções para alocação dos CIP:

Atividades	*Standard*		Luxo	
	Simples	**Duplo**	**Simples**	**Duplo**
Inspecionar Apartamentos	8,82%	44,12%	14,71%	32,35%
Recepcionar Hóspedes	7,20%	58,00%	8,60%	26,20%
Requisitar Materiais	9,86%	59,58%	9,44%	21,13%
Lavar Roupa (Enxoval)	8,47%	62,71%	6,78%	22,03%

Alocação dos Custos das Atividades por categoria (em $):

Atividades	*Standard*		Luxo		Total
	Simples	**Duplo**	**Simples**	**Duplo**	
Inspecionar Apartamentos	13.058,82	65.294,12	21.764,71	47.882,35	148.000
Recepcionar Hóspedes	11.016,00	88.740,00	13.158,00	40.086,00	153.000
Requisitar Materiais	13.309,86	80.429,58	12.739,44	28.521,13	135.000
Lavar Roupa (Enxoval)	14.322,03	105.983,05	11.457,63	37.237,29	169.000
Total	51.706,71	340.446,75	59.119,78	153.726,77	605.000

d) Margem bruta de lucro:

	Standard		Luxo		Total
	Simples	**Duplo**	**Simples**	**Duplo**	
Receita Líquida	273.750,00	1.460.000,00	657.000,00	1.314.000,00	3.704.750
Custos Diretos	(54.750,00)	(438.000,00)	(87.600,00)	(229.950,00)	(810.300)
Custos Indiretos:					
Inspecionar Apart.	(13.058,82)	(65.294,12)	(21.764,71)	(47.882,35)	(148.000)
Recepcionar Hóspedes	(11.016,00)	(88.740,00)	(13.158,00)	(40.086,00)	(153.000)
Requisitar Materiais	(13.309,86)	(80.429,58)	(12.739,44)	(28.521,13)	(135.000)
Lavar Roupa (Enxoval)	(14.322,03)	(105.983,05)	(11.457,63)	(37.237,29)	(169.000)
Lucro Bruto	167.293,29	681.553,25	510.280,22	930.323,23	2.289.450
Margem Bruta	61,11%	46,68%	77,67%	70,80%	61,80%

e) Lucro operacional do hotel, antes do imposto de renda:

Demonstração de Resultados (em $)					
	Standard		Luxo		Total
	Simples	**Duplo**	**Simples**	**Duplo**	
Receita Líquida	273.750	1.460.000	657.000	1.314.000	3.704.750
Custos Diretos	(54.750)	(438.000)	(87.600)	(229.950)	(810.300)
Margem Direta	219.000	1.022.000	569.400	1.084.050	2.894.450
Custos das Atividades:					
Inspecionar Apart.	(13.058,82)	(65.294,12)	(21.764,71)	(47.882,35)	(148.000)
Recepcionar Hóspedes	(11.016,00)	(88.740,00)	(13.158,00)	(40.086,00)	(153.000)
Requisitar Materiais	(13.309,86)	(80.429,58)	(12.739,44)	(28.521,13)	(135.000)
Lavar Roupa (Enxoval)	(14.322,03)	(105.983,05)	(11.457,63)	(37.237,29)	(169.000)
Lucro Bruto	167.293,29	681.553,25	510.280,22	930.323,23	2.289.450
Custos Estruturais Fixos					(1.852.500)
Lucro operac. A.I.R.					436.950

EXERCÍCIO 24.3

1. Alternativa correta: A
2. Alternativa correta: D
3. Alternativa correta: A
4. Alternativa correta: A ou E
5. Alternativa correta: E

EXERCÍCIO 24.4

V, F, F, V, F

CAPÍTULO 25

EXERCÍCIO 25.1

	Previsão p/ 200.000 un.		Real p/ 160.000 un.	
	Total	Por unid.	Total	Por unid.
Matéria-prima	320.000	1,60	256.000	1,60
Material de Consumo Direto	180.000	0,90	176.000	1,10
Energia Elétrica	100.000	0,50	75.200	0,47
Mão de Obra Direta	450.000	2,250	350.080	2,188
Mão de obra Indireta	110.000	0,550	89.920	0,562
Depreciação de Equipamentos	75.000	0,375	75.000	0,469
Consertos e Manutenção	65.000	0,325	70.080	0,438
Material Indireto	135.000	0,675	140.000	0,875
Outros Custos Indiretos	66.000	0,33	66.000	0,4125
TOTAL	1.501.000	7,505	1.298.280	8,1145

	Variação (em $)				Variação (em %)			
	Total	F/D	Por unid.	F/D	Total	F/D	Por unid.	F/D
Matéria-prima	64.000	F	0	-	20	F	0	-
Material de Consumo Direto	4.000	F	0,200	D	2,22	F	22,2	D
Energia Elétrica	24.800	F	0,030	F	24,80	F	6	F
Mão de Obra Direta	99.920	F	0,062	F	22,20	F	2,76	F
Mão de obra Indireta	20.080	F	0,012	D	18,26	F	2,18	D
Depreciação de Equipamentos	0	-	0,094	D	0	-	25,07	D
Consertos e Manutenção	5.080	D	0,113	D	7,82	D	34,77	D
Material Indireto	5.000	D	0,200	D	3,70	D	29,63	D
Outros Custos Indiretos	0	-	0,0825	D	0	-	25	D
Total	**202.720**	**F**	**0,6095**	**D**	**-**	**F**	**-**	**D**

EXERCÍCIO 25.2

a) Valor dos custos controláveis pelo Departamento de Purificação:

	Março	Abril
Custos Controláveis:	(em $)	
Material Direto	2.000	2.650
Mão de Obra Direta	1.200	1.630
Mão de Obra Indireta	312	234
Material	140	140
Energia Elétrica	98	120
TOTAL	3.750	4.774

b) Valor dos custos não controláveis:

	Março	Abril
Custos Não Controláveis:	**(em $)**	
Recebidos da Torrefação	9.760	12.700
Depreciação	814	870
Manutenção	340	35
Administração da Produção	264	264
Manutenção Rateada	418	106
Almoxarifado	86	110
Controle de Qualidade	90	115
TOTAL	11.772	14.200

Observação:esta classificação dos custos em controláveis e não controláveis não é absoluta nem indiscutível. Foram admitidos os pressupostos e as condições discutidas anteriormente.

c) Variação para todos os elementos de custos:

	Março	Abril	Variação (em $)	Variação (em %)
	(em $)			
Custos Diretos:				
Recebidos da Torrefação	9.760	12.700	2.940	30,12
Material Direto	2.000	2.650	650	32,50
Mão de Obra Direta	1.200	1.630	430	35,83
Custos Indiretos Identificados com o Depto.:				
Depreciação	814	870	56	6,88
Mão de obra Indireta	312	234	–78	-25
Material	140	140	0	0
Manutenção	340	35	–305	-89,71
Energia Elétrica	98	120	22	22,45
Custos Indiretos Recebidos por Rateio:				
Administração da Produção	264	264	0	0
Manutenção	418	106	–312	-74,64
Almoxarifado	86	110	24	27,91
Controle de Qualidade	90	115	25	27,78
TOTAL	15.522	18.974	3.452	22,24

EXERCÍCIO 25.3

1. Alternativa correta: C
2. Alternativa correta: E
3. Alternativa correta: D
4. Alternativa correta: A
5. Alternativa correta: B

EXERCÍCIO 25.4

CUSTOS	Padrão 20.000 caixas		Real 16.000 caixas		Variação (em $)				Variação (em %)	
	total	**unit.**	**total**	**unit.**	**total**	**F/D**	**unit.**	**F/D**	**total**	**unit.**
Matéria-prima	30.000,00	1,500	25.920,00	1,620	4.080,00	F	(0,120)	D	13,60%	8,00%
Mão de Obra Direta	25.000,00	1,250	20.800,00	1,300	4.200,00	F	(0,050)	D	16,80%	4,00%
Supervisão da produção	11.000,00	0,550	11.000,00	0,688	0,00	-	(0,138)	D	0,00%	25,09%
Depreciação de equipamentos	7.500,00	0,375	7.500,00	0,469	0,00	-	(0,094)	D	0,00%	25,07%
Energia Elétrica	8.000,00	0,400	6.000,00	0,375	2.000,00	F	0,025	F	25,00%	6,25%
Manutenção dos equipamentos	4.000,00	0,200	2.600,00	0,163	1.400,00	F	0,037	F	35,00%	19,00%
Seguro dos equipamentos	1.350,00	0,068	1.350,00	0,084	0,00	-	(0,016)	D	0,00%	25,00%
Aluguel da fábrica	6.600,00	0,330	6.600,00	0,413	0,00	-	(0,083)	D	0,00%	25,15%
TOTAL	**93.450,00**	**4,673**	**81.770,00**	**5,112**	**11.680,00**	**F**	**(0,439)**	**D**		

CAPÍTULO 26

EXERCÍCIO 26.1

1. Alternativa correta: E
2. Alternativa correta: E
3. Alternativa correta: A
4. Alternativa correta: B
5. Alternativa correta: B

EXERCÍCIO 26.2

1. Alternativa correta: A
2. Alternativa correta: D
3. Alternativa correta: E
4. Alternativa correta: B
5. Alternativa correta: C (Com ajustes e ressalvas, não integralmente)

EXERCÍCIO 26.3

V, V/F, F, V, F

EXERCÍCIO 26.4

1. Alternativa correta: C
2. Alternativa correta: A
3. Alternativa correta: B
4. Alternativa correta: E
5. a) (V) b) (F) c) (V) d) (F) e) (F)

CAPÍTULO 27

EXERCÍCIO 27.1

Matéria-prima

Quantidade padrão (QP): 2,5 kg/un.

Preço padrão (PP): $ 40/kg

Custo-padrão (CP): $ 100/un.

Quantidade Real (QR): 2,6 kg/un.

Preço real (PR): $ 39,50/kg

Custo real (CR): $ 102,70/un.

Mão de Obra Direta

Tempo de MOD padrão (EP): 2 h/un.

Taxa de MOD padrão (TP): $ 60/un.

Custo-padrão (CP): $ 120/un.

Tempo de MOD Real (ER): 2,1 h/un.

Taxa de MOD real (TR): $ 59/h

Custo real (CR): $ 123,90/un.

1. Variação de eficiência no uso da matéria-prima:

Variação de Consumo de MP = PP (QR – QP)
= 40 (2,6 – 2,5)
= $ 4/un. (D)

2. Variação de preço na compra da matéria-prima:

Variação de Preço da MP = QP (PR – PP)
= 2,5 (39,50 – 40)
= $ 1,25/un. (F)

3. Variação mista no custo da matéria-prima:

Variação Mista de MP = (QR – QP) × (PR – PP)
= (2,6 – 2,5) × (39,50 – 40)
= $ 0,05/un. (F)

4. Variação de eficiência no uso da MOD:

Variação de Eficiência (MOD) = TP (ER – EP)
= 60 (2,1 – 2)
=$ 6/un. (D)

5. Variação de preço da MOD:

Variação de preço da MOD = EP (TR – TP)
= 2 (59 – 60)
= $ 2/un. (F)

6. Variação mista no custo do material:

Variação mista de MOD = (ER – EP) × (TR – TP)
= (2,1 – 2) × (59 – 60)
= $ 0,10/un. (F)

Elementos de custo	Custo-padrão ($/un.)	Custo Real ($/un.)	Variações							
			Total		Quantidade		Preço		Mista	
			$/un.	F/D	$/un.	F/D	$/un.	F/D	$/un.	F/D
Matéria-prima	100	102,70	2,70	D	4	D	1,25	F	0,05	F
Mão de Obra Direta	120	123,90	3,90	D	6	D	2	F	0,10	F
Total	220	226,60	6,60	D	10	D	3,25	F	0,15	F

EXERCÍCIO 27.2

Matéria-prima
Quantidade Padrão (QP): 1 kg/un.
Preço Padrão (PP): $ 1/kg
Custo-padrão (CP): $ 1/un.
Quantidade Real (QR): 1,125 kg/un.
Preço Real (PR): $ 1,10/kg
Custo Real (CR): $ 1,2375/un.

MOD
Tempo de MOD Padrão (EP): 1 h/un.
Taxa de MOD Padrão (TP): $ 3/h
Custo-padrão (CP): $ 3/un.
Tempo de MOD Real (ER): 1,0625 h/un.
Taxa de MOD Real (TR): $ 3,05/h
Custo Real (CR): $ 3,240625/un.

a) Variação de eficiência no uso da MOD:

Variação de eficiência (MOD) = TP (ER – EP)
= 3 (1,0625 – 1)
= 3 (0,0625)
= $ 0,1875/un. (D)

b) Variação de preço da MOD:

Variação de Preço da MOD = EP (TR – TP)
= 1 (3,05 – 3)
= $ 0,05/un. (D)

c) Variação de eficiência no uso da matéria-prima:

Variação de eficiência de MP = PP (QR – QP)
= 1 (1,125 – 1)
= $ 0,125/un. (D)

d) Variação de preço na compra da matéria-prima:

Variação de Preço da MP = QP (PR – PP)
= 1 (1,10 – 1)
= $ 0,10/un. (D)

e) Variação mista no custo da matéria-prima:

Variação Mista de MP = (QR – QP) × (PR – PP)
= (1,125 – 1) × (1,10 – 1)
= $ 0,0125/un. (D)

Elementos de custo	Custo-padrão ($/un.)	Custo Real ($/un.)	Variações							
			Total		Quantidade		Preço		Mista	
			$/un.	F/D	$/un.	F/D	$/un.	F/D	$/un.	F/D
Matéria-prima	1	1,2375	0,2375	D	0,1250	D	0,10	D	0,0125	D
Mão de Obra Direta	3	3,2406	0,2406	D	0,1875	D	0,05	D	0,0031	D
Total	4	4,4781	0,4781	D	0,3125	D	0,15	D	0,0156	D

EXERCÍCIO 27.3

Material
Quantidade Padrão (QP): 100 m/un.
Preço Padrão (PP): $ 1/m
Custo-padrão (CP): $ 100/un.
Quantidade Real (QR): 120 m/un.
Preço Real (PR): $ 1,20/kg
Custo Real (CR): $ 144/un.

MOD
Tempo de MOD Padrão (EP): 12 h/un.
Taxa de MOD Padrão (TP): $ 35/h
Custo-padrão (CP): $ 420/un.
Tempo de MOD Real (ER): 9 h/un.
Taxa de MOD Real (TR): $ 35/h
Custo Real (CR): $ 315/un.

a) Variação de eficiência no uso do material:

Variação de Eficiência do MAT = PP (QR – QP)
= 1 (120 – 100)
= $ 20/un. (D)

b) Variação de preço do material:

Variação de Preço do MAT = QP (PR – PP)
= 100 (1,20 – 1,00)
= $ 20/un. (D)

c) Variação mista no custo do material:

Variação Mista do MAT = (QR – QP) × (PR – PP)
= (120 – 100) × (1,20 – 1,00)
= $ 4/un. (D)

d) Variação de eficiência no uso da MOD:

Variação de Eficiência (MOD) = TP (ER – EP)
= 35 (9 – 12)
= $ 105/un. (F)

e) Variação de preço da MOD:

Variação de Preço da MOD = EP (TR – TP)
= 12 (35 – 35)
= 0

f) Variação mista no custo da MOD:

Variação Mista de MOD = (ER – EP) × (TR – TP)
= (9 – 12) × (35 – 35)
= 0

Elementos de custo	Custo-padrão ($/un.)	Custo Real ($/un.)	Variações							
			Total		Quantidade		Preço		Mista	
			$/un.	F/D	$/un.	F/D	$/un.	F/D	$/un.	F/D
Material	100	144	44	D	20	D	20	D	4	D
Mão de Obra Direta	420	315	105	F	105	F	0	–	0	–
Total	520	459	61	F	85	F	20	D	4	D

EXERCÍCIO 27.4

Soja	Milho	MOD
QP: 0,625 kg/un.[29]	QP: 0,417 kg/un.[30]	EP: 4 min./un.
PP: $ 0,60/kg	PP: $ 0,25/kg	TP: $ 0,05/min.
CP: $ 0,375/un.	CP: $ 0,1042/un.	CP: $ 0,20/un.
QR: 0,417 kg/un.[31]	QR: 0,625 kg/un.[32]	ER: 5 min./un.
PR: $ 0,84/kg	PR: $ 0,20/kg	TR: $ 0,055/min.
CR: $ 0,35/un.	CR: $ 0,125/un.	CR: $ 0,275/un.

---

29 0,60 – (0,60 × 4%) = 0,60 – 0,024 = 0,576.

30 0,40 – (0,40 × 4%) = 0,40 – 0,016 = 0,38.

31 0,40 – (0,40 × 4%) = 0,40 – 0,016 = 0,384.

32 0,60 – (0,60 × 4%) = 0,60 – 0,024 = 0,576.

Glossário de siglas	
QP - Quantidade padrão	CR - Custo realizado
PP - Preço padrão	EP - Eficiência padrão
CP - Custo-padrão	TP - Taxa padrão
QR - Quantidade realizada	ER - Eficiência realizada
PR - Preço realizado	TR - Taxa realizada

I. QUANTIDADE PADRÃO DE SOJA:

RAÇÃO SOJA
0,576 ______ 0,60
0,60 ______ x . x = 0,625

II. QUANTIDADE PADRÃO DE MILHO:

RAÇÃO MILHO
0,384 ______ 0,40
0,40 ______ y . y = 0,417

III. QUANTIDADE REAL DE SOJA:

RAÇÃO SOJA
0,384 ______ 0,40
0,40 ______ z . z = 0,417

IV. QUANTIDADE REAL DE MILHO:

RAÇÃO MILHO
0,576 ______ 0,60
0,60 ______ w . w = 0,625

1. **a)** VARIAÇÃO DE QUANTIDADE NO USO DA MATÉRIA-PRIMA (SOJA):

Variação de eficiência da MP (soja) = PP (QP - QR)
= 0,60 (0,625 - 0,417)
= $ 0,125/kg e $ 118.750 (F)

b) VARIAÇÃO DE PREÇO NA COMPRA DA MATÉRIA-PRIMA (SOJA):

Variação de Preço da MP (soja) = QP (PP - PR)
= 0,625 (0,60 - 0,84)
= $ 0,15/kg e $ 142.500 (D)

c) VARIAÇÃO MISTA NO CUSTO DA MATÉRIA-PRIMA (SOJA):

Variação de Mista (soja) = (QP - QR) (PP - PR)
= (0,625 - 0,417) (0,60 - 0,84)
= $ 0,050/kg e $ 47.500 (F)

Logo: Variação de Preço (D), Variação de Quantidade (F) => Variação Mista é (F)

Srs. Professores:
Ver explicação e gráfico na p. 367.

d) VARIAÇÃO DE QUANTIDADE NO USO DA MATÉRIA-PRIMA (MILHO):

Variação de eficiência da MP (milho) = PP (QP - QR)
= 0,25 (0,417-0,625)
= $ 0,052/kg e $ 49.400 (D)

e) VARIAÇÃO DE PREÇO NA COMPRA DA MATÉRIA-PRIMA (MILHO):

Variação de Preço da MP (milho) = QP (PP - PR)
= 0,417 (0,25 - 0,20)
= $ 0,021/kg e $ 19.950 (F)

VARIAÇÃO MISTA NO CUSTO DA MATÉRIA-PRIMA (MILHO):

Variação de Mista (milho) = (QP - QR) (PP - PR)
= (0,417 - 0,625) (0,25 - 0,20)
= $ 0,0104/kg e $ 9.880 (F)

f) VARIAÇÃO DE PREÇO (TAXA) DA MOD:

Variação de Preço da MOD = EP (TP - TR)
= 4 (0,05 - 0,055)
= $ 0,02/kg e $ 19.000 (D)

g) VARIAÇÃO DE EFICIÊNCIA NO USO DA MOD:

Variação de eficiência (MOD) = TP (EP - ER)
= 0,05 (4 - 5)
= $ 0,05/kg e $ 47.500 (D)

h) VARIAÇÃO MISTA NO CUSTO DA MÃO DE OBRA DIRETA:

Variação de Mista MOD = (TP - TR) (EP - ER)
= (0,05 - 0,055) (4 - 5)
= $ 0,005/kg e $ 4.750 (D)

i) VARIAÇÃO DE PREÇO NA COMPRA DA MP (MILHO), COM BIVARIAÇÃO:

Variação de Preço da MP (milho) = QR (PP - PR)
= 0,625 (0,25 - 0,20)
= $ 0,031/kg e $ 29.450 (F)

Obs.: O sistema de bivariação utiliza como referência a quantidade realizada.

j) EFEITO DA VARIAÇÃO CONJUNTA DE CUSTO DAS MATÉRIAS-PRIMAS (em $ por kg):

	PADRÃO	REAL	VARIAÇÃO	F/D
SOJA	0,37500	0,350	0,02500	F
MILHO	0,10425	0,125	0,02075	D
TOTAL	0,47925	0,475	0,00425	F

A economia total foi de: 950.000 kg × $ 0,00425/kg = $ 4.037,50 no período, sendo:
Variação favorável na soja: 950.000 kg × $ 0,02500/kg = $ 23.750,00; e
Variação desfavorável no milho: 950.000 kg × $ 0,02075/kg = $ 19.712,50.
$ 4.037,50 (F)

e/ou

Só Preço: Soja 0,150 (D)
Milho 0,02085 (F)
$ 0,12915/un. e $ 122.692,50 (D)

Elemento de custo	Custo-padrão ($)	Custo real ($)	Variações							
			Total		Quantidade		Preço		Mista	
			$	F/D	$	F/D	$	F/D	$	F/D
SOJA	0,375	0,350	0,025	F	0,125	F	0,15	D	0,050	F
MILHO	0,104	0,125	0,021	D	0,052	D	0,021	F	0,0104	F
MOD	0,200	0,275	0,075	D	0,05	D	0,02	D	0,005	D
TOTAL	0,679	0,750	0,071	D	0,023	F	0,149	D	0,055	F

Obs.: possíveis pequenas diferenças nos resultados das variações devem-se a arredondamentos.

2. Podem-se usar as informações obtidas por meio da análise de variações para avaliar a eficiência e a eficácia dos gestores das áreas de compras e produção. Assim, o grau com que as metas foram atingidas (eficácia) e se as variações são relevantes (eficiência) são variáveis úteis para se compor uma perspectiva do desempenho das áreas.

CAPÍTULO 28

EXERCÍCIO 28.1

Custos Indiretos

Custo-padrão: $ 0,05/página
Custo Real: $ 0,048/página

a) Custo-padrão de custos indiretos:

Custo-padrão = $ 0,02/página + ($ 300.000/10.000.000 páginas) =
= $ 0,02 + $ 0,03 = $ 0,05/página.

b) Variação de volume no CIP:

Custo-padrão dos Custos Indiretos Ajustado ao nível de 11.000.000 páginas:

$$CP = \frac{(\$\ 0{,}02/\text{pág.} \times 11.000.000\ \text{págs.}) + \$\ 300.000}{11.000.000\ \text{págs.}} = \frac{\$\ 520.000}{11.000.000\ \text{págs.}} = \$\ 0{,}04727/\text{pag.}$$

Custo-padrão ao nível de 10.000.000 páginas: $ 0,05/pag.
Logo, a variação de volume no CIP: $ 0,05 – $ 0,04727 = $ 0,00273/pág. (F)

c) Variação de custo do CIP:

Variação de Custo do CIP = CR – CP
= 0,048 – 0,04727
= $ 0,00073/pág. (D)

EXERCÍCIO 28.2

a) Variação de volume da 5ª semana:

	Padrão	Real
Volume de Produção (un.)	5.000	4.850
Custos Indiretos ($)	10.000.000	10.225.000
Custos Indiretos por unidade ($/un.)	2.000	2.108,25

Variação de Volume dos CIP = CI/un. Padrão – CI Padrão ao Volume Real
= 2.000 – 2.061,86
= $ 61,86/un. (D)

b) Variação de custo da 8ª semana:

	Padrão	Real
Custos Indiretos ($)	10.000.000	9.590.000

Variação de Custo dos CIP = CI Padrão – CI Real
= $ 10.000.000 – $ 9.590.000
= $ 410.000 (F)

c) Variação de volume da 11ª semana:

	Padrão	Real
Volume de Produção (un.)	5.000	5.020
Custos Indiretos ($)	10.000.000	9.995.000
Custos Indiretos por unidade ($/un.)	2.000	1.991

Variação de Volume dos CIP = CI/un. Padrão – CI Padrão ao Volume Real
= 2.000 – 1.992
= $ 8/un. (F)

d) Variação de custo da 12ª semana:

	Padrão	Real
Custos Indiretos ($)	10.000.000	10.100.000

Variação de Custo dos CIP = CI Padrão – CI Real
= $ 10.000.000 – $ 10.100.000
= $ 100.000 (D)

EXERCÍCIO 28.3

Custos Indiretos Fixos de Produção (CIP)

Custo-Padrão: $ 30/un.[33]
Custo Real: $ 30/un.[34]

---

33 $ 6.000.000/200.000 un. = $ 30/un.

34 $ 6.900.000/230.000 un. = $ 30/un.

a) Variação de volume no CIP:

Custo-padrão dos Custos Indiretos ao nível de produção real de 230.000 un.:

$$CP = \frac{\$\ 6.000.000}{230.000\ un.} = \$\ 26,09/un.$$

Custo-padrão ao nível de produção padrão de 200.000 un.: $ 30/un.
Logo, a variação de volume no CIP: $ 30 - $ 26,09 = $ 3,91/un. (F)

b) Variação de custo do CIP:

Variação de Custo do CIP = CR - CP
= 6.900.000 - 6.000.000
= $ 900.000 (D)

EXERCÍCIO 28.4

Custos Indiretos de Produção

Custo-Padrão: $ 80/un.
Custo Real: $ 85/un.
VARIAÇÃO DE CIP:
Custo Indireto Padrão (40.000 unidades): $ 80/un.

CIP Variável: $ 25/hmod × 2 hmod/un. × 40.000 un. =	$ 2.000.000
CIP Fixo:	$ 1.200.000
CUSTOS INDIRETOS TOTAIS	$ 3.200.000

$$CP/un. = \frac{CIP\ Total}{Volume} = \frac{\$\ 3.200.000}{42.000\ un.} = \$\ 80/un.$$

Custo Indireto Padrão (42.000 unidades), sem ineficiência: $ 78,57/un.

CIP Variável: $ 25/hmod × 2 hmod/un. × 42.000 un. =	$ 2.100.000
CIP Fixo:	$ 1.200.000
CUSTOS INDIRETOS TOTAIS	$ 3.300.000

$$CP/un. = \frac{CIP\ Total}{Volume} = \frac{\$\ 3.200.000}{42.000\ un.} = \$\ 78,57/un.$$

Custo Indireto Padrão (42.000 unidades), com ineficiência: $ 81,07/un.

CIP Variável: $ 25/hmod × 2,1 hmod/un. × 42.000 un. =	$ 2.205.000
CIP Fixo:	$ 1.200.000
CUSTOS INDIRETOS TOTAIS	$ 3.405.000

$$CP/un. = \frac{CIP\ Total}{Volume} = \frac{\$\ 3.405.000}{42.000\ un.} = \$\ 81,07/un.$$

a) Variação de eficiência no CIP:

CIP Padrão com eficiência – CIP Padrão sem ineficiência = $ 81,07/un. – $ 78,57/un. = $ 2,50/un. (D)
ou
Sabendo-se que:
Tempo de MOD padrão é de 2,0 horas/un.; e
Tempo de MOD real é de 2,1 horas/un.,
verificamos que houve ineficiência de 0,1 hmod/un.
Como os Custos Indiretos de Produção (CIP) Variáveis são incorridos proporcionalmente à MOD, $ 25/hmod, a variação de eficiência no CIP é: 0,1 h/un. × $ 25/h = $ 2,50/un. (*D*)

b) Variação de volume no CIP:

CIP Padrão – CIP Padrão sem ineficiência = $ 80/un. – $ 78,57/un. = $ 1,43/un. (F)

c) Variação total do CIP:

(42.000 un. × $ 80/un.) – $ 3.570.000 =
= $ 3.360.000 – $ 3.570.000 =
= $ 210.000 (D)

Elemento de custo	Custo-padrão ($)	Custo Real ($)	Variações					
			Total		Quantidade		Preço	
			$	F/D	$	F/D	$	F/D
Custos Indiretos de Produção (CIP)	80	85	5	D	1,43	F	2,50	D

CAPÍTULO 29

EXERCÍCIO 29.1

Material
Quantidade Padrão (QP): 100 m/un.
Preço Padrão (PP): $ 1,00/m
Custo-padrão (CP): $ 100/un.
Preço Padrão Corrigido: $ 1,08/m
Custo-padrão Corrigido (CPC): $ 108/un.
Quantidade Real (QR): 120 m/un.
Preço Real (PR): $ 1,20/m
Custo Real (CR): $ 144/un.

MOD
Tempo de MOD Padrão (EP): 12 h/un.
Taxa de MOD Padrão (TP): $ 35/h
Custo-padrão (CP): $ 420/un.
Taxa de MOD Padrão Corrigido: $ 37,80/h
Custo-padrão Corrigido (CPC): $ 453,60/un.
Tempo de MOD Real (ER): 9 h/un.
Taxa de MOD Real (TR): $ 35/h
Custo Real (CR): $ 315/un.

a) Variação de eficiência no uso do material:

Variação de Eficiência de MAT $= PP_c\ (QR - QP)$
$= 1{,}08\ (120 - 100)$
$= \$\ 21{,}60/\text{un.}$ (D)

b) Variação de preço do material:

Variação de Preço da MAT = QP (PR – PPc)
= 100 (1,20 – 1,08)
= $ 12/un. (D)

c) Variação mista no custo do material:

Variação Mista de MAT = (QR – QP) × (PR – PPc)
= (120 – 100) × (1,20 – 1,08)
= $ 2,40/un. (D)

d) Variação de eficiência no uso da MOD:

Variação de Eficiência da MOD = TPc (ER – EP)
= 37,80 (9 – 12)
= $ 113,40/un. (F)

e) Variação de preço da MOD:

Variação de Preço da MOD = EP (TR – TPc)
= 12 (35 – 37,80)
= $ 33,60/h (F)

f) Variação mista no custo da MOD:

Variação Mista de MOD = (ER – EP) × (TR – TPc)
= (9 – 12) × (35 – 37,80)
= $ 8,40/un. (F)

Elementos de custo	Custo-padrão ($/un.)	Custo real ($/un.)	Variações							
			Total		Quantidade		Preço		Mista	
			$/un.	F/D	$/un.	F/D	$/un.	F/D	$/un.	F/D
Material	108	144	36	D	21,60	D	12	D	2,40	D
Mão de obra	453,60	315	138,60	F	113,40	F	33,60	F	8,40	F
Total	**561,60**	**459**	**102,60**	**F**	**91,80**	**F**	**21,60**	**F**	**6**	**F**

EXERCÍCIO 29.2

1. Alternativa correta: D
2. Alternativa correta: B
3. Alternativa correta: E
4. Alternativa correta: C
5. Alternativa correta: D

EXERCÍCIO 29.3

Material

Quantidade Padrão (QP): 60 kg/un.
Preço Padrão (PP): $ 90/kg
Custo-padrão (CP): $ 5.400/un.
Preço Padrão Corrigido: $ 91,80/kg
Custo-padrão Corrigido (CPC): $ 5.508/un.
Quantidade Real (QR): 64 kg/un.
Preço Real (PR): $ 100/kg
Custo Real (CR): $ 6.400/un.

MOD

Tempo de MOD Padrão (EP): 180 h/un.
Taxa de MOD Padrão (TP): $ 20/h
Custo-padrão (CP): $ 3.600/un.
Taxa de MOD Padrão Corrigido: $ 20,40/h
Custo-padrão Corrigido (CPC): $ 3.672/un.
Tempo de MOD Real (ER): 180 h/un.
Taxa de MOD Real (TR): $ 20/h
Custo Real (CR): $ 3.600/un.

a) Variação de eficiência no uso do material:

Variação de Eficiência do MAT = PPc (QR – QP)
= 91,80 (64 – 60)
= $ 367,20/un. (D)

b) Variação de preço do material:

Variação de Preço do MAT = QP (PR – PPc)
= 60 (100 – 91,80)
= $ 492/un. (D)

c) Variação mista no custo do material:

Variação Mista do MAT = (QR – QP) × (PR – PPc)
= (64 – 60) × (100 – 91,80)
= $ 32,80/un. (D)

d) Variação de eficiência no uso da MOD:

Variação de Eficiência (MOD) = TPc (ER – EP)
= 20,40 (180 – 180)
= 0

e) Variação de preço da MOD:

Variação de Preço da MOD = EP (TR – TPc)
= 180 (20 – 20,40)
= $ 72/h (F)

f) Variação mista no custo da MOD:

Variação Mista de MOD = (ER – EP) × (TR – TPc)
= (180 – 180) × (20 – 20,40)
= 0

Elementos de custo	Custo-padrão ($/un.)	Custo Real ($/un.)	Variações							
			Total		Quantidade		Preço		Mista	
			$/un.	F/D	$/un.	F/D	$/un.	F/D	$/un.	F/D
Material	5.508	6.400	892	D	367,20	D	492	D	32,80	D
Mão de Obra Direta	3.672	3.600	72	F	0	–	72	F	0	–
Total	9.180	10.000	820	D	367,20	D	420	D	32,80	D

EXERCÍCIO 29.4

a) Apuração das variações efetivas de custos: Tabela-resumo de custos

Material Direto	**Material Direto Corrigido**	Mão de Obra **Direta**	Mão de **Obra Direta Corrigida**
QP: 300 g/un.	QP: 300 g/un.	EP: 2,5 h/un.	EP: 2,5 h/un.
PP: $ 200/kg	PP: $ 0,212/g	TP: $ 8/h	TP: $ 8,48/h
CP: $ 60/un.	CP: $ 63,60/un.	CP: $ 20/un.	CP: $ 21,2/un.
QR: 315 g/un.	QR: 315 g/un.	ER: 2,75 h/un.	ER: 2,75 h/un.
PR: $ 220/kg	PR: $ 0,22/g	TR: $ 12/h	TR: $ 12/h
CR: $ 69,30/un.	CR: $ 69,30/un.	CR: $ 33/un.	CR: $ 33/un.

1. VARIAÇÃO DE QUANTIDADE (EFICIÊNCIA) NO USO DO MATERIAL:

PP (QP - QR)
= 0,212 (300 - 315)
= $3,18/un. e $ 12.720 (D)

2. VARIAÇÃO DE PREÇO NA COMPRA DO MATERIAL:

QP (PP - PR)
= 300 (0,212 - 0,22)
= $ 2,40/un. e $ 9.600 (D)

3. VARIAÇÃO MISTA NO CUSTO DO MATERIAL:

(QP - QR) (PP - PR)
= (300 - 315) (0,212 - 0,22)
= $ 0,12/un. e $ 480 (D)

4. VARIAÇÃO DE PREÇO (TAXA) DA MOD:

EP (TP - TR)
= 2,5 (8,48 - 12)
= $ 8,80/un. e $ 35.200 (D)

5. VARIAÇÃO DE EFICIÊNCIA NO USO DA MOD:

TP (EP - ER)
= 8,48 (2,5 - 2,75)
= $ 2,12/un. e $ 8.480 (D)

6. VARIAÇÃO MISTA NO CUSTO DA MÃO DE OBRA DIRETA:

(TP - TR) (EP - ER)
= (8,48 - 12) (2,5 - 2,75)
= $ 0,88/un. e $ 3.520 (D)

FICHA DE CUSTO-PADRÃO E VARIAÇÕES

Elementos de custo	Custo-padrão ($)	Custo real ($)	Variações							
			Total		Quantidade		Preço		Mista	
			$	F/D	$	F/D	$	F/D	$	F/D
Material	63,60	69,30	5,70	D	3,18	D	2,40	D	0,12	D
MOD	21,20	33,00	11,80	D	2,12	D	8,80	D	0,88	D
Total	**84,80**	**102,30**	**17,50**	**D**	**5,30**	**D**	**11,20**	**D**	**1,00**	**D**

b) Contabilização dos custos pela forma complexa:

1) Compra do Material Direto:
Débito: Estoque de Material Direto
Crédito: Fornecedores/Caixa/Bancos (220 $/kg × 2.000 kg) $ 440.000

2) Transferência de Material Direto do estoque para a produção:
Débito: Produção em Processo
Crédito: Estoque de Material Direto ($ 63,60/un. × 4.000 un.) $ 254.400

3) Utilização de Mão de obra no processo produtivo:
Débito: Produção em Processo
Crédito: Salários a Pagar ($ 21,20/un. × 4.000 un.) $ 84.800

4) Registro das variações efetivas dos custos:
4.A – Material Direto
Débito: Variação Material Direto
Crédito: Estoque de Material Direto ($ 5,70/un. × 4.000 un.) $ 22.800
4.B – MOD
Débito: Variação MOD
Crédito: Salários a Pagar ($ 11,80/un. × 4.000 un.) $ 47.200

5) Registro dos estoques finais dos produtos acabados no mês, ao custo-padrão corrigido:
Débito: Estoque de Produtos Acabados
Crédito: Produção em Processo ($ 84,80/un. × 4.000 un.) $ 339.200

6) Baixa dos produtos vendidos, pela venda:
Débito: Custo dos Produtos Vendidos
Crédito: Estoque de Produtos Acabados ($ 339.200 × 70%) $ 237.440

7) Apuração da Variação Total:
Débito: Variação Total $ 70.000
Crédito: Variação Material Direto $ 22.800
Crédito: Variação MOD $ 47.200

8) Alocação da Variação Total aos estoques finais dos produtos acabados no mês e ao custo dos produtos vendidos:

Débito: Estoque de Produtos Acabados ($ 70.000 × 30%)	$ 21.000
Débito: Custo dos Produtos Vendidos ($ 70.000 × 70%)	$ 49.000
Crédito: Variação Total	$ 70.000

Razonetes:

Estoque de Material Direto

1	440.000	254.400	2
		22.800	4.A
	162.800		

Fornecedores / Caixa / Bancos

		440.000	1

Salários a Pagar

		84.800	3
		47.200	4.B
		132.000	

Produção em Processo

3	84.800	339.200	5
2	254.400		

Estoque de Produtos Acabados

5	339.200	237.440	6
8	21.000		
	122.760		

Custo dos Produtos Vendidos

6	237.440		
8	49.000		
	286.440		

Variação Material Direto

4.A	22.800	22.800	7

Variação MOD

4.B	47.200	47.200	7

Variação Total

7	70.000	70.000	8

Srs. Professores:

Uma alternativa de solução, mais complexa, seria contabilizar os custos ao padrão original e depois apurar duas variações: variação de inflação e variação específica de custos.

CAPÍTULO 30

EXERCÍCIO 30.1

1. Alternativa correta: A
2. Alternativa correta: E
3. V, V, V, F e F

EXERCÍCIO 30.2

1. Alternativa correta: C
2. Alternativa correta: B
3. Alternativa correta: C
4. Alternativa correta: B
5. Alternativa correta: A

EXERCÍCIO 30.3

1. Alternativa correta: C
2. Alternativa correta: D
3. Alternativa correta: B
4. Alternativa correta: C
5. Alternativa correta: A

EXERCÍCIO 30.4

V, F, V, F, V

BIBLIOGRAFIA

ASSOCIAÇÃO de Contadores da Inglaterra e do País de Gales. *Custo-padrão*. São Paulo: Atlas, 1969.

BACKER; JACOBSEN. *Contabilidade de custos*. São Paulo: McGraw-Hill do Brasil, 1972.

CHINEN, Cecília A. K. *Alocação dos custos fixos*: um modelo de programação linear. Dissertação (Mestrado em Contabilidade) – Faculdade de Economia, Administração e Contabilidade da Universidade de São Paulo. São Paulo, 1976.

COMITÊ DE PRONUNCIAMENTOS CONTÁBEIS. Pronunciamento Técnico CPC 16. São Paulo, 2009.

DEAKIN; MAHER. *Cost accounting*. 3. ed. Chicago: Irwin, 1991.

FURLAN, Santino. *La moderna contabilità industriale*. Franco Angeli Editore, 1975.

GUERREIRO, Reinaldo. *A meta da empresa*. São Paulo: Atlas, 1999.

HORNGREN, Charles T. *Contabilidade de custos*. São Paulo: Atlas, 1978.

IUDÍCIBUS, Sérgio de. *Contabilidade gerencial*. 4. ed. São Paulo: Atlas, 1993.

JOHNSON; KAPLAN. *Contabilidade gerencial*. Rio de Janeiro: Campus, 1993.

KANITZ, Stephen C. *Contribuição à teoria do rateio dos custos fixos*. São Paulo: FEA/USP, 1972.

LEONE, George S. G. *Custos*: um enfoque administrativo. Rio de Janeiro: FGV, 1974.

MARTINS, Eliseu; ROCHA, Welington. *Métodos de custeio comparados*. São Paulo: Atlas, 2015.

MATZ, CURRY; FRANK. *Contabilidade de custos*. São Paulo: Atlas, 1974.

NAKAGAWA, Masayuki. *Custeio baseado em atividades*. São Paulo: Atlas, 1994.

RAYBURN, L. Gayle. *Cost accounting: using a cost management approach*. 5. ed. Chicago: Irwin, 1993.

ROBLES JR., Antonio. *Custos da qualidade*: uma estratégia para a competição global. São Paulo: Atlas, 1994.

SOTT, Valmir Roque. *Uma contribuição ao custeamento e tomada de decisões em ambiente de produção conjunta*. 2003. Dissertação (Mestrado) – Faculdade de Economia e Administração, Universidade de São Paulo, São Paulo.

ÍNDICE ALFABÉTICO

B

C

D

E

F

G

I

J

L

M

N

O

P

Q

R

S

1 2 3 4 5 6 7 8 9 10
2025